TESAT
종합본

PREFACE

최근 전 세계적으로 금융위기를 겪으면서 점차 국내외의 금융 및 경제 환경이 복잡·다양해짐에 따라 경제주체인 국민들의 경제에 관한 관심과 금융 등 경제관련 현상의 이해력에 대한 중요성이 점차 중요시되고 있다. 이에 따라, 한국경제신문 경제연구소에서는 시장경제에 대한 지식과 이해력을 측정하는 TESAT(Test of Economic Sense And Thinking)을 개발하여 실시하게 되었다. 기존의 경제관련 시험과는 달리 국민들이 시장경제원리를 기반으로 합리적 사고력을 갖도록 함으로써 사회의 불필요한 논쟁비용을 줄여 국가 경쟁력을 제고하려는 것이 본 시험의 취지이며 단편적인 경제지식을 묻는 형태가 아닌 국내외 경제상황을 제대로 이해하고 이를 바탕으로 주어진 경제상황에서 합리적 판단을 하여 나아가 주요 경제이슈에 대해 자신의 의견을 제시할 수 있는 능력을 검증하는 문제들이 복합적으로 출제되고 있다.

TESAT은 수험생들이 시장경제원리를 이해하고 경제에 대한 마인드를 향상시킬 수 있는 기회를 제공하며 경제기초지식과 시장경제상식에 대한 지식을 갖출 수 있도록 출제되어 교육적 활용가치도 매우 높아 최근 다수의 기업체 및 대학교 등지에서 채용 및 자격시험으로 각광받고 있다.

또한 논리 사고력을 필요로 하는 문제와 종합 응용하여 상황판단을 하는 문제들이 많이 출제되므로 수험생들이 체감하는 난이도는 보다 높고 까다로운 TESAT에 대한 철저한 분석과 대비가 필요하다고 할 수 있다. 이에 따라, 본서는 TESAT을 준비하는 모든 수험생에게 초점을 맞추어 원론수준의 경제학과 경영학 및 경제이슈 등을 기본으로 수험생의 경제이해능력 향상에 도움이 되도록 다음과 같이 구성하였다.

첫째, 경제개념별 중요도에 따라 경제 및 경영학의 핵심이론을 기출유형문제와 함께 수록하여 출제유형을 쉽게 파악하고 이해력을 높일 수 있도록 하였다.

둘째, 분야별 다양한 형태의 예상문제와 상세한 해설을 수록하여 시험문제에 대한 적응력을 높일 수 있도록 하였다.

아무쪼록 본서를 통하여 TESAT을 준비하는 모든 수험생이 TESAT에서의 고득점을 기반으로 자신감과 함께 미래를 향한 높은 꿈을 펼쳐나가기를 기원한다.

STRUCTURE

핵심이론정리

각 단원에 학습대책을 수록하여 중요 내용에 대한 집중도를 높일 수 있도록 하였다.

01 ▶ 경제학 기초

학습대책

희소성의 정확한 의미와 효율성과 공평성의 개념의 차이를 확실히 알아둔다. 기회비용의 부분은 출제빈도가 높으므로 응용문제를 중심으로 내용을 파악하 두며 매몰비용과 차이점도 이해한다. 시장경제 제도, 및 가격제도 등 관련된 내용도 빈번하게 출제되므로 시사문제를 중심으로 정확하게 알아둔다.

1. 경제학의 기본원리

1 경제학의 개념

① 희소성의 법칙
  ㉠ 희소성(scarcity)의 법칙이란 한 사회가 가지고 있는 경제적 자원이 인간의 욕망에 비하여 수량이 제한되어 있음을 의미한다.
  ㉡ 제한된 경제적 자원을 인간이 어떻게 효율적으로 이용할 것인지에 대한 선택의 문제가 따르게 된다.

더 알고가기

핵심이론과 더불어 추가로 짚고 넘어가야 할 보충내용을 간략히 정리하였다.

2 한계효용 이론

① 개념
  ㉠ 효용이란 재화나 서비스를 소비함에 따라 느끼는 주관적 만족도를 나타낸 수치이다.
  ㉡ 총효용은 일정기간 동안에 재화나 서비스를 소비함에 따라 얻게 되는 주관적 만족도의 총량을 말한다.
  ㉢ 한계효용은 재화나 서비스의 소비량이 한 단위 증가할 때 변화하는 총효용의 증가분을 말한다.

② 한계효용체감의 법칙
  ㉠ 개념: 재화의 소비가 증가할수록 그 재화의 한계효용이 감소하는 것을 말한다.
  ㉡ 가치의 역설
    ㉮ 사용가치가 큰 물은 교환가치가 작고, 사용가치가 작은 다이아몬드는 교환가치가 크다는 역설적인 현상을 말한다.
    ㉯ 한계효용학파는 가격은 총효용이 아닌 한계효용으로 결정되는 것으로 다이아몬드는 총효용이 매우 작지만 수량이 작아 높은 한계효용을 가지므로 높은 가격이 형성되고, 물은 총효용은 크지만 수량이 풍부해 낮은 한계효용을 갖기 때문에 낮은 가격이 형성된다.

> **더 알고가기**
> 한계효용학파는 1870년대 스위스의 M.E.L. 발라, 영국의 W.S. 제번스 등 오스트리아 학파로 불리는 이론으로 재화의 가치는 소요된 원가가 아닌 수요자가 느끼는 한계효용이 결정한다고 보았다. 즉, 주관적인 입장에서 경제현상을 접근한 것이 특징이다.

① 기회비용은 어떤 대안을 택함으로써 포기해야 하는 다른 대안 중에서 가치가 가장 큰 것을 의미한다.

② 기회비용은 희소한 자원을 최대한 효율적으로 분배할 것인지에 관한 선택의 문제에서 발생하는 개념이다.

💡 기회비용(opportunity cost)

여러 가능성 중 하나를 선택했을 때 그 선택으로 인해 포기해야 하는 가치 전체를 의미한다. 기회비용은 어떤 선택에 따라 포기하게 되는 가치 중 최고의 것을 나타내는 것으로 기회원가라고도 한다. 한정된 자원으로 생산활동이나 소비활동을 하는 경제생활에 있어서 경제활동은 다른 경제활동을 할 수 있는 기회의 희생으로 이뤄진다. 기회비용의 관점에서는 어떤 경제활동의 비용은 그것을 위해 단념해야 하는 다른 경제활동의 양이다.

▶ 기출유형 더보기

영화배우인 강호는 5억 원에 액션영화를 찍는 것, 3억 원에 예술영화를 찍는 것과 1억 원에 드라마에 출연하는 것 사이에서 고민하다가 예술영화에 출연하기로 결심하고 계약서에 서명하였다. 이 때 강호의 기회비용은 얼마인가?

① 없음   ② 1억
③ 3억   ④ 5억
⑤ 8억

✔ 기회비용(opportunity cost)은 특정한 선택을 함으로써 포기한 나머지 선택의 가치를 뜻하는 개념으로, 포기하는 대안 중 가치가 가장 큰 것인 액션영화에 출연비용인 5억 원이 된다.   답 ④

기출유형문제

분야별 기출유형문제를 수록하여 실제 시험의 출제경향을 파악할 수 있도록 하였다.

 **01** ▶ 경제이론 영역

※ 교재에 수록된 기출&모의문제는 수험생의 노력(복원)에 의하여 많이 재생되었을 뿐(오차 여지가 큰 출제된 문제를 재구성한 것입니다.)

▶▶ 기출유형문제

1   다음 중 저량(stock)변수에 속하지 않는 것은?

① 통화량   ② 국부
③ 외환보유고   ④ 자본량
⑤ 국제수지

2   다음 중 유량(flow)변수에 속하지 않는 것은?

출제예상문제

다양한 형태의 출제예상문제로 시험문제에 대한 적응력을 높일 수 있도록 하였다.

▶▶ **개요**

테샛[TESAT(Test of Economic Sense And Thinking) ; 시장경제에 대한 지식과 이해도를 측정하는 경제 지력 · 사고력 테스트]은 복잡한 경제 현상을 얼마나 잘 이해할 수 있는가를 평가하는 종합경제이해력검증 시험이다. 국내 최정상 경제신문 '한국경제신문'이 처음으로 개발, 2010년 11월 정부로부터 '국가공인' 자격 시험으로 인정받았다. 객관식 5지 선다형으로 출제되고 정기시험은 2, 3, 5, 8, 9, 11월 연 6회 치른다. TESAT는 수험생들에게 시장 경제 원리를 이해하고 경제 마인드를 향상시킬 수 있는 기회를 제공하며 문제를 풀면서 경제학 기초지식과 시사 · 경제 · 경영 상식이 늘도록 출제되어 교육적으로도 활용 가치가 뛰어나다. 또한 논리력과 사고력이 요구되거나 복잡한 경제 현상을 알기 쉬운 예시문장으로 상황 설정을 함으로써 문제의 흥미도 또한 높다. 국내 저명 경제 · 경영학과 교수와 민간 경제연구소 연구위원, 한국경제신문 베테랑 논설위원들이 출제에 참여하여 문제의 완성도를 제고하였다.

▶▶ **성적의 활용**

TESAT은 한국은행, 자산관리공사 등 금융 관련 공기업을 비롯하여 은행, 증권 등 금융회사, 삼성, 현대자동차 등 많은 대기업들이 사원 채용, 승진 인사에 활용하고 있다. 학점은행제를 활용해 학사, 전문학사를 취득하려는 학생들은 테샛으로 14 ~ 20학점의 경영학점을 취득할 수 있고, 경제 · 경영학도를 꿈꾸는 청소년들은 테샛을 자기계발 도구로 활용할 수 있다.

기업들이 테샛을 활용하는 것은 직원들의 경제이해력이 곧 회사의 경쟁력이라고 인식하고 있기 때문으로 보인다. 경제이해력은 의사결정권한이 과장, 대리 등 일선 관리자로 내려가고 있는 복잡하고 급변하는 현대 경영 환경에서 기업 구성원들이 꼭 갖춰야 할 소양이다. 아울러 정부 정책이나 정치인의 선거 공약을 제대로 이해하고 평가함으로써 투표권을 제대로 행사하는데 필요한 민주 시민의 기초 소양이기도 하다. 그래서 대부분의 선진국들은 경제 교육과 경제이해력검증시험을 정부가 지원하고 있다. 미국의 경우 TUCE(Test of Understanding College Economics ; 경제 이해력 테스트)와 같은 국가공인 경제 이해력 시험이 시행되고 있다. 테샛 역시 국가공인 시험이다.

▶▶ **출제기준**

① **경제이론** : 경제 정보를 이해하는데 필요한 주요 경제 이론 지식을 테스트 한다. 경제 기초, 미시, 거시, 금융, 국제 등 경제학 전 분야에서 골고루 출제한다. 3점짜리 20문항, 4점짜리 10문항 등 총 30문항 100점 만점으로 구성된다.

② **시사경제**(경영) : 경제 · 경영과 관련된 뉴스를 이해하는데 필요한 배경 지식을 테스트 한다. 새로운 경제정책과 산업 · 기업 관련 뉴스 이해에 필요한 경제 · 경영 상식을 검증한다. 3점짜리 20문항, 4점짜리 10문항 등 30문항 100점 만점으로 구성된다.

③ **응용복합**(상황판단) : 경제 · 경영 · 시사 상식을 결합한 심화 영역으로 경제 상황을 분석 · 추론 · 판단할 수 있는 종합사고력을 테스트 한다. 자료(통계)해석형 · 이슈 분석형 · 의사결정형의 문항으로 출제된다. 여러 변수를 고려해야 하는 경제이해력의 특성을 감안하여 마련한 영역으로 가장 높은 5점짜리 20문항으로 구성된다.

④ TESAT의 출제영역과 영역별 문항 수, 배점

영역 \ 기능		지식 이해	적용	분석 · 추론 · 종합 판단	문항 수 및 배점
경제이론	기초일반	20	10		20×3 10×4 =100점
	미시				
	거시				
	금융				
	국제				
시사경제	정책(통계)	20	10		20×3 10×4 =100점
	상식(용어)				
	경영 (회사법 · 회계 · 재무)				
응용복합 (추론판단)	자료해석			20	20×5 =100점
	이슈분석				
	의사결정 (비용편익분석)				
합계		3점 40문항	4점 20문항	5점 20문항	300점 80문항

▶▶ 평가방법

① 국내외에서 발생하는 각종 경제 정보를 제대로 이해하고 이를 바탕으로 주어진 경제 상황에서 합리적인 판단을 내리거나 주요 경제 이슈에 대해 독자적으로 의견을 제시할 수 있는 능력을 경제이해력이라 한다.

② 테샛은 이렇게 정의한 경제이해력을 검증하기 위해 경제이론 · 시사경제(경영) · 상황판단(응용복합) 등 3개 영역에서 총 80문항을 출제한다. 시험시간은 100분이다.

③ 문항당 3 ~ 5점이 배점되며 300점이 만점이다. 총점을 기준으로 경제이해력 정도를 나타내는 S, 1 ~ 5의 등급을 부여하고 있으며, 백분율 석차도 함께 표시하고 있다.

S급	점수 270 ~ 300점 복잡한 경제정보를 정확하게 이해할 수 있으며 이를 근거로 주어진 경제 상황에서 독자적으로 의사결정을 내릴 수 있고, 찬반 논쟁이 있는 경제 이슈에 대해 자신의 의견을 설득력 있게 제시할 수 있음 경제이해력 탁월
1급	점수 240 ~ 269점 복잡한 경제정보를 대부분 이해할 수 있으며 이를 근거로 주어진 경제 상황에서 독자적으로 의사결정을 내릴 수 있고, 찬반 논쟁이 있는 경제 이슈에 대해 자신의 의견을 소신있게 제시할 수 있음 경제이해력 매우 우수

2급	점수 210 ~ 239점 일반적인 경제정보를 정확하게 이해할 수 있으며 이를 근거로 주어진 경제 상황에서 독자적으로 의사결정을 내릴 수 있고, 찬반 논쟁이 있는 경제 이슈에 대해 자신의 의견을 제시할 수 있음 <div align="center">경제이해력 우수</div>
3급	점수 180 ~ 209점 일반적인 경제정보를 대부분 이해할 수 있으며 이를 근거로 약간의 도움을 받는다면 주어진 경제 상황에서 의사결정을 내릴 수 있고, 찬반 논쟁이 있는 경제 이슈에 대해 자신의 의견을 제시할 수 있음 <div align="center">경제이해력 보통</div>
4급	점수 150 ~ 179점 주위의 도움을 받아 일반적인 경제정보를 이해할 수 있으며 이를 근거로 주어진 경제 상황에서 상사의 지도·감독 아래 간단한 의사결정을 내릴 수 있음 <div align="center">경제이해력 약간 미흡</div>
5급	점수 120 ~ 149점 주위의 조언을 상당히 받아 일반적인 경제정보를 이해할 수 있으며 이를 근거로 주어진 경제상황에서 상사의 지속적인 지도·감독 하에 간단한 의사결정을 내릴 수 있음 <div align="center">경제이해력 미흡</div>
등급외	점수 120점 미만

※ T = MAI(Tesat-Market Attitude Index) 지수
시장친화도지수, 시장경제의 기본 원리에 대한 이해도로 20개 관련 문항의 점수를 응시자 전체 평균과 비교해 보통이 100이 되도록 만든 지수이다.
T-MAI = 100 + 본인의 시장경제 문항점수(100점 만점) - 수험생 전체의 시장경제 문항점수(100점 만점)

▶▶ 시험규정

① 시험 일반 규정

    ㉠ 시험시간 및 입실시간 : 시험시간은 오전 10시부터 오전 11시 40분까지 100분이며, 시험시작 30분 전까지 입실 완료해야 한다.

    ㉡ 시험 당일 지참물 : 수험표, 신분증, 컴퓨터용 사인펜

    ㉢ 응시자격 및 제한 : 자격제한 없음

    ㉣ 성적 유효기간 : 성적 유효기간은 응시일로부터 2년, 2년 후에는 성적표의 재발급이나 성적확인이 불가능

    ㉤ 성적표 발급 : 시험 성적표는 시험시행일로부터 약 2주일 후 온라인으로 발급, 최초 성적표 1매는 무료로 발급되며, 2번째 성적표부터는 1매당 500원을 지급해야 한다.

② 신분증 규정

    ㉠ 일반인, 대학생 : 주민등록증, 운전면허증, 기간 만료 이전의 여권, 공무원증, 주민등록증 발급신청확인서
        ※ 주의 : 학생증은 신분증으로 사용할 수 없다.

    ㉡ 중학생, 고등학생 : 주민등록증, 기간 만료 이전의 여권, 청소년증, 주민등록증 발급신청확인서, 학생증(사진 탈 부착이 불가능한 포토아이디, 종이 학생증 불가), TESAT 신분확인증명서

    ㉢ 군인 : 장교·ROTC 장교·사관생도·부사관은 군무원 신분증, 사병·ROTC 후보생은 TESAT 신분확인 증명서에 부대장직인확인

③ 부정행위처리 규정

　㉠ 부정행위자로 간주되는 경우

- 제한시간을 준수하지 않은 경우
- 시험 종료 이후 답안을 작성하는 경우
- 감독관의 정당한 지시에 불응하는 경우
- 시험 중 휴대전화 및 기타 전자기기를 소지한 것으로 판명되는 경우
- 본인의 사용의지와 관계없이 휴대폰 등 전자 통신기기가 작동한 경우
- 타인의 답안을 보거나, 보여주는 경우
- 고사실 밖으로 문제 또는 답안을 유출, 배포하는 경우
- 시험 종료 후 채점과정에서 부정행위자로 판명된 경우
- 대리로 응시한 경우(청탁자와 응한 자 모두 부정행위처리)
- 계획적으로 답을 가르쳐 주거나 받는 경우
- 유출한 문제를 공개 사용하거나 배포한 경우
- 타인의 응시를 심각하게 방해한 경우
- 고사실내에서 난동이나, 소란을 피우는 경우
- 문제지 이외에 문제 또는 답안을 메모하는 경우
- 기타 시험 진행에 방해가 될 만한 행위를 하는 경우
- 신분증을 위·변조하여 시험을 치르는 경우
- 성적표를 위·변조하여 사용하는 경우

　　※ TESAT관리위원회에서는 휴대전화를 이용한 부정행위를 방지하기 위하여 응시자들의 휴대전화를 시험 전에 모두 회수한다.
　　※ 시험 도중 휴대전화 및 기타 전자기기를 소지하거나 이들이 작동되어 적발되었을 경우 사용여부와 관계없이 부정행위로 처리된다.

　㉡ 부정행위 처리

- 부정행위 적발 및 처리는 TESAT관리위원회의 고유권한으로 상당한 이유 없이는 번복되지 않음을 원칙으로 한다.
- 부정행위자로 적발된 자는 해당 성적 뿐 아니라 이전 성적도 모두 무효화하며 사안에 따른 자격 제한 기준에 따라 2년 동안 시험에 응시할 수 없다.

④ 취소 및 환불 규정 - TESAT 관리운영규정 제16조〈취소 및 환불〉

　㉠ 수험자는 원서접수기간 일주일 이내에 접수를 취소하고 환불을 요청할 수 있다.

　㉡ 정규접수기간 중 : 100% 환불

　㉢ 정규접수 종료 1주일 후까지 : 응시료의 50% 환불

　㉣ 예외(접수종료 1주일 후에라도 증빙서류를 제출하면 응시료를 환불)

- 직계가족이 사망한 경우
　→ 가족관계 확인이 가능한 공식 서류와 사망을 알 수 있는 서류 제출
- 사고 또는 질병으로 입원을 한 경우
　→ 입원기간에 해당 시험일이 포함되어 있는 진단서 또는 입원증명 자료 제출
- 신종인플루엔자처럼 사회적 파장이 큰 전염병에 걸려 시험을 치르지 못했을 경우
　→ 의사 진단서 제출

CONTENTS

CONTENTS

핵심이론정리

경제개념별 중요도에 따라 경제학의 핵심이론을 기출유형문제와 함께
수록하여 출제유형을 쉽게 파악하고 이해력을 높일 수 있도록 하였다.

핵 · 심 · 이 · 론 · 정 · 리

경제이론

경제학 기초

학습대책

희소성의 정확한 의미와 효율성과 공평성의 개념의 차이를 확실히 알아둔다. 기회비용의 부분은 출제빈도가 높으므로 응용문제를 중심으로 내용을 파악해 두며 매몰비용과의 차이점도 이해한다. 시장경제 제도 및 가격제도와 관련된 내용도 빈번하게 출제되므로 시사문제를 중심으로 정확하게 알아둔다.

1. 경제학의 기본원리

1 경제학의 개념

① 희소성의 법칙

　㉠ 희소성(scarcity)의 법칙이란 한 사회가 가지고 있는 경제적 자원이 인간의 욕망에 비하여 수량이 제한되어 있음을 의미한다.

　㉡ 제한된 경제적 자원을 인간이 어떻게 효율적으로 이용할 것인지에 대한 선택의 문제가 따르게 된다.

▶ **기출유형익히기**

다음 중 희소성에 대하여 가장 잘 설명한 것은?

① 자원이 유한함을 의미한다.

② 자원이 욕구를 충족시키기에 부족하다는 의미이다.

③ 자원은 풍부하나 금전적 거래가 어려운 경우를 의미한다.

④ 금, 다이아몬드, 희토류 등 희귀자원을 가리키는 말이다.

⑤ 최근 대기오염의 심화로 공기도 희소성을 지닌 자원이 되었다.

　　✔ 희소성(scarcity)은 물질적 수단의 공급이 인간의 욕구를 충족시켜주기에 부족한 경우로 정의된다. ④의 각종 희귀자원들이 대표적으로 희소성이 있는 것들이나, 수요가 거의 없는 경우는 자원이 희귀하더라도 희소성이 있다고 표현하지 않는다. ⑤의 공기는 대표적인 자유재이다.　　　**답_②**

② **경제학의 의미**

　　㉠ 경제학이란 한 사회에서 희소성 있는 자원을 어떻게 합리적으로 관리하는가를 연구하는 학문분야이다.

　　㉡ 또한 사람들이 일하는 것과 저축, 투자, 생산, 소비 등의 의사결정과정을 연구하는 학문이다.

2 의사결정과정에 관한 기본원리

① 사람이 선택하는 모든 것에는 항상 대가가 따르게 되며 효율성과 공평성의 상충관계(trade-off)에 있다.

　　㉠ **효율성**(efficiency) : 한 사회에서 한정된 자원을 이용하여 최대의 효과를 얻고자 하는 속성

　　㉡ **공평성**(equity) : 희소자원의 혜택이 사회구성원에게 공정하게 분배되는 속성

② 선택에는 항상 기회비용이 따른다. 이때 기회비용이란 여러 가능성 중 하나를 선택했을 때 그 선택으로 인해 포기해야 하는 가치를 경제적 가치로 표시한 비용을 말하며 한정된 자원으로 생산 활동이나 소비활동을 하는 경제생활에 있어서 경제활동은 다른 경제활동을 할 수 있는 기회의 희생으로 이루어진다.

　　※ 포기해야 하는 가치가 여러 개일 경우, 그 중에서 가장 큰 것이 기회비용이 된다.

③ 경제학에서 사람들은 합리적인 판단을 한다고 가정하며, 합리적인 사람은 한계적 변화의 이득과 비용을 비교하여 현재 진행 중인 행동을 바꿀 것인가를 판단한다.

④ 사람들은 사람이 행동하도록 만드는 그 무엇인 경제적 유인(incentive)에 따라서 행동한다.

　　예) 정부보조금, 유류세, 과태료 등

3 타인 간의 상호작용에 관한 원리

① 시장이 경제활동을 조직하는 수단이 된다.

　　㉠ **계획경제** : 오직 정부만이 국가 전체의 경제적 후생을 가장 잘 증진 시킬 수 있다는 논리에 근거한다.

　　㉡ **시장경제** : 수많은 기업과 가계가 시장에서 상호작용을 통하여 분산된 의사결정에 따라 자원배분이 이루어지며 가격과 사적이윤에 의하여 의사결정을 한다.

② 자유거래는 거래당사자에게 모두 이익이 된다(특화를 통한 국가 간의 교역 등).

③ 정부의 시장개입이 필요한 경우가 있다.

　　㉠ **사유재산권** : 시장경제가 작동하는데 없어서는 안 될 중요한 제도로서 특정자원의 사용 방법을 결정하고 결과물에 대한 배분을 결정하는 권리를 말한다.

　　㉡ **시장실패** : 가격이 소비자와 생산자에게 적절한 신호(signal)를 주지 못하여 규제받지 않은 경쟁시장이 비효율적인 결과를 가져오는 상황을 말하며 외부효과와 독과점이 원인이 된다.

2. 미시경제학과 거시경제학

1 미시경제학(microeconomics)

① 가계와 기업이 어떻게 의사결정을 내리며 시장에서 이들이 어떻게 상호작용을 하는가를 연구하는 분야이다.

② 자원배분과 분배의 문제에 관심의 초점을 둔다. 이를 위해서는 개별 시장 혹은 개별 경제주체의 차원에서 분석을 해야 할 필요가 있다.

③ 개별상품시장에서 이루어지는 균형, 즉 수요와 공급에 의해서 결정되는 생산량과 가격에 분석의 초점을 둔다. 이러한 분석은 생산물시장뿐 아니라 생산요소시장에도 해당된다.

④ 그 외에도 정보의 비대칭성, 외부성, 공공재 등에 대한 연구도 포함된다.

2 거시경제학(macroeconomics)

① 인플레이션, 실업, 경제성장, 국제수지 등과 같이 나라 경제 전체에 관한 경제현상을 연구하는 학문이다.

② 경제의 성장과 안정에 관심의 초점을 둔다. 안정과 성장은 국민경제 전반에 관한 문제로 전반적인 흐름에 관심의 초점을 두어야 한다.

③ 거시경제의 주요 변수로는 물가, 실업, 국민소득 등이 있으며 이에 대한 분석을 한다.

④ 그 외에도 경기변동과 경제성장에 대한 분석을 포함한다.

3. 기회비용과 매몰비용

1 기회비용(opportunity cost)

① 기회비용은 어떤 대안을 택함으로써 포기해야 하는 다른 대안 중에서 가치가 가장 큰 것을 의미한다.

② 기회비용은 희소한 자원을 최대한 효율적으로 분배할 것인지에 관한 선택의 문제에서 발생하는 개념이다.

> 💡 기회비용(opportunity cost)
>
> 여러 가능성 중 하나를 선택했을 때 그 선택으로 인해 포기해야 하는 가치 전체를 의미한다. 기회비용은 어떤 선택에 따라 포기하게 되는 가치 중 최고의 것을 나타내는 것으로 기회원가라고도 한다. 한정된 자원으로 생산활동이나 소비활동을 하는 경제생활에 있어서 경제활동은 다른 경제활동을 할 수 있는 기회의 희생으로 이뤄진다. 기회비용의 관점에서는 어떤 경제활동의 비용은 그것을 위해 단념해야 하는 다른 경제활동의 양이다.

▶ **기출유형익히기**

영화배우인 강호는 5억 원에 액션영화를 찍는 것, 3억 원에 예술영화를 찍는 것과 1억 원에 드라마에 출연하는 것 사이에서 고민하다가 예술영화에 출연하기로 결심하고 계약서에 서명하였다. 이 때 강호의 기회비용은 얼마인가?

① 없음   ② 1억
③ 3억   ④ 5억
⑤ 8억

> ✔ 기회비용(opportunity cost)은 특정한 선택을 함으로써 포기한 나머지 선택의 가치를 뜻하는 개념으로, 포기하는 대안 중 가치가 가장 큰 것인 액션영화에 출연비용인 5억 원이 된다.   답_④

2 매몰비용(sunk cost)

① 매몰비용은 한번 지출하면 회수가 불가능한 비용을 말한다.

② 합리적인 선택을 위해서는 이미 지출되었으나 회수가 불가능한 매몰비용은 고려하지 않는다.

> 🔍 더 알고가기
> ㉠ **명시적 비용(explicit costs)** : 현금 지출을 필요로 하는 요소비용이다.
> ㉡ **암묵적 비용(implicit costs)** : 현금 지출이 필요 없는 요소비용이다.

-☼- 매몰비용(sunk cost)

매몰비용은 이미 매몰되어 버려서 다시 되돌릴 수 없는 비용, 즉 의사결정을 하고 실행한 이후에 발생하는 비용 중 회수할 수 없는 비용을 말하며, 함몰비용이라고도 한다. 일단 지출하고 나면 회수할 수 없는 기업의 광고 비용이나 R&D 비용 등이 이에 속한다.

▶ **기출유형익히기**

다음의 글에서 1년 동안 자동차를 사용한 것에 대한 정약용의 기회비용은?

정약용은 연초에 2,000만 원을 일시불로 주고 승용차를 구입하여 일 년간 타고 다니다가 연말에 이 차를 1,200만 원을 받고 팔았다. 정약용이 만일 자동차를 사지 않았더라면 이 돈을 은행에 연 5%로 예금했을 것이다.

① 800만 원
② 850만 원
③ 900만 원
④ 1,000만 원
⑤ 2,000만 원

✔ 기회비용은 어떤 선택에 따른 비용과 그 선택으로 인해 포기된 차선의 선택이 가지는 가치를 합한 것이다. 정약용이 1년 동안 자동차를 구입하는 데에 들어간 비용은 800만 원이다. 하지만 자동차 구입을 하지 않았다면 2,000만 원을 은행에 넣어 100만 원의 이자 수입을 얻을 수 있을 것이므로 기회비용은 900만 원이 된다.

답_③

4. 실증적 분석과 규범적 분석

1 실증적 분석(positive analysis)

① 실증적 분석은 경제현상에 대해 분석자의 주관적인 가치판단의 개입을 배제한 상태에서 객관적·과학적으로 분석하는 것을 말한다.

② 실증적 분석의 예로는 '임금이 상승하면 고용량이 감소한다', '가격이 상승하면 수요량이 감소한다' 등이 있다.

2 규범적 분석(normative analysis)

① 규범적 분석은 경제현상에 대해 분석자의 주관적인 가치판단을 근거로 경제상태가 어느 정도 바람직한지를 평가하고 개선방안을 연구하는 것을 말한다.

② 규범적 분석은 가치판단에 의하여 보완된다. 저소득층을 위한 '최저임금제 시행' 등을 예로 들 수 있다.

5. 인과의 오류와 구성의 오류

1 인과의 오류(The fallacy of Casuality)

① 어떠한 사건이 일어난 후에 특정한 사건이 발생한 경우, 특정 사건의 원인을 어떠한 사건으로 결론짓는 오류로, 하나하나의 구체적인 사실로부터 일반적인 명제를 이끌어내는 방법인 귀납법을 사용할 경우에 발생할 수 있는 오류를 인과의 오류라고 한다.

② 흔히 드는 예로 '까마귀 날자 배 떨어 진다'가 있다.

2 구성의 오류(The fallacy of Composition)

① 부분적 성립의 원리를 전체적 성립으로 확대하여 추론함으로써 발생할 수 있는 오류이며, 보편적인 원리에서 하나의 구체적인 사실을 유도해내는 방법인 연역법을 사용할 경우 발생할 수 있는 오류를 구성의 오류라고 한다.

② '개인들의 저축을 증가시키면 경제전체의 저축이 증가한다'라는 말은 구성의 오류의 일반적인 예이다.

6. 시장과 가격기구

1 시장(market)의 의미

① 어떤 상품에 대한 구매자들과 판매자들의 집합체를 시장이라고 한다.

② 시장 참여자들 간의 실제적이거나 잠재적인 상호작용을 통하여 한 재화 또는 여러 재화들의 묶음에 대한 가격이 결정된다.

2 경쟁시장과 비경쟁시장

① **완전경쟁시장**… 다수의 구매자와 판매자로 구성되어 있어 어느 한 구매자나 판매자가 가격에 영향을 미칠 수 없는 시장이다.

② **비경쟁시장**(독점, 과점)… 소수의 구매자와 판매자로 구성되어 있거나 개별기업들이 서로 담합하여 가격에 영향을 미칠 수 있는 시장이다.

3 시장가격

① 일반적으로 완전경쟁시장에서는 동일 상품에 대하여 하나의 시장가격이 형성된다(일물일가의 법칙).

② 완전경쟁적이지 않은 시장에서는 동일한 제품을 생산하는 기업들이 서로 다른 가격을 설정할 수 있다.

4 시장경제와 가격기구

① **시장경제의 의의**
　　㉠ 국민경제가 해결해야 할 과제인 자원배분, 분배, 경제의 안정과 성장의 문제를 시장에서 경제주체들의 자율적인 의사에 따라 문제를 해결하는 방식으로 자유방임적인 자본주의 체제이다.
　　㉡ 수많은 기업과 가계가 시장에서 상호작용을 통하여 분산된 의사결정에 의하여 자원 배분이 합리적으로 이루어지는 경제체제를 말하며 시장에는 가격과 사적이윤이 그들의 의사결정의 요인이 된다.

② **가격기구**(시장기구)**의 기능**
　　㉠ 시장에서 한 상품의 구매자와 판매자간의 거래를 통하여 가격과 거래량이 결정된다.
　　㉡ 거래과정을 통하여 상품의 양 및 생산방법 등이 동시에 결정되며 경제전체의 안정과 성장이라는 측면에서의 경제의 상태도 결정된다.

③ **시장에서의 가격의 역할**
　　㉠ 가격의 배급기능 : 가장 높은 가치로 평가하는 사람들에게 상품을 배급함으로써 희소한 상품을 과도하게 소비하려는 욕구를 통제하는 기능을 한다.
　　㉡ 가격의 배분기능 : 생산자원이 경제의 부문들 사이로 배분되어 가는 과정에서 신호(signal)를 전달하는 역할을 한다.　예 아담 스미스 (Adam Smith)의 '보이지 않는 손(invisible hand)'

5 **시장경제의 특성**

① **시장경제 제도의 원칙**

　⊙ **사유재산권** : 재산의 소유, 사용, 처분이 재산 소유주 의사에 따라 자유롭게 이루어지는 원칙

　ⓒ **경제활동의 자유** : 경제 행위에 대한 개인의 의사결정이 자유롭게 이루어지며 책임이 따른다.

　ⓒ **사적이익 추구** : 개인의 경제적 이득을 얻기 위하여 경제활동의 참여를 보장한다.

② **시장경제의 부정적 측면**

　⊙ **빈부격차** : 모든 경제주체들의 능력과 소질의 차이로 인하여 발생한다.

　ⓒ 실업과 인플레이션이 발생한다.

　ⓒ 무분별한 개발로 인한 환경 파괴 및 오염문제가 발생한다.

　ⓔ **인간 소외 현상** : 인간성이 소외되고 물질의 지배를 받게 되는 현상이 생긴다.

　ⓜ 집단이기주의 및 지역이기주의 등으로 공적 이익과 사적 이익 사이의 대립이 발생한다.

③ **우리나라의 경제제도** … 원칙적으로는 시장경제 체제를 유지하면서 시장경제의 문제점을 해결하고 경제질
서를 유지하기 위하여 일정한 범위 내에서는 정부의 개입을 인정하는 혼합경제체제*를 채택하고 있다.

> 🔔 더 알고가기
>
> **혼합경제체제** : 20세기 초 전 세계적인 경제공황 발생 이후에 발생한 경제체제
> 로, 시장경제 체제에 계획경제 요소를 도입하여 정부가 경제활동에 적극적으로
> 개입하는 경제체제로 수정자본주의라고도 한다.

▶  **기출유형익히기**

다음 중 시장의 자유경쟁으로 인해 나타나는 결과가 아닌 것은?

① 경기 안정　　　　　　　　② 가격 하락
③ 서비스 개선　　　　　　　④ 제품의 다양성
⑤ 제품 품질 향상

　　✔ 많은 고객을 확보하려는 기업들의 경쟁은 좀 더 나은 제품 및 서비스 등을 더욱 저렴한 가격에 공급하
　　는 결과를 낳게 된다. 하지만 자유경쟁의 결과 제품 및 서비스 등의 가격은 하락하게 되며 서비스는
　　개선된다. 더불어서 혁신이 촉진됨으로써 제품의 종류는 다양해지고 품질은 향상되게 된다. 그로 인해
　　국민들의 전반적 삶의 수준은 높아지게 된다. 그러나 이러한 자유경쟁이 경기를 안정시키는 역할을 하
　　는 건 아니며 더불어서 이러한 시장경제는 효율성을 높이는 것이지 공평성까지 보장하는 건 아니다.

답_①

02 ▶ 미시경제학

학습대책
'수요(공급)'의 변화와 '수요(공급)량 변화'의 차이를 구별할 수 있어야 하며 '수요(공급)'의 이동과 변화의 요인을 응용사례를 접해보면서 이해해야 한다. 대체재 및 보완재의 가격변화에 따른 상대재화의 수요변화를 응용문제를 통하여 개념을 확실히 한다. 탄력성, 가격규제정책 및 무차별곡선과 관련된 이론을 이해하고 특히 시장실패, 공공재 등의 개념을 확실히 공부하여 시사·응용문제에 대비한다.

1. 시장의 수요와 공급

1 수요

① 수요란 일정기간 동안 재화나 용역을 구매하고자 하는 욕구를 말한다.

  ㉠ '일정기간 동안'은 유량개념(flow)으로 특정시점의 개념이 아닌 기간의 개념이다.

  ㉡ '구매하고자 하는 욕구'는 실제 구매한 양을 의미하는 것이 아닌 구매하려고 의도한 양을 말한다.

  ㉢ 유효수요의 개념은 구매력이 뒷받침되는 수요를 말한다.

② **수요곡선**(demand curve) … 수요량에 영향을 줄 수 있는 다른 요인이 일정한 상태에서, 가격이 변함에 따라 소비자들이 구매하려는 양을 나타낸다.

  ㉠ 일반적인 시장 수요곡선은 우하향한다.

  ㉡ 가격과 수요량은 역의 관계를 가진다.

③ **수요곡선의 이동**

  ㉠ 다음 그림에서와 같이 시장가격이 P_1에 고정되어 있다면 소득이 증가할 때 수요량은 Q_1에서 Q_2로 증가한다.

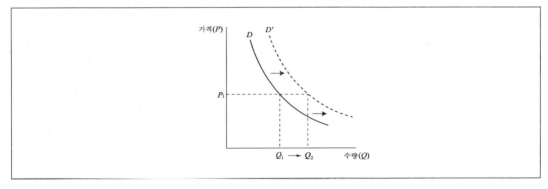

ⓛ '수요의 변화'는 수요곡선 자체의 이동으로 발생한 수요량의 변화를 의미하며 '수요량의 변화'는 동일한 수요하에서 가격이 변하면서 수요량이 변하는 수요곡선상의 이동을 의미한다.

④ **수요변화의 요인**

　ⓒ 소비자의 소득

　　㉮ 정상재 : 우등재 또는 상급재라고도 하며 소득이 증가(감소)하면 수요가 증가(감소)하여 수요곡선 자체가 우상향(좌상향)으로 이동한다.

　　㉯ 열등재 : 소득이 증가(감소)하면 수요가 감소(증가)하며, 수요곡선 자체가 좌하향(우상향)으로 이동한다.

　　㉰ 기펜재 : 열등재의 일종으로, 재화의 가격이 하락하면 오히려 재화의 수요도 감소하는 예외적인 수요법칙을 보이는 재화를 말한다.

　　㉱ 중간재 : 소득이 변화함에도 불구하고 동일한 가격에서 수요량은 전혀 변하지 않는 재화로 소득이 증가(감소)하여도 수요 및 수요곡선 자체는 불변이다.

　ⓒ 관련재화의 가격변동

　　㉮ 대체재 : 두 재화가 서로 비슷한 용도를 지녀 한 재화 대신 다른 재화를 소비하더라도 만족에 별 차이가 없는 관계를 말한다. 서로 경쟁적인 성격을 띠고 있어 경쟁재라고도 하며 소비자의 효용 즉, 만족감이 높은 쪽을 상급재, 낮은 쪽을 하급재라 한다. 만약 두 재화 A, B가 대체재라면 A재화의 가격이 상승(하락)하면 A재화의 수요는 감소(증가)하고 B재화의 수요는 증가(감소)한다.

　　　예 설탕과 꿀, 콜라와 사이다, 연필과 샤프, 버터와 마가린

　　㉯ 보완재 : 한 재화씩 따로 소비하는 것보다 두 재화를 함께 소비하는 것이 더 큰 만족을 주는 재화의 관계를 말한다. 따라서 두 재화 A, B가 보완재일 경우, A재화의 가격이 상승(하락)하면 A재화 및 B재화 모두 수요가 감소(증가)한다.

　　　예 커피와 프림, 빵과 잼, 샤프와 샤프심, 잉크와 프린터

　　㉰ 독립재 : 한 재화의 가격이 다른 재화의 수요에 아무런 영향을 주지 않는 재화의 관계를 말한다. 따라서 수요곡선 자체도 불변이다.

　　　예 쌀과 설탕, 안경과 빵, 카메라와 사과, 자전거와 샤프

　ⓒ 소비자의 기호변화, 소비자의 가격예상, 구입자의 수 등

2 공급

① 공급이란 일정기간 동안 재화나 용역을 판매하고자 하는 욕구를 말한다.

　ⓒ '일정기간 동안'은 수요와 같은 유량개념이다.

　ⓒ '판매하고자 하는 욕구'는 실제 판매한 양이 아닌 의도한 양을 말한다.

② **공급곡선** … 공급량에 영향을 줄 수 있는 다른 것들이 일정한 상태에서, 가격이 변함에 따라 생산자들이 판매하고자 하는 양을 나타낸다.

　㉠ 일반적인 시장 공급곡선은 우상향한다.

　㉡ 가격과 공급량은 양의 관계를 가진다.

③ **공급곡선의 이동**

　㉠ 공급량은 가격이외의 다른 것들 즉, 임금, 이자, 원료비 등의 생산비용에 의하여도 영향을 받는다.

　㉡ 아래의 공급공선의 이동($S \rightarrow S'$)은 가격이외의 다른 조건이 변할 때의 모습을 나타낸다.

생산비용의 하락

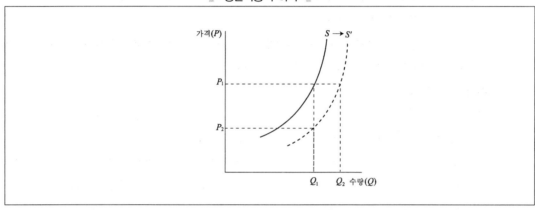

　㉢ 생산비용이 하락한다면 기업들은 같은 양을 더 낮은 가격에서 팔 수 있거나, 같은 가격에서 더 많은 양을 팔 수 있다. 이는 공급곡선을 오른쪽으로 이동시킨다.

　㉣ '공급곡선의 이동'을 '공급의 변화'라 하고, 공급곡선 상에서의 이동을 '공급량의 변화'라 한다.

④ **공급변화의 요인**

　㉠ 생산요소 가격의 변화 : 생산요소의 가격이 상승하면 공급자의 수익성이 감소하므로 생산량이 감소하게 된다. 따라서 공급곡선이 좌측으로 이동한다.

　㉡ 기술수준의 변화 : 기술이 발달하면 생산비용이 낮아지므로 공급이 증가한다. 따라서 공급곡선이 우측으로 이동한다.

　㉢ 다른 재화의 가격변화

　　㉮ 대체재 관계의 두 재화 A, B 중 A재화의 가격이 상승하면 B재화의 공급이 감소하여 공급곡선이 좌측으로 이동한다.

　　㉯ 보완재 관계의 두 재화 A, B 중 A재화의 가격이 상승하면 B재화의 공급이 증가하여 공급곡선이 우측으로 이동한다.

　　㉰ 기업목표의 변화, 판매자의 수

다음은 어느 재화의 시장의 변화를 나타내는 그래프이다. 이에 대한 설명으로 타당한 것을 〈보기〉에서 모두 고른 것은?

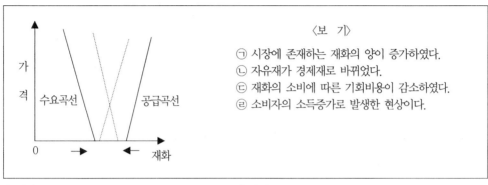

〈보 기〉
㉠ 시장에 존재하는 재화의 양이 증가하였다.
㉡ 자유재가 경제재로 바뀌었다.
㉢ 재화의 소비에 따른 기회비용이 감소하였다.
㉣ 소비자의 소득증가로 발생한 현상이다.

① ㉠㉡   ② ㉠㉣
③ ㉡㉢   ④ ㉡㉣
⑤ ㉢㉣

✔ 자유재란 물과 공기와 같이 그 양이 무한하여 희소성이 없는 재화를 뜻하며, 경제재는 자유재가 아닌 일반적인 재화를 의미한다. 자유재의 경우 수요에 비하여 공급이 훨씬 많아 가격이 형성되지 아니한다.
㉠ 자원의 양이 증가하면 공급곡선이 우측으로 이동하므로 그래프와는 다르다.
㉡ 수요와 공급이 교차하게 되어 시장가격이 형성되었으므로 자유재에서 경제재가 된 것이다.
㉢ 자유재는 포기해야 하는 가치가 없으나 경제재는 기회비용이 있으므로 틀린 설명이다.
㉣ 노동이 증가하면 수요곡선이 우측으로 이동하므로 가능한 설명이다.   답_④

③ 탄력성

① 수요의 가격탄력성

㉠ 수요의 가격탄력성은 가격에 변화가 생길 경우 그 변화율에 대한 수요량 변화율의 상대적 크기로 나타낸다.

$$E_d = \frac{\text{수요량의 변화율}(\%)}{\text{가격의 변화율}(\%)} = \frac{\frac{\triangle Q}{Q}}{\frac{\triangle P}{P}} = \left| \frac{dQ \cdot P}{dP \cdot Q} \right|$$

ⓛ 가격탄력성의 구분

가격탄력성의 크기	용어	예
$E_d = 0$	완전비탄력적	수요곡선이 수직선
$0 < E_d < 1$	비탄력적	대부분 필수재
$E_d = 1$	단위탄력적	수요곡선이 직각쌍곡선
$1 < E_d < \infty$	탄력적	대부분 사치재
$E_d = \infty$	완전탄력적	수요곡선이 수평선

ⓒ 수요의 가격탄력성 결정요인

㉮ 대체재의 수가 많을수록 그 재화는 일반적으로 탄력적이다.

㉯ 사치품은 탄력적이고 생활필수품은 비탄력적인 것이 일반적이다.

㉰ 재화의 사용 용도가 다양할수록 탄력적이다.

㉱ 수요의 탄력성을 측정하는 기간이 길수록 탄력적이다.

▶ **기출유형**익히기

아래의 보기 중에서 수요의 가격탄력성 크기에 영향을 주는 요인만을 바르게 묶은 것은?

㈎ 탄력성을 측정하는 기간	㈏ 보완재의 유무
㈐ 대체재의 유무	㈑ 수요의 유행에 대한 민감도

① ㈎㈏ ② ㈎㈐
③ ㈏㈐ ④ ㈏㈐㈑
⑤ ㈎㈏㈐㈑

✔ 수요의 가격탄력성은 가격 변화에 대한 수요의 민감 정도를 말하며, 대체재가 많을수록 가격 탄력성은 높아진다. 탄력성을 측정하는 기간이 길수록 소비자들이 다른 대체재를 찾을 가능성이 높아지므로 탄력성도 높아진다.　　　　　　　　　　　　　　답_②

② **수요의 소득탄력성**

ⓐ 수요의 소득탄력성이란 소득변화에 따른 수요량 변화정도를 나타내는 지표이다.

$$\varepsilon_M = \frac{\text{수요량의 변화율}(\%)}{\text{소득의 변화율}(\%)} = \frac{\dfrac{\triangle Q}{Q}}{\dfrac{\triangle I}{I}} = \frac{dQ \cdot I}{dI \cdot Q}$$

ⓛ 각 재화는 소득탄력성의 부호에 따라 정상재와 열등재로 구분된다.

　㉮ **정상재** : $\varepsilon_M > 0$ (소득증가 → 수요증가)

　㉯ **열등재** : $\varepsilon_M < 0$ (소득증가 → 수요감소)

③ **수요의 교차탄력성**

　㉠ 한 재화(Y재)의 가격이 변화할 때 다른 재화(X재) 수요량의 변화 정도를 나타내는 지표이다.

$$\varepsilon_{XY} = \frac{X재의\ 수요량변화율(\%)}{Y재의\ 가격변화율(\%)} = \frac{dQ_X}{dP_Y} \cdot \frac{P_Y}{Q_X}$$

　㉡ 교차탄력성의 부호에 따라 두 재화 간의 관계를 알 수 있다.

　㉮ $\varepsilon_{XY} > 0$: 대체재

　㉯ $\varepsilon_{XY} < 0$: 보완재

　㉰ $\varepsilon_{XY} = 0$: 독립재

④ **공급의 가격탄력성**

　㉠ 가격변화에 따른 공급량이 변화하는 정도를 나타내는 지표이다.

$$\eta = \frac{공급량의\ 변화율(\%)}{가격의\ 변화율(\%)} = \frac{dQ}{dP} \cdot \frac{P}{Q}$$

　㉡ 공급곡선이 수직선이면 공급곡선상의 모든 점에서 공급의 가격탄력성은 0이고, 공급곡선이 수평선이면 ∞ 이다.

　㉢ 공급곡선이 원점을 통과하는 직선이면 공급곡선 기울기에 관계없이 공급의 가격탄력성은 항상 1이다.

　㉣ 공급의 가격탄력성 결정요인

　㉮ 생산량이 증가할 때 생산비가 완만하게 상승하는 상품은 탄력적이고 생산비가 급격히 상승하는 상품은 비탄력적이다.

　㉯ 저장가능성이 낮은 상품은 가격변화에 신축적으로 대응하기 어렵기 때문에 비탄력적이다.

　㉰ 유휴설비가 존재하면 가격 상승시 생산량이 크게 증가할 수 있으므로 공급이 탄력적이다.

　㉱ 측정기간이 길수록 생산설비규모의 조정이 용이하기 때문에 공급의 탄력성은 커진다.

다른 조건이 모두 동일하다는 가정하에서 지하철 요금이 인상되자 택시 수요는 증가하고 마을버스 수요는 감소하였다. 또한 소득이 증가하면서 택시 수요는 증가하고 마을버스 수요는 감소하였다. 다음 중 옳지 않은 것은?

① 마을버스는 열등재이다.　　　　　　② 택시는 정상재이다.
③ 지하철과 마을버스는 서로 대체재이다.　　④ 택시와 마을버스는 서로 대체재이다.
⑤ 지하철과 택시는 서로 대체재이다.

　　　　　✔ 지하철 요금이 인상되면 택시 수요가 증가하고 마을버스 수요가 감소하였다면 지하철과 마을버스는 보완관계이고, 지하철과 택시는 대체관계이다.　　　　　　　　　　　　　　답_③

4 　가격규제 정책

① 최고가격제

㉠ 가격의 상한을 설정하고 그 이상으로 가격을 받지 못하도록 하는 정책이다.

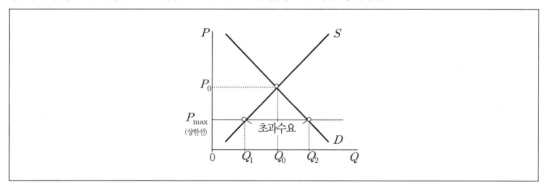

㉡ 가격규제가 없는 경우에는 시장은 균형가격 P_0와 균형수량 Q_0에서 수요량과 공급량이 일치한다.

㉢ 만약, 가격이 $P_{\max}$(최고가격)보다 높지 않도록 규제된다면 공급량은 Q_1으로 줄어들고, 수요량은 Q_2로 증가한다. 따라서 초과 수요 현상이 나타난다.

㉣ 최고가격제의 효과

　㉮ 장점 : 소비자 입장에서 이전보다 낮은 가격으로 재화를 구입할 수 있다.

　㉯ 단점 : 균형가격보다 낮은 가격에서 설정되므로 초과수요가 발생하고 암시장의 출현 가능성이 커진다. 균형가격보다 낮은 가격에서 설정되므로 사회적인 후생손실이 발생한다.

② **최저가격제**

ⓐ 정부가 균형가격보다 높은 최저가격을 설정하고, 설정된 최저가격 이하의 가격으로 재화를 구입하는 것을 금지하는 제도를 말하며 최저임금제가 대표적이다.

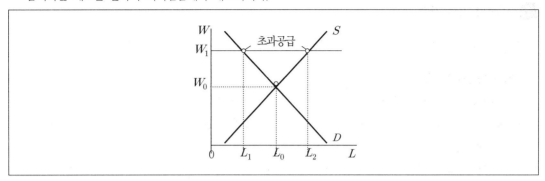

ⓑ 최저가격제의 효과

㉮ 장점 : 생산자의 수익성을 보장하고 제품의 잉여량을 확보할 수 있으며 특히 최저임금제 등으로 노동자를 보호할 수 있다.

㉯ 단점 : 공급자는 최저가격제로 재고를 갖게 되는데 이때 최저가격제를 피해 더 낮은 가격에서라도 재고를 처분하려 한다. 따라서 최저가격제도의 효과가 최적의 효과를 방해하며 최저가격제로 수익성이 보장되는 공급자는 이전보다 제품개발·투자를 소홀히 하여 전체적인 효율성에 악영향을 준다.

▶ **기출유형익히기**

다음 중 암시장이 발생할 가능성이 가장 높은 경우는?

① 최저가격제 실시   ② 최고가격제 실시
③ 이부가격제 실시   ④ 가격정가제 실시
⑤ 가격표시제 실시

✔ 최고가격제는 완전경쟁시장에서 형성되는 가격보다 낮아야 실효성이 있다. 그렇지 않으면 수요가 공급을 초과하게 되고, 결국 초과수요가 암시장의 유인으로 작용한다.   답_②

2. 소비자 행동 이론(Theory of consumer behavior)

1 이론의 기본 가정

① 주어진 소득으로 만족의 극대화를 추구하는 소비자의 재화 선택 행동을 분석하는 이론을 말한다.

② 소비자 행동의 3단계
- ㉠ 소비자의 선호 : 사람들이 어떤 재화를 다른 재화보다 더 선호하는 이유를 발견하는 것이다.
- ㉡ 예산 제약 : 소비자는 자신이 구매할 수 있는 재화의 양을 제한하는 한정된 예산을 가지고 있다는 사실을 고려해야 한다.
- ㉢ 소비자의 선택 : 소비자의 선호와 제한된 예산이 주어졌을 때 소비자는 자신의 만족을 극대화시켜주는 재화들의 배합을 선택한다. 이러한 것은 각 재화의 가격에 따라 달라질 수 있다.

2 한계효용 이론

① 개념
- ㉠ 효용이란 재화나 서비스를 소비함에 따라 느끼는 주관적 만족도를 나타낸 수치이다.
- ㉡ 총효용은 일정기간 동안에 재화나 서비스를 소비함에 따라 얻게 되는 주관적인 만족도의 총량을 말한다.
- ㉢ 한계효용은 재화나 서비스의 소비량이 한 단위 증가할 때 변화하는 총효용의 증가분을 말한다.

② 한계효용체감의 법칙
- ㉠ 개념 : 재화의 소비가 증가할수록 그 재화의 한계효용이 감소하는 것을 말한다.
- ㉡ 가치의 역설
  - ㉮ 사용가치가 큰 물은 교환가치가 작고, 사용가치가 작은 다이아몬드는 교환가치가 크다는 역설적인 현상을 말한다.
  - ㉯ 한계효용학파*는 가격은 총효용이 아닌 한계효용에서 결정되는 것으로 다이아몬드는 총효용이 매우 작지만 수량이 작아 높은 한계효용을 가지므로 높은 가격이 형성되고, 물은 총효용은 크지만 수량이 풍부해 낮은 한계효용을 갖기 때문에 낮은 가격이 형성된다.

 더 알고가기

한계효용학파 : 1870년대 스위스의 M.E.L 발라, 영국의 W.S. 제번스 등 오스트리아 학파로 불리는 이론으로 재화의 가치는 소요된 원가가 아닌 수요자가 느끼는 한계효용이 결정한다고 보았다. 즉, 주관적인 입장에서 경제현상을 접근한 것이 특징이다.

3 **무차별곡선 이론**

① **무차별곡선**(indifference curve) … 소비자에게 동일한 만족 또는 효용을 제공하는 재화의 묶음들을 연결한 곡선을 말한다. 즉 총효용을 일정하게 했을 때 재화의 조합을 나타내는 것으로 무차별곡선상의 어떤 조합을 선택하여도 총효용은 일정하다. 때문에 만약 X재의 소비량을 증가시키는데 Y재의 소비량이 그대로라면 총효용은 증가하게 되어 무차별곡선 자체가 이동하게 되므로 Y재의 소비량은 감소시켜야 한다. 즉, 한 재화의 소비량을 증가시키면 다른 재화의 소비량은 감소하므로 무차별곡선은 우하향하는 모습을 띤다. 무차별곡선은 다음과 같은 가정을 지닌다.

　ⓐ 완전성(completeness) : 선호는 완전하며 소비자는 선택 가능한 재화 바스켓을 서로 비교하며 순위를 매길 수 있다.

　ⓑ 전이성(transitivity) : 선호는 전이성을 가지며 만약 A 재화를 B보다 더 선호하고 B를 C보다 더 선호한다면 이는 소비자가 C보다 A를 더 좋아한다는 것을 의미한다.

　ⓒ 불포화성 : 아무리 소비를 증가시켜도 한계효용은 마이너스 값을 갖지 않는다.

② **무차별곡선의 그래프**

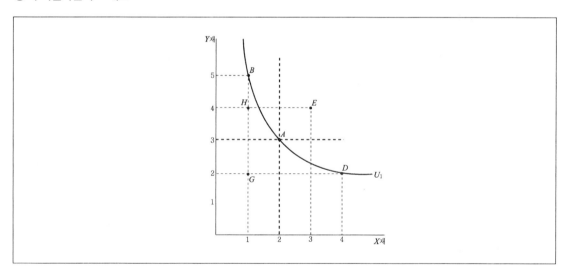

※ 상품의 조합 A를 지나는 무차별곡선 U_1은 이 소비자에게 상품의 조합 A와 동일한 만족을 주는 모든 조합들을 나타내며 B 와 D의 조합들을 포함한다. 이 소비자는 무차별곡선 U_1의 위에 있는 E조합을 A조합보다 더 선호하며, 무차별곡선 U_1보 다 아래에 있는 H나 G조합보다는 A조합을 더 선호한다.

③ **한계대체율**(MRS ; Marginal Rate of Substitution) … 무차별곡선에서 한 점의 기울기는 소비자가 만족수 준을 유지하며 한 재화를 다른 재화로 대체할 때 교환되는 두 재화의 비율을 말한다. 즉, X재의 소비량 을 증가할 때 Y재의 소비량이 감소하는데 이때 X재의 증가분에 대한 Y재의 감소분 비율을 바로 한계 대체율이라 하는 것이다.

$$MRS_{XY} = -\frac{\Delta Y}{\Delta X} = \left[\frac{MU_X}{MU_Y}\right] = \frac{P_X}{P_Y}$$

④ **한계대체율 체감의 법칙**(law of diminishing MRS) … 한계대체율은 무차별곡선상 기울기를 나타내므로 X 재화의 소비량이 점차 증가하는 경우 소비자들은 점점 X재화에 싫증을 내기 때문에 X재화를 1단위 추 가 소비시 기꺼이 포기하려하는 Y재화의 소비량은 감소하게 된다. 이는 X재화의 Y재화에 대한 한계 대체율이 점차 감소함을 나타내는 것으로 이러한 현상을 바로 한계대체율 체감의 법칙이라 한다.

⑤ **무차별곡선의 성질**

ㄱ 무차별곡선은 우하향한다

㉮ 두 재화가 모두 만족을 주는 효용재라면 한 재화의 소비량이 감소할 때 동일한 만족을 얻기 위해 서는 다른 재화의 소비량이 증가해야 한다.

㉯ 따라서 무차별곡선은 우하향하게 된다. 하지만 두 재화 중 한 재화가 비효용재라면 무차별곡선은 우상향하는 모습으로 나타난다.

ㄴ 원점을 향해 볼록한 모양을 갖는다

㉮ 무차별곡선에서 기울기는 한계대체율을 나타내는데 한계대체율이 체감하는 특성에 따라 무차별곡 선은 원점에 대해 볼록한 형태를 띤다.

㉯ 만일 한계대체율이 체증한다면 재화의 양이 많을수록 그 재화의 중요성이 증가하는 반면 양이 줄 어드는 재화는 덜 중요하므로 재화에 대한 선호체계자체가 비합리적인 상황이다. 따라서 무차별곡 선은 반대로 원점에 대해 오목한 형태를 띤다.

ㄷ 원점에서 멀수록 높은 효용수준을 나타낸다 : 두 재화가 모두 효용재라면 소비량이 많을수록 소비자의 효용은 높아진다. 따라서 원점에서 멀수록 더 많은 재화조합을 지니므로 보다 높은 효용수준을 나타낸다.

ㄹ 서로 교차하지 않는다 : 무차별곡선이 교차하는 경우 무차별곡선의 기본 가정에 위배된다.

⑤ **특수한 무차별곡선**

ㄱ 완전보완재 : 오른쪽 구두와 왼쪽 구두처럼 완전보완재의 경우 원점에 대해 직각인 무차별곡선을 갖는다.

ⓛ **완전대체재**: 한계대체율은 어느 점에서나 일정하므로 우하향하는 직선 형태의 무차별곡선을 갖는다.
예 사과주스와 오렌지주스

▶ **기출유형익히기**

사과와 배로 구성된 소비묶음을 가지고 무차별곡선을 그릴 때, 무차별곡선이 원점에 대하여 볼록하게 그려지는 이유로 가장 가까운 것은?

① 사과 3개와 배 9개 보다는 사과 4개와 배 10개를 더 선호한다.
② 사과 3개와 배 9개 보다는 사과 4개와 배 8개를 더 선호한다.
③ 사과 3개, 배 9개와 사과 3개, 배 10개의 선호가 동일하다.
④ 사과 3개, 배 9개와 사과 2개, 배 10개 가운데 어느 것을 선호하는 지 알 수 없다.
⑤ 사과 3개와 배 9개보다 사과 2개와 배 8개를 더 선호한다.

✔ 무차별곡선이 원점에 대하여 볼록한 이유는 한계대체율 체감의 법칙 때문으로 무차별곡선을 따라서 아래쪽으로 이동하면 한계대체율이 감소하기 때문이다. 따라서 사과 1개를 얻으려면 배를 1개 이상 줄여야 무차별곡선상에 존재할 수 있다. ②와 같이 사과 1개를 늘리면서 배 1개만 줄인 경우 무차별하지 않고 더 선호하게 된다.   답_②

4 소비자 균형

① **예산선**(budget line) … 소비자의 일정한 소득으로 살 수 있는 두 재화의 무수한 조합을 그래프로 표현한 것을 예산선(budget line)이라 한다. 예산선 안쪽의 삼각형 부분이 소비할 수 있는 재화의 조합을 나타내며 예산선 바깥쪽 부분은 주어진 소득에서는 소비할 수 없는 부분을 나타낸다. 단, 항상 두 재화만을 고려하고 저축의 가능성은 무시한다.

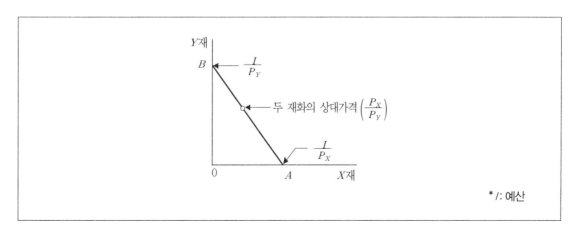

② 예산선의 이동

　㉠ 소득의 변화 : 소득이 증가하면 소비자는 더 많은 재화를 구입할 수 있게 되므로 예산제약선이 바깥쪽으로 이동한다. 여기서 두 재화의 가격비율에는 변동이 없으므로 기울기는 변하지 않고 예산제약선은 평행이동 하게 된다.

＊ 소득 증가시의 변화 ＊

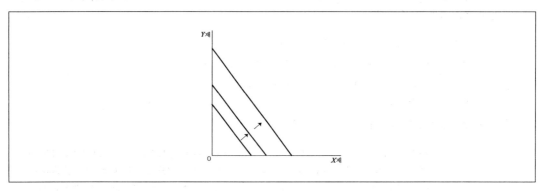

　㉡ 가격의 변화 : 두 재화의 가격이 하락(상승)하게 되면 소비자는 더 많은(적은) 재화를 구입할 수 있게 된다. 따라서 예산제약선은 바깥(안)쪽으로 평행이동 한다. 하지만 두 재화 중 한 재화의 가격만 변화하였다면 예산제약선이 회전 이동하며 무차별곡선의 기울기도 달라지게 된다.

＊ X재 가격 하락시의 변화 ＊

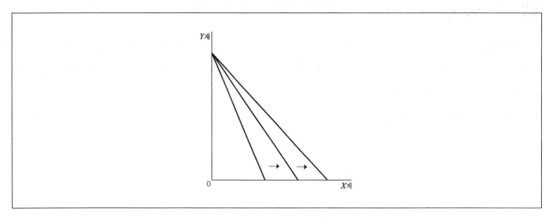

③ **소비자의 선택**

　㉠ 소비자 만족의 극대화 조건

　　㉮ 선택되는 재화의 구성은 예산선 위에 있어야 한다.

　　㉯ 선택되는 재화의 구성은 소비자가 가장 선호하는 재화와 서비스의 배합이어야 한다.

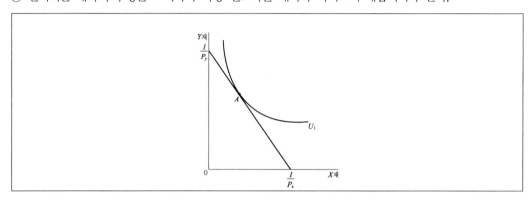

　　　※ 소비자는 A 를 선택함으로써 자신의 만족을 극대화한다.

　㉡ 소비자의 소득은 일정하므로 재화의 구입시 사용하는 비용의 합은 소득과 일치해야 한다. 따라서 예산선과 무차별곡선이 접하는 곳에서 소비자의 총효용은 최대화되며 이를 최적점이라 한다. 최적점에서 한계대체율은 두 재화의 상대가격과 같다 $\left(MRS_{XY} = \dfrac{P_X}{P_Y} \right)$.

5 　개인수요곡선

① **개인수요곡선**(individual demand curve)

　㉠ 가격 변화 : 고정된 소득을 두 재화 사이에 배분할 때, 한 소비자가 택하는 소비선택을 나타낸다.

　㉡ 개인수요곡선은 한 재화의 가격과 한 소비자가 구매하고자 하는 해당 재화의 양과의 관계를 나타낸다.

　　㉮ 개인수요곡선의 성격

　　• 개인수요곡선을 따라 이동할 때 소비자가 달성할 수 있는 효용의 수준은 변한다. 즉 한 재화의 가격이 하락할수록 소비자의 효용수준은 더 높아진다.

　　• 개인수요곡선상의 모든 점에서 소비자는 두 재화의 한계대체율(MRS)이 두 재화의 가격비율과 일치해야 한다는 조건을 만족시킴으로써 자신의 효용을 극대화하고 있다.

④ **가격-소비곡선**(price-consumption curve) : 한 재화의 가격이 변할 때 효용 극대화를 가져와 주는 두 재화의 조합들을 추적한 곡선이다.

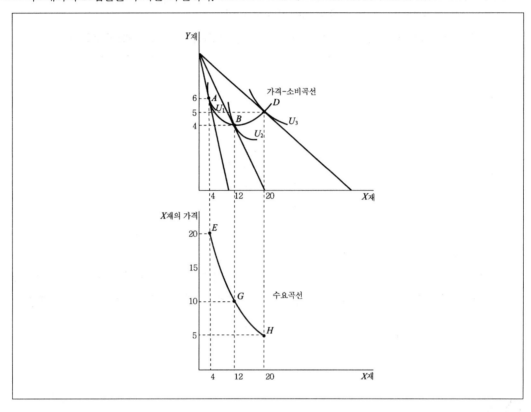

※ X재의 가격하락에 따른 소비자의 효용극대화점은 A, B, D점이다(위 그래프).

※ X재의 가격하락에 따른 X재의 수요량을 나타내면 X재의 수요곡선이 된다(아래 그래프).

② **가격하락의 효과**

㉠ **대체효과** : 효용수준이 일정하게 유지된 상태에서 한 재화의 가격변화로 인하여 나타나는 그 재화의 소비량의 변하는 것으로 이는 무차별곡선상에서의 이동을 의미한다(그림에서 점 A에서 점 D로의 이동).

㉡ **소득효과** : 한 재화의 상대적 가격이 변하지 않는 상태에서 구매력의 변화로 인하여 그 재화의 소비량이 변하는 것을 의미한다.

㉮ **정상재** : 소득이 증가할 때 소비량이 증가하는 재화로 소득효과는 양(+)이다.

㉯ **열등재** : 소득이 증가함에도 불구하고 소비량은 오히려 감소하는 재화로 소득효과는 음(−)이다.

㉰ **기펜재**(giffen good) : 소득효과가 대체효과보다 더 커서 수요곡선이 우상향하는 재화로, 매우 큰 음(−)의 효과를 갖는다.

ⓒ 상품의 종류에 따른 가격효과

구분	소득효과	대체효과	가격효과
정상재	+	+	+
열등재	−	+	+
기펜재	−	+	−

▶ **기출유형익히기** ·······

한서원은 등심과 삼겹살을 파는 한식당을 개업했다. 그런데 경기가 좋지 않아 등심의 판매량은 줄었지만 삼겹살의 판매량은 크게 늘었다. 이 때 등심과 삼겹살의 관계에 대한 설명 중 옳지 않은 것은?

① 삼겹살은 열등재이다.
② 삼겹살과 등심은 대체관계에 있다.
③ 삼겹살은 기펜재가 될 가능성이 있다.
④ 삼겹살과 등심은 대체관계이므로 등심도 열등재이다.
⑤ 삼겹살가격을 올리면 등심의 수요는 늘어난다.

　　　✔ 소비자의 소득이 증가할 때 수요도 증가하는 상품을 정상재라 하고 반대로 소득이 늘어날 때 수요가 감소하는 상품을 열등재라 한다. 불경기때 등심의 판매량이 줄어든 반면 삼겹살 판매량이 늘었으므로 등심은 정상재, 삼겹살은 열등재이다. 또한 소득증가에 따라 반대방향으로 소비하였으므로 대체관계에 있다고 할 수 있다.　　　　　　　　　　　　　　　　　　　　　**답_④**

6 기대효용이론

① **불확실성 가정**··· 기존 가정은 모든 경제주체가 앞으로 일어날 일에 대해 확실성을 가진다고 보았다. 하지만 현실의 경제주체는 미래에 대한 불확실성을 가진다.

② 기대효용이론은 불확실성 하에 개인의 행동을 설명하기 위한 이론이다.

③ **기대가치와 기대효용**

　㉠ 기대가치

　　㉮ 불확실성 하에서 예상되는 소득의 크기를 의미한다.

$$기대가치 \; E(w) = \Sigma(각 \; 상황이 \; 발생할 \; 확률) \times (각 \; 상황에서의 \; 소득)$$

　　㉯ 화재가 발생할 확률이 50%이고 화재가 일어나기 전 재산이 10,000원, 화재가 발생한 후의 재산이 100원이라고 가정하자.
$$E(w) = (0.5 \times 10,000) + (0.5 \times 100)$$
$$E(w) = 5,050 \; 원$$

　㉡ 기대효용

　　㉮ 불확실성하에 개인이 얻을 것으로 예상되는 효용의 기대가치를 의미한다.

$$기대효용 \; E(U) = \Sigma(각 \; 상황이 \; 발생할 \; 발생률) \times (각 \; 상황에서의 \; 효율)$$

　　㉯ 화재 발생확률 = 50%, 화재발생 전 재산 = 10,000원, 화재발생 후 재산 = 100원, 효용함수 = $\sqrt{w}$
$$E(U) = (0.5 \times \sqrt{100}) + (0.5 \times \sqrt{10,000}) = 55$$

④ **위험에 대한 태도**

　㉠ 위험기피자

　　㉮ 불확실성이 포함된 자산보다는 확실한 자산을 더 선호하는 개인을 말한다.

　　㉯ 효용함수가 우상향하되 오목한 형태를 가지며 소득이 증가할수록 효용은 체감적으로 증가한다.

　㉡ 위험선호자

　　㉮ 불확실성이 포함된 자산을 확실한 자산보다 더 선호하는 개인을 말한다.

　　㉯ 효용함수가 우상향하되 볼록한 형태를 가지며 소득이 증가할수록 효용은 체증적으로 증가한다.

　㉢ 위험중립자

　　㉮ 불확실성이 포함된 자산과 확실한 자산을 같게 평가하는 개인을 말한다.

　　㉯ 효용함수는 우상향하는 직선의 형태이고 소득이 증가할수록 효용은 비례적으로 증가한다.

ㄹ 그래프

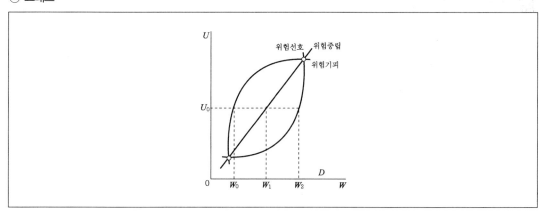

💡 더 알고가기 ─────────────────────────────────

위험 프리미엄(risk premium) : 위험회피자가 위험을 피하기 위해 지불하고자
하는 최대금액

▶ **기출유형익히기** ···

효용함수와 투자자의 유형을 바르게 짝지은 것은?

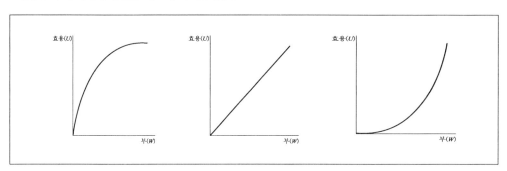

① 위험중립형, 위험회피형, 위험추구형   ② 위험회피형, 위험중립형, 위험추구형
③ 위험회피형, 위험추구형, 위험중립형   ④ 위험추구형, 위험중립형, 위험회피형
⑤ 위험추구형, 위험회피형, 위험중립형

✔ ㉠ 위험회피형 : 부가 늘어날수록 부에 대한 한계효용이 체감한다.
   ㉡ 위험중립형 : 부가 늘어남과 비례하여 효용이 증가한다.
   ㉢ 위험추구형 : 부가 늘어날수록 한계효용이 체증하는 형태를 보여준다.   **답_②**

7 소비자 이론의 응용

① **현금보조**(소득보조)

    ㉠ 보조금을 지급하는 데 있어서 현금으로 지급하는, 현금보조를 받는 사람의 소득이 보조액만큼 증가한 것과 동일하므로 소득보조라고도 한다.

    ㉡ 현금보조가 이루어지면 기존의 예산선이 바깥쪽으로 평행이동 한다.

    ㉢ 그래프는 다음과 같다

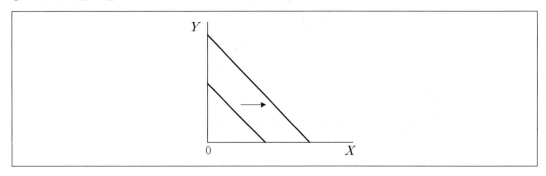

② **현물보조**

    ㉠ 국가가 특정 재화를 구입하여 지급하는 방식을 말한다.

    ㉡ 일정량의 X재를 구입하여 지급하면 예산선이 우측으로 평행이동 한다(현물로 보조를 받으므로 Y재의 수량은 변화가 없다).

    ㉢ 그래프는 다음과 같다

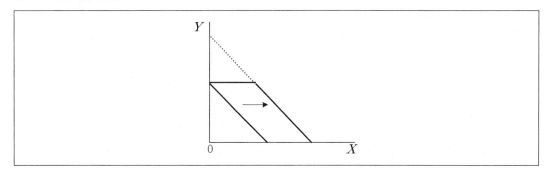

③ **가격보조**

    ㉠ 특정한 재화를 구입할 경우 구입가격의 일정 비율을 보조하는 방식이다.

    ㉡ 가격보조가 이루어질 경우 보조대상 재화가격이 하락하는 효과가 발생하므로 예산선이 회전이동 한다.

ⓒ 그래프는 다음과 같다

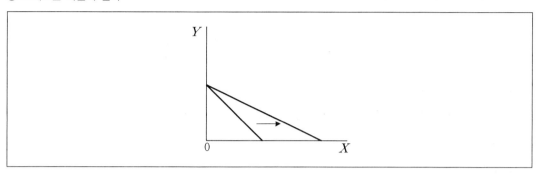

3. 생산자 이론

1 생산

① 개념

ㄱ 사회후생을 증대시키는 행위로 생산요소를 적절히 배합하여 유용한 재화나 서비스를 창출하는 것을 말한다.

ㄴ 생산요소란 노동, 자본, 토지 등으로 구성된다. 단, 생산함수는 노동과 자본 두 생산요소만 사용된다고 가정한다.

ㄷ 생산함수는 생산요소 등의 특정한 배합들에 의하여 생산될 수 있는 생산물의 최대 생산량(Q)을 나타낸다.

$$Q = F(K, L), \qquad K : 자본, \qquad L : 노동$$

ㄹ 생산에 있어서의 장기와 단기

㉮ 단기 : 하나 또는 그 이상의 생산요소의 투입량을 변화시킬 수 없는 기간을 말한다.

㉯ 장기 : 모든 생산요소들의 투입량을 변화시킬 수 있는 기간을 말한다.

 더 알고가기 ─────────

고정 생산요소 : 투입량을 변화시킬 수 없는 생산요소이다.

ㅁ 평균생산물과 한계생산물

㉮ 노동의 평균생산물(AP_L) : 노동 1단위 당 생산량을 나타낸다.

$$AP_L = \frac{생산량의\ 변화}{노동투입량의\ 변화} = \frac{Q}{L}$$

④ 노동의 한계생산물(MP_L) : 노동을 1단위 더 투입할 때 나타나는 추가적인 생산량을 말한다.

$$MP_L = \frac{생산량의 변화}{노동투입량의 변화} = \frac{\triangle Q}{\triangle L}$$

ⓗ 한계수확체감의 법칙 : 다른 생산요소의 투입량을 고정한 상태에서, 한 생산요소의 투입량을 일정한 크기로 증가시킬 때 추가적으로 증가하는 생산량이 궁극적으로 감소한다는 원칙이다.

② 생산자 균형

　㉠ 개념

　　㉮ 등량곡선 : 같은 양의 재화를 생산할 수 있는 생산요소 투입량의 조합들로 구성된 곡선으로 일반적인 형태는 우하향하는 곡선이다.

　　　• 두 생산요소가 완전보완재 관계 : L자 형태를 가진다.

　　　• 두 생산요소가 완전대체재 관계 : 우하향하는 직선 형태를 가진다.

　　㉯ 한계기술대체율(MRTS ; marginal rate of technical substitution) : 생산량을 변화시키지 않으면서 한 생산요소를 추가적으로 1단위 더 사용할 때 줄일 수 있는 다른 생산요소의 사용량을 말하며 항상 양(+)의 값으로 표현한다.

$$MRTS = -자본투입량의 변화 / 노동투입량의 변화$$
$$= \triangle K / \triangle L (고정된\ 생산량\ Q에서)$$

　　㉰ 등비용선 : 주어진 수준의 총지출에 의해 구입가능한 생산요소의 조합들로 구성된 선으로 일반적으로 우향하는 직선의 형태를 가진다. 생산량 Q를 생산하는데 소요되는 총비용을 C, 노동과 자본의 가격을 각각 w, r 노동과 자본의 사용을 각각 L, K라 할 때 등비용선은 다음과 같다.

　• $C = w \cdot L + r \cdot K$

　• $K = \dfrac{C}{r} - (w/r)L$

　㉡ 생산자 균형은 등량곡선과 등비용곡선이 만나는 점에서 이루어진다.

　㉢ 생산자 균형점은 생산이 기술적·경제적으로 효율적인 상태를 나타낸다.

ⓔ 한계생산물 균등의 법칙

$$\text{등량곡선의 기울기}(MRTS_{LK}) = \text{등비용선의 기울기}\left(\frac{w}{r}\right)$$

$$MRTS_{LK} = \frac{MP_L}{MP_K}$$

$$\frac{MP_L}{w} = \frac{MP_K}{r} \,(\text{한계생산물 균등의 법칙})$$

㉮ 한계생산물 균등의 법칙은 등량곡선과 등비용선이 만나는 점에서 달성된다.

㉯ 한계생산물 균등의 법칙은 비용극소화가 달성된다는 것을 의미한다.

ⓜ 그래프는 다음과 같다

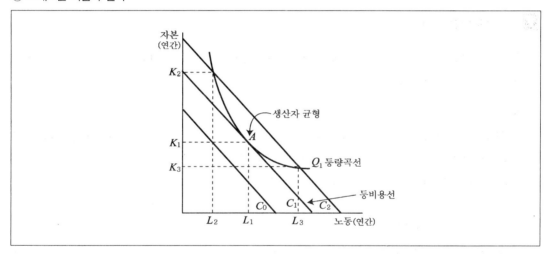

※ 등비용선은 총생산비용을 동일한 수준으로 유지할 수 있는 생산요소들의 모든 배합들을 나타낸다. 등비용선 C_1은 등량곡선 Q_1과 A 점에서 접하며, 생산량 Q_1은 노동투입량이 L_1이고 자본투입량이 K_1일 때 최소의 비용으로 생산될 수 있음을 나타내고 있다. 생산요소들의 다른 배합들인 L_2, K_2와 L_3, K_3는 생산량은 동일하지만 균형배합보다 많은 비용을 발생시킨다.

생산시장에 있어서 산출량은 무엇에 의하여 결정되는가?

① 한계비용   ② 한계이익

③ 생산요소비용   ④ 생산요소 투입량

⑤ 가변비용

✔ 생산함수는 $Q = F(L, K)$로 정의된다. 여기에서 산출량은 노동, 자본 등의 생산요소 투입량의 함수이다.

답_④

2 규모에 대한 수확

① 생산요소 투입의 규모를 동일한 비율로 변화시킬 때 생산량의 변화를 나타내는 것을 규모에 대한 수확(returns to scale)이라고 한다.

② **구분**

ㄱ **규모에 대한 수확불변**(CRS ; Constant Returns to Scale) : 모든 생산요소의 투입량이 2배 증가하였을 때 생산량이 정확히 2배 증가하는 경우를 규모에 대한 수확불변이라고 한다.

ㄴ **규모에 대한 수확체증**(IRS ; Increasing Returns to Scale)

㉮ 모든 생산요소의 투입량이 2배 증가하였을 때 생산량이 2배보다 더 크게 증가하는 경우를 규모에 대한 수확체증이라고 한다.

㉯ 규모에 대한 수익체증의 경우는 분업화나 기술혁신 등으로 자연독점(natural monopoly)이 발생할 가능성이 있다.

ㄷ **규모에 대한 수확체감**(DRS ; Decreasing Returns to Scale)

㉮ 모든 생산요소의 투입량이 2배 증가하였을 때 생산량이 2배보다 작게 증가하는 경우를 규모에 대한 수확체감이라고 한다.

㉯ 규모에 대한 수확체감은 기업의 방만한 운영에 따라 경영의 비효율성이 나타나는 경우 발생한다.

3 규모의 경제와 범위의 경제

① **규모의 경제**(economies of scale)

ㄱ 규모의 경제는 생산량이 증가할수록 생산비용이 감소하는 것을 말한다. 반대로 생산량이 증가할수록 생산비용이 증가하는 것을 규모의 불경제라고 한다.

ㄴ 예시

㉮ 규모가 작은 기업이 시장을 확대함에 따라 생산량을 증가시킨다.

㉯ 기존의 조업형태에서 기술적인 혁신이나 비용절감의 유인의 발생으로 규모의 경제가 발생한다.

> 💡 **규모의 경제**(economy of scale)
> 규모의 경제는 각종 생산요소를 투입하는 양을 증가시킴으로써 발생하는 이익이 증가되는 현상이다. 일반적으로는 대량생산을 통해 단위당 들어가는 비용을 절감하여 이익을 늘리는 것을 목적으로 하지만, 최근에는 특히 설비를 증강하여 생산비를 절감하는 것에 목적을 둔다. 또한 최소한의 최적규모에 도달하고 있는 공장을 복수로 가지고 있는 기업의 경우에는 기업 전체의 평균비용이 공장단위의 평균비용보다 작은 경우가 많다.

② **범위의 경제**(economies of scope)

ㄱ 범위의 경제는 동일한 생산요소를 가지고 1개의 기업이 2종류 이상의 재화를 생산함으로써 더 많은 생산이 가능하도록 하는 기술적 특성을 말한다.

ㄴ 예시

㉮ 기존에 가죽 지갑만 생산하던 A업체가 가죽 벨트도 생산하고자 한다.

㉯ 동일한 생산요소를 투입하여 가죽 지갑만을 생산하던 A업체가 가죽 벨트도 생산한다면 범위의 경제가 발생한다.

㉰ 범위의 경제 발생은 생산가능곡선을 원점에서 오목한 형태로 만들어 보다 생산량이 증가하는 결과를 가져온다.

> 💡 **범위의 경제**(economy of scope)
> 한 기업이 2종 이상의 제품을 함께 생산할 경우 각 제품을 다른 기업이 각각 생산할 때보다 평균비용이 적게 드는 현상을 말한다. 이는 생산요소의 기능을 조절하여 효율적으로 생산하는 것을 말한다.
> 범위의 경제는 인수합병의 이론적 근거가 되며, 평균 비용과 한계비용의 절감 효과가 있다.

③ 규모의 경제와 범위의 경제는 서로 독립적인 것으로 규모의 경제가 발생하는 기업이 범위의 경제도 발생 가능하다. 즉, 양자는 서로 아무런 관련이 없다.

더 알고가기

범위의 불경제(diseconomies of scope) : 한 기업이 여러 제품을 생산하는 경우가 각 제품을 별도의 개별기업에 의하여 생산하는 경우보다 생산비용이 더 많이 드는 것을 의미한다.

다음 중 규모의 경제에 대한 설명으로 옳지 않은 것은?

① 자연독점이 생기는 원인이다.
② 규모가 커질수록 생산단가가 낮아진다.
③ 분업에 따른 전문화로 생길 수 있는 현상이다.
④ 생산물의 종류가 많을수록 비용이 낮아진다.
⑤ 산출량이 증가함에 따라 장기 평균비용이 감소한다.

✔ 규모의 경제는 산출량이 증가함에 따라 생산단가가 하락하는 현상을 의미한다. 생산량이 늘어나게 되면 분업이나 또는 기술적 요인 등으로 인해 생산단가가 낮아질 수 있다. 자연독점은 시장의 전체 수요를 여러 생산자가 나눠서 생산하기보다 하나의 생산자가 맡아서 생산 시에 더욱 적은 비용으로 생산할 수 있는 시장을 의미한다. 이렇듯 규모의 경제는 자연독점이 생기는 원인으로 작용한다. ④번의 하나의 제품을 생산할 때보다 여러 개의 제품을 한 번에 생산할 시에 생산비용이 적게 드는 것은 범위의 경제에 관한 설명이다.

답_④

4. 시장조직 이론

1 경제완전경쟁시장

① **완전경쟁시장을 위한 조건**

  ㉠ 제품의 동질성 : 수요공급분석에서 하나의 시장가격만이 존재한다.

  ㉡ 자유로운 진입과 퇴출 : 새로운 기업이 해당 산업에 진입하거나, 해당 산업으로부터 나오는 것에 특별한 비용이 발생하지 않는다.

  ㉢ 가격수용자로서 수요자와 공급자 : 시장가격에 영향을 미칠 수 없는 기업이나 소비자이다.

  ㉣ 자원의 완전한 이동과 완벽한 정보를 얻을 수 있다.

② **완전경쟁시장의 균형**

  ㉠ 단기균형

   ㉮ 수요곡선과 공급곡선이 교차하는 점에서 가격과 수요량이 결정된다.

   ㉯ 단기에 기업은 초과이윤을 얻을 수도 손실을 볼 수도 있다.

  ㉡ 장기균형

   ㉮ 장기에 기업은 정상이윤만을 획득한다(정상이윤은 보통 '0'을 뜻한다).

   ㉯ 장기에는 최적시설규모에서 최적량을 생산한다.

2 독점시장

① **독점의 발생원인** ··· 진입장벽의 존재

　㉠ 생산요소의 공급 장악

　㉡ 규모의 경제로 생산비용의 절감

 알고가기

　　　자연독점: 기존 독점기업이 규모의 경제를 통하여 확립한 경쟁력으로 자연적으로 독점이 지속되는 상태를 의미한다(철도, 가스, 전기 등).

　㉢ 특허권, 자격증(독점생산권)

▶ **기출유형**익히기

　다음 중 시장의 진입장벽에 해당하지 않는 것은?

　① 지적재산권　　　　　　② 전문자격증
　③ 가격차별　　　　　　　④ 규모의 경제
　⑤ 특허권

　　✔ 가격차별은 동일한 상품에 대해, 장소 및 시간 등에 따라 가격을 다르게 책정하는 말하며, 독점기업은 가격결정자로서 가격차별화가 가능하다. 가격 차별은 독점을 유지하기 위한 수단이 아니며 독점기업이 이윤을 증가시키기 위한 합리적인 선택이다.　　　　　답_③

② **독점시장의 특징**

　㉠ 독점기업은 시장에 가격을 결정할 수 있는 지배력을 가진다.

　㉡ 독점기업은 경쟁압력에 시달리지 않는다.

③ **독점시장의 균형**

　㉠ 단기균형

　　㉮ 독점기업은 한계수입*과 한계비용*이 만나는 점에서 가격과 수량이 결정된다.

　　㉯ 단기에 독점기업은 초과이윤, 정상이윤, 손실 중 어느 것도 가능하다.

　　㉰ 완전경쟁시장에서는 가격(P) = 한계비용(MC)이 성립한다. 하지만 독점시장은 $P > MC$가 성립한다. 가격과 한계비용의 불일치로 인해 독점시장에서는 사회적 후생손실이 발생한다.

　　㉱ 독점시장의 단기공급곡선은 존재하지 않는다.

ⓛ 장기균형

⑦ 독점기업은 장기에 초과이윤을 획득한다.

㉯ 초과설비를 보유한다.

㉰ $P > MC$이므로 사회적인 후생손실이 발생한다.

더 알고가기
ㄱ **한계수입**: 생산량 한 단위를 추가로 판매할 때 얻어지는 총 수입의 증가분을 말한다. Marginal Revenue의 약자로 일반적으로 MR로 표기한다.
ㄴ **한계비용**: 생산물 한 단위를 추가로 생산할 때 필요한 총비용의 증가분을 말한다. Marginal Cost의 약자로 일반적으로 MC로 표기한다.

ⓒ 완전경쟁시장 및 독점시장에서 모든 생산자는 한계비용과 한계수입이 같아질 때까지 생산량을 늘려야 이윤이 극대화 될 수 있다.

④ **가격차별**(price discrimination)

ㄱ 독점기업은 가격결정자로서 가격차별화가 가능하다.

ㄴ 가격차별의 조건

⑦ 소비자를 각각 상이한 그룹으로 구분이 가능해야 한다.

㉯ 구매자간 상품의 전매가 불가능하여야 한다.

㉰ 판매자가 시장지배력을 행사해야 한다.

㉱ 서로 다른 그룹으로 구분된 시장, 수요자군의 가격탄력성은 모두 달라야 한다.

㉲ 시장을 구분하는데 소요되는 비용이 가격차별의 이익보다 작아야 한다.

ㄷ 가격차별의 형태

⑦ 1차 가격차별

• 동일한 상품일지라도 소비자 개개인이 얻는 효용은 모두 다르다. 따라서 각각의 소비자는 상품에 대한 가격지불의사 또한 다르다. 1차 가격차별은 이러한 개별 소비자의 지불의사에 가격을 부과하는 것으로 상품을 지불할 수 있는 금액을 모두 부과하므로 소비자 편익은 남지 않으며 모두 기업 이윤으로 귀속되는 가격정책이다.

• 기업이 개별 소비자가 얻는 효용을 완전하게 알고 있을 때에 가능하므로 현실에서 예를 찾아보기 힘들다.

더 알고가기
유보가격(reservation price): 소비자가 지불할 용의가 있는 최고가격을 말한다.

㉯ 2차 가격차별
- 재화의 구입량에 따라 가격을 다르게 설정하는 것을 말한다.
- 2차 가격차별은 1차 가격차별보다 현실적이며 현실에서 그 예를 찾기 쉽다.
- 전화의 사용량에 따라 그 요금의 차이가 나는 것은 2차 가격차별의 예이다.

㉰ 3차 가격차별
- 소비자의 특징에 따라 시장을 분할하여 각 시장마다 서로 다른 가격을 설정한다.
- 극장에서 심야시간대와 일반시간대의 입장료가 다른 것을 말한다.
- 각 시장마다 소비자들의 수요에 대한 가격탄력성이 다르므로 이윤극대화를 달성하기 위해서는 수요의 가격탄력성이 작은 시장에 높은 가격, 수요의 가격탄력성이 큰 시장에 낮은 가격을 설정한다.

더 알고가기
㉠ **기간에 따른 가격차별**: 서로 다른 수요함수를 갖는 소비자그룹을 구분하여 기가에 따라 서로 다른 가격을 책정하는 것이다.
㉡ **부하(load)에 따른 가격차별**: 수요가 크게 늘어나는 시간대에 생산능력의 한계로 한계비용이 크게 높아짐에 따라 더 높은 가격을 책정하여 경제적 효율성을 증가시키려는 것이다.

⑤ **두단계 가격**(two-part tariff) ··· 제품이나 서비스를 구매하는 권리와 그에 대한 사용시에 값을 지불하도록 하는 정책으로 소비자들의 수요가 동질적인 경우에 가장 효과적이다.
⑥ **묶어팔기**(bundling) ··· 2개 이상의 제품을 엮어 함께 판매하는 것으로 소비자들의 수요가 상이하고 서로 음(-)의 상관관계를 갖는다면 이윤을 증가시킬 수 있다.

▶ **기출유형익히기**

가격차별이 성립하기 위한 조건이 아닌 것은?

① 시장 간 수요자가 쉽게 구분되어야 한다.
② 시장 간 상품의 재판매가 불가능하여야 한다.
③ 시장 간 수요의 가격탄력성이 달라야 한다.
④ 시장수요자가 시장지배력이 있어야 한다.
⑤ 시장분리에 소요되는 비용보다 시장분리를 함으로써 얻게 되는 수입증가분이 더 커야 한다.

✔ 가격차별(Price discrimination) ··· 독점기업이 독점이윤을 극대화하기 위해 소비자그룹별로 다른 가격을 부과하는 것이다.
※ 가격차별의 조건
㉠ 소비자를 그룹별로 분리할 수 있어야 한다.
㉡ 그룹 간 전매가 불가능하여야 한다.
㉢ 시장공급자(기업)가 시장지배력이 있어야 한다.
㉣ 각 시장에서 수요의 가격탄력성이 서로 달라야 한다.
㉤ 시장분리에 소요되는 비용보다 시장분리를 함으로써 얻게 되는 수입증가분이 더 커야 한다.

답_④

다음 중 가격차별 사례가 아닌 것은?

① 극장의 조조할인　　　　　　　　② 비수기 비행기 요금할인

③ 할인마트의 할인 쿠폰　　　　　　④ 의복 브랜드의 노세일 전략

⑤ 성수기의 호텔가격 인상

> ✔ 노세일 전략 자체는 가격차별과는 전혀 관련이 없다.
> ①②⑤ 시간대에 따른 가격차별　③ 탄력성에 따른 가격차별　　　　　　　　답_④

3 독점적 경쟁과 과점

① 독점적 경쟁시장

　㉠ 의의

　　완전경쟁시장과 유사하나 각 기업의 제품이 차별화되어 있다는 점에서 완전경쟁시장과 다르다.

　㉡ 특징

　　㉮ 각 기업들은 완전대체성을 갖지 않고 차별화된 제품을 생산한다.

　　㉯ 기업들의 자유로운 진입과 퇴출이 가능하다.

　㉢ 독점적 경쟁시장의 비효율성

　　㉮ 완전경쟁에서와는 달리, 독점적 경쟁에서는 균형가격이 한계비용보다 높다.

　　㉯ 기업의 생산량은 평균비용을 최소화 해주는 생산량보다 적다.

　　　더 알고가기
　　　독점적 경쟁이 발생시키는 비효율성은 독점적 경쟁이 가져다주는 제품의 다양
　　　성이라는 중요한 혜택과 비교되어야 하며 반드시 사회적으로 바람직하지 못한
　　　시장구조는 아니다.

② 과점시장

　㉠ 개념 및 특징

　　㉮ 몇 개의 기업이 시장수요의 대부분을 공급하는 시장이다.

　　㉯ 소수 기업의 존재로 상호의존성이 강하다.

　　㉰ 과점기업들 간에는 카르텔 같은 경쟁을 제한하는 행위를 하는 경향이 있다.

　　㉱ 과점시장에는 상당한 진입장벽이 존재한다.

ⓛ 과점시장의 균형

㉮ 과점시장에 있는 기업은 경쟁기업에 대한 전략적 고려를 하며 자신의 가격이나 생산량에 대한 결정을 한다.

㉯ 경쟁기업의 의사결정은 처음 기업의 의사결정에 따라 달라질 수 있다.

> 알고가기 ──────────────
> **내쉬균형** : 경쟁기업들의 행동이 주어졌을 때, 각 기업들이 자신이 할 수 있는 최선의 선택을 함으로써 나타나는 균형을 뜻한다.

▶ **기출유형익히기** ···

다음 중 시장의 종류에 설명으로 옳지 않은 것은?

① 과점시장에선 카르텔이 형성될 수 있다.
② 진입장벽이 존재하면 독점시장이 생긴다.
③ 시장은 판매자의 수를 기준으로 구분할 수 있다.
④ 게임이론으로 완전경쟁시장을 설명할 수 있다.
⑤ 완전경쟁시장에서 생산자와 소비자는 가격수용자(price-taker)이다.

　✔　게임이론의 경우에는 과점시장에 대해 잘 설명할 수 있다.

답_④

③ 카르텔

㉠ 과점기업간 협약관계에 의한 기업 연합을 의미하며 각각의 기업은 법률 및 경제적 독립성을 유지하며 협약에 의한 결합을 유지한다.

㉡ 카르텔은 과점기업들이 담합을 통해 서로 경쟁을 제한하고자 형성하는 것이다.

㉢ 카르텔을 통해 과점기업들은 더 많은 이윤을 확보하고 새로운 경쟁자의 진입을 저지할 수 있다.

㉣ 협약은 판매가격 협정, 구매조건의 협정, 판매경로 및 판매지역 분할을 주목적으로 하며 마치 독점기업과 유사하다.

㉤ 카르텔의 붕괴유인

㉮ 카르텔의 협정을 위반하면 더 많은 초과이윤이 보장된다.

㉯ 담합이 복잡하거나 담합위반의 보복정도가 낮을 경우 붕괴유인이 커진다.

㉰ 카르텔의 예로는 정유분야, 자동차분야, 라면분야 등이 있다.

더 알고가기

카르텔은 시장 내에서 독과점적 지위를 획득하고, 이를 이용해서 시장을 지배하고 자신들의 이익을 꾀하기 위함이다. 우리나라의 경우 정유회사들이 기름값을 담합하여 공정거래위로부터 과징금을 부과당한 경우가 있으며, 미국의 경우 마이크로소프트가 독과점금지법에 의해 리눅스에 패소한 사례가 있다.

4 게임이론

① **게임이론의 기본요소**

㉠ 경기자 : 둘 이상의 경제주체가 게임의 주체로 기업과 개인 등이 이에 해당한다.

㉡ 전략 : 게임을 통해 경기자들이 이윤극대화를 위해 선택할 수 있는 대안을 말한다.

㉢ 보수 : 게임을 통해 경기자가 얻게 되는 이윤이나 효용을 말한다.

② **게임의 종류**

㉠ 제로섬게임과 비제로섬게임

㉡ 정합게임과 비정합게임

㉢ 동시게임과 순차게임

㉣ 협조적 게임과 비협조적 게임

③ **게임의 균형**

㉠ 우월전략균형 : 상대방의 전략과는 관계없이 자신의 이윤을 크게 만드는 전략으로 하나의 균형만이 존재한다.

구분		경기자 B	
		전략 1	전략 2
경기자 A	전략 1	(10, 10)	(30, 5)
	전략 2	(5, 30)	(20, 20)

㉡ 내쉬균형 : 각각의 경기자가 상대방의 전략을 주어진 것으로 보고 최적인 전략을 선택할 때 나타나는 균형을 말하는 것으로 균형이 하나 이상도 존재한다. 내쉬균형 상태에서는 상대방의 효용의 손실 없이는 자신의 효용을 증가시킬 수 없기 때문에 파레토 최적을 이룬다.

구분		경기자 B	
		전략 1	전략 2
경기자 A	전략 1	(10, 8)	(6, 6)
	전략 2	(6, 6)	(8, 10)

※ 각 칸의 첫 번째 수치는 A에 대한 보수를 나타내며, 두 번째 수치는 B에 대한 보수를 나타낸다.

④ **용의자의 딜레마**(죄수의 딜레마)

　㉠ 개념 : 개별 경제주체 차원에서는 최적 전략을 선택한 것이나 경제 전체적 차원에서는 최적의 결과가 달성되지 못하는 합리성의 모순 상황을 보여준다.

　㉡ 두 명의 용의자가 있고 서로 격리된 상태에서 의사소통이 불가능하다.

　㉢ 전략은 자백 아니면 부인 2가지가 있다.

　㉣ 자백을 하면 상대방보다 자신은 적은 형을 선고받을 수 있고 상대방이 자백해버리고 자신이 부인했을 경우 더 높은 형을 선고받는다.

구분		경기자 B	
		자백	부인
경기자 A	자백	(15, 15)	(1, 20)
	부인	(20, 1)	(3, 3)

　㉤ 이 게임의 우월전략은 상대방의 전략과 상관없이 가장 작은 형량을 얻을 수 있는 자백이다. 결국 우월전략의 균형은 두 용의자 모두 자백하는 것으로 각각 15년형을 선고받는다.

　㉥ 이러한 용의자의 딜레마는 과점기업의 카르텔 붕괴 논리와도 연결된다.

 더 알고가기

　　반복게임 : 행동이 취해지고 그에 따라 보수가 주어지는 것이 계속 반복되는 게임이다.

▶ **기출유형**익히기

죄수의 딜레마(prisoner's dilemma) **모형에 관한 내용으로 옳은 것을 고르면?**

① 우월전략이 존재하지 않는다.

② 완전경쟁시장에서 기업 간 관계를 잘 설명할 수 있다.

③ 게임 참가자들 간의 자유로운 의사소통이 가능함을 전제로 한다.

④ 죄수의 딜레마 상황이 무한 반복되는 경우 참가자들 간 협조가 더 어려워진다.

⑤ 과점기업들이 공동행위를 통한 독점이윤을 누리기 어려운 이유를 잘 설명할 수 있다.

　　✔ 죄수의 딜레마는 게임 참가자들 간의 의사소통이 불가능하다는 것을 기본 전제로 하고 있다.

답_⑤

5. 생산요소 시장

1 완전경쟁 생산요소 시장

① **변동생산요소가 하나일 때 변동생산요소에 대한 수요**

　㉠ 노동의 한계생산물 수입(marginal revenue product of labor ; MRP_L) : 노동을 1단위 증가시킴으로써 얻게 되는 추가적인 수입이다.

$$MRP_L = MP_L \times MR = MP_L \times P(완전경쟁시장에서 \ MR = P이므로)$$
$$노동의 \ 한계생산물 \ 수입 = 노동의 \ 한계생산물 \times 해당생산물의 \ 가격$$

　㉡ 생산요소시장이 경쟁적일 때 생산자가 생산물시장에서 가격순응자라면 생산자의 생산요소에 대한 수요곡선은 그 생산요소의 한계생산물 수입(MRP)곡선이 된다.

　㉢ 기업은 한계생산물의 수입이 임금(w)과 같아질 때까지 노동을 고용하여 이윤을 극대화한다.

$$MRP_L = w$$

② **변동 생산요소가 여럿일 때의 한 변동 생산요소에 대한 수요**

　㉠ 두 종류 이상의 생산요소의 사용량을 변화시킬 수 있을 때, 한 생산요소에 대한 기업의 수요는 두 생산요소의 한계생산물의 크기에 따라 달라진다.

　㉡ 노동시장의 총수요곡선을 구하기 위해서는 모든 산업들에서의 노동수요곡선을 수평으로 합하면 된다.

③ **생산요소 시장의 공급곡선(노동공급곡선)**

　㉠ 임금이 상승할 때 공급되는 근로시간은 처음에는 증가하지만, 사람들이 일보다는 여가를 선호함에 따라 점차 감소할 수 있다.

　㉡ 노동공급곡선이 후방 굴절하는 부분은 높은 임금이 발생시키는 소득효과(더 많은 여가를 선호)가 대체효과(더 많은 근로시간을 선호)보다 클 경우에 나타난다.

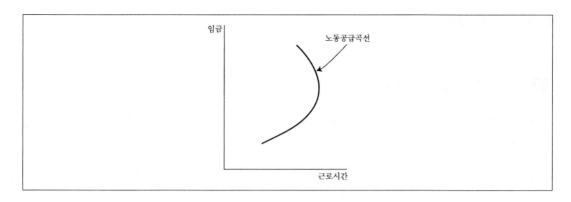

④ **경쟁적 생산요소 시장의 균형**

　㉠ 경쟁적 생산요소시장은 그 생산요소의 가격이 수요량과 공급량을 일치시킬 때 균형상태에 이른다.

　㉡ 아래 그림에서와 같이 생산물시장이 완전 경쟁적일 때, 경쟁적인 노동시장에서의 균형임금 w_c는 노동의 수요 (노동의 한계생산물수입)곡선과 노동의 공급(평균지출액)곡선이 만나는 점인 ⓐ의 A점에서 결정되며, ⓑ는 생산물의 생산자가 독점력을 가지고 있을 때, 근로자의 한계가치 v_m 이 임금 w_m 보다 큰 것을 보여주고 있다. 따라서 이 경우 생산능력에 비해 적은 수의 근로자가 고용되고 있는 것이다(즉, 유휴설비가 존재하게 된다). B점은 기업이 고용하는 근로자의 수와 지불되는 임금수준을 나타낸다.

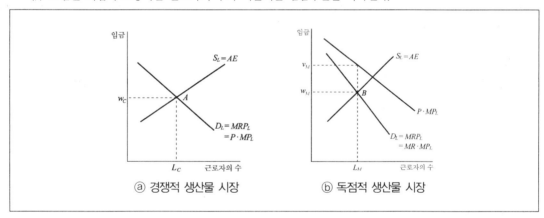

ⓐ 경쟁적 생산물 시장　　　　ⓑ 독점적 생산물 시장

더 알고가기

생산요소 시장의 수요독점력 : 생산요소시장의 수요자가 수요독점력을 가질 때 한계지출액곡선(ME)은 평균지출곡선(AE)보다 위에 위치한다. 추가적으로 1단위를 구입할 때 그 추가인 1단위에 대해서만 더 높은 가격을 지불하는 것이 아니고 구입하는 모든 단위에 대해서도 더 높은 가격을 지불해야 하기 때문이다.

6. 일반균형과 경제적 효율성

1 부분균형분석과 일반균형분석

① **부분균형분석**… 다른 시장으로부터의 영향을 고려하지 않고 한 시장의 균형가격과 균형수량을 살펴보는 것이다.

② **일반균형분석**… 가격과 수량이 모든 시장에서 동시에 결정이 되며, 한 시장의 가격과 수량의 변화가 관련된 시장의 가격과 수량의 변화를 가져온다는 것이다.

2 교환에서의 효율성

① **효율적 배분(efficient allocation)**
  ㉠ 의의 : 아무도 다른 사람을 전보다 못한 상태에 빠뜨리지 않고서는 전보다 나은 상태에 도달할 수 없도록 재화가 배분된 상태로 파레토 효율성이라고도 한다.
  ㉡ 모든 재화에 대해 두 재화간의 한계대체율(MRS)이 모든 소비자에게 같아지도록 배분되는 경우에만 재화의 효율적인 배분이 된다.

② **소비자 균형**
  ㉠ 계약곡선(contract curve) : 두 소비자에 대한 두 재화의 효율적 배분을 나타내는 모든 점들을 나타내거나, 두 생산요소의 효율적 배분을 나타내는 모든 점들을 나타내는 곡선이다.
  ㉡ 개인들의 무차별곡선이 원점에 대하여 볼록하다면, 모든 효율적 배분(계약곡선상의 모든 점 등)은 경쟁시장의 균형에 의하여 달성된다.

3 생산에서의 효율성

① **생산요소의 효율성 배분**
  ㉠ 기술적 효율성(technical efficiency) : 일정한 생산물의 생산을 위해 가장 저렴한 비용이 드는 생산요소를 배분하는 것을 말한다.
  ㉡ 생산계약곡선(production contract curve) : 기술적 효율성을 갖는 모든 생산요소들의 배분을 나타내는 곡선이다.

② **생산자 균형**
  ㉠ 생산요소시장이 완전 경쟁시장이면 기술적 효율성이 달성되는 효율적 생산이 이루어진다.

$$\bullet\ MP_L/MP_K = w/r$$

$$\bullet\ MRTS_{LK} = w/r$$

ⓛ 경쟁적 생산요소시장의 균형점들은 모두 생산계약곡선 위에 있으며 효율적 생산이 된다.

③ **생산가능곡선**

ㄱ 의미 : 생산요소(노동·자본)가 주어지고 기술이 일정할 때 효율적으로 생산될 수 있는 두 재화의 생산량의 여러 배합들을 나타내는 곡선이다.

ⓛ 생산가능곡선은 원점에 대하여 오목하다. 이는 한 재화의 생산량이 증가하면서 이 곡선의 기울기(한계변환율)가 증가하기 때문이다.

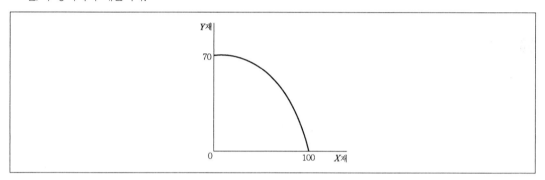

알고가기

한계변환율(Marginal Rate of Transformation ; MRT) : 다른 재화를 한 단위 더 생산하기 위하여 포기해야 하는 한 재화의 생산량을 말한다.

④ **생산물의 효율적 배분**

ㄱ 생산에서 나타나는 한계변환율이 소비자의 한계대체율과 일치하는 점에서 생산물의 효율적생산량이 된다 ($MRS = MRT$).

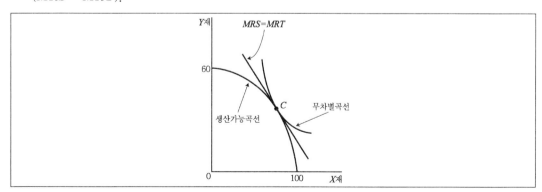

ⓛ 위 그림의 생산가능곡선상의 C점은 소비자의 만족을 극대화하는 유일한 점이 된다.

⑤ **생산물시장의 효율성**

    ㉠ 생산물시장이 완전경쟁일 때 모든 소비자들은 두 재화 사이의 한계대체율이 그 재화들의 가격비율과 같아지도록 자신들의 예산을 두 재화의 소비에 배분한다. 즉, $MRS = P_X/P_Y$의 관계가 성립한다.

    ㉡ 이윤을 극대화하려는 기업에서는 재화의 가격이 한계비용과 일치할 때까지 재화를 생산한다. 즉 $P_X = MC_X$, $P_Y = MC_Y$가 되며, $MRT = MC_X/MC_Y = P_X/P_Y = MRS$의 관계가 성립한다.

7. 시장실패와 정보경제 이론

1 시장실패

① **개념**

    ㉠ 시장이 가격기구를 통한 효율적인 자원배분을 달성하지 못하는 것을 말한다.

    ㉡ 시장실패의 보완을 위하여 정부의 개입이 필요한 경우가 있다.

② **시장실패의 원인**

    ㉠ **외부효과** : 어떤 소비 활동이나 생산활동이 다른 소비활동이나 생산활동에 영향을 미치게 되어 이것이 시장가격에 반영되지 않는 경우에 외부효과가 발생한다.

    ㉡ **공공재** : 많은 소비자들이 가치있게 생각하는 재화를 시장이 공급하지 못하는 경우에도 시장 실패가 발생한다.

    ㉢ **불완전한 정보** : 정보의 부족은 경쟁시장의 비효율성을 발생시킨다.

    ㉣ **시장지배력** : 생산물이나 생산요소의 공급자가 시장지배력을 가질 때 비효율성이 발생한다.

알고가기

정부실패 : 시장실패가 일어나면 보통 정부가 개입하게 되며, 정부 역시 시장에 대한 불완전 정보와 능력의 한계 등으로 제대로 기능을 발휘하지 못하는 경우를 정부실패라 한다.

다음은 시장의 실패와 정부의 실패에 대한 설명이다. ㉠~㉤을 잘못 해석한 것은?

> 일반적으로 ㉠'시장은 자원을 효율적으로 배분'하지만, 그렇지 않은 경우가 발생하기도 하는데 이를 ㉡'시장의 실패'라 한다. 시장의 실패는 ㉢'정부가 시장에 개입'하는 근거를 제공한다. 그러나 정부 개입이 ㉣'오히려 문제를 더 악화시키는 경우'가 있다. 이를 ㉤'정부의 실패'라 한다.

① 완전경쟁시장에서는 ㉠이 가능하다.
② 독과점에 의하여 ㉡이 발생할 수 있다.
③ 경찰이나 국방의 경우가 ㉢에 해당하는 예다.
④ 정보부족은 ㉣의 원인 가운데 하나다.
⑤ ㉤을 극복하기 위해서는 더 큰 정부 조직이 필요하다.

✔ 더 큰 정부 조직이 정부의 개입으로 인한 정부의 실패를 극복하는 방법은 아니다.　　　답_⑤

③ 외부효과

㉠ 시장 가격기구와는 별개로 다른 경제주체에게 의도하지 않은 혜택이나 손해를 입히는 것을 말하며, 긍정적인 혜택을 주면 외부경제라 하고 손해를 입히면 외부불경제라 한다.

㉡ 외부효과의 구분
   ㉮ 소비의 외부경제
   ㉯ 소비의 외부불경제
   ㉰ 생산의 외부경제
   ㉱ 생산의 외부불경제

> 💡 외부경제(external economies)
> 기업의 생산 활동이나 개인의 행위가 다른 기업이나 개인에 직접적, 부수적으로 이익을 주며 유리한 영향을 끼치는 것을 뜻한다. 외부경제의 예로는 경찰방범, 소방 등이 있다. 이와 반대로 기업이나 개인의 경제활동이 다른 기업이나 소비자에게 손해를 주는 것은 외부불경제라고 한다. 외부불경제의 예로는 대기오염이나 소음 등의 공해가 있다.

㉢ 외부효과의 해결방안
   ㉮ 코즈정리(Coase theorem) : 민간경제 주체들이 자원배분 과정에서 아무런 비용 없이 협상이 가능하다면 외부효과로 인해 초래되는 비효율성을 시장에서 그들 스스로 해결할 수 있다는 것이다.
   ㉯ 조세부과와 보조금 지급
   • 다른 경제주체에게 유리한 영향 시 외부경제, 불리한 영향 시 외부불경제라고 한다.
   • 외부경제 시 보조금을 지급하여 장려하고, 외부불경제 시 조세를 부과하여 제재한다.

④ **시장실패와 정부실패**

　㉠ 시장실패란 자유로운 시장의 기능에 맡겨둘 경우 효율적인 자원 배분을 달성하지 못하는 것을 말한다.

　㉡ 시장실패의 보완을 위하여 정부가 개입한다면 민간부문에서의 자유로운 의사결정이 교란되어 더 큰 비효율성이 초래될 수 있다.

　㉢ 시장실패가 일어났다 하더라도 정부개입이 효율성을 증진시킬 수 있는 경우에 한하여 개입을 시도하여야 정부실패를 방지할 수 있다.

　㉣ 독과점, 공공재, 정보비대칭, 외부효과 등으로 시장실패가 발생한다.

⑤ **환경문제의 발생**

　㉠ 외부성이 존재할 때 사회적 한계비용(SMC)이 생산활동의 사적 한계비용(PMC)보다 크게 되어 자원배분의 비효율성이 발생하게 된다.

　㉡ 환경문제의 해결방안

　　㉮ **오염부과금** : 오염발생자로 하여금 사회적으로 보아 가장 적절한 방출량을 자발적으로 선택하도록 유도한다.

　　㉯ **직접통제** : 생산자로 하여금 일정한 수준에서 방출하도록 규제하는 방법이다.

　　㉰ **배출권** : 기업 간 오염물질을 배출할 수 있는 권리를 거래가능하게 하여 전체적인 배출량을 조절한다.

　　　예 탄소배출권

▶ **기출유형익히기**

아래의 상황을 설명하는 데 있어 가장 적합한 경제개념을 고르면?

> • 화원에 들어서게 되면 진열된 갖가지 꽃을 보는 것만으로도 기분이 좋아진다.
> • 공장 가동 시에 발생하게 되는 매연은 도시 공기를 오염시키지만, 회사의 경우에는 그 대가를 부담하지 않는다.

① 기회비용　　　　　　　　② 외부효과
③ 정부실패　　　　　　　　④ 구성의 오류
⑤ 도덕적 해이

　✔ 외부효과는 한 사람의 행위로 인해 제3자의 경제적 후생에 영향을 미치지만 해당 영향에 따른 보상이 이루어지지 않는 경우에 발생하게 되는데, 이 때 제3자의 경제적 후생 수준을 낮추게 되면 부정적 외부효과, 높이게 되면 긍정적 외부효과라 한다. 매연을 포함한 환경오염은 부정적 외부효과를 초래하며 재화 생산을 위해 사회가 치르게 되는 비용은 공장이 치르는 사적비용보다 크다. 이러한 사회적 비용은 사적비용에 제3자가 부담하게 되는 비용이 더해지기 때문이다. 하지만, 반대로 화원의 꽃으로 제3자의 후생이 증가하는 긍정적 외부효과는 사적가치에 제3자의 편익증가가 포함되어 사회적 가치가 사적 가치를 초과하게 된다.　　**답_②**

2 공공재

① **개념**

    ⊙ 비경합성 : 어떤 개인의 공공재 소비가 다른 사람과 경합하지 않고 공동소비가 가능한 것을 말한다(추가적인 소비자에 대한 한계비용이 0이다).

    ⊙ 비배제성 : 공공재가 공급되면 비용 부담없이 소비하는 개인을 배제할 수 없다. 무임승차의 문제가 발생할 수 있다.

> 💡 **공공재(public goods)**
>
> 공공재란 비경합성(non-rivalry)과 비배제성(non-excludability)을 가지고 있어 대가를 지불하지 않아도 모든 사람이 함께 소비할 수 있는 재화나 서비스를 의미한다. 국방서비스, 도로, 항만, 등이 대표적 예다.
>
> 비경합성이란 한 사람이 그것을 소비한다고 해서 다른 사람이 소비할 수 있는 기회가 줄어들지 않음을 의미하고, 비배제성이란 대가를 치르지 않는 사람이라 할지라도 소비에서 배제할 수 없음을 뜻한다.
>
> 따라서 공공재의 공급을 시장기능에만 맡기면 사회적으로 적절한 수준으로 생산되기 어렵기 때문에 공공재는 주로 정부가 직접 생산, 공급하게 된다. 국방서비스 또는 방위산업처럼 국가 안보상 중요한 사항은 정부가 담당하지만 한국철도공사, 한국가스공사, 한국도로공사 등의 공기업을 설립해 공공재의 생산, 공급, 관리를 대행시키기도 한다.

② **공공재의 구분**

구분		배제성	
		○	×
경합성	○	사용재	비순수공공재(공동자원)
	×	비순수공공재(수영장)	공공재(국방, 등대, 표지판)

③ **공공재 균형**

    ⊙ 공공재는 사적재와는 다르게 서로 다른 가격을 지불하고 동일한 양을 소비한다.

    ⊙ 같은 양을 소비하면서 개인 각각의 한계편익에 해당하는 가격을 지불하는 것이 바람직하다.

    ⊙ 공공재에 대한 선호가 더 큰 개인이 더 많은 비용을 지불한다.

> 📖 **더 알고가기**
>
> **가치재** : 정부가 소비자의 선택권을 일정하게 제약하고 온정적인 측면에서 장려하는 재화나 서비스로 의료나 교육 등이 있다.

다음의 사례와 같은 재화의 유형이 있는 경우, 이에 해당하는 사례로 바르게 연결한 것은?

> • A재화 : 배제성 및 경합성 있음
> • B재화 : 배제성만 있음
> • C재화 : 경합성만 있음
> • D재화 : 배제성 및 경합성 모두 없음

① A : 국방   B : 근해 어족자원   C : 케이블TV   D : 컴퓨터

② A : 컴퓨터   B : 근해 어족자원   C : 케이블TV   D : 국방

③ A : 컴퓨터   B : 케이블TV   C : 근해 어족자원   D : 국방

④ A : 케이블TV   B : 컴퓨터   C : 근해 어족자원   D : 국방

⑤ A : 국방   B : 컴퓨터   C : 근해 어족자원   D : 케이블 TV

> ✔ 재화를 소비함으로써 자원이 줄어드는가(경합성)와 다른 사람의 소비를 제한할 수 있는가(배제성)를 기준으로 분류하면, A는 사유재, C는 공유재, D는 공공재에 해당하고, B는 자연독점의 특성을 가진다.
>
> 답_③

④ **공유지**(공유자원)**의 비극**(tragedy of commons)

    ㉠ 지하자원, 공원, 물, 공기와 같은 공공재는 구성원 모두가 사용해야 할 자원이지만 사적이익을 주장하는 시장의 기능에 맡겨 두면 이를 남용하여 자원이 황폐화 되거나 고갈될 위험이 있다는 것을 뜻한다.

    ㉡ 이는 시장실패의 요인이 되며 이러한 자원에 대해서는 국가가 관여하거나 이해당사자가 모여 일정한 합의를 통해 이용권을 제한하는 제도를 형성해야 한다.

3   비대칭적 정보의 시장

① **개념**

    ㉠ 기존의 가정은 시장참여자가 완전정보를 가졌다고 보았다.

    ㉡ 현실에서는 비대칭적 정보가 존재하므로 이와 같은 가정을 도입하여 각종 현상들을 분석하는 것이 중요하다.

    ㉢ 비대칭적 정보(asymmetric information)란 구매자와 판매자가 자신들의 거래에 대하여 서로 다른 정보를 갖고 있는 상황을 말한다.

더 알고가기

레몬 문제 : 비대칭적 정보로 인하여 질 낮은 재화가 질 높은 재화를 시장에서 몰아내는 현상으로 '악화가 양화를 구축한다'라고도 표현된다.

② **역선택**(adverse selection)

ㄱ 개념

㉮ 비대칭적 정보의 상황 하에서 정보를 적게 가진 측의 입장에서 상대적으로 손해 볼 가능성이 높아지는 현상을 말한다.

㉯ 중고차 시장에서의 경우, 판매자가 구매자보다 중고차의 상태를 더 잘 알고 있다. 이러한 상황은 역선택을 초래할 수 있다.

ㄴ 역선택의 해결방안

㉮ 신호발송(signaling)

- 정보를 많이 가지고 있는 자가 정보를 덜 가진 상대방의 역선택을 줄이기 위해서 신호를 발송하는 것이다.

- 중고차시장에서 중고차와 관련해 무상수리를 해준다거나 취업시장에서 자격증을 획득하는 것을 말한다.

㉯ 선별(screening)

- 정보를 적게 가진 자가 주어진 자료를 바탕으로 상대방의 감추어진 특성을 파악하려는 행동이다.

- 보험회사에서 건강진단서를 요구하는 행동들이 대표적이다.

> ☀ 역선택(adverse selection)
>
> 거래의 양 당사자 중 한쪽에만 정보가 주어진 경우, 정보가 없는 쪽의 입장에서는 바람직하지 못한 상대방과 거래할 가능성이 높다는 것으로 어느 한쪽만이 정보를 가지고 있기 때문에 발생하는 문제이며, 결과적으로 정상 이상의 이득을 챙기거나 타인에게 정상 이상의 손해 또는 비용을 전가하는 행위 일반을 가리킨다.
>
> 역선택은 보험시장, 노동시장, 금융시장, 중고자동차시장 등을 설명할 때 주로 이용된다.
>
> 역선택을 해결하기 위해서는 선별, 신호 발송, 정부의 역할(강제집행, 정보정책), 신용할당 등이 있다.

③ **본인 – 대리인의 문제**

ㄱ 개념

㉮ 주인 – 대리인문제 역시 비대칭적 정보의 상황과 관련이 있다.

㉯ 일을 맡기는 사람을 주인, 일을 대신 처리해주는 사람을 대리인이라고 한다.

㉰ 주인 – 대리인문제는 넓게는 도덕적 해이*에 포함된다.

 더 알고가기

도덕적 해이 : 제대로 감시를 받고 있지 않는 사람이 부정직하거나 바람직하지 못한 행위를 하는 경향을 뜻하며, 비대칭적 상황하에서 어떤 계약이 이루어진 이후에 나타나는 행동으로 역선택의 계약 체결 이전의 개념과는 다르다. 계약 체결 후에 정보를 가진 자가 바람직하지 못한 행동을 함으로써 생기는 문제이다.

    💡 도덕적 해이(moral hazard)

    정보가 불투명하고 비대칭적이어서 상대방의 향후 행동을 예측할 수 없거나 본인이 최선을 다한다 해도 자신에게 돌아오는 혜택이 별로 없을 때 도덕적 해이가 발생한다.

    주주로부터 회사경영을 위임받은 경영자가 내부자거래를 하여 주주에게 손실을 끼치거나 국민으로부터 권한을 위임받은 관료나 국민의 이익을 대변하는 정치인들이 공익보다 사익을 추구하는 행위가 도덕적 해이에 해당되는 것이다.

    도덕적 해이의 해결책으로 유인설계(incentive design)가 제시되고 있다.

    유인설계란 관찰 불가능한 정보보유자의 행동과 관찰 가능한 성과간에 정의 관계가 존재하는 경우 성과에 근거한 보상체계를 설정함으로써 정보보유자의 노력을 유발하고자 하는 것을 뜻한다.

   ⓒ 특징

     ㉮ 대리인은 주인의 경제적인 후생에 영향을 줄 수 있는 행동을 취한다.

     ㉯ 대리인이 취한 행동을 주인은 알 수 없다.

     ㉰ 주인과 대리인은 서로 이해관계가 일치하지 않는다.

   ⓒ 설명 및 해결방안

     ㉮ 회사의 주인인 주주가 전문경영인(대리인)을 고용하여 회사를 맡기면 전문경영인은 장기적으로 주주의 이익을 실현시키는 행동을 하기 보다는 단기적이고 과시적인 행동을 보임으로써 주인 – 대리인 문제를 야기할 수 있다.

     ㉯ 주인 – 대리인 문제의 해결방안으로는 경영자에게 성과에 따른 보수를 차등지급하거나 스톡옵션을 지급하는 방법이 있다.

    💡 대리인 이론(principal-agent theory)

    1976년 젠센(M. Jensen)과 메클링(W. Meckling)에 의해 처음 제기된 이 이론은 주인과 대리인 간의 정보의 불균형, 감시의 불완전성 등으로 도덕적 해이나 무임승차 문제, 역선택의 문제가 발생할 소지가 있으며, 이러한 제반 문제점을 극소화하기 위해 대리인 비용이 수반된다고 주장한다.

    – 대리인 비용의 종류

    ① 확증비용(bonding costs) : 대리인이 주주나 채권자 등 주체의 이해에 상반되는 행동을 하지 않고 있음을 증명하는 과정에서 발생되는 비용이다.

    ② 감시비용(monitoring costs) : 주체가 대리인을 감시하는 데에 드는 비용을 말한다.

    ③ 잔여손실(residual losses) : 확증비용과 감시비용이 지출되었음에도 대리인 때문에 발생한 주체의 재산손실을 뜻한다.

다음의 사례는 무엇에 관한 것인가?

> 보험회사에서 사고확률을 근거로 보험료를 산정하면 사고 발생 확률이 높은 사람이 보험에 가입할 가능성이 크고, 따라서 평균적인 위험을 기초로 보험금과 보험료를 산정하는 보험회사는 손실을 보게 된다.

① 선별   ② 역선택
③ 도덕적 해이   ④ 신호 보내기
⑤ 비합리적 행동

> ✔ 역선택은 정보가 없는 쪽에서 볼 때에 관찰할 수 없는 속성이 바람직하지 않게 작용하는 경향이다. 이때 불완전하게 감시를 받고 있는 사람이 부정직하거나 또는 바람직하지 못한 행위를 하게 되는 도덕적 해이 문제도 불러일으킨다.   답_②

'비대칭적 정보(asymmetry information)'에 대한 시장이론은 어느 한쪽이 다른 쪽보다 더 좋은 정보를 많이 알고 있는 경우에 발생하는 다양한 문제를 지적하고 있다. 비대칭적 정보에 대한 다음 설명이나 사례 중 맞지 않는 것은?

① '역선택'의 문제가 발생한다.
② 중고차시장의 '레몬' 문제가 발생한다.
③ 제3세계 시장에서 대출금리가 높게 나타난다.
④ 직원채용 시 지원자의 실력을 평가하여 채용한다.
⑤ 배당금 액수를 통해 증시 참여자들에게 기업의 경영 상태를 알려준다.

> ✔ 역선택은 시장에서 판매자가 파는 물건의 속성에 대해 구매자보다 많은 정보를 가지고 있을 때 발생한다. 정보가 부족한 구매자 입장에선 불리한 물건을 선택하는 것이다. 제3세계 시장에 대한 정보가 부족한 경우가 많으므로 이를 감안해 높은 대출금리를 적용하며 구직자를 평가할 때 주로 실력보다는 스펙에 의존한다.   답_④

도덕적 해이(moral hazard)의 예로서 가장 적절한 것은?

① 화재보험에 가입한 후에는 화재예방의 노력을 줄인다.

② 환경보호운동에 참여하지 않더라도 그 운동의 효과를 누릴 수 있다.

③ 암보험에는 암에 걸릴 확률이 높은 사람이 가입하는 경향이 있다.

④ 노동자는 실업기간이 길어지면 구직을 위한 노력을 포기한다.

⑤ 젊은 직장인들이 직장의료보험에 가입하지 않는 것은 도덕적 해이에 해당한다.

✔ 도덕적 해이 … 정보의 비대칭성에 의해 최선의 경제적 행위를 하지 않는 상황으로 보험가입(계약체결) 이후에 보험가입자가 보여주는 나태한 태도 등을 예로 들 수 있다.   답_①

8. 소득분배 이론

1 소득분배 개요

① **개념**

　㉠ 기능별 소득분배와 계층별 소득분배로 구분된다.

　㉡ 기능별 소득분배는 생산요소가 생산에 기여한 대가로 얻는 소득이 결정되는 과정을 분석한 것으로 현대에 와서는 그 과정을 엄밀히 분석하기가 어렵다.

② **대체탄력성**

　㉠ 대체탄력성은 생산요소간(노동, 자본) 대체가 용이한 정도를 나타내는 척도를 의미한다.

　㉡ 대체탄력성을 통해 노동과 자본의 상대가격 변화에 따른 노동과 자본의 귀속 몫을 알 수 있다.

　㉢ 대체탄력성이 1보다 큰 경우 노동의 상대가격이 상승할 때 노동의 상대적 몫이 더 작아진다.

　㉣ 대체탄력성이 1보다 작은 경우 노동의 상대가격이 상승할 때 노동의 상대적 몫이 더 커진다.

2 계층별 소득분배

① **개념**

  ㉠ 기능별 소득분배와는 다르게 생산요소의 기여와 관계없이 경제 전체의 소득이 사회구성원간에 어떻게 분배되는지를 분석한다.

  ㉡ 현실에서 요구되는 저소득층과 고소득층의 소득분배를 알 수 있다.

② **소득분배 불평등의 원인**

  ㉠ 교육기회의 차이

  ㉡ 부의 상속 정도의 차이

  ㉢ 사회복지제도

  ㉣ 경제구조

  ㉤ 개인의 능력 차이

③ **계층별 소득분배의 측정방법**

  ㉠ 로렌츠곡선

    ㉮ 개념

    • 사회 인구의 누적점유율과 소득의 누적점유율 사이의 관계를 그래프로 나타낸 것이다.

    • 소득이 가장 낮은 사람부터 차례로 배열한 그래프로 형태는 다음과 같다.

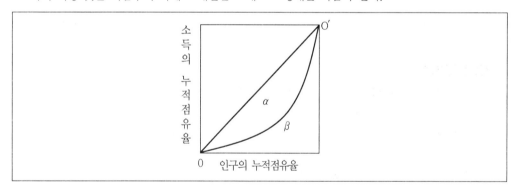

    ㉯ 설명

    • 0과 O'를 연결하는 대각선은 완전히 평등한 분배상태를 나타낸다.

    • 0과 O'를 연결하는 대각선에서 멀어질수록 소득분배상태가 불평등함을 나타낸다.

    • 극단적으로 L자를 옆으로 뒤집어 놓은 모양이 되면 한 사회의 소득이 한 개인에게 집중되어 있음을 의미한다.

    • 로렌츠곡선은 서로 다른 곡선이 교차를 할 경우 어느 것이 더 공평한지 알 수 없다.

ⓛ 지니계수

㉮ 로렌츠곡선이 나타내는 소득분배를 수치화한 것이다.

㉯ 지니계수 = $\dfrac{\alpha}{\alpha + \beta}$

㉰ 측정치 : 0과 1사이의 값이며 그 값이 작을수록 소득분배가 평등하다.

㉱ α의 면적 = 0, 지니계수 = 0 : 소득분배는 완전평등하다.

㉲ β의 면적 = 0, 지니계수 = 1 : 소득분배는 완전불평등하다.

ⓒ 십분위분배율

㉮ 소득계층의 최하위 40%가 차지하는 소득을 최상위 20%가 차지하는 소득으로 나눈 값을 말한다.

㉯ 소득분배가 가장 균등할 때 값은 2이다.

㉰ 소득분배가 가장 불균등할 때 값은 0이다.

㉱ 십분위분배율은 0에서 2사이의 값을 가지며 그 값은 클수록 소득분배가 균등함을 의미한다.

3 소득분배의 공평성을 확보하기 위한 정책수단

① **누진세** … 소득이 증가할수록 더 높은 세율을 적용하여 고소득자와 저소득자간의 소득격차를 줄이는 기능

② **부(−)의 소득세** … 일정소득 이상의 자는 조세를 부과하고 일정소득 이하의 자는 보조금을 지급하는 제도

③ **EITC(근로장려세제)** … 저소득 근로자의 근로를 유인하고 실질소득을 지원하기 위한 세제이다.

▶ **기출유형익히기**

아래에 배열된 소득 불평등 관련 용어에 관한 내용으로 가장 옳지 않은 것은?

• 지니계수	• 로렌츠곡선	• 십분위분배율

① 지니계수가 0이면 완전불평등, 1이면 완전평등을 의미한다.
② 로렌츠곡선은 대각선에 가까울수록 소득분배가 평등하다는 의미이다.
③ 십분위분배율은 중간계층의 소득을 잘 반영하지 못하는 단점이 있다.
④ 십분위분배율이 2에 가까워질수록 소득 분포가 고르다는 것을 의미한다.
⑤ 십분위분배율은 하위 40% 계층의 소득을 분자로, 상위 20% 계층의 소득을 분모로 해서 나온 수치다.

✔ 십분위분배율은 하위 40% 소득계층의 소득액을 상위 20% 소득계층의 소득액으로 나눈 비율을 의미하는데, 소득의 분배가 불공평해질수록 로렌츠곡선은 볼록해진다. 모든 가계의 소득이 동일한 완전평등 상황에서 지니계수는 0, 1가구만이 소득을 올리는 완전불평등에서는 1이라는 값을 각각 가지게 된다.

답_①

거시경제학

학습대책

국민소득(GDP)을 계산하는 방법과 GDP와 GNI의 관계를 이해하고 공개시장조작정책 등 중앙은행의 금융정책수단의 효과를 정확히 이해하며 재정정책과 통화정책을 비교하여 예상되는 효과를 시사자료를 통하여 공부한다.

또한 경제활동인구 등에 대한 정확한 의미를 파악하여 고용률 및 실업률을 계산할 수 있도록 한다. 실업과 인플레이션과 관련된 내용도 충분히 공부한다.

1. 국민소득

1 경제 전체의 소득과 지출

① **경제의 순환 경로**

㉠ 가계는 기업으로부터 재화와 서비스를 구입하며, 기업은 재화와 서비스의 판매대금으로 받는 돈으로 근로자, 토지소유자 및 주주에게 각각 임금, 지대, 배당을 지불한다.

㉡ GDP는 가계가 재화와 서비스시장에서 지출한 금액을 합한 것과 같다.

㉢ GDP는 기업이 생산요소 시장에서 지불하는 임금, 지대 및 배당의 합과 같다.

② **국민소득***

㉠ 유량개념으로 일정 기간 동안에 생산되고 소비되는 재화와 서비스의 총량을 말한다.

㉡ 국민소득의 증가는 다시 국부를 증대시키고 노동을 증대시키는 효과를 가져온다.

 알고가기

㉠ **생산국민소득**: 국민소득을 순생산액으로 파악하는 개념으로 일년간 총생산 과정에서 각 생산자가 부가한 총가치의 합계를 말한다.

㉡ **분배국민소득**: 생산요소의 소유자들이 얻는 소득의 총계로 국민소득을 파악하는 개념이다.

㉢ **지출국민소득**: 최종생산물에 대한 정부, 기업, 가계의 지출합계를 말한다.

2 주요 국민소득지표

① 국내총생산(GDP ; Gross Domestic Product)

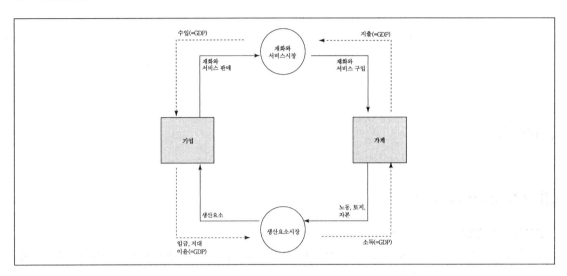

○ 개념

㉮ GDP는 일정기간 동안 한 나라 국경 내에서 생산된 최종생산물의 가치로 정의된다.

㉯ GDP는 '일정기간 동안'이므로 유량개념이 포함되며 또한 '국경 내에서'이므로 속지주의 개념이 포함된다. 국경 내에서의 생산이라면 생산의 주체가 자국인인지 외국인인지는 고려하지 않는다.

㉰ GDP는 최종생산물에 대한 가치이므로 중간생산물은 GDP집계에 포함되지 않는다.

㉱ 주부의 가사업무는 GDP에서 제외되나 파출부의 가사업무는 GDP에 포함된다.

㉲ 주택을 새로 건설한 것은 GDP에 포함되나 기존의 주택을 제3자에게 판매한 것은 GDP에 포함하지 않는다.

> ☼ GDP(Gross Domestic Product, 국내총생산)
>
> GDP는 '한 나라 영역 내에서 가계, 기업, 정부 등 모든 경제 주체에 의해 일정기간 동안 생산된 모든 최종 재화와 서비스를 시장가격으로 평가한 것'을 말한다. GDP에서 말하는 영역이란 경제활동의 중심이 국내에 있다는 것을 말한다.

○ 국민소득계정의 GDP 구분(개방경제인 경우)

㉮ $Y = C$(소비) $+ I$(투자) $+ G$(정부지출) $+ NX$(순수출), 폐쇄경제인 경우 $NX = 0$이다.

㉯ 소비는 가계에서 구입한 재화 및 용역의 구성이며 비내구재, 내구재, 용역으로 구분된다.

㉰ 투자는 기업의 고정투자, 주택에 대한 고정투자, 재고투자로 구분된다.

㉱ 정부지출은 정부에서 구입한 재화와 용역으로 구성된다.

㉲ 순수출은 외국에 수출한 재화 및 용역에서 수입한 재화 및 용역을 차감한 것이다.

ⓒ 평가방법 따른 GDP

㉮ 명목 GDP(nominal GDP)

- 당해 연도 생산물에 당해연도 가격을 곱하여 계산한 GDP를 말한다.
- 물가상승시 명목 GDP 역시 상승한다.

㉯ 실질 GDP(real GDP)

- 당해 연도 생산물에 기준 연도 가격을 곱하여 계산한 GDP를 말한다.
- 물가상승 시 실질 GDP는 변하지 않는다.

㉰ GDP 디플레이터

- GDP 디플레이터 $= \dfrac{\text{명목}\,GDP}{\text{실질}\,GDP}$

- GDP 디플레이터는 경제 내 전반적인 물가수준의 변화를 반영한다.

② **국민총소득**(GNI ; Gross National Income) … 국민소득 중 지출측면의 특성을 강조한 것으로 종래의 GNP에 해당한다. 생산과 소득의 구분 필요성에 따라 우리나라도 1995년부터 소득지표로 GNP 대신 GNI를 사용하고 있다. GNI는 한 나라의 국민이 생산활동에 참여하여 벌어들인 총소득의 합계로서 기존의 GDP에 대외 교역조건의 변화를 반영한 소득지표라 할 수 있다.

GNI = GDP + 해외로부터의 요소소득 수령액 − 해외로부터의 요소소득 지급액

㉠ 명목 GNI : 한 나라의 국민이 국내외에서 생산활동의 참여대가로 벌어들인 명목소득으로서 명목 국내총생산에 명목 국외순수취요소소득을 더하여 산출한다.

㉡ 실질 GNI : 한 나라의 국민이 국내외에 제공한 생산요소에 의하여 발생한 소득의 합계로서 거주자에게 최종적으로 귀착된 모든 소득의 합계이다. 실질 국내총소득에 실질 국외순수취요소소득을 더하여 산출한다.

③ **실질 국내총소득**(GDI ; Gross Domestic Income) … 한 나라의 거주민이 국내외 생산요소들을 결합하여 생산활동을 수행한 결과 발생한 소득을 의미하며 생산활동을 통하여 획득한 소득의 실질구매력을 나타내는 지표이다. 실질 국내총소득은 GDP에서 교역조건의 변화에 따른 실질 무역손익을 더하여 산출한다.

▶ **기출유형익히기**

국내총생산(GDP ; Gross Domestic Product)에 포함하지 않는 것은?

① 박찬호의 미국 메이저리그 소득
② 삼성전자의 국내소득
③ 서울의 MS(마이크로소프트) 소득
④ 정부의 영리 소득
⑤ 김철수씨의 근로소득

✔ 국내총생산(GDP ; Gross Domestic Product)은 한 나라의 경제적 영역 내에 거주하는 가계, 기업, 정부 등의 모든 경제주체가 일정기간 동안 생산활동에 참여하여 만들어 낸 부가가치를 시장가격으로 합계한 것을 말하는 것으로 국외에서 벌어들인 박찬호의 소득은 GDP가 아닌 GNI에 포함된다.　　**답_①**

아래 내용 중 국내총생산(GDP)과 관련이 없는 것을 고르면?

① 자동차 공장 증설
② 제약회사의 신약 개발 연구
③ 곶감을 만들어 장에 내다 팔기
④ 지방자치단체의 도청 이전 용지 개발
⑤ 기업의 연말 불우이웃 돕기 성금 모금

> ✔ GDP는 일정 기간 동안 한 나라 안에서 생산된 모든 최종 재화 및 서비스의 시장가치를 말하는데 GDP 에는 한 국가 내에서 그 해에 생산된 자동차나 전자제품 같은 재화는 물론이거니와 이발, 청소, 의사의 진료 등 서비스가 포함된다. 하지만, 과거 생산된 재화 또는 자국민이 해외에서 생산한 재화 등은 GDP 에 포함되지 않는다. 더불어서 중간재 가격도 최종재의 가격에 포함되어 있는 까닭에 GDP 계산에서는 제외된다.
>
> 답_⑤

3 고전학파와 케인즈

① **고전학파의 국민소득 결정이론**

ㄱ 주요 가정

㉮ 공급 스스로가 수요를 창출한다는 세이의 법칙(Say's law)이 성립한다.
㉯ 공급된 재화는 모두 판매되어 공급과잉이 생기지 않는다고 가정한다.
㉰ 모든 가격변수는 신축적이다.
㉱ 모든 시장은 완전경쟁시장이다.
㉲ 저축은 미덕이다.

ㄴ 평가

㉮ 공급의 증가는 국민소득을 증가시킨다.
㉯ 공급을 늘리기 위해서는 생산설비를 확충해야 한다.
㉰ 생산설비 확충을 위해서는 자본을 축적해야 하므로 저축은 미덕이다.
㉱ 고전학파의 주요 가정은 현실성이 떨어지고 대공황을 겪으면서 비판을 받는다.

② 케인즈의 국민소득 결정이론

　㉠ 주요 가정

　　㉮ 소비는 소득의 함수이다.

　　㉯ 공급은 충분하나 유효수요가 부족하다.

　　㉰ I(투자), G(정부지출), NX(순수출)은 외생적으로 주어진다.

　　㉱ 소비가 미덕이다.

　㉡ 평가

　　㉮ 대공황을 겪으며 등장하게 된 케인즈는 정부의 적극적인 시장개입을 강조했다.

　　㉯ 소비가 미덕임을 강조하여 절약의 역설을 강조한다.

　　• 절약의 역설은 저축의 증가는 총수요를 감소시키고 총수요의 감소는 국민소득을 감소시켜 경제의 총저축은 오히려 감소한다는 것을 말한다.

　　• 절약의 역설은 저축이 증가하더라도 투자기회가 부족하여 저축이 투자로 연결되지 않는 나라에서 성립한다.

　　• 개발도상국이나 후진국과 같이 투자기회는 많으나 자본이 부족한 나라에서는 성립하지 않는다.

▶ **기출유형익히기**

'절약의 역설(paradox of thrift)'에 의하면 저축이 증가할수록 소득이 감소한다. 그러나 우리나라에서는 저축을 미덕으로 생각할 뿐 아니라 정부는 성장을 높이기 위해 저축을 열심히 해야 한다고 국민적 저축캠페인을 전개하고 있다. 다음 설명 중 옳은 것은?

① 일본의 잃어버린 10년의 경제상황에 적용할 수 있다.

② '절약의 역설'은 케인즈가 설정한 가설하에서만 성립한다.

③ '절약의 역설'은 미국과 같이 경제 내에서 해외부문이 국민경제에서 차지하는 비중이 아주 작은 나라에서는 성립하지만, 우리 경제와 같이 해외부문이 국민경제에서 차지하는 비중이 클 경우에는 성립하지 않는다.

④ '절약의 역설'은 개인들이 저축을 많이 할수록 국가 전체의 저축도 증가한다는 것을 설명한다.

⑤ 균형재정하에서 '절약의 역설'은 성립하지 않는다.

　　✔ 절약의 역설(paradox of thrift) … 케인즈는 사람들이 저축을 더 많이 하면 할수록 국가 전체로서는 반드시 저축이 증가하지는 않는다고 지적하였다. 즉, 가계가 미래소득을 증가시키는 방법은 장래 소비를 더욱 증대시키기 위하여 현재 소비의 일부를 저축하는 것이다. 가계가 저축하는 가장 근본적인 동기는 생산자원을 더 많이 축적시켜 미래소득을 증대시키려는 것이다. 개별가계의 입장에서는 저축이 효용극대화의 목표를 달성시키는 데 효과적인 방법이다. 그렇지만 저축의 증가는 현재소비의 감소에서 나오기 때문에 저축의 증가는 가계의 지출을 같은 크기만큼 감소시킨다. 기업의 투자지출은 가계의 저축결정과 독립적으로 결정되므로 당기에 저축의 증가는 투자수준에 영향을 미치지 못한다. 따라서 경제에서 저축된 양은 기업들이 투자하려는 양보다 더 크며, 초과저축이 발생하게 된다. 따라서 총수요가 감소하고 이에 상응하는 총공급이 감소하여 고용과 가계의 소득이 낮아진다.　　답_①

2. 화폐금융론

1 화폐

① **화폐의 기능**
- ㉠ 가치의 저장수단
- ㉡ 계산단위
- ㉢ 교환의 매개수단

② **통화량** … 통화량은 일정시점에 시중에 유통되고 있는 화폐의 총량을 말한다.
- ㉠ **통화량 지표**
    - ㉮ 협의통화(M_1) = 현금통화(민간보유현금) + 요구불예금 + 수시입출금식 저축성예금
    - ㉯ 광의통화(M_2) = M_1 + 기간물 정기 예 · 적금 + 실적배당형 상품 + 기타(투신사 증권저축, 종금사 발행어음) [단, 장기(만기 2년 이상)금융상품 제외]
    - ㉰ 금융기관유동성(Lf) = M_2 + 예금취급기관의 만기 2년 이상 금융상품
    - ㉱ 광의유동성(L) = Lf + 기업 · 정부 등의 발행 유동성 금융상품(국채, 회사채, CP, RP 등) → 모든 금융자산을 포함한 가장 포괄적 지표
    - ㉲ 요구불예금은 언제든지 인출가능한 보통예금, 당좌예금* 등이다.

더 알고가기
당좌예금
- ㉠ 예금자가 거래은행과 당좌계정거래약정을 하고 현금의 보관 및 출납을 은행에 의뢰하는 요구불예금을 말한다.
- ㉡ 예금자는 언제든지 지급을 요구할 수 있고 지급요청시에는 거래약정에 따라 반드시 어음이나 수표를 발행하도록 하고 있다.
- ㉢ 은행은 예금자의 출납을 대행하므로 예금자의 비용과 노력을 절약시켜 주며, 대금결제를 위한 자금의 보관이나 지급위탁을 주 목적으로 한다.

ⓛ 신용카드 사용과 통화량

　　　　㉮ 신용카드 사용은 대금의 지급을 결제일까지 연기하는 것으로 개인의 부채이다.

　　　　㉯ 신용카드의 대중화는 화폐보유수요를 감소시킨다.

　　　　㉰ 신용카드는 지급의 연기수단으로 대금을 상환할 시기에 사용한 사람의 예금계좌를 통해 갚는 것으로 예금계좌에 있던 잔고는 통화저량의 일부분으로 이미 포함된 것이다.

　　　　㉱ 신용카드 사용액은 통화량에 포함되지 않는다.

▶ **기출유형익히기**

예전부터 경제학자들은 경제를 지속적으로 성장시키는 요소를 밝히기 위해 노력해왔다. 아래의 내용 중 지속적 경제성장의 원인이 아닌 것은?

① 다양한 재화의 도입
② 통화량의 지속적 증가
③ 생산성의 꾸준한 향상
④ 기술 개발을 위한 R&D 지출 증가
⑤ 기술 발전을 위한 인프라·지식재산권의 보호

　　　✔ 통화량 증가는 단기적으로 보았을 시에 일시적으로 경기를 부양할 뿐 지속적장기적인 경제성장의 원인으로는 볼 수 없다.　　　　　　　　　　　　　　　　답_②

③ **한국은행**

　　㉠ 설립목적 : 한국은행은 효율적인 통화신용정책의 수립과 집행을 통하여 물가안정을 도모함으로써 국민경제의 건전한 발전에 이바지함을 목적으로 한다.

　　ⓛ 업무

　　　　㉮ 한국은행권 및 주화의 발행

　　　　㉯ 통화신용에 관한 정책의 수립 및 집행

　　　　㉰ 금융기관 등의 예금의 수입과 예금지급준비금의 관리

　　　　㉱ 금융기관에 대한 대출

　　　　㉲ 공개시장에서의 증권의 매매

　　　　㉳ 국고금의 예수와 정부 및 정부대행기관과의 여수신

　　　　㉴ 지급결제제도의 운영·관리

　　　　㉵ 외국환업무

2 **화폐의 수요**

① **화폐수량이론**

　㉠ 수량방정식

$$MV = PT$$

　　㉮ M은 화폐 즉 통화량을 의미한다.

　　㉯ V는 화폐의 거래유통속도를 말한다.

　　㉰ P는 가격을 의미한다.

　　㉱ T는 재화의 용역의 거래를 말한다.

　㉡ 거래에서 소득으로 전환 : 거래량(T)은 국민소득(Y)에 비례하므로 원래의 교환방정식의 T를 Y로 대체하면 다음과 같이 나타낼 수 있다.

$$MV = PY$$

※ 교환방정식에서 Y와 V가 일정하므로 M이 증가하면 P가 정비례하여 상승한다.

　㉢ 통화수요함수와 수량방정식

　　㉮ 실질화폐잔고(M/P) : 실제로 구입할 수 있는 재화 및 용역의 양으로 나타낸 통화량을 말한다.

　　㉯ 통화수요함수 : 일반인이 소유하고 싶어하는 실질 화폐 잔고의 양을 결정하는 요소를 나타내는 방정식이다.

　㉣ 화폐의 유통속도(V)가 일정하다는 가정 : $MV = PY$이므로 통화량 M이 변할 경우 이에 비례하여 명목 $GDP(PY)$가 변화하게 된다. 즉, 유통속도가 일정한 경우 통화량이 경제 내 생산량의 화폐가치를 결정한다.

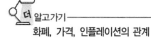
알고가기

　화폐, 가격, 인플레이션의 관계

　㉠ 생산요소와 생산함수가 생산량 기준 Y를 결정한다.

　㉡ 수량방정식과 유통속도가 일정한 경우 통화공급이 생산량의 명목가치(PY)를 결정한다.

　㉢ 물가수준 P는 생산량 수준 Y에 대한 생산량의 명목가치(PY)의 비율이 된다. 결론적으로 한 경제의 생산능력이 실질 GDP를 결정하고 통화량이 명목 GDP를 결정하며 GDP디플레이터는 실질 GDP에 대한 명목 GDP의 비율이다.

다음 중 화폐의 유통속도와 관련하여 옳은 설명을 모두 고른 것은?

> ㉠ 신용카드의 사용량이 늘어나면 화폐유통속도가 빨라진다.
> ㉡ 다른 여건이 동일할 때 물가가 상승하면 화폐유통속도는 감소한다.
> ㉢ ATM의 보급으로 민간의 화폐보유량이 감소하면 화폐유통속도는 감소한다.
> ㉣ 현금 인출 수수료의 인상은 화폐유통속도를 증가시킨다.
> ㉤ 통화량이 일정할 때, 물가가 상승하고 국민소득이 증가하면 화폐유통속도는 증가한다.

① ㉠㉢   ② ㉠㉣
③ ㉠㉤   ④ ㉡㉣
⑤ ㉡㉤

✔ 화폐교환방식 : $MV = PT$, 유통속도 $V = \dfrac{PT}{M}$ (M : 화폐공급량, P : 물가, T : 거래액)

신용카드의 사용량 증가는 곧 결제대금의 거래액이 증가하므로 화폐유통속도가 커진다. 현금인출 수수료가 인상되면 거래액이 늘어나는 효과와 소비 위축으로 거래액이 줄어드는 효과가 발생할 수 있는데, 일반적으로 후자의 영향이 더 크므로 화폐유통속도가 줄어들 가능성이 높다.   답_③

② 케인즈의 화폐수요

　㉠ 화폐수요

　　㉮ 거래적 동기 : 소득의 증가함수(소득이 증가하면 화폐수요 증가)

　　㉯ 예비적 동기 : 소득의 증가함수

　　㉰ 투기적 동기 : 이자율의 감소함수(이자율이 감소하면 화폐수요 증가)

　㉡ 유동성함정

　　㉮ 이자율과 채권가격은 역의 관계이므로 이자율이 매우 낮은 경우 채권가격은 매우 높은 수준이다. 따라서 채권가격이 하락할 것을 예상하므로 경제주체들은 현금을 보유하려고 할 것이다.

　　㉯ 화폐수요의 증가가 무한히 계속되는 구간을 유동성함정구간이라고 한다. 유동성함정구간은 경기가 침체된 상태일 경우 발생한다.

3　화폐의 공급

① **본원통화**

　㉠ 중앙은행에서 공급하는 통화를 말하는 것으로 공급하는 양보다 크게 통화량을 증가시킨다.

　㉡ 본원통화는 중앙은행의 부채에 해당한다.

ⓒ 현금통화 + 예금은행 지급준비금 = 화폐발행액 + 중앙은행 지준예치금

ⓔ 화폐발행액 = 현금통화 + 예금은행 시재금

ⓜ 예금은행 지급준비금 = 예금은행 시재금 + 중앙은행 지준예치금

② **예금의 통화창조**

ⓐ 은행은 예금액 중 법정지급준비금을 제외한 나머지를 전부 대출하고, 대출받은 개인은 전액을 다시 은행에 예금한다. 이 과정이 끝없이 계속되었을 때 예금통화창조액은 다음과 같이 계산된다.

$$
\begin{aligned}
\text{총예금창조액} &= S + (1 - z_l) \cdot S + (1 - z_l)^2 \cdot S + \cdots \\
&= [1 + (1 - z_l) + (1 - z_l)^2 + \cdots] \cdot S \\
&= \frac{1}{z_l} \cdot S
\end{aligned}
$$

* S = 본원적 예금
* z_l = 지급준비율

ⓑ 예금의 통화창조는 특별한 가정을 바탕으로 가능하다.

㉮ 예금은행은 법정지급금만 보유하고 초과지급준비금은 없다.

㉯ 은행 밖으로의 현금유출은 없다.

㉰ 요구불예금만 존재한다.

ⓒ **통화승수**(money multiplier) : 중앙은행이 공급한 본원통화 한 단위가 예금은행의 신용창출과정을 통해 몇 배의 통화량을 창출하는지 나타내는 지표를 말하며, 지급준비율의 역수로 표시된다$\left(\dfrac{1}{z_l}\right)$.

▶ **기출유형익히기**

100만 원의 본원통화량이 은행의 요구불예금으로 예치되어 있다고 가정할 경우, 지급준비율이 4%에서 5%로 인상될 때 통화량 감소분은 다음 중 얼마인가?

① 200만 원

② 300만 원

③ 400만 원

④ 500만 원

⑤ 1000만 원

✔ 지급준비율이 4%일 때 통화승수는 25이므로 통화량은 2,500만 원(25×100만 원)이 된다. 지급준비율이 5%로 인상되면 통화승수는 20으로 작아지므로 통화량은 2,000만 원(20×100만 원)으로 줄어들게 되어, 결국 지급준비율 1% 인상에 따른 통화량 감소분은 500만 원이다. **답_④**

4 금융정책

① 개념

    ㉠ 금융시장의 균형을 통화량의 조절을 통해 이룬다.

    ㉡ 중앙은행이 각종 금융정책수단을 이용하여, 자금의 흐름을 순조롭게 함으로써 생산과 고용을 확대시키고, 다른 한편으로는 통화가치를 안정시키고 완전고용, 물가안정, 경제성장 및 국제수지균형 등의 정책목표를 달성하려는 경제정책을 말한다.

② 금융정책의 수단

    ㉠ 일반적인 금융정책수단(간접규제수단)

        ㉮ 공개시장조작정책 : 공개시장에서 국공채를 매입·매각함으로써 통화량과 이자율을 조정하는 것을 말한다. 통화량 조절수단 중 가장 빈번하게 이용되는 정책수단이다.

        • 장점 : 은행, 비은행금융기관, 법인 등의 다양한 경제주체가 참여하여 시장 메커니즘에 따라 이루어지므로 시장경제에 가장 부합되는 정책이다. 또한 조작규모나 조건, 실시시기 등을 수시로 조정하여 신축적인 운용이 가능하며 파급효과가 광범위하고 무차별적이다.

        • 국공채매입 → 본원통화↑ → 통화량↑ → 이자율↓

        • 국공채매각 → 본원통화↓ → 통화량↓ → 이자율↑

    ※ 이자율의 상승은 외국인의 국내투자를 증대시키고 이로 인하여 달러의 공급이 증가하여 환율이 하락한다.

        ㉯ 재할인율정책 : 예금은행이 중앙은행으로부터 차입할 때 적용받는 이자율인 재할인율을 조정함으로써 통화량과 이자율을 조절하는 정책이다. 재할인율정책이 효과적이 되기 위해서는 예금은행의 중앙은행에 대한 자금의존도가 높아야 한다.

        • 재할인율↓ → 예금은행 차입↑ → 본원통화↑ → 통화량↑ → 이자율↓

        • 재할인율↑ → 예금은행 차입↓ → 본원통화↓ → 통화량↓ → 이자율↑

        ㉰ 지급준비율정책 : 법정지급준비율을 변화시킴으로써 통화승수의 변화를 통하여 통화량과 이자율을 조절하는 정책이다(본원통화의 변화는 없다).

        • 지준율↓ → 통화승수↑ → 통화량↑ → 이자율↓

        • 지준율↑ → 통화승수↓ → 통화량↓ → 이자율↑

▶ **기출유형익히기**

한국은행이 시중의 통화량을 줄이기 위한 정책으로 옳은 것은?

① 국공채 매입과 재할인율 인하
② 국공채 매입과 재할인율 인상
③ 지급준비율 인하와 재할인율 인상
④ 국공채 매각과 지급준비율 인하
⑤ 국공채 매각과 지급준비율 인상

　　　✔ 국공채 매입, 재할인율 인하, 지급준비율 인하정책 등은 통화량을 늘리는 효과가 발생한다.　　　답_⑤

   ⓛ **선별적인 정책수단**(직접규제수단)

     ㉮ 대출한도제 : 직접적으로 중앙은행과 예금은행의 대출한도를 제한하거나 자산을 규제함으로써 금융기관의 대출한도를 제한하는 것이다.

     ㉯ 이자율규제 : 은행의 예금금리와 대출금리를 직접 규제하는 것이다.

     ㉰ 창구규제, 도의적 설득

③ **물가안정목표제**(inflation targeting)

   ㉠ 개념 : 중앙은행이 물가상승률 목표를 명시적으로 제시하고 정책금리 조정 등을 통해 이를 직접 달성하려고 하는 통화정책 운영방식이다. 이 방식은 경제의 지속적 성장을 위해서는 임금, 가격 등의 결정에 큰 영향을 미치는 장래 예상물가의 안정이 무엇보다 중요하다는 인식을 바탕으로 중앙은행이 물가목표를 사전에 제시하고 달성해 나감으로써 일반 국민들의 기대인플레이션이 동 목표 수준으로 수렴하도록 하는 데 주안점을 두고 있다.

   ㉡ 운용방식

     ㉮ 물가안정목표제에서는 정책시행에 있어 통화량뿐만 아니라 금리, 환율, 자산가격 등 다양한 변수를 활용한다.

     ㉯ 우리나라에서는 금융기관 간 초단기 자금거래에 적용되는 기준금리를 일정 수준으로 유지하는 방식으로 물가안정목표제를 운용하고 있다.

     ㉰ 한국은행은 1998년부터 물가안정목표제를 도입·운영하고 있으며 현재 정부와 협의하여 소비자물가 상승률 기준 2%로 설정하고 있으며, 물가안정목표는 2016년부터 2018년까지 적용된다.

© 운영방식에 대한 설명

㉮ 물가안정목표 대상물가를 소비자물가로 정한 것은 소비자물가가 일반 국민들에게 가장 친숙하고 생계비의 변동을 잘 반영하는 물가이기 때문이다.

㉯ 대상기간을 3년으로 설정한 것은 통화정책의 효과가 상당한 시차를 두고 실물경제에 파급된다는 점 등을 감안한 것이다.

㉰ 물가안정목표 범위를 2.0 ± 0.5%로 설정한 것은 우리경제의 기초여건에 부합되는 적정 인플레이션율 등을 반영함과 아울러 단기적인 경제상황 변동에 대응하여 통화정책을 신축적으로 운영하기 위한 것이다.

④ **한국은행의 금리조정 파급경로**

㉠ 한국은행은 2008년 3월부터 7일물 환매조건부채권(RP) 금리를 기준금리로 사용하고 있다.

㉡ 연 8회 금융통화위원회 본회의를 열어 기준금리 목표를 정한 후, 기준금리가 이 목표치에 도달하도록 채권을 시장에서 사고 팔아(open market operation) 통화량을 조절한다.

㉮ 기준금리 상향 조정시 : 채권을 시중에 매각하여 통화량을 줄임

㉯ 기준금리 하향 조정시 : 시중의 채권을 매입하여 통화량을 늘림

⑤ **중앙은행의 독립성**

㉠ 중앙은행 독립성의 세 가지 분류

㉮ 조직적 독립성 : 중앙은행과 정부의 제도적 관계에 대한 안전장치

㉯ 기능적 독립성 : 중앙은행의 기능과 부여된 권한의 범위를 법제화 함

㉰ 사실적 독립성 : 총재의 개인적 성향, 정치적 · 경제적 환경, 국가적 관심의 우선순위 등

㉡ 중앙은행 독립의 이론적 배경 : 정책의 신뢰성 문제

㉢ 독립성 논쟁의 의의

㉮ 신뢰성 문제의 회복과 경제여건에 따른 정책의 융통성을 발휘할 수 있어야 한다.

㉯ 각 시대적 상황이 요구하는 독립성 수준을 잘 반영하여 제대로 실행할 수 있는지의 여부가 중앙은행 독립성 논쟁의 가장 큰 현실적 의미이다.

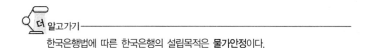

더 알고가기

한국은행법에 따른 한국은행의 설립목적은 **물가안정**이다.

다음 중 한국은행이 기준금리를 내릴 시에 가장 손해를 볼 것으로 예상되는 사람은 누구인가?

① 주식 투자자

② 월세를 받는 집주인

③ 오피스텔을 소유한 투자자

④ 신용대출을 받을 계획인 직장인

⑤ 퇴직금으로 넣어둔 은행 예금 이자로 생활하고 있는 은퇴자

✔ 금리가 하락하게 되면 예금 이자로 생활하고 있는 은퇴자들이 손해를 보게 된다. 답_⑤

3. 거시경제모형

1 총수요

재화시장에서 거래되는 상품과 서비스 등 국민소득거래와 이의 유통을 뒷받침하는 화폐시장의 통화량의 크기에 따라 결정된다.

① **재화시장**

　㉠ 재화시장 균형식

　　㉮ 총공급 : $Y^S = C + S + T + M$(수입) → 국민소득의 처분(저축, 조세, 수입 → 누출)

　　㉯ 총수요 : $Y^D = C + I + G + X$(수출) → 창출(투자, 정부지출, 수출 → 주입)

　　㉰ 균형식 : $Y^S = Y^D = Y = C + I + G = C(Y - T) + I(r) + G$

　　㉱ 내생변수 : 국민소득(Y), 이자율(r) → 이자율이 상승하면 국민소득이 감소한다.

　　㉲ 외생변수 : 정부지출(G), 조세(T) → 정부지출이 상승하면 국민소득이 증가한다. 반면, 조세를 증가시키면 국민소득은 감소한다.

　㉡ IS곡선 도출

　　㉮ 재화시장의 균형을 나타내는 국민소득과 이자율의 조합이다.

　　㉯ 이자율(r)이 상승하면 투자가 감소하고, 국민소득(Y)이 감소하는 우하향의 그래프를 가진다.

　　㉰ 이자율의 변화는 IS곡선 상에서 움직인다.

　　㉱ 정부지출(G)의 증가는 IS곡선을 우로 이동시킨다.

　　㉲ 조세(T)의 증가는 IS곡선을 좌로 이동시킨다.

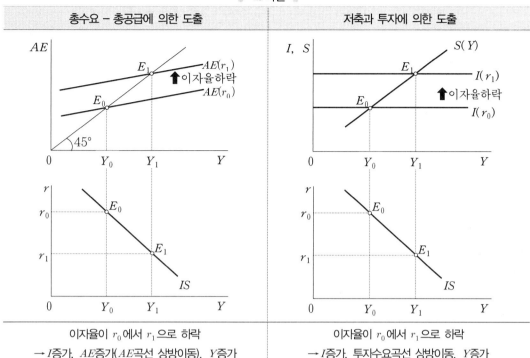

IS곡선

총수요 – 총공급에 의한 도출	저축과 투자에 의한 도출
이자율이 r_0에서 r_1으로 하락 → I증가, AE증가(AE곡선 상방이동), Y증가	이자율이 r_0에서 r_1으로 하락 → I증가, 투자수요곡선 상방이동, Y증가

② 화폐시장

　㉠ 화폐시장의 균형식

　　㉮ 화폐의 공급함수 : $M^s = \dfrac{M}{P}$ (M : 외생변수, P는 고정으로 가정)

　　㉯ 화폐의 수요함수 : $\dfrac{M^d}{P} = L(r, \ Y) = L(kY - hr)$

　　㉰ 이자율(r)이 상승하면 M^d는 감소하고, 국민소득(Y)이 증가하면 M^d는 증가한다.

　㉡ LM곡선 도출

　　㉮ 화폐시장의 균형을 나타내는 이자율과 국민소득의 조합이다.

　　㉯ 이자율(r)이 상승하면 국민소득(Y)이 증가하는 우상향의 그래프를 가진다.

　　㉰ 이자율의 변화는 LM곡선상에서 움직인다.

　　㉱ 명목통화량(M), 물가(P)의 변화는 LM곡선 자체가 좌우로 이동한다.

　　　• 명목통화량(M)의 증가→LM곡선 우측 이동 / 물가(P)의 상승→LM곡선 좌측 이동

　　㉲ $\dfrac{M}{P}$ (실질화폐공급)이 증가하면 LM곡선은 우측 이동한다.

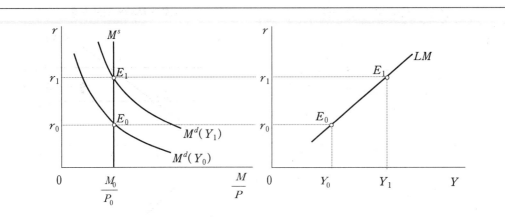

※ 최초에 화폐시장의 균형(E_o)

- 국민소득증가($Y_o \rightarrow Y_1$)
- 화폐수요증가[$M^d(Y_o) \rightarrow M^d(Y_1)$]
- 이자율 상승($r_0 \rightarrow r_1$)
- 우상향 *LM*곡선

   ⓒ *LM*곡선의 형태

      ㉮ 고전학파의 *LM*곡선 : 화폐수요가 이자율에 완전비탄력적이며 수직이다.

      ㉯ 케인즈의 *LM*곡선 : 화폐수요가 이자율에 완전탄력적이며 수평이다.

③ **총수요곡선(AD ; Aggregate Demand curve)의 도출**

   ㉠ 재화시장과 화폐시장을 동시에 균형시키는 국민소득과 물가의 조합이다.

   ㉡ *IS*곡선과 *LM*곡선의 교차점인 동시균형점을 추적함으로써 도출이 가능하다.

   ㉢ 국민소득(Y)은 물가(P)에 반비례하며 우하향의 그래프를 가진다.

   ㉣ 물가(P)의 변화는 AD곡선상에서 움직인다.

   ㉤ 정부지출, 세금, 통화량의 변화는 AD곡선 자체를 이동시킨다.

   ㉥ 조세(T)의 상승 → AD곡선은 좌측 이동한다.

   ㉦ 정부지출(G)의 증가 → AD곡선은 우측 이동한다.

   ㉧ 통화량(M)의 증가 → AD곡선은 우측 이동한다.

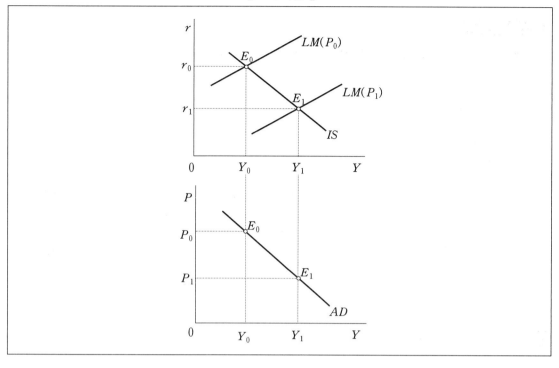

> AD곡선 <

④ *IS* − *LM*의 한계

  ㉠ 이 모형은 수요측면에서의 균형을 나타낼 뿐, 공급은 얼마든지 가능하다는 전제에서 가능하다.

  ㉡ *IS* − *LM*은 국제수지를 무시한 개방경제를 가정한 모형이다. 따라서, 환율변화 등은 직접적으로 분석할 수 없다.

  ㉢ 이 모형은 기본적으로 정학분석이며, 인플레이션과 같은 동태적 현상의 설명에는 무력하다.

  ㉣ 이 모형은 케인즈가 강조했던 불확실성하에서의 기대가 명시적으로 고려되어 있지 않다.

⑤ **총수요곡선의 이동**

구분	*IS*곡선	*LM*곡선	*AD*곡선	*AS*곡선	r	Y	P
㉠ 소비성향 증가 ㉡ 독립투자 증가 ㉢ 정부지출 증가 ㉣ 조세 감소	우측으로 이동	불변	우측으로 이동	불변	상승	증가	상승
㉤ 명목통화공급 증가 ㉥ 화폐수요 감소	불변	우측으로 이동	우측으로 이동	불변	하락	증가	상승

다음 중 물가수준과 그에 상응하는 총수요의 크기를 나타내는 총수요곡선을 이동시키는 요인이 아닌 것은?

① 소득세의 변화
② 환율의 변화
③ 생산성의 변화
④ 이자율의 변화
⑤ 가계의 미래소득수준에 대한 기대의 변화

> ✔ 총수요(Y_d)는 소비＋의도된 투자＋정부지출＋순수출로 구성되며, $GDP(Y)$ = 소비＋투자＋정부지출 ＋순수출 이므로, $GDP(Y)$ = 총수요(Y_d)＋의도되지 않은 투자(재고)이다. 소득세, 환율, 이자율, 미래 소득수준에 대한 기대의 변화는 모두 총수요곡선 자체를 이동시킨다. 생산성의 변화는 총수요곡선이 아니라 총공급곡선을 이동시킨다.　　　　　　　　　　　　　　　　　　　　　　　　　　 답 ③

2 총공급곡선

노동시장을 균형시키는 노동량 및 물가와 이에 상응하는 국민소득을 나타내는 곡선이다.

① **고전학파의 노동시장**
　㉠ 노동시장에서 임금과 가격의 완전신축성을 가정한다.
　㉡ 노동시장은 항상 수급균형이므로 실업은 존재하지 않는다.
　㉢ 노동의 수요는 기업이 이윤극대화를 달성하는 수준에서 결정된다.
　㉣ 이윤극대화 조건은 노동의 한계생산성과 실질임금이 일치하는 수준에서 달성된다.
　㉤ 노동의 한계생산성은 고용량이 증가할수록 감소한다. 즉 실질임금의 상승→고용량의 감소→한계생산량이 증가한다(한계생산체감의 법칙). 이는 고용량과 실질임금은 역의 관계에 있음을 나타낸다.

② **케인지안의 노동시장**
　㉠ 명목임금(W)의 하방경직성을 가정한다.
　㉡ 노동시장에서 수급불균형이 일반적이다.
　㉢ 노동량은 기업의 노동수요에 의해 결정된다.
　㉣ 노동수요곡선이 기업이윤극대화의 조건으로부터 도출되는 것은 고전학파 모형과 동일하다.

③ **총공급곡선(AS ; Aggregate Supply)의 도출**
　㉠ P의 변화(노동시장), 고용량(n)의 변화(생산함수), 국민소득(Y)의 변화를 나타낸다.
　㉡ 노동시장과 생산함수로부터 총공급함수가 도출된다.

ⓒ 고전학파의 총공급곡선

　ⓐ 임금과 가격이 완전신축적이므로 물가가 2배, 3배되어도 실질임금은 불변이다.

　ⓑ 고용량(n)과 국민소득(Y)이 불변이면 국민소득(Y)에서 수직선의 AS곡선이 나타난다.

　ⓒ 국민소득은 총공급의 크기에 의해 결정된다. → 공급중심경제학

　ⓓ Say의 법칙 '공급이 수요를 창출한다.'가 성립한다.

ⓔ 케인지안의 총공급곡선

　ⓐ 우상향의 AS곡선이 나타난다.

　ⓑ 수요중시의 경제학이다.

　ⓒ 유효수요이론의 특징을 가지고 있다.

❖ AS곡선 ❖

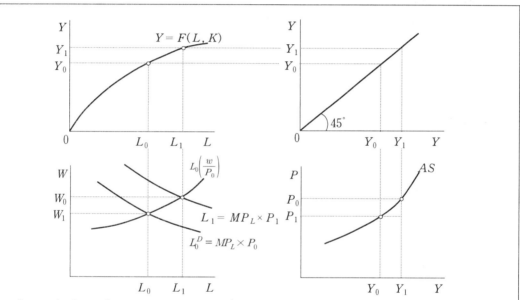

• 최초 : $(w_0, \ L_0)$, (P_0, Y_0)

• 물가상승$(P_0, \to P_1)$: 노동수요곡선 우측 이동$(MP_L \times P_0 \to MP_L \times P_1)$, 명목임금 상승, 고용량$(w_0 \to w_1)$ 증가 $(L_0 \to L_1)$, 산출량 증가$(Y_0 \to Y_1)$

• 이와 같이 일반적인 모형(케인즈학파와 통화주의 학파의 모형)에서는 물가가 상승할 때 산출량이 증가하므로 단기적으로 총공급곡선이 우상향한다.

④ 총공급곡선의 이동

구분	노동수요곡선	노동공급곡선	AD곡선	AS곡선	Y	P
㉠ 생산성 향상 ㉡ 기업에 유리한 조세 ㉢ 원자재가격 하락	우측으로 이동	불변	불변	우측으로 이동	증가	하락
㉣ 노동의욕 증가 ㉤ 노동을 위한 조세 유인	불변	우측으로 이동	불변	우측으로 이동	증가	하락

3 거시경제모형

① **고전학파의 거시경제모형**

㉠ 노동시장의 가격과 임금의 완전신축성을 가정한다.

㉡ 모든 시장에서 수요와 공급이 일치한다.

㉢ 재화시장과 화폐시장의 동시균형점을 조합한 총수요곡선을 통하여 균형국민소득에 상응한 물가수준이 결정된다.

② **케인지안의 거시경제모형**

㉠ 재화시장과 화폐시장에서는 가격의 신축성을 인정하나 노동시장에서는 임금이 경직적이라는 가정을 한다. 이 점이 고전학파의 모형과 차별점이다.

㉡ 국민소득이 전체 시장균형을 동시에 만족시키는 수준에서 결정된다.

③ **극단적 케인지안의 거시경제모형**

㉠ 물가불변의 가정을 도입하므로 AS곡선은 수평선이다.

㉡ 유휴생산능력존재 등 공급애로(또는 극심한 불황)가 전혀없는 상황에 적용된다.

㉢ 국민소득의 크기는 전적으로 총수요에 의해 결정된다.

④ **일반적인 총공급곡선** ··· 케인즈영역, 중간영역, 고전파영역에 의해 나타난다.

4 경제정책의 효과분석

구분	고전학파	케인지안
IS곡선	거의 수평	거의 수직
LM곡선	거의 수직	거의 수평
재정정책	효과없음(구축효과)	효과있음(불완전한 구축효과)
통화정책	효과있음(통화의 중립성, 부효과)	효과없음(유동성함정)

① **피구효과**(Pigou's effect)**와 완전고용**

　　㉠ 고전학파 : 공급은 스스로 수요를 창조한다는 '세이의 법칙'에 입각하고 있기 때문에 수요부족으로 실업이 발생할
　　　　염려가 전혀 없을 뿐만 아니라, 모든 가격은 신축적이므로 균형에 자동적·즉각적으로 도달된다.

　　㉡ 케인즈학파 : 완전고용국민소득 수준에서 계획된 저축이 계획된 투자보다 많게 되는 경우, 유효수요의 부족
　　　　으로 비자발적 실업이 발생하는데, 이러한 불완전고용균형이 일반적이라고 한다.

　　㉢ 피구효과와 고전학파 옹호론 : 피구효과(= 실질잔고효과)란 유효수요의 부족으로 불황이 있게 되면, 물가가
　　　　하락하여 실질잔고가 증대되는 효과를 통하여 소비지출이 증가하고(= 저축은 감소), 따라서 유효수요가 증
　　　　가하여 경기는 회복되고 완전고용이 달성된다는 것이다.

② **유동성함정**

　　㉠ 이자율이 극히 낮은 상태에서 사람들은 더 이상 이자율이 하락하지 않을 것이라는 예상을 하게 되면, 화폐
　　　　수요는 무한정하여 LM곡선은 수평의 형태로 나타나게 되어, 더 이상 화폐공급의 증가로 이자율을 하락
　　　　시킬 수 없게 된다.

　　㉡ 이는 케인즈학파가 통화정책의 무력성을 주장하고, 상대적으로 재정정책의 효과를 강조하는 근거가 된다.
　　　　통화정책은 LM곡선을 오른쪽으로 이동시키는데, 균형국민소득은 완전고용국민소득에 미치지 못한다. 반
　　　　면에 재정지출을 증가시키는 재정정책은 IS를 오른쪽으로 이동시켜 완전고용국민소득 수준에 효과적으로
　　　　도달하도록 해 준다.

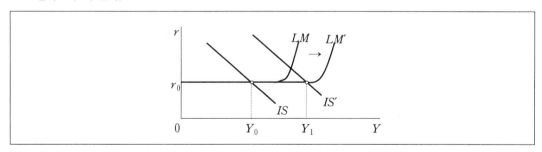

　　㉢ 그러나 유동성 함정이 있는 경우에도 피구효과를 고려하면 완전고용은 보장된다.

③ **구축효과**(crowding-out effect) ··· 정부의 재정지출 증대가 생산의 증대를 가져오지 않고, 민간부문의 지출을 감소시키기 때문에 GNP의 수준에는 영향을 미치지 못한다는 것이다.

　ㄱ **완전한 구축효과** : 재정정책 수행 시 정부지출(G)의 증가→이자율 상승→민간투자 감소→정부지출 증가를 완전히 상쇄시킨다. 즉, 총수요관리정책의 효과가 없다.

　ㄴ **불완전한 구축효과** : 정부지출(G) 증가→P 상승→LM 좌측 일부 이동→국민소득(Y) 감소→전체적 국민소득(Y) 증가→정부지출(G)의 증가는 일부 국민소득 증가와 일부 물가 상승을 초래한다.

④ **실물부분에서의 구축효과** ··· 완전고용이 달성되어 있는 경우 정부가 재정지출을 증가시키면 총수요는 증가하지만, 생산은 더 이상 증가할 수 없고, 인플레이션만 발생시키면서, 정부지출의 증대는 총생산물처분에서 정부의 몫을 증가시키고, 민간의 몫을 감소시킨다. 그러나 경제안정정책의 측면에서 보면 실물부문에서의 구축효과란 의미가 없다. 왜냐하면, 경제안정정책이란 완전고용이 도달되기 이전에 사용하는 것이며, 완전고용이 도달된 경우에는 경제안정정책이란 있을 수 없기 때문이다.

⑤ **리카르도의 동등정리** ··· 정부지출의 증가가 국채발행을 통해 조달되었다면 국채를 장래 부담해야 할 부채로 인식한 민간부문이 현재 소비를 감소시키게 된다는 이론이다.

▶ **기출유형익히기**

밑줄 친 ㄱ, ㄴ에 해당할 수 있는 내용으로 옳은 것은?

> 미국은 세계 금융 위기에서 촉발된 글로벌 경기 침체에 대응하기 위하여 경기 부양 정책을 실시하였다. 그런데 최근 미국은 이러한 정책이 가져올 ㄱ경제적 부작용을 사전에 막기 위해 ㄴ출구 전략을 실시하기로 하였다.

	ㄱ	ㄴ
①	실업률 증가	금리 인상
②	인플레이션	재정지출 확대
③	인플레이션	재정지출 축소
④	디플레이션	재할인율 인하
⑤	실업률 증가	금리 인하

　✔ 경기부양 대책의 부작용으로 발생하는 인플레이션을 막기 위해서 금융 긴축이나 재정지출 축소 정책을 실시할 수 있다.　　　　　　　　　　　　　　　　　　　　　　　　　　　　답_③

정부가 국채발행을 확대함에 따라 시중금리가 상승하여 오히려 민간부문의 투자가 위축되는 현상을 무엇이라고 하는가?

① 피구효과   ② 부메랑효과
③ 유동성함정   ④ 피셔효과
⑤ 구축효과

✔ ① 피구효과 : 실질잔고효과라 하며, 유효수요의 부족으로 불황이 생기면 물가가 하락하여 실질잔고가 증대되는 효과를 통하여 소비지출이 증가하고(유효수요 증가) 경기는 회복되고 완전고용이 달성된다는 것이다.

② 부메랑효과 : 선진국이 개발도상국 등에 제공한 경제원조나 자본투자 결과 현지생산이 이루어지고 그 결과 그 생산 제품이 현지시장수요를 초과하게 되어 선진국에 역수출 됨으로써 선진국의 당해 산업과 경합하는 것을 말한다.

③ 유동성함정 : 이자율이 극히 낮은 상태에서 사람들이 더 이상 이자율이 하락하지 않을 것으로 예상하면 화폐수요는 무한정하여 더 이상 화폐공급을 통하여 이자율을 하락시킬 수 없다는 것이다.

④ 피셔효과 : 시중금리와 인플레이션 기대심리와의 관계를 말해주는 것으로, 시중의 명목금리는 실질금리와 예상 인플레이션율의 합계와 같다는 것을 말한다.

⑤ 구축효과 : crowding-out effect라고도 하며, 정부의 재정지출 증대가 생산의 증대를 가져오지 못하고, 민간의 지출을 감소시킨다는 것이다.   답_⑤

4. 실업과 인플레이션

1 실업

① 일반적으로 일할 의사와 능력을 가진 사람이 직업을 갖지 않거나 갖지 못한 상태를 말한다.

② 관련 용어

　㉠ 경제활동인구 : 15세 이상 인구 중에서 취업자와 구직활동에 참여한 실업자를 의미한다.

　㉡ 비경제활동인구 : 15세 이상의 인구 중에서 취업할 의사가 없는 사람들을 말한다.

　　㉮ 일할 능력이 없는 환자, 고령자

　　㉯ 주부 · 학생

　　㉰ 군복무자, 교도소 수감자 등

💡 경제활동인구(economically active population)

경제활동인구란 만 15세 이상 인구 중 조사대상 주간 동안 상품이나 서비스를 생산하기 위하여 실제로 수입이 있는 일을 한 취업자와 구직활동을 하였으나 일자리를 구하지 못한 실업자를 말한다. 즉 취업자 수와 실업자 수를 더하면 경제활동인구가 된다. 여기서 취업자란 조사대상 주간에 소득, 이익, 봉급, 임금 등의 수입을 목적으로 1시간 이상 일한 자, 자기에게 직접적으로 이득이나 수입이 오지 않더라도 가구단위에서 경영하는 농장이나 사업체의 수입을 높이는 데 도와준 가족종사자로서 주당 18시간 이상 일한 자, 직업 또는 사업체를 가지고 있으나 조사대상 주간에 일시적인 병, 일기불순, 휴가 또는 연가, 노동쟁의 등의 이유로 일하지 못한 일시 휴직자를 말한다.

ⓒ 경제활동참가율 : 15세 이상의 인구 중에서 경제활동인구가 차지하는 비율을 의미한다.

$$경제활동참가율 = \frac{경제활동인구}{15세\ 이상의\ 인구} \times 100 = \frac{경제활동인구}{경제활동인구 + 비경제활동인구} \times 100$$

ⓓ 실업률 : 경제활동인구 중에서 실업자가 차지하는 비율을 의미한다.

$$실업률 = \frac{실업자\ 수}{경제활동인구} \times 100 = \frac{실업자\ 수}{취업자\ 수 + 실업자\ 수} \times 100$$

▶ 기출유형익히기

아래 예시문의 (가), (나), (다)에 해당하는 것을 맞게 나열된 것은?

지난 5년간 은행에서 근무 하였던 김보미씨는 올해 결혼을 하면서 직장을 그만 두고 전업주부가 되었다. 이로 인해 경제활동인구는 (가) 했으며, 경제활동 참가비율은 (나) 하였고, 실업률은 (다) 하였다.

	(가)	(나)	(다)
①	감소	감소	증가
②	감소	감소	감소
③	감소	감소	불변
④	증가	증가	감소
⑤	증가	증가	불변

✔ 실업률 = $\frac{실업자}{경제활동인구} \times 100$ 이며, 직장을 퇴직하였다면 취업자가 비경제활동인구로 전환한 경우로서, 경제활동인구는 감소하고, 실업자 수는 변화가 없는데 경제활동인구가 줄어들었으므로 실업률은 높아지게 된다. 답_①

ⓜ **고용률** : 15세 이상의 인구 중에서 경제활동인구가 차지하는 비율을 의미한다.

$$고용률 = \frac{경제활동인구}{15세 \ 이상의 \ 인구} \times 100$$

③ **실업의 유형**

ㄱ **마찰적 실업** : 직장을 옮기는 과정에서 일시적으로 실업상태에 놓여 있는 것을 말한다.

㉮ 정부에서는 공공정책을 통하여 마찰적 실업을 낮추어 자연실업률을 감소시키려 한다.

㉯ 실업급여(보험)의 효과로 마찰적 실업의 규모를 증대시키는 경향이 있다.

ㄴ **탐색적 실업** : 기존의 직장보다 나은 직장을 찾기 위해 실업상태에 있는 것을 말한다.

ㄷ **경기적 실업** : 경기침체로 인해 일자리가 감소하여 발생하는 대량의 실업상태를 말한다.

ㄹ **구조적 실업**

㉮ 급속한 경제변화로 사양산업분야에 노동공급과잉으로 발생하는 실업을 말한다.

㉯ 임금 경직성과 일자리 제한으로 인한 실업을 말한다.

④ **대책**

ㄱ 완전고용 상태 하에서도 자발적 실업(마찰적 실업 + 탐색적 실업)은 존재한다.

ㄴ 자발적 실업을 줄이기 위한 대책은 시장의 직업정보를 경제주체들에게 원활하게 제공하는 것이다.

ㄷ 경기적 실업의 경우는 경기가 살아나면 기업의 노동수요가 증가하여 실업이 어느 정도 해소될 것이다.

ㄹ 구조적 실업은 사양산업의 노동자들에게 재교육을 시켜 다른 산업으로 이동할 수 있도록 도와주는 것으로 해소할 수 있다.

⑤ **임금경직성의 문제**

ㄱ **최저임금제**

㉮ 시장의 균형임금수준보다 높은 수준으로 임금이 정해진 것으로 노동시장의 초과공급을 야기시키고 기업의 노동수요를 감소시킨다.

㉯ 최저임금제 효과에 대해서는 여전히 논란이 많다.

ㄴ **노동조합의 임금교섭력**

㉮ 노동조합의 결성으로 임금을 균형수준 이상으로 상승시킨다.

㉯ 노동조합 문제는 내부노동자와 외부노동자 문제를 야기시킨다.

㉰ 내부노동자의 경우는 노동조합을 기반으로 더 높은 임금을 받고자 하고 상대적으로 노동조합 기반이 없는 외부노동자의 경우는 낮은 임금에도 취업하고자 하기 때문에 내부자·외부자문제가 발생한다.

ⓒ 효율성 임금

㉮ 임금이 높을수록 노동생산성이 증가할 것이라는 이론이다.

㉯ 높은 임금은 노동자들의 이직률을 낮춰 기업의 노동자고용이나 교육에 드는 비용을 줄여 보다 효율적이라고 생각한다.

㉰ 효율성 임금이론은 노동자와 기업 간의 역선택 문제와도 관련있다. 높은 임금은 시장에서 보다 정보를 갖고 있는 노동자와 보다 정보를 덜 가지고 있는 기업과의 관계에서 기업의 역선택을 낮출 수 있다.

더 알고가기

헨리 포드의 효율성 임금정책: 1914년 당시 미국의 임금수준은 2달러 정도였다. 그 당시 포드자동차의 헨리포드는 노동자들에게 5달러의 높은 임금을 지급하여 근로자들의 나태함과 저능률을 제거하였다.

▶ **기출유형익히기**

많은 국가들이 노동자의 삶을 개선하기 위한 목적으로 임금하한선을 법으로 정하고 있지만 이런 정책은 오히려 고용에 있어 부정적인 영향을 미칠 수 있는데 이로 인한 실업은 무엇이라 할 수 있는가?

① 구조적 실업   ② 마찰적 실업
③ 계절적 실업   ④ 기술적 실업
⑤ 경기적 실업

✔ 구조적 실업은 사양 산업 분야 등에 노동공급과잉으로 인해 나타나는 실업을 의미하는데, 이는 다시 말해 사양 산업에 속해 일자리를 잃은 노동자나 또는 최저임금제의 실시 등으로 인해 일자리가 부족해 발생한 실업이 이에 해당한다.   답_①

2 **실업에 관한 학파간 견해차이**

① **케인즈학파의 견해**

㉠ 케인즈

㉮ 원인 : 유효수요부족 → 실업발생

㉯ 대책 : 확대재정정책 → 유효수요증가 → 고용창출, 실업구제

ⓛ 케인즈학파

    ㉮ 원인 : 유효수요부족→실업발생

    ㉯ 대책 : 정책혼합→유효수요증가→고용창출, 실업구제

② **통화주의학파와 신고전학파**(자연실업률 가설)

  ㉠ 통화주의 학파

    ㉮ 시장에 존재하는 실업은 모두 자발적 실업이며 자연발생적이다.

    ㉯ 케인즈의 확대금융정책은 단기적으로 실업률을 감소시킬 수 있을지 모르나 장기적으로 인플레이션만 상승하는 결과를 가져온다는 자연실업률 가설을 주장한다.

  ㉡ 신고전학파

    ㉮ 원인 : 마찰적 실업이며, 노동시장에 대한 정보부족

    ㉯ 대책 : 노동시장에 대한 정보제공 및 실업수당 축소→실업구제

 알고가기

이력현상 : 실업이 높은 수준으로 올라가고 나면 경기확장정책을 쓰더라도 다시 실업이 낮아지지 않는 경향을 보이는 현상을 말한다.

---

3   인플레이션(inflation)

① **인플레이션의 개념**

  ㉠ 물가수준이 지속적으로 상승하는 것을 말한다.

  ㉡ 소비자물가지수가 상승하는 것으로 알 수 있다.

    💡 인플레이션(inflation)

    물가가 지속적으로 상승하는 경제현상으로 총수요의 증가와 생산비 상승이 주요 원인이다. 인플레이션으로 명목임금은 올라도 실질임금은 낮아져 임금소득자에게는 불리한 소득의 재분배가 이루어지며, 채무자에게는 유리하고 채권자에게는 불리한 부의 재분배 현상도 발생한다. 인플레이션은 이렇게 생산과정을 통하지 않고 사회구성원 사이에 소득과 부를 재분배하고, 경제적 효율성을 낮춰 경제성장에 악영향을 미친다.

② **인플레이션의 발생원인**

  ㉠ 통화량의 과다증가로 화폐가치가 하락한다.

  ㉡ (과소비 등으로) 생산물수요가 늘어나서 수요초과가 발생한다.

  ㉢ 임금, 이자율 등 요소가격과 에너지 비용 등의 상승으로 생산비용이 오른다.

③ **인플레이션의 유형**

　㉠ 수요견인 인플레이션

　　㉮ 총수요가 초과하여 발생하는 인플레이션이다.

　　㉯ 정부지출의 증가나 통화량의 증가 등으로 총수요가 증가하여 발생한다.

　㉡ 비용인상 인플레이션

　　㉮ 생산비용이 증가하여 발생하는 인플레이션이다.

　　㉯ 유가상승, 원자재 가격상승 등 생산비 증가로 총공급이 감소하여 발생한다.

④ **혼합형 인플레이션**

　㉠ 총수요측 요인과 총공급측 요인이 동시에 작용하여 발생하는 물가상승을 의미한다.

　㉡ 총수요 증가와 총공급 감소가 동시에 이루어지면 물가가 대폭 상승하게 된다. 그러므로 총수요곡선과 총공급곡선*의 이동폭에 따라 국민소득은 증가할 수도 있고 감소할 수도 있다.

더 알고가기

　총수요곡선과 총공급곡선: 총수요곡선은 수요측면 즉 *IS*곡선과 *LM*곡선을 합한 것으로 생산물시장과 화폐시장을 같이 염두해두고 총공급곡선은 노동시장을 고려한 것이다. 총수요곡선과 총공급곡선을 세로축은 *IS* − *LM*곡선(이자율)과는 달리 물가를 상정하고 가로축은 *Y*(국민소득)를 상정한다.

⑤ **인플레이션의 해결** … 물가안정은 지속적인 경제성장, 안정적인 국제수지와 함께 중요한 경제정책과정 중 하나이다. 따라서 경제안정과 발전을 위해 적절한 물가를 유지시키는 물가정책은 반드시 필요하며 이러한 물가정책은 인플레이션의 원인에 따라 그 해결방법이 상이하다.

　㉠ **총수요 억제정책**: 실물수요의 증가가 물가상승의 원인인 경우 총수요(소비수요 + 투자수요 + 재정수요)를 감소시키고 통화공급 과잉이 원인인 경우 통화의 공급을 감소시켜 총수요와 총공급을 균형화하는 정책을 말한다.

　㉡ **경쟁촉진정책**: 물가상승이 독과점의 형성에서 기인한 경우 정부가 이들 기업에 대한 적절한 규제를 가함으로써 공정거래의 성립 및 기업 간 자유경쟁을 조장하도록 하는 정책을 말한다.

　㉢ **소득정책**: 1960년대에 등장한 새로운 정책으로 임금상승이 물가상승의 주원인인 경우 임금상승률의 상한선을 정하는 등 생산성 향상을 초과하는 요소비용 상승을 막기 위한 정책이다.

　㉣ **구조정책**: 특정산업의 저생산성이 물가상승의 원인인 경우 해당분야의 생산성 증가를 위한 유통구조 개선, 근대화 촉진 등의 구조정책을 취하는 것을 말한다.

　㉤ **기타정책**: 공공요금의 인상억제, 환율의 안정, 국제협력 등의 정책이 있다.

⑥ **인플레이션의 영향**

　㉠ 예상치 못한 인플레이션

　　㉮ 부와 소득의 재분배

　　• 인플레이션은 화폐가치가 지속적으로 하락하는 것을 뜻하므로 채권자(현금보유자, 봉급생활자, 연금수혜자 등)의 실질소득이 감소한다.

　　• 채무자(중앙은행, 기업, 정부 등)에게는 유리하다.

　　㉯ 생산과 고용 : 가계가 적응적 기대*를 하므로 생산과 소득 및 고용이 단기적으로 증가하나, 장기적으로는 고용확대효과가 사라진다.

　　㉰ 경제의 불확실성 증대 : 장기계약과 거래를 피하게 되므로 장기채권에 대한 수요가 감소한다. 단기적 자금대출수요를 증대시켜 사회적인 후생손실을 초래한다.

 알고가기

　㉠ **적응적 기대** : 예상오차를 조금씩 수정하여 미래를 예측하는 것이다.

　㉡ **정태적 기대** : 현재의 상태가 미래에도 그대로 유지될 것으로 판단하는 기대이다.

　㉢ **합리적 기대** : 시장에서 경제주체가 수집할 수 있는 모든 정보를 반영한 기대를 말한다.

　㉡ 예상된 인플레이션

　　㉮ 부와 소득의 재분배 : 채권자(현금보유자, 봉급생활자, 연금수혜자 등)가 명목임금, 이자율 등을 올리므로 소득의 재분배가 발생하지 않는다.

　　㉯ 생산과 고용 : 가계가 합리적 기대를 하므로 생산과 소득 및 고용이 증가하지 않는다.

　㉢ 인플레이션의 사회적 비용

　　㉮ 가계와 기업에 비용 발생효과

　　• 가격이 상승함에 따라 개인의 지갑 속 화폐의 명목가치는 그대로이나 실질가치가 감소한다.

　　• 은행에 자주가게 되는 비용(shoe-leather cost) 발생

　　• 실물자산의 선호로 화폐경제의 효율성 저하

　　㉯ 투자감소 : 인플레이션으로 금융저축보다는 실물자산을 선호하게 되어 저축이 감소하고 더불어 투자가 감소한다.

　　㉰ 국제수지 : 인플레이션으로 인해 국산품의 상대가격이 상승하여 외국상품과의 가격경쟁에서 불리하게 작용한다. 이로 인해 수출은 감소하고 수입은 증대되어 경상수지가 악화된다.

 알고가기

인플레이션 조세(inflation tax) : 인플레이션으로 정부부채의 실질가치가 하락함에 따라 추가로 세금을 징수한 것과 유사한 효과가 있다. 〈제4회 출제〉

⑦ **인플레이션과 이자율**

　㉠ **명목이자율과 실질이자율** : 은행이 지불하는 이자율을 명목이자율이라 하며 구매력의 증가를 실질이자율이라
　　한다.

　㉡ i가 명목이자율, r이 실질이자율, π가 인플레이션을 의미한다고 하면 $r = I - \pi$, 즉 실질이자율은 명목
　　이자율과 인플레이션의 차이다.

　　　　더 알고가기
　　　　피셔효과(fisher effect) : 인플레이션이 1% 증가하면 이는 명목이자율 1% 증가
　　　　로 이어진다. 인플레이션과 명목이자율의 일대일 관계를 피셔효과라 한다.

▶ **기출유형익히기**

통상적으로 인플레이션은 경제에 많은 영향을 끼치므로 통화당국에서는 과도한 인플레이션이 생기지 않도
록 노력하는데, 아래 내용 중 인플레이션의 해악으로 보기 어려운 것은?

① 인플레이션은 기업의 가격조정 비용을 야기시킨다.
② 기대한 인플레이션은 채무자 및 채권자 사이에 부를 재분배시킨다.
③ 인플레이션은 상대가격을 혼란시켜 자원의 효율적인 배분을 저해한다.
④ 인플레이션이 심해지면 정상적인 거래를 방해해 거래를 감소시킨다.
⑤ 인플레이션이 심해지면 현금 보유를 줄이기 위해 노력하는 과정에서 비용이 발생한다.

　　　✔ 인플레이션이 채권자 및 채무자 간의 부를 재분배하는 경우는 예상하지 못한 인플레이션일 경우에 해
　　　　당한다.　　　　　　　　　　　　　　　　　　　　　　　　　　　　　　　　　　　　답_②

▶ **기출유형익히기**

정부가 통화팽창(중앙은행 차입)을 통하여 정부지출을 증대시킬 경우 인플레이션이 유발됨으로써 구매력이
민간부문으로부터 정부부문으로 이전되는 현상을 무엇이라고 하는가?

① 이전지급(Transfer payments)
② 구축효과(Crowding-out effect)
③ 인플레이션 조세(Inflation tax)
④ 조세전가(Tax shifting)
⑤ 조세쐐기(Tax wedge)

　　　✔ 인플레이션으로 인해 정부부채의 실질가치가 하락하게 된다. 이것은 정부가 세금을 추가로 징수한 효
　　　　과를 낸다고 하여 인플레이션 조세라고 부른다.　　　　　　　　　　　　　　　　　답_③

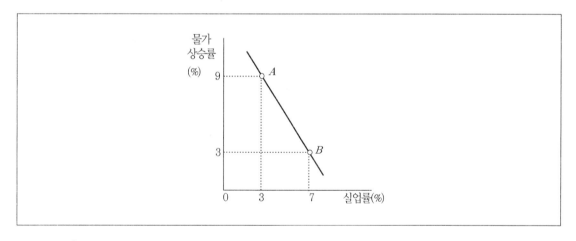

디플레이션(deflation)

물가가 지속적으로 하락하는 경제현상으로 인플레이션의 반대개념이다. 디플레이션이 발생하면 부동산·주식 등 자산 가격이 떨어지고, 실질금리 상승, 실질임금 상승, 실질채무부담 등의 현상이 나타나 소비와 생산활동이 위축될 우려가 있다. 디플레이션이 진행되면 부동산 등 실물자산보다는 화폐형태로 재산을 보유하려는 경향이 강하게 되고, 채권자와 고정수입자(임금소득자 포함)가 채무자나 기업가에 비해 유리하다.

4 필립스곡선과 자연실업률

① **필립스곡선** … 영국의 경제학자 필립스가 명목임금상승률과 실업률 사이의 관계를 실제 자료에서 발견하며 등장한 것으로 전통적인 인플레이션은 물가상승과 실업의 감소를 초래하는데 필립스곡선은 바로 이러한 물가상승률과 실업률 사이의 음(−)의 상관관계를 나타낸다. 필립스곡선은 우하향하므로 실업률을 낮추면 인플레이션율이 상승하고 인플레이션을 낮추기 위해서는 실업률의 증가를 감수해야 한다. 이것은 완전고용과 물가안정을 동시에 달성할 수 없음을 나타내며 필립스곡선은 이러한 모순을 밝힘으로써 정책분석에 크게 기여하였다.

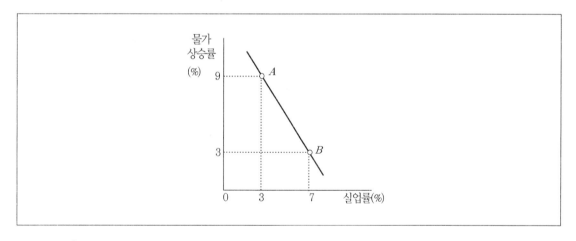

필립스곡선(phillips curve)

실업률과 임금상승률의 반비례관계를 나타낸 곡선이다. 영국의 A. W. 필립스가 자국의 1861년에서 1957년까지의 자료를 분석하여 발견한 실업률이 낮아지면 임금상승률이 높아지고, 실업률이 높아지면 임금상승률이 낮아진다는 것을 바탕으로 이 양자의 반비례관계를 나타낸 것이다. 원래 필립스곡선은 명목임금상승률과 실업률 사이의 관계를 나타냈으나, 현재는 물가상승률과 실업률 사이의 반비례관계를 나타내는 것이 일반적이다. 즉, 실업률이 낮을수록 물가상승률이 높고, 반대로 물가상승률이 낮을수록 실업률은 높다. 다시 말하면 물가안정과 완전고용이라는 두 가지 경제정책 목표는 동시에 달성될 수 없으며, 어느 한쪽의 달성을 위해서는 다른 한쪽을 희생해야 한다는 의미이다.

② **필립스곡선의 반론** … 1960년대까지만해도 경제학자들은 필립스곡선은 상당히 안정적이므로 적절한 거시정책을 통해 인플레이션을 어느 정도 감수하면 낮은 실업률의 유지가 가능하다고 판단하였다. 하지만 밀튼 프리드만과 펠프스는 마찰적 실업과 구조적 실업으로 인해 자연적으로 발생하는 자연실업률이 존재하며 이로 인해 장기적으로 실업률은 자연실업률로 회귀한다는 가설을 제기하며 인플레이션과 실업률 사이의 장기적 상충관계를 부정하였다.

ㄱ **고전학파 이론의 기초** : 고전학파는 인플레이션의 주된 원인을 통화량 증가로 파악하였다. 또한 통화량의 증가는 모든 가격과 명목소득을 비례적으로 상승시키지만 실업률을 결정하는 요인들에는 아무런 영향을 미치지 않는다고 보았다. 프리드만과 펠프스는 이러한 고전학파의 이론에 기초하여 장기적으로는 필립스곡선이 성립하지 않음을 주장하였다.

ㄴ **기대인플레이션** : 프리드만과 펠프스는 노동자의 의사결정시 기준은 명목임금이 아닌 예상실질임금임을 지적하며 기대인플레이션을 이러한 예상실질임금의 결정에 중요한 요인으로 보았다. 즉, 노동자들이 물가상승을 인식하게 되면 기대인플레이션은 높아지고 노동자들은 이에 상응하여 명목임금의 인상을 요구하게 되므로 실업률은 낮아지지 않는다는 것이다.

ㄷ **자연실업률가설** : 사람들이 인플레이션을 정확하게 예상하지 못하는 단기에는 필립스곡선이 안정적으로 우하향하는 모습을 보이지만 사람들이 물가예상을 조정하게 되어 인플레이션율이 상승하게 되면 필립스곡선 자체가 상방으로 이동하게 된다.

㉮ 기대인플레이션율이 주어진 상황에서 자연실업률보다 실제 실업률이 낮은 경우에는 실제 인플레이션율이 기대인플레이션율보다 높아진다. 반대로 자연실업률보다 실제 실업률이 높은 경우에는 실제 인플레이션율이 기대인플레이션율보다 낮아진다.

㉯ 실업률을 낮추기 위해 확대재정정책을 시행하더라도 자연실업률로 인해 실업률은 낮아지지 않지만 물가는 상승하므로 장기적으로 필립스곡선은 자연실업률 수준에서 수직이다.

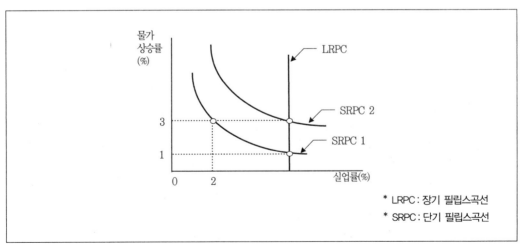

다음 중 일반적인 필립스 곡선에 나타나는 실업률과 인플레이션의 관계에 대해 가장 거리가 먼 것은?

① 장기적으로는 필립스곡선이 성립하지 않는다.

② 실업률을 낮추기 위하여 확장적인 통화정책을 사용하는 경우 인플레이션이 일어난다.

③ 단기적으로는 인플레이션율과 실업률이 반대방향으로 움직이는 경우가 대부분이다.

④ 인플레이션에 대한 높은 기대 때문에 인플레이션이 나타난 경우에도 실업률은 하락한다.

⑤ 원자재 가격이 상승하는 경우 실업률이 감소하지 않더라도 인플레이션이 심화된다.

✔ 정부에서 실업률을 낮추기 위하여 확장적 통화정책을 사용하면 인플레이션이 발생하지만 대상기간이 길어지면 인플레이션에 대한 기대가 바뀔 수 있고 오일쇼크 같은 **공급충격***도 생길 수 있어 장기적으로는 필립스 곡선이 성립하기 어렵다. 인플레이션에 대한 기대나 원자재 가격 상승으로 인한 물가상승 시에는 실업률이 하락하지 않을 수 있으며 특히 원자재 가격 상승의 경우 기업의 수익성을 악화시켜 실업률이 상승할 수 있다.

답_④

더 알고가기

공급충격(supply shock) : 세계 원유 가격의 급상승과 같이 상품 또는 서비스의 급격한 공급 증가(감소)에 따른 가격변화로 필립스곡선과 총공급곡선을 이동시키는 사건을 말한다.

5. 경제성장과 경기변동

1 경제성장

① 경제성장이란 총생산량(GDP)의 증가뿐만 아니라 자본축적, 기술진보, 산업구조의 변화 등 경제사회의 전반적인 변화로 인한 생산력의 증대현상을 의미한다.

② **경제성장의 요인**

㉠ **물적 자본** : 재화와 서비스의 생산에 투입되는 장비와 구조물

㉡ **인적 자본** : 근로자들이 교육과 훈련, 경험을 통해 습득하는 지식과 기술

㉢ **천연 자원** : 토지, 광물 등 자연에 의해 제공되는 생산요소

㉣ **기술 지식** : 재화와 서비스를 생산하는 최선의 방법에 대한 사회의 이해

③ **경제성장을 위한 정부대책**

　　㉠ 저축과 투자의 장려

　　㉡ 교육에 대한 지원

　　㉢ 외국투자 자본의 유치

　　㉣ 통상정책의 확대

　　㉤ 새로운 기술에 대한 연구 · 개발

　　㉥ 재산권과 정치적 안전의 보장

④ **경제성장모형**

　　㉠ **균형성장론**

　　　　㉮ 후진국은 수요와 공급의 양측면에서 악순환을 경험한다.

　　　　㉯ **수요측면**

　　　　　• 수요측면에서 가장 시급한 것은 시장을 확대하는 것이다.

　　　　　• 시장확대를 위해 산업 전반을 골고루 성장시켜 수요를 발생시키는 것이 중요하다.

　　　　㉰ **공급측면**

　　　　　• 공급측면에서 열악한 자본량이 문제가 된다.

　　　　　• 외국자본을 도입하는 등의 자본축적 노력이 필요하다.

　　㉡ **불균형성장론** : 허쉬만(Hirschman)이 주장한 이론

　　　　㉮ 후진국의 모든 산업을 동시에 성장시키는 것이 불가능하므로 특정 산업을 선육성하여 그 파급효과로 다른 산업부문을 육성하도록 하는 것이 바람직하다.

　　　　㉯ 전후방연관효과가 큰 산업을 선육성하는 것이 바람직하다.

　　　　㉰ 전후방연관효과란 제품의 생산에서 판매에 이르는 과정이 상호작용하여 생산량을 증대시키는 효과를 말한다.

　　　　㉱ 과거 우리나라의 중공업육성 정책의 근거가 되는 이론이다.

▶ **기출유형익히기**

우리나라 경제개발 전략에 관한 다음의 설명 중 맞지 않는 것은?

① 농촌에 존재하던 잉여 노동력을 도시의 제조업분야에 집중적으로 투입하였다.

② 성장 초기에는 수입대체산업 육성을 통하여 경공업기술을 습득하였다.

③ 국내 산업을 보호하기 위하여 보호관세율 등 관세정책을 집행하였다.

④ 자본 집약적인 중화학공업에 대규모 투자를 실시하였다.

⑤ 균형성장 전략을 통하여 1960~1980년대 30년 동안 고도성장을 달성하였다.

　　✔ 1960~1980년대의 고도성장기에 우리나라는 균형 성장이 아닌 불균형 성장전략을 실행했다.　**답**_⑤

2 외자도입과 경제성장

① 외자도입의 유형

ⓐ 직접투자는 외국인이 직접 국내산업에 투자하는 것을 말하고, 자본차입은 우리나라의 정부 혹은 민간이 외국에서 돈을 빌려오는 것을 말한다.

ⓑ 해외자본차입을 통해 자금을 조달하면 독자적으로 이를 활용할 수 있으나 투자가 실패할 경우 부채문제가 발생한다. 외채는 환율의 변동에 따라 그 크기가 변동하므로 환율이 불안정한 국가에서는 조심성이 필요하다.

ⓒ 직접투자를 유치하면 부채가 아니므로 자금의 상환의무는 발생하지 않으나 투자수익의 일정부분이 해외로 유출되고 외국인의 영향력이 증대되는 문제가 있다.

② 외자의 경제적 효과

ⓐ 긍정적인 효과

㉮ 자본량이 증가하여 투자가 증가하고 이는 국민소득과 고용을 증가시킨다.

㉯ 직접투자의 형태로 외국자본이 도입되면 생산기술, 경영기법 등도 함께 도입되므로 경쟁심화로 국내기업 경쟁력을 높일 수 있다.

㉰ 도입된 외국자본을 토대로 사회간접시설을 확충하여 경제성장의 발판을 마련할 수 있다.

ⓑ 부정적인 효과

㉮ 외국자본을 투여한 국가에 대한 의존도가 높아져 경제의 변동성이 커진다.

㉯ 외국자본은 국내저축을 대체하여, 단기적으로 국내저축이 감소할 가능성이 있다.

㉰ 외국부채의 원금상환이 이루어지면 자본수지가 악화되고, 투자수익이 해외로 송금되면 경상수지가 악화된다.

3 경기변동

① **경기종합지수**(CI ; Composite Index) … 경기변동의 국면, 전환점과 변동속도 및 경기변동의 진폭까지 측정할 수 있는 경기지표의 일종이다. 경기와 연관이 높은 경제지표들을 선정한 후 가공·종합하여 작성하며 선행종합지수, 동행종합지수, 후행종합지수로 구분된다.

ⓐ 선행종합지수 : 미래의 경기동향을 예측하는 지표로서 구인구직비율, 소비자기대지수, 건설수주액, 자본재수입액, 총유동성 등 10개 지표들의 움직임을 종합하여 산출한다.

ⓑ 동행종합지수 : 현재 경기동향을 나타내는 지표로서 비농가취업지수, 산업생산성지수, 제조업가동률지수, 도소매판매액지수, 수입액, 서비스업활동지수 등 8개 지표를 종합하여 산출한다.

ⓒ 후행종합지수 : 현재 경기를 사후에 확인하기 위해 작성되며 상용근로자수, 이직자수(제조업), 도시가계소비지출(전가구), 소비재수입액(실질), 생산자제품재고지수, 회사채유통수익률을 지표로 사용한다.

② **설문조사에 의한 예측**

   ㉠ 기업경기실사지수(BSI ; Business Survey Index)

      ㉮ 경기동향에 대한 기업가들의 주관적 판단·예측 및 계획 등이 단기적인 경기변동에 중요한 영향을 미친다는 경험적인 사실을 토대로 설문서를 통해 기업가의 경기동향 판단, 예측 등을 조사하여 지수화한 지표를 말한다.

      ㉯ BSI지수는 0~200의 범위 내에서 움직이며 BSI지수가 100이상인 경우는 향후 경기를 긍정적으로 전망하는 기업가가 향후 경기를 부정적으로 전망하는 기업가보다 많음을 의미하여 경기확장국면을 예상하고 100이하인 경우는 그 반대를 예상한다.

$$BSI = \frac{(긍정적\ 응답업체\,수 - 부정적\ 응답업체\ 수) \times 100}{전체\ 응답업체\ 수} + 100$$

   ㉡ 소비자태도지수(CSI ; Consumer Sentiment Index)

      ㉮ 소비자의 경기에 대한 인식은 앞으로의 소비행태에 영향을 미치게 되므로 이를 경기동향의 파악·예측에 활용할 수 있다. CSI지수는 소비자의 현재 및 미래의 재정상태, 소비자가 인식하는 전반적인 경제상황과 물가 등에 대한 설문조사결과를 지수로 환산하여 나타낸다. CSI가 기준치 100보다 높은 경우 향후 경제상황을 호전이라 예상하는 소비자가 경제상황의 악화를 전망하는 소비자보다 많다는 뜻이며 100미만이면 그 반대이다.

      ㉯ 작성 근거가 소비자의 경기에 대한 인식이므로 기업가를 근거로 하는 기업경기실사지수와 상이할 수 있다.

③ **경기변동의 발생원인**

   ㉠ 고전학파(1930년대 이전)

      ㉮ 세이의 법칙(공급이 수요를 창출한다)이 성립한다.

      ㉯ 경기변동을 경제변수들의 순환적 변동으로 파악하여 경제의 외적인 요인을 강조하였다.

   ㉡ 케인즈학파(1930년대)

      ㉮ 투자 및 내구소비재에 대한 불안정한 지출로 인해 경기순환이 발생하며 이를 자본주의의 구조적인 문제점이라 판단하여 큰 정부를 주장하였다.

      ㉯ 총수요 및 경제의 내적 요인을 강조한 이론으로 투자지출의 변화에 따른 수요충격을 역설하였다.

   ㉢ 통화주의학파(1960년대)

      ㉮ 불안정한 통화의 공급을 경기변동의 원인으로 파악하였다.

      ㉯ 지출요소가 안정적인 반면 통화공급은 불안정하여 불안정한 총수요가 발생하고 따라서 총통화관리는 필요하지 않다고 판단하였다.

ⓔ 새고전학파

ⓐ 화폐적 경기변동이론(MBC) : 불완전정보에 따른 경제주체들의 예측오류가 경기변동을 촉발시킨다고 판단하였다.

ⓑ 실물적 경기변동이론(RBC) : 기술충격 등의 실물적 요인을 경기변동의 가장 중요한 원인으로 파악하였다.

④ **경기변동의 지속요인**

ⓐ 유발투자의 역할(케인즈) : 승수효과로 인해 독립된 투자는 소득의 증가를 초래하고 소득증가는 다시 투자를 초래한다. 따라서 이러한 계속적 연쇄작용을 통하여 경기상승이 지속된다.

ⓑ 자본재 투자의 건설기간 : 일반적으로 상당한 기간이 소요되는 자본재 투자에서 손익의 예상에 따른 투자조절로 경기가 지속될 수 있다.

▶ **기출유형익히기**

아래 내용은 세계 각국의 경기와 관련한 신문기사의 제목인데, 이에 대한 추론으로 옳지 않은 것을 고르면?

• 한국 8월 BSI 74로 전월에 비해 3포인트 상승
• 중국 8월 PMI 지수 51.8로 전월에 비해서 0.1포인트 하락
• 미국 8월 ISM 제조업 지수 전월에 비해 하락한 49.4 기록

---

① BSI(기업경기실사지수)는 0과 200사이의 값을 가진다.
② 한국의 경우 경기를 좋게 보는 기업들이 나쁘게 보는 기업들보다 많다.
③ BSI나 ISM, PMI 등은 경제 주체들을 대상으로 설문조사를 통해 작성한다.
④ 미국의 경우 경기를 나쁘게 보고 있는 제조업체들이 좋게 보는 제조업체들보다 많다.
⑤ 중국은 경기를 나쁘게 보는 기업들이 전월보다는 늘었지만 경기를 좋게 보는 기업들이 여전히 더 많다.

✔ BSI, CSI, PMI, ISM 지수들은 기업인이나 또는 가계 등을 대상으로 하여 설문조사를 실시하여 경기를 측정하는 지수를 말한다. 특히 BSI 및 CSI는 100이 기준점으로 100을 초과하면 경기를 좋게 보는 경제주체들이 많음을 뜻하고 100을 밑돌면 경기를 비관하는 경제주체들이 많은 것이다. 하지만 PMI 및 ISM 지수는 50이 기준점인데, 한국의 경우 BSI가 74로 전월보다 상승했지만 100을 밑돌고 있으므로 기본적으로 경기를 좋게 보고 있지 않은 기업인들이 더 많다는 뜻이다.

　　　　답_②

04 ▶ 금융시장

학습대책

기본적으로 자본시장과 금융투자업에 관한 법률 및 채권·증권시장 구조에 대한 이해가 필요하며 증권시장과 관련된 시사성 있는 경제용어를 정확히 알고 있어야 한다. 또한 효율적 시장 가설의 종류 및 정확한 개념을 관련 사례를 통하여 충분히 이해하고 있어야 한다.

1. 유가증권시장

1 상장의 정의

① 상장이란 한국거래소(KRX)가 정한 요건을 충족한 기업이 발행한 주권을 증권시장에서 거래할 수 있도록 허용하는 것이다.

② 주권을 상장한다는 것은 어디까지나 당해 주권이 증권시장을 통해 자유롭게 거래될 수 있도록 허용받는 것을 의미할 뿐이며, 당해 주권의 가치를 보증받는 것은 아니다.

③ 따라서 거래소는 원활한 유동성을 유지하고 공정한 가격을 형성할 수 있도록 매매거래대상인 주권에 대하여 일정한 기준에 따라 심사하여 기업의 자금조달과 투자자의 보호를 도모하고 있다.

> 💡 **코스피200(KOSPI200)**
>
> 한국거래소(KRX) 유가증권시장의 전종목 가운데 시장 대표성, 유동성, 업종 대표성을 선정 기준으로 삼아, 이 가운데 시가총액이 상위군에 속하고 거래량이 많은 종목을 우선하여 200종목을 선정해, 시가총액을 지수화한 것을 코스피200이라 한다. 지수 산출 기준시점은 1990년 1월 3일이다.
>
> 코스피200의 채용 종목은 매년 1회 정기적으로 변경된다. 채용 종목 중 유가증권시장 상장 폐지 사유가 발생하거나 관리종목으로 지정된 종목이 있으면 해당 종목은 거래소가 지정한 날부터 퇴출되며 동시에 새로운 종목이 채용된다. 또한 채용 종목의 증자에 의한 추가상장, 감자, 전환사채(CB), 무보증사모분리형 신주인수권부사채(BW) 등이 있으면 기준 시가총액을 수정하여 지수의 일관성을 유지하고 있다.

2 상장의 원칙

① **발행법인의 신청에 의한 상장**···주권 발행법인의 자유로운 의사에 따른 상장신청에 의하여 상장이 이루어진다.

② **발행된 증권의 전부 상장**···상장신청법인이 발행한 증권 전부를 상장하여야 한다. 다만, 유동성이 없는 등 상장의 실익이 없다고 인정되는 주권(보통주는 제외)은 상장하지 않을 수 있다.

3 상장의 종류

① **신규상장** ··· 기업이 발행한 주권을 증권시장에 처음으로 상장시키는 것을 말한다. 신규상장은 상장예비심사청구 후 공모를 하였는지 여부에 따라, 공모상장과 직상장으로 구분되며, 직상장의 경우는 코스닥상장법인이 공모 없이 시장이전 하는 경우에만 인정된다.

② **신주상장** ··· 상장법인이 증자, 합병, 전환사채 또는 신주인수권부사채를 소유한 자의 권리행사 등으로 인하여 새로이 발행한 주권을 상장시키는 것을 말한다.

③ **재상장** ··· 상장법인의 분할 또는 분할합병에 의하여 설립된 법인이나, 상장법인간의 합병에 의하여 설립된 법인 또는 상장이 폐지된 후 5년이 경과되지 않은 법인이 발행한 주권을 상장시키는 것을 말한다.

④ **변경상장** ··· 주권의 기재내용이 변경(상호, 종류, 액면금액 등)되는 경우, 새로운 주권을 교체·발행하여 상장시키는 것을 말한다.

4 상장의 혜택 및 효과

① **기업에 대한 혜택**

　㉠ 공모를 통한 유상증자 용이 : 상장법인은 정관이 정하는 바에 따라 이사회의 결의로써 주주의 신주인수권을 배제하고 불특정 다수인(당해 기업의 주주를 포함)을 상대로 하여 신주를 모집할 수 있다.

　㉡ 의결권 없는 주식의 발행한도 특례 : 비상장법인은 의결권 없는 주식을 발행주식총수의 25%까지 발행할 수 있으나 상장법인이 외국에서 주식을 발행하거나 외국에서 발행한 해외전환사채, 해외신주인수권부사채, 기타 주식과 관련된 증권 또는 증서의 권리행사로 발행하는 의결권 없는 주식은 발행한도의 계산에 산입하지 않는다.

　㉢ 주식배당의 특례 : 비상장법인은 주식배당을 배당가능이익액의 1/2를 초과하지 못하나, 상장법인은 배당가능이익총액에 상당하는 금액까지 주식배당을 할 수 있다.

　㉣ 주주총회 소집절차의 간소화 : 비상장법인의 주주총회의 소집통지는 각 주주에게 서면으로 하게 되어 있으나, 상장법인의 주주총회 소집통지는 의결권 있는 발행주식총수의 1%이하를 소유하는 주주에 대하여 정관이 정하는 바에 따라 주주총회일 2주 전에 2개 이상이 일간신문에 각각 2회 이상 공고함으로써 이를 갈음할 수 있다.

② **주주에 대한 혜택**

　㉠ 주식양도소득에 대한 비과세 : 상장주식은 대주주 등을 제외하고 주식양도에 따른 양도소득세를 부과하지 않고 있기 때문에 상장을 위해 모집하거나 유가증권시장을 통하여 양도하는 경우에는 양도소득세가 면제된다. 그러나 비상장주식은 양도차익의 20%(중소기업의 경우 10%, 중소기업 이외의 법인의 주식을 소유한 대주주로서 1년 미만 보유시 30%)를 세금으로 납부하여야 한다.

ⓛ **상속 및 증여재산의 시가평가** : 비상장법인이 발행한 주식을 상속 또는 증여할 경우 상속세 및 증여세법에서 정한 산식으로 평가하나, 상장법인이 발행한 주식을 상속 또는 증여할 경우 평가기준일 전·후 각각 2개월간 최종시세의 평균액으로 평가한다.

　　ⓒ **증권거래세 탄력세율 적용** : 비상장법인의 발행주식을 양도하는 경우 0.5%이 증권거래세율이 적용되지만, 유가증권시장을 통해 양도하는 상장법인의 주식은 0.15%(0.15%의 농특세 추가부담)의 세율이 적용된다.

　　ⓔ **소수주주권 행사완화 등** : 상장법인의 경우 상법상 소수주주권 및 집중투표제 행사요건(1%) 등이 완화되어 적용된다.

③ **상장의 효과**

　　⊙ **필요자금 조달의 용이** : 유상증자, 해외DR 발행, 전환사채, 교환사채 등 다양한 방법을 통해 대규모 필요자금을 쉽게 조달할 수 있다.

　　ⓛ **기업인지도 제고** : 상장법인의 주가 등이 신문·TV 등 언론매체에서 수시로 보도됨으로써 기업의 홍보효과가 극대화되고 국내외 투자자에 대한 당해 기업의 인지도를 제고할 수 있다. 또한 기업인지도 제고에 따라 우수 인재의 입사지원 증가 및 우수인력의 확보가 용이하다.

　　ⓒ **기업구조조정의 원활한 추진** : 상장법인의 분할 또는 합병 등에 의해 설립된 회사를 쉽게 상장할 수 있도록 상장요건 정비 등 환경을 조성함으로써 상장법인의 경영목적에 맞는 방법으로 구조조정을 원활하게 추진할 수 있다.

5 **공시제도의 의의 및 요건**

① 상장기업으로 하여금 자사주식의 투자판단에 중대한 영향을 미칠 수 있는 중요한 기업내용의 정보를 공시하도록 함으로써 투자자가 기업의 실체를 정확히 파악하여 투자자 스스로의 자유로운 판단과 책임 하에 투자결정을 할 수 있도록 하는 제도로서, 증권시장내의 정보의 불균형을 해소하고 증권시장의 공정성을 확보하여 투자자를 보호하는 기능을 담당하고 있다.

② **공시제도의 요건**

　　⊙ **공시의 신속성** : 기업정보는 발생 즉시 신속하게 공시되어야 하며, 투자판단에 오류가 생기지 않도록 최신의 정보가 제공되어야 한다. 기업정보가 적시성을 잃게 되면 증권시장에 풍문이 난무하게 되고 이로 인하여 주가가 왜곡되어 투자자가 예측하지 못한 손해를 입을 수 있다.

　　ⓛ **정보의 정확성** : 기업정보가 허위이거나 불확실한 경우 투자자의 투자판단에 혼란을 줄 우려가 있으므로 기업정보는 정확하여야 하며, 또한 완전한 내용이 제공되어야 한다. 따라서 기업에게 호재성 내용 뿐만 아니라 악재성 내용도 공시되어야 하며 또한 중요한 사실의 누락이 있어서도 안된다.

　　ⓒ **정보내용 이해의 용의성** : 공시정보는 가능한 한 투자자가 이해하기 쉽도록 평이하고 간결, 명확해야 한다. 특히 증권시장에 참여하고 있는 투자자들의 다양성을 포괄하기 위해서는 당해 기업의 업무에 대하여 전문

지식이 없는 투자자들도 쉽게 공시내용을 파악할 수 있도록 전문적인 용어보다는 평이한 표현을 사용하는 것이 정보 전달의 실질적 형평성을 보장할 수 있다.

② **정보전달의 공평성**: 기업정보는 모든 투자자에게 공평하게 널리 전달되어야 하며, 이는 시장의 정보불균형을 해소하고자 하는 기업공시제도의 기본 요건이기도 하다. 이를 위하여는 형평성이 보장되는 정보전달 매체를 이용함으로써 공시시점에 모든 투자자가 동시에 기업정보를 획득하여 증권시장에서 완전경쟁이 이루어지도록 해야 한다.

※ 현재 시행중인 전자공시제도는 투자자들이 언제 어디서라도 기업의 공시내용을 조회할 수 있도록 하여 정보전달의 공평성은 크게 제고되었다고 할 수 있다.

6 자본시장과 금융투자업에 관한 법률상 공시제도의 개요

① **발행시장공시** … 증권의 발행인으로 하여금 당해 증권과 증권의 발행인에 관한 모든 정보를 투자자에게 투명하게 전달하도록 강제하는 제도로서 증권의 발행과 관련된 공시를 말한다. 발행시장공시에는 증권신고서, 투자설명서, 증권발행실적보고서 등이 있다.

② **유통시장공시** … 증권시장에 공급된 증권이 투자자간에 이루어지는 거래와 관련하여 기업의 경영활동내역을 공시하도록 하는 제도로서 증권의 유통과 관련된 공시를 말한다.

  ㉠ 정기공시 : 사업보고서, 반기보고서, 분기보고서 등
  ㉡ 수시공시 : 유가증권시장 공시규정에서 정하는 주요 경영사항 등
  ㉢ 주요사항보고서 : 부도발생, 은행거래정지 등(단일제출) 및 합병, 주식의 포괄적 교환·이전 등(별도제출)
  ㉣ 기타공시 : 공개매수신고서, 시장조성·안정조작신고서 등

7 유가증권시장 매매거래제도일반

① **매매거래의 일반절차·휴장일**

  ㉠ 매매거래의 일반절차

    ㉮ 투자자가 거래소시장에서 매매거래를 하기 위해서는 먼저 투자매매업 및 투자중개업 인가를 받은 증권회사(또는 금융투자회사)에 매매거래계좌를 개설해야 하며, 동 계좌를 개설한 증권회사를 통하여 주문을 제출하여야 한다.

    ㉯ 거래소시장에서 유가증권을 매매할 수 있는 자는 한국거래소의 회원인 증권회사에 한정되므로 일반투자자는 회원을 통하지 않고서는 거래소시장에서 매매거래를 할 수 없다.

    ㉰ 투자자로부터 주문을 위탁받은 거래소 회원은 동 주문을 거래소에 제출(호가)하여야 한다.

④ 외국인투자자의 주문은 금융감독원의 외국인투자관리시스템을 경유하여야 하며, 거래소의 회원이 아닌 비회원 증권회사는 투자자로부터 위탁받은 주문을 거래소 회원을 통하여 주문을 제출하여야 한다.

⑤ 회원으로부터 거래소에 제출된 주문은 거래소가 업무규정에서 정한 원칙에 따라 매매체결되며, 거래소는 체결결과를 회원에게 통보하고 회원은 이를 다시 고객에게 통지하게 된다.

⑥ 투자자는 매매체결분에 대하여 매매체결일부터 기산하여 3일째 되는 날(T+2) 회원이 정한 시간까지 매매거래를 위탁한 증권회사에 매수대금 또는 매도증권을 납부하여야 하며, 증권회사는 이를 거래소와 결제함으로써 매매거래가 완료된다.

ⓛ **휴장일**: 매매거래일은 월요일부터 금요일까지이며, 다음의 휴장일에는 매매거래 및 결제를 하지 않는다.

㉮ 관공서의 공휴일에 관한 규정에 의한 공휴일

㉯ 근로자의 날 제정에 관한 법률에 의한 근로자의 날(5월 1일)

㉰ 토요일

㉱ 12월 31일(공휴일 또는 토요일인 경우에는 직전의 매매거래일)

㉲ 기타 거래소가 필요하다고 인정하는 날

ⓒ 매매거래시간과 호가접수시간

구분		매매거래시간	호가접수시간
정규시장		09:00~15:30(6시간 30분)	08:00~15:30(7시간 30분)
시간 외 시장	장 개시 전	07:30~09:00(1시간 30분)	07:30~09:00(1시간 30분)
	장 종료 후	15:40~18:00(2시간 20분)	15:30~18:00(2시간 30분)

▶ **기출유형익히기**

주식거래제도에 대한 설명으로 옳지 않은 것은?

① 매매를 위해 일정한 가격으로 매수 또는 매도하겠다는 의사표시 행위를 호가라고 한다.
② 유가증권시장의 경우 가격의 급격한 변동을 막기 위해 가격제한 폭을 두고 있다.
③ 일반투자자는 증권회사를 통해서만 유가증권시장에서 거래가 가능하다.
④ 관리종목으로 지정되면 일정기간 동안 매매가 정지된다.
⑤ 거래대금은 매매당일 결제가 이루어진다.

✔ 거래대금은 매매일로부터 3일째 되는 날 결제가 이루어진다.   답 ⑤

② **호가**

ⓐ **호가의 개념**: 호가는 거래소의 회원인 증권회사가 자기명의로 시장에 매도 또는 매수의 의사표시를 하는 것을 말한다. 즉, 회원은 고객(투자자)의 주문을 위탁받아 동 주문을 거래소에 호가하여야 한다.

ⓛ 호가의 취소 및 정정

㉮ 이미 제출된 호가 중 매매거래가 성립되지 아니한 수량(잔량)에 대해서는 전부 또는 일부를 취소 하거나 정정할 수 있다.

㉯ 호가의 취소란 이미 유효하게 접수된 호가의 의사표시를 취소하는 것으로, 취소의 효력은 미체결 잔량에 한하여 유효하다. 일부취소의 경우 취소 후 잔량의 대한 호가접수시간은 변경되지 않는다.

㉰ 정정은 다른 가격 및 다른 종류의 호가로 변경하는 경우에만 가능하므로 기 제출된 호가의 수량을 정정하거나 같은 가격으로 정정은 제한되고 있다. 호가를 정정하는 경우 시간상 우선순위는 정정호 가 접수 시점으로 변경되지만, 일부정정의 경우 정정 후 잔량의 호가접수시간은 변경되지 않는다.

ⓒ 호가가격단위(Tick Size) : 가격대별로 호가할 수 있는 최소단위를 말하며, 거래소는 거래를 표준화하고 매 매체결을 원활히 하기 위하여 적정 호가가격단위를 설정하고 있다.

▶ **기출유형익히기**

다음은 증권거래제도에 관한 설명이다. 옳지 않은 것은?

① 주식의 가격제한폭은 전일 종가를 기준으로 한다.
② 매매는 동시호가에 의한 단일가격으로 이루어진다.
③ 전화주문 뿐만 아니라 인터넷을 통한 주문도 낼 수 있다.
④ 증권거래소 시장은 증권회사를 통해 거래가 이루어진다.
⑤ 종합주가지수가 10%급락할 경우 거래중단제도를 운영하고 있다.

✔ 동시호가는 시작과 끝날 때 적용되는 방식이다.   답_②

③ 매매수량단위

구분		매매수량단위	비고
주권		1주	2014년 6월 2일 개정
외국주식예탁증서(DR)		1증권	2014년 6월 2일 개정
상장지수집합투자기구 집합투자증권(ETF)		1주	2002년 9월 30일 도입
신주인수권증권		1증권	2009년 8월 3일 개정
신주인수권증서		1증서	2009년 8월 3일 개정
주식워런트증권(ELW)		10증권	2005년 8월 26일 도입
수익증권		1좌	2014년 6월 2일 개정
채권	일반채권	액면 10만 원	소액채권은 액면 1,000원으로 함
	외화표시채권	1만 포인트	–
	국채지표종목	액면 10억 원	국채 딜러간 매매거래에 한함

④ **가격제한폭 제도**

㉠ 상장증권의 공정한 가격형성을 도모하고 급격한 시세변동에 따른 투자자의 피해방지 등 공정한 거래질서 확립을 위해 하루 동안 가격이 변동할 수 있는 폭을 기준가격 대비 상하 30%로 제한하고 있다.

㉡ 정리매매종목, 주식워런트증권(ELW), 신주인수권증서, 신주인수권증권의 경우에는 가격제한폭이 적용되지 않는다.

㉢ 기초자산 가격변화의 일정배율(음의 배율도 포함)로 연동하는 레버리지 ETF는 그 배율만큼 가격제한폭을 확대(레버리지 2배인 ETF 가격제한폭은 60%)하여 적용하고 있다.

㉣ 일별로 상승할 수 있는 최고가격인 상한가는 기준가격에 가격제한폭을 더한 가격을 말하며, 일별로 하락할 수 있는 최저가격인 하한가는 기준가격에서 가격제한폭을 뺀 가격을 말한다.

⑤ **공매도**

㉠ 공매도의 의의

㉮ 공매도는 소유하지 않은 증권을 매도하는 것으로서, 무차입공매도가 금지된 증시에서는 일반적으로 차입한 증권을 매도(차입공매도)하는 것을 의미한다.

㉯ 투자자는 자신이 보유한 증권의 가격하락에 따른 손실을 회피(헤지)하거나, 고평가된 증권의 매도를 통한 차익을 얻기 위해 주로 공매도를 활용하고 있다.

㉰ 공매도는 주식시장에 추가적인 유동성을 공급하여 가격발견의 효율성을 제고하고 투자자의 거래비용을 절감한다.

㉱ 부정적인 정보가 가격에 빠르게 반영될 수 있도록 하여 주가버블 형성을 방지하고 변동성을 줄이는 등 순기능이 있어 전세계 대부분의 증권시장에서는 공매도를 수용하고 있다.

㉲ 소유하지 않은 증권을 매도하여 결제일에 결제불이행 발생의 우려가 있고, 시장불안 시 공매도가 집중될 경우 주가하락 가속화 및 변동성 확대 등 안정적인 시장의 운영에 잠재적인 위험요인으로 작용할 수 있으므로, 각국의 증권시장에서는 공매도를 수용하되 공매도에 따른 잠재적인 위험을 관리하기 위해 관리수단을 도입하고 있고, 우리나라 증권시장에서도 각각의 위험을 방지하기 위한 시장관리방안을 마련하고 있다.

㉡ 공매도의 제한 : 누구든지 증권시장(다자간매매체결회사에서의 증권의 매매거래를 포함)에서 상장증권(전환사채권, 신주인수권부사채권, 이익참가부사채권 또는 교환사채권, 지분증권, 수익증권, 파생결합증권, 증권예탁증권)에 대하여 다음의 어느 하나에 해당하는 매도(공매도)를 하거나 그 위탁 또는 수탁을 하여서는 아니 된다. 다만, 차입한 상장증권으로 결제하고자 하는 매도에 해당하는 경우(차입공매도)로서 증권시장의 안정성 및 공정한 가격형성을 위하여 대통령령으로 정하는 방법에 따르는 경우에는 이를 할 수 있다.

㉮ 소유하지 아니한 상장증권의 매도

㉯ 차입한 상장증권으로 결제하고자 하는 매도

ⓒ 공매도로 보지 아니하는 경우

㉮ 증권시장에서 매수계약이 체결된 상장증권을 해당 수량의 범위에서 결제일 전에 매도하는 경우

㉯ 전환사채·교환사채·신주인수권부사채 등의 권리 행사, 유·무상증자, 주식배당 등으로 취득할 주식을 매도하는 경우로서 결제일까지 그 주식이 상장되어 결제가 가능한 경우

㉰ 그 밖에 결제를 이행하지 아니할 우려가 없는 경우로서 다음의 어느 하나에 해당하는 매도로서 결제일까지 결제가 가능한 경우

• 매도주문을 위탁받는 투자중개업자 외의 다른 보관기관에 보관하고 있거나, 그 밖의 방법으로 소유하고 있는 사실이 확인된 상장증권의 매도

• 상장된 집합투자증권의 추가발행에 따라 받게 될 집합투자증권의 매도

• 상장지수집합투자기구의 집합투자증권의 환매청구에 따라 받게 될 상장증권의 매도

• 증권예탁증권에 대한 예탁계약의 해지로 취득할 상장증권의 매도

• 대여 중인 상장증권 중 반환이 확정된 증권의 매도

• 증권시장 외에서의 매매에 의하여 인도받을 상장증권의 매도

• 전환사채권, 신주인수권부사채권, 이익참가부사채권 또는 교환사채권, 지분증권, 수익증권, 파생결합증권 등의 증권을 예탁하고 취득할 증권예탁증권의 매도

• 그 밖에 계약, 약정 또는 권리 행사에 의하여 인도받을 상장증권을 매도하는 경우로서 증권시장업무규정으로 정하는 경우

ⓓ 차입공매도 제한 : 금융위원회는 증권시장의 안정성 및 공정한 가격형성을 해할 우려가 있는 경우에는 거래소의 요청에 따라 상장증권의 범위, 매매거래의 유형 및 기한 등을 정하여 차입공매도를 제한할 수 있다.

▶ **기출유형익히기**

주식을 빌려서 시장에 매각한 다음 주가하락을 기대하였다가 시장에서 다시 매입하여 갚는 것을 공매도(short selling)라고 한다. 공매도에 대한 다음의 설명 중 옳지 않은 것은?

① 주가상승을 예상한 투자전략이다.
② 선물을 매입하는 전략과 함께 구사할 수 있다.
③ 단기간에 주가하락 효과가 나타난다.
④ 결제 불이행이 발생하면 체계에 혼란이 온다.
⑤ 결제 불이행을 막기 위해 일정한 담보를 제공해야 한다.

✔ 공매도(short selling)는 주가하락을 예상하고 증권회사로부터 주식을 빌려서 시장에 판 다음에 주가가 떨어지면 싼 값에 주식을 다시 사서 증권회사에서 빌린 주식을 상환하는 투자기법이다. 답_①

⑥ **청산**… 회원간에 성립된 매매거래에 *KRX*가 개입, 모든 매도자에 대해 매수자, 모든 매수자에 대해 매도자가 되어 매매거래의 채권/채무를 차감을 통하여 확정하고 결제기관에 결제지시를 하며 결제가 이행되기까지 결제를 보증하는 일련의 절차를 말한다.

⑦ **결제**… 청산을 통해 확정된 채권/채무를 CCP와 회원간에 증권인도 및 대금지급의 방법으로 이행함으로써 매매거래를 종결시키는 것을 말한다.

▶ **기출유형익히기**

다우지수와 코스피지수에 대한 설명 중 옳지 않은 것은?

① 다우지수는 미국 산업 대표종목들의 단순평균으로 산출한 지수이다.
② 코스피지수는 상장된 회사들에 주식에 대한 총합인 시가총액의 기준시점과 비교시점을 비교하여 나타낸다.
③ 코스피지수는 현 시가총액의 가치를 잘 반영한다.
④ 다우지수는 상대적으로 시장상태를 잘 반영한다.
⑤ 코스피지수는 개별종목이나 중소기업의 가치변동을 정확하게 반영할 수 있다.

　　　✔ 중소기업의 가치변동을 정확하게 반영할 수 있는 것은 코스닥에 관한 설명이다.　　　답_⑤

---

8 **파생상품시장**

① **상장**

㉠ 정의

㉮ 거래소가 개설한 선물시장에서 선물거래 또는 옵션거래의 품목(결제월 포함)이 거래될 수 있도록 하는 행위를 상장이라고 한다.

㉯ 이 품목은 거래대상별로 구분되는 선물거래 또는 옵션거래를 말하며, 현재 일반상품인 금, 금융상품인 통화와 채권, 그리고 지수가 거래대상으로 지정되어 있다.

㉡ 상장품목

㉮ 주가지수 상품

• 코스피200 선물 : 유가증권시장에 상장된 주권 200 종목의 시가총액 기준으로 산출된 코스피200 지수를 기초자산으로 하는 상품이다. 이처럼 코스피200 선물은 주가지수를 거래대상으로 하고 있어 최종결제방법으로 현금결제를 채택하고 있다.

기초자산	코스피200 지수
거래단위	코스피200 선물가격×25만(거래승수)
결제월	3, 6, 9, 12월
상장결제월	3년 이내 7개 결제월(3, 9월 : 각 1개, 6월 : 2개, 12월 : 3개)
가격의 표시	코스피200 선물 수치(포인트)
호가가격단위	0.05 포인트
최소가격변동금액	12,500원(25만 원×0.05)
거래시간	09 : 00~15 : 45(최종거래일 : 09 : 00~15 : 20)
최종거래일	각 결제월의 두 번째 목요일(공휴일인 경우 순차적으로 앞당김)
최종결제일	최종거래일의 다음 거래일
결제방법	현금결제
가격제한폭	기준가격 대비 각 단계별로 확대 적용 ① ±8% ② ±15% ③ ±20%
정산가격	최종 약정가격(최종 약정가격이 없는 경우, 선물이론정산가격)
기준가격	전일의 정산가격
단일가격경쟁거래	개장시(08 : 00~09 : 00) 및 거래종료시(15 : 35~15 : 45)
필요적 거래중단	현물가격 급변으로 매매거래 중단 시 선물거래 일시중단 및 단일가로 재개

• 코스피200 옵션 : 유가증권시장에 상장된 주권 200 종목의 시가총액 기준으로 산출된 코스피200 지수를 기초자산으로 하는 상품이다. 코스피200 옵션은 주가지수를 거래대상으로 하고 있어 최종결제방법으로 현금결제를 채택하고 있다.

기초자산	코스피200 지수
거래단위	코스피200 옵션가격×25만(거래승수)
결제월	매월
상장결제월	비분기월 4개 및 분기월 7개(3, 9월 각 1개, 6월 2개, 12월 3개)
행사가격의 설정	• 각 결제월의 최초 상장시 행사가격 설정방법 -최근 6개월 : 2.5포인트 간격으로 ATM 1개, ITM 16개, OTM 16개 -제7 및 8근월물 : 5포인트 간격으로 ATM 1개, ITM 12개, OTM 12개 -최종결제월이 가장 나중에 도래하는 3개 월물 : 10포인트 간격으로 ATM 1개, ITM 6개, OTM 6개 • 지수 변동에 따라 항상 ATM 기준으로 아래 행사가격 수가 유지되도록 추가 설정 -최근 6개월 : 33개 -제7 및 8근월물 : 25개 -최종결제월이 가장 나중에 도래하는 3개 월물 : 13개 • 최종거래일 도래로 신규결제월 상장 시 결제월 순서에 따라 상기와 같이 행사가격 추가 설정

가격의 표시	프리미엄(포인트)
호가가격단위	• 프리미엄 10포인트 미만 : 0.01포인트 • 프리미엄 10포인트 이상 : 0.05포인트
최소가격변동금액	• 프리미엄 10포인트 미만 : 2,500원(25만×0.01포인트) • 프리미엄 10포인트 이상 : 12,500원(25만×0.05포인트)
거래시간	09 : 00~15 : 45(최종거래일 09 : 00~15 : 20)
최종거래일	각 결제월의 두 번째 목요일(공휴일인 경우 순차적으로 앞당김)
최종결제일	최종거래일의 다음 거래일
권리행사	최종거래일에만 가능(European 형)
결제방법	현금결제
가격제한폭	기초자산 기준가격 대비 아래에 해당하는 옵션이론가격을 단계적으로 확대적용 ① ±8% ② ±15% ③ ±20%
거래증거금 기준가격	최종 약정가격(최종 약정가격이 없는 경우, 옵션이론가격)
기준가격	전일의 거래증거금 기준가격
단일가격경쟁거래	개장시(08 : 00~09 : 00) 및 거래종료시(15 : 35~15 : 45)
필요적 거래중단	현물가격 급변으로 매매거래 중단 시 선물거래 일시중단 및 단일가로 재개

㉯ 코스피200 변동성지수선물 : 코스피200 옵션가격을 이용하여 미래(30일) 코스피200의 변동성을 나타낸 지수(V-KOSPI 200)를 기초자산으로 하는 상품이다. 변동성지수선물은 지수를 거래대상으로 하고 있어 최종결제방법은 현금결제방식을 채택하고 있다.

㉰ 주식선물 : 주식시장에 상장되어 있고 유통주식수가 200만 주 이상, 소액주주수가 2,000명 이상, 1년간 총 거래대금이 5,000억 원 이상인 보통주식 중에서 시가총액과 재무상태 등을 감안하여 선정한 기업이 발행한 주식을 기초자산으로 하는 선물상품이다.

㉱ 주식옵션 : 주식시장에 상장되어 있고 유통주식수가 200만 주 이상, 소액주주수가 2,000명 이상, 1년간 총 거래대금이 5,000억 원 이상인 보통주식 중에서 시가총액과 재무상태 등을 감안하여 선정한 기업이 발행한 주식을 기초자산으로 하는 옵션상품이다.

㉲ ETF 선물 : 주식시장에 상장되어 있는 ETF를 기초자산으로 하는 선물상품이다. 최종결제방법은 현금결제방식을 채택하고 있다.

㉳ 채권/금리상품

• 3년 국채선물 : 만기일 기준으로 잔존기간 3년의 국고채를 대상으로 거래하는 계약을 말한다. 국고채는 정부가 발행하는 채권으로 유가증권시장본부와 같은 장내유통시장 또는 증권회사 등을 통한 장외유통시장에서 거래가 되고 있다.

거래대상	표면금리 5%, 6개월 단위 이자지급방식의 3년 만기 국고채
거래단위	액면 1억 원
결제월	3, 6, 9, 12월
상장결제월	6월 이내의 2개 결제월
가격의 표시	액면 100원 당 원화(백분율방식)
호가가격단위	0.01 포인트
최소가격변동금액	10,000원 (1억 원X0.01X1/100)
거래시간	09 : 00~15 : 45 (최종거래일 09 : 00~11 : 30)
최종거래일	결제월의 세 번째 화요일(공휴일인 경우 순차적으로 앞당김)
최종결제일	최종거래일의 다음 거래일
결제방법	현금결제
가격제한폭	기준가격 대비 상하 ± 1.5%
단일가격경쟁거래	개장시(08 : 00~09 : 00) 및 최종거래일 이외의 거래종료시 (15 : 35~15 : 45)

• 5년 국채선물 : 만기일 기준으로 잔존기간 5년의 국고채를 대상으로 거래하는 계약을 말한다. 국고채는 정부가 발행하는 채권으로 유가증권시장본부와 같은 장내유통시장 또는 증권회사 등을 통한 장외유통시장에서 거래가 되고 있다.

• 10년 국채선물 : 만기일 기준으로 잔존기간 10년의 국고채를 대상으로 거래하는 계약을 말한다. 국고채는 정부가 발행하는 채권으로 유가증권시장본부와 같은 장내유통시장 또는 증권회사 등을 통한 장외유통시장에서 거래가 되고 있다.

㉕ 통화상품

• 미국달러선물

• 미국달러옵션

• 엔선물

• 유로선물

• 위안선물

㉖ commodity 상품

• 돈육선물 : 돼지 가격의 변동 위험을 위하여 사전에 약속된 미래의 특정시점에 1계약당 1,000kg에 해당하는 돈육 대표가격을 사거나 팔 것을 약정하는 선물거래이다. 실제 돼지를 사고파는 것이 아닌 돈육의 가격을 거래대상으로 하는 선물거래이다.

• 금선물 : 금을 기초자산으로 하여 선물거래가 가능하도록 만든 상품으로 1999년 4월에 상장된 금선물과 2010년 9월에 상장된 미니금선물이 있었으나 두 상품은 2015년 11월 19일을 기준으로 상장폐지되고, 기존의 미니금선물이 2015년 11월 23일부터 본소의 유일한 금선물로 새롭게 상장되었다.

금의 가격변동위험에 노출된 기업은 금선물을 활용하여 금가격과 관련한 위험을 헤지할 수 있고, 투자자들은 재테크를 위한 투자수단으로 금선물을 활용할 수 있다. 2015년 11월 23부터 새롭게 상장되는 금선물은 기존 실물인수도 방식의 금선물에 비해 거래단위를 10배로 낮추었으며 현금결제방식으로서 현재의 거래시점에 예측한 금가격과 만기일에 실제로 형성된 금가격과의 차액을 주고받는 상품이다. 지난 5년간 금가격은 전반적으로 상승 추세이며 최근 등락폭이 커져서 금가격 변동위험을 헤지하기 위하여 금선물을 활용할 필요성이 증가하고 있다.

② **매매제도**

　㉠ 주문의 유형

　　㉮ **지정가주문** : 가격을 지정하는 주문으로서 지정한 가격 또는 그 가격보다 유리한 가격으로 거래를 하고자 하는 주문이다.

　　㉯ **시장가주문** : 종목 및 수량은 지정하되 가격은 지정하지 아니하는 주문이다.

　　㉰ **조건부지정가주문** : 최종약정가격을 결정하는 때에는 시장가주문으로 전환되는 것을 조건으로 하는 지정가주문이다.

　　㉱ **최유리지정가주문** : 종목 및 수량은 지정하되 가격은 매도의 경우 가장 높은 매수호가의 가격, 매수의 경우 가장 낮은 매도호가의 가격을 지정한 것으로 보아 거래를 하고자 하는 주문이다.

　　㉲ **전량충족조건** : 주문전달 즉시 전량 체결되지 않으면 모든 주문이 자동 취소되는 조건이다.

　　㉳ **일부충족조건** : 주문전달 즉시 체결가능수량만 체결하고 나머지 주문잔량은 취소되는 조건이다.

　㉡ 매매절차

　　㉮ 계좌개설

　　㉯ 증거금납부

　　㉰ 주문(호가) 제출 : 투자자는 문서에 의한 방법, 전화 등에 의한 방법, 전자통신에 의한 방법을 통해 파생상품계좌를 개설한 회원에 주문을 제출한다. 일반적으로 투자자가 주문을 제출할 때 다음 사항을 결정하여 주문하게 된다.

　　　• 특정 대상물에 대해(예 코스피200)

　　　• 어떤 유형의 파생상품(선물 · 옵션)거래(예 코스피200 옵션거래)

　　　• 옵션거래의 경우 어떤 유형의 옵션거래(예 코스피200 콜옵션거래)

　　　• 어떤 종목을(예 코스피200 콜옵션거래의 06년 12월물 권리행사가격 100포인트)

　　　• 매도 또는 매수의 구분(예 코스피200 콜옵션거래의 06년 12월물 권리행사가격 100포인트의 매도)

　　　• 얼마의 가격으로(예 3포인트)

　　　• 얼마의 수량을(예 10계약)

　　㉱ 거래체결

　　㉲ 체결내용 확인

9 **채권상장** 〈제3회 출제〉

① **의의**

    ㉠ 채무증권 상장은 거래소가 개설하는 유가증권시장에서 발행된 채무증권이 매매될 수 있는 자격을 부여하는 것을 말한다.

    ㉡ 자본시장과 금융투자업에 관한 법률 제390조(상장규정) : 거래소는 증권시장에 상장할 증권의 심사 및 상장증권의 관리를 위하여 증권상장규정을 정하여야 한다.

    ㉢ 발행된 채무증권의 상장 : 발행기업의 자유의사결정에 의한다.

② **채무증권 상장의 이점**

    ㉠ 발행기업의 대외 공신력 제고 : 기업 경영사항 및 채무증권 발행정보가 공시되어 발행기업의 대외 공신력 제고

    ㉡ 대용증권 및 담보자산 이용가능 : 주식·선물·옵션 거래의 위탁증거금으로 이용하고 공공기관에 납부할 보증금·공탁금으로 사용

    ㉢ 기관투자자의 투자편입대상으로 선정 : 연기금, 보험사, 자산운용사 등 기관투자자들은 투자대상으로 상장 채무증권을 선호

③ **상장요건** … 채무증권의 상장은 한국거래소 「유가증권시장상장규정」에 따라 처리되고 있으며, 상장을 신청한 경우 다음과 같이 상장심사를 하고 있다.

구분	국내채무증권 (유가증권시장상장규정 제88조)	외국채무증권 (유가증권시장상장규정 제95조)
발행기업	자본금 5억 원 이상 단, 보증·담보부 사채권·자산유동화채권은 제외	• 자기자본 100억 원 이상으로 자본잠식 없을 것 • 발행회사 자격 −해외증권시장에 외국주권을 상장한 법인일 것 −거래소에 외국주권 또는 외국주식예탁증권을 상장하고 있을 것 −모집 또는 매출의 방법으로 증권을 발행한 법인일 것 • 단, 국제금융기구가 발행한 채무증권, 보증·담보부·자산유동화 채권은 제외
모집/매출	모집 또는 매출에 따른 발행	모집 또는 매출에 따른 발행
발행총액	발행액면총액이 3억 원 이상 단, 보증·담보부 사채권은 5천만 원 이상	발행액면총액이 3억 원 이상 단, 보증·담보부 사채권은 5천만 원 이상
미상환 액면총액	미상환 액면총액이 3억 원 이상 단, 보증·담보부 사채권은 5천만 원 이상	미상환 액면총액이 3억 원 이상 단, 보증·담보부 사채권은 5천만 원 이상

통일규격채권	「통일규격증권 등 취급규정」에 따른 통일규격채권 단, 공사채등록법(제4조) 또는 상법(제478조 제3항)에 따른 등록채권의 경우도 가능	
등록채권	공사채등록법(제4조) 또는 상법(제478조 제3항)에 의한 등록채권일 것 단, 전환사채권은 등록채권만 상장 가능	공사채등록법에 의한 등록채권일 것
신용평가 등급		투자적격등급(BBB등급 이상) 채권일 것
비고		• 상장 전 상장시기와 절차에 관한 협의 • 상장대리인 선임

▶ **기출유형익히기**

채권투자와 관련한 위험으로 가장 거리가 먼 것은?

① 발행조건상 만기이전에 시장가격으로 발행자가 임의상환이 가능한 조건의 채권이 있으며, 이러한 위험을 조기상환 위험이라고 한다.

② 채권의 가격변동을 기호로 표시한 것이 신용평가등급이다.

③ 채권의 이자소득은 채권 보유시 받게 되는 이자로 이는 투자한 자금에 대한 보상이다.

④ 채권이 정상적으로 상환되지 않을 경우 발생하는 위험을 채무불이행위험이라고 한다.

⑤ 이자율 위험은 금리변동에 따른 채권가격의 변동위험과 이자수익을 재투자하는 경우 발생하는 재투자위험 등을 의미한다.

✔ 채권의 신용평가등급은 발행자의 신용도와 채권의 만기구조에 의해서도 영향을 받는다. 평가등급을 산정할 때에는 안정성, 수익성 지표 등을 감안하고, 향후 경제환경 변화에 대한 적응능력 등의 질적부분도 고려된다. 통상 AA, BB+와 같이 알파벳과 기호로 표기된다.　　　　　　　　　　답_②

10　자본시장과 금융투자업에 관한 법률(자본시장법)

① **자본시장과 금융투자업에 관한법률 제정의 기본 방향**

　㉠ **포괄주의 규율체제로의 전환** : 향후 출현가능한 모든 금융투자상품을 자본시장과 금융투자업에 관한 법률의 규제대상에 포함하고, 금융투자업자가 취급할 수 있는 상품의 범위와 투자자 보호 규제의 대상을 대폭 확대하였다.

　㉡ **기능별 규율체제의 도입** : 종전의 기관별 규율체제에 따른 규제차익 등의 문제를 해결하기 위하여 경제적 실질이 동일한 금융기능을 동일하게 규율하는 기능별 규율체제로 전환하였다.

ⓒ 업무범위의 확대 : 현행 업무범위의 엄격한 제한에 따른 문제를 해결하기 위하여 금융투자업자의 업무 범위를 대폭 확대하였다.

ⓔ 투자자 보호제도*의 선진화 : 투자자 보호 강화를 위하여 설명의무, 적합성 원칙, 적정성 원칙 및 요청하지 않은 투자권유 등 투자권유 규제를 도입하였다.

② **자본시장과 금융투자업에 관한 법률 제정에 따른 기대효과**

ⓐ 자본시장의 자금중개기능의 활성화 : 기업, 금융소비자 및 금융투자업자 측면에서 자금조달, 자금운용 및 자금조달의 지원기능을 수행할 수 있다.

ⓑ 투자자 보호강화를 통한 자본시장의 신뢰성 제고

ⓒ 선진 투자은행과 경쟁할 수 있는 금융투자회사의 출현기반 마련

> 알고가기
>
> 자본시장과 금융투자업에 관한 법률의 주된 보호대상은 일반투자자이며 투자자보호 확대를 위하여 금융투자상품을 구입하는 일반투자자에게 상품의 내용과 위험등을 설명하도록 하는 '설명의무'가 특히 중요시 되고 있다.

▶ **기출유형익히기**

다음 중 채권의 종류에 관한 내용으로 가장 거리가 먼 것은?

① 전환사채는 채권 및 주식의 중간 성격을 지닌 유가증권이다.
② 중앙정부 및 지방정부, 공기업 등이 발행하는 채권을 국공채라고 한다.
③ 정크본드란 신용등급이 낮은 기업 또는 국가 등이 발행하는 채권을 말한다.
④ 코코 본드는 주택담보대출, 국공채 등 우량 자산을 담보로 발행되는 담보부채권의 하나이다.
⑤ 외국 기업이 일본에서 엔화가 아닌 해외 통화로 발행하는 채권을 쇼군본드라고 한다.

✔ 주택담보대출, 국공채 등 우량 자산을 담보로 발행되는 채권은 커버드 본드라 한다.　　　　답_④

2. 우리나라의 금융시장

1 금융시장의 속성과 시장조성자

① 금융시장은 아담 스미스(A.Smith)가 지칭한 '보이지 않는 손(invisible hand)'과 같이 보이지 않는 실체로서 시장 조성자(market maker)가 존재한다고 이해한다.

② **시장조성자로서의 역할**

    ㉠ 시장조성자는 거래를 성사시키는 가격을 공시한다.

    ㉡ 시장조성자는 자신의 책임 하에 단기적인 시장 불균형을 해소한다.

2 금융시장의 종류

① **단기 금융시장**

    ㉠ 의미 : 단기자금의 수요자와 공급자 사이에 존재하는 수급불균형 조절을 위해 통상 만기가 1년 이내인 금융상품이 거래되는 시장을 말한다.

    ㉡ 역할 : 금융기관의 가격변동 위험 및 신용위험을 줄여주는 역할을 한다.

    ㉢ 종류 : 콜시장, 기업어음시장, 양도성예금시장, 환매조건부채권매매시장, 통화안정증권 및 표지어음시장 등이 있다.

② **자본시장**

    ㉠ 의미 : 장기자금조달 수단인 주식 및 만기 1년 이상의 채권이 거래되는 시장으로, 통상 증권시장의 의미로 사용된다.

    ㉡ 종류 : 주식시장, 채권시장

        ㉮ 발행시장(primary market) : 주식이나 채권이 신규 발행되어 투자자에게 매출되는 모든 시장을 의미한다.

        ㉯ 유통시장(secondary market) : 이미 발행된 주식이나 채권이 매매되는 시장을 의미한다.

③ **외환시장**

    ㉠ 의미 : 외환의 수요자와 공급자 사이에 외환거래가 정기적·지속적으로 이루어지는 시장을 말한다.

    ㉡ 기능 : 이종 통화간의 교환비율인 환율을 매개로 외환의 수요와 공급을 조절하는 것이다.

    ㉢ 외환거래의 유형 : 현물환거래, 선물환거래, 외환스왑거래

④ **파생금융상품시장**

㉠ 의미 : 그 가치가 통화, 채권, 주식 등 기초 금융자산의 가치변동에 의하여 결정되는 계약으로, 이러한 상품이 거래되는 시장을 말한다.

㉡ 기능 : 금융시장 참여자에게 위험을 헤지(hedge)*할 수 있는 기회를 제공하여 자신의 위험 선호도에 따라 자산을 구성하도록 촉진하는 기능을 갖는다.

헤지(hedge) : 자신이 보유한 포트폴리오의 위험을 타인에게 전가시켜 자신이 노출된 위험수준을 낮추는 전략

㉢ 시장의 구분

㉮ 장내시장 : 가격이외의 모든 요소가 표준화된 파생금융상품이 거래되는 시장(거래소시장)이다.

㉯ 장외시장 : 표준화되지 못한 파생금융상품이 거래소를 통하지 않고 시장참여자 사이에 직접 거래되는 시장으로, OTC(over-the-counter)시장이라고도 한다.

▶ **기출유형익히기**

다음 중 우리나라의 주식시장 매매제도에 대한 설명으로 맞는 것은?

㉠ 개장시간은 오전 9시이며 오후 3시에 폐장한다.
㉡ 유가증권시장의 가격제한폭은 전일 종가 대비 상하 15%이다.
㉢ 코스닥시장에는 가격제한폭이 없다.
㉣ 점심시간(12시~13시)에는 휴장한다.
㉤ 동시호가는 폐장시간에만 적용한다.

① ㉠㉡   ② ㉠㉡㉢
③ ㉡㉢   ④ ㉠㉣
⑤ ㉡㉤

✔ ㉢ 코스닥시장의 가격제한폭도 전일 종가대비 상하 15%이다.
　㉣ 한국은 점심시간에도 휴장하지 않는다.
　㉤ 동시호가는 개장 및 폐장 때 적용된다.

답_①

3 금융상품의 종류

① 금융투자상품

⊙ 정의 : 내국인 및 외국인이 발행한 금융투자상품으로 취득과 동시에 지급한 금전 등 외에 어떠한 명목으로 든지 추가로 지급의무를 부담하지 아니하는 것을 말한다.

⊙ 증권의 종류

㉮ 채무증권 : 국채증권, 지방채증권, 특수채증권, 사채권, 기업어음증권 등을 말한다.

㉯ 지분증권 : 주권, 신주인수권이 표시된 것, 법률에 의하여 설립된 법인이 발행한 출자증권, 상법에 의한 합자회사·유한회사·익명조합의 출자지분, 민법에 의한 출자지분을 말한다.

㉰ 수익증권 : 금전신탁계약에 의한 수익권, 투자신탁의 수익권 등 신탁의 수익권을 표시하는 것을 말한다.

㉱ 증권예탁증권 : 증권을 예탁받은 자가 그 증권이 발행된 국가 외의 국가에서 발행한 것으로 그 예탁 받은 증권에 권리가 표시된 것을 말한다.

㉲ 투자계약증권 : 특정 투자자가 그 투자자와 타인간의 공동사업에 금전 등을 투자하고 주로 타인이 수행한 공동사업의 결과에 따른 손익을 귀속받는 계약상의 권리가 표시된 것을 말한다.

㉳ 파생결합증권 : 기초자산의 가격·이자율·지표·단위 또는 이를 기초로 하는 지수 등의 변동과 연계하여 미리 정해진 방법에 따라 지급금액 또는 회수금액이 결정되는 권리가 표시된 것을 말한다.

⊙ 파생상품

㉮ 선물·선도 : 기초자산이나 기초자산의 가격·이자율·지표·단위 또는 이를 기초로 하는 지수 등에 의하여 산출되는 금전 등을 장래의 특정시점에 인도할 것을 약정하는 계약이다.

㉯ 옵션 : 당사자 한 쪽의 의사표시에 의하여 기초자산이나 기초자산의 가격·이자율·지표·단위 또는 이를 기초로 하는 지수 등에 의하여 산출되는 금전 등을 수수하는 거래를 성립시킬 수 있는 권리의 부여를 약정하는 계약이다.

㉰ 스왑 : 장래의 일정기간 동안 미리 정한 가격으로 기초자산이나 기초자산의 가격·이자율·지표·단위 또는 이를 기초로 하는 지수 등에 의하여 산출되는 금전 등을 교환할 것을 약정하는 계약이다.

② 은행상품

⊙ 예금

㉮ 요구불예금 : 당좌예금, 보통예금, 별단예금, 공공예금

㉯ 저축성예금 : 정기예금, 정기적금, 저축예금, 기업자유예금, 상호부금

⊙ 대출

㉮ 상업어음할인 : 상거래와 관련하여 발행된 어음을 금융기관이 만기일 이전에 할인·매입하고 동 대금을 어음할인 의뢰인에게 지급하는 제도이다.

④ 무역금융 : 수출입관련 업체를 대상으로 수출 또는 수출을 위한 원자재나 완제품의 공급이행에 소요되는 자금을 지원하는 대출이다.

⑤ 무역어음할인 : 무역거래와 관련하여 수출업자가 발행하고 할인 의뢰한 무역어음을 금융기관이 할인·매입하는 제도이다.

⑥ 당좌대출 : 당좌예금 거래자가 은행과의 사전약정에 따라 일정 한도 내에서 예금 잔액을 초과하여 발행한 수표 및 어음을 지급함으로써 이루어지는 대출이다.

⑦ 기업구매자금대출 : 상업어음 사용에 따른 부작용을 해소하고 기업 간 거래의 현금결제 확대를 유도하기 위한 대출이다.

▶ **기출유형익히기** ⋯⋯⋯⋯⋯⋯⋯⋯⋯⋯⋯⋯⋯⋯⋯⋯⋯⋯⋯⋯⋯⋯⋯⋯⋯⋯⋯⋯⋯⋯⋯⋯⋯⋯⋯⋯⋯

다음 중 주식 및 채권에 관한 설명으로 가장 옳지 않은 것은?

① 주주들은 배당을 받을 권리가 있다.
② 투자 위험은 주식이 채권에 비해 더 높다.
③ 채권에 투자할 경우 고정적인 이자 수입과 매매 수익을 기대할 수 있다.
④ 채권 투자는 금리가 상승 추세일 경우 더 큰 이익을 얻을 수 있다.
⑤ 주식은 상환기간이 정해져 있지 않은 영구증권인 반면에 채권의 경우 상환기간이 정해진 기한부증권이다.

✔ 채권 투자는 이자 수입과 매매차익을 목적으로 한다. 매매차익은 금리가 하락 추세일 때 얻을 수 있다.

답_④

③ **보험상품**

㉠ **생명보험**

⑦ **사망보험** : 피보험자가 보험기간 중에 장해 또는 사망시 보험금이 지급되는 보장성보험이다.

⑧ **생존보험** : 피보험자가 보험기간 만기일까지 생존하는 경우에만 보험금이 지급되는 형태이다(연금보험, 교육보험 등).

⑨ **생사혼합보험**(양로보험) : 생존보험의 저축기능과 사망보험의 보장기능을 겸비한 절충형 보험이다.

㉡ **손해보험** : 손해보험회사가 취급하고 있는 보험은 부보위험에 따라 화재, 해상, 자동차, 보증, 특종, 연금, 장기저축성 및 해외원보험 등이 있다.

시중은행이나 저축은행 등이 자금수요자들이 수많은 자금공급자들을 쉽게 찾을 수 있도록 하는 것은 다음 중 예금수취기관의 어느 기능에 해당하는가?

① 자산관리 기능   ② 지급·결제 기능

③ 리스크관리 기능   ④ 유동성창출 기능

⑤ 자금중개 기능

✔ 예금수취기관의 금융중개 기능이란 금융시장에서 자금의 수요자와 자금의 공급자 사이에 원하는 조건에 따라 적기에 조달 및 공급이 이루어질 수 있도록 하는 역할을 수행하는 것을 의미한다.   답_⑤

국제경제론

학습대책

비교우위론과 관련되는 응용문제가 거의 매회 출제되므로 사례를 통하여 충분히 연습하여야 하며 관세부과의 효과 및 환율의 결정과정을 이해하여야 한다. 국제수지표의 사례를 제시하고 내용을 분석할 수 있는 능력을 키운다.

1. 국제무역론

1 고전 무역이론

① **아담 스미스 (Adam Smith)의 절대우위론**

　㉠ 다른 생산자에 비해 같은 상품을 더 적은 생산요소로 생산할 수 있는 능력을 말한다.

　㉡ 아담 스미스의 절대우위론은 자유무역의 근거를 최초로 제시한 것에 의의가 있다.

　㉢ 절대우위론은 한 나라가 모두 절대우위 혹은 절대열위에 있는 경우에 무역이 발생하는 현상은 설명하지 못하는 단점이 있다.

② **리카르도(David Ricardo)의 비교우위론**

　㉠ 다른 생산자에 비해 같은 상품을 더 적은 기회비용으로 생산할 수 있는 능력을 말한다.

　　㉮ 한 재화의 기회비용은 다른 재화 기회비용의 역수이다. 즉, 어떤 재화에서 기회비용이 높다면 다른 재화에서는 낮은 기회비용을 갖는다.

　　㉯ 비교우위는 곧 기회비용의 상대적 크기를 나타낸다.

　㉡ 가정

　　㉮ 노동만이 유일한 생산요소이고 노동은 균질적이다.

　　㉯ 생산함수는 규모의 불변함수이고 1차 동차함수이다.

　　㉰ 국제 간 생산요소의 이동이 없다.

　㉢ 결론

　　㉮ 무역은 비교생산비의 차이에서 발생한다.

　　㉯ 각국은 비교생산비가 저렴한 비교우위가 있는 상품을 수출하고 비교열위에 있는 상품을 수입한다.

　　㉰ 생산특화에 의한 소비가능영역 확대를 통해 각 교역국의 사회후생을 증가시킨다.

ⓔ 한계

　　㉮ 비현실적 노동가치설을 바탕으로 한다.

　　㉯ 두 재화의 국제적 교환비율이 각국 국내 교환비율의 범위 안에서 이루어진다.

　　㉰ 국가간 운송비용을 고려하지 않았다.

▶ **기출유형익히기** ·····································

다음은 무역이론에 대한 설명이다. 옳지 않은 것은?

① 리카르도는 아담 스미스의 영향을 받아 비교우위론을 주창했다.

② 중상주의자들은 국부를 증진시킬 수 있는 방안으로서 무역의 중요성을 강조하였다.

③ 예외적인 경우를 제외하고, 모든 국가는 비교우위를 지닌 산업을 지니고 있다.

④ 모든 재화의 생산에 있어서 한 나라의 생산기술이 다른 나라의 생산기술에 비해 월등히 낮을 경우, 비교우위는 존재하지 않는다.

⑤ 아담 스미스는 양국이 절대우위를 지닌 상품에 특화하는 무역에 종사하였을 때, 양 당사자 모두가 이익을 볼 수 있는 무역이 가능하다고 주장하였다.

✔ 모든 재화의 생산에 절대열위가 존재한다 하더라도 비교우위를 지니는 재화가 존재할 수 있다.　답 _④

2　근대적 무역이론

① **근대적 무역이론의 등장배경**

　㉠ 노동만을 고려하던 고전 무역이론에서 자본을 추가로 고려하게 되었다.

　㉡ 기존에 공급측면만을 고려하던 무역이론을 수요와 공급측면에서 모두 고려하게 되었다.

　㉢ 비교우위의 발생원인과 결정에 대한 구체적인 설명을 시도하게 된다.

② **헥셔 – 올린 정리**

　㉠ 개념

　　㉮ 헥셔 – 올린 정리는 국가 간의 요소부존량의 차이 또는 생산요소가격의 차이에 의해서 국가 간 무역이 발생한다는 정리이다.

　　㉯ 헥셔 – 올린 정리는 비교우위의 발생원인을 요소부존의 차이로 설명한다.

　㉡ 이론의 가정

　　㉮ 2국 × 2생산요소 × 2재화가 존재한다.

　　㉯ 생산요소의 이동은 없다(단, 산업 간에는 자유롭게 이동이 가능하다).

　　㉰ 생산물시장과 생산요소시장은 모두 완전경쟁시장이다.

ⓐ 국가 간 사회적 효용함수는 동일하다.

ⓜ 1차 동차생산함수이다.

ⓒ 핵심내용

㉮ 제1명제 : 노동이 상대적으로 풍부한 나라는 노동집약적인 상품을 생산하여 수출하고 자본이 상대적으로 풍부한 나라는 자본집약적인 상품을 생산하여 이를 수출한다.

㉯ 제2명제 : 자유무역이 이루어지면 국가간 생산요소의 이동이 없더라도 생산요소의 가격이 균등화된다.

㉰ 제1명제는 레온티에프의 검증을 거쳐 레온티에프 역설이 주장된다.

㉱ 제2명제는 스톨퍼-사무엘슨에 의해서 검증된다.

③ 레온티에프의 역설

㉠ 개념 : 1940년대 후반과 1950년대 초반을 실증검증한 결과 자본이 풍부했던 미국이 자본집약적인 상품을 수출하고 노동집약적인 상품을 수입할 것이라는 예상과는 달리 자본집약적인 재화를 수입하고 노동집약적 재화를 더 많이 수출하였다.

㉡ 해명 : 미국은 고생산성 노동력이 풍부하므로 노동집약적 상품을 더 많이 수출한다.

㉢ 의미 : 노동생산성의 차이를 인정함으로써 생산요소의 질적 차이를 인정하였다.

3 현대적 무역이론

① 헥셔-올린정리는 교역국 간에 생산기술수준이 동일하다고 전제하였다. 하지만 현실적으로는 그렇지 않은 것이 일반적이다.

② 기술격차이론

㉠ 무역의 발생원인을 국가 간 기술격차로 보고 있다.

㉡ 선진국은 기술우위제품에 비교우위를 갖고 수출하며 기술후진국은 이를 수입하는 형태로 무역이 발생한다.

③ 제품주기설

㉠ 비교우위는 제품의 수명주기가 진전됨에 따라 기술선진국에서 기술후진진국으로 이전된다.

㉡ 제품주기설은 제품주기를 3단계에서 4단계로 나눈다.

④ 기술격차이론과 제품주기설은 산업간 무역이론이라기보다 산업 내 무역이론이다.

4 무역정책론

① 정책 당국이 대외무역균형 등 경제적 목적을 실현하기 위해 관세 및 비관세적 수단을 동원하여 무역거래에 개입하여 수출·수입을 조정하는 정책을 말한다.

② **관세정책**

  ㉠ 관세의 종류

  ㉮ 덤핑방지관세 : 외국의 물품이 정상가격 이하로(즉 덤핑) 수입되어 국내산업이 실질적인 피해를 받거나 받을 우려가 있는 경우 혹은 국내산업의 발전이 실질적으로 지연된 경우 등 실질적 피해로 조사를 통하여 확인되고 당해 국내산업을 보호할 필요가 있다고 인정되는 때에는 기획재정부령으로 그 물품과 공급자 또는 공급국을 지정하여 당해 물품에 대하여 정상가격과 덤핑가격과의 차액에 상당하는 금액 이하의 관세(즉 덤핑방지관세)를 추가하여 부과할 수 있다.

  ㉯ 상계관세 : 외국에서 제조·생산 또는 수출에 관하여 직접 또는 간접으로 보조금 또는 장려금을 받은 물품의 수입으로 인하여 다음에 해당하는 실질적 피해 등으로 조사를 통하여 확인되고, 당해 국내산업을 보호할 필요가 있다고 인정되는 때에는 기획재정부령으로 그 물품과 수출자 또는 수출국을 지정하여 당해 물품에 대하여 당해 보조금 등의 금액 이하의 관세를 추가하여 부과할 수 있다.

  • 국내산업이 실질적인 피해를 받거나 받을 우려가 있는 경우

  • 국내산업의 발전이 실질적으로 지연된 경우

  • 보복관세 : 교역상대국이 우리나라의 수출물품 등에 대하여 다음에 해당하는 행위를 함으로써 우리나라의 무역이익이 침해되는 때에는 그 나라로부터 수입되는 물품에 대하여 피해상당액의 범위 안에서 관세를 부과할 수 있다.

  ㉰ 관세 또는 무역에 관한 국제협정이나 양자간의 협정 등에 규정된 우리나라의 권익을 부인하거나 제한하는 경우

  ㉱ 기타 우리나라에 대하여 부당 또는 차별적인 조치를 취하는 경우

  • 긴급관세 : 특정물품의 수입증가로 인하여 동종 물품 또는 직접적인 경쟁관계에 있는 물품을 생산하는 국내산업이 심각한 피해를 받거나 받을 우려가 있음이 조사를 통하여 확인되고 당해 국내산업을 보호할 필요가 있다고 인정되는 때에는 당해 물품에 대하여 심각한 피해 등을 방지하거나 치유하고 조정을 촉진하기 위하여 필요한 범위 안에서 관세를 추가하여 부과할 수 있다.

  • 할당관세* : 특별한 사유에 해당하는 때에는 100분의 40의 범위 안의 비율을 기본세율에서 감하여 관세를 부과할 수 있다. 이 경우 필요하다고 인정되는 때에는 그 수량을 제한할 수 있다.

 더 알고가기

할당관세에 해당하는 경우

㉠ 원활한 물자수급 또는 산업의 경쟁력 강화를 위하여 특정물품의 수입을 촉진시킬 필요가 있는 경우

㉡ 수입가격이 급등한 물품 또는 이를 원재료로 한 제품의 국내가격의 안정을 위하여 필요한 경우

㉢ 유사물품 간의 세율이 현저히 불균형하여 이를 시정할 필요가 있는 경우

- 계절관세 : 가격이 계절에 따라 현저하게 차이가 있는 물품으로서 동종물품·유사물품 또는 대체물품의 수입으로 국내시장이 교란되거나 생산기반이 붕괴될 우려가 있는 때에는 계절구분에 따라 당해 물품의 국내외가격차에 상당하는 율의 범위 안에서 기본세율보다 높게 관세를 부과하거나 100분의 40의 범위 안의 율을 기본세율에서 감하여 관세를 부과할 수 있다.
- 국제협력관세 : 정부는 우리나라의 대외무역의 증진을 위하여 필요하다고 인정되는 때에는 특정국가 또는 국제기구와 관세에 관한 협상을 할 수 있다. 협상을 수행함에 있어서 필요하다고 인정되는 때에는 관세를 양허할 수 있다. 다만, 특정국가와의 협상을 수행함에 있어서는 기본관세율의 100분의 50의 범위를 초과하여 관세를 양허할 수 없다.
- 편익관세 : 관세에 관한 조약에 의한 편익을 받지 아니하는 나라의 생산물로서 우리나라에 수입되는 물품에 대하여 이미 체결된 외국과의 조약에 의한 편익의 한도안에서 관세에 관한 편익을 부여할 수 있다.

ⓛ 관세정책의 효과

㉮ 대국(예를 들면 미국)이 관세를 부과하면 교역조건 개선으로 사회후생이 증가하는 부분과 관세부과에 따른 자원배분 왜곡으로 사회후생이 감소하는 측면이 함께 존재한다.

㉯ 소국(예를 들면 한국)이 관세를 부과하면 관세는 자원배분을 왜곡시켜 반드시 사회후생을 감소시키는 결과를 가져온다.

ⓒ 관세부과로 인한 소국의 경제효과

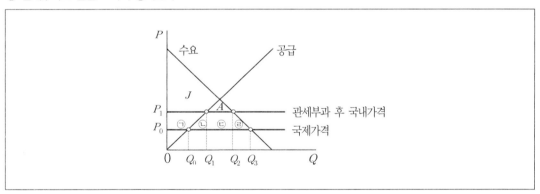

㉮ 관세부과 후 국제가격보다 관세 부과액만큼 국내가격이 상승한다.

㉯ 관세부과 후 대국의 경우는 그 영향력이 커서 교역조건이 개선되지만 그래프와 같은 소국의 경우는 교역조건이 불변이다.

㉰ 관세부과 효과 : 국내생산 증가($Q_0 \rightarrow Q_1$), 국내소비 감소($Q_3 \rightarrow Q_2$), 수입량 감소($Q_0 Q_3 \rightarrow Q_1 Q_2$)

㉱ 소국의 경우 ㉢의 재정수입 증가, ㉠의 생산자 잉여 증가, ㉠㉡㉢㉣의 소비자 잉여 감소가 나타난다.

㉲ 결국 ㉡, ㉣만큼의 후생손실이 발생한다.

③ 비관세정책

　　㉠ 수입할당제(쿼터제)

　　　　㉮ 수입할당제는 수입상품에 직접적으로 수량을 제한하는 비관세 정책수단이다.

　　　　㉯ 수입할당제는 관세와 동일한 경제적 효과를 갖는다.

　　　　㉰ 관세와 수입할당제는 자원배분에 미치는 효과는 동일하나 소득분배의 효과에서 차이를 보인다.

　　　　㉱ 관세는 정부에 귀속되지만 수입할당제의 수입은 수입면허권자에게 귀속된다.

　　㉡ 수출자율규제

　　　　㉮ 수입제한으로 발생하는 경제적 지대는 외국의 수출업자에게 귀속된다.

　　　　㉯ 교역조건 악화로 사회후생은 감소한다.

　　㉢ 수출보조금

　　　　㉮ 수출재의 생산비용을 낮추어 수출을 촉진시킬 수 있다.

　　　　㉯ 자원의 비효율적 배분을 초래할 수 있다.

▶ **기출유형익히기**

다음은 자동차와 휴대폰만을 생산하는 A국과 B국의 생산가능곡선이다. 비교우위에 따라 교역을 할 경우 자동차 수출국과 교역조건을 바르게 연결한 것은?

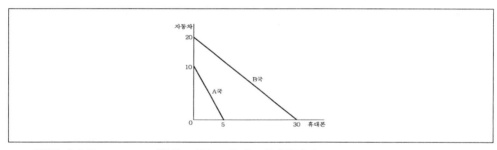

	자동차 수출국	자동차 1대와 교환되는 휴대폰의 수
①	A국	0.5개 초과 1.5개 미만
②	A국	2/3개 초과 2개 미만
③	B국	0.5개 초과 1.5개 미만
④	B국	2/3개 초과 2개 미만
⑤	B국	2개 초과 3개 미만

　　✔ A국이 자동차 1대를 추가로 생산하는데 필요한 기회비용은 휴대폰 0.5개이며, B국이 자동차를 1대 추가로 생산하는데 필요한 기회비용은 휴대폰 1.5개이다. 따라서 A국은 자동차, B국은 휴대폰 생산에 비교우위가 있다.

답_①

산업구조의 변동, 국민보건, 소비자보호 등으로 물품간의 세율이 현저히 불균형하여 이를 시정할 필요가 있는 경우와 국내에서 개발된 물품에 대해 일정기간 보호가 필요한 경우 한시적으로 관세를 부과하여 수입국의 업자를 보호해주는 제도는?

① 반덤핑관세   ② 세이프가드
③ 상계관세   ④ 할당관세
⑤ 조정관세

✔ ① 수출국의 기업이 시장점유율 확대를 목적으로 부당하게 낮은 가격으로 수출, 수입국의 산업이 피해를 보았을 때 수입국 정부가 정상가격과 부당염가가격의 차액만큼 관세를 부과하는 것을 말한다.
② 특정상품의 수입이 급격히 증가하면 자국의 산업을 보호하기 위해 취하는 긴급수입제한 조치를 말한다.
③ 수출국이 특정 수출산업에 대해 장려금이나 보조금을 지급하여 수출상품의 가격경쟁력을 높일 경우 수입국은 그 수입상품에 대해 보조금액에 해당하는 만큼의 관세를 부과하는 것을 말한다.
④ 물가안정, 물자의 원활한 수급, 산업경쟁력 강화 및 유사물품간 세율불균형 시정 등을 목적으로 40%의 범위에서 기본세율을 가감해 운영하는 탄력관세이다.   답_⑤

5 국제기구

① GATT(General Agreement on Tariffs and Trade ; 관세와 무역에 관한 일반협정)
　㉠ GATT는 국제기구가 아닌 협정의 형태로 시작되었다.
　㉡ GATT의 목적
　　㉮ 관세인하
　　㉯ 비관세장벽의 규제
　　㉰ 회원들 간의 이해관계 침해방지
　　㉱ 각국의 분쟁해결
　㉢ GATT의 기본원칙
　　㉮ 최혜국대우
　　㉯ 내국민대우
　　㉰ 상호주의

② **우루과이라운드**(UR)
　㉠ UR은 시장개방확대, GATT규율강화, 농산물, 섬유협정 등 GATT체제 밖의 문제를 다뤘다.
　㉡ UR에서는 GATT의 기능강화를 통해 GATT를 국제적인 조직으로 확대 개편하려는 노력을 시도했다.
③ **WTO**(World Trade Organization)
　㉠ WTO의 개요
　　㉮ GATT의 8차 협정인 UR의 결과 1995년 WTO가 설립되었다.
　　㉯ GATT(관세 및 무역에 관한 일반협정)체제를 대신하여 세계무역질서를 세우고 우루과이라운드협정
　　　의 순조로운 이행을 도와주는 국제기구이다.
　　㉰ 1995년도 설립된 WTO는 국가 간의 경제분쟁이나 마찰을 조정한다.
　　㉱ WTO의 소재지는 스위스 제네바이다.
　㉡ WTO의 기능
　　㉮ UR의 결과로 만들어진 다자간 협정의 이행·관리 및 후속협상 추진
　　㉯ 회원국들 사이의 분쟁을 조정하고 해결
　　㉰ 세계무역의 새로운 이슈를 제기하고 논의

　　💡 세계무역기구(World Trade Organization)
　　　WTO 협정의 이행을 감독하여 상품, 서비스, 지적재산권 등 모든 교역 분야에서 자유무역질서를 확대하
　　기 위해 1995년 1월 1일 출범하였다. 그 동안 회원국들이 GATT에 규정된 의무를 효과적으로 이행하지
　　못했던 점을 감안하여, WTO에서는 약속이행의 감시 등 회원국들의 의무이행을 강력히 뒷받침할 수 있
　　는 기능을 갖추었다. UR 협정의 사법부 역할을 맡아 국가간 경제 분쟁에 대한 판결권과 그 판결의 강제
　　집행권이 있으며 규범에 따라 국가간 분쟁이나 마찰을 조정한다. 또 GATT에 없던 세계무역분쟁 조정,
　　관세인하 요구, 반덤핑 규제 등 준사법적 권한과 구속력을 행사한다. 게다가 과거 GATT의 기능을 강화
　　하여 서비스, 지적재산권 등 새로운 교역의제를 포괄하고 회원국의 무역관련법·제도·관행 등을 제고
　　하여 세계 교역을 증진하는 데 역점을 둔다. 의사결정 방식도 GATT의 만장일치 방식에서 탈피하여 다
　　수결 원칙을 도입하였다.

6 경제통합

① **자유무역지역**(Free Trade Zone) ··· 가맹국 간의 관세 및 여타 규제를 폐지하지만 비가맹국에 대해서는 독립적인 관세 및 비관세장벽을 유지하는 경제통합의 형태로, 1988년 1월 미국과 캐나다가 결성한 자유무역협정이 대표적인 예이다.

② **관세동맹**(Customs Union) ··· 가맹국 간의 재화 이동에 대한 차별을 없애고 비가맹국에 대해 각국이 공동관세를 부과하는 경제통합으로, 벨기에 · 네덜란드 · 룩셈부르크 등 유럽 3개국의 베네룩스 관세동맹과 브라질 · 아르헨티나 · 우루과이 · 파라과이 · 베네수엘라 남미 5개국이 결성한 '남미공동시장(메르코수르 MERCOSUR)'이 대표적인 '관세동맹'이다.

③ **공동시장**(Common Market) ··· 가맹국 간의 재화 이동에 대한 규제를 없는 것 뿐 아니라 요소이동에 대한 제한도 철폐하는 경제통합 형태이다. 공동시장에는 유럽연합(EU) 이전의 형태인 EEC(European Economic Community ; 유럽경제공동체), CACM(Central America Common Market ; 중미공동시장), ANCOM(안데스공동체) 등이 있다.

④ **경제동맹**(Economic Union) ··· 관세의 철폐와 생산요소의 자유로운 이동은 물론 가맹국간의 재정 · 금융정책에 있어서도 상호협조가 이루어지는 경제통합의 형태이다. 벨기에 · 네덜란드 · 룩셈부르크로 된 과도적 동맹인 베네룩스(Benelux), 거기에 프랑스 · 이탈리아를 추가한 프리탈룩스(Fritalux), 그리고 영연방과 스칸디나비아 각국과의 경제 동맹인 유니스칸(Uniscan)은 이 경제동맹의 사례이다.

7 자유무역협정(FTA)

① **의의** ··· 자유무역협정(FTA ; Free Trade Agreement)은 특정국가간에 배타적인 무역특혜를 서로 부여하는 협정으로서 가장 느슨한 형태의 지역 경제통합 형태이다.

> 💡 FTA(Free Trade Agreement, 자유무역협정)
>
> FTA는 협정을 체결한 국가 간에 이루어지는 상품 및 서비스의 교역에 대한 관세 및 무역장벽을 철폐함으로써 마치 하나의 국가처럼 자유롭게 상품과 서비스를 교역하게 하는 협정을 말한다. FTA는 협정 체결 국가 간에 무관세나 낮은 관세를 적용하고, 그 이외의 국가에게는 WTO에서 유지하는 관세를 그대로 적용한다. 또한 FTA는 협정 체결 국가 간에는 상품과 서비스의 수출입을 자유롭게 허용하는 반면 다른 국가의 상품에 대해서는 WTO에서 허용하는 수출입의 제한조치를 그대로 유지한다. 관세 및 무역장벽 철폐가 FTA 협상의 주요 대상이지만, 최근에는 서비스, 투자, 지적재산권, 정부조달, 경쟁정책, 환경, 노동 등으로 협상 대상이 확대되고 있는 추세다.

② **자유무역협정의 종류와 포괄범위** … FTA는 다자무역질서의 근간인 최혜국대우(MFN) 원칙에 정면으로 배치되지만, WTO 규범은 아래와 같은 요건을 충족할 경우 적법한 예외로 인정하고 있다.

　㉠ 실질적으로 모든 무역을 대상으로 하며, 특정한 분야를 전면적으로 제외해서는 안된다.

　㉡ 관세 및 기타 상업적 제한의 합리적 기간 내 (원칙적으로 10년 이내)에 철폐하여야 한다.

　㉢ 역외국에 대한 관세 및 기타 상업적 제한이 협정 체결전보다 더 후퇴해서는 된다.

③ **특징**

　㉠ FTA가 포함하고 있는 분야는 체약국들이 누구인가에 따라 상당히 다른 양상을 보이고 있으며, 전통적인 FTA와 개도국간의 FTA는 상품분야의 무역자유화 또는 관세인하에 중점을 두고 있는 경우가 많다.

　㉡ 그러나, 최근 WTO 체제의 출범(1995년)을 전후하여 FTA의 적용범위도 크게 확대되어 대상범위가 점차 넓어지고 있으며, 상품의 관세 철폐 이외에도 서비스 및 투자 자유화까지 포괄하는 것이 일반적인 추세이다.

　㉢ 그 밖에 지적재산권, 정부조달, 경쟁정책, 무역구제제도 등 정책의 조화부문까지 협정의 대상범위가 점차 확대되고 있다.

④ **자유무역협정이 확산되고 있는 이유**

　㉠ FTA가 개방을 통해 경쟁을 심화시킴으로써 생산성 향상에 기여한다는 측면에서 무역부문의 중요한 개혁 조치로 부상되고 있다.

　㉡ 무역 및 외국인 직접투자의 유입이 경제성장의 원동력이라는데 대한 인식 확산과 FTA체결이 외국인 직접투자 유치에 큰 도움이 된 사례(NAFTA 이후 멕시코 등)가 교훈으로 작용했다.

　㉢ WTO 다자협상의 경우 장기간이 소요되고, 회원국수의 급증으로 컨센서스 도출이 어렵다는데 대한 반작용이 있다.

　㉣ 특정국가간의 배타적 호혜조치가 실익 제고, 부담 완화 및 관심사항 반영에 보다 유리할 수 있다는 측면이 고려되었다.

　㉤ 연내 국가간의 보다 높은 자유화 추진이 다자체제의 자유화를 선도할 수 있다는 명분론(주로 선진국)이 있다.

　㉥ 지역주의 확산에 따라 역외 국가로서 받는 반사적 피해에 대한 대응이 필요하다.

더 알고가기

2018년 우리나라 FTA 추진 현황

진행단계	건수	국가
발효	15건	54개국
타결(발효 전)	1건	5개국
협상 중	9건	17개국
협상 여건조성	4건	17개국

발효된 FTA

- 한 · 칠레 FTA : 2004.4.1
- 한 · 싱가포르 FTA : 2006.3.2
- 한 · EFTA(4개국) FTA : 2006.9.1
- 한 · 아세안(10개국) FTA : 2007.6.1(국가별 상이)
- 한 · 인도 FTA : 2010.1.1
- 한 · EU(28개국) FTA : 2011.7.1
- 한 · 페루 FTA : 2011.8.1
- 한 · 미국 FTA : 2012.3.15
- 한 · 터키 FTA : 2013.5.1
- 한 · 호주 FTA : 2014.12.12
- 한 · 캐나다 FTA : 2015.1.1
- 한 · 중국 FTA : 2015.12.20
- 한 · 뉴질랜드 FTA : 2015.12.20
- 한 · 베트남 FTA : 2015.12.20
- 한 · 콜롬비아 FTA : 2016.7.15

▶ **기출유형익히기**

다음 중 자유무역주의와 관계가 없는 것은?

① Globalization
② WTO
③ GATT
④ UNESCO
⑤ Anti – dumping regulation

✔ ④ UNESCO는 국제연합의 특별 기구로서, 유엔헌장에서 선언된 기본적 자유와 인권, 법의 지배와 보편적인 정의의 구현을 위해 교육, 과학, 문화를 통한 국제 협력을 도모하여 평화와 안전에 기여하기 위한 것이 목적이다. 답_④

2. 국제금융론

1 외환시장과 환율

① **외환시장**

　　㉠ 1970년 이후 변동환율제도로 이행하면서 결제의 수단보다는 투기적인 수단으로 그 성격이 변화되었다.

　　㉡ 외환시장의 특징

　　　㉮ 24시간 시장이다.

　　　㉯ 장외거래의 형태를 가진다.

　　　㉰ 제로섬시장이다.

② **환율의 의의**

　　㉠ 양국통화 간의 교환비율을 말하는 것이다.

　　㉡ 예를 들면 우리나라에서 팔리는 빅맥 햄버거의 가격과 미국에서 팔리는 빅맥 햄버거의 가격은 서로 표시되는 통화단위가 다르기 때문에 쉽게 비교하기가 어렵다. 환율을 통해 이와 같은 문제를 해결할 수 있다.

③ **환율제도의 변천**

　　㉠ 금본위제도는 말 그대로 각국이 금의 보유량만큼 화폐를 발행하는 제도이다.

　　㉡ 브레턴우즈 체제 : 1944년 7월 미국 뉴햄프셔주의 브레턴 우즈에서 44개 연합국 대표들이 참석한 가운데 만들어진 전후 새로운 국제 통화 체제로, 미국 달러만 금으로 교환하고 나머지 통화는 미국 달러에 연동하는 일종의 변형된 고정환율제로 하였다.

　　㉢ 킹스턴(Kingston) 체제 : 각 국가별로 자유로운 환율제도 선택과 금 태환 중지 등에 대한 기존 관행을 사후적으로 확인하는 것이었다.

2 외환의 수요와 공급

① **외환의 수요곡선**

　　㉠ 환율이 상승하면 즉 1달러에 1,000원 하던 환율이 1달러에 1,200원하게 되면 원화로 표시한 외국산 제품의 가격상승으로 수입량이 감소하고 외환수요량도 감소한다.

　　㉡ 환율이 상승하면 외환의 수요량이 감소하므로 외환수요곡선은 우하향의 형태로 도출된다.

② **외환의 공급곡선**

　　㉠ 환율이 상승하면 즉 1달러에 1,000원 하던 환율이 1달러에 1,200원하게 되면 달러로 표시한 수출품의 가격하락으로 수출량이 증가하므로 외환공급량이 증가한다.

　　㉡ 환율이 상승하면 외환의 공급량이 증가하므로 외환의 공급곡선은 우상향의 형태로 도출된다.

③ **균형환율의 결정** ⋯ 외환의 수요곡선과 공급곡선이 교차하는 점에서 균형환율 및 외환수급량이 결정된다.

④ **평가절상과 평가절하**

   ㉠ 평가절상(환율인하)

      ㉮ 수입 증가

      ㉯ 수출 감소

      ㉰ 국내경기 침체가능성

      ㉱ 외채부담 감소

      ㉲ 국제수지 악화

   ㉡ 평가절하(환율인상)

      ㉮ 수출 증가

      ㉯ 수입 감소

      ㉰ 인플레이션 발생가능성

      ㉱ 외채부담 증가

      ㉲ 국제수지 개선

▶ **기출유형익히기**

다음의 신문기사를 토대로 판단할 때 가장 유리한 경우는 어느 것인가? (단, 모두 한국에 거주 중인 개인 또는 법인의 경우를 가정한다)

> 외국인들이 한국에서 주식을 팔고 나가면서 원화가치가 급락하고 있으며, 세계적인 금융위기로 국내경기도 침체될 조짐이 ⋯ (중략) ⋯ 그런데 엔화의 대달러 환율(kw/$)은 오히려 점점 내리고 있으며 ⋯
>
> – 2010. ○○월 ○○일 ○○경제신문 –

① 미국에서 주식을 매도한 자금을 국내 외화통장에 넣어두고 있다.

② 일본에서 근무하면서 월급을 달러화로 받고 있다.

③ 이번 여름에 일본으로 휴가를 갈 예정이다.

④ 미국에서 수입한 수입대금의 결제시한이 다가오고 있다.

⑤ 일본에서 카메라를 수입하여 국내에서 판매하고 있다.

   ✔ 신문에서는 달러에 대한 원화 가치의 급락(원화의 대달러 환율 상승)과 엔화가치의 상승을 나타내고 있다. 달러자산의 보유 시 원화 평가금액이 상승하게 된다. **답_①**

3 전통적 환율결정이론과 환율제도

① 구매력평가설

    ㉠ 구매력평가설(PPP ; Purchasing Power Parity theory)은 환율이 양국 통화의 구매력에 의하여 결정된다는 이론이다.

    ㉡ 균형환율수준 혹은 변화율은 각국의 물가수준을 반영하여야 한다는 이론이다.

    ㉢ 절대적 구매력평가설은 일물일가의 법칙(law of one price)을 국제시장에 적용한 이론이다.

    ㉣ 무역거래에 있어서 관세부과나 운송비로 인해 구매력평가설의 기본가정인 일물일가의 법칙이 현실적으로 성립하기 힘들다. 또한 비교역재가 존재하므로 교역재 간의 교환비율인 환율을 비교역재까지 포함하는 구매력평가로써 설명하는 데는 한계가 있다.

    ㉤ 구매력평가설은 무역이 자유롭고 운송비용이 저렴하다는 점을 가정한다.

▶ **기출유형익히기**

구매력평가설에 대한 설명으로 옳지 않은 것은?

① 빅맥지수는 구매력평가설을 활용한 예이다.
② 거래비용과 비교역재가 없다면 성립할 가능성이 크다.
③ 국제자본의 이동이 환율결정에서 가장 중요하다는 관점이다.
④ 차익거래가 균형환율을 결정한다고 본다.
⑤ 일물일가의 법칙에 근거한 환율이론이다.

    ✔ 구매력평가설은 환율이 양국통화의 구매력에 의해 결정된다는 이론으로 자본이동과는 무관하다. 자본이동에 의해 영향을 받는 것은 이자율평가설이다.   답_③

② 이자율평가설

    ㉠ 이자율평가설(IRP ; Interest Rate Parity)은 금융시장이 통합되고 모든 거래가 자유롭다면 전 세계 금융시장에서는 동일 금융상품에 대해 동일한 가격이 형성된다는 것이다.

    ㉡ 두 가지 투자대상(국내채권, 외국채권)이 있는 경우, 두 나라간의 환율의 변화에 따른 투자가치의 변화를 고려한 후 기대수익을 비교하여 최종 투자를 결정하게 된다.

    ㉢ 자본이동이 자유롭다면 두 채권으로부터의 기대수익이 같아질 때 까지 자본이동이 계속 진행될 것이며, 두 기대수익이 같아져 국제자본거래가 균형을 이루게 될 때, 이를 이자율평가라고 한다.

    ㉣ 결국, 이자율평가는 예상환율변화율이 양국 간의 이자율격차와 같아져야 한다는 사실을 보여준다.

③ 환율제도

구분	고정환율제도	변동환율제도
국제수지불균형	국제수지의 불균형이 조정되지 않는다.	환율변동을 통하여 외환시장에서 자동적으로 조정된다.
환위험	작다.	크다(환투기의 발생가능성).
국제무역과 투자	환율이 안정적이므로 국제무역과 투자가 활발히 일어난다.	환위험이 크기 때문에 국제무역과 투자가 저해된다.
해외교란요인의 파급여부	해외의 교란요인이 국내로 쉽게 전파된다.	해외의 교란요인이 발생하더라도 국내경제는 별 영향을 받지 않는다.
금융정책의 자율성 여부	국제수지 변화에 따라 통화량이 변화→금융정책의 자율성 상실	국제수지 불균형이 환율변동에 따라 조정→금융정책의 자율성 유지
정책효과	금융정책 효과 없다.	재정정책 효과 없다.
투기적인 단기자본이동	환율이 고정되어 있으므로 투기적인 단기자본 이동이 적다.	환투기로 인한 단기자본이동이 많다.
환율	정부의 정책변수(외생변수)	국제수지 변화에 따라 환율이 조정(내생변수)

💡 핫머니(hot money)

국제금융시장을 이동하는 단기자금 뿐만 아니라 국내시장에서 단기적인 차익을 따라 이동하는 단기적인 투기자금도 핫머니라고 부른다. 핫머니에는 각국의 단기금리의 차이, 환율의 차이에 의한 투기적인 이익을 목적으로 하는 것과 국내통화의 불안을 피하기 위한 자본도피 등 두 가지 종류가 있다. 핫머니의 특징은 자금이동이 일시에 대량으로 이루어진다는 점과 자금이 유동적인 형태를 취한다는 점을 들 수 있다.

 더 알고가기

환율변동이 수출입 및 물가에 미치는 효과

구분	환율하락(평가절상)	환율상승(평가절하)
수출	수출 채산성 악화 (수출 감소)	수출 채산성 호조 (수출 증가)
수입	수출상품 가격 하락 (수입 증가)	수입상품 가격 상승 (수입 감소)
국내물가	수입원자재 가격 하락 (물가 안정)	수입원자재 가격 상승 (물가 상승)
외화차입기업	원화표시 외채 감소 (원금상환부담 경감)	원화표시 외채 증가 (원금상환부담 증가)

원화가치가 하락할 경우 이는 기업의 재무 상태에도 영향을 미치게 된다. 다음 결과 중 틀린 설명은?

① 수출상품에 대한 매출수익이 증가한다.　② 보유 외화자산에 대한 평가이익이 발생한다.
③ 외화부채에 대한 평가손실이 발생한다.　④ 수입원자재에 대한 원가부담이 증가한다.
⑤ 외화차입에 대한 이자부담이 감소한다.

✔ 원화가치의 하락은 환율 상승을 의미하며, 외화차입에 대한 이자부담이 증가한다. 외화수출의 수익은
증가하고, 외화부채 평가손실이 발생하며, 수입원자재에 대한 원가부담은 증가하고 보유 외화자산에 대
해서는 평가이익이 발생한다.　　　　　　　　　　　　　　　　　　　　　　　　답_⑤

4 개방경제

① 변동환율제에서의 소국개방경제

○ 재정정책

㉮ 정부구매를 증가시키거나 조세를 삭감하여 정부가 국내지출을 촉진한 경우, 환율이 평가절상되고
순수출이 감소하게 된다.

㉯ 따라서 재정지출 확대정책은 구축효과(crowding-out effect)로 소득에 미치는 효과를 상쇄한다.

○ 금융정책

㉮ 중앙은행이 통화공급을 증가시키는 경우, 물가수준은 고정된 것으로 가정하면, 통화공급의 증가는
실질 잔고의 증가로 환율은 하락하고 소득이 증가한다(국내이자율 하락).

㉯ 국내이자율 하락으로 자본유출이 발생하며, 환율이 평가절하되어 순수출이 증가한다.

○ 무역정책

㉮ 관세 또는 수입할당제가 시행된 경우 소득, 투자, 정부구매에 영향을 미치지 않는다.

㉯ 또한, 환율은 상승하나 소득은 변화하지 않는다.

② 고정환율제에서의 소국개방경제

○ 재정정책

㉮ 팽창적 재정정책의 경우 중앙은행은 환율상승을 방지하고 고정환율을 유지하기 위하여 통화공급을
증대시킨다.

㉯ 변동환율제와는 달리 고정환율제하에서의 팽창적 재정정책은 소득을 증대시킨다.

ⓛ 금융정책

㉮ 중앙은행이 채권을 매입하여 통화량을 증대시킬 경우, 이는 환율하락을 유도하게 한다.

㉯ 그러나 고정환율을 유지하기 위해 통화공급은 원래로 돌아와야 하므로 고정환율제하에서의 무역제한 정책은 환율을 평가절상 시키기보다는 통화팽창을 유발하여 총소득을 증대시키기 때문에 순수출을 증대시킨다.

💡 출구전략(exit strategy)

경기침체기에 경기를 부양하기 위하여 취하였던 각종 완화정책을 경제에 부작용을 남기지 않게 하면서 서서히 거두어들이는 전략을 말한다.

경기가 침체하면 기준 금리를 인하하거나 재정지출을 확대하여 유동성 공급을 늘리는 등의 조치를 취하게 되는데, 경기가 회복되는 과정에서 시중에 유동성이 과도하게 공급되면 물가가 상승하고 인플레이션을 초래할 우려가 있다. 이에 대비하여 경제에 미칠 후유증을 최소화하면서 각종 비상조치를 정상화하여 재정 건전성을 강화해나가는 것을 출구전략이라고 한다.

이와 더불어 테이퍼링(tapering)이란 양적완화 정책(중앙은행이 경기부양을 위해 국채를 매입하거나 통화를 시장에 푸는 정책)을 점진적으로 축소하는 것을 말하는 것으로 출구전략의 일종이다.

더 알고가기

먼델-플레밍 모형: 정책효과의 요약

정책	환율 제도					
	변동환율제			고정환율제		
	소득	환율	무역수지	소득	환율	무역수지
팽창적 재정정책	0	↑		↑	0	0
팽창적 금융정책	↑	↓	↑	0	0	0
수입제한	0	↑		↑	0	↑

5 국제수지

① **개념**

　㉠ 일정 기간에 한 국가의 거주자와 외국의 거주자 사이의 경제적 거래를 체계적으로 분류한 것을 말한다.

　㉡ 유량(flow)의 개념이며 복식부기의 원리에 따라 기록된다.

② **국제수지표 내용**

　㉠ 경상계정

　　㉮ 상품수지

　　　• 거주자와 비거주자 사이의 재화거래를 나타낸다.

　　　• 국제수지에 있어서 가장 기본적이며 중요한 항목이다.

　　㉯ 서비스수지

　　　• 거주자와 비거주자 사이의 서비스거래를 나타낸다.

　　　• 금융서비스, 통신서비스, 특허권 등의 사용료, 정보서비스 등의 항목이 포함된다.

　　㉰ 소득수지

　　　• 직접투자, 증권투자 등에 따른 소득이전을 나타낸다.

　　　• 직접투자, 내국인 해외근로자가 수취하는 임금, 증권투자 등에 따른 이자·배당 등이 포함된다.

　　　• 경상이전수지 : 국가 간의 무상증여를 계상하고 국제기구출연금 등이 포함된다.

　㉡ 자본계정

　　㉮ 투자수지

　　　• 민간기업, 금융기관 등에 의한 투자자금의 이동을 나타낸다.

　　　• 직접투자, 증권투자, 기타투자 등에 따른 자본이동이 포함된다.

　　㉯ 기타 자본수지

　　　• 자본이전과 특허권 등 기타 자산의 매매에 따른 자금이동을 나타낸다.

　　　• 토지·지하자원, 상표권, 특허권 등 유무형자산의 거래에 따른 자본이동이 포함된다.

　㉢ 준비자산증감 : 한국은행의 외환시장개입에 따른 대외준비자산의 증감을 나타낸다.

다음은 우리나라의 국제수지표이다. 표에 대한 바른 분석을 아래에서 모두 고른 것은?

구분	2009	2010
경상수지	5,394	11,949
상품수지	14,777	21,952
서비스수지	−8,197	−7,424
소득수지	432	326
경상이전수지	−1,618	−2,905
자본수지	6,251	13,909
투자수지	7,338	15,307
기타 자본수지	−1,087	−1,398

㉠ 2010년도에는 전년도보다 수입이 크게 늘어났다.
㉡ 2009년도에는 국내로 들어온 외화보다 해외로 나간 외화가 더 많다.
㉢ 2009년도에는 외국인의 국내투자가 우리 국민의 해외투자보다 많았다.
㉣ 2009년도와 2010년도의 국제수지는 환율하락 요인이 될 수 있다.

① ㉠㉡
② ㉠㉢
③ ㉠㉣
④ ㉡㉢
⑤ ㉢㉣

✔ ㉠ 2010년도는 전년에 비하여 경상수지가 증가하였으므로 수출이 증가한 것으로 볼 수 있다.
㉡ 2009년도는 자본수지가 흑자이므로 해외로 유출된 자금보다 해외로부터 유입된 자금이 많음을 알 수 있다.

답_⑤

핵심이론정리

중요도에 따라 경영학의 핵심이론을 기출유형문
제와 함께 수록하여 출제유형을 쉽게 파악하고
이해력을 높일 수 있도록 하였다.

핵 · 심 · 이 · 론 · 정 · 리

경영이론

경영학 일반

학습대책

전문경영자의 역할과 경영자와 주주 간 대리인 문제를 이해하며 주식회사와 유한회사의 특징, 주주총회의 역할에 대한 문제가 빈번하게 출제된 바 있다. 최근 이슈가 되고 있는 다양한 형태의 경영권 보호제도를 미리 공부해 두는 것도 필요하다.

1. 경영의 개념

1 경영자

① **경영자의 의의**

　㉠ 경영자(manager)란 기업의 의사를 결정하며 기업전반을 지휘, 통제하는 사람을 말한다.

　㉡ 고전적 의미의 경영자는 설립한 자가 기업의 주체가 되고 경영을 맡는 사람을 말한다.

　㉢ 최근 경영자의 정의는 기업의 규모가 커지고 주식회사가 발전함에 따라 소유와 경영의 분리가 촉진되면서 경영을 전문으로 하는 경영자 개념을 말한다.

　더 알고가기─────────────────────

　　경영의 정의

　　㉠ 조직의 방향을 제시하고 리더십을 통하여 조직에서 제 자원의 활용방안을 정하는 것(P. trucker)

　　㉡ 사람을 통하여 일을 성취하는 기술(M.F. Fouett)

　　㉢ 계획하고, 조직하고, 지시하고, 조정하고, 통제하는 작업(Henri Fayol)

　　㉣ 조직을 형성하고 운영하는 것이며 의사결정의 과정(Barnard & Simon)

② **경영자의 유형**

　㉠ **소유경영자**(owner manager)

　　㋐ 기업의 출자자인 동시에 경영을 맡고 있는 자를 말한다.

　　㋑ 기업 경영상의 위험과 책임을 직접 부담한다.

　㉡ **고용경영자**(employed manager or salaried manager)

　　㋐ 일종의 대리 개념으로 경영상의 지휘와 감독 업무를 담당한다.

　　㋑ 형식적으로 독립된 경영인으로 기업가의 이익을 위해 종사한다.

ⓒ 전문경영자

 ㉮ 전문경영자(professional manager)는 전문적 지식을 갖추고 윤리적 행동을 실천하는 경영자로서, 주주로부터 경영권을 위탁받아 기업을 경영하는 자를 말한다.

 ㉯ 기업이 대규모화됨에 따라 관리내용의 범위도 커지게 된다. 이를 효율적으로 운영해 나가기 위해서는 보다 전문화된 지식을 갖춘 경영자가 필요하다.

 ㉰ 전문경영자는 소유와 경영이 분리된 주식회사에서 찾아볼 수 있다. 권한의 내용으로는 기업혁신과 위험부담 등 경영활동 전반에 걸친 포괄적인 것이다.

 ㉱ 우리나라는 소유경영자와 고용경영자의 비중이 높다. 그러나 전문경영자의 비중도 점차 확대되고 있다.

2 대리인 문제와 기업경영

① 대리인 문제

 ㉠ 경영자와 주주 간 대리문제

  ㉮ 경영자가 기업재산을 사적인 목적으로 사용하는 문제

  ㉯ 기업의 장기적인 이익보다는 단기적인 이익에 치중하는 문제

  ㉰ 주주가 경영자의 경영활동을 감시하는 비용의 문제

 ㉡ 주주와 채권자 간 대리문제

  ㉮ 주주는 배당을 가져가므로 회사가 큰 이익을 내면 그만큼 배당이 커진다. 그러므로 위험이 큰 투자안을 선호한다.

  ㉯ 채권자는 확정된 이자만을 가져가므로 큰 이익이 나는 투자안에 투자를 하여 실패하게 되면 손해를 보게 되고 만약 회사에 큰 이익이 나더라도 주어진 이자만을 가져가므로 위험이 낮은 투자안을 선호한다.

▶ **기출유형익히기**

다음 중 주주 및 전문경영인 사이에서의 정보비대칭과 이해상충으로 인해 발생하게 되는 대리인 문제의 해결방안으로 옳지 않은 것은?

① 스톡옵션의 체계 강화   ② 주식의 분산소유 활성화

③ 채권단에 따른 기업 감시   ④ 적대적 M&A시장의 활성화

⑤ 회계정보 공시 및 투명성의 강화

  ✔ 분산된 주주들의 경우에는 경영진을 엄격하게 관라감독할 유인을 지니지 못한다.   **답_②**

② **기업경영의 글로벌화**(Globalization)

　㉠ **범위의 경제**(economy of scope)**효과 극대화**: 기업의 다각화(diversification)의 형태로 기업은 기존의 사업과 유사한 분야에 새로 진출하면 시너지 효과를 얻을 수 있다.

　㉡ **규모의 경제**(economy of scale)는 산출량이 증가함에 따라 장기 평균총비용이 감소하는 현상을 말한다. 글로벌화를 통하여 선호가 동질화된 세계 시장의 소비자들을 상대로 규모의 경제를 실현할 수 있다.

2. 회사의 종류와 형태

1 회사의 종류

① **합명**(合名)**회사**

　㉠ **합명회사의 설립**

　　㉮ 정관을 작성하여야 회사의 실체를 형성한다.

　　㉯ 정관 작성 후 본점 소재지에 설립등기를 하면 법인격을 취득한다.

　㉡ **합명회사의 특징**

　　㉮ 회사채권자에게 회사채무에 대해 무한책임을 부담하는 사원만으로 구성된 회사이다.

　　㉯ 각 사원은 원칙적으로 대표권을 가지며 지분의 양도는 제한된다.

　　㉰ 법률상으로는 사단이지만 실질적으로는 조합의 형태이다.

　　㉱ 무한 · 직접책임사원(금전 기타 재산과 노무 · 신용출자)만으로 구성된다.

　　㉲ 존립기간의 만료, 기타 정관에 따라 사유 발생시 총사원의 동의로 해산된 경우 사원의 전부 또는 일부 동의로 회사를 계속할 수 있다.

> 💡 **합명회사**(partnership, 合名會社)
> 합명회사는 2인 이상의 무한책임사원만으로 구성되는 일원적 조직의 회사로서 전사원이 회사 채무에 대하여 직접 · 연대 · 무한의 책임을 지고, 원칙적으로 각 사원이 업무집행권과 대표권을 가지는 회사이다. 합명회사는 2인 이상의 사원이 공동으로 정관을 작성하고, 설립등기를 함으로써 성립한다. 각 사원은 출자의무를 지지만 그 출자는 재산뿐만 아니라 노무와 신용까지도 할 수 있으며, 그 업무집행권과 대표권은 정관에 다른 규정이 없는 한 각 사원이 모두 가지게 된다. 경제적으로 서로 신뢰할 수 있는 소수인이 결합하는 소규모공동기업에 적합한 형태이다.

② **합자**(合資)**회사**

　㉠ 합자회사의 설립절차는 합명회사와 같다.

　㉡ 유한책임사원은 대표권이 없고 감시권만을 가진다.

　㉢ 지분의 양도는 무한책임사원의 동의가 있어야 한다.

ⓔ 유한책임사원의 경우, 회사채권자에게 정관에 정한 출자액의 한도 내에서만 책임을 부담한다.

ⓜ 무한책임사원과 직접 · 연대 · 유한책임사원(금전 기타 재산만 출자가능)으로 구성된다.

ⓗ 유한책임사원 전원이 퇴사한 때에는 무한책임사원의 결의로 조직변경에 의해 합명회사로 회사를 계속할 수 있다.

> 💡 합자회사(limited partnership, 合資會社)
>
> 합자회사는 무한책임사원과 유한책임사원 각 1인 이상으로 구성되는 이원적 조직의 회사이다.
> 무한책임사원의 출자는 재산 · 노무 · 신용 중 어느 것이든지 출자할 수 있고, 유한책임사원은 금전 그 밖의 재산만을 그 출자의 목적으로 할 수가 있다. 정관에 다른 정함이 없는 한 무한책임사원의 각자가 의무를 집행할 권리와 의무를 가진다. 이에 반하여 유한책임사원은 회사의 업무를 집행할 수가 없다. 유한책임사원에게는 제한적인 감시권이 있을 뿐이다. 경제적으로 경영능력이 있으나 자본이 없고, 자본이 있으나 경영능력이 없는 소수인이 결합하여 소규모의 공동기업을 경영하는데 적합한 회사이다.

③ 주식(株式)회사

㉠ 주식회사의 설립

㉮ 1인 이상의 발기인이 정관작성을 하고 회사의 실체를 구성하여 설립등기를 할 수 있다.

㉯ 정관의 필요적 기재사항

- 목적
- 상호
- 회사가 발행할 주식의 총수
- 액면주식을 발행하는 경우 1주의 금액
- 회사의 설립 시에 발생하는 주식의 총수
- 본점소재지
- 회사가 공고를 하는 방법
- 발기인의 성명 · 주민등록번호 및 주소

> 💡 주식회사(company limited by shares, stock corporation, 株式會社)
>
> 주식회사의 법적 특질로서는 주식과 유한책임을 들 수 있다. 주식회사를 설립함에는 발기인이 정관을 작성하여야 한다. 그 설립의 방법에 따라 발기설립과 모집설립이 있다. 주주는 자기가 인수한 주식의 금액을 한도로 회사에 출자의무를 질 뿐 그 밖의 아무런 책임을 지지 않고, 회사채권자를 보호하기 위한 특별한 조치(자본에 관한 3원칙)가 강구되어 있다. 소유와 경영이 분리되어 주주가 직접 경영에 참가할 필요는 없고, 또 기관의 분화가 이루어져 있다. 주식회사는 경제적으로 사회에 널리 분산된 소자본을 규합하여 대규모의 공동기업으로 경영하는데 적합한 회사이다.

ⓛ 주식의 종류

㉮ 보통주

- 주주총회에서 의결권이 있는 주식이다.

- 주식을 발행할 때 기준이 되는 주식이다.

㉯ 우선주

- 주주총회에서 의결권이 없는 주식이다.

- 보통주보다 배당금을 더 받는 측면이 있다.

㉰ 후배주 : 보통주 배당 후 잔여미처분이익이 있는 경우 배당을 받는 것으로 보통주보다 불리한 조건의 주식이다.

㉱ 혼합주 : 이익배당이나 잔여재산분배에 있어 한쪽은 우선적 지위를 다른 한쪽은 그렇지 않은 지위가 인정되는 주식이다.

ⓒ 주주총회 : 주주로 구성된 기본적인 의사를 결정하는 기관이다.

㉮ 주주총회의 소집권자

- 이사회

- 소수주주

- 법원

- 청산인회

- 감사

㉯ 주요 결정사항 : 재무제표 승인, 이사, 감사 및 청산인의 선임과 해임, 보수의 결정, 합병 승인, 정관 변경, 전환사채 발행, 주식배당, 자본의 감소 등

▶ 기출유형익히기

주주총회는 주식회사의 최고 의사결정기관이며 필수기구이다. 다음 중 주주총회에서 결정하지 않는 것은 어느 것인가?

① 감사의 선임   ② 이사의 선임

③ 합병의 승인   ④ 대표이사의 선임

⑤ 자본의 감소(감자)

✔ 주주는 보유 주식 수에 따라 주주총회에서 의결권을 행사한다. 대표이사는 이사회에서 선임토록 되어 있다(상법 제389조). 답_④

ⓔ 이사 및 감사

㉮ 이사

- 이사의 선임은 등기사항이다.
- 회사의 자본총액이 5억 미만인 경우 1인 혹은 2인의 이사를 둘 수 있다.
- 이사는 언제든지 특별결의에 의한 주주총회의 결의로 해임할 수 있다.

㉯ 감사

- 회계의 검사를 주된 임무로 하는 회사의 상설감독기관이다.
- 감사의 의무로는 감사록 작성, 이사회에 대한 업무보고, 주총에 대한 보고의무, 감사보고서 제출의무가 있다.
- 감사가 그 임무를 해태*한 때에는 감사는 회사에 대하여 연대하여 손해를 배상할 책임이 있다.

더 알고가기

해태 : 의무를 게을리하는 것을 말하는 법률상의 용어이다.

ⓜ **주식회사의 특징**

㉮ 주주의 출자로 구성되고 자본은 주식으로 분배된다.

㉯ 주주는 주주총회에서 회사의 기본 사항을 결정한다.

㉰ 주식의 양도는 자유롭다.

㉱ 간접·유한책임사원(금전 기타 재산만 출자가능)으로 구성된다.

㉲ 주주총회의 결의에 의해 해산하고 주주총회의 특별결의에 의해 회사를 계속할 수 있다.

④ **유한(有限)회사**

㉠ 유한회사의 설립

㉮ 절대적 기재사항 : 목적, 상호, 자본총액, 출자 1좌의 금액, 각 사원의 출자좌수, 본점소재지, 사원의 성명과 주민등록번호 및 주소

㉯ 이사는 회사의 설립 전에 출자의 전액을 납입, 목록재산 전부의 납입을 시켜야 한다.

㉰ 출자의 이행이 끝난 후 2주 내에 본점소재지에서 설립등기를 해야 한다.

💡 유한회사(private company, 有限會社)

유한회사는 그 사원은 원칙적으로 출자가액을 한도로 하는 출자의무를 부담할 뿐 직접 아무런 책임을 부담하지 않는 회사이다. 유한회사에서는 설립절차나 회사의 관리운영절차가 주식회사에 비하여 현저히 간이화되어 있다. 설립에 있어서는 모집설립이 인정되지 않으므로 사원 이외에 발기인제도가 없으며 복잡한 절차나 내용을 요하지 아니한다. 유한회사는 폐쇄적, 비공개적이다. 따라서 사원의 지위는 개성적이다. 경제적으로 주식회사의 축소판으로 설립절차나 운영이 간편하기 때문에 비교적 소규모의 공동기업경영에 적합한 회사이다.

ⓒ 유한회사의 특징

㉮ 제3자에게 사원의 지분을 양도하는 경우에는 사원총회의 결의가 있어야 한다.

㉯ 지분을 유가증권화하지 못한다.

㉰ 간접 · 유한책임사원(금전 기타 재산만 출자가능 단, 유한회사의 사원은 자본전보책임을 지는 점에서 주식회사와 다르다)으로 구성된다.

기업형태에 따른 비교

구분	합명회사 · 합자회사	주식회사 · 유한회사
최저자본금	제한 없음	• 주식회사 : 5천만 원 • 유한회사 : 1천만 원
사원의 출자시기	정관의 정함에 따라 회사의 청구가 있는 때	회사 설립 전 출자를 완료
사원의 책임범위	• 무한책임사원 : 직접 · 무한책임 • 유한책임사원 : 직접 · 유한책임	간접 · 유한책임(단, 유한회사의 사원은 추가출자의무를 부담)
회사의 기관성	사원이 대표를 맡는 자기기관 중심	사원이외의 자가 맡는 타인기관 중심
회사의 청산	법정청산과 임의청산	법정청산

더 알고가기

합명 · 합자회사를 인적회사로, 주식 · 유한회사를 물적회사로 분류하기도 한다.

▶ 기출유형익히기

주권상장이 가능한 회사를 모두 고른 것은?

㉠ 합자회사	㉡ 합명회사
㉢ 유한회사	㉣ 주식회사
㉤ 개인회사	

① ㉠㉡

② ㉡

③ ㉢㉣

④ ㉣

⑤ ㉤

✔ 우리나라에서 거래소에 상장할 수 있는 회사는 상법상 주식회사에 한정되어 있다.　　　　답_④

2 기업결합

① **목적** … 생산공정의 합리화, 상호 경쟁의 배제와 제한, 시장(자본)의 지배, 규모·범위의 경제실현을 목적으로 한다.

② **기업의 집중**

   ⓙ 분류(결합방향 기준)

      ㉮ 수평적 결합 : 동종·유사업종 간의 기업결합, 시장의 독점적 지배를 목적으로 한다.

      ㉯ 수직적 결합 : 동일 제품의 생산단계를 달리하는 기업 간의 결합으로 생산·유통과정의 합리화를 목적으로 한다.

      ㉰ 다각적 결합 : 생산상의 관계가 없는 다른 업종 간의 결합을 통해 위험을 분산시키고 기업 지배력을 강화하고자 하는 목적으로 한다.

   ⓛ 기업제휴 : 경쟁관계에 있는 복수기업으로 동업조합 또는 사업자단체, 사업제휴, 카르텔* 등이 있다.

더 알고가기

> **카르텔** : 경제적으로 일종의 기업연합이나 법률적으로는 계약적 결합이며 법인격이 인정되지 않는다. 합리화 카르텔과 같이 시장지배나 경제제한을 목적으로 하지 않는 것도 있지만, 본래 어느 정도의 계약이나 협정의 범위 내에서의 경쟁제한을 목적으로 발생하였다.

   ⓜ 기업집단화 : 법적으로 독립적인 복수기업이 결합하여 자본적·인적·기술적으로 밀접한 관계를 가진 통일적 집단을 형성하는 것으로 주식보유형 트러스트, 콘체른, 콤비나트 등으로 분류할 수 있다.

      ㉮ 트러스트(Trust) : 일종의 기업협동으로 다른 기업의 주식보유를 통한 지배와 시장의 독점을 시도한다. 가맹기업의 독립성은 없고, 동일 산업부문 또는 기술적으로 관련된 수직적인 산업부문만의 자본 지배를 말한다.

      ㉯ 콘체른(Konzern) : 일종의 기업집단으로 산업과 금융의 융합, 주식소유에 의한 지배(지주회사) 또는 융자, 중역파견에 의한 인적 결합 지배로 독립성이 유지되며 산업과 금융의 융합을 말하는 것으로 우리나라의 재벌이 이에 속한다.

      ㉰ 콤비나트(Kombinat) : 콘체른과 같은 수직적 기업집단과는 달리 일정수의 유사한 규모의 기업들이 원재료와 신기술의 이용을 목적으로 사실상의 제휴를 하기 위하여 근접한 지역에서 대등한 관계로 결성하는 수평적 기업 집단(특정 공업단지 내의 기업집단)을 말한다.

      ㉱ 지주회사(Holding Company)

        • 타 회사의 주식 보유를 통해 그 회사를 경영상으로 지배하려는 형태를 지주회사라 한다.

        • 지주회사는 순수지주회사와 사업지주회사로 나뉜다.

② 기업집중화의 문제점

⑦ 기업의 담합으로 자유경쟁이 저하되고 이로 인하여 소비자가 피해를 입을 수 있다.

⑭ 기업이 집중화되면서 중소기업이 성장하지 못하게 된다.

③ **공기업의 등장**

㉠ 배경 : 국제경쟁사회에서 경쟁력을 제고하고 산업의 특성상 거대 자본이 필요하거나 혹은 공익성이 강조되는 사업을 수행하기 위하여 등장하였다.

㉡ 형태

⑦ **국영공기업** : 국가 또는 공공단체의 행정조직에 편입되어 행정관청의 일부로 운용된다.

⑭ **법인공기업** : 법인기업의 형태로 형식적 독립성을 유지한다.

㉢ 최근 재정부담과 관료화로 인한 폐단을 방지하고 효율성을 높이기 위해 기업화하거나 민영화하는 경우가 점차 증가하고 있다.

3 경영권 보호제도

① **황금주 제도**

㉠ 특정 사안에 한해서 다른 주주들이 찬성해도 황금주를 보유하고 있는 주주가 반대하면 부결되는 권리가 있는 제도이다.

㉡ 특정 국가에서 공기업 민영화에 대한 방안의 일부로 활용하고 있으나, 우리나라에서는 아직 인정하지 않고 있다.

② **의무공개매수제도**

㉠ 주식 등의 매수 등을 하고자 하는 자는 당해 매수 등을 한 후에 본인과 그 특별관계자가 보유하게 되는 주식 등의 수의 합계가 당해 주식 등의 총수의 100분의 25이상이 되는 경우(본인과 그 특별관계자가 보유하는 주식 등의 수의 합계가 당해 주식 등의 총수의 100분의 25이상인 자가 당해 주식 등의 매수 등을 하는 경우를 포함한다)에는 주식 등의 총수의 100분의 50에 1주를 더한 수에서 기보유 주식 등의 수를 공제한 수 이상의 주식 등을 공개매수하여야 하였다(구법 규정).

㉡ 25%의무공개매수제도는 상장법인주식의 대량소유제한제도(구법 규정)가 폐지됨에 따라 EU국가의 제도를 모델로 하여 공정한 인수, 합병절차를 확립하고 경영권을 보호하며, 소액주주에게도 M&A 기능을 위축시켜 기업구조조정의 활성화를 저해한다는 지적이 있었다.

㉢ IMF에서 적대적 M&A허용과 25%의무공개매수제도의 폐지를 요구하여 1998년 2월 개정법은 기업의 구조조정을 지원하기 위해 이러한 25%의무공개매수제도를 폐지하였다.

③ **포이즌 필**(poison pill) **제도** … 임금인상 등을 통해 기업인수에 필요한 잠재적 비용을 늘려 M&A 시 손해를 볼 수 있다는 신호를 발송하는 것으로 매수 포기를 유도하는 행위를 말한다.

④ 차등의결권 제도

  ㉠ 일부 보통주에 특별히 많은 수의 의결권을 부여하는 제도를 차등의결권제도라 한다.

  ㉡ 경영권을 가지고 있는 대주주의 주식에 대해 보통주보다 많은 의결권을 주는 제도이다.

▶ **기출유형익히기**

아래에 제시된 내용은 적대적 M&A의 다양한 수단이다. 이 중 경영권의 방어 수단에 해당하는 것을 모두 고르면?

㉠ 곰의 포옹	㉡ 독약조항(포이즌 필)
㉢ 그린 메일	㉣ 백기사
㉤ 황금낙하산	

① ㉠, ㉡, ㉢
③ ㉠, ㉣, ㉤
⑤ ㉡, ㉣, ㉤

② ㉠, ㉢, ㉤
④ ㉡, ㉢, ㉣

✔ 경영권 방어수단으로는 백기사, 포이즌 필, 황금낙하산 등이 있다.　　　　답_⑤

▶ **기출유형익히기**

경영권 보호에 대한 다음 대립하는 두 사람의 주장에 대한 보완적 설명으로 타당하지 않은 것은?

서원 : 대주주의 횡포를 막고 투자가의 이익을 보호함으로써 증권시장을 발전시키고 기업의 적정 주가를 발견해가는 고유의 기능도 있기 때문에 증권시장을 통한 기업 경영 감시제도는 선진화된 경제에서 매우 중요하다고 생각해.

소정 : 과도한 주주평등주의는 기업의 경영권을 기업가로부터 빼앗아 소액주주나 펀드매니저들의 손에 넘겨주는 꼴이야. 결국 기업가들은 지분의 하락을 초래하는 투자를 회피하게 되고 자사주 매입이나 고배당을 하면서 기업의 투자여력을 엉뚱한 곳에 낭비하게 돼. 기업가들의 위험감수라는 본인의 기능을 다할 수 있도록 경영권 보호가 필요해.

① 서원은 대주주와 소액주주의 의결권 차등화에 반대할 것이다.

② 소정은 최근의 투자부진이 증권제도에도 그 원인이 있다고 본다.

③ 서원은 적대적인 기업 인수합병(M&A)의 활성화에 찬성할 것이다.

④ 소정은 경영권 방어 수단인 포이즌 필의 도입에 찬성할 것이다.

⑤ 서원은 기업가와 투자자가 본질적으로 다르다고 보고 있다.

✔ 서원은 투자가와 기업가가 동등한 위치에 있다고 본다.　　　　답_⑤

02 ▶ 마케팅 관리

학습대책

비교적 출제 빈도가 높지 않은 분야이며 BCG 매트릭스에 대한 개념과 시장세분화 전략 및 목표시장 선점에 대한 기본적인 이해가 필요하다. 시장지위에 따른 마케팅 전략유형과 관련된 문제가 출제된 바 있다.

1. 마케팅의 개념과 시장분석

1 마케팅의 개념

① **마케팅의 정의**

ㄱ 마케팅은 본질적으로 고객에게 가치를 전달하는 것이다.

ㄴ 마케팅은 개인이나 조직의 목표를 충족시키기 위한 교환을 창출하기 위해 추진되는 일련의 과정이다.

② **마케팅의 기본요소** … 필요와 욕구, 수요, 제품, 교환, 시장

③ **마케팅의 기능** … 수요를 조절·충족시키는 기능으로 대별할 수 있으며 효과적인 기능의 수행을 위해 상품 계획, 가격결정, 홍보, PR 등의 활동을 말한다.

④ **마케팅개념의 발전** … 생산개념 → 제품개념 → 판매개념 → 마케팅개념 → 사회지향적 마케팅개념

⑤ **현대마케팅의 특징**

ㄱ 소비자지향성

ㄴ 기업목적지향성

ㄷ 사회적 책임지향성

ㄹ 통합적 마케팅지향성

⑥ **마케팅 관리의 과정** … 효과적인 조직 목표의 달성을 위해 시장의 변화에 집중하여 분석하고 분석결과에 따라 표적시장의 고객을 만족시키는 마케팅 전략을 계획·실행·통제하는 경영관리 활동

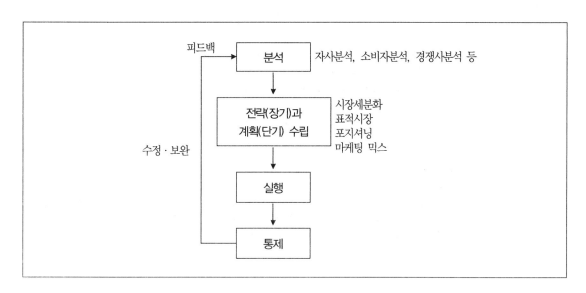

더 알고가기

그린마케팅: 기업의 제품이 개발되고 유통, 소비되는 과정에서 자사의 환경에 대한 사회적 책임과 환경보전 노력을 소비자들에게 호소하는 마케팅 전략이다.

2 시장기회분석

① 마케팅 정보시스템

　㉠ 내부보고시스템 : 정보전달, 보고수단

　㉡ 마케팅 인텔리전스 시스템 : 일반적인 외부환경에 대한 정보 입수

　㉢ 분석적 마케팅 시스템 : 2차적 정보로 변형

　㉣ 마케팅 조사시스템 : 특수 마케팅 문제의 해결

　　㉮ 절차 : 조사문제의 정의→조사계획 수립·설계→자료의 수집→자료의 분석·해석→조사결과 보고

　　㉯ 조사방법 : 탐색조사, 기술조사, 인과관계조사

　　㉰ 조사계획 수립 및 설계 : 자료의 수집방법·종류·분석방법 계획 수립

② 마케팅 환경분석

　㉠ 거시적 환경분석

　㉡ 미시적 환경분석 : 회사내, 공급자, 중간매매상, 고객, 경쟁자, 대중

　　㉮ 경쟁환경분석 : 경쟁 유형 파악→경쟁집합 규정

　　㉯ 자사분석 : SWOT분석*

더 알고가기

SWOT 분석 : 조직내부의 강점과 약점을 조직외부의 기회와 위협요인과 대응시켜 전략을 개발하는 기법을 말한다.

㉠ Strength(강점) : 회사전체나 부문, 팀의 목표 달성에 적합한 역량

㉡ Weakness(약점) : 목표 달성을 방해하는 모든 장애요소

㉢ Opportunities(기회) : 활용해야 할 시장의 동향, 세력, 사건, 아이디어

㉣ Threats(위협) : 대비해야 할 외부의 통제 불가능한 사건, 세력

 더 알고가기

포터(Porter)의 5요인 분석 : 경영자들이 환경위협 요인을 분석하여 대처할 수 있는 효과적인 전략을 선택하는 데 도움을 주고자 분석한 것으로, 진입위협, 경쟁위협, 공급자위협, 구매자위협, 대체재위협으로 나눌 수 있다.

③ 소비자 행동분석

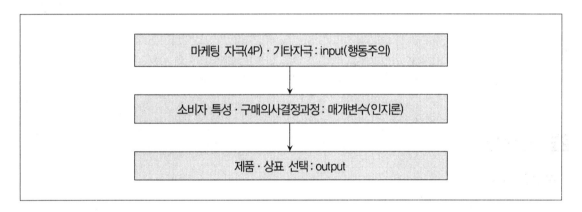

3 BCG 매트릭스

BCG 매트릭스(BCG matrix)

BCG 매트릭스는 보스턴컨설팅그룹에 의해 1970년대 초반 개발된 것으로 기업의 경영전략 수립에 있어하나의 기본적인 분석도구로 활용되는 사업포트폴리오 분석기법이다.

① Star(성장사업) : 고성장·고점유율 사업으로 현금의 유입이 크기는 하나 경쟁자들의 방어를 위해 많은 현금유출이 수반된다. 이때에는 시장점유율을 높이기 위해 구축(build) 전략을 사용하는 것이 가장 적합하다.

② Cash Cow(수익주종사업) : 저성장·고점유율 사업으로 현금유입이 큰 반면 낮은 성장률로 현금유출이 적어 순현금 유입이 크게 증가된다. 이때에는 유지 혹은 수확전략을 사용해 안정적인 현금회수를 노린다.

③ Question Mark(개발사업) : 고성장·저점유율 사업으로 성장가능성이 있으며 사업초기에는 대부분 이 영역에 속한다. 고성장에 따르는 투자로 자금유출이 크며, 상황에 따라 성장 혹은 사양 산업으로 분류될 수 있는 영역이다. 이때에는 구축, 수확 혹은 철수 전략을 사용할 수 있다.

④ Dogs(사양산업) : 저성장·저점유율 사업으로 투자비용이 크고 적음에 관계없이 수익성이 낮거나 때에 따라 손실을 유발할 수 있다. 이때에는 수확 혹은 철수전략이 적합하다.

① **스타**(Star)

　㉠ 시장성장률과 시장점유율이 높은 사업군을 말한다.

　㉡ 성장을 위한 지속적인 투자가 필요한 포지션이다.

　㉢ 현금조달이 중립적이다.

② **현금젖소**(Cash cow)

　㉠ 시장성장률은 낮으나 시장점유율이 높은 사업군을 말한다.

　㉡ 수익이 높고 안정적이어서 현금조달력이 높다.

　㉢ 현상유지하는 전략을 펴게 되는 포지션이다.

③ **물음표**(Question mark)

　㉠ 시장성장률은 높고 시장점유율은 낮은 사업군을 말한다.

　㉡ 수익은 낮고 불안정하다.

　㉢ 스타 포지션으로 갈지 철수할지 의사결정을 해야 하는 포지션이다.

④ **개**(Dog)

　㉠ 시장성장률이 낮고 시장점유율이 낮은 사업군을 말한다.

　㉡ 수익이 낮고 현금조달이 어렵다.

　㉢ 시장철수결정을 해야 하는 포지션이다.

⑤ BCG

※ BCG 매트릭스에서 사업군의 매출은 원의 크기로 나타나며, 상대적 시장점유율은 시장 1위 대비 시장점유율을 의미한다.

2. 마케팅 전략

1 목표시장 선정과 마케팅 전략의 수립

① **시장세분화**(Segmentation) ··· 다양한 욕구를 가진 소비자들을 특정제품 및 믹스를 필요로 하는 유사한 집단끼리 세분화 하여 묶는 과정을 말한다.

> 💡 시장세분화(market segmentation)
> - 시장세분화를 하는 목적
> ① 시장기회 탐색
> ② 소비자의 욕구 충족
> ③ 변화하는 시장수요에 능동적으로 대처
> ④ 자사와 경쟁사의 강점과 약점을 효과적으로 평가하기 위함
> - 시장세분화의 여러 가지 기준
> ① 지리적 세분화 : 국가, 지방, 도, 도시, 군, 주거지, 기후, 입지조건 등
> ② 인구통계학적 세분화 : 연령, 성별, 직업, 소득, 교육, 종교, 인종 등
> ③ 사회심리학적 세분화 : 라이프스타일, 개성, 태도 등
> ④ 행동분석적 세분화 : 추구하는 편익, 사용량, 상표충성도 등
>
> **더 알고가기**
> **시장세분화의 보편적 근거**
> ㉠ 지리적 특성 : 주거지역, 주거지역의 규모, 인구밀도 등
> ㉡ 인구통계적 특성 : 국적, 인종, 직업, 성별 등
> ㉢ 행위적 특성 : 충성도, 사용률, 구매계기 등
> ㉣ 심리적 특성 : 라이프스타일, 개성, 자아이미지 등

② **목표시장**(Target market) **선정** ··· 자사의 경쟁우위가 특정 세분시장에서 확보될 수 있는가를 평가하여 상대적으로 경쟁우위에 있는 세분시장을 선정한다.

③ **제품 포지셔닝**(Positioning) ··· 자사제품이 경쟁제품과는 다른 차별적 경쟁우위 요인을 가지고 있어 목표시장내 소비자들의 욕구를 보다 효율적으로 잘 충족시켜 줄 수 있음을 소비자에게 인식시켜 주는 과정이다.

> 💡 포지셔닝(positioning)
> 소비자의 마음 속에 자사제품이나 기업을 표적시장·경쟁·기업 능력과 관련하여 가장 유리한 포지션에 있도록 노력하는 과정을 말한다. 포지션이란 제품이 소비자들에 의해 지각되고 있는 모습을 말하며, 포지셔닝이란 소비자들의 마음속에 자사제품의 바람직한 위치를 형성하기 위하여 제품효익을 개발하고 커뮤니케이션하는 활동을 말한다.

- 포지셔닝 과정
  ① 소비자 분석으로 소비자 욕구와 기존제품에 대한 불만족 원인을 파악한다.
  ② 경쟁자 확인으로 제품의 경쟁 상대를 파악한다. 이때 표적시장을 어떻게 설정하느냐에 따라 경쟁자가 달라진다.
  ③ 경쟁제품의 포지션 분석으로 경쟁제품이 소비자들에게 어떻게 인식되고 평가받는지 파악한다.
  ④ 자사제품의 포지션 개발로 경쟁제품에 비해 소비자 욕구를 더 잘 충족시킬 수 있는 자사제품의 포지션을 결정한다.
  ⑤ 포지셔닝의 확인 및 리포지셔닝으로 포지셔닝 전략이 실행된 후 자사제품이 목표한 위치에 포지셔닝 되었는지 확인한다.

④ **제품 수명주기**(Product Life Cycle, PLC) **전략** … 장기적(도입기 → 성장기 → 성숙기 → 쇠퇴기)인 전략을 세워 시장변화에 적응한다.

⑤ **경쟁적 마케팅 전략** … 시장 지위에 따른 전략을 말한다.

2 시장 지위에 따른 마케팅 전략 유형

① **시장선도기업**(Market leader)**의 경쟁시장 전략**
  ㉠ 시장 규모를 확대하는 전략
  ㉡ 경쟁우위를 유지하는 전략
  ㉢ 진입장벽을 높이는 전략
  ㉣ 가격 설정자(price maker)적 지위

② **시장도전기업**(Market challenger)**의 경쟁시장 전략**
  ㉠ 시장 점유율을 높이기 위한 제품 및 가격차별화 전략
  ㉡ 시장 분석을 철저히 수행하는 전략
  ㉢ 가격 차별화(price discrimination)

③ **시장추종기업**(Market follower)**의 경쟁시장 전략**
  ㉠ 시장선도기업을 모방하는 전략
  ㉡ 모방에서 점진적 개선 작업수행
  ㉢ 가격 수용자(price taker)

④ **시장틈새기업**(Market nicher)**의 경쟁시장 전략**
  ㉠ 경쟁우위구축전략
  ㉡ 비용우위전략
  ㉢ 집중화전략
  ㉣ 저가(low price) 전략

다음 유형에 따른 전략의 연결이 바르게 된 것은?

ⓐ Market leader ⓑ Market challenger
ⓒ Market follower ⓓ Market nicher

ⓐ low price ⓑ price taker
ⓒ price discrimination ⓓ price maker

---

① ㉠ – ⓐ, ㉡ – ⓑ, ㉢ – ⓒ, ㉣ – ⓓ
② ㉡ – ⓐ, ㉠ – ⓑ, ㉣ – ⓒ, ㉢ – ⓓ
③ ㉠ – ⓐ, ㉣ – ⓑ, ㉢ – ⓒ, ㉡ – ⓓ
④ ㉣ – ⓐ, ㉢ – ⓑ, ㉠ – ⓒ, ㉡ – ⓓ
⑤ ㉣ – ⓐ, ㉢ – ⓑ, ㉡ – ⓒ, ㉠ – ⓓ

✔ 시장지위에 따른 마케팅 전략 유형
　㉠ 시장선도기업(Market leader)은 가격 설정자(price maker)적 지위를 가진다.
　㉡ 시장도전기업(Market challenger)은 가격 차별화(price discrimination)적 지위를 가진다.
　㉢ 시장추종기업(Market follower)은 가격 수용자(price taker)적 지위를 가진다.
　㉣ 시장틈새기업(Market nicher)은 저가(low price) 전략을 수행한다.　　　답_⑤

---

3 제품수명주기(Product Life Cycle) 전략

① 개념
　㉠ 각 제품은 제한된 수명을 가진다.
　㉡ 제품의 매출액 이익은 각 단계에 따라서 변환된다.
　㉢ 각 단계에 따라 다른 마케팅 전략이 요구된다.

　💡 제품수명주기(Product Life Cycle)
　　하나의 제품이 시장에 도입되어 폐기되기까지의 과정을 말한다.
　　일반적으로 도입기 · 성장기 · 성숙기 · 쇠퇴기의 과정으로 나눌 수 있다.

② **제품수명주기 및 단계별 특성**

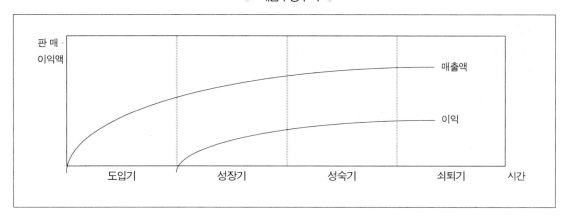

단계별 특성

구분	단계별 특성	마케팅 목표	마케팅 전략
도입기	• 매출은 낮은 단계 • 경쟁자가 적은 단계	제품 인지 증대에 주력	• 원가에 가산한 가격전략 • 유통업자를 대상으로 광고전략
성장기	• 급속히 성장하는 단계 • 경쟁자가 점차적으로 증가하는 단계	시장 점유율 극대화 전략	• 시장세분화 시작 • 제품에 대한 인지의 구축전략
성숙기	• 최대매출을 달성하는 단계 • 경쟁자는 점차 감소하는 단계	• 기존의 시장점유율 방어기 • 이익 극대화	• 상표를 부각시키는 광고전략 • 경쟁 대응 가격 • 시장세분화 극대화
쇠퇴기	매출이 쇠퇴하는 단계	• 비용절감 • 투자액 회수	• 가격인하 • 선택적 유통경로 전략

---

4 제품관리와 가격관리

① **제품과 브랜드**

　㉠ 제품의 수준 : 핵심제품, 실제제품, 증폭(확장)제품

　㉡ 브랜드 : 제조업자 브랜드와 유통업자 브랜드 및 공동 브랜드

② **제품 전략**

　㉠ 신제품 개발절차 : 아이디어 창출·심사→사업성 분석→제품 개발→시험마케팅→생산

　㉡ 제품 전략 : 제품 다양화, 제품 단순화, 제품 차별화, 계획적 진부화

ⓒ **제품 믹스 전략** : 제품 라인 추가 전략(제품 개발 전략, 다각화 전략), 제품 라인 분할·통합 전략, 제품 라인 제거 전략(사업부 추가·폐지 또는 분할·통합의 의사결정)

③ **가격관리**

　ⓐ **가격의 전략적 중요성** : 경쟁에 민감한 반응, 즉각적인 대응 가능, 소비자의 신속하고 민감한 반응→즉각적인 효과

　ⓑ **가격결정과정**

　　㉮ **가격목표** : 시장 확대, 경쟁력 확보

　　㉯ **가격전략** : 경쟁상황 고려, 기본적인 방향의 결정

　　㉰ **가격정책**

　　　• 신제품 : 상층흡수 가격(고가격)정책(skimming), 침투 가격(저가격)정책(penetration)

　　　• 재판매 가격유지정책 : 유표품에 대한 도·소매 가격 설정, loss leader방지, 가격안정과 명성유지

　　　• 제품 계열에 따른 단일가격정책과 탄력가격정책

　　　• 가격주도제 : 시장주도자의 공표 가격 그대로 사용

　　㉱ **가격산정방법의 결정** : 원가 기준, 소비자(수요) 기준, 경쟁 기준

　　㉲ **최종가격 설정방법** : 소비자 지각에 기초(관습가격, 단수가격) 또는 지역별 가격설정(인도가격, 배달가격), 우표식 가격결정(동일한 가격과 운송비)에 따라 결정

　　㉳ **가격조정** : 상황에 따른 가격인하 또는 가격인상 등의 방법을 통한 합리적인 가격결정

5 　4P 전략

① **의의** … 마케팅에서 4P 전략은 각각 제품관리, 가격관리, 경로관리, 촉진관리로 분류할 수 있다.

② **제품관리**(Product management)

　ⓐ 제품은 마케팅 믹스의 첫 번째로 가장 중요한 요소이다.

　ⓑ 제품전략은 제품믹스, 브랜드, 포장 등에 대한 종합적 의사결정을 말한다.

　ⓒ 제품이란 고객의 욕구를 충족시키기 위해 시장에 제공되는 것으로 유형·무형의 것을 말한다.

③ **가격관리**(Price management)

　ⓐ 가격은 마케팅의 네 가지 활동인 4P 중 다른 마케팅 요소인 제품, 유통, 촉진에 비해 그 효과가 단기간 내에 확연하게 나타나는 특징을 가지고 있다.

　ⓑ 비가격요소의 역할이 점차 강조되고 있지만 가격은 여전히 마케팅 믹스의 주요 요소이다.

　ⓒ 지역적으로 가격을 차별화할 수도 있고 다양한 할인 및 공제정책을 활용할 수도 있으며, 서로 다른 세분시장에 대해 시로 다른 가격을 설정할 수도 있다. 또한 제품계열이나 사양선택 등에 따라 가격을 책정할 수 있다.

④ **경로관리**(Channel management, Place)

　㉠ 생산된 제품이 생산자로부터 소비자에게 전달되는 과정으로 모든 생산자가 직접 소비자와 만날 수 없으므로 이와 같은 관리가 필요하다.

　㉡ 효율적으로 제품이나 서비스가 고객에게 전달될 수 있도록 하는 것이 중요하다.

⑤ **촉진관리**(Promotion management)

　㉠ 마케터가 제품의 혜택을 소비자에게 확신시키기 위해서 펼치는 모든 활동을 말한다.

　㉡ 촉진관리에는 광고, 판촉, 홍보, 인적 판매 등이 있다.

　　💡 **푸쉬 마케팅**(push marketing)
　　소비자의 욕구는 무시한 채, 기업의 내부적인 관점에서 생산 가능한 제품을 생산하여 소비자가 원하지 않는다 해도 강압적, 고압적으로 구매하도록 주로 광고를 통하여 행하는 마케팅 활동을 말한다.

　　💡 **풀 마케팅**(pull marketing)
　　광고·홍보 활동에 고객들을 직접 주인공으로 참여시켜 벌이는 판매기법을 의미하는 것으로 고객이 제품의 홍보에 적극 참여하도록 유도하는 것을 말한다.

▶ **기출유형익히기**

아래의 그림은 제품수명주기를 나타낸 것인데, 이를 참조하여 시장 세분화와 차별화 전략이 광범위하게 사용되는 시기는 제품수명주기 상에서 어떤 시기에 해당하는가?

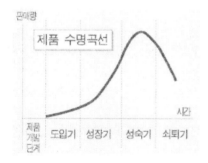

① 도입기(introductory stage)　　② 성장기(growth stage)
③ 성숙기(maturity stage)　　④ 쇠퇴기(decline stage)
⑤ 안정기(stabilization stage)

　　✔ 성숙기의 경우에는 시장의 규모가 더 이상 커지지 않으므로 현재의 시장점유율 유지가 핵심이라 할 수 있는데, 이렇듯 성장이 정체되면서 이로 인한 공급과잉 현상이 발생하며 기업 간 치열한 가격경쟁을 경험하게 된다. 그러므로 과열양상을 띠는 가격경쟁을 최소화하기 위해 시장세분화 전략 또는 제품차별화 전략 등을 활용하는 것이 좋다.　　　**답_③**

03 ▶ 재무관리

학습대책

현재가치와 미래가치 등 화폐의 시간가치에 대한 이해와 할인율 등 기본적인 용어의 정의를 숙지하고, 채권의 수익률, 가격정리, 듀레이션의 특성 및 채권가격의 변동요인에 대한 이해를 한다. PER 등 주요투자지표에 대하여 정확히 기억해 두며, 그래프를 활용한 파생상품 관련 응용문제가 자주 출제되므로 선물, 옵션에 대한 이론을 파악해두어야 한다.

1. 재무관리의 개요

1 재무관리의 의의

① **재무관리의 개념** ··· 기업경영의 하부 체계로서 자금의 조달과 운용에 관련된 의사결정을 수행하는 기업의 관리기능을 말한다.

② **재무관리의 목표** ··· 기업가치의 극대화이다.

2 재무관리의 기능

① **투자결정** ··· 기업이 어떤 종류의 자산을 어느 정도로 보유할 것인가에 대한 의사결정, 즉 기업 자산의 최적배합에 대한 의사결정을 말하며 기업의 미래현금흐름과 영업위험을 결정짓게 된다. 투자결정의 결과는 재무상태표 차변(왼쪽)항목으로 표시된다.

② **자본조달결정** ··· 투자에 소요되는 자본을 어떻게 효율적으로 조달할 것인가에 대한 의사결정, 즉 기업자본의 최적배합에 대한 의사결정을 말하며 기업의 재무위험을 결정짓게 된다. 자본조달 결정의 결과는 재무상태표의 대변(오른쪽)항목으로 표시된다.

③ **배당결정** ··· 투자결정 및 자본조달결정으로 창출된 기업의 순이익 중 얼마를 주주에게 배당하고 얼마를 기업 내에 유보할 것인가에 대한 의사결정으로 배당결정은 사내 자본조달 결정과 연결되므로 자본조달결정의 한 형태로 볼 수 있다.

④ **재무분석결정** ··· 투자, 자본조달 및 배당결정을 비롯한 기업의 제반 의사결정에 필요한 정보를 얻기 위하여 기업의 회계 및 재무자료를 분석하는 의사결정이다.

3 재무관리의 영역

① **재무계획**

    ㉠ 재무계획은 이익계획과 자본구조계획(자금계획)으로 대별된다.

    ㉡ 이익계획은 다시 수익계획과 비용계획으로 나누어지며, 예산의 형식으로 부문책임과 결합되어 손익계산서로서 회계적으로 표시된다.

    ㉢ 자본구조계획은 고정자본구조 계획(설비자본 구조계획)과 운전자본 구조계획(현금수지계획·현금수지예산)으로 나누어지며, 재무상태표로서 회계적으로 표시된다.

② **재무조직**

    ㉠ 재무조직의 중심과제는 재무관리조직이며, 그 전형은 컨트롤러 제도(controllership)에 있다.

    ㉡ 컨트롤러 제도는 경영활동에 관한 계수적 자료의 수집·분석·제공을 전담하는 분야를 설치하여, 기업경영자의 종합적 관리활동을 보좌하는 제도이다.

    ㉢ 기업회계가 재무회계적 기능에서 관리회계를 포함하는 계수관리적 기능으로 발달함에 따라 재무·회계를 직접적으로 집행하는 라인의 성격을 가진 재무부문과 계수에 의한 간접적 통제를 담당하는 스탭의 성격을 가진 컨트롤러 부문으로 구분되어, 후자의 장(長)인 컨트롤러가 경영집행진을 보좌하는 제도, 즉 컨트롤러 제도가 도입되었다.

    ㉣ 미국의 기업경영에서 발달한 것으로, 현재는 관리회계적 기능과 내부감사기능을 보유하는 경우가 있으며 계수적 관리의 방법인 예산제도의 집행에 있어서는 특히 중요한 역할을 수행하고 있다.

③ **재무통제** … 재무통제는 경영분석·경영비교·예산차이 분석에 의하여 전개되는데, 그 집약적 지표는 자본이익률(ROE)이다.

4 재무관리의 이론

① **화폐의 시간가치**

    💡 화폐의 시간가치(time value of money)

    일반적으로 소비자들은 미래의 현금보다는 현재의 현금을 더 선호하는 데 이를 유동성선호라고 한다. 소비자들이 이와 같이 미래의 현금흐름보다는 현재의 현금흐름을 더 선호하게 되는 이유는 크게 4가지로 설명될 수 있다.

    ① 소비자들은 미래의 소비보다는 현재의 소비를 선호하는 시차선호의 성향이 있다.

    ② 미래의 현금은 인플레이션에 따르는 구매력 감소의 가능성이 항상 존재하고 있다.

    ③ 현재의 현금은 새로운 투자기회가 주어질 경우 생산 활동을 통하여 높은 수익을 얻을 수 있다.

    ④ 미래의 현금흐름은 미래의 불확실성으로 인하여 항상 위험이 존재하게 된다.

    한편 이와 같은 소비자들의 유동성선호를 반영하여 화폐의 시간가치를 나타내는 척도가 시장이자율이다. 따라서 시장이자율은 앞서 설명한 시차선호, 인플레이션, 생산기회, 위험 등을 반영하여 결정된다. 이와 같이 화폐란 시간이 지남에 따라 그 가치가 달라지는 것이므로 현금흐름의 발생시점이 다를 경우 화폐의 시간가치를 고려하여야 한다.

○ 기업의 의사결정은 현재에 이루어지지만 이로인해 발생하는 현금흐름은 미래에 일어나므로 투자안을 평가하기 위해서는 동일시점의 가치로 환산하는 작업이 필요하다.

⑦ **현재가치**(PV ; Present Value) : 향후 발생하게 될 미래의 화폐가치를 현재시점의 화폐가치로 환산한 것이다.

$$PV = \frac{FV}{(1+r)^n}$$

④ **미래가치**(FV ; Future Value) : 미래 특정시점을 기준으로 하여 현재의 화폐가치를 환산한 것이다.

$$FV = PV(1+r)^n$$

○ 유동성 선호란 동일한 금액일 경우 미래의 현금보다 현재의 현금을 선호하는 것을 말한다.

○ 유동성 선호로 인해 사람들은 현재의 현금을 포기 할 경우 더 많은 미래현금을 요구하게 되는데 이와 같은 유동성 선호를 반영하여 화폐의 시간가치를 나타내는 척도가 시장이자율이다.

② 미래의 화폐가치(현금)을 현재 시점의 화폐가치로 환산할 때 적용하는 비율을 할인율(r)이라고 한다.

② **불확실성 하의 선택이론**

○ 불확실성 하에서 효용극대화를 위한 최적투자결정이 어떻게 이루어지는 가를 다루는 의사결정이론이다.

○ 불확실성의 세계에서는 본질적인 위험을 내포하므로 성과 이외에도 위험을 고려해야 한다.

○ 불확실성 하의 선택이론에는 기대효용극대화이론, 평균 – 분산이론, 확률지배이론이 있다.

2. 포트폴리오 분석과 투자결정

1 포트폴리오 분석

① **포트폴리오 관리의 의의** … 다수의 투자자산에 분산투자하는 활동을 체계적으로 계획하고 실행하며 사후통제하는 것을 말한다.

> 💡 **포트폴리오(portfolio)**
> 일반적으로는 주식 투자에서 여러 종목에 분산 투자함으로써 한 곳에 투자할 경우 생길 수 있는 위험을 피하고 투자수익을 극대화하기 위한 방법으로 이용된다. 증권투자와 관련해서 특성이 서로 다른 여러 증권엔 분산 투자함으로써 미래의 불확실한 위험을 미리 분산할 수 있는 이점이 있다. 이론직으로 무위험자산이 존재하는 현실에서 가장 효율적인 포트폴리오는 시장 포트폴리오를 뜻한다. 주식시장의 경우

상장된 모든 주식을 시가 총액에서 차지하는 비율로 분산 투자했을 때는 포트폴리오가 시장 포트폴리오에 해당되며 이의 대용물로는 보통 시가총액방식의 종합주가지수가 사용된다.

② **포트폴리오 관리의 목표** … 일정한 기대수익에 대해서 위험을 최소화시키거나, 일정한 위험에 대해서 기대수익을 최대화시키는 효율적 분산투자를 하는 것이다.

③ **포트폴리오 분석의 특징**

　㉠ 투자가치평가를 포트폴리오 구성의 관점에서 한다는 것이다.

　㉡ 분석의 초점이 효율적 위험저감의 방법과 최적포트폴리오 구성방법을 찾는 점이다.

④ **기대수익률과 위험의 측정**

　㉠ 투자대상의 가치는 기대수익과 위험의 두 가지 요인에 의해서 결정된다.

　㉡ 기대수익률 : 실제의 수익률이 가질 수 있는 여러 가지 가능한 값들의 평균적인 값이다.

$$E(\widetilde{R_i}) = \sum_{j=1}^{s} \widetilde{R_{ij}} \cdot p_j$$

　　* $E(R_i)$ = 기대수익률
　　* $\widetilde{R_{ij}}$ = 미래 j상황이 발생한 경우의 수익률
　　* p_j = 미래에 j상황이 발생할 확률

　㉢ 위험 : 기대수익률이 실현되지 않을 가능성의 위험을 말한다(분산 또는 표준편차로 표시).

$$Var(R_i) = \sigma_i^2 = \sum [R_{ij} - E(R_i)]^2 \cdot P_{ij}, \ \sigma_i^2 = 분산$$

　💡 체계적 위험(systematic risk)
　　주식의 위험을 크게 분산 가능한 위험과 분산 불가능한 위험으로 분류할 때 분산투자를 통하여 제거할 수 없는 위험을 말한다. 체계적 위험은 시장 전체의 변동위험으로서 이에 영향을 미치는 요인은 경기변동, 인플레이션, 경상수지, 사회·정치적 환경 등 거시적 변수이다.

　💡 비체계적 위험(unsystematic risk)
　　증권시장 전반의 움직임에 관계없이 특정 개별주식에 한정된 위험으로 잔차 위험이라고도 한다.
　　비체계적 위험은 경영진의 변동, 파업, 법적소송, 새로운 해외진출계획 등과 같이 어느 특정기업만이 가지는 사건이나 상황의 변동 등에서 발생되는 위험이다. 투자자는 여러 개의 주식으로 포트폴리오를 구성함으로써 이 같은 비체계적 위험을 축소시키거나 제거시킬 수 있다.

　㉣ 평균분산기준 : 수익률의 확률분포로부터 평균, 분산을 알 수 있다면 투자대상의 가치평가가 가능하며, 이를 투자결정의 기준으로 선택 가능하다. 평균분산기준은 '투자자의 효용함수가 2차 함수 또는 수익률의 분포가 정규분포'라는 가정이 성립되어야 한다.

⑤ **증권의 최적선택**

　㉠ 지배원리와 효율적 증권의 선택

　　㉮ **지배원리** : 위험이 동일한 투자대상들에서는 기대수익이 가장 높은 것을 선택하고, 기대수익이 동일한 투자대상들에서는 위험이 가장 낮은 투자대상을 선택하는 것을 말한다.

　　㉯ 지배원리를 충족시켜 선택된 증권을 효율적 증권이라고 하며, 포트폴리오의 경우 효율적 포트폴리오(efficient portfolio)라고 말한다.

　㉡ 투자자의 위험에 대한 태도와 무차별효용곡선

　　㉮ 기대수익과 위험이 동시에 고려될 때 투자자가 주관적으로 느끼는 만족도인 효용의 크기에 따라 최종선택을 할 수 밖에 없다.

　　㉯ 투자자의 효용은 기대수익이 높을수록 그리고 위험은 낮을수록 커진다.

　　㉰ 위험에 대한 투자자의 태도는 위험회피형, 위험중립형, 위험선호형 세 가지 유형으로 나누어 볼 수 있다.

　　㉱ 위험회피형(risk averse) 투자자는 기댓값에 대한 효용을 효용에 대한 기댓값보다 크게 지각하는 투자자를 말한다.

　　㉲ 위험회피형 투자자의 효용구조

$$EU(R_i) < U[E(R_i)]$$

　　㉳ 위험중립형(risk neutral) 투자자는 기댓값에 대한 효용이나 효용에 대한 기댓값이나 관계없이 그 금액의 크기에 의해서만 효용을 지각하는 투자자를 의미한다.

　　㉴ 위험중립형 투자자의 효용구조

$$EU(R_i) = U[E(R_i)]$$

　　㉵ 위험선호형(risk loving) 투자자는 효용에 대한 기댓값을 기댓값에 대한 효용보다 더 크게 평가하는 투자자이다.

　　㉶ 위험선호형 투자자의 효용구조

$$EU(R_i) > U[E(R_i)]$$

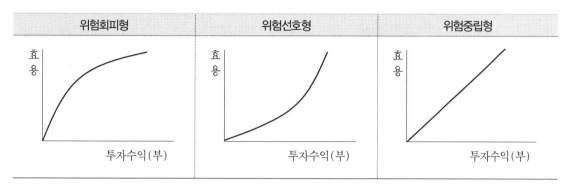

투자자의 유형에 따른 효용함수의 형태

위험회피형	위험선호형	위험중립형
효용 / 투자수익(부)	효용 / 투자수익(부)	효용 / 투자수익(부)

▶ **기출유형익히기**

분산투자의 목적으로 가장 적절한 것은?

① 수익과 비용의 적정화   ② 위험의 최소화

③ 수익의 극대화   ④ 비용의 최소화

⑤ 기업의 성장성 제고

> ✔ 포트폴리오의 궁극적 목표 … 투자수익과 투자위험은 상충관계(trade off)에 있으므로, 일정한 기대수익
> 에 대해서 위험을 최소화시키거나, 일정한 위험에 대해 기대수익을 최대화하기 위하여 분산투자를 하
> 며, 아무리 많은 증권에 분산투자하더라도 체계적 위험은 줄어들지 않는다.
> ※ 체계적 위험과 비체계적 위험
>   ㉠ 체계적 위험 : 전쟁, 지진 등 증권시장 또는 증권가격 전반에 영향을 주는 요인에 의하여 발생하
>   는 위험
>   ㉡ 비체계적 위험 : 파업, 경영실패, 소비자 기호의 변화 등 경기동향과는 관계없이 소수의 특정기업
>   에 개별적으로 영향을 미치는 위험요인(분산투자로 제거 가능한 위험)   **답_①**

2   채권투자의 이해

① **채권의 의의** … 국가 · 지방자치단체, 특별법인, 주식회사 등이 불특정 다수인으로 일시에 대량의 자금을 조달하
고 그 조달원금의 상환과 이자지급 등의 조건을 명확히 표시하여 발행하는 표준화된 차용증서의 일종이다.

더 알고가기

채권과 주식의 차이점

구분	채권	주식
자금조달방법	타인자본 조달	자기자본 조달
증권소유자 지위	채권자	주주
소유로부터의 권리	확정부 이자 및 수령권 만기시 원금상환수령권	결산시 사업이익금에 따른 배당을 받을 권리
존속기간	일부 영구증권을 제외하고는 대부분 기한부증권	발행회사와 존속을 같이 하는 영구증권

▶ **기출유형익히기**

일반적인 주식과 채권의 차이점에 대한 설명으로 옳지 않은 것은?

① 주식은 배당수익을 얻는 반면 채권은 이자수익을 얻는다.
② 주식과 채권 모두 회사 경영에 참여할 수 있는 의결권이 부여된다.
③ 주식은 만기가 없는 반면 채권은 만기가 있다.
④ 주식과 채권은 직접적인 자금조달수단이다.
⑤ 일반적으로 채권의 가격변동성이 주식보다 낮다.

✔ 주식을 소유한 주주는 주주총회에서 의결권을 행사할 수 있으나 채권자는 의결권이 없다.   답_②

② **채권의 분류**

분류 구분	종류
발행주체	국채, 지방채, 특수채, 금융채, 회사채
이자지급방법	이표채, 할인채, 복리채
상환기간	단기채(1년 이하), 중기채(5년 미만), 장기채(5년 이상)
원금 상환방법	만기일시상환, 정기분할상환, 연속상환, 임의상환, 감채기금부채권
표시통화	자국통화표시채권, 외국통화표시채권

③ **채권수익률의 종류**

㉠ 만기수익률(YTM ; Yield-To-Maturity, 유통수익률, 시장수익률, 내부수익률) : 만기수익률은 채권의 내부수익률을 의미하며 채권으로부터 발생하는 현금흐름의 현재가치와 그 채권의 시장가치를 일치시켜주는 할인율을 의미한다.

$$채권가격 = \sum_{t=1}^{n} \frac{이자수익}{(1+y)^t} + \frac{액면금액}{(1+y)^n} \text{ (단, } n : 만기까지 기간, \ y : 만기수익률)$$

    ⓛ **표면수익률**(Coupon Rate ; 명목수익률) : 채권의 액면가격에 대한 연간 표면이자 수익의 비율로 나타내는 수익률이다.

    ⓒ **경상수익률**(Current Rate ; 시가수익률, 단순수익률, 직접수익률) : 자본이득(매매차익 등)을 감안하지 않고 투자(매입)금액에 대해 1년간 지급되는 표면이자 수입의 비율이다.

④ **채권의 가격정리**(B. G. Malkiel)

    ㉠ 제1정리 : 채권가격은 채권수익률과 반대방향으로 움직인다.

    ㉡ 제2정리 : 채권수익률이 변동할 때 그 변동으로 인한 채권가격의 변동폭은 만기가 길어질수록 커진다.

    ㉢ 제3정리 : 채권수익률 변동에 따른 채권가격 변동폭은 만기가 길수록 커지지만 변동폭 자체의 변화율은 체감한다.

    ㉣ 제4정리 : 만기가 일정할 때 채권수익률이 하락으로 인한 가격상승폭이 같은 폭의 채권수익률 상승으로 인한 가격하락폭 보다 크다.

    ㉤ 제5정리 : 채권수익률 변동으로 인한 채권가격의 변동률은 액면이자율이 높을수록 작아지며 이자지급 주기가 짧은 경우 채권가격 변동률은 적어진다.

⑤ **맥컬레이 듀레이션**(Macaulay Duration)

    ㉠ **개념** : 채권의 각 현금흐름을 회수하는데 걸리는 가중평균기간이다.

    ㉡ **도출과정** : 미래 현금에 대한 할인율로 만기수익률을 사용하여 수익률곡선의 형태는 수평이고 평행이동을 전제로 하여 산출한다.

⑥ **수정 듀레이션**(Modified Duration)

    ㉠ **개념** : 시장수익률 변동에 따른 채권가격의 민감도를 표시하며 단순한 만기 개념보다 우월한 투자판단과 투자위험 측정지표이다.

    ㉡ **활용** : 채권수익률 변동에 따른 채권가격의 변동률을 추정할 때 사용한다.

$$D_{\mathrm{mod}}(\text{수정 듀레이션}) = \frac{dp}{dr}\frac{1}{p} \rightarrow \frac{\triangle p}{p} = -D_{\mathrm{mod}} \times dr$$

$$채권가격변화(\%) = -D_{\mathrm{mod}} \times \frac{수익률변화(\mathrm{basis\,point})}{100}$$

        * P : 채권가격
        * r : 채권수익률
        * D_{mod} : 수정듀레이션

⑦ 듀레이션의 특성

ㄱ 다른 조건이 동일하다면 표면이자율이 낮을수록 듀레이션은 커진다.

ㄴ 채권의 만기가 길수록 듀레이션도 커진다.

ㄷ 채권수익률과 듀레이션은 역의 상관관계를 갖는다.

ㄹ 만기일시 상환채권의 듀레이션은 채권의 잔존기간과 같다.

ㅁ 듀레이션은 가산법칙이 성립한다(채권포트폴리오의 듀레이션).

⑧ **채권수익률**(채권가격) **결정요인**

ㄱ **수급상황** : 채권의 초과공급이 발생하면 채권수익률이 상승한다.

ㄴ **경기동향**(fundamental) : 일반적으로 경제성장률이 높을 때에는 채권의 초과공급으로 채권가격이 하락(채권 수익률 상승)한다.

ㄷ **물가상승**(inflation) : 물가의 상승과 채권수익률은 정의 상관관계에 있다.

ㄹ **시중자금 사정과 금융정책** : 시중의 자금사정과 정기예금금리 등 재정금융정책은 채권수익률과 밀접한 상관 관계가 있다.

ㅁ **채권의 만기** : 채권의 만기, 즉 장기채권 및 단기채권 여부에 따라 채권수익률은 달라진다.

ㅂ **채무불이행 위험** : 채무불이행 위험이 커지면 당해 채권의 수익률도 상승한다.

ㅅ **채권의 유동성** : 채권의 유동성 정도에 따라 채권의 수익률이 달라진다.

▶ **기출유형익히기** ....

다음과 같이 액면가 1,000만 원의 채권이 있다. 투자자에게 1년 후 60만 원, 2년 후 60만 원, 3년 후 1,060만 원을 각각 지급한다. 이 중 가장 옳지 않은 사항은?

① 이 채권의 이표이자율은 6%다.

② 이 채권은 만기가 3년인 이표채다.

③ 1년 후 이 채권의 가격은 1000만원보다 낮아질 수 없다.

④ 1년 후 시장이자율이 연 6%라면 채권의 가격은 그대로 1000만원이다.

⑤ 2년 후 시장이자율이 연 5%로 변화되면 이 채권의 가격은 액면가보다 높아진다.

✔ 채권이 발행된 후에 시장에서 통용되는 이자율이 6%보다 높아지게 될 경우에 이 채권의 가격은 액면 가보다 낮아지게 되며, 반대로 시장이자율이 6%보다 낮아지게 될 경우에 채권의 가격은 액면가보다 높아지게 된다. 시장이자율이 6%인 경우에 채권의 가격은 액면가와 동일하게 된다. 답_③

3 효율적 시장가설

① **기본개념**

  ㉠ 주식시장이 효율적(efficient)이라는 것은 주식가격이 그 회사가 갖는 내재가치를 정확하게 반영하고 있다는 것을 뜻한다.

  ㉡ 효율적 시장에서는 그 회사의 경영상황에 대한 정보가 창출되었을 때 주식가격이 정보를 즉각 반영한다.

 알고가기

> **차익거래자**(arbitrager) : 시장에서 형성된 주가가 그 회사의 내재가치와 괴리되어 있다고 판단될 때 그 차액으로 이득을 얻기 위한 거래를 함으로써 주가를 내재가치와 일치하게 만드는 거래자를 말한다.

  💡 **효율적 시장가설(Efficient Market Hypothesis)**

   자본시장의 가격이 이용가능한 정보를 충분히 그리고 즉각적으로 반영하고 있다는 가설이다.

② **효율적 시장가설의 형태(Fama의 3가지 가설)**

  ㉠ 약형 효율적 시장가설 : 과거자료를 이용하여 주가를 분석하는 것은 의미가 없으므로 거래량의 패턴 등을 이용해서는 미래주가를 예측할 수 없다는 것이다(기술적 분석으로는 시장에서 초과수익을 얻을 수 없다).

  ㉡ 준강형 효율적 시장가설 : 과거뿐만 아니라 현재 이용 가능한 모든 공개정보도 미래 주가를 예측하는데 도움을 줄 수 없다는 것으로, 시장에 공개된 정보는 그 정보가 발표되는 시점의 주가에 모두 반영되므로 미래의 주가는 오늘 공개된 정보와 관련이 없다는 것이다(기술적 분석 및 기본적 분석으로는 시장에서 초과수익을 얻을 수 없다).

  ㉢ 강형 효율적 시장가설 : 현재의 주가는 이용 가능한 공개정보 뿐만 아니라 내부자들에게만 알려진 내부정보까지도 모두 반영하고 있으므로, 미래의 주가는 현재 존재하는 내부 정보와도 관련이 없다는 것이다.

 알고가기

> **비효율적 시장가설** : 효율적 시장가설에 의문을 제기하는 학자들이 많아짐에 따라 최근 미국금융학회는 투자자의 비합리성, 심리적요인의 중요성을 강조하는 학풍을 행태주의 금융이론(behavioral finance theory)이라는 독자적 분야로 분류하고 있다.

어느 투자자가 매년 초에 PER가 낮은 주식들에 투자하여 지속적으로 시장평균수익률을 상회하는 수익률을 내고 있다고 한다. 이는 다음 중 어느 가설에 위배되고 있는가?

① 약형 효율적 시장가설　　　　　② 준강형 효율적 시장가설
③ 강형 효율적 시장가설　　　　　④ 배분적 효율적 시장가설
⑤ 해당사항 없음

> ✔ 준강형 효율적 시장가설 … 현재의 주가는 공개적으로 이용가능한 모든 정보를 완전히 반영하고 있으므로 투자자들은 공표된 어떠한 정보나 이에 바탕을 둔 투자전략으로는 초과수익을 얻을 수 없다는 주장이다.
>
> 답_②

4 주요 주식투자 지표

① **배당수익률** … 당기에도 전기와 동일한 배당률로 주주에 대한 배당금이 지급된다는 가정 하에서 현재의 가격으로 주식을 매수하고 주식을 결산기까지 보유할 때에 얻을 수 있는 수익률을 측정하는 지표이다.

$$배당수익률(\%) = \frac{주당배당금}{주가} \times 100$$

② **주가수익비율**(PER ; Price Earning Ratio) … 현재의 주가를 1주당 순이익(EPS ; Earning Per Share)으로 나눈 비율로써 주가가 1주당 순이익의 몇 배가 되는지를 측정하는 지표이다.

$$PER = \frac{주가}{주당수익률(EPS)}$$

> 🔅 주가수익비율(Price Earning Ratio)
>
> PER이란 주가를 주당순이익으로 나눈 주가의 수익성 지표를 말한다.
>
> 주가가 주당순이익의 몇 배인가를 나타내는 것으로 투자판단의 지표로 사용된다.
>
> PER이 높으면 기업이 영업활동으로 벌어들인 이익에 비해 주가가 높게 평가되었으며, 반대로 PER이 낮으면 이익에 비해 주가가 낮게 평가되었음을 의미하므로 주가가 상승할 가능성이 크다.

③ **주가 순자산비율**(PBR ; Price Book Value Ratio) … 주가를 1주당 순자산가액(장부가액에 의한 주주의 지분)으로 나눈 것으로 주가가 1주당 순자산가치(NAV ; Net Asset Value)의 몇 배인가를 나타내기 때문에 마찬가지로 주가의 상대적 수준을 나타내는 투자지표이다.

$$PBR = \frac{주\,가}{주당순자산\,(BPS)}$$

④ **주가현금흐름 비율**(PCR ; Price Cash-flow Ratio) … 주가를 주당 현금흐름으로 나눈 비율로서 주당이익을 중시하는 PER의 보조지표를 사용한다.

$$PCR = \frac{주\,가}{주당현금흐름}$$

⑤ **경제적 부가가치**(EVA ; Economic Value Added) … 기업이 벌어들인 영업이익 가운데서 세금과 주주에 대한 자본비용을 차감한 금액을 말한다.

⑥ **토빈의 Q**(Tobin's Q) … 주식시장에서 평가된 기업의 시장가치를 기업 실물자본의 대체비용(순자산가치)으로 나눈 것을 의미하며, 설비투자의 동향을 설명하거나 기업의 가치평가에 이용된다.

> 💡 토빈의 q(tobin's q)
> 토빈의 q 비율은 기업의 시장가치(시가총액)를 기업 실물자본의 대체비용(순자산가치)으로 나눈 비율을 의미한다. q가 1보다 크다면, 시장에서 평가하는 기업의 가치가 그 기업과 똑같은 기업을 만드는데 드는 비용보다 크므로, 기업이 투자를 통해 자본축적량을 늘리는 것이 타당하다. 반면 q가 1보다 작으면 이는 현재 기업의 시장가치가 대체비용만도 못함을 의미하므로, 자본이 마모되더라도 이를 대체하지 않는 게 타당하다.

다음 중 주식가치를 평가하는 데 활용되는 지표가 아닌 것은?

① PBR
② PER
③ CSR
④ TOBIN'S Q
⑤ EBITDA

✔ ① $PBR = \dfrac{주 가}{주당순자산(BPS)}$

② $PER = \dfrac{주 가}{주당수익률(EPS)}$

③ CSR은 기업의 사회적 책임으로 주식가치 평가에 사용되는 용어는 아니다.

④ Tobin's Q는 주식시장에서 평가된 기업의 시장가치를 기업 실물자본의 대체비용(순자산가치)으로 나눈 것을 의미한다.

⑤ EBITDA(Earnings Before Iinterest, Taxes, Depreciation and Amortization)는 법인세, 이자, 감가상각비 차감 전 영업이익을 말한다.

답_③

5 주식의 가치평가

① 주식의 가치평가 방법

㉠ 내재가치 평가 : 주식을 보유함으로서 얻을 수 있는 이익(배당소득과 자본소득)가치를 적절한 할인율로 할인하는 것을 말한다.

㉡ 자산가치 평가 : 미래 이익과 할인율의 추정이 어렵기 때문에 기업의 순수한 자산가치를 구하는 방법이다. 비상장기업의 주식의 가치는 기업의 순자산가치(총자산 – 총부채)를 발행 주식으로 나누면 적절한 주당가액이 산출될 수 있다. 이를 주당장부가치(BPS ; Book value Per Share)라고 한다.

② 주식과 평가모형

㉠ 배당평가모형 : 미래에 받게 될 배당금을 할인하여 주가의 내재가치를 평가하는 모형이다.

㉡ 주가수익비율(PER) 평가모형

㉮ PER : 현재의 주가를 주당 순이익으로 나눈 것으로 이익 한 단위당 투자자들이 지불한 대가를 나타낸 것이다.

㉯ PER를 이용한 주가평가 : $P_o = \dfrac{d_o(1+g)}{k-g}$ 의 양변을 주당순이익(EPS)로 나누어 정상적인 PER를 계산하면 $\dfrac{P}{EPS} = \dfrac{(1-f)(1+g)}{k-g} = \dfrac{d_1}{k-g}$ (f : 내부유보율, $1-f$: 배당성향, d_1 : 1기후 배당금)

- 위 식에서와 같이 PER는 배당성향$(1-f)$과 성장률(g)이 클수록 높아지며 요구수익률(k)이 클수록 낮아진다.
- 요구수익률은 주식의 위험과 경제상황에 따라 달라지며 경기상황이 낙관적인 경우에는 요구수익률이 낮아지게 된다.

ⓒ 주가장부가치비율(PBR) 평가모형

㉮ PBR은 주가를 주당순자산(BPS)로 나눈 값이다.

㉯ PBR의 구성요소분해 : $PBR = \dfrac{P}{BPS} = \dfrac{EPS}{BPS} \times \dfrac{P}{EPS} = ROE \times PER$

더 알고가기

ROE(Return On Equity) : 자기자본 이익률 〈제7회 출제〉

㉰ $PBR = ROE \times PER = \dfrac{순이익}{매출액} \times \dfrac{매출액}{총자본} \times \dfrac{총자본}{자기자본} \times PER$

6 기본적 분석

① **의의** … 주식가격에 영향을 주는 전반적인 경제상황, 기업이 속한 산업의 상황, 개별기업의 제반 특성 등 기업 내·외부의 여러 가지 요인들을 분석하여 주식의 내재 가치를 규명하는 방법이다.

② **경제분석**

㉠ 경기변동

㉮ 일반적으로 경기의 확장기에는 주식투자가, 수축기에는 채권투자가 유리하다. 우리나라의 주식시장의 경기는 일반실물경기보다 3~9개월 선행한다.

㉯ 경기종합지수(CI ; Composite Index) : 경기변동에 민감한 주요 지표들을 선정하여 이들의 움직임을 지수형태로 나타내어 경기흐름을 예측하는 지표이다.

㉰ 기업실사지수(BSI ; Business Survey Index) : 일반기업 경영자들에게 경기에 대한 설문조사를 통하여 파악한 후 이를 수치화 한 지표이다. 100이상이면 경기확장국면, 100이하이면 경기수축국면, 100전후에 머무를 때는 경기전환국면(정점 또는 저점)으로 판단할 수 있다(0~200사이의 값).

㉡ 경제성장률 : 경제성장률 변동은 주가변동에 탄력적으로 영향을 주어 경제성장률이 높으면 주가가 상승하고 경제성장률이 낮아지면 주가가 하락한다.

㉢ 통화량과 주가

㉮ 기업부문 : 통화량 증가→자금 확보→시설 투자→수익성 향상→주가 상승

㉯ 민간부문 : 통화량 증가→자금 확보→주식 매입→증시 활황→주가 상승

ⓔ 금리와 주가

　　㉮ **기업부문** : 금리 상승→자금조달 축소→설비투자 축소→수익성 악화→주가 하락

　　㉯ **민간부문** : 금리 하락→채권수요 감소→주식수요 증대→주가 상승

ⓜ 물가와 주가

　　㉮ 완만한 물가 상승→실물경기 상승→기업수지 개선→주가 상승

　　㉯ 급격한 물가 상승→금융자산 기피→실물자산 선호→주가 하락

　　㉰ 디스인플레이션→저물가ㆍ저금리→금융자산 선호→주가 상승

　　㉱ 스테그플레이션→비용 상승ㆍ구매력 저하→기업수지 악화→주가 하락

ⓗ **환율** : 환율의 변동은 개별기업의 수출비중과 수입비중에 따라 주가에 큰 영향을 미친다.

③ **산업분석**

　ⓐ 산업의 특성과 전망에 관한 분석으로 개별산업 또는 관련 산업에 중요한 영향을 미치는 요인들을 광범위하게 연구ㆍ분석하는 것을 말한다.

　ⓑ 산업분석의 주요 내용

　　㉮ 과거의 실적분석

　　㉯ 경기변동에 대한 적응력

　　㉰ 산업의 상대적 영속성

　　㉱ 인력수급 및 노사관계

　　㉲ 정부의 정책

　　㉳ 산업 내 경쟁관계

　　㉴ 산업의 주가수익률

　　㉵ 해외산업 동향

④ **기업분석** … 산업분석을 통하여 유망산업을 파악한 후, 해당 산업의 성과변동이 기업의 이익과 성장에 어떠한 영향을 미치는가를 파악하여야 한다. 기업분석을 통하여 최종적으로 우량기업을 선정하여 그 회사의 내재가치와 현재가치를 비교하여 그 주식의 매수여부를 결정한다.

7　기술적 분석

① **기술적 분석의 개요** … 기술적 분석은 주가와 거래량의 과거흐름을 분석하여 미래의 주가를 예측하고 주식의 선택 및 매매 시기를 판단하는 분석방법이다.

② **기술적 분석의 장점**

    ㉠ 주가는 모두 계량화할 수 없는 요인도 반영되어 있다.

    ㉡ 주가예측에 사용되는 추세나 패턴은 보다 객관적이다.

    ㉢ 주가패턴의 변동으로 매매 시기를 포착할 수 있다.

    ㉣ 동시에 여러 주식의 가격변동을 분석·예측할 수 있다.

③ **기술적 분석의 한계**

    ㉠ 과거의 추세와 패턴이 향후에도 계속될 것으로 보는 것은 비현실적이다.

    ㉡ 패턴의 해석이 분석자에 따라 달라질 수 있으며 추세의 기간(단기, 중기, 장기추세 등)을 명확하게 구분하기 어렵다.

    ㉢ 시장의 변동원인을 분석할 수 없다.

    ㉣ 주가변동이 수급 이외의 요인으로 발생한 경우 이를 분석하기 어렵다.

    ㉤ 효율적 시장에서는 그래프에서 매수·매도신호를 알기 어렵다.

▶ **기출유형익히기**

다음은 주식의 가치를 분석하기 위한 지표들을 설명한 것이다. 틀린 것은?

① 주당순이익(EPS)은 법인세 공제 후 순이익을 주식 수로 나눈 값이다.

② 주가수익비율(PER)은 수익성 측면에서 주가를 판단하는 지표이다.

③ 주식 투자의 판단지표로 배당수익률도 고려대상이다.

④ 주가순자산비율(PBR)은 주가를 1주당 순자산가액으로 나눈 값이다.

⑤ 경제적 부가가치(EVA)는 주가를 주당 현금흐름으로 나눈 것이다.

    ✔ ⑤는 주가현금비율(PCR)에 대한 설명이며 경제적 부가가치(EVA)는 기업이 벌어들인 영업이익에서 세금과 주주에 대한 자본비용을 차감한 금액을 말한다.   **답_⑤**

▶ **기출유형익히기**

거시경제지표 중 주가와 부(−)의 상관관계를 가지는 것은?

① 통화량 증가   ② 금리상승

③ 물가안정   ④ 환율안정

⑤ 수출증가

    ✔ 금리상승은 주가에 부정적인 영향을 미친다.   **답_②**

8 파생상품(선물)

① **선물거래**(futures trading) … 특정의 상품(기초자산)을 현재시점에서 약정해 놓은 가격으로 장래의 일정 시점에 매입 또는 매도하기로 조직화된 시장(거래소)에서 계약하는 거래이다.

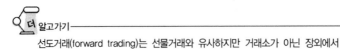

더 알고가기

선도거래(forward trading)는 선물거래와 유사하지만 거래소가 아닌 장외에서 거래된다.

선물거래(futures trading)

장래 일정 시점에 미리 정한 가격으로 매매할 것을 현재 시점에서 약정하는 거래로, 미래의 가치를 사고파는 것이다. 선물의 가치가 현물시장에서 운용되는 기초자산(채권, 외환, 주식 등)의 가격변동에 따라 파생적으로 결정되는 파생상품 거래의 일종이다.

- 선물거래의 특징
① 거래소에서 정한 표준화된 조건으로 거래가 이루어지므로 거래의 유동성이 높다.
② 모든 거래자는 거래이행을 보증하기 위해 청산소에 일정수준 이상의 증거금을 예치하여야 한다.
③ 거래소에서 거래가 이루어지면 별도의 조직인 청산소가 거래의 결제 및 이행을 보증하므로 계약불이행위험이 거의 없다.
④ 매일 최종선물가격을 기준으로 가격변동에 따른 당일손익을 정산한다.

② **선물거래의 특징**

㉠ 선물거래와 현물거래의 비교

구분	선물거래	현물거래
투자전략	매수 · 매도 모두 가능	일반적으로 매수만 가능
실물인수도	약정된 장래	현재

㉡ 선물거래(futures trading)와 선도거래(forward trading)의 비교

구분	선물거래	선도거래
거래장소	계약이행을 보증하는 법에 의해 설립된 선물거래소	일정한 장소가 정해지지 않은 장외시장
거래조건	거래대상품목, 거래단위, 만기일 등이 표준화 되어 있음	거래 당사자간의 합의에 따라 다양한 계약조건이 가능
계약이행의 보증	결제소가 보증하여 계약불이행의 위험이 없음	거래 당사자간의 신용에 따라 계약불이행 위험이 있음
증거금	있음	없음
중도청산	반대매매를 통해 중도 청산 가능	상대방이 응하지 않으면 중도 청산 불가능 대부분 만기일에 인수 · 인도 됨

일일정산	가격변동에 따른 손익정산이 매일 이루어짐	만기일에만 손익정산이 가능
규제방식	엄격한 규제	자율적 규제
결제일자	표준화되어 있음	매매 당사자간 합의
시장구조	완전 시장	불완전 시장

ⓒ 선물거래자의 유형

㉮ 헤저(hedger) : 예상하지 못한 가격의 변동으로 인한 위험을 최소화시키려는 목적으로 선물거래를 하는 투자자이다.

㉯ 투기자(speculator) : 선물가격의 변동에 따른 시세차익을 얻기 위하여 선물거래를 하는 투자자로서 선물시장에 유동성을 제공하여 시장의 안정성을 도모하는 역할을 한다.

㉰ 차익거래자(arbitrageur) : 현물가격과 선물가격간의 일시적인 불균형이 있을 경우 상대적으로 고평가 되어 있는 쪽을 매도하고, 저평가되어 있는 쪽을 매수하여 무위험 이익을 얻는 투자자이다.

ⓔ 선물시장의 경제적 기능

㉮ 가격변동 위험의 전가 : hedger → speculator

㉯ 미래시장가격의 예시 : 미래현물가격의 동향을 사전 예측할 수 있다.

㉰ 시장효율성의 제고 : 금융시장의 효율적인 자원배분을 한다.

㉱ 자본형성의 촉진 : 투기자의 부동자금을 헤저의 산업자금으로 이전시킨다.

▶ **기출유형익히기** ....

선물환 거래에 대한 다음 설명 중 잘못된 것은?

① 주로 기업들이 환율변동 위험을 피하기 위해 하는 거래다.

② 달러화 가치가 하락할 것으로 예상되면 선물환을 매입하게 된다.

③ 선물환 거래가 일어나면 단기 외채가 증가하는 효과를 가져온다.

④ 만기가 되어 선물환 거래가 청산되어도 외환보유액은 변동이 없다.

⑤ 미래 특정외화의 가격을 현시점에서 미리 계약하고 약속한 미래시점에 계약대로 이행하는 금융거래다.

> ✔ 선물환 거래란 무역업체들이 미래 수출입대금(달러)의 가격 변동위험을 피하기 위해 미리 환율을 고정시키는 계약을 말한다. 수출업체가 달러를 현재 정한 환율로 미래 일정시점에 팔기로 계약하면 선물환 매도, 금융회사가 달러를 현재 정한 환율로 미래 일정시점에 사기로 계약하면 선물환매수라고 한다. 수출업체가 선물환 매도를 했을 경우 계약 상대방인 금융회사는 그때부터 만기까지 환율변동위험에 노출된다. 따라서 금융회사는 선물환 매수를 하는 동시에 해외에서 같은 금액의 달러를 빌려와 국내 금융시장에서 채권투자 등으로 운영하게 된다. 만기가 되면 수출업체는 수출대금으로 받은 달러를 금융회사에 미리 정한 환율로 넘겨 주고 금융회사는 이를 해외 달러 차입금상환에 활용하게 된다. 따라서 만기가 되어 선물환 거래가 청산될 때 외환보유액은 변화가 없다. 달러화 선물환을 매입한 후 달러화 가치가 하락하면 손실이 발생한다. **답_②**

③ **선물의 종류** … 상품선물(commodity futures), 금융선물(주가지수, 금리, 통화)

④ **선물거래의 손익구조**

　㉠ 선물 매입포지션(long future position)

　　㉮ 의미 : 기초자산의 가격상승 위험을 회피하기 위하여 선물계약을 통하여 미리 매입가격을 확보하거나, 선물가격의 상승이 예상될 때 차후 반대매매를 통한 수익을 목적으로 한다.

　　㉯ 선물 매입포지션의 손익

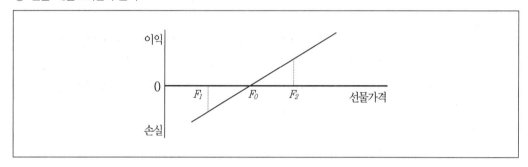

※ 선물을 F_0의 가격에 매입하여 F_1의 가격에 매도(반대매매)할 경우, 손실($F_0 \sim F_1$ 만큼)이 발생하게 되고 F_2 가격에 매도하게 되면 선물시장에서 이익($F_2 \sim F_0$)을 얻게 된다.

　㉡ 선물 매도포지션(short future position)

　　㉮ 의미 : 기초자산의 가격하락 위험을 회피하기 위하여 선물계약을 통하여 미리 매도가격을 확보하거나, 선물가격의 하락이 예상될 때 차후 반대매매를 통하여 수익을 얻는 것을 목적으로 한다.

　　㉯ 선물 매도포지션의 손익

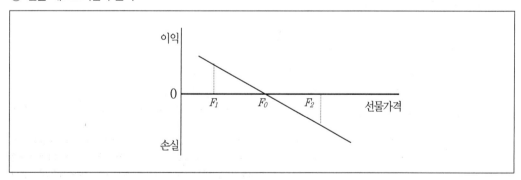

※ 선물을 F_0의 가격에 매도하여 F_1의 가격에 매입(반대매매)할 경우, 선물시장에서 이익($F_0 \sim F_1$)을 얻게 되고 F_2의 가격에 매입할 경우에는 선물시장에서 손실($F_2 \sim F_0$)이 발생하게 된다.

9 **파생상품(옵션)**

① **옵션 거래의 의의** … 특정자산을 미래의 일정시점까지 약정된 가격으로 사거나 팔 수 있는 권리를 그 소유자에게 부여하는 계약이다.

> 💡 옵션(option)
>
> 옵션거래는 주식, 채권, 주가지수 등 특정 자산을 장래의 일정 시점에 미리 정한 가격으로 살 수 있는 권리와 팔 수 있는 권리를 매매하는 거래를 말한다. 시장에서 당일 형성된 가격으로 물건을 사고파는 현물거래나 미래의 가격을 매매하는 선물거래와는 달리 사고팔 수 있는 권리를 거래하는 것이 옵션거래의 특징이다.

선물거래와 옵션거래의 비교

구분	선물거래	옵션거래
거래대상	기초자산	기초자산의 매수 또는 매도에 대한 권리
매수자	손실무한정, 이익무한대 권리와 의무 모두 소유	손실한정, 이익무한대 옵션행사 권리만 소유, 프리미엄 지급
매도자	손실무한정, 이익무한대 권리와 의무 모두 소유	손실무한정, 이익한정 의무만 소유, 프리미엄 수취
일일정산	일일정산함	일일정산하지 않음
증거금	매수, 매도자 모두 납부	매도자만 납부 (매수자는 프리미엄 지급)
포지션 청산	반대매매 및 실물인수·인도	반대매매 및 옵션행사

② **옵션의 분류**

　㉠ 권리의 행사시기에 따른 분류

　　㉮ 유럽형 옵션 : 거래 만기일에만 권리행사가 가능하다(우리나라의 주가지수 옵션이 해당됨).

　　㉯ 미국형 옵션 : 거래 만기일까지 언제든지 권리행사가 가능하다.

　㉡ 기초자산에 따른 분류

　　㉮ 상품옵션

　　㉯ 금융옵션

　　㉰ 현물옵션

　　㉱ 선물옵션

　㉢ 거래장소에 따른 분류

　　㉮ 장내옵션

　　㉯ 장외옵션

② 기초자산과 행사가격의 관계에 의한 분류

구분	콜옵션	풋옵션
등가격옵션(ATM)	기초자산가격 = 행사가격	기초자산가격 = 행사가격
내가격옵션(ITM)	기초자산가격 > 행사가격	기초자산가격 < 행사가격
외가격옵션(OTM)	기초자산가격 < 행사가격	기초자산가격 > 행사가격

③ **콜 옵션**(call option)

　㉠ **콜 옵션의 의미**: 콜 옵션은 옵션매입자가 옵션의 만기일 또는 만기일 이전에 기초자산을 약정된 가격(행사가격)에 매입할 수 있는 권리를 갖고 옵션매도자는 매도의무를 지는 옵션이다.

　㉡ **기초자산의 가격에 따른 콜옵션과 손익**

구분	$S \leq X$		$X < S$	
	매입자	매도자	매입자	매도자
ⓐ 콜 옵션의 가치	0	0	$S-X$	$-(S-X)$
ⓑ 콜 옵션의 가격	$-C$	$+C$	$-C$	$+C$
ⓐ+ⓑ 콜 옵션의 손익	$-C$	$+C$	$(S-X)-C$	$C-(S-X)$

※ S: 기초자산가격, X: 행사가격, C: 콜옵션의 가격

> 💡 **콜 옵션**(call option)
> 옵션거래에서 특정한 기초자산을 만기일이나 만기일 이전에 미리 정한 행사가격으로 살 수 있는 권리를 말하는 것으로 풋 옵션과 상반된 개념이다. 콜 옵션을 매입한 사람은 옵션의 만기 내에 약정한 가격(행사가격)으로 해당 기초자산을 구매할 수 있는 권리를 갖게 되고, 콜 옵션을 매도한 사람은 매입자에게 기초자산을 인도해야 할 의무를 갖는다.

❖ 콜 옵션의 손익구조 ❖

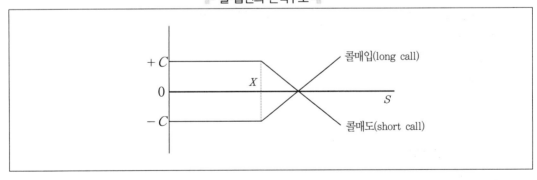

④ **풋 옵션**(put option)

㉠ 풋 옵션의 의미 : 옵션매입자가 옵션의 만기일 또는 만기일 이전에 기초자산을 약정된 가격(행사가격)에 매도할 수 있는 권리를 갖고 옵션매도자는 매입의무를 지는 옵션이다.

㉡ 기초자산의 가격에 따른 풋 옵션의 손익

구분	$S \leq X$		$X < S$	
	매입자	매도자	매입자	매도자
ⓐ 콜 옵션의 가치	0	0	$X - S$	$-(X - S)$
ⓑ 콜 옵션의 가격	$-P$	$+P$	$-P$	$+P$
ⓐ+ⓑ 콜 옵션의 손익	$-P$	$+P$	$(X - S) - P$	$P - (X - S)$

※ S : 기초자산가격, X : 행사가격, C : 풋 옵션의 가격

💡 **풋 옵션**(put option)
옵션거래에서 특정한 기초자산을 장래의 특정 시기에 미리 정한 가격으로 팔 수 있는 권리를 매매하는 계약을 말한다. 매수인의 입장에서 풋 옵션은 주식 가격이 하락하면 무한정의 이익을 얻을 수 있고, 주식 가격이 상승하더라도 프리미엄만 포기하면 되므로 손해는 한정된다. 반대로 풋 옵션 매도인의 입장에서는 주식 가격이 상승하면 이익을 얻되 매수인이 포기하는 프리미엄의 금액으로 한정되지만, 주식 가격이 하락하면 무한정의 손해를 본다.

🔹 풋 옵션의 손익구조 🔹

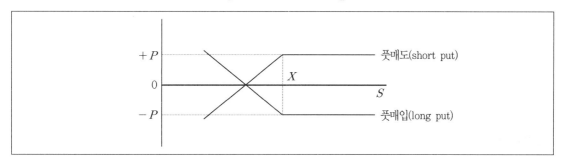

A기업은 B기업을 인수하기 위하여 외부의 재무적 투자자를 모집하고 있으나 투자자들이 투자수익의 보장을 요구한 바, A기업에서는 외부의 재무적 투자자들에게 B기업 주식이 현재의 3만 원 이하로 가격이 하락할 경우에 A기업에서 전량을 매입하겠다고 제안하였다. 이 상황에서 예상되는 A기업의 수익구조는 어느 것인가?

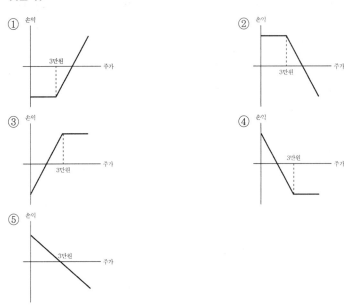

✔ 외부투자자들에게 주식을 3만 원에 팔 수 있는 권리를 주는 것이므로, A기업은 풋옵션을 매도하는 결과가 된다.

답_③

⑤ **옵션의 결합**(주식과 풋 옵션의 결합)

⟐ 주식과 풋 옵션의 결합 ⟐

포트폴리오	만기일의 가치	
	$S < X$	$S \geq X$
ⓐ 주식 매입	S	S
ⓑ 풋 옵션 매입	$X - S$	0
ⓐ + ⓑ	X	S

※ 만기일에 주가(S)가 행사가격보다 작다면 포트폴리오의 가치는 행사가격(X)과 같으며, 반대로 $S > X$일 경우에는 주가(S)가 포트폴리오의 가치가 된다.

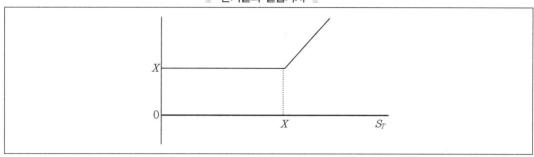

만기일의 결합가치

⑥ **옵션의 가격범위**

   ⊙ 콜 옵션의 가격범위

      ㉮ 콜 옵션의 가격은 항상 0보다 크거나 같다($C \geq 0$).

      ㉯ 콜 옵션의 가격은 기초자산의 시장가격보다 클 수 없다($C < S$).

      ㉰ 현재의 주가가 행사가격보다 높을 경우 미국형콜옵션의 가격은 주가에서 행사가격을 뺀 것보다 더 작을 수 없다($C \geq S - X$).

   ⊙ 풋 옵션의 가격범위

      ㉮ 풋 옵션의 가격은 항상 0보다 크거나 같다($P \geq 0$).

      ㉯ 미국형 풋 옵션은 행사가격보다 작다($P \leq X$).

      ㉰ 미국형 풋 옵션은 항상 행사가격에서 주가를 뺀 값보다 크다($P \geq X - S$).

⑦ **옵션가격의 결정요인**

   ⊙ 콜 옵션의 가격에 영향을 미치는 요인

      ㉮ 기초자산의 가격 : 기초자산의 가격이 상승할수록 콜 옵션의 가격도 상승한다.

      ㉯ 행사가격 : 행사가격이 낮을수록 콜 옵션의 가격은 상승한다.

      ㉰ 만기기간 : 만기까지의 기간이 길수록 콜 옵션의 가격은 상승한다.

      ㉱ 무위험이자율 : 무위험이자율이 높을수록 콜 옵션의 가격은 상승한다.

      ㉲ 기초자산 가격 또는 수익률의 변동성 : 기초자산 또는 수익률의 변동성이 클수록 콜 옵션의 가격은 상승한다.

   ⊙ 풋 옵션의 가격에 영향을 미치는 요인

      ㉮ 기초자산의 가격 : 기초자산의 가격이 하락할수록 풋 옵션의 가격은 상승한다.

      ㉯ 행사가격 : 행사가격이 높을수록 풋 옵션의 가격은 상승한다.

      ㉰ 만기기간 : 미국형 풋 옵션의 경우 만기가 길수록 풋 옵션의 가격은 상승한다.

      ㉱ 기초자산의 가격 또는 수익률의 변동성 : 기초자산 또는 수익률의 변동성이 클수록 풋 옵션의 가격은 상승한다.

요인	콜옵션가격	풋옵션가격
기초자산가격(S) 상승	↑	↓
행사가격(X) 상승	↓	↑
무위험이자율(r) 상승	↑	↓
만기기간(T) 장기	↑	↑
기초자산 가격변동성(α) 증가	↑	↑

※ 위의 관계는 유럽형 옵션의 경우에는 성립되지 않을 수 있다.

▶ **기출유형익히기** ....

국제금융환경의 불안으로 현재 1,100원인 원·달러 환율이 상승할 것으로 예상되어 컴퓨터 부품을 수입하는 A기업은 부품을 안정적인 가격에 수입하기 위하여 B은행의 파생금융상품을 구입했다. B은행이 판매하는 파생금융상품이 다음과 같은 조건이라고 가정할 때 A기업의 예상손익은?

〈조건〉
㉠ A기업은 1백만 달러를 달러당 1,150원에 매입할 수 있는 권리(콜 옵션)를 갖는다.
㉡ B은행은 1백만 달러를 달러당 1,050원에 팔 수 있는 권리(풋 옵션)를 갖는다.

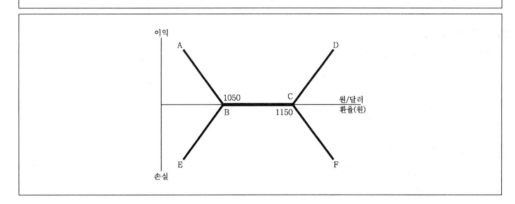

① ABCD
② EBCD
③ ABCF
④ EBCF
⑤ ABC

✔ A기업은 1백만 달러를 달러당 1,150원에 매입할 수 있는 콜옵션매수 포지션과 1백만 달러를 달러당 1,050원에 팔아야 하는 풋옵션매도포지션을 동시에 취하게 된다. 따라서 A기업의 손익은 콜옵션을 매수한 수익선 BCD와 풋 옵션을 매도한 수익선인 EBC를 연결한 EBCD에 따라서 손익이 결정된다. **답_②**

💡 스왑거래(swap transaction)

스왑거래는 서로 다른 통화 또는 금리표시의 채권·채무를 일정조건하에 교환하는 거래이다. 스왑거래가 이루어지는 것은 자금조정의 필요성과 환포지션 조정의 필요성에 기인하는데, 스왑거래가 높은 신장세를 보이고 있는 이유는 ① 효과적인 헷징수단, ② 높은 수익성, ③ 높은 유동성과 시장의 동질성, ④ 신용분석의 용이성 등의 면에서 다른 금융수단에 비해 효과적이기 때문이다.

회계관리

학습대책

최근 시행된 국제회계기준(IFRS)에 대한 세부 내용을 정확히 이해하고 재무제표의 구성요소를 기억해두며 특히 현금흐름표와 관련한 현금 유·출입의 사례를 파악해 둔다. 부채비율 등 재무비율의 의의와 계산방법은 응용문제를 통하여 연습해 둔다.

1. 회계관리의 개요

1 회계의 개념 및 분류

① **개념** … 회계정보이용자가 합리적인 판단이나 의사결정을 할 수 있도록 기업실체에 관한 유용한 경제적 정보를 식별, 측정, 전달하는 과정이다.

② **분류** … 정보이용자를 대상으로 분류하는데, 내부정보이용자(경영자)와 외부정보이용자(투자자와 채권자)를 대상으로 재무회계와 관리회계로 구분된다.

구분	재무회계	관리회계
목적	재무제표의 작성 및 보고	경영자의 의사결정을 위한 정보제공
질적특성	신뢰성	목적적합성
작성기준	기업회계기준	일정한 기준 없음
자료의 지향 시점	과거지향	과거 및 미래지향
보고양식	재무제표	일정한 양식 없음
보고대상	이해관계자	내부경영자
보고시점	정기 보고	필요에 따라 수시 보고

③ **재무회계의 목적**

　㉠ 투자 및 신용 의사결정에 관한 정보 제공

　㉡ 미래현금흐름 예측에 관한 정보 제공

　㉢ 경영자의 수탁책임 이행에 있어 관련된 정보 제공

　㉣ 경영성과, 재무상태 및 자본변동에 관한 정보 제공

④ **재무제표와 재무보고**

구분	재무보고	재무제표
관점	미래지향적	과거지향적
대상	양적 + 질적	양적
범위	기업외부정보 포함	기업내부정보

2 국제회계기준(IFRS)

① **국제회계기준(IFRS)의 의미** … 자본시장 자유화에 따라 '국제적으로 통일된 회계기준 제정'을 목표로 국제회계기준위원회(IASB)에서 제정한 회계기준이며 국제증권감독자기구(IOSCO)에서 전 세계 다국적기업에 사용을 권고(2001년)했다.

② **국제회계기준의 주요 특징**

　㉠ 대다수 국가의 협업을 통해 제정되는 기준 : IASB는 기준 제정과정에서 미국, 영국, 캐나다, 호주, 일본 등 세계 각국과 공동 작업을 하고 있으며 감독기구와 독립적으로 운영하고 있다.

　㉡ 연결재무제표 중심 : 국제회계기준은 종속회사가 있는 경우 연결재무제표를 기본으로 한다(개별재무제표는 선택사항). 이에 따라 사업보고서 등 모든 공시서류가 연결재무제표 기준으로 작성한다.

　㉢ 공정가액 평가 : 국제회계기준의 내용상 핵심은 자본시장의 투자자에게 기업의 재무상황 및 내재가치에 대한 유의미한 투자정보를 제공하는 것으로서 이를 위해 국제회계기준은 기업이 보유하는 모든 금융자산·부채의 가치를 공정가액(시장가치)으로 평가하도록 강조하고 있다.

　㉣ 기존 국내회계기준과 차이를 보이는 원칙중심의 기준체계 : 상세하고 구체적인 회계처리 방법 제시보다는 회계담당자가 경제적 실질에 기초하여 합리적으로 회계처리할 수 있도록 회계처리의 기본원칙과 방법론을 제시하는 데 주력한다.

③ **국내회계기준과 IFRS의 차이점** … 국내회계기준은 개념체계의 범위를 재무회계 전반으로 하고 재무보고에 초점을 맞추었으나 국제회계기준 개념체계는 재무제표의 작성과 표시를 위한 개념체계를 제시하고 있다. 따라서 현행 개념체계는 재무제표 외의 재무보고 수단을 통한 재무보고를 강조하고 있으나, 국제회계기준 개념체계의 경우 재무제표에 더 초점을 맞추어 기술하고 있다. 또한 국내회계기준은 기업실체, 계속기업, 기간별 보고를 기본 가정으로 하고 있으나, 국제회계기준 개념체계는 발생기준과 계속기업을 기본 가정으로 하고 있다.

3 **재무회계의 이론적 체계**

① **개념** … 오랜 시간을 두고 회계행위가 암묵적으로 관습화된 것을 일반화하여 이것을 회계행위의 기준으로 수용하게 되었는데, 이의 정당성을 논리적으로 체계화한 것이다.

② **개념체계의 구성도**

　㉠ 재무보고의 목적 : 제공되는 회계정보는 정보이용자의 의사결정에 유용해야 한다.

　　㉮ 미래현금흐름의 예측에 유용한 정보 제공

　　㉯ 투자의사결정 등에 유용한 정보 제공

　　㉰ 재무상태 및 경영성과

　　㉱ 경영자 수탁책임의 평가에 유용한 정보 제공

　㉡ 회계정보의 질적 특성 : 회계정보가 유용한 정보가 되기 위해 갖추어야 할 속성

　　㉮ 유용성에 대한 판단지표

　　㉯ 경영자, 감사인의 회계정책 선택 및 평가에 대한 판단기준

　　㉰ 회계정보이용자가 회계처리 방법의 적절성 평가시 판단기준

재무회계의 이론적 구조삼각형법

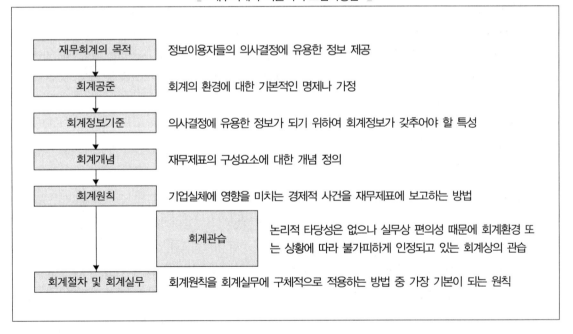

③ **회계공준** … 회계이론을 논리적으로 전개하기 위한 기본적인 가정, 명제로서 회계가 이루어지는 정치·경제·사회적 환경으로부터 귀납적으로 도출된 것이며, 회계공준을 설정하는 이유로는 회계원칙을 연역적으로 도출하기 위한 토대를 마련하는 데 있다.

    ㉠ 경제적 실체의 공준

        ㉮ 기업 등 실체를 중심으로 하여 실체의 경제현상을 재무제표에 보고해야 한다는 가정이다.

        ㉯ 기업은 그 자체가 인격을 가진 하나의 실체로서 존재하며 기업의 구성원과 분리된 독립적인 조직일 뿐만 아니라 다른 기업과도 별개의 관계에 있다고 하는 가정이다.

        ㉰ 기업은 자체의 목적을 달성하기 위하여 경영자나 소유주와는 별개로 자산을 소유하고 부채를 부담할 수 있다는 것이다.

    ㉡ **계속기업의 공준** : 기업실체는 기업이 계속적으로 존재하지 않을 것이라는 반증이 없는 한 기업실체의 본래 목적을 달성하기 위하여 계속적으로 존재한다는 가정이다. 이러한 계속기업의 공준에 의해서 다음 후속개념들이 정당화된다.

    ㉢ 회계기간의 공준

        ㉮ 기업실체의 지속적인 경제적 활동을 일정기간 단위로 인위적으로 분할(통상 1년, 상장법인들은 6개월마다)하여 각 기간마다의 경영성과 및 재무상태를 보고 한다는 가정이다.

        ㉯ 회계기간의 공준에 의해 발생주의회계가 채택될 수 있으며, 기간손익의 인식으로 인해 발생계정(미수수익·미지급비용)과 이연계정(선급비용·선수수익)이 나타나게 된다.

    ㉣ **화폐적 측정의 공준** : 기업에서 발생하는 수많은 경제적 현상을 화폐라는 공통분모로 측정 표시하며, 화폐가치는 안정적이라는 가정이다.

④ **회계의 대상** … 회계에서는 회계에서 인정하는 거래만 장부에 기록하는 것이다. 회계에서 분개와 장부라는 수단이 움직이기 위해서는 회계에서 말하는 사건이 발생을 해야 하는데 자산, 부채, 자본 및 수익, 비용의 변동을 가져오는 것, 즉, 재산이 늘거나 준다거나 이익이 나거나 손해를 보는 것을 회계에서는 사건으로 보며 동 사건을 거래라고 표현한다.

    ㉠ 일상적인 거래이나 회계상 거래가 아닌 경우

        ㉮ 구두계약(약속, 주문)의 체결 및 상품주문의 접수

        ㉯ 종업원 채용 계약

    ㉡ 회계상 거래이나 일상적 거래가 아닌 경우

        ㉮ 인건비 지급 및 미지급

        ㉯ 차입금 및 상품판매(단순한 상품 주문만은 거래가 아님) 등

        ㉰ 도난, 화재, 보유자산 사용 및 파손

⑤ **회계개념**(재무제표의 구성요소)

　㉠ **재무상태**

　　㉮ **자산** : 과거의 거래나 사건의 결과로서 특정 실체에 의하여 획득되었거나 통제되고 있는 미래의 경제적 효익, 즉 미래의 현금유입을 증가시키거나 현금지출을 감소시키는 능력을 말한다.

　　　• 유동자산 : 보고기간 말로부터 1년 이내 현금화할 수 있는 자산을 말한다.

　　　• 비유동자산 : 보고기간 말로부터 1년 이후에 현금화할 수 있는 자산을 말한다.

　　㉯ **부채** : 과거의 거래나 사건의 결과로서 미래에 특정 실체가 다른 실체에 자산을 이전하거나 용역을 제공해야 할 현재의 의무로부터 발생할 미래의 경제적 효익의 희생이다.

　　㉰ **자본** : 자산에서 부채를 차감한 후에 남은 잔여지분으로 순자산 또는 주주지분이라고도 한다.

　㉡ **손익계산서의 요소**

　　㉮ **수익** : 기업의 중요한 영업활동으로부터 일정기간 동안 발생하는 순자산의 증가(자산의 유입·증가나 부채의 감소)를 말한다.

　　㉯ **비용** : 기업의 중요한 영업활동으로부터 일정기간 동안 발생하는 순자산의 감소(자산의 유출·사용이나 부채의 발생)를 말한다.

⑥ **회계원칙**

　㉠ **개념** : 기업실체에 영향을 미치는 경제적 사건을 재무제표 등에 보고하는 방법을 기술한 것으로 회계처리를 할 때 준수하여야 할 지침이며, 회계실무를 이끌어가는 지도원리를 말한다.

　㉡ **역사적 원가의 원칙** : 모든 자산과 부채는 취득 또는 발생시점의 교환가치(취득원가)로 평가하여야 한다는 원칙을 말한다.

　㉢ **수익인식의 원칙**(실현주의) : 수익이 귀속되는 회계기간을 결정하여 재무제표에 공식적으로 포함시키거나 기록하여 보고하는 과정을 말한다. 일반적으로 수익은 측정요건과 가득요건*이 모두 충족되는 시점에서 인식하며, 이를 가장 잘 충족시키는 시점이 바로 판매시점이다. 예외적으로 특수한 경우에 한하여 판매 전이나 판매 이후에 대금회수 시점에서 수익을 인식할 수도 있다.

 더 알고가기

　　㉠ **측정요건**(실현요건) : 수익금액이 합리적으로 측정가능해야 한다.

　　㉡ **가득요건**(발생요건) : 수익창출활동을 위하여 결정적이며, 대부분의 노력이 발생해야 한다.

　㉣ **수익비용대응의 원칙** : 일정기간 동안 인식된 수익과 수익을 획득하기 위하여 발생한 비용을 결정하여 서로 대응시킴으로써 당기순이익을 산출하여 보고하는 원칙이다.

　㉤ **완전공시의 원칙** : 정보이용자의 의사결정에 영향을 미칠 수 있는 중요한 경제적 정보는 모두 공시되어야 한다는 원칙이다.

⑦ 회계관습

　㉠ 개념 : 실무상 유용성이나 편의성 때문에 회계환경에 따라 불가피하게 인정되고 있는 회계상의 관습을 말한다.

　㉡ 중요성

　　㉮ 회계정보가 정보이용자의 의사결정에 영향을 미치는가의 여부에 따라 판단되는데, 의사결정에 영향을 미치면 중요한 것이 된다.

　　㉯ 중요성은 금액, 수량, 비율상의 중요성인 양적 중요성과 특정 사실의 존재 여부(부도발생, 소송사건)가 정보이용자의 의사결정에 영향을 미치는 질적 중요성으로 구분할 수 있다.

　　㉰ 의사결정에 영향을 미치지 않는 중요하지 않은 거래나 회계정보는 간단히 실무적 방법을 기록하거나 상세히 보고하지 않아도 된다는 의미이다. 단, 중요성개념은 기업의 규모나 처한 상황에 따라 달라지므로 주의해야 한다.

　㉢ 보수주의

　　㉮ 어떤 거래에 대하여 두 개의 측정치가 있을 때 재무적 기초를 견고히 하는 과정에서 이익을 낮게 보고하는 방법을 말한다.

　　㉯ 기업의 입장에서 자산은 가능한 적게, 부채는 가능한 많게, 수익은 가급적 적게, 비용은 될 수 있으면 많게 기록하는 입장이다.

　　㉰ 한 가지 주의할 점은 보수주의를 적용하면 특정 연도의 순이익은 작아지지만 미래 회계연도에는 그만큼 순이익이 크게 보고된다는 것이다.

　　㉱ 보수주의의 적용은 순이익의 기간귀속에만 영향을 미칠 뿐 순이익총액에는 영향을 주지 않는다.

　　㉲ 보수주의는 이익조작가능성, 왜곡된 정보제공, 기간별 비교가능성 저해 등의 단점을 가진다.

　㉣ 업종별 관행 : 특정 기업이나 특정 산업에서 정상적인 회계원칙으로 처리할 수 없는 사항에 대해서 특수하게 인정되어야 할 회계실무를 말한다.

▶ **기출유형**익히기 ··

유동자산은 재무제표에 속하는 재무상태표 기준으로 (　　　) 이내에 현금화할 수 있는 자산을 의미한다. 괄호 안에 들어갈 기간은 얼마인가?

① 3개월　　　　　　　　　　　　② 6개월
③ 1년　　　　　　　　　　　　　④ 2년
⑤ 3년

　　　✔ 유동자산은 보고기간 말로부터 1년 이내에 현금화할 수 있는 자산을 의미한다.　　　　　답_③

2. 재무제표

1 재무제표의 개념

① **의의** … 기업의 재무상태와 경영성과 등을 정보이용자에게 보고하기 위한 수단으로서 기업회계기준에 따라 작성하는 재무보고서이다. 재무제표 중 재무상태표만이 일정시점의 개념이고 나머지의 기본재무제표는 일정기간의 개념을 나타낸다.

> 💡 재무제표(Financial Statement)
> 일정기간 동안의 경영성과와 특정시점의 재무상태를 나타내주는 보고서를 말하며, 재무제표는 연말에 결산을 해서 만드는 서류라는 의미에서 결산서라고도 한다. 회사는 자사의 종합적인 사항을 내부 또는 외부에 있는 이해관계자에게 알리는 수단으로 재무제표를 이용하고 있다. 재무제표에는 재무상태표, 포괄손익계산서, 이익잉여금처분계산서(결손금처리계산서), 현금흐름표, 주기와 주석으로 한다.

② **재무제표의 구성** … 재무상태표, 손익계산서, 이익잉여금처분계산서(또는 결손금처리계산서), 현금흐름표, 자본변동표로 구성되며 주석을 포함한다.

  ㉠ **재무상태표** : 일정시점 현재 기업이 보유하고 있는 경제적 자원인 자산과 경제적 의무인 부채, 그리고 자본에 대한 정보를 제공하는 재무보고서로서, 정보이용자들이 기업의 유동성, 재무적 탄력성, 수익성과 위험 등을 평가하는데 유용한 정보를 제공한다.

  ㉮ 기본구조
  - 자산 : 유동자산과 비유동자산으로 구분되며 유동자산은 다시 당좌자산과 재고자산으로 비유동자산은 투자자산, 유형자산, 무형자산, 기타비유동자산으로 구분한다.
  - 부채 : 유동부채와 비유동부채로 구분한다.
  - 자본 : 자본금, 자본잉여금, 자본조정, 기타포괄손익누계액 및 이익잉여금(또는 결손금)으로 구분한다.

  ㉯ 자산과 부채는 유동성이 큰 항목부터 배열하는 것을 원칙으로 하며 재무상태표의 표시와 분류방법은 기업의 재무상태를 쉽게 이해할 수 있도록 결정되어야 한다.

  ㉰ 자산 = 부채 + 자본

  > 💡 재무상태표(statement of financial position, Balance Sheet)
  > 일정한 시점에 현재 기업이 보유하고 있는 재무 상태를 나타내는 회계보고서로 차변에 자산과 대변에 부채 및 자본으로 구성되어 있으며, 기업 활동에 필요한 자금을 어디서 얼마나 조달하여 투자했는지 등을 알 수 있게 해준다. 회계의 가장 기본적인 등식의 형식을 갖고 있으며, 자산총계의 합계는 항상 부채총계와 자본총계의 합계액과 정확하게 일치한다. 재무상태표는 차변과 대변으로 구성되어 있으며 차변의 자산은 자금이 어떻게 사용되고 얼마나 남아 있는지를 보여주며 대변의 부채와 자본항목은 자금이 어떻게 조달되었는지를 알 수 있게 해준다.

ⓛ **손익계산서** : 일정기간 동안 기업의 경영성과에 대한 정보를 제공하는 재무보고서로서 당해 회계기간의 경영성과를 나타낼 뿐만 아니라 기업의 미래현금흐름과 수익창출능력 등의 예측에 유용한 정보를 제공한다.

　㉮ **기본구조** : 매출액, 매출원가, 매출총손익, 판매비와 관리비, 영업손익, 영업외수익, 영업외비용, 법인세비용차감전계속사업손익, 계속사업손익법인세비용, 계속사업손익, 중단사업손익(법인세효과 차감후), 당기순손익, 주당손익으로 구분하여 표시한다.

　㉯ **수익 = 비용 + 이익**

> 💡 **손익계산서(Income Statement)**
> 손익계산서는 일정기간 동안 기업의 경영성과에 대한 정보를 제공하는 재무보고서로 당해 회계기간의 경영성과를 나타낼 뿐만 아니라, 기업의 미래 현금흐름과 수익창출능력 등의 예측에 유용한 정보를 제공한다. 손익계산서는 이익과 손실을 한눈에 쉽게 알 수 있도록 나타낸 계산서로 일정기간 동안의 경영성과를 보여주는 재무제표이다. 손익계산서에는 일정기간 동안 발생된 수익, 비용, 이익이 주요 구성항목이 된다.

ⓒ **이익잉여금처분계산서** : 이익잉여금의 처분사항(또는 결손금의 처리사항)을 명확히 보고하기 위한 재무보고서로서, 미처분이익잉여금, 임의적립금등의이입액, 이익잉여금처분액, 차기이월미처분이익잉여금으로 구분하여 표시한다.

> 💡 **이익잉여금처분계산서(statement of appropriation of retained earning)**
> 기업의 이월이익잉여금의 변동사항을 나타내는 재무제표로서 전기와 당기의 대차대조표일 사이에 이익잉여금이 어떻게 변화하였는가를 나타낸다. 주요항목으로는 당기말 미처분이익잉여금, 임의적립금 이입액, 이익잉여금 처분액, 차기이월이익잉여금 등이 있다. 이익잉여금이란 손익거래에 의하여 발생하는, 잉여금 가운데 가장 일반적인 형태로 이익금의 보류액으로 생기는 잉여금 또는 이익을 원천으로 하여 생기는 잉여금 등을 가리킨다. 이익잉여금처분계산서는 기업의 일정기간 미처분이익잉여금의 변동내역을 나타내는 서식이며 당기순이익과 이익처분을 포함한다.

ⓓ **현금흐름표** : 일정기간 동안 기업의 현금유입과 유출을 나타내는 재무제표로서 영업활동 현금흐름, 투자활동 현금흐름, 재무활동 현금흐름으로 구성되며 작성과 표시에 대하여는 현금흐름표에 관한 기업회계기준에서 규정하고 있다.

> 💡 **현금흐름표(statement of cash flow)**
> 일정기간 동안의 현금흐름을 나타내는 보고서이므로 동적 재무제표라 할 수 있다.
> 기업의 현금흐름표는 재무제표이용자에게 현금 및 현금성자산의 창출능력과 현금흐름의 사용도를 평가하는 데 유용한 기초를 제공하므로 재무제표이용자는 경제적 의사결정을 하기 위하여 현금 및 현금성자산의 창출능력 및 현금흐름의 시기와 확실성을 평가해야하고 현금 및 현금성 자산의 역사적 변동에 관한 정보를 제공할 수 있게 된다.

㉮ **영업활동에 의한 현금유입** : 매출, 이익, 예금이자, 배당수입 등

㉯ **영업활동에 의한 현금유출** : 매입, 판공비, 대출이자 법인세 등

㉰ **투자활동에 의한 현금유출** : 유가증권 · 토지 등의 매입, 예금

㉱ **투자활동에 의한 현금유입** : 유가증권 · 토지 매각 등

㉲ **재무활동에 의한 현금유입** : 기차입금의 차입, 사채발행, 유상증자 등

㉳ **재무활동에 의한 현금유출** : 단기차입금 · 사채 상환 등

⑩ **자본변동표** : 자본의 크기와 그 변동에 관한 정보를 제공하는 재무보고서로서, 자본을 구성하고 있는 자본금, 자본잉여금, 자본조정, 기타 포괄손익누계액, 이익잉여금(또는 결손금)의 변동에 대한 포괄적인 정보를 제공한다.

> 💡 **자본변동표**
>
> 한 회계기간 동안 발생한 소유주지분의 변동을 표시하는 재무보고서이다. 자본을 구성하고 있는 자본금, 자본잉여금, 자본조정, 기타포괄손익누계액, 이익잉여금의 각 항목별로 기초잔액, 변동사항, 기말잔액을 표시한다.

㉮ 자본금의 변동은 유상증자(감자), 무상증자(감자)와 주식배당 등에 의하여 발생하며, 자본금은 보통주자본금과 우선주자본금으로 구분하여 표시한다.

㉯ 자본잉여금의 변동은 유상증자(감자), 무상증자(감자), 결손금처리 등에 의하여 발생하며, 주식발행초과금과 기타자본잉여금으로 구분하여 표시한다.

⑪ **주석** : 재무제표 작성기준 및 중요한 거래와 회계사건의 회계처리에 적용한 회계정책, 기업회계기준에서 주석공시를 요구하는 사항, 재무상태표, 손익계산서, 이익잉여금처분계산서(또는 결손금처리계산서), 현금흐름표 및 자본변동표의 본문에 표시되지 않은 사항으로서 재무제표를 이해하는 데 필요한 추가 정보를 포함하여 체계적인 방법으로 표시한다.

> 💡 **주기 및 주석**
>
> 주기는 재무제표상의 해당과목 다음에 그 회계사실의 내용을 간단한 자구 또는 숫자로 괄호 안에 표시하는 것을 말하며 주석이란 재무제표상의 해당과목 또는 금액에 기호를 붙이고 난외 또는 별지에 동일한 기호를 표시하여 그 내용을 간결 명료하게 기재하는 것을 말한다.

㉮ 재무상태표, 손익계산서, 이익잉여금처분계산서(또는 결손금처리계산서), 현금흐름표 및 자본변동표의 본문에 표시된 개별항목에는 주석내용과 상호 연결하는 기호 등을 표시한다.

㉯ 재무상태표, 손익계산서, 이익잉여금처분계산서(또는 결손금처리계산서), 현금흐름표 및 자본변동표에 인식되어 본문에 표시되는 항목에 관한 설명이나 금액의 세부내역뿐 아니라 우발상황 또는 약정사항과 같이 재무제표에 인식되지 않는 항목에 대한 추가 정보를 포함하여야 한다.

③ **재무제표의 유용성** … 재무제표 이용자의 경제적 의사결정에 유용한 정보를 제공하여야 한다. 이 경우 재무제표 정보이용자의 정보요구는 다양하지만, 일반투자자의 요구에 유용한 정보는 기타 정보이용자의 요구에도 부합하는 것으로 본다.

　㉠ 투자자나 채권자 등 정보이용자들의 의사결정에 유용한 정보를 제공한다.

　㉡ 미래 현금흐름을 예측하는데 유용한 정보를 제공한다. 즉, 투자자나 채권자 등이 기업으로부터 받게 될 미래 현금의 크기, 시기, 불확실성 등을 평가하는데 유용한 정보를 제공한다.

　㉢ 기업의 재무상태, 경영성과 그리고 현금흐름의 변동 및 자본변동에 관한 정보를 제공한다.

　㉣ 경영자의 수탁책임 이행성과를 평가하는 데 유용한 정보를 제공한다.

④ **재무제표의 한계점**

　㉠ 재무제표는 주로 화폐단위로 측정된 정보를 제공하기 때문에 계량화하기 어려운 정보는 생략되고 있다.

　㉡ 재무제표는 대부분 과거에 발생한 거래 및 사건에 관한 정보를 나타낸다.

　㉢ 재무제표는 추정에 의한 측정치와 인위적인 배분액을 포함하고 있다.

　㉣ 재무제표는 기업에 관한 정보를 제공하며, 산업 또는 경제전반에 관한 정보를 제공하지는 않는다.

　㉤ 화폐가치의 안정이라는 전제 하에 채택되고 있는 명목화폐단위에 의한 회계처리는 인플레이션 상황하에서는 정보이용자의 의사결정목적에 적합하지 못하다는 비판이 있다.

▶ **기출유형익히기**

아래의 내용 중 성격이 다른 하나를 고르면?

① 현금 및 현금성 자산　　　　　② 매출채권
③ 유가증권　　　　　　　　　　④ 선수금
⑤ 미수금

　✔ ④번은 유동부채에 해당하며, ①②③⑤번은 대차대조표 상 유동자산에 해당하는 계정이다.

답_④

2 **재무비율분석**

① **재무비율분석의 의의** … 재무제표란 기업의 영업실적이나 재무상태를 기업의 외부관계자에게 전달하는 재무보고의 핵심적인 형태로서, 경제주체들이 경제활동을 수행하는데 의사결정에 필요한 정보를 제공하는 것을 목적으로 한다. 재무비율이란 대차대조표나 손익계산서의 항목들을 비교하여 산출한 비율로서 안정성, 성장성, 수익성, 활동성, 생산성, 시장가치 등을 중심으로 산출된다.

② **안정성비율** … 경영활동이 원활하게 수행될 수 있도록 일정시점에 있어서의 각종 자산, 부채, 자본이 균형을 유지하고 있는가 하는 재무구조의 상태를 분석하는 것이다.

　㉠ 유동성비율 : 단기부채에 대한 상환능력을 측정하는데 이용된다.

$$\text{• 유동비율} = \frac{\text{유동자산}}{\text{유동부채}} \times 100\%$$

$$\text{• 당좌비율} = \frac{\text{당좌자산}}{\text{유동부채}} \times 100\%$$

　　💡 유동성(liquidity)

　　유동성이란 기업·금융기관 등 경제주체가 갖고 있는 자산을 현금으로 바꿀 수 있는 능력을 말한다. 일반적으로 재산 중에는 물건을 사고팔 때 바로 대금결제수단으로 활용할 수 있는 현금이 가장 유동성이 높다. 당좌예금·보통예금처럼 언제든지 현금으로 빼 쓸 수 있는 예금도 유동성이 높은 편이다. 이에 비해 건물이나 토지 같은 부동산은 당장에 현금화할 수 없어서 상대적으로 유동성이 낮은 재산으로 분류된다. 특히 기업의 차원에서 현금을 동원할 수 있는 능력을 유동성이라 하는데 기업의 유동성은 기업의 지급 능력을 나타내는 지표라 할 수 있다.

　㉡ 고정비율

　　㉮ 고정비율은 고정자산에 자기자본이 어느 정도 투입되어 운용되고 있는가를 보는 비율로서 자본배분의 효율성을 판단하는 비율이다.

$$\text{고정비율} = \frac{\text{고정자산}}{\text{자기자본}} \times 100\%$$

　　㉯ 고정장기적합률 : 장기자본(자기자본 + 고정부채)과 고정자산과의 관계를 표시하는 비율로서 자본배분의 안전성을 판단하는 비율이다.

$$\text{고정장기적합률} = \frac{\text{고정자산}}{\text{장기자본}} \times 100\% = \frac{\text{고정자산}}{\text{자기자본} + \text{고정부채}} \times 100\%$$

　㉢ 부채비율 : 자본구성의 균형을 측정하는 지표로서 타인자본 및 자기자본 규모에 의해 채권자의 위험부담정도와 고정적인 금융비용발생에 의한 손익확대효과 가능성을 나타내는 지표이다.

$$부채비율 = \frac{타인자본(부채총계)}{자기자본(자본총계)} \times 100\%$$

- 이자이익배수 $= \dfrac{영업이익}{이자비용}$

- 고정비용충당비율 $= \dfrac{(EBIT + 리스료)}{이자비용 + 리스료} \times 100\%$

- 유보율 $= \dfrac{잉여금}{납입지본금} \times 100\%$

② 유보율은 비율이 높을수록 불황에 대한 적응력이 높다고 볼 수 있으며, 무상증자의 가능성을 측정하는 유용한 지표이다.

③ **성장성비율** … 기업의 규모나 경영성과 등과 관련해서 전년대비, 동기대비, 추세대비 등을 비교하여 얼마만큼 성장 또는 증가하였는가 아니면 마이너스 성장 또는 감소하였는가를 분석하는 것이다.

㉠ 매출액증가율 : 전년도 매출실적에 대한 당해 연도 매출액의 증가율로 표시되는데, 기업의 외형적 신장세를 측정하는 주요 지표로 이용되고 있다.

$$매출액증가율 = \left(\frac{당기매출액 - 전기매출액}{전기매출액} \right) \times 100\%$$

㉡ 이익증가율 : 당기의 영업활동과 관계없는 특별손익을 차감하여 산출한 순이익의 증가를 나타내는 지표로서 성장성의 분석에 가장 많이 이용되는 비율이다.

$$이익증가율 = \left(\frac{금기말당기순이익}{전기말당기순이익} - 1 \right) \times 100\%$$

㉢ 총자본증가율 : 기업에 투하되어 운용되고 있는 총자본이 당해 연도에 얼마나 증가했는가를 표시하는 비율로서, 기업의 전체적인 성장규모를 측정하는 지표이다.

$$총자본증가율 = \left(\frac{금기말총자본}{전기말총자본} - 1 \right) \times 100\%$$

㉣ 납입자본증가율 : 당기말의 자본금과 전기말의 자본금을 대비하여 그 증가폭을 표시한 비율로서 자본금의 증감상황 또는 자본의 충실도를 분석하는 비율이다.

$$납입자본증가율 = \left(\frac{당기말납입자본금}{전기말납입자본금} - 1 \right) \times 100\%$$

④ **수익성비율** … 기업이 얼마나 효율적으로 관리되고 있는가를 나타내는 종합적 지표를 말한다.

　㉠ **총자본이익률** : 기업에 투하운용된 총자본이 어느 정도의 수익을 올렸는가를 나타내는 지표로서 이 비율이 높을수록 수익성이 양호하다는 것을 의미한다.

$$총자본이익률 = \frac{순이익}{총자본} \times 100\% = \frac{순이익}{매출액} \times \frac{매출액}{총자본} \times 100\%$$
$$= 매출액순이익율 \times 총자본회전율$$

　㉡ **납입자본이익률** : 기업의 배당능력을 측정하기 위하여 산출하는 것으로 배당률에 비해 납입자본이익율이 높으면 증자여력이나 배당증가여력이 높다는 것을 의미한다.

$$납입자본이익률 = \frac{순이익}{납입자본} \times 100\%$$

　㉢ **매출액영업이익률** : 기업의 주된 영업활동에 의한 경영성과의 양부를 판단하기 위한 지표로서 제조 및 판매활동과 직접 관계가 없는 영업외손익을 제외한 순수한 영업이익만을 매출액과 대비한 것이므로 곧 판매마진을 나타낸다고 볼 수 있다.

$$매출액영업이익률 = \frac{영업이익}{매출액} \times 100\%$$

　㉣ **매출액경상이익률** : 기업의 이익변화가 매출마진의 변화에 의한 것인지 아니면 매출액의 변동에 따른 것인지를 파악하는데 유용하다.

$$매출액경상이익률 = \frac{경상이익}{매출액} \times 100\%$$

　㉤ **주당순이익(EPS)** : 기업의 자본규모에 상관없이 한 주당 수익을 나타내어 기업 간 수익성 비교 시 용이하다.

$$주당순이익 = \frac{당기순이익}{가중평균주식수}$$

　㉥ **배당성향** : 회사가 당기순이익 중 얼마를 주주에게 배당금으로 돌려주었는지를 나타낸다.

$$배당성향 = \frac{현금배당}{당기순이익} \times 100\%$$

⑤ **활동성비율** … 기업이 보유자산을 얼마나 효과적으로 관리하고 있는가를 측정하기 위한 비율이다.

　㉠ **총자본회전율** : 자본이 1년 동안 몇 번 회전했는가를 나타내는 비율로 기업이 얼마나 총자본을 능률적으로 활용했는가를 나타낸다. 이 비율이 낮으면 과다투자나 비효율적 투자를 하는 것으로 볼 수 있다.

$$총자본회전율 = \frac{매출액}{총자본} (회)$$

ⓒ 납입자본회전율 : 일정기간 중에 자기자본의 회전속도를 나타내는 비율이다. 즉, 이 비율이 높을수록 납입자본이 충분히 활동했음을 알 수 있으며, 높을수록 양호하다고 할 수 있으나 너무 높다는 것은 반대로 자본금의 과소보유를 뜻할 때도 있다.

$$\text{자본금회전율} = \frac{\text{매출액}}{\text{자본금}} \text{(회)}$$

ⓒ 재고자산회전율 : 재고자산이 얼마나 빨리 판매되는가를 나타내는 것으로 재고자산회전율이 높을수록 적은 재고자산으로 효율적인 생산 및 판매활동을 한 것을 의미한다.

$$\text{재고자산회전율} = \frac{\text{매출액}}{\text{재고자산}} \text{(회)}$$

ⓔ 고정자산회전율 : 고정자산이 일정기간 중 몇 번 회전했는가 하는 고정자산의 이용속도를 나타내는 비율로, 주로 자본배분의 적부상태를 판단하는 지표로 이용된다. 고정자산회전율이 낮을 때는 고정자산의 이용이 불충분함을 의미한다.

$$\text{고정자산회전율} = \frac{\text{매출액}}{\text{고정자산}} \text{(회)}$$

⑥ **생산성비율** … 생산성비율 중 종업원 1인당 매출액 증가율은 노동력 한 단위당 매출액의 증가율로서, 회사의 영업규모 확대에 따른 종업원수의 증가를 감안하지 않은 매출액 증가율을 보완하는 지표로서 이용되고 있다.

㉠ 부가가치율 : 일정기간 창출된 부가가치액을 매출액으로 나누어 산출하며, 이 비율이 높을수록 양호하다고 할 수 있다.

$$\text{부가가치율} = \frac{\text{부가가치액}}{\text{매출액}} \times 100\%$$

㉡ 노동생산성증가율 : 단위당 노동력의 성과를 나타내는 지표로 종업원 1인당 부가가치생산액을 말한다.

$$\text{노동생산성증가율} = \left(\frac{\text{전기노동생산성}}{\text{당기노동생산성}} - 1 \right) \times 100\%$$

㉢ 총자본투자효율 : 기업에 투자된 총자본과 산출된 부가가치에 대한 비율이다.

$$\text{총자본투자효율} = \frac{\text{부가가치액}}{\text{총자본}} \times 100\%$$

3 레버리지분석

① 고정비용이 매출액의 변동에 따라 순이익에 어떠한 영향을 미치는가를 분석하는 것을 말한다.

> 💡 레버리지(leverage)
>
> 고정비나 이자지급액과 같은 고정적 요소가 지렛대와 같은 작용을 하여 손익의 변동이 확대되는 효과를 의미하며, 영업 레버리지와 재무 레버리지로 대별할 수 있다. 영업 레버리지는 일정한 매출액 변동에 대하여 고정비의 존재로 인해 영업이익의 변동이 확대되는 현상을 말하며, 재무 레버리지는 일정한 영업이익의 변동에 대하여 고정재무비용(이자지급액, 우선주배당액)의 존재로 말미암아 주당이익(EPS)의 변동이 확대되는 현상을 말한다.

② **영업레버리지분석** … 고정자산의 보유 등에 따른 고정영업비용이 매출액의 변화에 따라 영업이익에 미치는 영향을 분석하는 것으로 손익분기점분석을 중심으로 분석한다.

$$영업레버리지도(DOL) = \frac{영업이익의\ 변화율}{매출량의\ 변화율}$$

$$= \frac{\Delta EBIT / EBIT}{\Delta Q / Q} = \frac{매출액 - 변동비율}{매출액 - 변동영업비 - 고정영업비}$$

$$= \frac{매출액 - 변동비율}{매출액 - 변동영업비 - 고정영업비}$$

> * $\Delta EBIT$: 영업이익의 변동분
> * ΔQ : 매출량의 변화분

③ 일반적으로 고정영업비가 클수록, 매출량이 작을수록, 판매단가가 낮을수록, 단위당 변동비가 클수록 영업레버리지도는 크게 나타난다.

④ **재무레버리지분석** … 타인자본의 사용에 따른 고정금융비용이 영업이익의 변화에 따라 세후 당기순이익에 미치는 영향을 분석한다.

$$재무레버리지도(DFL) = \frac{주당순이익\ 변화율}{영업이익\ 변화율}$$

$$= \frac{\Delta EPS / EPS}{\Delta EBIT / EBIT}$$

$$= \frac{영업이익\,(EBIT)}{영업이익\,(EBIT) - 이자\,(I)}$$

※ 재무레버리지도는 영업이익이 클수록, 고정재무비용(이자)이 작을수록 그 크기가 작게 나타나며, 주주들은 재무레버리지도가 높은 기업에 대해서는 위험을 크게 느끼기 때문에 높은 기대수익률을 요구하게 된다.

⑤ **결합레버리지분석** ⋯ 고정영업비용 및 고정재무비용이 매출액의 변동에 따라 세후순이익의 변동에 미치는 영향을 분석한다.

결합레버리지도(DCL) = 영업레버리지도 × 재무레버리지도

---

3. 원가회계

1 원가회계 개요

① **의의**

    ㉠ 전통적인 원가회계의 의미는 제조기업에 있어서의 제품원가계산을 의미한다.

    ㉡ 재무회계뿐 아니라 관리회계목적에 적합한 원가정보를 제공하기 위한 회계이다.

② **원가의 개념**

    ㉠ 정해진 목적(제품생산)을 달성하기 위해서는 그 목적달성에 투입되는 요소들의 희생을 수반하는데 이러한 희생요소를 원가라고 한다.

    ㉡ 원가는 정해진 목적과 관련이 있는 희생만을 의미하므로 제품생산과 관련이 없다면 원가가 될 수 없다.

    ㉢ 일정한 목적을 위한 수단이므로 과거의 희생뿐만 아니라 현재·미래에 희생되는 것도 포함된다. 원가를 측정할 때에는 화폐단위로 측정한다.

③ **목적**

    ㉠ 재무제표의 작성에 필요한 원가의 집계

    ㉡ 경영자들에게 원가관리에 필요한 정보의 제공

    ㉢ 의사결정과 계획수립에 필요한 정보의 제공

2 원가의 흐름과정

① **의의**

    ㉠ 원가의 흐름은 각 업종마다 서로 다르게 나타난다. 서비스업과 판매업은 비교적 간단하여 쉽게 원가흐름을 추적할 수 있는데 반해, 제조업은 상당히 복잡한 양상을 띄게 된다.

    ㉡ 원가흐름과정은 '발생 → 변형 → 소멸'되는 과정을 보이는데 이들은 관련되는 재고자산 계정에 분류된다.

② **원가의 분류**

㉠ 제조 원가 : 생산과정에서 투입되는 원가요소의 형태를 기준으로 분류하는데 직접재료비 · 직접노무비 · 제조
간접비로 구성된다. 흔히 이를 제조 원가의 3요소라 한다.

 더 알고가기

제조간접비의 3요소는 발생형태에 따라 간접재료비, 간접노무비, 제조경비로
분류되며 제조경비는 직접제조경비와 간접제조경비로 분류된다.

㉡ 직접재료비 : 제품생산에 투입된 재료원가 중 특정제품에 추적이 가능한 원가를 말하며 추적이 불가능한 원
가는 간접재료비라 하여 제조간접비를 구성한다.

㉢ 직접노무비 : 제품생산에 투입된 원가 중 종업원 등에게 지급되는 급여로서 특정제품에 추적이 가능한 원가
를 말하며 추적이 불가능한 원가는 간접노무비라 하여 제조간접비를 구성한다.

㉣ 제조간접비 : 직접재료비와 직접노무비 이외의 모든 제조 원가를 말하며 간접재료비와 간접노무비 및 제조
경비를 포함한다. 또한 제조간접비는 직접제조경비와 간접제조경비로 나누어지나 직접제조경비의 발생이
미미하여 구별실익이 없다.

▶ **기출유형익히기**

재무상태표에 대해서 바르게 설명한 것을 고른 것은?

㉠ 자산항목에는 유동자산과 비유동자산이 있다.
㉡ 자본항목은 오른쪽에, 자산과 부채항목은 왼쪽에 기입하는 것이 원칙이다.
㉢ 자본은 기업이 발행한 채권을 주주들이 매입하면서 낸 자금으로 이루어진다.
㉣ 부채항목에는 상환해야 할 기간이 6개월 이내인가 6개월 이상인가를 기준으로 유동부채와 비유
동부채로 나뉜다.

① ㉠   ② ㉡
③ ㉢   ④ ㉣
⑤ 없다

✔ 자산항목은 왼쪽에, 부채와 자본항목은 오른쪽에 기입하는 것이 원칙이며, 상환기간 1년을 기준으로
유동과 비유동부채로 구분된다.   답_①

③ **기초원가와 전환원가**

기초원가(기본원가) ⎡ 직접재료비
                직접노무비 ⎤
                제조간접비 ⎦ 전환원가(가공비)

④ **원가의 행태에 따른 분류** … 원가행태란 조업도수준의 변동에 따른 원가의 변동양상을 의미하며 이 분류에 따라 원가를 변동원가와 고정원가를 구분하는 것을 말한다.

제조 원가	변동원가	고정원가
직접재료비	직접재료비	–
직접노무비	직접노무비	–
제조간접비	변도제조간접비	고정제조간접비

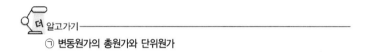
더 알고가기

㉠ **변동원가의 총원가와 단위원가**

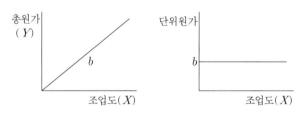

* Y : 총원가 X : 조업도 b : 조업도단위당 변동원가

㉡ **고정원가의 총원가와 단위원가**

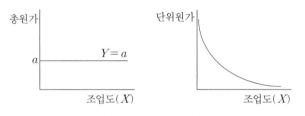

* Y : 총원가 a : 고정원가 총액 b : 조업도단위당 고정원가

☀ 손익분기점(Break-Even Point)

일정기간의 매출액과 그 매출을 위해 소요된 모든 비용이 일치되는 점을 말한다. 다시 말해 투입된 비용을 완전히 회수할 수 있는 매출액이 얼마인가를 나타내는 것이다. 손익분기점은 고정비÷(1-변동비/매출액)으로 구하는데 비용을 조업도와의 관련에 따라 고정비와 변동비로 구분하는 것이 중요하다. 손익분기점이 주는 의미는 매출액이 손익분기점 이하인 경우에는 기업의 손실을, 그 이상인 경우에는 이익을 나타내며 손익분기점이 낮을수록 수익성이 높고, 판매가격의 인상 또는 비용의 절감으로 손익분기점을 낮출 수 있다.

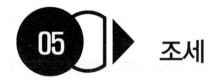

05 ▶ 조세

학습대책

기본적으로 국세와 지방세의 구분, 직접세와 간접세의 차이점을 알 수 있어야 한다. 또한 가산세, 가산금 등 조세관련 용어를 잘 이해하여야 하며 국세부과의 원칙, 세법적용의 원칙 등의 기본적인 내용을 공부한다. 법인세 및 부가세와 관련된 실제 응용문제가 출제될 수 있으므로 그 내용을 잘 이해하고 있어야 한다.

1. 조세 일반

1 조세의 개념

국가 · 지방자치단체가 여러 가지 재정지출에 충당하기 위하여 법률상 규정된 과세요건을 충족한 자에게 어떠한 반대급부없이 부과하는 경제부담이다.

2 조세부과의 특성

① 조세의 부과주체는 국가 또는 지방자치단체이다. 그러므로 공공단체가 공공사업에 필요한 경비에 충당하기 위하여 부과하는 공과금은 조세가 아니다.

② 조세는 국가 또는 지방자치단체의 재정수요에 충당할 목적으로 부과된다. 그러므로 위법행위에 대한 제재 목적으로 부과되는 벌금 · 과료 · 과태료는 조세가 아니다.

③ 조세는 오직 법률에 규정된 과세요건을 충족한 자에게만 부과된다.

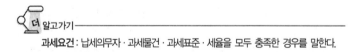

과세요건: 납세의무자 · 과세물건 · 과세표준 · 세율을 모두 충족한 경우를 말한다.

④ 조세의 부과에 대하여 직접적 반대급부는 없다. 국가는 납세의무자에게 국방 · 치안 및 사회복지혜택을 제공하지만 이것은 조세부과의 대가가 아니다. 조세는 일반적인 보상만 제공하기 때문에 특정용역대가인 수수료 · 사용료 · 특허료 등은 조세가 아니다.

⑤ 조세는 금전으로 납부함을 원칙으로 한다. 그러나 법인세 · 소득세 · 상속세 및 증여세에서는 금전외 물납도 인정하고 있다.

3 조세의 분류

① **누가 부과의 주체인가?**

　㉠ 국세 : 국가가 부과하는 조세이다.

　㉡ 지방세 : 지방자치단체가 부과하는 조세이다.

② **세수의 사용목적을 정하였는가?**

　㉠ 보통세 : 사용목적을 특별하게 정하지 않고 일반경비에 충당한다.

　㉡ 목적세 : 사용목적을 정하고, 그곳에 소요되는 경비에만 충당한다.

③ **조세부담의 전가가 예정되었는가?**

　㉠ 직접세 : 법률상 납세의무자가 조세부담을 진다.

　㉡ 간접세 : 법률상 납세의무자에게 부과된 조세가 다른 자에게 전가된다.

④ **납세의무자의 개인사정이 고려되는가?**

　㉠ 인세 : 납세의무자의 개인사정이 고려되어 부과되는 조세이다.

　㉡ 물세 : 과세대상에 주안점을 두고 부과되는 조세이다.

⑤ **과세대상을 무엇으로 측정하는가?**

　㉠ 종가세 : 과세대상을 화폐단위로 측정한다.

　㉡ 종량세 : 과세대상을 화폐외 수량 등으로 측정한다.

⑥ **독립된 세원을 갖고 있는가?**

　㉠ 독립세 : 독립된 세원에 대하여 부과한다.

　㉡ 부가세 : 독립된 세원없이 다른 조세에 부가되는 조세이다.

 더 알고가기

조세의 기본원칙

　㉠ 조세법률주의 : 과세요건법정주의, 조세법의 엄격해석, 과세요건명확주의, 소급과세금지

　㉡ 조세평등주의 : 수직적 · 수평적 공평

아래에 제시된 그림은 A국의 조세 정책 변경을 나타낸 것이다. 이를 참조하여 이러한 정책 변화의 효과로써 가장 적절하게 설명한 것을 고르면?

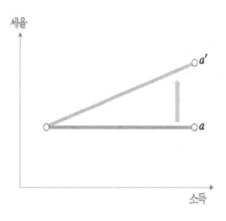

① 일자리가 늘어난다.　　② 수출이 늘어난다.

③ 경제성장률이 올라간다.　　④ 소득재분배가 촉진된다.

⑤ 국민들의 실질소득이 늘어난다.

✔ 누진세는 소득이 증가함에 따라 적용세율을 높여 조세의 부담을 크게 하는 것이다. 이 때 누진세율은 소득이 높은 사람에게 더욱 높은 세율을 부과하므로 소득재분배의 효과가 높아진다.　　답_④

4 대한민국 조세체계

① 국세

구분		종류
내국세	직접세	소득세, 법인세, 상속세, 증여세, 종합부동산세
	간접세	부가가치세, 개별소비세, 주세, 인지세, 증권거래세, 교통 · 에너지 · 환경세
부가세		교육세, 농어촌특별세
관세		관세

② **지방세**

구분	도		특별시 · 광역시	
	도세	시 · 군세	특별(광역)시세	자치구세
보통세	• 취득세 • 등록면허세 • 레저세 • 지방소비세	• 주민세 • 재산세 • 자동차세 • 담배소비세 • 지방소득세	• 취득세 • 주민세 • 자동차세 • 담배소비세 • 레저세 • 지방소비세 • 지방소득세	• 등록면허세 • 재산세 • 주민세
목적세	• 지방교육세 • 지역자원시설세		• 지방교육세 • 지역자원시설세	

▶ **기출유형익히기**

다음 중 조세에 대한 설명으로 가장 옳지 않은 것은?

① 간접세는 조세부담이 다른 경제주체에게 전가되는 조세이다.
② 간접세는 직접세보다 저항이 적다.
③ 직접세는 분배의 형평성을 높이는 데 사용될 수 있다.
④ 직접세는 간접세에 비해 징세행정이 간단하다.
⑤ 부가가치세는 간접세의 대표적인 조세이다.

　　✔ ④ 소득세와 같이 조세를 부담하는 담세자와 조세를 납부하는 납세자가 동일한 조세인 직접세는 부가
　　　가치세, 개별소비세 등과 같은 간접세에 비해, 상대적으로 징세행정이 복잡하다. 　　　답_④

2. 국세기본법

1 국세기본법의 내용과 성격

① **국세기본법의 목적과 내용** … 국세기본법은 국세에 관한 기본적이고 공통적인 사항과 납세자의 권리 · 의무 및 권리구제에 관한 사항을 규정함으로써, 국세에 대한 법률관계를 명확하게 하고 과세를 공정하게 하며, 국민의 납세의무의 원활한 이행에 이바지함을 목적으로 한다〈국세기본법 제1조〉.

② **국세기본법의 성격** ··· 국세에 관한 기본적인 사항 및 공통적인 사항을 규정하는 총칙법으로서의 성격과, 위법 또는 부당한 국세처분에 대한 불복절차를 규정하는 불복절차법으로서의 성격을 가지고 있다.

2 국세기본법상 용어의 정의

① **국세와 세법**

    ㉠ **국세** : 국가가 부과하는 조세 중에서 법인세 · 소득세 · 상속세 및 증여세 · 종합부동산세 등의 직접세와 부가가 치세 · 개별소비세 · 주세 · 인지세 · 증권거래세 등의 간접세, 부가세 성격인 교육세와 농어촌특별세 등이 있다.

    ㉡ **세법** : 국세의 종목과 세율을 정하고 있는 법률과 국세징수법 · 조세특례제한법 · 국제조세조정에 관한 법 률 · 조세범 처벌법 및 조세범 처벌절차법을 말한다.

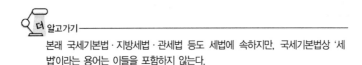

        본래 국세기본법 · 지방세법 · 관세법 등도 세법에 속하지만, 국세기본법상 '세 법'이라는 용어는 이들을 포함하지 않는다.

② **납세자 · 납세의무자 · 제2차 납세의무자 · 보증인**

    ㉠ **납세자** : 납세의무자(연대납세의무자, 제2차 납세의무자, 보증인 포함)와 세법에 의하여 국세를 징수하여 납 부할 의무를 지는 자를 말한다.

    ㉡ **납세의무자** : 세법에 따라 국세를 납부할 의무가 있는 자이며, 국세를 징수하여 납부할 의무가 있는 자는 제외한다.

    ㉢ **제2차 납세의무자** : 납세자가 납세의무를 이행할 수 없는 경우에 납세자를 갈음하여 납세의무를 지는 자를 말한다.

    ㉣ **보증인** : 납세자의 국세 · 가산금 또는 체납처분비의 납부를 보증한 자를 말한다.

③ **원천징수** ··· 세법에 따라 원천징수의무자가 국세(가산세 제외)를 징수하는 것을 말한다.

④ **가산세 · 가산금**

    ㉠ **가산세** : 세법이 규정하는 의무의 성실한 이행을 확보하기 위하여 세법에 따라 산출한 세액에 가산하여 징 수하는 금액으로, 가산금을 포함하지 아니한다.

    ㉡ **가산금** : 국세를 납부기한까지 납부하지 아니한 경우에 「국세징수법」에 따라 고지세액에 가산하여 징수하는 금액과 납부기한이 지난 후 일정기한까지 납부하지 아니한 경우에 그 금액에 다시 가산하여 징수하는 금 액을 말한다.

⑤ **과세기간 · 과세표준**

    ㉠ **과세기간** : 세법에 따라 국세의 과세표준 계산의 기초가 되는 기간이며, 법인세법에서는 '사업연도'라 하고 소득세법에서는 '과세기간', 조세특례세한법에서는 '과세연도'라고 부른다.

    ㉡ **과세표준** : 세법에 따라 직접적으로 세액산출의 기초가 되는 과세대상의 수량 또는 가액을 말한다.

3 국세기본법과 다른 법률과의 관계

① **세법과의 관계**

　㉠ 원칙 : 국세기본법은 세법에 우선하여 적용한다〈국세기본법 제3조 제1항〉. 여기에서 말하는 '세법'에는 국세기본법·관세법·지방세법은 포함하지 않는다.

　㉡ 예외 : 국세기본법은 개별세법에 우선하지만, 예외적으로 세법에 다음과 같이 특례규정이 있는 경우에는 그 세법이 정하는 바에 의한다〈국세기본법 제3조 제1항〉.

　　㉮ 서류의 송달

　　㉯ 국세 부과의 원칙

　　㉰ 납세의무의 승계

　　㉱ 연대납세의무

　　㉲ 납부의무의 소멸

　　㉳ 납세담보

　　㉴ 국세의 우선권

　　㉵ 제2차 납세의무

　　㉶ 물적납세 의무

　　㉷ 관할 관청

　　㉸ 경정 등의 청구

　　㉹ 기한 후 신고

　　㉺ 가산세의 부과와 감면

　　㉻ 국세환급금의 충당과 환급

　　ⓐ 국세환급가산금

　　ⓑ 불복

　　ⓒ 보칙

② **관세법과의 관계** … 관세법 및 수출용 원재료에 대한 관세 등 환급에 관한 특례법에서 세관장이 부과·징수하는 국세에 관하여 국세기본법에 대한 특례규정을 두고 있는 경우에는 그 법이 정하는 바에 의한다〈국세기본법 제3조 제2항〉. 즉, 관세법이 국세기본법에 우선한다.

③ **행정심판법 및 감사원법과의 관계** … 국세기본법은 행정심판법의 적용을 배제하고 국세기본법에 의해 불복하며〈국세기본법 제56조 제1항〉, 위법·부당한 국세처분에 대하여는 감사원법에 따라 감사원에 불복청구할 수도 있다〈감사원법 제43조〉. 그러나 불복청구를 하는 자는 감사원법과 국세기본법상 불복절차 중 하나를 선택해야 하며 두 가지 모두를 할 수는 없다. 즉, 우선순위가 동일하다.

3. 국세부과의 원칙

1 개념

국가가 납세자에게 조세채권을 확정함에 있어서 국가의 우위로 인하여 납세자의 재산권이 부당히 침해되거나 부당한 부과처분이 초래될 수 있으므로, 이를 방지하기 위하여 조세채권을 확정함에 있어서 국가가 지켜야 할 기본원칙들이다.

2 종류

① 실질과세의 원칙

　㉠ 의의 : 법적 형식과 실질이 다른 경우에는 실질에 따라 과세하여야 한다는 원칙으로 조세평등주의를 실현하기 위한 세법 고유의 법 원리이다.

　㉡ 실질과세의 유형

　　㉮ 거래귀속자에 대한 실질과세 : 과세의 대상이 되는 소득·수익·재산·행위 또는 거래의 귀속이 명의일 뿐이고 사실상 귀속자가 따로 있는 때에는 사실상 귀속되는 자를 납세의무자로 하여 세법을 적용한다〈국세기본법 제14조 제1항〉. 이는 경제적인 실질의 관점에서 볼 때 명의상의 귀속자가 담세력이 없는 상황인데도 조세를 부과하고, 실질적인 거래의 귀속자에게 과세를 하지 못하게 된다면 과세의 형평에 어긋나게 된다. 따라서 거래의 귀속자를 판단함에 있어서 경제적 담세력이 있는 자는 형식상 또는 외관상의 명의자가 아니고 경제적 이익이 실질적으로 귀속하는 자에게 과세부담을 지움으로써 과세부담의 공정성을 추구하는데 그 목적이 있다.

　　㉯ 거래내용에 관한 실질과세 : 세법 중 과세표준의 계산에 관한 규정은 소득·수익·재산·행위 또는 거래의 명칭이나 형식에 불구하고 그 실질 내용에 따라 적용한다〈국세기본법 제14조 제2항〉. 이 경우 거래의 실질내용은 형식상의 기록내용이나 거래명의에 불구하고 구체적인 증빙, 상관계, 거래 당시의 정황과 사회통념 등을 고려하여 객관적이고 합리적으로 판단하여야 하며, 이러한 거래내용에 관한 실질과세는 거래내용을 우회시킴으로써 조세를 회피할 수 없다는 것을 의미한다.

다음 중 옳지 않은 것은?

① 주식투자자 A씨가 (주)삼성전자의 대주주로써 주식의 일부를 양도하였다면 양도소득세 과세대상이다.

② 비상장주식회사인 (주)서울의 대표이사 B씨가 (주)서울의 주식을 양도하였다면 양도소득과세대상이다.

③ 양도란 등기 또는 등록을 한 자산으로써 매도·교환·법인에 대한 현물출자 등으로 인한 그 자산의 사실상 이전되는 것을 말한다.

④ 골프장회원권의 양도는 양도소득세 과세대상에 해당한다.

⑤ 근로소득자 D씨는 1세대 1주택 소유자로 주택의 주택보유기간(3년 이상)과 거주기간(2년 이상)으로 고가주택에 해당하지 않는다면 양도소득세 과세대상이 아니다.

✔ ③ 등기 또는 등록을 한 자산이건 하지 않은 자산이건 그 자산이 사실상 이전되는 것은 모두 양도로 본다.

답_③

② **신의성실의 원칙**

㉠ 의의 : 납세자가 그 의무를 이행함에 있어서는 신의에 따라 성실히 하여야 한다. 세무공무원이 직무를 수행함에 있어서도 또한 같다〈국세기본법 제15조〉. 이는 과세관청과 납세자 모두에게 적용되는 원칙이다.

㉡ 신의성실원칙의 적용조건

㉮ 과세관청이 납세자에게 신뢰의 대상이 되는 공적인 견해표시가 있을 것

㉯ 납세자가 과세관청의 견해표시를 신뢰하고, 그 신뢰에 납세자의 귀책사유가 없을 것

㉰ 납세자가 그 견해표명을 신뢰하고 이에 따라 세무상 어떤 처리를 할 것

㉱ 과세관청이 위 견해표명에 반하는 적법한 처분을 함으로써 납세자의 이익이 침해되는 결과를 초래할 것

③ **근거과세의 원칙**

㉠ 의의 : 납세의무자가 세법에 의하여 장부를 비치·기장하고 있는 때에는 당해 국세의 과세표준의 조사와 결정은 그 비치·기장한 장부와 이에 관계되는 증빙자료에 의하여야 한다.

㉡ 결정근거의 부기 : 국세를 조사·결정함에 있어서 기장의 내용이 사실과 다르거나 기장에 누락된 것이 있는 때에도 '그 부분에 한하여' 정부가 조사한 사실에 따라 결정할 수 있으며, 이 경우에는 그 조사한 사실과 결정의 근거를 결정서에 적어야 한다〈국세기본법 제16조 제3항〉.

ⓒ 결정서의 **열람·등초권**: 행정기관의 장은 해당 납세의무자 또는 그 대리인의 요구가 있는 때에는 결정서를 열람 또는 복사하게 하거나 그 등본 또는 초본이 원본과 일치함을 확인하여야 한다. 이 경우 요구는 구술에 의한다. 다만, 행정기관의 장이 필요하다고 인정하는 때에는 그 열람 또는 복사한 사람의 서명을 요구할 수 있다〈국세기본법 제16조 제4항, 제5항〉.

④ **조세감면의 사후관리**

㉠ 정부는 국세를 감면한 경우에 그 감면의 취지를 성취하거나 국가정책을 수행하기 위하여 필요하다고 인정하는 때에는 세법이 정하는 바에 의하여 감면한 세액에 상당하는 자금 또는 자산의 운용 범위를 정할 수 있다. 그리고 그 운용 범위를 벗어난 자금 또는 자산에 상당하는 감면세액은 세법에서 정하는 바에 따라 감면을 취소하고 징수할 수 있다〈국세기본법 제17조〉.

㉡ 현행 상속세 및 증여세법상 공익목적 출연재산에 대한 사후관리 등이 사례이다.

4. 세법 적용의 원칙

1 개념

세법의 해석과 적용에 있어서 따라야 할 기본적인 지침을 말한다. 이는 과세관청(세법공무원)에만 준수가 요구되고 국세기본법이 개별세법에 우선 적용되므로 개별세법에 특례규정을 둘 수 없다.

2 종류

① **세법 해석의 원칙**(재산권 부당침해금지의 원칙) ··· 세법의 해석·적용에 있어서는 과세의 형평과 당해 조항의 합목적성에 비추어 납세자의 재산권이 부당하게 침해되지 않도록 하여야 한다〈국세기본법 제18조 제1항〉.

 알고가기 ─────────────────────────────

세법 해석 원칙상의 합목적성이란 세법을 해석하고 적용함에 있어서 목적에 합당해야 한다는 것을 말하지만, 조항의 목적이 대부분 명문화되어 있지 않기 때문에 납세자의 재산권을 침해할 수 있는 개연성이 있다. 따라서 조세법률주의에 따라서 엄격해석하여야 하며 확장해석이나 유추해석은 인정되지 아니한다. 즉, 납세자의 재산권이 부당하게 침해되지 않는 범위 내에서만 합목적성에 의한 해석이 허용된다는 의미이다.

② **소급과세금지의 원칙**

　㉠ 의의 : 조세법률관계에 있어서 법적 안정성과 예측가능성을 보장하기 위한 원칙으로서 신의성실의 원칙을 보다 구체화시킨 원칙이다.

　㉡ 국세기본법상 규정

　　㉮ 납세의무가 이미 성립한 경우에만 새로운 세법을 적용하는 것이 금지되므로 납세의무가 아직 성립하지 않은 경우에는 새로운 세법을 적용해야 한다. 하지만 기간과세(期間課稅)를 취하고 있는 법인세와 소득세 및 부가가치세는 과세기간 중간에 세법을 개정하여 그 법 적용을 과세기간 초(初)로 소급하여 적용할 수 있는지가 항상 문제가 되는데 이를 부진정소급(不眞正遡及)이라고 한다. 부진정소급과 구분되는 것 중 진정소급이 있는데 진정소급의 경우에는 이미 완결된 행위에 대하여 신법(新法)을 적용하기 때문에 소급과세금지의 원칙에 위배되지만, 부진정소급의 경우에는 소급과세금지의 원칙에 위배되지 않는다는 것이 지금까지의 통설이다.

　　㉯ 새로운 해석·국세행정관행에 의한 소급과세금지(행정상 원칙) : 세법의 해석 또는 국세행정의 관행이 일반적으로 납세자에게 받아들여진 후에는 그 해석 또는 관행에 의한 행위는 정당한 것으로 보며 새로운 해석이나 관행에 의하여 소급하여 과세하지 않는다.

　㉢ 예외적 사항

　　㉮ 부진정 소급과세 : 과세기간 중에 입법하여 이미 경과한 기간 중에 발생한 소득에 대하여 과세하는 것은 소급과세가 아니다.

　　㉯ 유리한 소급과세 : 일반적으로 납세의무자에게 유리한 규정은 소급적용할 수 있다.

③ **세무공무원 재량의 한계** … 세무공무원이 재량으로 직무를 수행할 때에는 과세의 형평과 해당 세법의 목적에 비추어 일반적으로 적당하다고 인정되는 한계를 엄수하여야 한다〈국세기본법 제19조〉.

④ **기업회계존중** … 세법에 특별한 규정이 있는 경우를 제외하고는 과세표준을 조사·결정함에 있어서 해당 납세의무자가 계속하여 적용하고 있는 기업회계기준이나 관행으로서 일반적으로 공정·타당하다고 인정되는 것은 이를 존중하여야 한다〈국세기본법 제20조〉.

⑤ 기업회계의 존중은 세법에 규정이 없는 경우에만 기업회계에 의한 회계처리가 인정된다. 왜냐하면 기업회계는 법률상 강행성이 없고, 조세법은 강행법규이기 때문이다.

소득세법에 대한 설명으로 옳지 않은 것은?

① 소득세는 자연인의 소득을 과세대상으로 하는 조세이다.

② 소득세는 국세, 직접세, 인세, 독립세, 종가세에 해당한다.

③ 소득세의 과세기간은 원칙적으로 1월 1일부터 12월 31일까지이다.

④ 소득세법은 소득개념으로 순자산증가설을 채택하고 있다.

⑤ 양도소득세는 소득세법에 포함된다.

> ✔ 소득세는 소득원천설을 근간으로 하되, 과세형평을 위하여 순자산증가설을 가미하고 있다. 반면 법인세
> 법은 순자산증가설을 근간으로 한다. 답_④

5. 법인세

1 의의 및 특징

① **의의**

　㉠ 법인이 얻은 소득에 대하여 그 법인에게 부과되는 조세이다.

　㉡ 부과권자가 국가인 국세이며 조세의 납세자와 담세자가 동일한 직접세이다.

② **특징** … 소득에 부과된다는 점에서 소비세인 주세 및 특별소비세와는 다르며, 과세표준의 크기에 따라서 차등세율을 적용하는 누진세이다. 우리나라의 현행 법인세는 각 사업연도의 소득에 대한 법인세와 청산소득에 대한 법인세로 구성되어 있다.

2 과세소득

순자산증가설에 의해서 과세소득을 규정하고 있으며, 포괄주의 과세방식을 취한다.

① **각 사업연도소득** … 익금총액에서 손금총액을 공제한 금액으로서, 과세표준을 계산한 다음 2억 이하 10%, 2억 초과~200억 이하 20%, 200억 초과~3천억 이하 22%, 3천억 초과 25%의 차감납부세액을 계산한 후 사업연도 종료일부터 3월 이내 신고 · 납부해야 한다.

더 알고가기

사업연도소득

과세표준	세율
2억 원 이하	과세표준의 100분의 10
2억 원 초과 200억 원 이하	2천만 원+(2억 원을 초과하는 금액의 100분의 20)
200억 원 초과 3천억 원 이하	39억 8천만 원+(200억 원을 초과하는 금액의 100분의 22)
3천억 원 초과	655억 8천만 원+(3천억 원을 초과하는 금액의 100분의 25)

② **청산소득** ··· 법인이 해산·합병(분할)에 의하여 소멸하는 과정에서 발생하는 소득으로서 과세표준을 계산한 후 2억 이하 10%, 2억 초과~200억 이하 20%, 200억 초과 22%세율을 곱하여 잔여재산가액 확정일 또는 등기일로부터 3월 이내 신고·납부해야 한다.

③ **토지 등 양도소득** ··· 지가급등지역에 소재하는 토지·주택 및 부속토지를 양도함으로써 발생하는 소득으로서 양도가액에서 장부가액을 차감하여 세율을 곱하여 주택 10%(미등기 40%), 비사업용 토지 10%(미등기 40%)] 산출한 금액을 법인세에 합하여 신고·납부한다.

3 법인과 납세의무자

① **내국법인과 외국법인** ··· 주소지설에 따라 본점 또는 주사무소 또는 사업의 실질적 관리장소가 국내에 있으면 내국법인, 그 이외의 법인을 외국법인이라 한다.

② **영리법인과 비영리법인** ··· 영리를 목적으로 하는 법인을 영리법인, 학술·종교·자선 등 영리가 아닌 사업을 목적으로 하는 법인을 비영리법인이라 한다.

법인의 유형별 납세의무

구분	법인종류		각 사업연도소득	청산소득	토지 등 양도소득	미환류소득
과세 법인	내국	영리	국내외 모든 소득과세	과세	과세	과세
		비영리	국내외 수익사업소득에 과세	납세의무 없음	과세	비과세
	외국	영리	국내 원천소득에 과세		과세	
		비영리	국내 원천소득 중 수익사업소득에 과세		과세	
비과세 법인	국가·지방자치단체 (조합)		모든 소득에 납세의무 없음			

더 알고가기

외국의 정부 또는 지방자치단체는 비과세법인이 아니고 비영리외국법인으로 본다.

4 **사업연도**

① **의의** … 법령 또는 정관 등에서 정한 회계기간으로 하되, 그 기간은 원칙적으로 1년을 초과할 수 없다.

② **사업연도의 신고** … 법령 또는 정관 등에 사업연도에 대한 규정이 없는 내국법인은 별도로 사업연도를 정하여 법인설립신고 또는 사업자등록과 함께 납세지 관할세무서장에게 신고하여야 한다.

 더 알고가기

사업연도 신고의무가 있는 법인이 신고하지 아니한 경우에는 1월 1일~12월 31일까지를 그 법인의 사업연도로 한다.

▶ **기출유형익히기**

다음 중 법인세 과세대상이 아닌 것은?

① 삼성전자의 국외 원천수익사업소득
② 국가 및 지방자치단체는 비영리내국법인으로서 법인세납세의무를 부담한다.
③ ㈜ MS사를 영리외국법인으로 볼 때 청산소득에 대한 법인세 납세의무를 부담하지 않는다.
④ 모든 법인은 토지 등 양도소득에 대한 납세의무가 있다.
⑤ 외국의 정부는 청산소득에 대한 납세의무를 부담하지 않는다.

✔ 국가 및 지방자치단체는 법인세 납세의무를 부담하지 않는다.   답_②

6. 소득세

1 **소득세 개요**

① 소득세는 자연인의 소득을 과세대상으로 하는 조세이다. 국세, 보통세, 직접세, 인세, 수득세(수익과 소득에 과세하는 조세), 종가세, 독립세이다.

② 기초공제, 부양가족공제 등 인적공제와 필요경비를 인정하고 있다.

2 소득세의 특징

① **소득원천설** … 현행 소득세법은 과세소득을 8가지로 구분하여 제한적으로 열거하고 있다. 비록 담세력이 있다고 하더라도 미열거 소득은 과세되지 않는다. 과세소득에는 종합소득(이자소득, 배당소득, 사업소득, 근로소득, 연금소득, 기타소득), 퇴직소득, 양도소득이 있다.

② 종합소득세는 개인이 얻은 1년 간의 소득을 6가지로 나누고 있다.
  ⊙ **종합과세** : 이자소득, 배당소득, 사업소득, 근로소득, 연금소득, 기타소득
  ⓒ **분류과세** : 퇴직소득, 양도소득, 산림소득, 종합소득
  ⓒ **분리과세** : 이자 · 배당 · 연금 · 기타소득, 일용근로소득

③ **인적공제** … 소득세법은 인적사정이 다르면 담세력이 다른 것을 고려하여 소득공제제도를 두고 있다.

④ **누진과세** … 과세표준에 따라 6%~40%의 초과누진세율에 의해 과세된다(단, 양도소득세율은 다르다).

⑤ **소득별 차등과세**
  ⊙ **근로소득에 대한 조세부담의 경감** : 다른 소득에 비하여 소득포착률이 높기 때문에 광범위한 비과세규정 · 근로소득공제 · 특별공제의 항목별 공제 · 근로소득세액공제 등의 제도에 의하여 근로소득자의 조세부담을 경감하고 있다.
  ⓒ **퇴직소득에 대한 조세부담의 경감** : 퇴직 후의 노후보장을 위한 것이므로 퇴직소득공제, 연분연승법에 의한 세액계산에 의하여 조세부담을 경감하고 있다.

⑥ **넓은 원천징수제도의 활용** … 소득세는 전 국민에 대하여 일일이 세액을 징수할 수 없다. 징수비용이 과다하게 소요되고 행정력이 낭비되기 때문이다. 이에 소득세법은 원천징수로서 납세의무가 종결되는 완납적 원천징수제도와 미종결 상태인 예납적 원천징수제도로 구분하며, 예납적 원천징수대상은 소득을 신고하되, 원천징수세액을 기납부세액으로 공제하도록 한다.

⑦ **신고납부제도** … 확정신고는 과세표준과 세액을 확정하는 효력이 있다.

⑧ **주소지 과세원칙** … 소득세는 거주자의 주소지를 납세지로 한다. 따라서 거주자는 소득의 발생지나 자산 소재지에 관계없이 자신의 주소지를 관할하는 관청에 소득세를 신고 · 납부하여야 한다.

3 소득세 납세의무자

① **개인**(거주자 및 비거주자)

구분	거주자	비거주자
정의	국내에 주소 또는 183일 이상 거소가 있는 자	거주자외 국내원천소득이 있는 개인
납세의무범위	국내·국외원천소득(무제한 납세의무자)	국내원천소득(제한적 납세의무자)

② 법인격없는 단체로서 법인으로 보지 아니하는 단체 중 1거주자로 보는 단체가 있다.

▶ **기출유형익히기**

다음 설명으로 옳지 않은 것은?

① 복권당첨금으로 5억을 받은 A씨의 실수령액은 3억 5천만 원이다.
② 슬롯머신을 통한 당첨금 300만 원은 과세처저한에 걸려 소득세를 과세하지 않는다.
③ 복권당첨금이 1억인 경우에는 7천만 원을 실수령한다.
④ 승마투표권 구입액 10만 원이 5배가 되어 50만 원을 탄 경우 소득세를 과세하지 않는다.
⑤ 기타소득 금액이 300만 원 이하인 경우에는 종합소득과세표준에 합산하지 않는다.

✔ 복권당첨금의 경우 3억 초과는 30%를 원천징수하고 3억 이하는 20%를 원천징수한다. 1억 원의 경우 8천만 원을 실제수령하고 2천만 원을 원천징수하여 과세가 종료된다.　　　　　　답_③

7. 부가가치세

1 부가가치세 개요

① **개념**

　㉠ 생산과 유통에 따른 각 단계에서 생성되는 부가가치에 대해 부과하는 조세이다.
　㉡ 소비형*, 소득형, GNP형 세 가지가 존재한다.
　㉢ 우리나라는 소비형 부가가치세를 채택하고 있다.

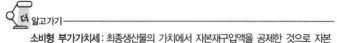

　　소비형 부가가치세 : 최종생산물의 가치에서 자본재구입액을 공제한 것으로 자본재 구입시 부담한 부가가치세를 회수할 수 있어 투자를 촉진하는 효과를 가진다.

　㉣ 부가가치세는 간접세로 납세자(정부에 실제 세금을 납부하는 자)와 담세자(실질적으로 부가가치세를 부담하는 자)가 일치하지 않는다.

ⓜ 우리나라는 소비지국 과세원칙을 택하고 있다.

　㉮ 소비지국 과세원칙이란 국제적으로 거래되는 재화에 대해서 소비지에서 과세권을 행사하는 것을 말한다.

　㉯ 이러한 소비지국 과세원칙이 국제적으로 적용되므로 우리나라에서 수출하는 재화에 대해 영세율을 적용하여 부가가치세를 제거한다.

▶ **기출유형익히기**

일반적으로 세금의 경우에 크게 국가가 재정수입을 위해 걷는 국세 및 지방자치단체가 부과하는 지방세로 나뉘어지는데 다음 중 나머지 세금과 분류가 다른 하나를 고르면?

① 자동차세　　　　　　　　　② 주민세
③ 재산세　　　　　　　　　　④ 취득세
⑤ 부가가치세

　✔ 재산세, 주민세, 취득·등록세, 자동차세의 경우에는 모두 지방세이고, 부가가치세의 경우에는 국세에 해당된다.　　　　　　　　　　　　　　　　　　　　　　　　　　　답_⑤

---

② **영세율**

　㉠ 재화 및 용역의 공급에 대해 영(제로)의 세율을 적용하는 제도를 말한다.

　㉡ 영세율이 적용되는 부가가치세 대상자는 부담이 전부 제거되며 그 전 단계 부가가치세도 전부 제거되는 효과가 있다.

③ **면세**

　㉠ 재화 및 용역의 공급에 대해 부가가치세를 면제하는 제도를 말한다.

　㉡ 면세는 면세 대상자는 부가가치세 부담이 면제되지만 그 전 단계 부가가치세는 제거되지 않는다.

　㉢ 영세율은 그 전체 단계의 부가가치세가 전부 면제되는 전부면세라고 한다. 반면에 면세는 면제받는 그 대상자가 해당하는 단계만 면제되므로 부분면세라고 한다.

---

2 **부가가치세 과세대상 및 면세대상**

① **부가가치세 과세대상**

　㉠ 재화를 수입하는 자 또는 영리목적의 유무에 불구하고 사업상 독립적으로 재화 및 용역을 공급하는 자

　㉡ 부가가치세 납세의무자에는 개인·법인(국가나 지방자치단체, 지방자치단체조합을 포함)과 법인격 없는 사단·재단 기타 단체를 포함한다.

② **재화 또는 용역의 공급에 대한 면세**〈부가가치세법 제26조〉

　㉠ 다음의 재화 또는 용역의 공급에 대하여는 부가가치세를 면제한다.

　　㉮ 가공되지 아니한 식료품(식용으로 제공되는 농산물, 축산물, 수산물과 임산물을 포함) 및 우리나라에서 생산되어 식용으로 제공되지 아니하는 농산물, 축산물, 수산물과 임산물

　　㉯ 수돗물

　　㉰ 연탄과 무연탄

　　㉱ 여성용 생리 처리 위생용품

　　㉲ 의료보건 용역(수의사의 용역을 포함)과 혈액

　　㉳ 교육 용역

　　㉴ 여객운송 용역. 다만, 항공기, 고속버스, 전세버스, 택시, 특수자동차, 특종선박(特種船舶) 또는 고속철도에 의한 여객운송 용역은 제외

　　㉵ 도서(도서대여 용역을 포함), 신문, 잡지, 관보(官報), 「뉴스통신 진흥에 관한 법률」에 따른 뉴스통신 및 방송. 다만, 광고는 제외

　　㉶ 우표(수집용 우표는 제외), 인지(印紙), 증지(證紙), 복권 및 공중전화

　　㉷ 「담배사업법」에 따른 담배로서 다음의 어느 하나에 해당하는 것

　　　• 「담배사업법」에 따른 판매가격이 규정 금액 이하인 것

　　　• 「담배사업법」에 따른 특수용 담배

　　㉠ 금융·보험 용역

　　㉤ 주택과 이에 부수되는 토지의 임대 용역

　　㉥ 「공동주택관리법」에 따른 관리규약에 따라 관리주체 또는 입주자대표회의가 제공하는 「주택법」에 따른 복리시설인 공동주택 어린이집의 임대 용역

　　㉦ 토지

　　ⓐ 저술가·작곡가나 그 밖의 자가 직업상 제공하는 인적(人的) 용역

　　ⓑ 예술창작품, 예술행사, 문화행사 또는 아마추어 운동경기

　　ⓒ 도서관, 과학관, 박물관, 미술관, 동물원, 식물원에 입장하게 하는 것

　　ⓓ 종교, 자선, 학술, 구호(救護), 그 밖의 공익을 목적으로 하는 단체가 공급하는 재화 또는 용역

　　ⓔ 국가, 지방자치단체 또는 지방자치단체조합이 공급하는 재화 또는 용역

　　ⓕ 국가, 지방자치단체, 지방자치단체조합 또는 공익단체에 무상(無償)으로 공급하는 재화 또는 용역

　㉡ ㉠에 따라 면세되는 재화 또는 용역의 공급에 통상적으로 부수되는 재화 또는 용역의 공급은 그 면세되는 재화 또는 용역의 공급에 포함되는 것으로 본다.

3 세금계산서

① **개념**

　　㉠ 사업자가 재화 및 용역을 공급할 때 부가가치세를 징수하고 이를 증명하기 위해 공급받는 자에게 교부하는 영수증이다.

　　㉡ 세금계산서는 세금계산서와 수입세금계산서, 신용카드매출전표, 현금영수증, 영수증 등으로 구분된다.

② **세금계산서의 기능**

　　㉠ 전단계세액공제법을 사용하고 있는 우리나라에서는 세금계산서의 적정한 수수여부가 가장 중요하다.

　　㉡ 송장역할

　　㉢ 세금계산서는 계약서로서의 기능은 가지지 않는다.

▶ **기출유형익히기**

다음의 밑줄 친 ㉠에 대한 설명으로 옳지 않은 것은?

신용카드 매출전표

카드번호 1234-0000-1234-0000

일반		AMOUNT	500,000
할부	일시불	㉠ V.A.T	50,000
품명	XXXX	TIPS	30,000
단말기호	9999999	TOTAL	580,000
매입사	K은행	승인번	101010101

① 매출액의 10%로 ㉠을 부과한다.

② 국외에서 운행되는 우리나라 국적의 항공기에서 이루어지는 재화의 공급은 ㉠의 납세의무가 있다.

③ 국가 및 지방자치단체도 ㉠을 부담한다.

④ ㉠은 납세자와 담세자가 일치한다.

⑤ 소비지국 과세원칙을 취하고 있다.

　　✔ 부가가치세는 간접세로 납세자(정부에 실제 세금을 납부하는 자)와 담세자(실질적으로 부가가치세를 부담하는 자)가 일치하지 않는다.　　　　　　　　　　　　**답_④**

실력다지기

분야별 기출유형문제와 다양한 형태의 출제예상문제를 상세한 해설과 함께
수록하여 시험문제에 대한 적응력을 높일 수 있도록 하였다.

경제이론 영역

본 교재에 수록된 기출유형문제는 수험생의 실제문제유형 파악과 실전 적응력을 높이기 위하여 기존 출제된 문제를 재구성한 것입니다.

▶▶ **기출유형문제**

1 다음 중 저량(stock)변수에 속하지 않는 것은?

① 통화량
② 국부
③ 외환보유고
④ 자본량
⑤ 국제수지

2 다음 중 유량(flow)변수에 속하지 않는 것은?

① 외채
② 국제수지
③ 수요
④ 국민소득
⑤ 수입

3 가치의 역설이란 무엇을 말하는가?

① 사용가치가 높은 물의 교환가치는 낮고, 사용가치가 낮은 다이아몬드의 교환가치는 높은 현상을 말한다.
② 가격이 비싼 재화일수록 더 잘 팔리는 현상을 말한다.
③ 재화의 가격은 총효용에 의해 결정된다.
④ 가격은 교환가치가 아닌 사용가치에 의해 결정된다.
⑤ 한계효용체증의 법칙과 관계가 있다.

4 독점시장에 대한 진입장벽이라고 볼 수 없는 것은?

① 규모의 경제   ② 정부의 규제

③ 특허제도   ④ 수출보조금 제도

⑤ 정부허가제

5 시장경제체제 하에서 '보이지 않는 손'의 역할을 하는 것은 무엇인가?

① 가격   ② 재화

③ 상품   ④ 화폐

⑤ 신용

ANSWER

1. ⑤
국제수지는 일정기간에 걸쳐 측정되는 유량(flow)변수이다.

2. ①
외채는 일정시점에서 측정되는 저량(stock)변수이다.

3. ①
가치의 역설은 가격이 사용가치가 아닌 교환가치에 의해 결정됨을 의미하는 것으로 물의 경우 소비량이 많기 때문에 한계효용이 낮으므로 가격이 낮다. 가격은 총효용이 아닌 한계효용과 관계가 있다.

4. ④
특정 산업에 대하여 수출보조금을 지급하게 되면 수익성이 높아지므로 그 산업으로의 진입이 촉진될 것이다.

5. ①
아담 스미스는 국부론에서 시장경제체제 하에서 '보이지 않는 손'의 역할을 하는 것을 '가격'으로 보았다.

6 공급이 스스로 수요를 창조하므로 초과공급은 발생할 수 없다는 것은 무엇에 관한 내용인가?

① 오쿤의 법칙   ② 왈라스 법칙

③ 코즈의 정리   ④ 차선의 이론

⑤ 세이의 법칙

7 다음 중 이자율에 대한 설명으로 옳지 않은 것은?

① 화폐수요와 화폐공급에 의해 결정된다.

② 채권가격은 이자율과 역의 관계에 있다.

③ 현재의 소비를 미루는 행동에 대한 보상의 의미가 있다.

④ 이자는 현금이라는 유동성을 포기하는 대가로서 지급된다.

⑤ 주어진 명목이자율에서 인플레이션이 증가하면 실질이자율은 증가한다.

8 다음 경기종합지수 구성지표 중 선행지수가 아닌 것은?

① 금융기관유동성   ② 순상품교역조건

③ 종합주가지수   ④ 회사채유통수익률

⑤ 구인구직비율

9 개인 종합소득에 대해 초과누진세율을 적용할 수 있는 이론적 근거로 가장 옳은 것은?

① 자유주의   ② 합리주의

③ 공리주의   ④ 롤즈주의

⑤ 평등주의

10 위험기피적인 경향이 강한 사람에게 선호되는 일반적인 투자형태의 순서로 맞는 것은?

① 회사채 > 주식 > 국채　　　　　　② 회사채 > 국채 > 주식
③ 국채 > 주식 > 회사채　　　　　　④ 국채 > 회사채 > 주식
⑤ 주식 > 회사채 > 국채

11 다음 중 가격이 수행하는 주요 역할로 보기 가장 어려운 것은?

① 신호의 전달
② 유인의 제공
③ 자원의 배분
④ 생산요소의 배분
⑤ 경제의 안정

ANSWER

6. ⑤
세이의 법칙은 공급이 스스로 수요를 창조하므로 초과공급은 발생할 수 없다는 것으로 고전학파 경제학의 기본 가정이다.

7. ⑤
주어진 명목이자율에서 인플레이션이 증가하면 실질이자율은 감소한다.

8. ④
회사채유통수익률은 후행시수이다.

9. ⑤
누진세제는 저소득층에 대한 상대적인 배려 인식이 깔린 것으로 평등주의에 가깝다.

10. ④
국가에서 발행하는 국채가 가장 위험도가 적고 이후 회사채, 주식의 순으로 위험도가 적다.

11. ⑤
경기 변동은 시장경제체제에서는 불가피한 것으로써 경제 안정은 가격 기능이라고 볼 수 없다.

12 다음 중 (   )에 들어갈 알맞은 용어는 무엇인가?

> (A)는 원금에 대해서만 이자를 계산하는 방법이고, (B)는 원금과 이자 모두에 대해서 이자를 계산하는 방법이다.

① (A) 복리   (B) 단리
② (A) 단리   (B) 복리
③ (A) 고정금리   (B) 변동금리
④ (A) 변동금리   (B) 현재가치
⑤ (A) 복리   (B) 현재가치

13 한 사람이 절약하고 저축하는 것은 그 개인을 부자로 만들지만 모든 사회 구성원 전체가 절약하고 저축하는 것은 전체 경제의 소비를 위축시킨다. 마찬가지로 개별적으로는 합리적인 선택이지만 전체적으로는 좋지 못한 결과를 초래하는 상황을 나타내는 용어는?

① 구성의 오류   ② 시장의 오류
③ 독립의 오류   ④ 공공의 오류
⑤ 저축의 오류

14 최고가격제의 실시로 나타날 수 있는 문제점이 아닌 것은?

① 초과수요가 발생한다.
② 암시장이 출현한다.
③ 사회적인 후생손실이 발생한다.
④ 재화의 품질이 저하된다.
⑤ 시장의 균형가격보다 높은 수준으로 결정된다.

15 정부가 통화팽창(중앙은행 차입)을 통하여 정부지출을 증대시킬 경우 인플레이션이 유발됨으로써 구매력이 민간부문으로부터 정부부문으로 이전되는 현상을 무엇이라고 하는가?

① 이전지급(transfer payments)

② 구축효과(crowding-out effect)

③ 인플레이션세(inflation tax)

④ 조세전가(tax shifting)

⑤ 조세쐐기(tax wedge)

16 총수요에 영향을 미치는 요인으로 옳지 않은 것은?

① 조세 증가　　　　　　　　　② 통화량 증가

③ 이자율 하락　　　　　　　　④ 노동공급 증가

⑤ 정부지출 증가

---

12. ②
단리는 원금에 대해서만 이자를 계산하는 방법이고, 복리는 원금과 이자 모두에 대해서 이자를 계산하는 방법이다.

13. ①
구성의 오류란 부분적으로는 바람직한 일이 전체적으로는 바람직하지 않은 결과를 초래하는 현상을 말한다. 즉, 개별의 합리성이 사회경제의 합리성과 반드시 일치되지는 않는 것을 말한다.

14. ⑤
최고가격제는 시장의 균형가격보다 낮은 수준에서 결정된다.

15. ③
인플레이션으로 인해 정부부채의 실질가치가 하락하게 된다. 이것은 정부가 세금을 추가로 징수한 효과를 낸다고 하여 인플레이션세라고 부른다.

16. ④
노동공급의 증가는 총공급에 영향을 준다.

17 가계지출 중 교육비가 차지하는 비율을 뜻하는 것은?

① 지니계수   ② 베타계수

③ 엔젤계수   ④ 엥겔계수

⑤ 샤프계수

18 경기에서 승자가 있으면 반드시 패자가 있어야 하는 구조를 뜻하는 것은?

① 제로섬게임   ② 공정게임

③ 머니게임   ④ 포지티브섬게임

⑤ 네거티브섬게임

19 기업의 신용등급이 아주 낮아 회사채 발행이 불가능한 기업이 발행하는 회사채를 이르는 것은?

① 양도담보   ② 정크본드

③ 복명어음   ④ 블루칩

⑤ 공어음

20 다음 중 마케팅의 4P에 해당하지 않는 것은?

① Product   ② Place

③ Price   ④ Plan

⑤ Promotion

21 소득수준이 낮을수록 전체 가계비에서 차지하는 주거비의 비율이 높아진다는 법칙은?

① 슈바베의 법칙   ② 그레샴의 법칙

③ 엥겔의 법칙   ④ 세이의 법칙

⑤ 파레토 법칙

22 외국기관 또는 국내기관이 증권예탁결제원, 증권금융 등에서 주식을 빌려 판 후 시장에서 주식을 다시 매입해 갚는 거래 방식은?

① 과도거래
② 결합거래
③ 증권거래
④ 대차거래
⑤ 수수료거래

23 바하마나 버뮤다와 같이 소득세나 법인세를 과세하지 않거나 아주 낮은 세율을 부과하는 나라를 뜻하는 용어는?

① 택스헤븐
② 택스프리
③ 택스리조트
④ 택스셀터
⑤ 택스하우스

ANSWER

17. ③
엔젤계수(angel coefficient)란 가계총지출에서 교육비가 차지하는 비율을 뜻한다.

18. ①
제로섬게임(zero-sum game)이란 승자의 이득과 패자의 손실을 합하면 0이 되는 것을 말한다.

19. ②
정크본드(junk bond)란 신용등급이 낮은 기업이 발행하는 고위험, 고수익 채권을 이르는 말이다.

20. ④
마케팅 전략의 4P란 상품, 가격, 유통장소, 판촉을 말한다.

21. ①
슈바베의 법칙은 독일 통계학자 슈바베가 발견한 근로자 소득과 주거비 지출의 관계 법칙이다.

22. ④
대차거래(loan transaction)란 보통 대형 기관이 증권예탁결제원이나 증권사 등으로부터 일정 수수료를 내고 주식을 빌리는 것을 말한다.

23. ①
택스헤븐(tax heaven)이란 조세피난처를 말하는 것으로 바하마나 버뮤다 등이 있다.

24 한국은 컴퓨터의 수입시장에서 소국으로서의 위치를 점하고 있다. 한국이 수입 컴퓨터에 대하여 관세를 부과할 경우 예상되는 경제적 효과로서 옳지 않은 것은?

① 교역조건이 개선된다.
② 국내에서 컴퓨터의 생산이 늘어난다.
③ 컴퓨터의 국내가격은 국제가격보다 높게 된다.
④ 국민의 복지가 감소한다.
⑤ 정부의 관세수입은 증가한다.

25 최근 국산 자동차의 가격이 크게 올라 수입 자동차와의 가격 차이가 크게 줄었다. 다음 중 국산 자동차의 가격상승의 원인으로 추정할 수 있는 것이 아닌 것은?

① 국내 자동차회사 노동자들의 임금이 상승하였다.
② 자동차 관련 세금이 대폭 인상되었다.
③ 버스 및 지하철의 요금이 크게 인상되었다.
④ 농촌 및 도시 근로자의 평균 소득이 증가되었다.
⑤ 대기오염 방지를 위해 자동차에 대해 배기가스 정화장치를 의무화시켰다.

26 세 명의 주민이 살고 있는 어느 특정 지역에 공원이 건립되면 주민 갑, 을, 병은 각각 100만 원, 200만 원, 700만 원의 화폐가치에 해당하는 효용을 얻을 수 있다. 이 공원은 유지비용도 없고 입장료도 없다. 만일 건립과 관련하여 정부가 개입하지 않는다고 하면, 다음 설명 중 옳은 것은?

① 주민 갑만이 자신의 효용의 화폐가치를 밝히고, 그만큼 부담하여 100만 원 규모의 공원이 건립될 것이다.
② 주민 갑, 을만이 각각 자신의 효용의 화폐가치를 밝히고, 그만큼 부담하여 300만 원 규모의 공원이 건립될 것이다.
③ 주민 갑, 을, 병이 각각 자신의 효용의 화폐가치를 밝히고, 그만큼 부담하여 1,000만 원 규모의 공원이 건립될 것이다.
④ 주민 갑, 을, 병이 각각 자신의 효용의 화폐가치를 밝히고, 그보다 조금씩 더 부담하여 1,000만 원 규모보다 큰 공원이 건립될 것이다.
⑤ 주민들 중 아무도 자신의 효용의 화폐가치를 밝히지 않고, 그만큼 부담하지도 않아 공원은 건립되지 못할 것이다.

27   다음은 김밥과 우유의 무차별곡선을 나타낸 것이다. 아래의 그림을 참조하여 맞는 사항을 고르면?

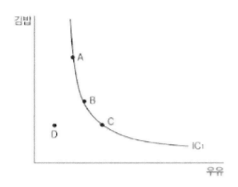

① D점은 A, B, C점 중의 하나와 무차별할 수 있다.

② A점에서 김밥의 소비에 비해 우유의 소비에서 더욱 큰 한계효용을 얻을 수 있다.

③ 만약의 경우 소비자들의 선호가 B점에서 C점으로 이동할 시에 김밥 소비의 감소 없이 우유의 소비를 증가시킬 수 있다.

④ A점의 경우 C점에 비해 보다 많은 비용을 써야 한다.

⑤ A점의 경우 C점에 비해서 만족도가 더욱 크다.

ANSWER

24. ①
일반적으로 소국의 경우 수입관세를 부과하면 그 효과가 미미하여 교역조건의 변화가 나타나지 않는다.

25. ②
자동차 관련 세금이 인상된다면 자동차를 사려는 사람들의 수요가 줄어들게 된다.

26. ⑤
공원은 건설비를 부담하지 않은 사람도 이용할 수 있으므로 갑, 을, 병 아무도 자신의 진정한 선호를 밝히지 않으려할 것이다. 그러므로 주민들의 자발적인 선택에 의해서 공원은 건립되지 못할 것이다.

27. ②
A점 및 C점의 소비에서 소비자의 만족도는 동일하며 D점의 경우 A, B, C점 모두보다 소비 효용이 낮은 점과 무차별하지 않는다. 또한, A점에서는 김밥의 소비에 비해 우유의 소비에서 더욱 큰 한계효용을 얻게 된다.

28 다음 중 후진국 경제개발에 있어 균형성장론을 주장한 학자는?

① Nurkse   ② Duesenberry

③ Hirschman   ④ Lewis

⑤ Keynes

29 다음 중 (   )에 들어갈 알맞은 말은 무엇인가?

(A)란 개인들의 소비가 사회적으로 의존관계에 있는 타인의 소비행태와 타인의 소득수준에 의하여 영향을 받는 것을 말하고, (B)란 후진국의 소비가 선진국 소비수준의 영향을 받는 것을 말한다.

① (A) 전시효과   (B) 국제적 전시효과
② (A) 톱니효과   (B) 국제적 톱니효과
③ (A) 전시효과   (B) 전방연관효과
④ (A) 톱니효과   (B) 후방연관효과
⑤ (A) 톱니효과   (B) 전방연관효과

30 다음 중 (   )에 들어갈 알맞은 말은 무엇인가?

수입대체형 공업화전략을 채택하면 (A) 정책을 취하는데 비해, 수출주도형 공업화전략을 채택하면 (B) 정책을 취하게 된다.

① (A) 보호무역   (B) 자유무역
② (A) 자유무역   (B) 보호무역
③ (A) 관세동맹   (B) 경제동맹
④ (A) 무역창출   (B) 무역전환
⑤ (A) 무역전환   (B) 관세동맹

31 다음 중 ( )에 들어갈 용어는 무엇인가?

> 어떤 담배의 가격을 2,000원에서 2,500원으로 올렸을 때 담배 판매량이 1,000갑에서 600 갑으로 떨어졌다고 한다. 이 담배의 수요의 가격 탄력성은 (A)이며, 가격인상 후 담배 판매수입이 (B)한다.

① (A) 비탄력적   (B) 증가
② (A) 비탄력적   (B) 감소
③ (A) 탄력적   (B) 증가
④ (A) 탄력적   (B) 감소
⑤ (A) 단위탄력적   (B) 증가

28. ①
균형성장론은 넉시가 주장한 이론으로 후진국의 모든 산업부문이 동시에 균형적으로 개발되어야 한다는 이론이다. 균형성장론에서는 후진국이 빈곤에서 탈피하려면 여러 산업이 균형적으로 발전하여여 한다고 본다.

29. ①
전시효과란 개인들의 소비가 사회적으로 의존관계에 있는 타인의 소비행태와 타인의 소득수준에 의하여 영향을 받는 것을 말하고, 국제적 전시효과란 후진국의 소비가 선진국 소비수준의 영향을 받는 것을 말한다.

30. ①
수입대체형 공업화전략을 채택하면 보호무역 정책을 취하는데 비해, 수출주도형 공업화전략을 채택하면 자유무역 정책을 취하게 된다.

31. ④
어떤 담배의 가격을 2,000원에서 2,500원으로 올렸을 때 담배 판매량이 1,000갑에서 600갑으로 떨어졌다고 한다. 이 담배의 수요의 가격 탄력성은 탄력적이며, 가격인상 후 담배 판매수입이 감소한다.

32 다음 ( )에 들어갈 알맞은 용어는 무엇인가?

> 이윤을 최대로 하는 기업은 (A)와 (B)의 차이를 최대로 하고자 한다. 이를 위하여 기업은 (C)와 (D)가 일치하도록 생산량을 조절한다.

① (A) 총수입   (B) 총비용   (C) 한계수입   (D) 한계비용
② (A) 한계수입 (B) 한계비용 (C) 총수입   (D) 총비용
③ (A) 평균수입 (B) 평균비용 (C) 한계수입   (D) 한계비용
④ (A) 한계수입 (B) 한계비용 (C) 평균수입   (D) 평균비용
⑤ (A) 총수입   (B) 한계비용 (C) 한계수입   (D) 평균비용

33 다음에서 설명하는 용어는 무엇인가?

> 각국은 자국에 상대적으로 풍부한 부존요소를 집약적으로 사용하는 재화생산에 비교우위가 있다. 즉, 노동풍부국은 노동집약재에 비교우위가 있고 자본풍부국은 자본집약재 생산에 비교우위가 있다.

① 헥셔-올린 정리   ② 요소가격균등화 정리
③ 스톨퍼-사무엘슨 정리   ④ 립진스키 정리
⑤ 리카도 정리

34 평가절하를 한 후 무역수지가 곧바로 개선되는 것이 아니라 일정기간 동안 악화되었다가 다시 개선되는 현상을 무엇이라 하는가?

① 마샬-러너 효과   ② 레온티에프 역설
③ J곡선 효과   ④ 유동성 딜레마
⑤ 구축 효과

35 '시장에서 외부성이 발생한다 하더라도 거래비용이 적고 소유권이 명확하면 정부의 개입이 불필요하다'라고 한 이론은 다음 중 어느 것인가?

① 거래비용경제학   ② 코즈의 정리

③ 바그너의 원리   ④ 파레토의 원리

⑤ 게임 이론

36 사과에 대한 수요의 가격탄력성은 0.8이며, 소득탄력성은 0.4라고 한다. 그리고 사과에 대한 수요가 바나나 가격의 변화에 보이는 교차탄력성은 0.4라고 한다. 이제 사과 가격이 1%, 소득이 2%, 바나나 가격이 2% 상승한다고 할 때 사과수요량의 변화율(%)은?

① −0.4   ② −0.8

③ 0.4   ④ 0.8

⑤ 1.0

ANSWER

32. ①
이윤을 최대로 하는 기업은 총수입과 총비용의 차이를 최대로 하고자 한다. 이를 위하여 기업은 한계수입과 한계비용이 일치하도록 생산량을 조절한다.

33. ①
헥셔-올린 정리(Heckscher-Ohlin theorem)란 각국은 자국에 상대적으로 풍부한 부존요소를 집약적으로 사용하는 재화생산에 비교우위가 있다. 즉, 노동풍부국은 노동집약재에 비교우위가 있고 자본풍부국은 자본집약재 생산에 비교우위가 있다.

34. ③
평가절하를 한 후 무역수지가 곧바로 개선되는 것이 아니라 일정기간 동안 악화되었다가 다시 개선되는 현상을 J곡선 효과라고 한다.

35. ②
시장에서 외부성이 발생한다 하더라도 거래비용이 적고 소유권이 명확하면 정부의 개입이 불필요하고 자발적 협상이나 조정에 의해 해결하는 것이 낫다는 이론은 코즈의 정리이다.

36. ④
가격탄력성 = 사과수요량 0.8% 감소
소득탄력성 = 사과수요량 0.8% 증가
교차탄력성 = 사과수요량 0.8% 증가

37 어느 상품의 수요곡선은 $P = 6 - 2Q$, 공급곡선은 $P = 3 + Q$와 같다고 한다. 다음 중 균형가격과 소비자 잉여의 크기를 올바르게 계산한 것은?

① 균형가격 = 5, 소비자잉여 = 0.5
② 균형가격 = 4, 소비자잉여 = 1
③ 균형가격 = 4, 소비자잉여 = 0.5
④ 균형가격 = 3, 소비자잉여 = 1
⑤ 균형가격 = 1, 소비자잉여 = 4

38 같은 양의 외국산 마늘과 한국산 마늘에 대한 어떤 소비자의 만족도가 항상 동일할 경우, 외국산 마늘의 가격이 한국산 마늘의 가격에 비해 5% 저렴하다면 마늘에 대한 그 소비자의 수요는?

① 수요의 95%를 외국산에 의존한다.
② 수요의 60%를 외국산에 의존한다.
③ 수요의 55%를 외국산에 의존한다.
④ 수요의 5%를 외국산에 의존한다.
⑤ 수요의 전량을 외국산에 의존한다.

39 폭설로 도로가 막혀 교통이 두절되고 농촌 비닐하우스가 무너져 농작물 피해가 발생하였다. 우하향하는 총수요곡선과 우상향하는 총공급곡선을 이용하여 이러한 자연재해가 단기적으로 경제에 미치는 영향은 무엇인가?

① 물가수준은 상승하고 실질 GDP는 감소한다.
② 물가수준은 하락하고 실질 GDP는 감소한다.
③ 물가수준은 상승하고 실질 GDP는 증가한다.
④ 물가수준은 하락하고 실질 GDP는 증가한다.
⑤ 물가수준과 실질 GDP 모두 불변이다.

40 어느 생산자는 매일 50단위의 물건을 만들기 위해 공장을 가동하고 있다. 평균가변비용은 10, 한계비용은 20, 그리고 평균비용은 15라고 한다. 이 공장의 총고정비용은?

① 250   ② 350

③ 500   ④ 750

⑤ 1,000

41 영국의 경제학자인 앨프리드 마셜은 애덤 스미스나 칼 마르크스와 달리 재화의 시장가격이 무엇에 의해서 결정된다고 주장하였는가?

① 생산비용

② 소비자가 느끼는 사용가치

③ 생산비용과 사용가치

④ 재화에 투입된 노동의 가치

⑤ 재화에 투입된 노동과 자본의 가치

---

37. ②
소비자잉여는 수요곡선과 가격선 사이의 삼각형 면적으로 구해진다.

38. ⑤
두 재화가 완전대체재이므로 약간이라도 값이 저렴한 외국산을 모두 소비하게 된다.

39. ①
단기의 총공급곡선이 좌측으로 이동하므로 물가수준은 상승하고 실질 GDP는 감소한다.

40. ①
총고정비용 = (15−10)×50 = 250

41. ③
앨프리드 마셜(Alfred Marshall)은 고전파 경제학을 발전시켜 신고전학파의 토대를 마련하였다. 마셜을 비롯한 신고전학파는 수요이론에서는 한계효용학설, 공급이론에서는 생산비설의 관점을 취하고 있다. 마셜은 사용가치(수요)와 생산비용(공급)이 모두 가격결정의 중요한 요소임을 역설하였다.

42 아래에서 설명하는 내용과 관계되는 기호를 모두 고르면?

> 주식회사 연상기업의 대표는 회사의 이윤이 높아지기를 희망하고 있다. 반면 연상기업의 사원들은 아침에 출근하여 자신이 할 일만을 대충 끝낸 후 신문과 인터넷을 통해 주말에 무엇을 할지 계획하며 일과를 보내는 것을 최고의 인생목표로 삼고 있다. 대표이사는 이런 기업문화를 청산하고 이윤을 높이기 위하여 인터넷 사용시간 제한·직원 출입증 배부를 통한 출퇴근 업무시간 관리 등을 골자로 하는 직원관리혁신안과 성과급 도입 방안을 검토 중이다.

㈎ 비대칭 정보	㈏ 숨은 특성
㈐ 숨은 행동	㈑ 주인 – 대리인 문제
㈒ 빛 좋은 개살구	㈓ 감시·감독의 문제

① ㈎㈏㈒   ② ㈎㈐㈑

③ ㈐㈑㈓   ④ ㈎㈐㈑㈓

⑤ ㈏㈐㈑㈓

43 시장 진입을 위한 대규모 투자가 필요하지만 소비자층에 따라 가격차별이 가능한 특성을 지니는 산업 유형에 대한 설명으로 옳은 것은?

> ㈎ 정부가 경우에 따라 가격 규제를 실시하기도 한다.
> ㈏ 상품 차별화를 통해 소비자에 대한 가격차별이 발생한다.
> ㈐ 높은 진입 장벽이 존재하여 새로운 기업의 시장 진입이 어렵다.
> ㈑ 기업 간의 상호 의존성이 강하며, 참여 기업들은 높은 시장지배력을 갖고 있다.

① ㈎㈏   ② ㈎㈐

③ ㈏㈐   ④ ㈏㈑

44 아래의 조건을 참고하여 철수네 가족의 경제활동참가율과 실업률을 구하면?

[조건] 철수네 가족구성
아버지(55, 회사원), 어머니(53, 전업주부), 누나(24, 편의점에서 주 3시간 아르바이트)
형(22, 군인), 철수(17, 학생), 동생(12, 학생)

	경제활동참가율	실업률
①	33%	0%
②	33%	20%
③	40%	20%
④	50%	0%
⑤	50%	20%

42. ④
보기에서 제시된 내용은 모두 시장실패와 관련된 것들이다. 이 중에서 (가), (나), (바)는 역선택(adverse selection)과 관련 있고, (가), (다), (라), (바)는 도덕적 해이(moral hazard)와 관련된다. 제시문은 도덕적 해이의 사례에 해당한다.

43. ②
자연독점(natural monopoly) 시장의 특성에 해당한다. 철도·가스·전기·소방·통신서비스처럼 경합성은 없으나 배제성이 존재하는 공공재의 경우에 발생하기 쉽다. 막대한 규모의 기반투자가 필요하므로 정부가 시장에 개입하여 독점하거나 가격을 통제하는 경우가 많다. (나)는 독점적 경쟁시장, (라)는 과점시장의 특성이다.

44. ④

$$경제활동참가율 = \frac{경제활동인구\ 수}{생산활동가능인구\ 수}$$

$$실업률 = \frac{실업자\ 수}{경제활동인구\ 수} = \frac{실업자\ 수}{취업자\ 수 + 실업자\ 수}$$

생산활동가능인구 : 아버지, 어머니, 누나, 철수
경제활동인구 : 아버지, 누나
※ 개념정리
   ㉠ **생산활동가능인구** : 만 15세 이상 인구(군인, 공익근무요원, 교도소 재소자 등은 제외)
   ㉡ **경제활동인구** : 생산활동가능인구 중 재화, 용역 생산에 노동력을 제공할 의사와 능력이 있는 사람
   ㉢ **취업자** : 매월 15일이 포함된 1주일 동안에 수입을 목적으로 1시간 이상 일한 사람(주당 18시간 이상 일한 무급가족종사자, 휴가·노동쟁의 등의 사유가 있는 사람 포함)
   ㉣ **실업자** : 매월 15일이 포함된 1주일 동안에 적극적으로 일자리를 구해 보았으나 1시간 이상 일을 하지 못한 사람으로서 즉시 취업이 가능한 사람

45 원빈은 현재 소유하고 있는 자동차를 계속 보유하면서 신형 스포츠카를 사려고 계획하고 있다. 원빈이 합리적인 소비자라면, 새 자동차를 구입할 때 가장 고려해야 할 것은?

① 새 차를 샀을 때 증가되는 총 편익을 생각한다.

② 새 차를 샀을 때 증가되는 한계편익을 생각한다.

③ 두 대의 차를 소유할 때의 총 편익과 총 비용을 생각한다.

④ 새로 산 차로부터 얻는 총 편익과 추가되는 총 비용을 생각한다.

⑤ 차를 한 대 더 샀을 때 발생하는 한계편익과 한계비용을 생각한다.

46 다음의 수요 공급에 대한 설명 중 성격이 같은 것끼리 올바르게 분류한 것은?

> (개) 과일가격이 오르자 과일의 수요가 줄어들었다.
> (내) 임금 상승으로 육류 소비가 늘어났다.
> (대) 육류 가격 상승으로 농산물 수요가 늘어났다.
> (래) 임금 상승으로 노동 수요가 줄었다.
> (매) 달러환율이 상승하자 달러에 대한 수요가 줄어들었다.

① (개)(매) / (내)(대)(래)

② (개)(내)(대) / (래)(매)

③ (개)(래)(매) / (내)(대)

④ (개)(래) / (내)(대)(매)

⑤ (개)(대)(매) / (내)(래)

47 다음 중 매몰비용의 오류(sunk cost's fallacy)와 관련이 없는 것은?

① 다른 직장으로 이직할 때 지금 받는 급여는 고려하지 않는다.

② 공무원 시험에 계속 불합격했지만 10년 동안 공부한 게 아까워 계속 공부한다.

③ 근교에 위치한 아웃에 쇼핑을 가면 대부분 과소비를 하게 된다.

④ 주문한 음식이 맛이 없었지만 아까워서 남기지 않고 다 먹게 된다.

⑤ 재미없는 영화지만 요금이 아까워 끝까지 관람한다.

45. ⑤

이미 차를 소유하고 있는 상황에서 차를 한 단위 더 늘리려면 추가분에 대한 순편익의 변화, 즉 한계순편익(한계편익 – 한계비용)이 0이상이어야 경제적이다. 원래 소유하고 있던 자동차에 드는 비용은 일종의 매몰비용(sunk cost)이므로 고려할 필요가 없다.

46. ③

수요와 수요량의 변화

㉠ **수요(demand)** : 경제주체가 일정기간 동안에 일정한 가격 하에서 재화나 용역을 구입하고자 하는 욕구를 의미한다. 수요곡선 자체로 이해할 수 있으며 소비자가 사고자 하는 의사(willingness)와 능력(ability)을 동시에 갖는 경우에 성립한다.

㉡ **수요량(quantity demanded)** : 소비자들이 실제로 재화나 용역을 구매하려는 욕구가 수량화된 개념 즉, 값을 치르고 구입할 의사와 능력이 있는 재화의 최대 양을 의미한다.

• 가격의 변화에 따른 수요량의 변화를 나타낸다.

• 수요곡선상의 한 점으로 표현되며 동일한 수요곡선상 점의 이동으로 나타난다.

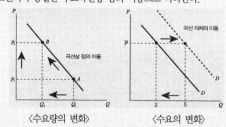

〈수요량의 변화〉 　　　〈수요의 변화〉

47. ①

① 현재의 급여는 매몰비용이 아니라 이직에 따른 기회비용이다.

※ **매몰비용(Sunk cost)**

㉠ 매몰비용은 고정비용과 혼동하기 쉬우나 고정비용은 기업이 사업을 그만두는 경우 제거할 수 있는 비용인 반면 매몰비용은 한번 지출하면 회수가 불가능한 비용을 말하는 것이다.

㉡ 합리적인 선택을 위해서는 한번 지출되었으나 회수가 불가능한 매몰비용은 고려하지 않는다.

48 다음 중에서 실업률이 높아지는 경우를 모두 고른 것은?

> ㉠ 정부가 실업보험 급여액을 인상하였다.
> ㉡ 산업구조에 커다란 변화가 초래되었다.
> ㉢ 최저임금이 인하되었다.
> ㉣ 경기가 불황에 접어들었다.
> ㉤ 정보통신 산업의 발전에 힘입어 구인현황에 대한 정보가 쉽게 알려질 수 있게 되었다.

① ㉠㉡㉣ ② ㉠㉢㉣

③ ㉠㉣㉤ ④ ㉡㉢㉣

⑤ ㉠㉡㉢㉣

49 아래에 제시된 가격차별과 연관된 사례 중 그 성격이 나머지 넷과 다른 하나는?

① A 식당의 점심 및 저녁의 메뉴는 동일하지만, 점심의 경우에는 더욱 저렴하게 판매한다.

② 자동차 회사에서 동일한 차종을 해외 및 국내에서 각각 다른 가격으로 판매한다.

③ 영화관에서 아침에 조조할인을 한다.

④ KBO에서 프로야구 입장권을 군인들에게 할인해준다.

⑤ 항공사에서 기내 좌석 등급을 3가지로 나누어 가격을 제시한다.

50 다음 중 주식가치를 평가하는 데 활용되는 지표가 아닌 것은?

① CSR

② PER

③ PBR

④ TOBIN'S Q

⑤ EBITDA

48. ①

최저임금 하락은 기업들이 신규고용을 확대하여 실업률이 낮아질 수 있으며 정보통신 산업의 발달로 구인현황 정보가 쉽게 알려진다면 인력 수급 매칭이 쉬워져 실업률이 낮아진다.

49. ⑤

⑤번의 경우 항공사에서 제공하는 퍼스트, 비즈니스, 이코노미 좌석 등으로 가격이 다른 것도 가격차별이지만, 이 같은 경우는 좌석의 공간 및 편의성에서 차이가 발생한 반면에 나머지 ①②③④번은 재화 및 서비스 등 자체가 동일한 상황이므로 그 성격이 다르다고 할 수 있다.

50. ①

② PER(주가수익률) : 수익을 중시하는 지표로 주가가 순이익의 몇 배인가를 나타낸다. 과거실적 기준이므로 미래주가의 예측에는 한계를 지닌다. 10 이하일 경우 저평가로 판단한다.

$$\frac{주가}{주당 순이익}$$

③ PBR(주가순자산비율) : 주가와 주당 자산을 비교하는 비율로 1주당 순자산가치의 가치지표이므로 주가의 적정성 여부를 판단하는 기준이 된다.

$$\frac{주가}{주당 순자산}$$

④ TOBIN'S Q : 기업의 금융자산의 시장가격을 기업이 보유한 실물자산의 대체원가로 나눈 비율로, 토빈의 q 비율(q-ratio)이라고도 한다.

$$q\text{-ratio} = \frac{주가}{1주당 실질순자산}$$

⑤ EBITDA(세전영업이익) : PER이 기업의 자산에 대해 고려되어 있지 않고 감가상각 등 실제 현금으로 들어오는 이익과 장부상의 이익의 차이를 반영하지 못한다는 단점을 보완하기 위해 등장한 개념이다.

※ 기업의 사회적 책임(CSR ; Corporate Social Responsibility) … 기업이 지속적으로 존속하기 위해 이윤추구 이외에 법령과 윤리를 준수하고 기업의 이해관계자의 요구에 적절히 대응함으로써 사회에 긍정적 영향을 미치는 책임 있는 활동을 의미하며 세계화의 진전 및 기업의 사회적 영향력이 커지면서 최근 급속도로 부각되고 있다. 또한 최근 국제사회를 중심으로 기업을 벗어나 사회를 구성하는 모든 조직에게 사회적 책임을 강조하는 국제표준(ISO26000 Guidance on Social Responsibility)이 정립되는 등 기업 외의 이해관계자인 개인, 시민단체, 노동조합, 비정부/이익단체 등의 전향적인 사회적 책임을 강조하는 경향이 나타나고 있다.

51 중앙은행의 최종대부자(The lender of last resort) 기능에 대한 다음 설명 중 거리가 먼 것은?

① 최종대부자 기능은 대규모 금융사고 등으로 시중에 유동성이 부족할 때 금융회사와 금융시장에 돈을 공급해 주는 것을 말한다.

② 최종대부자 기능은 유동성 위기가 금융시스템 전체로 퍼지는 것을 방지한다.

③ 중앙은행이 시중에 충분한 자금을 공급함으로써 위기 시 사람들의 심리적 안정 및 전체 금융시장의 안정을 도모하는 역할을 한다.

④ 최종대부자 기능은 국제결제은행(BIS) 자기자본비율 규제와 같이 사전적 위기방지 기능에 해당된다.

⑤ 중앙은행이 최종대부자로서의 기능을 수행하기 위해서는 금융회사의 경영실태와 금융시장 동향 등을 잘 파악하고 있어야 한다.

52 다음은 회사가 자금조달의 방법으로 회사채를 발행하는 경우에 얻게 되는 장·단점에 대한 설명이다. 옳지 않은 것은?

① 회사채는 경영권에 대한 위험 없이 장기자금을 일시에 조달할 수 있다.

② 회사채를 발행한 후 회사에 적자가 발생하면 이자를 지급할 의무가 없다.

③ 회사채를 발행하면 경영진의 입장에서는 배당에 대한 부담이 작아진다.

④ 회사채를 발행하면 재무구조가 악화될 우려가 높아진다.

⑤ 회사채 발행회사가 은행이나 증권사 등과 계약을 체결, 회사채 총액을 모두 인수하게 하는 방식을 총액인수라 한다.

53 지급준비율 인하가 통화량 공급에 어떤 영향을 미치는지 알아보기 위하여 어떤 경제에 300만 원이 있다고 가정하자. 단, 은행은 법정지급준비금만 보유하고 나머지를 전액 대출 하며, 대출금 전액은 다른 은행에 예금된다. 경제 구성원들이 모든 화폐를 요구불예금의 형태로 보유하고 있는 상태에서 지급준비율이 연 5%에서 4%로 1%포인트 인하되면 통화량 M_2는 얼마만큼 증가하는가?

① 10만 원   ② 30만 원

③ 1,000만 원   ④ 1,500만 원

⑤ 6,000만 원

54 개당 10만 원의 가격에 판매되는 휴대폰을 생산하는 기업의 고정비용은 2억 원이고 변동비용은 휴대폰 1개당 6만 원인 경우, 이 기업의 손익분기점이 되는 휴대폰 생산량은 얼마인가?

① 2,000개

② 2,500개

③ 4,000개

④ 4,500개

⑤ 5,000개

51. ④
최종대부자 기능이란 금융위기가 예상되거나 발생한 경우 금융위기를 예방하고 확산을 방지하기 위해 중앙은행이 금융시장에 일시적으로 유동성을 공급하는 사후적 위기해결 기능을 말한다.

52. ②
회사채를 발행하면 회사에 적자가 나더라도 회사채 발행 시 약속한 이자는 지급해야 한다.

53. ④
총통화량(신용창조) = 본원통화 × 통화승수 = 본원통화 × 1/지급준비율 (* 통화승수 : 지급준비율의 역수)
㉠ 지급준비율 5% : 300(만 원) × 20 = 6,000(만 원)
㉡ 지급준비율 4% : 300(만 원) × 25 = 7,500(만 원)
따라서 지급준비율이 1% 인하되면 통화량은 1,500만 원 증가한다.

54. ⑤
손익분기점은 총수입(매출액)과 총비용이 일치하는 수준(총매출액 – 총지출액 = 0) 즉, 영업 후의 매출금액과 영업에 따른 모든 지출비용이 일치하는 시점을 말한다.
㉠ 총수입 = 10만 원 × Q
㉡ 총비용 = 고정비용 + 가변비용 = 2억 원 + (6만 원 × Q)
㉢ 손익분기점 = 10만 원 × Q = 2억 원 + (6만 원 × Q)
∴ Q = 5,000(개)
※ $Q_{BEP} = \dfrac{고정비}{가격 - 변동비}$

55 다음 시장경제 체제에 대한 기술로 사실과 다른 것은?

① 상품과 서비스의 가격은 수급의 힘에 따라 민감하게 오르내린다.

② 각 경제주체들은 매우 자율적인 존재여서 생산 소비를 독립적으로 결정한다.

③ 은행, 신용회사, 보험회사, 증권회사 등의 금융거래 서비스가 활발하다.

④ 민간보다는 정부가 현장의 암묵적 지식들을 수집·가공하는 데 효율적이다.

⑤ 시장에는 재화와 서비스가 넘쳐나 대안(代案)의 선택기회가 존재한다.

56 다음은 동일한 수량의 한 상품을 생산하는 데 요구되는 노동(L)과 자본(K)의 투입비율을 표현한 등량곡선이다. 생산기술이 발전할 경우 예상할 수 있는 변화는 어느 것인가? (단, Q=생산량)

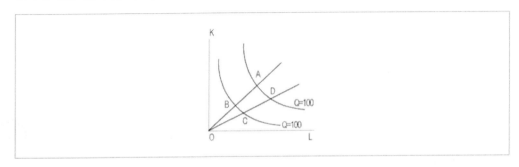

① A→C
② D→B
③ B→D
④ D→A
⑤ C→A

57 발레리나 한서원은 한 발레컴퍼니에서 5,000만 원의 연봉을 받고 근무하던 중 발레학원을 개원하기로 결정했다. 학원의 운영비용은 임대료 1,500만 원, 장비대여비 300만 원, 사무용품비 100만 원, 공공요금 100만 원, 강사급여 2,500만 원이다. 그는 이들 비용을 연간 500만 원의 이자수입이 있었던 1억 원의 예금으로 충당하고 남은 금액을 금고에 보관했다. 추가적인 비용이 없다고 가정할 때 한서원의 1년간 명시적 비용과 암묵적 비용은 모두 얼마인가?

	명시적 비용	암묵적 비용
①	4,500만 원	5,500만 원
②	4,500만 원	5,000만 원
③	6,500만 원	1억 원
④	1억 원	7,000만 원
⑤	1억 원	5,000만 원

58 우리나라의 경제개발 전략에 관한 다음의 설명 중 맞지 않는 것은?

① 균형성장 전략을 통하여 1960~1980년대 30년 동안 고도성장을 달성하였다.

② 성장 초기에는 수입대체산업 육성을 통하여 경공업기술을 습득하였다.

③ 보호관세율을 적용하는 등 국내 산업을 보호하기 위한 관세정책을 집행하였다.

④ 농촌에 존재하던 잉여 노동력을 도시의 제조업분야에 집중적으로 투입하였다.

⑤ 자본 집약적인 중화학공업에 대규모 투자하고 수출산업을 육성하였다.

ANSWER

55. ④
시장경제에서는 정부보다 민간 경제주체가 현장의 암묵적 지식들을 수집·가공하는데 더욱 효율적이다.

56. ②
기술이 진보하면 등량곡선이 원점의 바깥부분에서 안쪽으로 이동하며, 이는 보다 적은 노동과 자본으로 종전과 같은 수량을 생산할 수 있다는 의미이다. 점 D에서 점 B로 이동하는 것이 기술진보로 인하여 적은 노동과 자본을 투여하여 같은 양을 생산함을 나타낸다.

57. ①
⊙ 명시적 비용(explicit cost) : 기업이 실제로 화폐를 지불한 회계상의 비용을 말한다. 문제에서의 명시적 비용은 다음 과 같다.
임대료(1,500) + 장비대여비(300) + 사무용품비(100) + 공공요금(100) + 강사급여(2,500) = 4,500(만 원)
⊙ 암묵적 비용(implicit cost) : 잠재적 비용이라고도 하며 기업이 생산에 투입한 생산요소의 기회비용으로 회계상 나타 나지 않는 비용을 말한다.
포기한 연봉(5,000) + 사업에 투입된 금융자본 기회비용(500) = 5,500(만 원)

58. ①
① 우리나라는 경제개발 초기 중화학 공업에 집중적으로 투자하고 수출산업을 육성하는 불균형 성장전략으로 고도성 장을 달성하였다.
※ **불균형 성장이론** … 허쉬만(Hirschman)이 주장한 이론으로 한 산업의 발전은 다른 산업의 발전을 유발시키고 후진 국의 모든 산업을 동시에 성장시키는 것이 불가능하기 때문에 특정 산업을 우선 육성하고 그 파급효과로 다른 산 업부문을 육성하도록 하는 것이 바람직하다는 것이다. 이때 제품의 생산에서 판매에까지 이르는 과정이 상호작용하 여 생산량을 증대시키는 효과가 큰 전후방연관효과가 큰 산업을 우선 성장시켜야 한다고 본다.

59 다음 제시문을 가장 정확하게 설명한 것은?

> 누군가가 A에게 10만 원을 주고 그것을 B와 나눠 가지라고 한다. A가 B에게 얼마를 주겠다고 제안하든 상관없지만 B는 A의 제안을 거부할 수도 있다고 한다. 만일 B가 A의 제안을 거부하면 10만 원은 그 '누군가'에게 돌아간다. 이 경우 대부분 A의 입장에 있는 사람은 4만 원 내외의 돈을 B에게 주겠다고 제안하고 B는 이 제안을 받아들인다. 그러나 A가 지나치게 적은 금액을 B에게 제안할 경우 B는 단호하게 거부하여 10만 원이 그 '누군가'에게 돌아가게 함으로써 보복한다는 것이다. 또한 이들은 받을 돈이 엄청난 경우에도 "됐소, 당신이나 가지쇼"라고 말했다고 한다. 공정하지 않은 제안은 거절함으로써 자존심을 지키는 것이다.

① 지폐 경매 게임 : 인간은 매몰비용에 대한 고려 없이 투자를 결정한다는 이론
② 반복 게임 : 상거래를 반복할 경우 인간은 호혜적으로 행동한다는 이론
③ 죄수의 딜레마 : 인간은 고립된 상태에서 이기적으로 행동한다는 이론
④ 최후통첩 게임 : 인간은 합리성 외에 공정성도 중요하게 고려한다는 이론
⑤ 역경매 이론 : 소비자가 주체가 되는 경매가 전자시대에는 가능해진다는 이론

60 다음은 실업률에 대한 신문 기사이다. 괄호에 들어갈 용어로 올바른 것은?

> 지난달 한국의 실업률은 3.8%였다. 경제협력개발기구(OECD) 회원국의 평균 실업률 8.7%의 절반에 불과하다. 수치만 보면 한국의 일자리 사정이 좋아 보인다. 하지만 각국의 (A)을(를) 들여다보면 정반대의 사실이 드러난다. 한국의 지난달 (A)은(는) 58.8%(계절조정 기준)로 OECD 회원국 평균(2009년 65.0%)에 비해 6.2%포인트나 낮았다. 왜 이런 일이 벌어지는 것일까. 비밀은 (B)에 있다. 지난달 한국의 (B)는(은) 1563만 2000명으로 15세 이상 인구의 38.6%를 차지했다. 이는 30% 안팎에 그친 OECD 회원국보다 10%포인트 가까이 높은 수치다. 한국의 (B)가 다른 나라에 비해 많은 데에는 여러 이유가 있다. 남북 군사대치로 군인 숫자가 많다. 또 대학 졸업자들은 직장을 구하기 어려워지면 대학원에 진학하거나 기술을 배우러 학원에 다니게 된다.
>
> − ○○ 경제신문 2010년 5월 17일자 일부 수정 −

	A	B
①	고용률	생산가능인구
②	취업률	경제활동인구
③	고용률	비경제활동인구
④	청년취업률	경제활동인구
⑤	취업률	생산가능인구

61 다음 중 화폐시장에 초과공급 현상이 발생하는 현상이 아닌 것은?

① 이자율 하락

② 채권 가격 상승

③ 채권 수익률 하락

④ 채권시장에 초과수요가 존재

⑤ 채권과 같은 금융자산에 대한 수요 감소

59. ④

최후통첩 게임(ultimatum game) …1982년 독일의 경제학자 귀트 등이 고안한 실험이다. 여기서는 수령자가 배분자의 제안을 거절하면 양측 모두 한 푼도 받지 못한다고 규칙을 정했다. 여러 나라에서 수천 명을 대상으로 실험이 이루어졌다. 전통경제학에 따르면 인간은 이기적이고 합리적이기 때문에 상대방이 제안하는 액수에 상관없이 0원 이상이면 당연히 받을 것으로 예측하고 제안자 역시 단 1원만을 주겠다고 제안할 것으로 예측되었다. 하지만 실제 실험에서 배분자가 가장 흔하게 제안하는 것은 50%를 나누는 것이고, 대부분은 30%이상을 제안했다고 한다. 수령자들은 소수만이 20% 미만의 배분을 받아들였고, 대부분은 30%미만의 배분에 대해서는 거절했다. 즉, 게임을 통해 자신의 이익을 극대화하려고 노력하지만 그에 못지않게 내가 받아야할 몫과 상대방의 몫이 어느 정도 되어야 적당한지, 공정한지에 대해 중요하게 생각한다는 것으로 인간이 경제적 이익보다 사회적 공정성을 더 중요시 여긴다는 것이다. 때문에 최후통첩 게임은 행동경제학이 전통경제학(주류경제학)을 반박하는 논거로 인용된다.

60. ③

③ 고용률은 실업률 통계에서는 제외되는 비경제활동인구 수를 포함하므로 비경제활동인구가 증가할수록 고용률은 하락한다.

※ 고용률(%) = 취업자 / 생산가능인구(15세 이상 경제활동인구 + 비경제활동인구)

61. ⑤

화폐시장에 초과공급이 발생한다는 것은 화폐의 수요가 공급에 비하여 부족하다는 뜻으로, 채권시장에서는 채권의 수요가 증가하여 채권 가격이 상승하게 된다. 채권 가격 상승은 채권 수익률의 하락을 뜻한다.

62 다음 중 물가상승을 유발하는 원인이라고 볼 수 없는 것은?

① 원화가치가 상승한다.
② 민간의 저축이 감소한다.
③ 정부가 정부 지출을 증가시킨다.
④ 유가 등 원자재 가격이 상승한다.
⑤ 중앙은행이 통화량을 증가시킨다.

63 건강보험을 강제보험으로 하는 이유를 경제학적으로 가장 잘 설명할 수 있는 개념은?

① 역선택
② 3중 보장론
③ 대수의 법칙
④ 이기심
⑤ 소비자 선택이론

64 A국은 고정환율제도를 시행하고 있으며 통화가치의 상승 압력이 있는 상황이지만 환율을 일정하게 유지하려 한다. 다음 중 발생할 가능성이 가장 높은 것은?

① 중앙은행이 국내 통화를 구매하고 그 결과 외화보유액은 감소
② 중앙은행이 국내 통화를 팔고 그 결과 외화보유액은 감소
③ 중앙은행이 국내 통화를 구매하고 그 결과 외화보유액은 증가
④ 중앙은행은 외국 통화를 구매하고 그 결과 외환보유액은 감소
⑤ 중앙은행은 국내 통화를 팔고 그 결과 외환보유액은 증가

65　다음은 기업지배구조에 대한 진술이다. 가장 올바른 것은?

① 전문경영인 기업보다 소유경영기업이 구조적으로 부패가능성이 높다.

② 가족 경영은 전근대적 경영이므로 개혁할 필요가 있다.

③ 본인–대리인 문제를 해소하는데 소유분산경영이 적절하다.

④ 최근 미국에서는 전문경영인 기업들의 도덕적 해이가 이슈다.

⑤ 경영효율성의 제고에 소유와 경영의 분리는 필수적이다.

62. ①
원화가치 상승(환율 하락)은 수입재 가격의 하락을 가져오므로 물가상승의 원인으로 보기 어렵다.

63. ①
① 역선택은 정보의 비대칭 상황 하에서 정보를 덜 가진 측의 입장에서 상대적으로 손해 볼 가능성이 높아지는 현상으로 건강보험을 강제보험으로 하지 않는다면 사고나 질병의 위험이 높은 사람들이 그러한 위험이 낮은 사람들보다 보험에 가입할 가능성이 높다.

64. ⑤
⑤ 국내 통화가치의 상승 압력은 곧 국내 통화의 수요 증가, 외국 통화의 공급 증가 등을 의미한다. 따라서 환율을 일정하게 유지하기 위해서는 국내 통화를 팔고 외국 통화는 사들여야 하고 이를 통해 외환보유액은 증가한다.

65. ④
테샛에서는 종종 일반적인 경제 상식을 묻는 질문 외에도 위의 문제와 같이 가치 판단을 묻는 질문이 상당수 포함되어 있다. 이러한 문제에서는 가치 판단을 배제하고 출제자의 의도를 우선 파악하는 것이 필수적이다. 특히 개인적 주관을 바탕으로 ①, ②를 선택하는 실수를 해서는 안 된다.
※ 소유경영과 전문경영
　ⓐ 소유경영 : 객관적인 견제장치 존재, 전문성 있는 경영진, 단기성과에 치중하는 경향, 대리인비용, 도덕적 해이 등
　ⓑ 전문경영 : 강력한 리더십 발휘, 빠른 정보전달과 의사결정, 위험에 소극적, 투명성 저하

66 다음 중 노동시장의 유연안전성(flexicurity)에 대한 설명이 가장 바른 것은?

① 해고와 재취업을 동시에 수월하게 하는 노동시장체제

② 노무관리를 유연하게 하여 근로자의 생활안전을 도모하는 원칙

③ 취업은 쉽지만 해고는 어려운 노동정책

④ 보다 유연하게 취업안전성을 관리해야 하는 원칙

⑤ 대기업은 해고가 쉬워지고 중소기업은 고용안전성이 높아지는 정책

67 다음 중 일반적인 필립스곡선에 나타나는 인플레이션과 실업률의 관계에 대한 설명이 옳지 않은 것은?

① 장기적으로는 인플레이션과 실업률 사이에 특별한 관계가 존재하지 않는다.

② 실업률을 낮추기 위해 확대재정정책을 시행하는 경우 인플레이션이 발생한다.

③ 단기적으로 인플레이션율과 실업률은 음(−)의 상관관계를 갖는다.

④ 기대인플레이션이 상승하여 인플레이션이 발생하는 경우에도 실업률은 하락한다.

⑤ 원자재의 가격 상승은 실업률뿐만 아니라 인플레이션도 상승시킨다.

68 시장경제를 구성하는 원리로 적합하지 않은 것은?

① 경쟁의 자유

② 계약의 자유

③ 가격 기구의 작동

④ 정부의 적극적 개입

⑤ 자기 책임의 원칙

69 甲은 한 시간에 물고기 5마리를 잡고 바나나 100개를 딸 수 있고 乙은 한 시간에 물고기 8마리를 잡고 바나나 300개를 딴다고 할 경우 甲과 乙의 경쟁력을 설명한 것 중 올바른 것은?

① 甲은 어디에서도 비교우위가 없다.

② 乙은 두 품목 모두에서 비교우위가 있다.

③ 물고기는 乙이, 바나나는 甲이 비교우위가 있다.

④ 甲은 놀고 乙이 모든 일을 하는 것이 좋다.

⑤ 甲은 물고기에서 비교우위가 있다.

ANSWER

66. ①
노동시장의 유연안전성…고용의 유연성(Flexibility)과 안전성(Security)을 조합한 신조어이다. 기존의 직장내 고용보장이라는 협의의 고용안정관점에서 벗어나 노동시장에는 높은 수준의 고용 유연성을 보장하고 근로자에는 필요한 때 적정한 복지혜택을 주는 등 해고와 재취업을 동시에 쉽게 하는 노동시장체계를 말한다.

67. ④
기대인플레이션…프리드만과 펠프스는 노동자들이 물가상승을 인식하면 기대인플레이션은 높아지고 노동자들은 이에 상응하여 명목임금의 인상을 요구하므로 실업률은 낮아지지 않는다고 주장하였다.

68. ④
시장경제는 수많은 기업과 가계가 시장에서 상호 작용하면서 분산된 의사결정에 의해 자원배분이 이루어지는 경제체제를 말한다. 기업은 누구를 고용하고 무엇을 생산할 것인지를 스스로 결정하며 가계는 어느 기업에서 일을 할지, 어느 제품을 구매할 것인지를 자유롭게 결정한다. 기업과 가계는 시장을 통해 상호작용하며 시장에서는 가격과 사적 이윤이 그들의 의사결정을 좌우한다.

69. ⑤
비교우위는 두 생산자의 기회비용의 크기를 비교할 때 사용하는 개념으로 두 생산자 중 어느 재화의 생산에 있어 그 재화의 기회비용이 낮은 생산자가 비교우위를 지니게 된다. 한 사람이 상대방 생산자에 비해 모든 생산물에서 절대우위는 가질 수 있으나 한 사람이 상대방에 비해 모든 생산물에 비교우위를 갖는 것은 불가능하다. 문제에서 보면 乙은 甲보다 물고기와 바나나를 더 많이 얻을 수 있으므로 두 품목 모두에서 절대우위에 있으나, 甲은 물고기 1마리를 잡을 시간에 바나나 20개를 딸 수 있는 반면 乙은 물고기 1마리를 잡을 시간에 바나나 37.5개 딸 수 있다. 물고기를 잡는 것의 기회비용을 바나나로 표시하면 甲은 20개, 乙은 37.5개이므로 甲은 물고기, 乙은 바나나에 비교우위가 있다.

70 1929년 미국에서 발생한 대공황의 원인에 대해 통화론자들은 통화량의 감소에도 불구하고 정부가 금본위제를 고수하기 위해 금융긴축정책을 썼기 때문이라고 주장하고 있다. 다음 중 대공황의 원인에 대한 경제논리로 맞지 않는 것은?

① 은행 위기가 발생하면 일반인들의 현금 선호 경향이 강해지기 때문에 통화량은 감소하게 된다.

② 일반적으로 통화량이 감소하면 디플레이션 현상이 나타날 수 있다.

③ 금본위제의 유지를 위해서는 금 유출을 막아야 하고 이를 위해 고금리 정책을 유지해야 한다.

④ 통화량 감소와 고금리 정책은 달러화 가치 하락을 초래하므로 결과적으로 순수출을 감소시킨다.

⑤ 1920년대 말 증시 과열을 막기 위한 통화 증가율 억제정책이 단초를 제공하였다.

71 정부가 1온스의 금화와 1온스의 은화의 교환비율을 1 : 8로 고정하였다. 또한 시장에서도 금 1온스는 은 8온스와 동일한 가치를 지니고 있다. 이때 금광이 발견되어 금의 공급량이 늘었고 시장에서는 금 1온스가 은 5온스와 동일한 가치를 갖게 되었다. 이런 상황에서 금화와 은화에 나타나는 변화로 옳은 것은? (단, 이는 '악화가 양화를 구축한다'는 그레샴의 법칙과 관련한 문제이다)

① 은화가 양화로 되며 시중에서 소멸한다.

② 은화가 악화로 되면서 시중에서 소멸한다.

③ 금화가 양화로 되면서 시중에서 소멸한다.

④ 금화가 악화로 되면서 시중에서 소멸한다.

⑤ 금화와 은화의 법정 교환비율이 1 : 5로 바뀐다.

72 다음 중 규모의 경제에 관한 내용으로 가장 바르지 않은 항목은?

① 생산물의 종류가 많으면 많을수록 비용이 낮아진다.

② 자연독점이 생기는 원인이다.

③ 산출량이 늘어남에 따라 장기 평균비용은 줄어든다.

④ 분업에 따른 전문화로 나타날 수 있는 현상이다.

⑤ 규모가 커지면 커질수록 생산단가가 낮아진다.

70. ④

수요만큼 달러화의 공급이 이루어지지 않는다면 달러화의 가치가 상승하여 상품경쟁력은 하락하게 되고 이로 인해 순수출이 감소하게 된다. 또한 1920~1930년대는 금본위제를 고수하는 시기였으므로 달러화 가치의 변동은 없었다.

※ **대공황**(The Great Depression) ··· 1929~1939년 전 세계적으로 광범위하게 지속된 경기침체를 말한다. 특히 미국의 경제가 주가지수의 약 90%하락, 산업생산이 40%감소하고 실업률이 26%까지 상승하는 등의 마이너스 성장을 기록한 1929~1933년의 경기침체를 지칭하기도 한다.

ⓐ **대공황의 직접적인 원인**: 경제의 불안정성이 증가한 상황에서 미국이 단행한 갑작스러운 금융긴축정책을 지적할 수 있다. 1차 대전이 종료된 후 자동차 등의 내구재 소비가 증가하고 건설경기 호황이 지속되는 등의 경제상황에서 중앙은행은 주가버블의 확대로 이를 판단하고 재할인율을 인상하는 등의 긴축정책을 단행하였고 이로 인해 주식시장이 붕괴되는 등 경기침체가 시작되었다.

ⓑ **대공황의 기타 원인**: 중앙은행의 긴축정책이 대공황을 촉발시킨 직접적인 원인이지만 다음과 같은 요인들이 동시에 작용함으로써 그 불황이 세계화되고 장기화되었다.

• 금본위제: 공황의 발발 초기에는 통화량 증가가 필요한 상황임에도 불구하고 인플레이션을 우려하여 금본위제를 고수하였다. 따라서 통화공급이 제한되어 불황이 장기화 되었다.

• 예금보험제도의 부재: 예금보험제도가 존재하지 않아 은행에 대한 불신이 확산되며 가계가 은행에서 예금을 인출하는 일이 많아졌다. 이로 인해 뱅크 런이 발생하며 은행위기가 확산되었다. 이후 은행은 지급준비금을 더 많이 보유하려 하였고 예금통화창출과정은 역으로 작동하며 통화승수가 작아지게 되었다고 볼수 있다.

71. ①

악화가 양화를 쫓아낸다는 것은 명목가치에 비해 실질가치가 낮은 악화만 공급되고 좋은 양화는 사람들이 보유하려 함으로 시중에 나오지 않는다는 것이다. 따라서 금화와 은화의 교환비율이 1 : 8이다가 금광의 발견으로 금 1온스가 은 5온스와 같은 가치가 된 것은 금화의 실질가치 하락을 의미한다. 이때 은화는 금화의 8분의 1의 가치를 지니지만 은 1온스는 금의 5분의 1의 가치를 지니므로 은화를 녹여 은으로 만들면 은화의 거래보다 높은 가치를 갖게 된다. 따라서 시중에 금화만이 유통되고 은화는 소멸된다.

72. ①

규모의 경제는 산출량의 증가로 인해 생산단가(장기평균비용)가 하락하게 되는 현상을 의미한다. 하지만, ①번의 경우 하나의 제품을 생산할 때보다 여러 가지 제품을 한 번에 생산 시에 생산비용이 적게 드는 것은 범위의 경제에 관한 것이다.

73 다음은 전세계약 만료를 앞둔 부부의 대화이다. 다음 중 남편이 모르고 있는 경제학의 개념은?

> 남편 : 우리 전세계약이 다음 달에 끝나는데 이사를 안 할 수는 없나?
> 아내 : 마침 역전세난이라고 전세 보증금이 내린 모양이에요. 보증금 변동 없이 계약을 연장하자고 해볼까요?
> 남편 : 우리가 모아놓은 돈이 있는데 차라리 전세 보증금을 올려주면 어때? 어차피 돌려받을 거 아니야?
> 아내 : ???

① 희소성   ② 한계효용
③ 규모의 경제   ④ 기회비용
⑤ 한계비용

74 하이에크는 '자생적 질서'의 개념으로 시장경제의 성격을 설명하고 있다. 다음 중 자생적 질서와 관련이 없는 것은?

① 구성원들이 공동으로 지켜야 할 행동 규칙을 기반으로 생겨나는 질서이다.
② 인위적인 계획이나 본능에 의한 것이 아니라 계획과 본능의 중간에 위치해 있다.
③ 개인의 자유와 자기책임이 기초가 된다.
④ 스스로 행동을 조정하고 통제하는 과정의 원리이다.
⑤ 아담 스미스의 '보이지 않는 손'과는 관련이 없다.

75 다음 중 한국인의 주식이 밥이고, 획기적인 다수확 쌀 품종이 개발되어 보급되었다고 가정할 경우 가장 적절한 결과에 해당하는 것은?

① 쌀의 가격은 10%상승, 거래량은 6%증가
② 쌀의 가격은 10%하락, 거래량은 6%증가
③ 쌀의 가격은 6%상승, 거래량은 10%증가
④ 쌀의 가격은 6%하락, 거래량은 10%증가
⑤ 쌀 재배 농부들의 총매출액 증가

76 다음 중 정보의 비대칭 문제로 인해 발생하는 도덕적 해이로 볼 수 없는 것은?

① 김대리가 근무시간에 주식투자를 한다.

② 자동차보험에 가입한 후 운전을 할 때 조심성이 낮아졌다.

③ 고객이 맡긴 자금을 이용하여 증권회사 직원이 위험이 높은 투자행위를 한다.

④ 사고난 차를 수리하여 무사고 차량으로 위조한 후 중고차시장에서 판매한다.

⑤ 야구선수의 대리인이 선수의 연봉보다 자신에게 커미션을 더 주는 구단과의 계약을 주선한다.

ANSWER

73. ④

기회비용 … 무엇을 얻기 위해 포기한 다른 선택(대안)의 가치를 말한다. 즉, 하나의 재화를 생산하기 위하여 다른 재화를 포기하였을 때 포기한 재화의 가치라고 볼 수 있다. 여기서 남편이 아내에게 모아놓은 돈으로 전세 보증금을 올려주자고 했는데 이는 이 돈을 다른 곳에 투자해서 얻을 수 있는 수익의 기회비용을 고려하지 않았다.

74. ⑤

하이에크의 자생적 질서는 아담 스미스의 시장경제체제와 맥락을 같이 하는 이론으로 개인의 자유와 시장질서 회복을 강조한다. 자생적 질서 이론은 인간의 지식의 한계에서 출발하며 지식에는 과학지식 같은 일반지식과 특정 분야에서만 적용되는 구체적 지식이 있는데 인간은 구체적 지식을 바탕으로 의사결정을 한다는 이론이다. 자유가 결정되면 인간은 각자 구체적 지식에 따라 의사결정을 하고 가격정보에 따라 행동하는 분권화가 이루어지는 것으로 아담 스미스의 보이지 않는 손보다 더 깊이가 있다.

75. ②

밥이 한국인의 주식, 곧 필수재에 해당되므로 쌀의 가격이 상승하더라도 소비량은 크게 감소하지 않으며, 가격이 낮아져도 소비량이 크게 증가하지는 않는다. 따라서 획기적인 다수확 쌀 품종이 개발된다면 쌀의 공급은 증가하고, 공급의 증가에 따라 가격은 하락하지만 수요는 크게 증가하지 않는다.

76. ③

필요한 정보를 얼마나 가지고 있는가의 차이를 정보의 비대칭성이라고 한다. 도덕적 해이는 대리인이 사용자를 위해 어떤 임무를 수행할 때 발생하는 문제이며 사용자가 대리인의 행동을 완벽하게 감시할 수 없을 때, 대리인은 사용자가 원하는 수준만큼 열심히 일하지 않는 경향이 발생한다. 역선택은 시장에서 판매자가 파는 물건의 속성에 대해 구매자보다 많은 정보를 가지고 있을 때 발생하는 문제로 판매자가 품질이 낮은 물건을 구매자에게 판매할 가능성이 있다. 이는 곧, 정보가 부족한 구매자의 입장에서는 불리한 물건을 선택한다는 것이다. 도덕적 해이와 역선택은 모두 정보의 비대칭에서 발생하는 현상이지만 그 시점에 따라 구분된다. 역선택이 정보의 비대칭에서 생기는 거래 이전 단계에서 발생하는 문제라면 도덕적 해이는 거래 이후 단계에서 발생하는 정보비대칭의 문제이다. 따라서 ③은 역선택에 해당한다.

77 다음 중 인플레이션 조세(Inflation tax)에 대한 가장 적절한 정의는?

① 민간으로부터 정부로 이전된 구매력
② 명목 이자율 상승으로 인한 이자 소득세
③ 명목임금의 상승으로 증가된 근로소득세
④ 명목 자산 가치 증가로 인한 추가적인 재산세
⑤ 인플레이션을 유발시킨 기업에 대한 징벌적 세금

78 다음 중 원화환율의 하락을 초래하는 요인이 아닌 것은?

① 국내 은행의 이자율 상승
② 글로벌 달러 유동성 부족
③ 조선업체의 수출 증가
④ 지속적인 한국 경제 성장
⑤ 외국의 한국 금융기관에 대한 투자

79 서원각에서는 계란과 햄만 생산한다. 2010년 서원각은 한판에 3,000원인 100판의 계란과 1kg에 4,000원인 햄을 50kg 생산했다. 기준 연도인 2009년에는 계란 한판이 1,500원이었고 햄은 1kg에 5,000원이었다. 다음 중 2010년 서원각의 경제 상황에 대한 설명으로 옳은 것은? (단, GDP 디플레이터는 생산량과 가격을 모두 감안한 물가지표)

① 명목GDP는 50만 원, 실질GDP는 40만 원, GDP 디플레이터는 80이다.
② 명목GDP는 50만 원, 실질GDP는 40만 원, GDP 디플레이터는 125이다.
③ 명목GDP는 40만 원, 실질GDP는 40만 원, GDP 디플레이터는 100이다.
④ 명목GDP는 40만 원, 실질GDP는 50만 원, GDP 디플레이터는 125이다.
⑤ 명목GDP는 40만 원, 실질GDP는 50만 원, GDP 디플레이터는 80이다.

80 다음의 지문에서와 같은 조건을 충족하는 시장에 대한 설명 중 옳은 것은?

> • 수많은 수요자와 공급자가 존재한다.
> • 동질적인 상품이 거래된다.
> • 시장에의 진입과 탈퇴가 자유롭다.

① 시장 지배력이 가장 강하게 나타난다.
② 소비자 잉여는 모두 기업에 귀속된다.
③ 소비자의 다양한 기호를 충족시킬 수 있다.
④ 경쟁 기업의 시장 전략에 민감하게 반응한다.
⑤ 개별 기업이 직면하는 수요곡선은 완전 탄력적이다.

ANSWER

77. ④
인플레이션 조세⋯ 정부가 통화증발을 통해 세입을 증가시킬 때 세금을 말한다. 인플레이션 조세는 일반 세금과 달리 고지서가 발부되지 않는데 정부가 통화증발을 통해 정부가 간접적으로 거두어 들이는 수입이기 때문이다. 즉, 화폐발행을 증가시켜 시중에 통화량이 증가하고 이로 인해 물가수준은 상승, 화폐가치는 하락하는 과정이 인플레이션 조세의 논리인 것이다. 따라서 인플레이션 조세는 화폐를 보유한 불특정한 모든 사람들에게 부과되는 세금이라 할 수 있다.

78. ①
글로벌 달러의 유동성이 부족해지면 국내에 투자된 외화자금이 해외로 유출되는 등 달러화에 대한 수요가 많아질 가능성이 높다. 원화환율 하락의 원인으로는 달러화 약세와 수출 호조에 따른 달러 유입 증가 등을 들 수 있다.

79. ②
명목GDP는 재화와 서비스 생산의 가치를 현재가격으로 계산한 것이며, 실질GDP는 재화와 서비스 생산의 가치를 불변가격으로 계산한 것이다. GDP 디플레이터는 물가수준의 지표로서 명목 GDP를 실질 GDP로 나눈 수치에 100을 곱한 것을 말한다. 그러므로 2010년의 명목GDP는 계란(100판 × 3,000원) + 햄(50kg × 4,000원) = 50만 원이 되며, 2010년의 실질GDP는 2010년의 생산량에 기준 연도인 2009년의 가격을 곱한 것이므로 계란(100판 × 1,500원) + 햄(50kg × 5,000원) = 40만 원이 된다. 또한 GDP 디플레이터는 (50 ÷ 40) × 100 = 125가 된다.

80. ⑤
완전경쟁시장⋯ 수많은 수요자와 공급자가 존재하며, 공급자들이 공급하는 물건은 거의 동일하다. 기업들이 자유롭게 진입하고 퇴출할 수 있다. 완전경쟁시장에서는 개별 기업이 1원이라도 더 높은 가격을 받으면 소비자가 다른 기업 제품을 선택하기 때문에 수요곡선은 완전 탄력적이다.

81 글로벌 금융위기에 대응하여 많은 국가들이 대대적인 정부 조세 감면을 시행하였다. 그러나 감세에 따른 가처분소득의 증가에도 불구하고 많은 가계들이 소비를 적극적으로 늘리지는 않고 있다. 다음 중 이러한 이유에 대한 설명으로 가장 적절하지 않은 것은?

① 인플레이션에 대한 우려
② 미래 조세 증가에 대한 우려
③ 경제에 대한 불확실성의 증가
④ 부채의 증가에 대비하여 저축 증대의 필요성
⑤ 주택가격 및 주식 등 자산가격의 하락

82 가격이 경직적이고 자본의 이동이 매우 활발한 개방경제에서 자본이동의 효과에 대한 다음의 설명 중 가장 적절한 것은?

① 가격이 경직적일 때 자본이 유입되면 자국통화가 절상된다.
② 자국통화의 절상을 막기 위해서는 통화를 긴축해야 한다.
③ 국내금리의 상승은 투자를 위축시키며 이로 인해 자본이 유출된다.
④ 국내경제의 불안으로 자본도피가 발생하면 국내금리는 하락한다.
⑤ 정부가 재정지출을 증가시킨다면 자본이 유출된다.

83 민간투자사업과 공공투자사업의 차이점에 대한 다음의 설명 중 적절하지 않은 것은?

① 공공사업은 국민의 세금에 의해 조달된다는 특징이 있다.
② 국민들의 편익이 바로 공공사업의 투자효과라고 할 수 있다.
③ 공공사업은 비용의 부담자와 편익의 수혜자가 같다는 특징을 지닌다.
④ 민간사업과 비교할 때 공공사업은 그 규모가 크고 사업의 수명도 장기적이다.
⑤ 공공사업은 국민의 편익극대화, 민간사업은 이익 극대화를 추구한다.

84 **특정 상품 A의 생산과 판매를 독점하고 있는 기업의 시장에 대한 설명이 적절하지 않은 것은?**

① 제품의 시장가격이 단위당 한계 생산비용보다 높게 책정되어 있어 비효율적인 자원배분이 발생한다.

② 자원배분의 비효율성을 감소시키기 위해 독점기업에게 판매 단위당 일정한 세금을 부과할 필요가 있다.

③ 경쟁시장과 비교하여 비용절감유인이 적어 주어진 산출량을 생산하는데 많은 비용이 드는 비효율성이 발생한다.

④ 기업은 독점이윤을 계속 유지하기 위해 진입장벽을 구축하거나 로비를 하는 등 추가적인 비용을 발생시킬 수 있다.

⑤ 독점기업은 경쟁기업이 존재하지 않으므로 투자유인이 적어 기술의 혁신이 더디게 이루어지는 편이다.

ANSWER

81. ①
인플레이션을 우려하고 있다면 현금을 계속 보유하기보다 실물자산을 적극적으로 매입하거나 생필품을 사재기하는 등 소비를 증가시키는 경향을 보일 것이다.

82. ①
물가가 거의 움직이지 않는 등 가격이 경직적이라면 해외로부터 자본이 유입되더라도 국내 통화로 환전을 하는 등 국내 통화에 대한 수요가 높아지므로 국내 통화는 절상된다. 이러한 절상을 막기 위해서는 자국 통화의 높아진 수요만큼 통화를 공급하는 방안이 필요하다.

83. ③
중앙 정부의 예산으로 시행하는 도로·항만 등의 건설은 비용의 부담자는 모든 국민이지만 편익의 수혜자는 그 지역에 거주하는 주민이 되는 등 반드시 공공사업의 비용 부담자와 편익의 수혜자가 일치하지는 않는다.

84. ②
세금을 부과하게 되면 독점기업에서는 부과한 세금만큼을 제품가격에 반영하여 소비자 가격을 인상시킨다. 따라서 자원배분의 비효율성은 해소하지 못하며 소비자 가격의 인상만을 가져올 수 있으므로 적절한 방안이라 할 수 없다.

85 우리나라는 2000년에 이미 고령화 사회에 진입하였으며 현재의 추세대로라면 2018년에 고령사회, 2026년 무렵에는 초고령 사회에 진입할 것이라는 전망도 제기되고 있다. 다음 중 고령화 사회에 대한 설명이 옳은 것으로만 짝지어진 것은?

> (가) 고령화 사회로 진입하였다는 것은 65세 이상 노인인구 비율이 전체 인구의 7%이상을 차지하는 사회임을 뜻한다.
>
> (나) 초고령 사회는 65세이상 인구가 전체 인구의 14%이상을 차지하는 경우를 말한다.
>
> (다) 고령화 지수가 높아질수록 젊은 층의 노인층 부양부담이 증가한다.
>
> (라) 급속한 고령화는 보건 수요의 급증을 야기시켜 정부재정을 악화시킬 수 있다.
>
> (마) 미국의 '연령차별 제한법'이나 프랑스의 '나이차별 금지법'은 대표적인 고령화 대책에 해당한다.

① (가)(다)(라)
② (나)(다)(라)
③ (나)(다)(라)(마)
④ (가)(다)(라)(마)
⑤ (가)(나)(다)(라)

86 A국의 세계적인 기업이 최근 우리나라에 들어와 공장을 건설하고 생산활동을 통해 많은 이윤을 남기고 있다. 다음 중 이와 관련된 주장으로 가장 적절한 것은?

① 분쟁의 방지를 위해 외국인 투자기업에 대하여 더 높은 법인세율을 적용해야 한다.

② 공장이 우리나라에 있으므로 일자리가 증가하고 이에 따라 GDP도 증가한다.

③ 우리나라의 국부는 감소하지만 A국의 국부는 증가한다.

④ A국 기업이 모기업에 과실 송금한다면 국부유출이 되지만 이를 재투자한다면 우리나라의 국부가 증가한다.

⑤ A국 기업이 국내시장에 생산물을 판매한다면 국부가 유출되는 것이지만 국외로 수출하는 것이라면 우리나라의 국부는 증가하는 것이다.

87 경제주체들의 미래예측은 경제주체 스스로 미래 경제상황에 대비하도록 하는 것뿐만 아니라 정부가 경제정책을 펴는데도 중요한 참고자료가 된다. 다음 중 이러한 경제예측 방향이 다른 것은?

① 지난 분기와 비교할 때 기업경기실사지수(Business Survey Index)가 더 높게 나타났다.

② 경기선행지수의 전년 동월비가 4개월 연속 하락했다.

③ 소비자동향지수(Consumer Survey Index)가 지난 분기에 103에서 87로 하락하였다.

④ 금융회사의 단기 이자율 인하를 유도하는 통화금융정책이 발표되었다.

⑤ 각 기관 및 연구소에서는 경제성장률을 낮게 예상하고 있다.

85. ④

(내) 65세 이상 인구가 전체 인구의 14%이상을 차지하는 경우는 고령사회에 해당하며, 초고령사회는 20%이상을 차지하는 경우를 말한다.

㉠ **고령화 사회**(Aging Society) : 65세 이상 인구가 총 인구의 7%이상을 차지하는 경우

㉡ **고령사회**(Aaed Society) : 65세 이상 인구가 총인구를 차지하는 비율이 14%이상

㉢ **후기고령사회**(POST-aged society) 혹은 **초고령사회** : 65세 이상 인구가 총인구를 차지하는 비율이 20%이상

86. ②

① 외국인 투자자들에게 높은 세율을 적용하는 것은 외국 기업들의 국내투자를 제한하는 요소로 작용한다. 따라서 대부분의 국가에서는 외국 기업의 유치를 위해 낮은 법인세율을 적용하거나 세금감면 등의 혜택을 주고 있다.

③ GDP는 한 국가 안에서 창출되는 부가가치의 합을 나타내므로 A국 기업이 우리나라에서 생산활동을 벌임으로써 우리나라의 GDP는 증가한다.

④ 외국에 투자하여 얻은 이익금을 본국에 송금하는 것을 과실 송금이라 하는데 이를 우리나라에 재투자하는 것이나 그대로 과실 송금하는 것이나 우리나라 경제에 이롭게 작용한다.

⑤ A국 기업이 생산물을 수출하지 않고 국내에 판매하더라도 국내 생산품이 판매되는 것과 같으므로 국부가 유출된다고 볼 수 없다.

87. ①

②③④⑤ 향후 경기에 대해 부정적인 입장을 취하고 있다.

① 이전보다 BSI 지수가 높게 나타났으므로 앞으로 경기가 좋아질 것으로 판단하는 기업가가 많다는 것이다.

※ **기업경기실사지수**(BSI ; Business Survey Index)

㉠ 경기 동향에 대한 기업가들의 주관적 판단·예측 및 계획 등이 단기적인 경기변동에 중요한 영향을 미친다는 경험적인 사실을 토대로 설문서를 통해 기업가의 경기동향 판단, 예측 등을 조사하여 지수화한 지표를 말한다.

㉡ BSI 지수는 0~200의 범위 내에서 움직이며 BSI 지수가 100이상인 경우는 향후 경기를 긍정적으로 전망하는 기업가가 부정적으로 전망하는 기업가보다 많다는 것을 의미하므로 경기확장국면을 예상, 100이하인 경우에는 그 반대를 예상한다.

㉢ $BSI = \dfrac{(긍정적\ 응답업체\ 수 - 부정적\ 응답업체\ 수 \times 100)}{전체\ 응답업체\ 수} + 100$

88 밀턴 프리드먼은 '공짜 점심은 없다(There is no such thing as a free lunch).'라는 말을 자주 사용하였다. 모든 편익에는 그에 대한 대가가 따른다는 것이다. 다음 중 이와 가장 어울리는 적합한 사례는?

① 최근에는 무료 시식코너를 찾는 것이 어려워졌다.
② 오늘 점심은 무료 시식코너의 음식으로 해결했다.
③ 불황이 시작되어 많은 회사들이 무료로 먹던 구내식당을 폐쇄하였다.
④ 경기부양을 위해 시중에 통화를 공급하면 물가상승의 가능성이 있다.
⑤ 국가 간 교역의 결과는 항상 플러스 섬 게임이다.

89 1991년 노벨경제학상을 수상한 경제학자 로널드 코즈(Ronald Coase)는 기업의 존재이유를 조직을 이용한 거래비용(transaction costs)의 절감으로 설명하였다. 다음 중 이러한 거래비용에 해당하는 것으로 적절하지 않은 것은?

① 거래계약이 준수되는지를 감시하는 비용
② 거래 상대방과 협상하는 비용
③ 거래되는 재화 또는 서비스의 가격
④ 거래 전에 필요한 정보를 수집하는 비용
⑤ 거래에 필요한 계약서를 작성하는 비용

90 은영이는 자신이 소유하고 있는 빌딩을 이용하여 새로운 사업을 시작하려고 한다. 사업에 대한 구체적인 내용이 다음과 같을 때 가장 합리적인 은영이의 선택은?

- 사업으로 인해 발생하는 총수입 : 월 3,500만 원
- 투자비용 : 2,000만 원
- 사업을 포기하고 회사에 취직하는 경우 받는 급여 : 월 500만 원
- 빌딩에 세를 주는 경우의 임대수입 : 월 1,200만 원

① 새로운 사업을 시작한다.
② 새로운 사업을 포기한다.
③ 급여가 2,300만 원을 초과하는 경우에만 사업을 포기한다.
④ 어떠한 선택을 하든지 은영이는 상관이 없다.
⑤ 주어진 정보만으로는 합리적인 선택을 판단할 수 없다.

91 수요와 공급의 영향변수의 변동으로 상품과 서비스의 가격도 변하게 된다. 다음 중 수요 및 공급 곡선상 가격의 변화에 미치는 영향이 가장 작은 것은?

① 생산요소의 가격변화　　　　　② 기술의 진보
③ 수요자의 소득변화　　　　　　④ 인구 및 취향의 변화
⑤ 정보량의 증가

88. ④
'공짜 점심은 없다'라는 말은 경제학의 기본 개념 중에 하나인 기회비용과도 연결된다. 바로 무엇을 얻고자 할 때 그에 대한 대가를 치뤄야만 한다는 것이다. 경기를 부양하고자 통화를 공급하여 경기 회복을 도모할 수 있지만 그에 따른 대가로는 물가가 오를 가능성이 있다. 즉, 물가안정을 선택하느냐 물가가 오를 수도 있는 경기부양을 선택하느냐의 문제가 남는 것이다.

89. ③
거래비용이란 각종 거래행위에 수반되는 비용 즉, 시장에 참여하기 위해 드는 비용을 나타내므로 거래되는 재화·서비스의 가격 자체는 거래비용에 포함되지 않는다.

※ **코즈 정리(Coase theorem)** … 외부성의 해결에 있어 정부의 직접적인 개입을 반대하며 당사자들 간의 자발적인 협상에 의해 외부성을 해결하고자 한다. 외부효과의 경우 개인간 협상비용이 무시할 정도로 작고 협상으로 인한 소득 재분배가 외부효과에 관한 각 개인의 한계효용에 영향을 미치지 않는다면 소유권이 누구에게 귀속되는가에 관계없이 당사자 간의 자발적 협상에 의하여 원활한 진행이 가능하도록 행정적·제도적인 지원에 그 역할을 한정시켜야 한다고 본다. 그러나 현실적으로는 협상비용의 과다, 외부성의 측정문제, 거래당사자의 모호성, 정보의 비대칭성, 협상능력의 차이 등으로 코즈 정리의 성립에는 한계가 있다.

90. ②
합리적인 선택을 위해서는 기회비용 및 매몰비용을 살펴보아야하지만 여기서는 이미 지출한 매몰비용이 고려되지 않으므로 기회비용만 판단하도록 한다. 사업을 시작하는 경우와 포기하는 경우 각각의 기회비용을 계산해보면 다음과 같다.
㉠ 새로운 사업을 시작하는 경우의 기회비용
　　500만 원(월급) + 1,200만 원(임대수입) = 1,700만 원
㉡ 새로운 사업을 포기하는 경우의 기회비용
　　3,500만 원(사업수익) − 2,000만 원(투자비용) = 1,500만 원

91. ⑤
정보량의 증가 자체가 수요 곡선이나 공급 곡선상 가격의 변화에 영향을 미치는지는 알 수 없다.
①② 공급 변화의 요인
③④ 수요 변화의 요인

01. 경제이론 영역　**275**

92 다음 중 약탈가격(predatory pricing)에 대한 설명이 옳은 것은?

① 경쟁사업자가 새로운 기술을 약탈하여 신상품을 개발하고 시장에 부여하는 가격을 말한다.

② 상대적으로 시장점유율이 낮은 제2, 3의 사업자가 제1사업자와 경쟁을 위해 책정한 담합 가격을 말한다.

③ 시장점유율의 확대를 목적으로 비용보다 낮은 수준으로 책정한 가격을 말한다.

④ 비공식적으로 사업자 간에 협약이 이루어진 일종의 담합가격이다.

⑤ 암시장에서 거래되는 가격이다.

93 생산자에서 최종 소비자로의 유통과정에는 많은 중간상인이 개입하고 있다. 이러한 중간상인에 대한 설명이 가장 옳은 것은?

① 중간상인은 땀 한 방울 흘리지 않고 별다른 노동없이 돈을 번다는 점에서 본질적으로 투기꾼과 비슷하다고 볼 수 있다.

② 생산자와 소비자들이 무지할수록 중간상인의 수입은 증가한다.

③ 생산자로부터 직접 구매하는 방법이 가장 현명한 소비생활이라 할 수 있다.

④ 중간상인의 영역은 시장이 넓게 분포해있고 공급이 불안정할 때 커진다.

⑤ 결국 중간상인의 이익이란 생산자 또는 소비자가 취득해야하는 이익을 중간에서 가로챈 것이다.

94 다음과 같은 조치의 시행에서 발생할 수 있는 통화량에 미치는 효과가 다른 하나는?

① 한국은행의 기준금리 인하

② 기술보증기금과 신용보증기금의 보증한도 감액결정

③ 금융위원회의 은행들의 국제결제은행 자기자본비율 권고치 인상

④ 저축은행 등에서 자금을 빌려 대출을 영위하는 대부업체들의 조달금리 상승

⑤ 신용정보회사(Credit Bureau)들이 3년에서 5년으로 과거 연체기록의 반영 기간을 늘리기로 했다.

95 경제학에서는 상품이나 시장을 분석할 때 종종 사용하는 탄력성 개념이 옳지 않은 것은?

① 수요의 가격탄력성 측정시 가격변화율에 대한 수요량변화율을 측정하는 이유는 동일한 가격변화율이더라도 가격 수준에 따른 수요량의 변화가 상이하기 때문이다.

② 교차탄력성이 음(−)이라면 재화 X재와 Y재는 대체재 관계라 할 수 있다.

③ 생활필수품의 소득탄력성은 1보다 작게 나타난다.

④ 쉽게 상품의 용도를 전환시킬 수 있다면 상품 공급의 가격탄력성이 크다고 볼 수 있다.

⑤ 상품의 범위 또는 시장의 범위를 좁게 정의할수록 수요의 가격탄력성이 크게 나타난다.

ANSWER

92. ③

약탈가격(predatory pricing) … 기업이 새롭게 시장에 진출하거나 기존의 시장에서 경쟁자를 몰아내기 위해 시도하는 수단으로 불공정거래행위이다. 자사의 손실을 감안하면서 가격을 매우 낮게 책정하고 독점을 달성한 뒤에는 다시 가격을 인상시켜 이전의 손실을 만회하는 전략을 말한다. 하지만 현실적으로 자유로운 경쟁시장에서 한 기업이 낮은 가격으로 시장을 독점한 후 다시 가격을 올린다면 다른 경쟁기업이 낮은 가격으로 진입하여 다시 가격을 내리기 때문에 약탈가격은 불가능하다는 견해도 존재한다.

93. ④

①⑤ 중간상인은 생산자에서부터 최종 소비자까지의 중간 유통과정을 담당하며 중간상인을 통해 소비자는 상품을 보다 가까운 곳에서 직접 보고 편리하게 구입할 수 있게 된다. 따라서 중간상인이 별다른 노동도 없이 이윤을 수취한다거나 생산자와 소비자의 이익을 가로챈 것이라 볼 수 없다.
② 중간상인이 독점형태이거나 진입장벽이 높게 형성되어 있을 때 중간상인의 수입이 많아진다고 볼 수 있다.
③ 비용이나 시간 등의 문제가 발생하므로 반드시 생산자로부터 직접 물품을 구매하는 것이 현명한 소비생활이라 볼 수 없다.

94. ①

① 시중의 통화량이 증가한다.
②③④⑤ 시중의 통화량이 감소한다.

95. ②

수요의 교차탄력성이 음(−)이면 두 재화의 관계는 보완재이다. 두 재화의 교차탄력성이 양(+)이어야 두 재화의 관계를 대체재 관계로 본다.

※ **수요의 교차탄력성**(Cross elasticity of demand) … 어떤 재화의 수요가 관련 재화의 가격 변화에 반응하는 정도를 측정하는 척도로 다음과 같이 정의할 수 있다.

$$\varepsilon = \frac{X재의 \ 수요량변화율}{Y재의 \ 가격변화율} = \frac{\Delta Q_x / Q_x}{\Delta P_y / P_y} = \frac{\Delta Q_x}{\Delta P_y} \times \frac{P_y}{Q_x}$$

96 정부의 개입으로 시장경제의 결점을 보완할 필요성이 있는 경우가 있다. 다음 중 정부의 개입이 가장 불필요하다고 여겨지는 사례는?

① 독점시장과 같이 경쟁여건이 조성되지 않아 시장실패가 발생할 경우
② 환경오염과 같이 제3자에게 피해를 주는 외부성이 존재할 경우
③ 부동산의 가격이 상승하여 일반 국민들의 상대적 위화감과 박탈감이 증대되는 경우
④ 정부의 복지정책을 통해 소외 계층을 도와줄 필요가 있는 경우
⑤ 경제안정과 관련하여 실업의 해소와 물가안정 및 성장촉진이 필요한 경우

97 다음의 상황 또는 설명이 도덕적 해이와 가장 거리가 먼 것은?

① 개인의 행동에 대한 정보가 비대칭적으로 주어진 상황에서 발생하게 된다.
② 중고차 시장에서 거래되는 대부분의 중고차는 대체로 품질이 좋지 않다.
③ 화재보험에 가입하였으므로 굳이 소화기를 사서 설치하지 않는다.
④ 개인에게 유인제도를 제시함으로써 도덕적 해이를 줄일 수 있다.
⑤ 공기업은 사기업에 비해 방만하게 운영된다.

98 기업 간의 경쟁을 설명하는 시장조직이론은 완전경쟁시장(perfect competition market)이라는 개념을 기본적인 바탕으로 한다. 하지만 우리의 현실에서는 완전경쟁시장의 성립 조건을 모두 충족시키는 시장을 찾기는 어렵다. 때문에 완전경쟁시장에서 나타나는 자원 배분의 효율성을 실현하기 위해 완전경쟁시장을 모방한 시장 모델을 경합시장(contestable market)이론이라 한다. 다음 중 경합시장에 대한 설명이 옳지 않은 것은?

① 경합시장에서 경쟁을 하는 기업들은 장기균형에서 정상이윤만을 수취한다.
② 경합시장이론에 따르면 기업의 수가 많지 않아도 진입(entry) 및 이탈(exit) 장벽이 없다면 효율적인 자원의 배분이 이루어질 수 있다고 본다.
③ 경합시장에서 거래되는 상품의 공급가격을 평균비용 이상으로 올릴 수 없다.
④ 규모의 경제가 큰 항공 산업에 이 이론을 적용한다면 경쟁기업의 수는 적어도 자원배분의 효율성을 기대할 수 있다.
⑤ 범위의 경제 효과가 큰 산업이라면 시장에서의 독과점을 방지하기 위해 인위적으로 경쟁기업의 수를 늘리는 것보다 진입 및 이탈의 장벽을 제거하는 것이 더 큰 효과를 얻을 수 있다.

99 다음 중 "공유지의 비극"과 같은 현상의 발생 방지를 위해 필요한 조치는?

① 자유경쟁체제 확립

② 물가의 안정

③ 고용 및 해고의 자유 보장

④ 사유재산권의 확립

⑤ 재정적자의 축소

ANSWER

96. ③

정부가 시장실패를 치료하기 위해 시장에 개입하였지만 오히려 정부가 이 기능을 제대로 수행하지 못한 경우를 정부 실패라 한다. 이러한 정부실패로 인해 비효율성이 야기될 수 있으므로 정부는 시장실패의 개입에 최대한 신중해야 한다. 따라서 부동산 가격의 인상으로 상대적 박탈감을 느끼는 국민들을 위해 정부가 개입할 필요성은 없다.

※ **시장실패(Market failure)** ··· 시장메커니즘으로는 효율적인 자원의 분배가 이루어질 수 없는 경우를 말한다. 후생경제학에서 말하는 '파레토 최적과 완전경쟁시장이 호응하지 않는 경우를 가리키는 것으로 이를 테면 공공재, 불완전경쟁, 외부성 등을 말한다. 시장의 실패를 보완하기 위해 정부가 보조금을 내는 등 시장기구를 대신해 자원배분에 개입한다.

97. ②

②의 상황은 역선택에 대한 내용이다.

※ **역선택(adverse selection)** ··· 정보의 비대칭으로 인해 발생하는 대표적인 현상으로 정보를 갖지 못한 측이 바람직하지 못한 선택을 할 가능성이 높아지는 것을 말한다. 흔히 도덕적 해이와 역선택을 혼동하는 경향이 있지만 도덕적 해이는 정보를 갖지 못한 측에서 볼 때 정보를 가진 측이 바람직하지 않은 행동을 하는 경향을 말하는 것이므로 주의하여 판단하도록 한다.

98. ③

경합시장에서 거래되는 상품의 공급가격은 한계비용에서 결정된다.

※ **경합시장** ··· 완전경쟁시장에 비해 시장에 진입한 기업이 소수이지만 새로운 기업의 진입 및 퇴출이 자유로워 시장에 이미 존재하고 있는 기존 기업들이 끊임없이 잠재적인 신규 기업에 의한 위협을 받는 시장을 말한다.

99. ④

공유지의 비극은 외부효과로 인해 발생하게 되는데, 이러한 공유지의 비극을 예방하기 위해서는 공유지의 소유권을 확립함으로써 자원의 낭비를 감소시킬 수 있게 된다. 예를 들어 한 사람의 소떼가 공유지의 풀을 뜯어 먹게 되면 이는 곧 타인의 소떼가 먹을 풀의 양과 질을 떨어뜨리게 된다. 결국 소의 소유에 대해 세금을 부과하여 외부효과를 내부화시키거나 목초지에서 풀을 먹게 하는 권리를 경매에 부치는 것도 한 방편이다.

100 사람들은 커피를 마시기 위해 커피농장을 소유하지는 않고 소고기를 먹기 위해 아파트에서 소를 키우지 않는다. 자신의 특성이나 능력을 고려해 잘 할 수 있는 일을 선택하고 이를 통해 얻은 소득으로 커피를 마시고 소고기를 사먹는다. 이러한 현실을 설명하는 것 중 가장 옳은 것은?

① 이는 비교우위에 따른 특화로 이해할 수 있으며 분업 및 교환을 통한 사회적 협동이다.

② 이는 절대우위에 따른 특화로 이해할 수 있으며 분업 및 교환을 통한 사회적 협동이다.

③ 소를 키우는 사람들은 모두 소고기를 좋아하며 커피농장을 소유한 사람은 모두 커피를 좋아하는 것이다.

④ 자본의 불충분으로 인한 것으로 누구든 자본이 충분하다면 소를 키우며 커피농장을 소유할 것이다.

⑤ 국제무역과 국내시장은 이와 같은 사회적 분업의 논리가 서로 다르다.

101 영국의 경제주간지 이코노미스트에서는 정기적으로 '빅맥 구매력 평가환율'을 발표한다. 우리나라에서 빅맥의 가격이 4,000원이고 미국에서는 2달러라면 두 가격이 의미하는 원/달러 간 구매력평가 환율이 얼마인지를 구하고 구매력평가설에 따를 때 지금의 원화가 과대평가되었는지 과소평가되었는지를 옳게 판단한 것은? (단, 실제 현물환율은 900원/달러)

① 2,000원/달러, 과대평가

② 0.002원/달러, 과대평가

③ 0.002원/달러, 과소평가

④ 2,000원/달러, 과소평가

⑤ 2,300원/달러, 과소평가

102 정음이의 아버지는 교수, 어머니는 공무원이다. 정음이는 대학생이며 언니인 정현이는 은행에서 일한다. 오빠인 정환이는 출판회사에 다니고 있다. 2009년이 되면서 정음이의 어머니는 정년퇴임을 하시고 새로운 직장을 알아보고 있으며 정환이는 회사사정의 악화로 회사를 그만두게 되었다. 정현이는 계속 은행에 다니고 있다. 다음 중 2009년 정음이네 가족의 실업률로 바른 것은?

① 50%   ② 60%

③ 66%   ④ 75%

⑤ 80%

103 다음 중 단일 통화를 사용할 때 발생하는 가장 큰 문제점에 해당하는 것은?

① 실업률의 증가

② 경상수지의 악화

③ 자본수지의 악화

④ 정부재정 적자폭 증대

⑤ 통화정책의 독립성 상실

100. ①

② 절대우위는 한 제품을 절대적으로 낮은 비용으로 생산하는 것을 말하므로 위의 사례를 설명할 수 없다.

③ 반드시 그렇다고 볼 수 없으며 사람들은 단지 자신이 가장 잘 할 수 있는 일을 하는 것이다.

④ 반드시 자본이 충분하다고 해서 커피농장을 소유하거나 소를 키우려고 하지는 않는다. 왜냐하면 효율성의 개념으로 자신이 가장 잘 할 수 있는 일에 종사함으로써 그 소득으로 다른 재화를 취득하는 것이 가능하기 때문이다.

⑤ 국제무역과 국내시장의 사회적 분업의 논리는 같다.

101. ①

구매력평가환율은 구매력을 기준으로 평가하는 것이므로 다음과 같이 계산된다.

㉠ 한국에서 빅맥의 가격 = 4,000원

㉡ 미국에서 빅맥의 가격 = 2달러

∴ 구매력평가환율 = 달러당 2,000원(∵ 2달러 = 4,000원) 여기서 실제 현물환율은 달러당 900원이므로 달러의 과소평가, 원화의 과대평가임을 알 수 있다.

※ **구매력평가**(PPP ; Purchasing Power Parity)**환율** … 각국의 구매력을 기준으로 평가한 환율로서 국내 물가와 외국 물가의 변동을 반영시켜 각 나라의 통화구매력을 같은 수준으로 유지시킨 것이다. 따라서 상품시장의 균형을 반영하는 균형 환율의 성격을 지니며 일반적으로 미국 달러를 기준으로 하여 각국의 통화가 지니는 구매력을 평가한다.

102. ①

정음이네 가족은 아버지, 어머니, 언니, 오빠, 본인으로 총 5명이다. 이 중 경제활동인구는 구직활동을 하지 않고 수입도 없는 정음이를 제외해야 하므로 경제활동인구는 정음이를 제외한 4명이 된다. 어머니는 새로운 직장을 알아보는 중이며 정환이는 직장을 그만두게 되었으므로 두 사람은 실업자로 분류된다. 따라서 경제활동인구 4명 중 두 명이 실업자이므로 실업자의 비율은 50%이다.

103. ⑤

여러 나라가 단일 통화를 사용하게 되면 통화정책의 독립성이 상실되나 환율위험변동을 피할 수 있다.

104 A씨는 현재 직장에서 월 100만 원을 받고 있는데, 경쟁사에서 자기 회사로 와 달라며 월 120만 원을 제시하였다. 그러나 A씨는 지금의 직장이 전반적으로 더 안정적이라고 생각하고 이를 거절하였다면 A씨가 현재의 직장을 다니는 것에 대한 기회비용은?

① 80만 원
② 100만 원
③ 120만 원
④ 160만 원
⑤ 200만 원

105 특정 분기에 GDP가 0.5% 증가하고 GNI는 3.5% 감소하였을 때 이에 대한 설명으로 옳지 않은 것은?

① 국민들의 실질적인 소득 수준은 감소한 것이다.
② 경상수지 적자가 더 커졌을 가능성이 높다.
③ 국내총생산이 서비스 부문을 중심으로 증가한 것이다.
④ 수출 제품의 가격보다 수입 제품의 가격이 더 상승한 것이다.
⑤ 환율이 급격히 상승하여 국민들의 대외구매력이 감소한 것이다.

106 다음 글을 읽고 A국의 판매세 수입을 늘릴 수 있는 재화로 적합한 것은?

불황을 겪고 있는 A국은 확장적인 재정정책의 일환으로 대규모 공공사업을 시행하기로 하고, 이 사업의 재원을 확보하기 위해 특히 판매세 수입을 늘릴 방침이다. A국 정부는 그러나 소비자보다는 기업이 세금을 더 부담하도록 하려고 한다.

① 직접 정부가 구매하는 조달 물품
② 수요와 공급이 모두 탄력적인 재화
③ 수요와 공급이 모두 비탄력적인 재화
④ 공급은 비탄력적이나 수요는 탄력적인 재화
⑤ 수요는 비탄력적이나 공급은 탄력적인 재화

107 다음의 설명을 기초하여 공공재를 정의할 때 공공재끼리 바르게 연결된 것을 고르면?

> • 비경합성 : 다수의 사람이 경합하지 않고 동시 소비할 수 있는 것
> • 비배제성 : 가격을 지불하지 않는다고 하더라도 소비에서 배제되지 않는 것

① 일기예보와 교육　　　　　　② 국방과 일기예보

③ 교육과 군용자동차　　　　　④ 등대와 라면

⑤ 군용자동차와 과자

ANSWER

104. ③
기회비용이란 어떤 것을 얻기 위해 포기해야 하는 모든 것을 말한다. 문제에서 보면 A씨는 현재 직장을 계속 다니기로 했으므로 경쟁사로부터 받을 수 있는 120만 원을 포기한 것이다. 그러므로 기회비용은 120만 원이 된다.

105. ③
국내총생산은 일정 기간 동안에 어느 나라에서 생산된 모든 최종 재화와 서비스의 시장가치를 말하며, 국민총소득은 한 나라의 국민 전체가 벌어들인 소득을 말한다. 이 때 외국인이나 외국 기업의 소득은 포함되지 않으며, 해외에서 활약하는 선수들의 연봉 등은 GNI에 포함된다. GDP는 증가했는데 GNI가 GDP의 증가폭에 못 미치거나 오히려 감소했다는 것은 교역조건이 악화된 것을 의미한다. 즉, 수출 제품의 가격이 떨어졌거나 수입 제품 가격이 오른 것을 말한다. 결과적으로 GNI가 감소하였으므로 국민들의 실질적인 소득 수준은 저하된 것이다.

106. ④
특정 재화에 세금을 부과하게 되면 가격은 상승하고 수요량은 감소하게 된다. 이 경우 소비자, 생산자 모두는 가격상승과 생산량의 감소로 인해 잉여가 감소하게 되는데 가격변동에 민감할수록 만족도의 감소폭이 작다. 그러므로 수요 또는 공급곡선이 가격에 탄력적일수록 세금을 적게 부담한다.

107. ②
① **교육** : 비경합성과 비배제성으로 공공재를 정의할 때 개인 소비차원의 교육은 이러한 성격을 갖지 않고 공교육의 경우에도 모두가 함께 사용하는 것은 어느 정도 부정적 영향을 미친다.
③④⑤ **군용자동차, 라면, 과자** : 다른 사람이 소비하는 경우 다른 사람의 소비가 제한되므로 경합성과 배제성을 모두 갖는다.

108 X축과 Y축에 두 가지 상품을 놓고 소비자에게 동일한 만족을 주는 재화묶음을 연결한 곡선을 무차별곡선이라고 한다. 일반적으로 한계효용 체감의 법칙이 작용하므로 두 상품을 유사한 양으로 소비할 경우 한 상품을 많이 소비할 때보다 효용은 증가한다. 일반적으로 무차별곡선은 원점을 향해 볼록한 형태의 곡선을 나타내는데 만약 술만 좋아하고 다른 어떠한 재화도 효용을 증가시키지 못하는 알코올중독자의 무차별곡선은 어떠한 형태를 띠게 되는가? (단, 술은 X축, 다른 재화는 Y축으로 놓는다)

① Y축과 수직으로 된 직선　　② Y축과 나란한 수직으로 된 직선

③ 원점에 대하여 볼록한 무차별곡선　　④ 무차별곡선으로 나타낼 수 없음

⑤ 원점에 대하여 오목하게 나타나는 곡

109 연 이자율이 10%일 경우 현재의 100원과 1년 후의 110원 중 어느 것이 더 높은 가치를 가지는가? (단, 개인적인 선호는 감안하지 않는다)

① 현재의 100원

② 1년 후의 110원

③ 동일하다.

④ 주어진 정보로는 두 시점의 가치를 비교하기 어렵다.

⑤ 현재의 100원이 더 높을 수도 있고, 1년 후의 110원이 더 높을 수도 있다.

110 A국은 석유를 전액 수입하고 있다. 그런데 갑자기 중동지역에 큰 전쟁이 일어날 전망이 제기되면서 석유가격이 크게 상승하였다. 이때 A국은 정부가 가계생활의 안정을 위해 가격상승분의 일부를 유류세 인하로 보전해주는 정책을 폈다고 할 경우 나타날 수 있는 결과는 다음과 같다. 이중 A국은 석유시장과 유류세 인하의 효과에 대하여 바르게 설명한 것만을 짝지은 것은?

> (가) A국의 석유 공급곡선은 비탄력적이다.
> (나) 유류세 인하는 석유의 시장가격을 떨어뜨릴 것이다.
> (다) 유류세 인하의 혜택은 공급자가 전부 가져갈 것이다.
> (라) 유류세 인하로 석유 수요곡선이 원점에서 멀어진다.
> (마) A국의 석유 공급곡선은 X축에 대하여 수평이다.

① (가)(나)　　　　② (가)(라)

③ (나)(다)　　　　④ (나)(라)

⑤ (나)(다)(마)

111 한국은행이 기준금리를 기존의 3%에서 2%로 1%포인트 인하하고, 미국이 2%에서 1.5%로 0.25%포인트 인하하였을 경우 단기적으로 달러화에 대한 원화의 환율변화로 가장 적당한 것은? (단, 다른 여건은 동일한 상황이며, 물가는 고려하지 않음)

① 환율은 상승한다.

② 환율은 하락한다.

③ 환율은 변화하지 않는다.

④ 원화의 공급량에 따라 환율이 달라지게 된다.

⑤ 달러의 수요가 증가하여 환율은 하락하게 된다.

108. ②

무차별곡선 … 소비자에게 동일한 만족을 주는 재화묶음을 연결한 곡선을 말하며, 곡선상의 한 점에서 기울기는 그 점에서 소비자가 만족수준을 일정하게 유지하면서 한 재화를 다른 재화로 대체할 경우 교환되는 두 재화의 비율을 나타낸다. 그러므로 술만 좋아하고 다른 재화는 효용을 증가시키지 못하면 Y축의 재화가 증가하거나 감소하는 것에 관계없이 곡선이 형성되므로 Y축과 나란한 수직으로 된 직선이 나타나게 된다.

109. ③

문제에서 개인적 선호를 감안하지 않는다는 것을 생각하여 연 이자율 10%를 적용하면 현재의 100원이 1년 후 110원이 되므로 가치는 같다.

110. ①

(다) 유류세 인하는 수요자에게는 가격 혜택을, 공급자에게는 사용량 증가로 인한 혜택을 제공하게 된다.

(라) 유류세 인하는 수요곡선에는 영향을 미치지 않고 공급곡선에만 영향을 미친다.

(바) A국의 석유 공급곡선은 X축에 대하여 수직이다.

※ 공급의 가격탄력성과 공급곡선

  ㉠ 공급의 가격탄력성: 가격이 변화할 경우 공급량이 얼마나 변하는지를 나타내는 지표이다. 재화의 공급량이 가격 변화에 대해 민감하게 변하면 그 재화의 공급은 탄력적이라 하며, 가격이 변할 때 공급량이 조금만 변하면 공급은 비탄력적이라 한다.

  ㉡ 공급곡선: 가격과 공급량과의 관계를 나타내는 곡선을 말하며, 다른 변수들이 동일할 경우 가격이 높을수록 공급량은 증가하기 때문에 공급곡선은 우상향의 형태를 띠게 된다.

111. ①

조건에서 보면 다른 여건은 동일하고 물가는 고려하지 않으므로 금리만을 생각하면 된다. 기준금리는 1%포인트 차이가 나고 금리가 인하된 후의 차이는 0.5%포인트이다. 금리차가 줄어들었으므로 이는 투자자들의 한국 이탈을 야기시켜 달러의 수요를 증가시키고 이로 인하여 달러의 공급에 비하여 수요량이 많아지게 되므로 환율은 상승하게 된다.

112 다음 중 통화량의 증감변화의 방향이 다른 하나는?

① 미국 대공황기에 은행 파산이 이어져 은행 예금보다 현금을 선호하는 사람들이 늘어나게 되었다.

② 원화가치의 안정을 위하여 달러화의 매도개입을 시도하였다.

③ 중앙은행이 정책 목표 금리인 기준금리를 인상하였다.

④ 중앙은행이 은행에 대한 지급준비율을 인상하였다.

⑤ 미국 중앙은행이 본원통화의 규모를 증가하였다.

113 국세청이 발행한 2008 국세통계연보에서 상위 20%의 근로자가 하위 20%의 근로자보다 4.8배 많은 임금을 받은 것으로 나타났다. 이는 근로간의 임금격차가 상당히 높은 수준으로 소득의 불균형도를 나타내는 지표로 인용되기도 하나 좀 더 정확하고 포괄적인 지표로 누적소득분포를 이용하여 소득분배 불균형을 측정하는 기준으로 널리 사용되는 지수가 있다. 이는 무엇인가?

① 피셔지수 　　　　　　　　② 지니지수
③ 파레토지수 　　　　　　　④ 솔로우지수
⑤ 허핀달지수

114 소득재분배와 관련된 정치철학적 문제로 일반적으로 공리주의, 존 롤즈의 진보주의, 로버트 노직의 자유주의 등의 기준이 제시된다. 다음 중 이에 대한 설명이 가장 잘못된 것은?

① 공리주의는 한계효용체감의 법칙을 가정한다.

② 공리주의는 최대 다수의 최대 행복이라는 기준을 제시한다.

③ 로버트 노직은 본질적으로 재분배정책이 필요없다고 보고 있다.

④ 공리주의와 존 롤즈의 진보주의를 비교할 경우 공리주의가 소득재분배를 더욱 강조한다.

⑤ 존 롤즈의 진보주의의 견해에 의하면 정의란 무지의 베일에 가려진 상황에서 선택하는 기준으로 최소 수혜자의 복지를 중요시한다.

115 독점과 경쟁에 대한 경제학적 진술들 중 논리적으로 올바르지 못한 것은?

① 철수 – 완전경쟁시장에서 개별 생산자나 소비자가 가격에 영향을 미칠 수 없는 것은 생산자와 소비자의 수가 많기 때문이다.

② 민수 – 경우에 따라 과점시장이 완전경쟁시장보다 경쟁이 치열해질 수 있으니까 그럴 경우에는 정부에서 과열을 방지하기 위한 조치를 취해야 할 필요도 있다고 생각해.

③ 지수 – 독점기업은 한계비용과 한계수입이 일치하는 시점에서 생산량을 결정하지 않기 때문에 독점이 생길 경우 비효율성이 발생하게 돼.

④ 종수 – 장기적으로 완전경쟁시장의 기업들은 경세적 이윤을 얻기가 어렵다.

⑤ 준식 – 독점적 경쟁시장의 기업들은 자신의 차별성을 이용하여 시장지배력을 행사하게 된다.

ANSWER

112. ⑤

통화량은 경제 내에서 유통되는 화폐의 공급량을 말하고 은행예금 중 대출되지 않은 금액을 지급준비금이라 한다. 또한 예금 중 은행이 지급준비금으로 보유하는 금액의 비율은 지급준비율이라 한다.

①②③④ 통화량 감소, ⑤ 통화량 증가

113. ②

지니계수 … 소득이 어느 정도 균등하게 분배되는가를 나타내는 소득분배의 불균형 수치를 말하며, 이탈리아의 인구학자 · 통계학자 · 사회학자인 지니가 소득분포에 관해 제시한 통계적 법칙인 지니의 법칙에서 나온 개념이다. 빈부격차와 계층 간 소득분포의 불균형 정도를 나타내는 수치로, 소득이 어느 정도 균등하게 분배되어 있는지를 평가하는 데 주로 이용된다. 근로소득 · 사업소득의 정도는 물론, 부동산 · 금융자산 등의 자산 분배 정도도 파악할 수 있다.

114. ④

공리주의 … 목표는 개인의 의사결정 논리를 도덕과 공공정책에 적용하는 것으로 한 인간이 주변환경을 통해 얻는 행복이나 만족감의 개념에서 출발한다. 효용이 복지의 측정지표이며, 모든 공공정책과 개인행동의 궁극적인 목표가 되고, 정부 본연의 목표는 사회구성원 전체의 효용의 합을 극대화하는 것이어야 한다는 주장이다. 모든 사회구성원이 동일한 소득을 가질때까지 정부가 소득의 재분배를 계속하여야 한다는 주장을 하고 있으며, 소득의 완전한 균등분배를 거부하고, 사람들은 경제적 유인에 반응한다는 경제학의 원리를 인정하고 있다.

※ 존 롤즈의 진보주의와 로버트 노직의 자유주의

ㄱ 진보주의 : 정부는 무지의 베일 뒤에 있는 공정한 제3자가 만든 것과 같은 공정한 정책을 선택해야 한다.

ㄴ 자유주의 : 정부는 범죄를 처벌하고 계약의 준수를 강제해야 할 뿐 소득을 재분배하여서는 안 된다.

115. ③

독점기업은 한계비용과 한계수입이 일치하는 시점에서 생산량을 결정하나 생산량을 결정하더라도 경쟁시장의 경우와 달리 시장수요수준에서 가격을 결정하게 된다. 따라서 경쟁시장에서는 한계수입과 시장수요가격이 동일하나 독점시장에서는 시장수요가격이 한계수입보다 높다.

116 단일 토지세론, 즉 '사회가 진보하는 데에도 빈부의 격차가 커지는 원인은 토지를 사유하는 데 있다. 땅을 소유하고 있는 사람들이 일을 하지 않아도 돈을 벌어들이고, 그 땅을 갖지 못한 이들은 열심히 일해도 가난에서 벗어날 수 없다. 따라서 토지의 불로소득은 모두 세금으로 환수하고 열심히 일해서 벌어들인 소득세를 비롯하여 다른 세금은 모두 없애야 한다.'고 주장한 경제학자는 다음 중 누구인가?

① 알프레드 마샬
② 밀턴 프리드먼
③ 프리드리히 하이에크
④ 칼 마르크스
⑤ 헨리 조지

117 다음 중 경기선행지수에 해당되지 않는 것은?

① 수출신용장
② 소비자기대지수
③ 건설수주액
④ 고용지표
⑤ 기업실사지수

118 대학생 갑(甲)의 소득이 1,000만 원에서 1,200만 원으로 증가하면 평소 200개 먹었던 햄버거를 300개 먹는다고 할 때, 갑(甲)의 소득탄력성은?

① 2
② 5
③ 6/5
④ 5/2
⑤ 3/2

119 철호는 라면과 우동을 파는 포장마차를 개업하였다. 그러나 불경기로 인하여 우동의 판매량은 줄었지만 라면의 판매량은 크게 늘었다고 할 경우 라면과 우동의 관계에 대한 설명으로 옳지 않은 것은?

① 라면은 열등재에 해당한다.
② 우동과 라면은 대체관계라고 볼 수 있다.
③ 라면의 가격을 올릴 경우 우동의 수요가 증가하게 된다.
④ 우동은 열등재에 해당한다.
⑤ 라면은 기펜재가 될 가능성이 높다.

116. ⑤

토지단일세…미국의 사상가 헨리 조지는 지금으로부터 약 100여년 전, 토지세를 제외한 다른 모든 조세를 폐지하고 토지에 대한 세율을 100% 인상하여 이의 세수만으로 정부 재정을 충당하자고 역설하였다. 그가 주장한 토지단일세론이란 국민들에게 오직 토지가치에 대한 세금 한 가지만을 부과하도록 하자는 것으로, 토지의 가치가 상승하는 것은 토지에 가한 개인적인 노동력 때문이 아니라 사회의 진보와 발전에 의한 것이기 때문에 이를 전액 세금으로 흡수해야한다는 것이다. 그는 토지에 대한 개인의 소유권은 토지의 자유로운 이용을 저해함에 따라 다수의 생계 및 삶 그 자체를 위협하는 것이므로 이는 부당하다고 주장하였다.

※ 헨리 조지의 토지단일세의 4가지 원칙
   ㉠ 토지세는 되도록 중립적이어야 하며, 생산을 위축시키는 영향을 최소화하도록 조세의 형태를 결정하여야 한다.
   ㉡ 징세비 절약의 원칙으로 세원이 확실하고 토지세는 어느 조세보다도 과표로서 쉽게 징수할 수 있다.
   ㉢ 명확성의 원칙으로 토지세는 그 징수방법, 절차 등이 매우 확실하다.
   ㉣ 세부담 평등의 원칙이다.

117. ④

경기선행지수의 종류…구인 · 구직자비율, 소비자기대지수, 기계수주액 및 건설수주액, 종합주가지수, 금융회사 유동성, 장 · 단기 금리차 등
④ 고용지표는 경기후행지수에 해당하는 지수이다.

118. ④

소득탄력성은 소득의 변화율에 따른 공급의 변화율을 나타내므로 소득을 X, 공급(햄버거)을 Y라 하면

$$소득탄력성 = \frac{\frac{\Delta Y}{Y}}{\frac{\Delta X}{X}} = \frac{\left(\frac{100}{200}\right)}{\left(\frac{200}{1,000}\right)} = \frac{0.5}{0.2} = \frac{5}{2}$$

119. ④

불경기로 우동의 판매량은 줄었지만 라면의 판매량은 증가하였으므로 우동은 정상재, 라면은 열등재에 해당한다.
※ 기펜재…불경기로 열등재의 상품 중 대체효과보다 소득효과의 절대적 크기가 더 커서, 가격하락시 수요량의 감소가 나타나는 상품을 말한다.

120 다음은 한국은행에서 발표한 2009년도 우리나라의 실질 국내총생산에 관한 자료이다. 국민소득 균형식 $Y = C + I + G + NX$에 따라 Y에 포함될 숫자를 바르게 계산한 것은?

항목별	2009년(억 원)
㈎ 최종 소비지출	492,677.6
㈏ 민간	393,696.5
㈐ 정부	98,981.1
㈑ 총자본형성	221,370.9
㈒ 총고정자본형성	224,175.8
㈓ 재고증감	-2,804.9
㈔ 재화와 서비스의 수출	489,485.4
㈕ 재화와 서비스의 수입	-402,946.1
㈖ 통계상 불일치	-2,530.7
㈗ 국내총생산에 대한 지출	Y

① ㈏ + ㈐ + ㈒ + ㈔ + ㈕

② ㈎ + ㈒ + ㈔ + ㈕ + ㈖

③ ㈎ + ㈐ + ㈑ + ㈔ + ㈕ + ㈖

④ ㈏ + ㈐ + ㈑ + ㈔ + ㈕ + ㈖

⑤ ㈎ + ㈏ + ㈐ + ㈑ + ㈒ + ㈓ + ㈔ + ㈕ + ㈖

121 다음 중 시장실패의 사례로 옳지 않은 것은?

① 한국전력(전기), 담배인삼공사(담배)와 같은 독점기업이 존재한다.

② 기업이 적자임에도 불구하고 구제금융을 받아 연명하고 있다.

③ 지하철·항만 등의 공공재는 투자비용이 크고, 투자금 회수에 오랜 시간이 소요되므로 민간기업이 운영하기에는 어려움이 있다.

④ 석탄공장이 들어서고 주변환경의 오염으로 인해 양봉업자의 꿀 생산량이 급격히 줄었다.

⑤ 어떤 중소기업이 아주 수익성이 좋은 투자계획안을 가지고 있음에도 불구하고 중소기업이라는 이유만으로 대출을 못 받고 있다.

122 철희는 5,000만 원을 가지고 식당을 운영하려 한다. 철희가 고려하고 있는 것은 치킨집과 족발집이다. 치킨집은 연간 4,000만 원의 비용이 들고 연간 6,000만 원의 수익이 날 것으로 예상되고, 족발집은 5,000만 원의 비용이 들고 8,000만 원의 수익이 날 것으로 보인다. 이자율이 연 10%라고 할 때 족발집을 운영하는데 있어서 연간 기회비용은 얼마인가?

① 1,900만 원
② 2,000만 원
③ 2,100만 원
④ 2,500만 원
⑤ 2,900만 원

120. ④
국내총생산은 일정 기간 동안에 어느 나라에서 생산된 모든 최종 재화와 서비스의 시장가치를 말한다. GDP는 일반적으로 Y로 표시하고 소비(C), 투자(I), 정부지출(G), 순수출(NX) 등 네 가지 항목으로 분류한다. 즉, $Y = C + I + G + NX$로 나타낼 수 있다. 이는 변수들의 정의상 항상 성립하는 항등식이다. 자료를 바탕으로 GDP를 계산하면 다음과 같다.

소비(C) + 정부지출(G)	투자(I)	순수출(NX)	통계상 불일치
(나)+(다)	(마)+(바)	(사)+(아)	(자)
(가)	(라)		

121. ②
이윤을 창출하지 못하는 적자 기업이 시장에서 퇴출되지 않고 정부의 구제금융에 의존하도록 하는 것은 시장실패가 아닌 정부실패에 해당한다.
※ **시장실패** … 시장이 효율적인 경제적 결과를 가져오지 못하여 정부의 잠재적 역할이 요구되는 상황이다.

122. ③
기회비용은 철희가 족발집을 운영할 때 포기해야 하는 소득으로 치킨집을 운영했을 때 얻는 이득과 치킨집을 운영할 경우 운영비를 제외한 남은 돈의 이자 수익이다.
㉠ 치킨집을 운영함으로써 얻는 이득 : 수익 6,000만 원 − 비용 4,000만 원 = 2,000만 원
㉡ 운영비를 제외한 남은 돈의 이자 수익 : (5,000만 원 − 4,000만 원) × 10% = 100만 원
㉢ 족발집 운영시 연간 기회비용 : 2,000만 원 + 100만 원 = 2,100만 원

123 한국에 투자하는 미국의 기업이 철수하면서 미국인과 한국인 노동자를 동시에 해고했을 경우 미국과 한국의 국민소득에 생길 변화에 대한 설명으로 옳은 것은?

① 양국의 GDP가 동시에 감소한다.

② 양국의 GNP가 동시에 감소한다.

③ 한국의 GNP만 감소한다.

④ 미국의 GDP만 감소한다.

⑤ 미국의 GDP는 증가하나 한국의 GDP는 감소한다.

124 甲·乙 양국은 반도체와 휴대전화를 생산하고 있다. 이 두 나라가 반도체와 휴대전화를 생산하기 위해 필요한 단위 노동 투입량이 다음과 같을 때 옳은 설명은? (단, 생산요소는 노동밖에 없다고 본다)

구분	甲(국)	乙(국)
반도체	50	40
휴대전화	80	30

> ㉠ 甲국은 두 상품에 대하여 절대우위를 가지고 있다.
> ㉡ 甲국은 반도체에 대하여 비교우위를 가지고 있다.
> ㉢ 甲, 乙국이 무역을 한다면 乙국은 반도체를 수입할 것이다.
> ㉣ 甲, 乙국이 무역을 한다면 甲국은 두 상품을 모두 수입해야 한다.

① ㉠㉡   ② ㉡㉢

③ ㉢㉣   ④ ㉠㉡㉢

⑤ ㉡㉢㉣

125 국내총생산(GDP)과 관련성이 없는 것을 고르면?

① 지방자치단체의 도청 이전 용지 개발

② 제약사의 신약 연구 개발

③ A기업의 연말 불우이웃 돕기 성금 모금

④ 곶감을 만들어 시장에 내다 팔기

⑤ 자동차 공장의 증설

123. ②

① 미국의 GDP에는 변화가 없다.

③ 양국의 GNP가 모두 감소한다.

④⑤ 한국의 GDP는 감소하나 미국의 GDP는 변화하지 않는다.

※ GNP와 GDP

  ㉠ GNP(Gross National Product) : 한 국가의 국민들이 일정기간 동안 생산한 재화와 용역의 시장 가치를 뜻한다.

  ㉡ GDP(Gross Domestic Product) : 한 국가의 영토 내에서 일정기간 동안 생산된 재화와 용역의 시장 가치를 뜻한다.

124. ②

㉠ 甲國은 반도체와 휴대전화 두 상품에 대한 투입노동량이 甲國보다 많기 때문에 乙國에 대하여 비교우위를 갖지 못한다.

㉣ 甲·乙 양국이 무역을 한다면 甲國은 휴대전화를 수입해야 한다.

※ 비교우위 무역이론 … 한 국가가 다른 국가에 대하여 모든 재화에서 절대우위 또는 절대열위에 처해 있다고 할지라도 상대적으로 효율성이 높은 산업을 전문화함으로써 두 국가 모두에게 무역의 이익이 발생한다는 이론이다.

125. ③

국내총생산(GDP)은 일정기간 동안 한 국가 내에서 생산된 모든 최종 재화 및 서비스의 시장가치를 의미한다. 하지만 과거에 생산되어진 재화 또는 자국민이 나라 밖에서 생산한 재화의 경우에는 GDP에 포함되지 않는다.

126 다음 중 실업률 증가에 영향을 미치는 요인들로만 묶인 것은?

> ㉠ 가사도우미 일을 하던 주부가 일을 그만두고 가사일에만 매진하고 있다.
> ㉡ 폭행사건으로 인해 일부 의무복무사병들이 교도소에 수감되게 되었다.
> ㉢ 월드컵 우승으로 국가대표 축구선수들이 공익근무요원으로 근무하게 되었다.
> ㉣ 농부가 13세인 자신의 아들에게 학교를 그만두게 하고 농사일을 돕도록 했다.

① ㉠㉡
② ㉠㉢
③ ㉡㉢
④ ㉡㉣
⑤ ㉢㉣

127 다음 중 케인즈의 '저축의 역설'에 대한 설명으로 바른 것은?

① 저축의 역설 이론에 따르면 저축은 미덕, 소비는 악덕이다.
② 저축의 증가는 소비지출 및 총수요의 증가로 이어지므로 국민소득이 증가한다.
③ 경제가 불황일수록 소비보다는 저축이 중요하다.
④ 사람들이 저축을 늘리려고 시도하면 결과적으로는 저축이 오히려 줄어들 수 있다.
⑤ 저축은 투자와 항상 일치하므로 저축의 증가는 투자의 증가, 그리고 소득의 증가로 이어진다.

128 다음 중 진화경제학적 사고와 관련하여 가장 옳지 않은 것은?

① 합리성으로는 설명할 수 없는 경제현상들이 존재한다.
② 시장경쟁체제는 자연계의 적자생존과 비슷한 양상을 보인다.
③ 경제계나 경제 균형은 항상 보다 효율적인 상태로 진화한다.
④ 시장경쟁에 의하여 종국에는 기업들이 유사해지는 경향을 띄지만 거기에는 한계가 존재한다.
⑤ 다른 사람 또는 다른 기업이 현재의 전술이나 행동양식을 전환하지 않는다면 나도 전환하지 않는 것이 나을 수도 있다.

129 다음 지역은 고령화 사회에 관한 UN의 규정 중 어디에 해당하는가?

> 전라북도 임실은 경상북도 의성과 함께 우리나라에서 노인이 가장 많이 거주하는 지역이다. 이 지역의 65세 이상 노인 비중은 한때 33%에 육박하기도 했다.

① 고령사회 ② 초고령사회
③ 고령화사회 ④ 준고령화사회
⑤ 고령화진입사회

126. ②
ⓒ 의무복무사병과 교도소 수감자는 모두 경제활동인구에 해당하지 않으므로 실업률 증가에는 아무런 영향을 미치지 못한다.
ⓔ 경제활동인구는 15세 이상의 성인 중 일할 의사와 능력이 있는 사람이므로 13세의 아들은 실업률 증가에 영향을 미치지 못한다.

127. ④
① 케인즈의 '저축의 역설'에 의하면 소비는 미덕, 저축은 악덕이다.
② 저축이 증가하면 소비가 감소하며 총수요 역시 줄어든다. 이에 따라 국민소득이 감소하는 결과를 낳으므로 저축을 '악덕'으로 볼 수 있는 것이다.
③ 저축으로 인한 총수요의 감소에 따라 발생하는 기업의 생산 축소 및 고용수준의 침체는 불황기에 더욱 심해진다.
⑤ 저축은 항상 투자와 일치하는 것은 아니며 오히려 소비가 투자를 부추기는 요인으로 작용할 가능성도 있다.

128. ③
진화경제학에서는 자연 생태계가 진화하는 것과 같이 인간 생태계 역시 진화한다고 보고 있다. 사람들의 학습과정을 바로 지식의 진화라고 하지만 이 진화과정은 항상 효율적인 것이 아니라 비효율적일 수도 있다.

129. ②
고령화 사회에 관한 UN의 규정
㉠ 고령화사회 : 65세 이상의 인구가 7%이상인 경우
㉡ 고령사회 : 65세 이상의 인구가 14%이상인 경우
㉢ 초고령사회 : 65세 이상의 인구가 20%이상인 경우

130 해외시장에 진입하는 방식 중 위험도가 낮은 것은?

① 간접수출   ② 직접수출
③ 합작투자   ④ 라이선싱
⑤ 단독투자

131 경기침체기에는 정부의 적극적인 시장개입을 촉구하며 "장기적으로 우리는 모두 죽는다(In the longrun, we are all dead)"고 언급한 경제학자는?

① 애덤 스미스   ② 밀턴 프리드먼
③ 존 메이너드 케인즈   ④ 테오도르 루스벨트
⑤ 칼 마르크스

132 다음 중 조세의 기본 원칙에 해당하지 않는 것은?

① 소득이 있는 곳에 세금이 있다.
② 조세는 국민 각자에게 공평하게 부과해야 한다.
③ 조세는 장부나 영수증 등 증빙자료에 의해 부과되어야 한다.
④ 탈세범에 대하여 시효를 두는 것은 적절하지 않다.
⑤ 조세의 부과요건은 미리 법률로 정하지 않으면 안된다.

133 다음 중 탄력성에 대한 설명으로 옳지 않은 것은?

① 기펜재의 소득탄력성은 음의 값을 갖는다.
② 생활필수품일수록 수요의 가격탄력성은 작다.
③ 농산물은 수요, 공급이 비탄력적이어서 가격 변동이 크다.
④ 하이트 맥주가 진로 소주를 인수해도 좋을지 여부를 판단하는데 교차탄력성을 사용할 수 있다.
⑤ 어떤 두 상품이 동일한 성격의 상품인지를 파악하기 위해서는 소득탄력성을 사용할 수 있다.

130. ①

해외시장에 진입하는 방식

진입방식	내용	위험도
간접수출	수출 대행업자 등을 통하여 수출하는 방식	저
라이선싱	특허권 또는 기술 상호 상표 등과 같은 독점적 자산을 보유하고 있을 시 그 사용권을 해외에 판매하는 방식	
직접수출	기업이 직접 수출과 관련된 모든 업무를 수행하는 방식	
해외투자	• 합작투자 : 기업의 보유자원의 일부를 투입하여 패키지 형태로 해외에 이전시키는 방식 • 단독투자 : 기업의 보유자원의 모두를 투입하여 패키지 형태로 해외에 이전시키는 방식	고

131. ③

"장기적으로 우리는 모두 죽는다"는 말은 정부의 단기부양책을 강조하는 것으로 존 메이너드 케인즈(John M. Keynes)는 경기침체기에 경제 주체로서 정부의 적극적인 개입을 촉구하며 적자예산을 감수한 재정확대를 내세웠다. 이는 실제로 프랭클린 루스벨트 미국 행정부를 비롯한 각국 정부의 잇따른 사회간접자본(SOC)에 대한 재정 투자로 상당 부분 효과를 거두었다.

132. ④

세법에서는 과세시효를 두고 있다.

※ R. A Musgrave의 조세 5원칙
　㉠ 조세부담의 배분은 공평하지 않으면 안된다.
　㉡ 조세는 시장경제에 대한 간섭이 최소가 되도록 선택해야 하며, 조세가 비효율을 시정하는 유효한 수단일 때는 이를 시정하기 위하여 이용될 수도 있다.
　㉢ 조세구조는 경제의 안정 및 성장을 이룩하기 위한 재정정책을 용이하게 실행할 수 있는 것이 아니면 안된다.
　㉣ 조세제도는 세무행정이 능률적이며, 자의성이 없이 진행될 수 있는 것이 아니면 안된다.
　㉤ 세무행정비 및 납세자의 협력비용은 기타의 목적과 일치하는 한 될 수 있는대로 적어야 한다.

133. ⑤

동일한 성격의 상품인지를 파악하기 위해서는 교차탄력성을 사용한다.

※ **교차탄력성**(cross elasticity) … 어떤 재화의 가격변화가 다른 재화의 수요에 미치는 영향을 나타내는 지표이다.

134 완전경쟁시장과 독점시장에서 기업 이윤을 극대화하기 위하여 모두 성립하는 것은?

① 한계비용에서 가격이 결정되어야 한다.
② 가격이 평균비용을 초과하는 점에서 생산해야 한다.
③ 가격이 평균가변비용과 동일한 점에서 생산해야 한다.
④ 소비자 한계효용보다 더 높은 가격에서 생산해야 한다.
⑤ 한계수입과 한계비용이 일치하는 점에서 생산해야 한다.

135 다음 중 '정보의 비대칭'에 대한 설명으로 옳지 않은 것은?

① 항상 정보를 많이 가진 쪽이 유리한 것은 아니다.
② 주주와 대리인 사이의 이해상충 및 충돌의 문제가 발생하는 원인이 된다.
③ 정보의 비대칭으로 인해 '도덕적 해이'와 '역선택'의 문제가 비롯된다.
④ 중고차시장은 전형적으로 '정보의 비대칭'이 존재하는 시장이다.
⑤ 정보를 가진 측이 정보를 갖지 못한 측의 유형을 판별하고자 하는 것을 '선별'이라 한다.

136 정부가 세금 징수를 7,000억 원 줄일 경우, 국민들은 소비를 9,000억 원 늘린다고 한다. 그 이유로 가장 적절한 것은?

① 세율인하는 금리를 하락시켜 소비지출과 융자를 자극한다.
② 세율인하는 정부의 지출을 줄이는 동시에 민간 소비지출을 자극한다.
③ 세율인하는 수입상품의 수요를 증가시키고, 국민 소비를 늘리게 한다.
④ 세율인하는 가처분소득을 증가시켜, 국민소득 증가와 추가적 소비지출을 불러온다.
⑤ 세율인하는 정부의 이전지출을 증가시켜, 국민소득의 증가와 추가적 소비지출을 가져오게 한다.

137 정부가 물가 폭등 상황에 대처하여 기업이윤을 생산 원가의 20% 이내로 제한하는 가격통제 정책을 시행하려 할 때, 가격통제 정책이 초래할 결과에 대한 설명으로 옳은 것은?

① 물가안정 및 원활한 공급을 보장한다.

② 품목에 따라서 암시장이 발생할 것이다.

③ 신상품을 개발하려는 의욕을 촉진한다.

④ 공급이 모자라는 품목을 증산하도록 유인을 제공한다.

⑤ 장기적으로 볼 때, 가격 하락을 장기화시키는 결과를 유발한다.

ANSWER

134. ⑤
기업의 이윤은 한계비용과 한계수입이 일치하는 생산량 수준에서 극대화한다.

※ 한계비용과 한계수입
  ㉠ 한계비용 : 생산량을 한 단위 증가할 때 추가로 들어가는 비용을 말한다.
  ㉡ 한계수입 : 생산자가 한 단위의 상품을 더 팔 때 얻는 추가 수입을 말한다.

135. ⑤
'선별(screening)'은 정보를 갖지 못한 측이 정보를 가진 측의 유형을 판별하고자 하는 것을 말한다.

※ 정보의 비대칭(Asymmetry of Information) … 거래의 한 쪽이 다른 한 쪽보다 양질의 정보를 많이 보유하고 있는 상황을 말한다.

136. ④
감세정책
  ㉠ 케인즈 경제학파의 입장 : 감세정액은 가처분소득을 증가시키며 조세승수만큼 총수요에 영향을 주어 국민소득을 증대시킬 수 있다는 입장이다.
  ㉡ 공급 경제학파의 입장 : 감세정책이 사람들의 근로의욕을 고취시키고, 보다 많은 투자를 하게 하여 국민소득을 증대시킬 수 있다는 입장이다.

137. ②
정부가 가격통제 정책을 시행할 경우 희소자원을 배분해주는 가격의 균형이 깨져 암시장이 발생할 가능성이 높다.

138 다음 사례에서 김장철에 나타나는 배추 시장의 변화로 가장 적절한 것은?

> 배추는 계절에 따라 재배지 및 재배 면적이 다르고, 저장성도 낮아 가격 변동이 심하다. 김장철 이전까지 배추는 기후 조건이 적합한 일부 지역에서만 재배되어 출하된다. 반면, 김장철에는 가을 동안 최적의 기후 조건에서 자란 배추가 우리나라 전역에서 출하되어 출하량이 연중 최고치에 이른 다. 그럼에도 불구하고 11월 말경부터 시작되는 김장으로 인한 배추 수요의 변화로 인하여 김장철 이전보다 배추의 가격이 높아진다.

①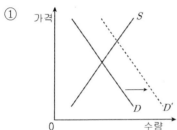

②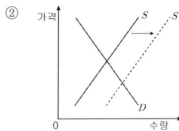

③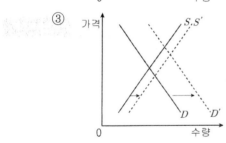

④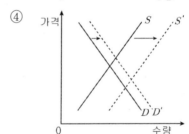

⑤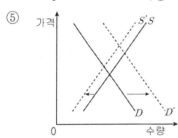

139 구매력 평가에 대한 설명으로 옳지 않은 것은?

① 구매력 평가는 가격이 신축적이고 교역이 자유로운 상황에서 동일한 재화의 시장가격은 유일하다는 것을 가정한다.

② 상품의 가격을 직접비교하며 계산하는 환시세의 일종으로 맥도날드 햄버거 가격을 한국과 미국에서 비교한 것이 하나의 사례이다.

③ 중국의 국내총생산(GDP)을 구매력평가로 달러 환산하면 실제의 환율로 달러 환산한 수준보다 커진다.

④ 평소의 생활에서 이용한 상품으로부터 산출한 구매력평가가 1달러에 1,500원이고 실제 환율이 1달러에 1,000원인 경우, 미국에서의 생활비가 비싸다고 느낄 수 있다.

⑤ 현실의 환시세는 장기간으로 보면 구매력평가에 따라 움직이는 경향이 있다.

ANSWER

138. ③
김장철에 배추 공급이 증가했음에도 불구하고 배추 가격이 상승하는 이유는 배추 수요의 증가폭이 공급의 증가폭보다 크기 때문이다.

139. ④
미국에서는 1달러에 해당하는 것이 한국에서는 얼마인지를 나타내는 것이 구매력평가이다. 예를 들면 맥도날드 햄버거(빅맥)가 한국에서는 2,000원 미국에서는 2달러인 경우, 동 상품에 대한 구매력평가는 1달러에 1,000원이 된다. 달러와 원의 환율이 1달러=1,200원이라면 미국에 가는 것이 '비교적 비싸'다고 느낀다. 중국에서는 위엔화의 시세가 비교적 낮은 가격으로 통제되고 있어 미국 등 선진국에서 방문하면 현지의 가격은 저렴하게 느낄 수 있다. 구매력평가는 반대로 시세보다도 '위엔화 평가 절상'이 되어 동 평균가격으로 달러 환산한 중국의 GDP는 시장 환율에 의한 것보다 커진다.

140 다음 자료를 통해 추론할 수 있는 영지버섯 시장의 변화로 옳은 것은? (단, 영지버섯 시장은 수요와 공급의 법칙을 따른다.)

> 최근 영지버섯에 베타글루칸이라는 성분이 함유되어 있어 면역력에 도움을 준다는 사실이 언론에 소개되면서 영지버섯에 대한 소비자들의 선호도가 높아졌다. 그러나 기상 조건 악화와 병충해로 인해 영지버섯 생산은 감소하였다.

	균형 가격	균형 거래량
①	알 수 없음	감소
②	하락	증가
③	하락	알 수 없음
④	상승	증가
⑤	상승	알 수 없음

141 밑줄 친 ㉠~㉢에 대한 옳은 설명을 고른 것은? (단, 주류 시장은 수요와 공급의 법칙을 따른다.)

> ㉠과도한 음주는 개인의 신체 및 정신뿐만 아니라 가정, 직장 및 경제 활동 등 사회 전반에 걸쳐 많은 피해를 발생시킨다. 음주로 인한 폐해가 커짐에 따라 음주를 줄이는 정책을 강화해야 한다는 목소리가 높다. 그래서 정부는 주류의 ㉡수요 감소 방안과 ㉢생산자에게 부과하는 조세의 세율을 인상하는 방안을 고려하고 있다.

① ㉠은 사회적 편익이 사적 편익보다 크다.
② ㉠은 시장 균형 소비량이 사회적 최적 소비량보다 적다.
③ ㉡의 사례로는 음주의 유해성을 알리는 광고를 들 수 있다.
④ ㉡은 가격 상승 요인이다.
⑤ ㉢은 가격 하락 요인이다.

142 다음 자료에 대한 분석으로 옳은 것은?

공급자 세 명, 수요자 세 명으로 구성된 X재 시장이 있다. 공급자가 X재를 판매하면서 받고자 하는 최소 금액, 수요자가 X재를 구입하기 위해 지불하고자 하는 최대 금액은 표와 같다. 단, 모든 주체의 수요량 또는 공급량은 1인당 하나씩이다.

공급자	받고자 하는 최소 금액	수요자	지불하고자 하는 최대 금액
갑	4,500원	A	5,000원
을	3,500원	B	4,000원
병	2,500원	C	3,000원

① 가격이 4,000원이면 공급량은 3개이다.
② 가격이 3,000원이면 초과 공급이 발생한다.
③ 가격이 2,500원이면 초과 수요량은 3개이다.
④ 가격이 3,500원일 때와 4,000원일 때의 사회적 잉여는 같다.
⑤ 가격이 3,500원일 때 소비자 잉여는 생산자 잉여의 1.5배이다.

140. ⑤
영지버섯의 수요는 증가하고 공급은 감소하여 균형 가격은 상승하지만 균형 거래량은 알 수 없다.

141. ③
① ㉠은 사적 편익이 사회적 편익보다 크다.
② ㉠은 시장 균형 소비량이 사회적 최적 수준보다 크다.
④ ㉡은 가격 하락 요인이다.
⑤ ㉢은 가격 상승 요인이다.

142. ④
가격이 3,500원일 때 생산자 잉여는 1,000원, 소비자 잉여는 2,000원이다.
가격이 4,000원일 때 생산자 잉여는 2,000원, 소비자 잉여는 1,000원이다.

143 국내총생산(GDP)과 관련된 설명으로 옳지 않은 것은?

① 그 당시의 실제가격을 기준으로 산출한 것을 실질 GDP라고 한다.

② 전년 대비 증가율을 경제성장률이라고 한다.

③ 국민총소득(GNI)보다 적거나 많을 수 있다.

④ 어느 국가에서 일정기간에 얼마만큼의 부가가치를 창출했는가를 나타낸다.

⑤ GDP를 지출(수요) 측면에서 보면 개인소비, 민간설비투자, 정부지출, 순수출 등으로 크게 나누어진다.

144 갑의 선택에 대한 옳은 설명을 고른 것은?

> 현재 연봉 3천만 원을 받고 있는 회사원 갑은 직장을 그만두고 제과점을 창업하는 선택을 했다. 예상되는 연간 총수입과 총지출 내역은 표와 같다.

총수입		1억 원
총지출	종업원 인건비	3천만 원
	재료비	3천만 원
	상가 임대료	2천만 원
	기타 경비	1천만 원

① 순편익은 양(+)의 값이다.

② 총지출을 1천만 원 줄일 수 있다면 갑의 선택은 합리적이다.

③ 암묵적 비용은 2천만 원이다.

④ 명시적 비용은 9천만 원이다.

⑤ 순편익은 +2천만 원이다.

145 아래 표는 어느 기업의 Y재 생산과 관련된 자료이다. 이에 대한 분석으로 옳은 것은? (단, 생산량은 모두 판매된 것으로 가정)

생산요소투입량(단위)	1	2	3	4	5	6
Y재 생산량(개)	5	12	18	24	28	29

* 생산요소의 단위당 가격 : 3만 원, Y재의 시장가격 : 2만 원

① 얻을 수 있는 최대 이윤은 58만 원이다.

② 생산성은 꾸준히 상승하고 있다.

③ 생산요소를 5단위 투입할 때 이윤이 가장 크다.

④ 생산요소 투입량이 2단위에서 3단위로 증가할 때 판매수익은 27만 원이다.

⑤ 생산요소를 증가시키면 단위당 생산비용이 증가한다.

ANSWER

143. ①
물가변동의 영향을 제외한 것을 실질 GDP라 하고, 그 당시의 실제가격을 기준으로 산출한 것을 명목 GDP라 한다.

144. ④
① 순편익은 음(−)의 값이다.
② 지출이 1천만 원 감소하더라도 순편익은 −1천만 원이므로 갑의 선택은 비합리적이다.
③ 암묵적 비용은 3천만 원이다.
⑤ 편익 1억 원에서 명시적 비용 9천만 원과 암묵적 비용 3천만 원을 뺀 −2천만 원이 순편익이다.

145. ③
판매수익은 (Y재 생산량 × 시장가격) − (생산요소투입량 × 생산요소 단위당 가격)이므로 생산요소당 판매수익을 계산하면 다음과 같다.

생산요소투입량(단위)	1	2	3	4	5	6
Y재 생산량(개)	5	12	18	24	28	29
판매수익	7	18	27	36	41	40

① 최대 이윤은 생산요소 5단위 투입할 때 41만 원이다.
② 생산성(생산량/생산요소투입량)은 2번째에만 증가하고 이후에는 감소한다.
④ 2단위에서 3단위로 증가 시, 판매수익은 9만 원(27만 원 − 18만 원)이 증가한다.
⑤ 생산요소의 단위당 가격은 일정하므로 생산요소를 한 단위 증가시켜도 추가되는 생산비용은 일정하다.

다음 표는 ○○국 전체 가구의 분위별 평균 소득 자료이다. 이에 대한 분석으로 옳지 않은 것은?

(단위 : 천 달러)

구분	2008년	2009년
1분위	0	25
2분위	10	25
3분위	40	25
4분위	50	25
5분위	100	100
전체 평균	40	40

① 2009년에 십분위 분배율은 전년 대비 5배 증가하였다.

② 2009년 전체 인구의 80%는 동일한 소득을 가지고 있다.

③ 두 해의 로렌츠 곡선은 인구 누적 비율 80%에서 서로 만난다.

④ 인구 누적 비율 40%~80%구간에서 2008년의 로렌츠 곡선이 2009년보다 완전 평등선에 가깝다.

⑤ 2009년 하위 10%에 속하는 계층의 소득은 2008년 하위 10%에 속하는 계층의 소득보다 크다.

147 다음 자료에서 국내 외환 시장의 변동 후 균형점으로 가장 적절한 것은?

외환 시장 동향 분석 보고서

1. 외환 수급 상황의 변동 요인
   〈요인 1〉 유학생 부모의 해외 송금 및 내국인의 해외 여행 증가
   〈요인 2〉 외국인의 국내 주식 매수 증가
2. 국내 외환 시장 분석
   〈요인 1〉로 인해 발생하는 달러화 수급 변동 폭이 〈요인 2〉로 인해 발생하는 달러화 수급 변동 폭보다 작다.

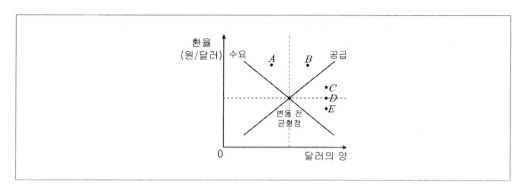

① A

② B

③ C

④ D

⑤ E

146. ④

문제의 표를 근거로 두 해의 각 분위별 소득 누적 점유율을 구하면 다음과 같다.

구분	2008년	2009년
1분위(하위 20%)	0	12.5
2분위(20~40%)	5	25
3분위(40~60%)	20	37.5
4분위(60~80%)	50	50
5분위(상위 20%)	100	100

① 십분위 분배율의 경우 2008년은 5/50, 2009년은 25/50이다. 2009년이 2008년에 비해 5배가 된다.

② 2009년 1~4분위의 평균 소득이 모두 같으므로 전체 인구의 80%는 동일한 소득을 가지고 있다.

③ 인구 누적 비율 80%에서 소득 점유율은 50%로 두 해 모두 동일하다.

④ 인구 누적 비율 40%의 소득 점유율의 경우 2008년은 5%이고 2009년은 25%이다. 그리고 인구 누적 점유율 80%의 소득 점유율의 경우 2008년과 2009년은 50%로 동일하다. 따라서 인구 누적 비율 40~80% 구간에서 2009년의 로렌츠 곡선이 2008년보다 완전 평등선에 가깝다.

⑤ 하위 10%에 속하는 계층의 경우, 2009년은 소득이 있으나 2008년은 소득이 없다.

147. ⑤

〈요인 1〉은 수요 증가, 〈요인 2〉는 공급 증가의 요인이므로 변동 후 균형점은 C, D, E 중 하나이다. 그런데 전자로 인한 변동 폭이 후자로 인한 변동 폭보다 작으므로 환율이 하락한 E가 변동 후 균형점이 된다.

148 다음은 환율 전망에 따른 한국 기업 ○○(주)의 업무 추진 방안이다. ㈎에 들어갈 환율과 원화 가치 변동으로 옳은 것은? (단, 환율만 고려하며, 환전을 전제로 한다.)

환율 전망에 따른 업무 추진 방안

○○(주)

각국의 통화 대비 원화 환율 또는 원화 가치가 아래와 같이 지속적으로 변동될 것으로 전망된다.

㈎

이에 대응하기 위해 다음과 같이 합리적인 업무 추진 방안을 수립하였다.

- 위안화 표시 예금을 조기에 인출함.
- 미국에서 실시할 예정인 자사 직원 연수 시기를 앞당김.
- 일본으로 수출하는 자사 제품의 가격 경쟁력 상승에 따른 마케팅 전략을 수립함.

	원/위안 환율	원/미 달러 환율	엔화 대비 원화 가치
①	상승	상승	하락
②	상승	하락	상승
③	상승	하락	하락
④	하락	상승	하락
⑤	하락	상승	상승

※ 다음을 읽고 물음에 답하시오. 【149~150】

이웃 나라들과 양모 교역을 하기 전에 영국의 양모 가격은 100원이었다. 이웃 나라인 프랑스는 90원, 중국은 80원의 가격에 양모를 얼마든지 공급할 수 있다.

영국은 양모 교역을 위해 세 가지 방식을 고려중이다.

㉠ 영국은 이웃 나라들과 양모의 교역을 시작하면서, 수입되는 양모 가격의 20%를 관세로 부과하기로 한다.

㉡ 영국은 프랑스와 자유무역협정(FTA)을 체결하여 양국 간 교역되는 양모에 대한 관세를 면제한다. 중국으로부터 수입하는 양모에는 20%의 관세를 부과한다.

㉢ 영국은 중국과 자유무역협정(FTA)을 체결하여 양국 간 교역되는 양모에 대한 관세를 면제한다. 프랑스로부터 수입하는 양모에는 20%의 관세를 부과한다.

149 다음 중 ㉠에 대한 설명으로 적절하지 않은 것은?

① 영국은 중국 수출업자에게 양모 1개당 96원을 지불할 것이다.

② 수입되는 양모 1개당 16원의 관세가 부과될 것이다.

③ 영국의 양모 가격은 96원으로 하락할 것이다.

④ 영국의 양모 소비는 증가할 것이다.

⑤ 영국은 중국으로부터만 양모를 수입할 것이다.

150 다음 설명 중 적절하지 않은 것은?

① ㉡은 ㉢보다 영국에 유리하다.

② ㉡과 ㉢에서 영국의 관세 수입은 차이가 없다.

③ ㉢에서 영국은 중국 수출업자에게 양모 1개당 80원을 지불할 것이다.

④ ㉠에서 ㉢으로 변화하면, 영국의 양모 가격은 하락할 것이다.

⑤ ㉠에서 ㉡으로 변화하면, 영국의 양모 가격은 하락할 것이다.

ANSWER

151 다음은 A국의 [7월 국제수지 관련 거래]이다. 이를 토대로 계산한 국제수지 항목에 대한 설명으로 옳은 것은? (단, A국과 B국은 양국 간에만 거래하며, 제시된 자료 외의 것은 고려하지 않는다.)

[7월 국제수지 관련 거래]

• 물품 수입액 10억 달러 지급
• 특허권 매각 대금 1억 달러 수취
• 지진 피해 구호금으로 2억 달러 기부
• B국 현지 법인 설립을 위해 5억 달러 투자
• 비거주자인 B국 근로자에게 임금 3억 달러 지급
• B국 기업으로부터 건설 공사 대금 4억 달러 수취

① A국의 금융계정은 1억 달러 적자이다.
② A국의 자본수지는 4억 달러 적자이다.
③ A국의 서비스수지는 4억 달러 흑자이다.
④ B국의 본원소득수지는 3억 달러 적자이다.
⑤ B국의 이전소득수지는 5억 달러 흑자이다.

152 다음의 글에서 밑줄 친 재화의 특징으로 옳은 것을 모두 고른 것은?

　　일반적으로 재화는 그에 대한 대가를 지불한 사람만이 그 재화를 쓸 수 있고(배제성), 누군가 그 재화를 써버리면 다른 사람은 동일한 재화를 쓸 수 없다(경합성). 배제성과 경합성을 동시에 지니지 못한 재화 이를 테면 치안이나 국방 서비스 등의 재화를 가리켜 공공재라고 한다. 한편, 경합성은 지니고 있으나 배제성은 가지고 있지 못한 재화도 있다. 누구나 대가 없이 소비에 참여할 수 있으나 누군가 모두 소비해 버리면 다른 사람은 소비할 수 없는 재화이다.

㉠ 과잉 이용으로 고갈되어 간다.
㉡ 사적 이익을 목적으로 하여 생산된다.
㉢ 소유자가 없으며 경제적 가치를 지니고 있다.
㉣ 소유자가 있으나 경제적 가치를 지니고 있지 않다.

① ㉠㉡   ② ㉠㉢
③ ㉠㉣   ④ ㉡㉢
⑤ ㉡㉣

153 다음 경제 현상의 발생 원인과 결과를 옳게 짝지은 것을 모두 고른 것은?

- 물가가 지속적으로 하락하는 현상
- 수요 측면 및 공급 측면 모두에서 발생하기도 한다.
- 경제의 저혈압

원인	결과
㉠ 생산성 향상	실질 임금 상승
㉡ 소비 감소	기업과 금융 기관의 부실화
㉢ 석유 파동	투기 성행
㉣ 통화량 감소	기업의 이윤 및 투자 의욕 증대
㉤ 수출 감소	부채의 실질 가치 감소

① ㉠㉡
② ㉡㉢
③ ㉡㉣
④ ㉢㉤
⑤ ㉠㉢

ANSWER

151. ③
제시문에서 특허권 매각은 자본수지, 지진 피해 구호금은 이전소득수지, 현지 법인 설립 투자는 금융계정, 비거주자 근로자 임금은 본원소득수지, 건설 공사 대금은 서비스수지이다. A국과 B국 양국 간에만 거래하므로 A국의 흑자 금액 은 B국의 적자 금액, A국의 적자 금액은 B국의 흑자 금액이 된다.

152. ②
목초지와 같은 공유자원은 누군가 사용하면 다른 사람들은 사용할 수 없게 되어 경합성은 지니고 있으나 대가를 지불 하지 않은 다른 사람들의 사용을 배제할 수는 없다.

153. ①
㉢ 석유파동은 디플레이션의 발생 원인이 아니다.
㉣ 통화량이 감소하게 되면 물가의 수준이 하락하게 되고 기업의 투자도 감소하게 된다.
㉤ 수출이 감소하게 되면 부채에 대한 실질 가치는 증가하게 된다.

※ 다음의 지문을 읽고 옳은 것을 고르시오. 【154 ~ 155】

보험회사는 사고발생 위험이 낮은 사람이 보험에 많이 가입하기를 희망하지만, 실제로는 사고발생 가능성이 높은 사람들이 보험에 많이 가입하게 되는 (㉠)문제가 나타나고 이로 인하여 보험회사의 수익이 줄어들거나 적자를 보게 되는 경우도 있다.

보험회사의 수익 감소 또는 적자는 보험에 가입한 사람들이 보험에 가입하기 전과는 다른 행동을 하면서 더 크게 증가할 가능성이 있다. 즉 보험에 가입하기 전에는 사고예방을 위해 최선의 노력을 다하던 사람들이 보험에 가입한 후에는 이러한 노력을 게을리 하는 경우가 많은데 이런 현상을 (㉡)이라고 한다.

154 다음 중 ㉠에 해당하는 것은?

① 선택
② 역선택
③ 정보의 대칭성
④ 인플레이션 조세
⑤ 디드로효과

155 다음 중 ㉡에 해당하는 것은?

① 정보의 비대칭성
② 도덕적 해이(moral hazard)
③ 선택
④ 역선택
⑤ 역차별

156 甲은 현재 은행에 고정금리로 예금을 하고 있고 변동금리로 주택담보대출을 받은 상태이다. 향후 금리하락이 예상된다면 甲의 재테크 전략은 어떻게 바뀌는 것이 바람직한가? (단, 예금과 대출 모두 변동금리와 고정금리로 자유롭게 전환할 수 있다고 가정한다)

① 어떤 방법으로 전환하여도 효과는 동일하다.

② 예금은 변동금리로 전환하고, 주택담보대출은 고정금리로 전환한다.

③ 예금은 고정금리를 유지하고, 주택담보대출은 고정금리로 전환한다.

④ 예금은 변동금리로 전환하고, 주택담보대출은 변동금리를 유지한다.

⑤ 예금은 고정금리를 유지하고, 주택담보대출은 변동금리를 유지한다.

ANSWER

154. ②
보험회사와 보험가입자의 정보의 비대칭성으로 인한 보험회사의 잘못된 선택을 일컫는 것으로 역선택이라고 한다.
② 역선택: 비대칭적 정보의 상황에서 정보를 적게 가진 측의 입장에서 상대적으로 손해볼 가능성이 높아지는 현상을 말한다.
④ 인플레이션 조세: 정부가 통화증발을 통해 조달하는 수입을 말한다.
⑤ 디드로효과: 하나의 상품을 구입함으로써 그 상품과 연관된 제품을 연속적으로 구입하게 되는 현상을 말한다.

155. ②
보험계약자, 피보험자 또는 보험금수령인의 부주의·고의 등 도덕적 요소에 기인하는 보험사고의 발생률이 증대하거나 손해가 확대될 염려가 있는 위험을 일컫는다.
① 정보의 비대칭성: 시장에서의 각 거래 주체가 보유한 정보에 차이가 있을 때, 그 불균등한 정보 구조를 정보의 비대칭성이라고 한다.
② 도덕적 해이: 정보의 비대칭성에 의해 최선의 경제적 행위를 하지 않는 상황으로 보험가입(계약체결) 이후에 보험가입자가 보여주는 나태한 태도 등을 예로 들 수 있다.
⑤ 역차별: 부당한 차별을 받는 쪽을 보호하기 위하여 마련한 제도나 장치가 너무 강하여 오히려 반대편이 차별을 받는 것을 말한다.

156. ⑤
예금은 자신에게 들어오는 수익의 형태이므로 고정금리를 유지하는 것이 유리하고 주택담보대출은 비용의 형태이므로 변동금리로 전환하여 더 적은 비용을 부담할 수 있도록 한다.

157 다음은 기준 금리의 추이를 나타낸 것이다. 이를 반영한 경제 주체들의 합리적 선택으로 적절한 것을 고른 것은? (단, 기준 금리만 고려한다.)

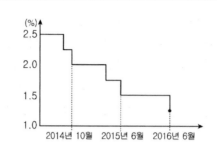

한국은행은 2016년 6월의 기준 금리를 기존 1.5%에서 0.25%를 인하하여 1.25%로 결정하였다. 추후 기준 금리는 지속적으로 인하될 것으로 예상된다.

① 대출을 받을 경우 고정 금리 상품으로 선택한다.

② 정기 예금 가입자의 경우 변동 금리 저축 상품을 선택한다.

③ 변동 금리형 저축 예금보다는 확정 금리형 채권을 선택한다.

④ 기존 고정 금리 채무의 경우 변동 금리 대출 상품으로 전환하지 않는다.

⑤ 기준 금리가 인하되면 대출 금리는 인하되나 예금 금리는 인상된다.

158 다음 중 약탈가격(predatory pricing)에 대한 설명으로 가장 적합한 것은?

① 사업자 간에 비공식적으로 협약한 일종의 담합가격을 약탈가격이라 한다.

② 암시장에서 거래되는 가격을 약탈가격이라 한다.

③ 시장 점유율 확대를 위해 비용보다도 더 낮은 수준에서 책정한 가격을 약탈가격이라 한다.

④ 경쟁사업자가 신기술을 약탈하여 신상품을 개발한 후 시장에서 부과하는 가격을 약탈가격이라 한다.

⑤ 시장점유율이 상대적으로 낮은 제2, 3의 사업자가 제1사업자와 경쟁하기 위해 책정한 담합가격을 약탈가격이라 한다.

159 다음에 해당하는 애그플레이션의 원인에 해당하지 않는 것은?

> 애그플레이션(agflation)은 농업(agriculture)과 인플레이션(inflation)의 합성어로서, 농산물 가격 급등으로 일반 물가가 상승하는 현상을 뜻하는 신조어이다.

① 지구 온난화와 기상 악화로 인한 농산물의 작황 부진
② 육식 증가로 인한 가축사료 수요의 증가
③ 국제 유가 급등으로 인한 곡물 생산 및 유통비용 증가
④ 농산물 경작지 증가
⑤ 세계적인 바이오 에너지 열풍

ANSWER

157. ③
① 대출을 받을 경우 변동 금리 상품으로 선택해야 한다.
② 정기 예금 가입자의 경우 고정 금리 저축 상품을 선택해야 한다.
④ 기존 고정 금리 채무의 경우 변동 금리 대출 상품으로 전환해야 한다.
⑤ 기준 금리가 인하되면 대출 금리와 예금 금리가 모두 인하된다.

158. ③
약탈가격 … 기업이 가격을 아주 낮게 책정하여 경쟁 기업을 시장에서 몰아낸 다음 다시 가격을 올려 손실을 회복하려는 가격정책으로, 기업이 새롭게 시장에 진출할 경우, 앞서 시장을 선점하고 있는 경쟁 기업을 물리치기 위해 자사의 손실을 미리 예측하고 가격을 내린 다음, 독점을 달성한 후 다시 가격을 올려 이전에 입은 손실을 만회하려는 전략이다.

159. ④
농산물 경작지의 증가는 농산물 공급을 증대시켜 농산물 가격을 낮춘다. 이는 애그플레이션과는 거리가 멀다. 한편, 세계적으로 고유가가 지속되면서 미국과 브라질은 바이오에탄올 생산량을 향후 10년간 두 배 늘리겠다고 발표했으며 그 결과 바이오에탄올의 원료가 되는 사탕수수와 옥수수의 가격이 상승하였다.

160 K 마을에서 케이블 TV 서비스와 인터넷 서비스를 독점 판매하는 '서원유선방송'은 수입을 최대화하는 판매 방법을 모색하고 있다. 서원유선방송은 두 서비스를 분리해서 따로 팔 수도 있고, 묶어서 한 상품으로 팔 수도 있다. K 마을에는 두 명의 소비자 甲과 乙이 있다. 이 두 명이 각각의 서비스에 대해 지불할 용의가 있는 최대금액은 甲은 케이블 TV에 15, 인터넷에는 10, 乙은 케이블 TV에 8, 인터넷에는 12라고 한다. 다음 중 가장 많은 수입을 올릴 수 있는 판매 방법은?

① 두 서비스를 묶어서 20의 가격으로 판매한다.

② 두 서비스를 분리하여 케이블 TV 서비스는 8에, 인터넷 서비스는 10에 판매한다.

③ 두 서비스를 분리하여 케이블 TV 서비스는 15에, 인터넷 서비스는 10에 판매한다.

④ 두 서비스를 분리하여 케이블 TV 서비스는 8에, 인터넷 서비스는 12에 판매한다.

⑤ 두 서비스를 묶어서 25의 가격으로 판매한다.

161 다음 글과 비슷한 경제 현상은?

> K마을에서 어린 자녀를 둔 부부들이 외출할 때 다른 집에 아이를 맡길 수 있도록 탁아조합을 만들었다. 마을의 여건상 서로 아이를 돌봐 주는 방법 외에는 대안이 없었기 때문이다. 조합원들은 탁아 쿠폰을 5장씩 나눠 갖고, 아이를 다른 조합원 집에 맡길 때 시간당 쿠폰 1장을 주기로 했다. 또한 다른 조합원의 아이를 맡을 때에는 그 시간만큼의 쿠폰을 받는다.
>
> 그런데 대부분의 부부들은 장시간 외출이나 갑작스런 경우에 대비하기에는 가지고 있는 쿠폰이 너무 적다고 생각했다. 따라서 쿠폰을 모으기 위해 외출을 자제하고, 다른 집에서 아이를 맡기기만을 기다렸다. 결국 쿠폰은 거의 유통되지 않고 각 조합원의 집의 서랍에 보관되고 있었다.

① 최저임금제로 인해 실업률이 상승한 경우

② 저축률 하락으로 인해 투자가 부진한 경우

③ 세수 부족으로 인해 정부 지출이 감소한 경우

④ 통화량 부족으로 인해 경기가 침체된 경우

⑤ 금리 인상으로 인해 주식 가격이 하락한 경우

162 E랜드(놀이공원)는 적자 해소를 위해 입장료를 10%로 인하한 반면, '서울시'의 지하철공사는 적자 해소를 위해 지하철 요금을 20% 인상하였다. 다음에서 옳은 설명을 모두 고르면?

> ㉠ 지하철과 같은 노선을 운행하는 시내버스 회사의 수입은 증가한다.
> ㉡ 서울시의 지하철공사는 지하철에 대한 수요가 가격에 대해 비탄력적이라고 판단하고 있다.
> ㉢ E랜드에 인접한 놀이공원 C랜드의 수입은 증가한다.
> ㉣ E랜드는 입장 수요가 가격에 대해 비탄력적이라고 판단하고 있다.

① ㉠㉡

② ㉠㉢

③ ㉠㉣

④ ㉡㉢

⑤ ㉢㉣

ANSWER

160. ①
① 甲, 乙 모두 서비스에 대해 금액을 지불할 용의가 있으므로 20 × 2 = 40, 총수입 = 40
② 케이블 TV 서비스를 두 사람 모두에게 판매한 경우 : 8 × 2 = 16
인터넷 서비스 판매를 두 사람 모두에게 판매한 경우 : 10 × 2 = 20, 총수입 = 36
③ 甲에게 케이블 TV 서비스를 판매한 경우 : 15
두 사람 모두에게 인터넷 서비스를 판매한 경우 : 10 × 2 = 20, 총수입 = 35
④ 케이블 TV 서비스를 두 사람 모두에게 판매한 경우 : 8 × 2 = 16
乙에게 인터넷 서비스를 판매한 경우 : 12, 총수입 = 28
⑤ 甲에게 두 가지 서비스를 판매한 경우 : 25, 총수입 = 25

161. ④
총 수요 부족으로 인한 디플레이션 현상으로 이해하면 된다.

162. ①
가격의 인상은 대체재(시내버스)의 수요를 증가시켜 이를 생산하는 자(시내버스 회사)의 수입이 증가한다. 또한 수요가 가격에 대해 탄력적이라면 가격인하가 수입을 증가시키고, 비탄력적이라면 그 반대가 된다. 따라서 지하철공사가 지하철 요금을 인상한 것은 지하철에 대한 수요가 가격에 대해 비탄력적이라고 판단한 것이라고 할 수 있다.

163 미국산 소고기 수입과 관련한 광우병의 공포로 인하여 비육돈 평균가격이 5,178원을 기록했다. 이는 지난해 같은 기간 평균가격 3,837원대에 비해 35% 오른 것으로 1마리당 10만 원이 상승한 셈이다. 우리나라에서 특히 인기가 높은 삼겹살 시장의 균형을 위해 균형 가격 및 균형 거래량의 영향요인에 대한 설명으로 옳지 않은 것은?

① 돼지고기 사료가격의 인상으로 생산비용이 상승하면 돼지고기 가격이 낮아진다.

② 돼지고기 수요량의 증대에 따라 돼지고기 수입량을 증가시켜 가격을 인하시킬 수 있다.

③ 삼겹살의 과다섭취는 각종 성인병의 원인이 된다는 연구 결과의 발표는 삼겹살 가격을 하락시키고 수급량도 감소할 수 있다.

④ 삼겹살의 대체재인 닭고기의 수요를 증가시키면 삼겹살 수급량이 감소할 수 있다.

⑤ 삼겹살 외에 뒷다리살, 목살 등 다른 부위를 적극 홍보하면 삼겹살의 수요를 감소시킬 수 있다.

164 다음은 경상수지와 관련된 내용이다. ㈎에 들어갈 내용으로 가장 적절한 것은?

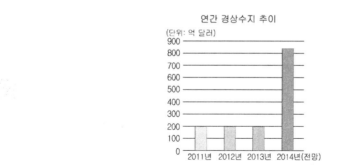

연간 경상수지 추이
(단위: 억 달러)

올해 우리나라의 경상수지 흑자 규모가 작년에 이어 사상 최대를 기록할 전망이다.

한국은행은 금년 중 경상수지 흑자 규모를 840억 달러로 전망했다. 이는 지난해보다 40억 달러 이상 늘어난 것이다.

이와 같이 경상수지의 흑자가 수년간 지속적으로 진행되는 이유는 우리나라의 [㈎] 때문이다.

① 수출 경쟁력을 강화하였기

② 외화 예금 금리가 높아졌기

③ 외국 상품 수입 총액이 증가하였기

④ 해외 직접 투자, 해외 증권 투자 등이 증가하였기

⑤ 저작권, 상표권 매매 등의 처분 차액이 증가하였기

165 다음의 지문에서 ( ) 안에 들어갈 말은?

> 계용묵의 수필 「구두」를 보면, 주인공이 뒤축에 박아놓은 징 때문에 어스름한 창경원 곁 담을 걷다가 한 여인에게 오해를 사는 내용이 나온다. 주인공의 또각또각하는 징 박은 구두소리가 앞서 가던 여자에게 두려움과 불안감을 느끼게 했다는 것인데, 주인공이 전혀 의도하지 않았음에도 불구하고 결과적으로는 아무 상관없는 다른 사람에게 좋지 않은 영향을 미친 것이다. 이 경우와 같이 어떤 사람의 행동이 제삼자에게 의도하지 않은 영향을 주지만 이에 대해 어떠한 대가를 요구하거나 비용을 지불하지 않는 경우를 ( )가(이) 발생한다고 한다.

① 독점적 경쟁　　　　　　　② 혼합 전략

③ 외부효과　　　　　　　　④ 반복 게임

⑤ 선점자 우위

ANSWER

163. ①
돼지고기 사료가격의 인상으로 인한 생산비용의 증대로 공급량은 줄고 가격은 상승하여 수급량이 감소할 수 있다.

164. ①
경상수지는 상품 수지, 서비스 수지, 본원 소득수지, 이전 소득수지로 구성된다.
외화예금, 해외 직접 투자, 저작권 매매 등은 자본 금융 계정에 속한다.

165. ③
외부효과(external effect) … 어떤 경제활동에 있어서 타인에게 의도하지 않은 혜택이나 손해를 주면서도 이에 대한 대가가 발생하지 않는 상태를 말하며, 외부경제와 외부불경제로 구분된다.
① 독점적 경쟁 : 완전경쟁시장과 유사하나 각 기업의 제품이 차별화되어 있다는 점에서 완전경쟁시장과 다르다.
② 혼합 전략 : 생산계획을 위한 전략으로 노동력의 규모를 조정하는 전략, 노동력의 이용률을 조정하는 전략, 재고수준을 조정하는 전략을 들 수 있으며 이러한 세 가지 전략 중 두 가지 이상의 전략을 혼합하여 사용하는 경우를 혼합 전략이라고 한다.
④ 반복 게임 : 행동이 취해지고 그에 따라 보수가 주어지는 것이 계속 반복되는 게임이다.

166 ㈎~㈐로 인하여 갑국에서 나타날 자동차 시장의 변화에 대한 설명으로 옳은 것은?

> ㈎ 관세 인하로 인해 외국산 자동차의 수입이 증가하였다.
> ㈏ 부품 가격이 하락하여 자동차의 생산 비용이 감소하였다.
> ㈐ 갑국 경제의 지속적인 성장으로 국민 소득이 증가하였다.

① 균형 가격은 상승한다.
② 균형 거래량은 감소한다.
③ 수요의 변동폭보다 공급의 변동폭이 더 크다.
④ 자동차 시장에서 판매 수입의 증감은 알 수 없다.
⑤ 수요 곡선과 공급 곡선은 서로 반대 방향으로 이동한다.

※ 다음의 지문을 읽고 물음에 답하시오. 【167 ~ 168】

> 조선말 흥선대원군은 경복궁 중건과 군사력 증강에 필요한 재정 지출을 위해 당백전을 발행하였다. 당백전은 액면가치가 상평통보 1개의 100배여서 당백전으로 불리게 되었는데, 당백전의 남발은 화폐가치의 하락과 물가상승, 즉 (㉠)을 초래하였다. 당백전 발행 당시 7~8냥 하던 쌀 1섬의 값은 이후 44~45냥으로 무려 6배나 폭등하여 일반백성들의 생활이 극도로 피폐하게 되었다.

167 ㉠에 들어갈 적절한 용어는?

① 외부적 한계혜택　　　　　　② 사회적 한계혜택
③ 인플레이션　　　　　　　　④ 디플레이션
⑤ 효율적 배분

168 당백전 남발의 결과와 관련한 설명 중 옳지 않은 것은?

① 당백전 남발은 결국 인플레이션을 가지고 왔다.

② 제1차 세계대전 후 전쟁에 패한 독일이 전쟁 배상금 지급과 경제 재건을 함에 따라 정부지출이 세입을 초과하게 되면서 부족한 자금조달을 위하여 많은 양의 화폐를 발행하게 되었는데, 이는 당백전 발행과 유사하다.

③ 국채발행을 통한 정부자금조달은 미래세대와 무관하다.

④ 정부가 화폐를 지나치게 많이 발행하면 인플레이션이 발생한다는 것이다.

⑤ 결국 인플레이션의 발생은 동일한 재화들을 사는데 필요한 비용이 몇 배 이상으로 상승할 수 있다.

ANSWER

166. ④
갑국의 자동차 시장에서 (가), (나)는 모두 공급의 증가 요인, (다)는 수요의 증가 요인이다.
따라서 수요 곡선과 공급 곡선이 모두 우측으로 이동하여 균형 거래량은 증가하지만 균형 가격과 판매 수입의 증감 여부는 알 수 없다.

167. ③
인플레이션 … 통화량이 팽창하여 화폐가치가 하락하고 이로 인해 발생하는 물가의 전반적이고 지속적인 상승을 말한다.

168. ③
조세증가를 통한 정부자금 조달은 시간이 오래 걸리고, 과도한 국채발행을 통한 정부자금 조달은 장기적으로 정부재정을 악화시킨다. 국채발행을 통한 정부자금조달은 미래세대에 전가된다.

169 다음 자료에 대한 분석으로 옳은 것은?

> 병수는 용돈 10,000원을 모두 사용하여 X재 또는 Y재를 소비하며, 두 재화의 가격은 각각 2,000원이다. 표는 X재와 Y재의 각 소비량에서의 총 만족감을 나타낸 것이다.
>
> | 소비량(개) | 1 | 2 | 3 | 4 | 5 |
> |---|---|---|---|---|---|
> | X재 | 10 | 18 | 24 | 28 | 30 |
> | Y재 | 15 | 27 | 36 | 42 | 45 |

① 최대로 얻을 수 있는 만족감은 75이다.
② X재 3개와 Y재 2개를 소비할 때 얻는 만족감이 가장 크다.
③ X재는 소비량이 많을수록 1개당 평균적으로 얻는 만족감이 크다.
④ Y재 소비량을 1개씩 늘릴 때마다 추가되는 만족감은 점차 커진다.
⑤ 모든 소비량 수준에서 1개당 평균적으로 얻는 만족감은 Y재가 X재보다 크다.

170 다음 거주자 및 비거주자 간의 거래 중에서 경상수지 항목에 계상되지 않는 거래를 고르면?

① 외국에 사는 친척이 생일 축하로 보내온 송금
② 국내 주식을 구입하기 위해 외국인이 들여온 자금
③ 국내 기업이 외국에 투자한 후 벌어오는 소득
④ 상품의 수입 및 수출
⑤ 외국인이 우리나라를 여행하면서 지급한 외화

171 국내총생산에 관한 설명 중 옳은 것을 모두 고른 것은?

> ㉠ 투자의 변동성은 소비의 변동성보다 작다.
> ㉡ 소비 침체는 경상수지 흑자요인이 된다.
> ㉢ 판매되지 않은 재고는 국내총생산의 일부이다.
> ㉣ 수출은 국내총생산의 구성 항목이므로 국내총생산보다 클 수 없다.

① ㉠㉡ ② ㉠㉢

③ ㉡㉢ ④ ㉡㉣

⑤ ㉢㉣

172 세 명의 주민이 살고 있는 어느 특정 지역에 공원이 건립되면 주민 갑, 을, 병은 각각 450만 원, 400만 원, 150만 원의 화폐가치에 해당하는 효용을 얻을 수 있다. 이 공원은 유지비용도 없고 입장료도 없다. 만일 건립과 관련하여 정부가 개입하지 않는다고 할 경우에, 다음 설명 중 옳은 것은?

① 주민 갑만이 자신의 효용의 화폐가치를 밝히고, 그만큼 부담하여 450만 원 규모의 공원이 건립될 것이다.

② 주민 갑, 을만이 각각 자신의 효용의 화폐가치를 밝히고, 그만큼 부담하여 850만 원 규모의 공원이 건립될 것이다.

③ 주민 갑, 을, 병이 각각 자신의 효용이 화폐가치를 밝히고, 그만큼 부담하여 1,000만 원 규모의 공원이 건립될 것이다.

④ 주민 갑, 을, 병이 각각 자신의 효용의 화폐가치를 밝히고, 그보다 조금씩 더 부담하여 1,000만 원 규모보다 큰 공원이 건립될 것이다.

⑤ 주민들 중 아무도 자신의 효용의 화폐가치를 밝히지 않고, 그만큼 부담하지도 않아 공원은 건립되지 못할 것이다.

ANSWER

169. ⑤
모든 소비량 수준에서 총 만족감의 크기는 X재보다 Y재가 크므로 1개당 평균적으로 얻는 만족감 또한 X재보다 Y재가 크다. 갑은 X재를 2개, Y재를 3개 소비할 때 최대 만족감(54)을 얻을 수 있다.

170. ②
통상적으로 경상수지에는 서비스수지, 상품수지, 이자 또는 임금 등 본원소득수지, 교포송금, 무상원조 등의 이전소득수지로 구성된다. 하지만, 주식투자의 자금은 금융 계정에 해당한다.

171. ③
국내총생산은 소비, 투자, 정부지출, 순수출로 구성되며 투자는 변동성이 큰 항목에 해당한다. 순수출이 국내총생산보다 클 수 없지만 수출 자체는 국내총생산보다 클 수 있다.

172. ⑤
공원은 건설비를 부담하지 않은 사람도 이용할 수 있으므로 갑, 을, 병 아무도 자신의 진정한 선호를 밝히지 않으려 할 것이다. 그러므로 주민들의 자발적인 선택에 의해서 공원은 건립되지 못할 것이다.

※ 다음 글을 읽고 물음에 답하시오. 【173 ~ 174】

S국가는 4km의 막대기 모양으로 되어 있으며 주민들은 국토 전체에 고르게 분포해 있다.

S국가의 정부는 휴대폰을 판매하는 상점 A와 B를 각각 乙과 丁지점에 설치하고, 판매 가격을 1,000원으로 정했다. 각 주민은 휴대폰으로부터 4,000원의 편익을 얻으며, 상점까지 갔다 오는 데에 km당 1,000원의 비용이 발생한다. 각 주민은 휴대폰의 구입에 따른 순편익(편익－비용)을 고려하여 구입 여부와 구입할 상점을 결정한다.

173 **다음 내용 중 옳지 않은 것은?**

① 상점 A를 甲지점으로, 상점 B를 乙지점으로 옮기면 두 상점 모두 매출액이 감소할 것이다.

② 휴대폰 구입으로부터 얻는 순편익은 乙, 丁지점 주민들이 가장 크다.

③ 어느 상점에서 구입해도 丙지점 주민들의 순편익은 동일하다.

④ 모든 주민들이 휴대폰을 구입할 것이다.

⑤ 두 상점의 매출액은 동일할 것이다.

174 **S국가 정부가 두 상점에게 위치를 자유롭게 정할 수 있도록 허용했다. 각 상점이 가능한 한 많은 휴대폰을 판매하고자 할 때, 상점 A, B의 위치와 전체 주민들의 순편익 합계의 변화를 바르게 짝지은 것은?**

A	B	순편익 합계		A	B	순편익 합계
① 甲	戊	증가		② 乙	丁	불변
③ 丙	丙	감소		④ 丁	乙	증가
⑤ 戊	甲	감소				

175 폐건전지가 함부로 버려질 경우 유해 중금속인 카드뮴이 배출될 우려가 있다. 때문에 이를 막기 위하여 정부가 건전지 가격에 일정 비율의 세금을 부과하고 그 대신 폐건전지를 가져오는 사람에 대해서는 부과된 세금만큼을 되돌려 주는 정책을 도입한다고 하자. 다음 중 이에 대한 설명으로 옳은 것을 모두 고른 것은?

> ㉠ 건전지의 사용이 이전보다 더 증가할 것이다.
> ㉡ 정부정책은 폐건전지를 버리는 행위의 기회비용을 내리는 작용을 한다.
> ㉢ 폐건전지를 버리는 사람은 결과적으로 공해 배출권을 행사하는 셈이다.

① ㉠

② ㉡

③ ㉢

④ ㉡㉢

⑤ ㉠㉡㉢

ANSWER

ANSWER

173. ①
상점 A, B가 각각 甲, 乙지점으로 이동하더라도 여전히 甲~丙지점에 있는 주민은 상점 A에서, 丙~戊지점에 있는 주민은 상점 B에서 구입할 것이므로 매출액의 변화는 없을 것이다.

174. ③
한 상점이 가장 많은 주민에게 휴대폰을 판매할 수 있는 곳은 국토의 중간지역인 丙지점이다. 따라서 두 상점 모두 丙지점으로 위치를 옮기게 될 것이다. 두 상점의 이동에 따라 乙, 丙의 중간점과 丙, 丁의 중간점 사이에 있는 1/4에 해당하는 주민은 이전보다 상점과의 거리가 가까워지므로 순편익이 늘어난다. 그러나 乙, 丙의 중간점보다 왼쪽에 있거나 丙, 丁의 중간점보다 오른쪽에 있는 위치에 있는 인구 3/4에 해당하는 주민은 이전보다 상점과의 거리가 멀어지므로 순편익이 줄어들게 된다. 이 때 줄어든 순편익이 늘어난 순편익보다 크기 때문에 전체 주민의 순편익 합계는 두 상점의 위치가 丙으로 이동한 후에 감소할 것이다.

175. ③
㉠ 건전지 가격에 일정 비율의 세금을 부과한다면 제품의 가격 상승을 가져오므로 수요량은 감소하게 된다.
㉡ 이전에는 건전지를 버리는 행위에 대해 아무런 비용을 지불하지 않았으므로 정책의 실시로 더 높은 비용을 지불하게 되어 폐건전지를 버리는 행위에 대한 기회비용은 증가한다.
㉢ 건전지를 버리지 않으면 세금액을 돌려받을 수 있기 때문에 폐건전지를 버리는 사람은 공해배출에 대한 권리를 행사하는 셈이다.

176 다음은 우리나라의 소비자 물가지수와 GDP 디플레이터의 상승률을 연도별로 나타낸 것이다. 소비자물가지수는 소비자들이 사용하는 재화 및 서비스의 가격으로 측정한 물가 수준이고, GDP 디플레이터는 국내에서 생산되는 전체 재화 및 서비스의 가격으로 측정한 물가 수준이다. 다음에서 타당하게 추론한 사람을 모두 고른 것은?

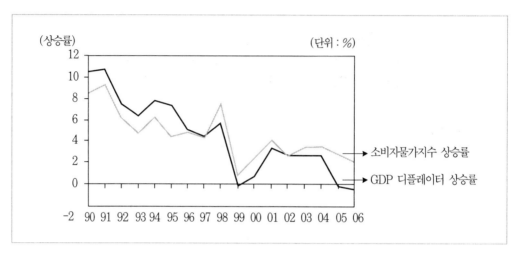

※ GDP 디플레이터 = (명목 GDP / 실질 GDP) × 100

혜미 : 1998년 이후 소비자 물가가 많이 안정되었어.
소라 : 2006년에는 명목 GDP 증가율이 실질GDP 증가율보다 높았을 거야.
정미 : 다른 조건이 같았다면 1990년대 초반에는 2006년보다 명목이자율이 낮았을 거야.
인호 : 다른 조건이 같았다면 1990년대 초반에 2006년보다 명목임금 상승률이 높았을 거야.
규호 : 1998년 이후에는 수입소비재 가격이 수출자본재 가격보다 더 크게 상승했을 거야.

① 혜미, 소라, 정미   ② 소라, 정미, 인호
③ 소라, 인호, 규호   ④ 혜미, 인호, 규호
⑤ 혜미, 정미, 규호

177 다음은 정부의 시장 개입에 대한 영수와 미애의 대화이다. 이에 대한 설명으로 가장 적절한 것은?

> 영수 : 시장은 불완전하고 시장 참가자들의 판단도 항상 합리적이지는 않아. 금융 위기의 재발을 막고 경제위기 극복을 위해서는 정부의 강력한 개입과 규제가 필요하다고 생각해.
>
> 미애 : 하지만 남유럽 국가의 재정파탄을 생각해 봐. 정부 역시 개인이나 기업과 다름없이 예산에 제약을 받는 별 수 없는 존재야. 정부의 간섭과 규제가 민간 경제 주체의 합리적 판단과 경쟁을 통한 혁신을 대신할 수는 없다고 생각해.

① 영수는 미애보다 작은 정부를 지지할 것이다.

② 영수는 미애보다 시장 경제의 원리를 강조할 것이다.

③ 영수는 시장 실패, 미애는 정부 실패를 우려할 것이다.

④ 미애는 영수보다 총수요 관리 정책을 지지할 것이다.

⑤ 미애는 영수보다 '보이지 않는 손'을 통한 경제 문제 해결에 비판적일 것이다.

176. ④

2006년에는 GDP 디플레이터 상승률이 0보다 낮았으므로 명목성장률이 실질성장률보다 낮았다. 또한 일반적으로 경제성장률 및 물가상승률은 임금상승률과 이자율에 비례관계를 보이므로 1990년대 초반의 명목이자율이나 명목임금상승률은 2006년보다 높았을 것이다. 1990년대 중반 이후 소비자물가가 GDP 디플레이터보다 높은 상승률을 기록하고 있는데, 소비자물가가 GDP 디플레이터에 비해 소비재 비중이 높은 반면 수출재화의 비중이 낮음을 감안할 때, 1990년대 중반 이후 수입소비재 가격의 상승률이 수출자본재 가격의 상승률보다 높았을 것으로 추론할 수 있다.

177. ③

영수는 시장의 한계를 인정하고 정부의 개입 필요성을 강조하고 있으며, 미애는 정부 개입의 문제점을 강조하고 있다. 따라서 영수는 시장 실패, 미애는 정부 실패를 경계하는 입장이다.

다음은 GDP대비 각 부문별 저축의 비율을 연도별로 나타낸 것이다. 바르게 추론한 것을 모두 고른 것은?

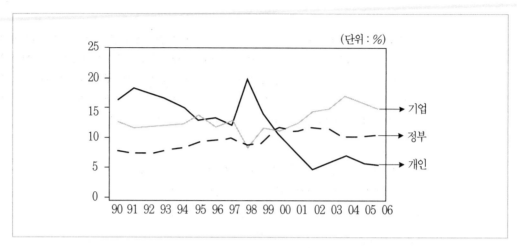

㉠ 2003년에 비해 2004년에는 GDP대비 정부의 재정수지 흑자가 줄거나 적자가 늘었을 것이다.

㉡ 1998년 이후 GDP에서 기업의 순이익이 차지하는 비중이 줄어드는 추세이다.

㉢ 2003년에서 2004년 기간에는 개인소비 증가율이 GDP증가율에 비해 낮았을 것이다.

㉣ 1990년대에 비해 2000년 이후에는 GDP대비 개인소비의 비율이 낮아졌을 것이다.

① ㉠㉡
② ㉠㉢
③ ㉡㉢
④ ㉡㉣
⑤ ㉢㉣

179 다음에서 설명하는 것은 무엇인가?

예금은행이 중앙은행으로부터 차입할 때 적용받는 이자율을 조정함으로써 통화량과 이자율을 조절하는 정책이다. 이 정책이 효과적이 되기 위해서는 예금은행의 중앙은행에 대한 자금의존도가 높아야 한다.

① 소득의 재분배
② 재할인율 조절
③ 공개시장 조작
④ 금융실명제 실시
⑤ 지급준비율 조절

180 채권투자와 관련하여 다음 중 옳은 것은?

① 김씨는 5년만기 회사채를 유통수익률 연 9%에 매입하였다. 이후 유통수익률이 6%로 하락하자 김씨는 보유하고 있던 채권을 팔아 이익을 실현했다.

② 만기까지 보유하고 있을 목적으로 채권투자를 하는 경우 5%짜리 국채를 사는 것보다 8%짜리 회사채를 사는 것이 수익률은 높고, 위험은 낮다.

③ 우리나라의 채권투자는 수익증권 펀드 또는 뮤추얼펀드에 투자하는 간접투자 방법만 인정되고 있다.

④ 채권투자는 주식투자보다 매매가 원활한데 시장참여자가 많기 때문이다.

⑤ 신용등급이 높을수록 해당 채권의 수익률도 높다.

178. ②
개인의 저축률 하락은 GDP대비 개인소비 비율의 상승을 의미한다. 03~04년 기간에 일시적 저축률의 상승은 GDP대비 소비의 감소, 즉 개인소비 증가율이 GDP증가율에 비해 낮았음을 의미한다.

179. ②
재할인율정책에 관한 설명이다. 재할인율을 낮추면 예금은행의 차입이 증가하고 본원통화가 증가하여 통화량이 증가한다. 통화량의 증가는 이자율의 하락을 가져온다.

180. ①
채권의 가격은 수익률과 반대방향으로 움직인다. 채권의 수익률이 떨어지면 가격은 올라가고 수익률이 올라가면 가격은 떨어진다.

181 그림은 생산비용에 관한 그래프이다. B=0이 되는 경우의 설명으로 옳은 것은?

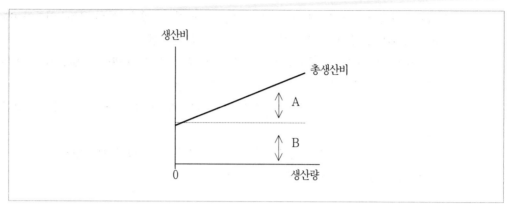

① 생산비가 전혀 들지 않는다.
② 기업의 수입과 비용이 일치하여 이윤이 없다.
③ 생산과정에서 노동투입 비용이 발생하지 않는다.
④ 이 기업의 생산비는 생산량과 관계없이 일정하게 발생한다.
⑤ 고정비용이 '0'이다.

182 재화시장에서의 도덕적 해이를 줄여주는 기능을 하는 것은?

① 선별
② 기초공제제도
③ 유인설계
④ 성과급제
⑤ 평판

183 노동시장의 실질임금 경직성을 설명하는 이론을 모두 고른 것은?

> ㉠ 암묵적 계약이론 ㉡ 내부자 – 외부자이론
> ㉢ 중첩임금설정이론 ㉣ 장기계약이론
> ㉤ 효율성임금이론

① ㉠㉡㉢
② ㉠㉡㉤
③ ㉠㉢㉣
④ ㉡㉢㉤
⑤ ㉢㉣㉤

184 다음 설명과 관련이 깊은 것은?

> A국은 1930년대 자국 영해에서 막대한 양의 천연가스를 발견하게 되었다. 이 천연가스의 발견은 특정 생산요소의 부존량이 증가하는 것으로 생각할 수 있다. 이에 따라 이 천연가스를 개발하기 위해 다른 산업으로부터 노동과 자본 등 다른 생산요소가 이동하기 시작하였다. 그 결과 천연가스를 집약적으로 사용하는 광업부문의 생산과 고용은 증대한 반면, 천연가스를 집약적으로 사용하지 않는 여타 부문 예컨대 공업부문의 생산과 고용은 줄어들기 시작하였다.

① 요소가격균등화 정리
② 스톨퍼–사무엘슨 정리
③ 헥셔–올린 정리
④ 레온티에프 역설
⑤ 립진스키 정리

ANSWER

181. ⑤
그래프에서 B는 고정비용을 나타낸다. 따라서 B가 0이면 생산요소 중 공장이나 설비 등의 고정자본으로 인한 비용은 발생하지 않으며 생산비 모두가 가변비용만으로 구성되어 있다는 것이다.

182. ⑤
생산자와 소비자 간의 정보의 비대칭성으로 인해 발생하는 도덕적 해이를 줄이기 위해서는 신호발송이나 선별의 과정이 필요하다. 기업 제품의 품질이 높으면 평판이 높고 품질이 낮으면 평판이 낮아진다. 따라서 기업은 좋은 평판을 받기 위해 제품의 질을 높은 수준으로 유지하도록 노력하게 된다.

183. ②
암묵적 계약이론, 내부자–외부자이론, 효율성 임금이론은 실질임금의 경직성을 설명하는 이론이고, 장기계약이론과 중첩임금설정이론은 명목임금의 경직성을 설명하는 이론이다.

184. ⑤
한 요소의 부존량이 증가할 때 그 요소를 집약적으로 사용하는 생산물의 생산량은 증가하고 다른 요소를 집약적으로 사용하는 생산물의 생산량은 감소한다는 것이 립진스키 정리이다.

185 노동시장에 대한 설명 중 가장 적절한 것은?

① 완전고용이란 마찰적 실업률이 '0'이 되는 상태를 말한다.

② 효율성 임금이론은 임금의 하방경직성을 설명한 이론이다.

③ 자연실업률은 실업보험과 같은 제도적 요인에 의해 영향을 받지 않는다.

④ 마찰적 실업은 비자발적 실업의 성격을 갖는 반면, 구조적 실업은 자발적 실업이라는 특성을 갖는다.

⑤ 경제활동능력을 갖추고 있으나 일할 의사가 없는 사람은 실업자로 분류된다.

186 환율변동에 관한 설명 중 가장 적절하지 않은 것은?

① 투자자들의 기대심리 때문에 환율이 변동할 가능성이 있다.

② 금본위제도는 고정환율제도의 대표적인 예이다.

③ 비교역재가 많을수록 구매력 평가설에 의한 환율결정이 현실에서의 환율변화를 잘 설명하지 못한다.

④ 구매력 평가설이란 국가 간 자본거래가 환율을 결정하는 중요한 요인이 된다는 것이다.

⑤ 환율이 1달러당 950원에서 1,300원으로 올랐다면 이것은 달러화에 비해 원화가치가 상대적으로 하락한 것을 의미한다.

187 다음 글에서 ㈜흥부와 ㈜놀부의 손익이 현재 환율로 미리 환전해 놓은 경우에 비해 각각 어떻게 달라지는지 옳게 짝지은 것은? (단, 명목이자율은 0%라고 가정)

> 중소기업인 ㈜흥부와 ㈜놀부는 3개월 후에 미국의 수출업자에게 각각 1,000달러의 수입대금을 지불하고자 한다. 현재 환율은 1달러당 1,000원이며 선물환율(3개월)은 1달러당 1,050원이다. ㈜흥부는 미래 환율변동에 대한 위험을 회피하기 위해 선물환 계약을 체결한 반면, 놀부는 선물환 계약을 체결하지 않았다. 그런데 3개월 후에 환율이 1달러당 1,100원으로 상승하였다.

	㈜흥부	㈜놀부
①	5만 원 이익	5만 원 손실
②	10만 원 이익	5만 원 이익

③ 10만 원 손실   5만 원 손실
④ 5만 원 이익   10만 원 이익
⑤ 5만 원 손실   10만 원 손실

188 시장실패의 경우인 외부효과와 관련하여 잘못 설명한 것은?

① 긍정적 외부효과를 갖는 재화의 경우 시장경쟁에 의한 공급량은 사회적 최적공급량에 비해 적게 된다.

② 부정적 외부효과가 있는 오염유발재를 생산하는 사회적 비용은 공급곡선에 반영되는 사적 비용보다 크다.

③ 기술재 생산의 사회적 비용은 사적비용에서 기술파급 효과치를 뺀 금액과 같다.

④ 소비에서 긍정적 외부효과가 발생하는 경우 사회적 최적소비량이 시장에서 결정되는 소비 량보다 많게 된다.

⑤ 소비의 사회적 가치가 사적 효용가치를 하회할 경우 시장에서 결정되는 생산량은 사회적으로 바람직한 수준보다 과소 생산되는 경향이 있다.

ANSWER

185. ②
① 비자발적 실업이 존재하지 않는 상태를 완전고용이라 한다.
③ 실업보험제도가 도입되면 일반적으로 자연실업률은 높아진다.
④ 마찰적 실업은 자발적 실업에 해당하며 구조적 실업은 비자발적 실업에 해당한다.
⑤ 경제활동능력을 갖추고 있더라도 적극적으로 구직활동을 하지 않은 사람은 비경제활동인구로 구분된다.

186. ④
구매력평가설에 따르면 환율은 국가 간 자본거래와 관련된 것이 아니라 양국통화의 구매력에 의해 결정된다.

187. ⑤
㈜흥부는 달러당 1,050원의 선물환 계약을 체결하였으므로 50원 차이만 발생한다. 따라서 1,000달러 × 1,100 = 1,100,000원과 1,050,000원의 차이인 50,000원의 손실을 입는 데 비하여, 미리 선물환 계약을 체결하지 않은 ㈜놀부는 1,000원과 1,100원의 차이인 100원 × 1,000달러 = 100,000원의 손실을 보게 된다.

188. ⑤
소비의 사회적 가치가 사적 효용가치를 하회할 경우로 소비에 있어 외부불경제가 발생할 때이다. 사회적으로 바람직한 수준보다 과대 생산되는 경향이 있다.

189 아래 재화는 국내가격이 국제가격보다 상대적으로 높아 국제가격으로 거래가 이루어질 경우 자국의 생산량의 감소로 인한 경제적 손실을 막기 위하여 관세를 부과하고 있다. 그렇지만 현재 관세부과로 인하여 총잉여의 일부가 감소하였다. 관세를 철폐하고 자유무역을 할 경우 관세부과 후 가격수준에서 발생했던 총잉여 감소분이 다시 증가하게 되는데 그 크기는? (단, 유통비용 및 추가적인 부대비용은 없다고 가정)

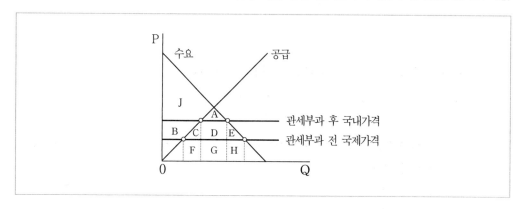

① B + C + D + E

② C + D + E

③ B + E

④ C + E

⑤ F + H

190 차별적 재화를 생산함으로써 시장규모의 확대를 통해 규모의 경제를 누리게 되는 현상을 설명하는 무역이론은?

① 스톨퍼 사무엘슨 정리

② 리카르도 비교우위론

③ 헥셔-올린 모형

④ 산업내 무역이론

⑤ 특정요소모형

191 다음 그림은 한 나라의 고용 수준을 파악하기 위한 정보이다. (가)~(다)에 대한 설명으로 가장 타당한 것은?

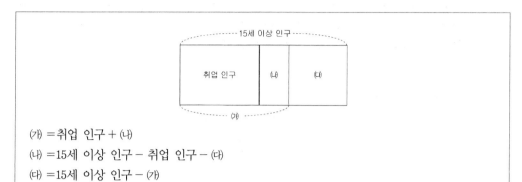

(가) = 취업 인구 + (나)

(나) = 15세 이상 인구 − 취업 인구 − (다)

(다) = 15세 이상 인구 − (가)

① (가)에는 전업 주부, 학생 등이 포함된다.

② 실업률은 (나)를 (가)로 나눈 백분율이다.

③ 고도 성장기에는 (다)의 크기가 줄어든다.

④ 여성의 사회 참여가 증가할수록 (가)는 감소한다.

⑤ (나)에는 일하려는 의지가 없는 사람이 포함된다.

189. ④

관세철폐 후 경제적 후생변화

㉠ 소비자잉여 : (B + C + D + E)만큼 증가

㉡ 생산자잉여 : B만큼 감소

㉢ 정부관세수입 : D만큼 감소

㉣ 총잉여 : (C + E)만큼 증가

190. ④

산업내 무역이론은 독점적 경쟁시장에서 자유무역이 이루어질 경우 규모의 경제로 인해 시장 가격이 낮아진다는 것을 설명한 이론이다.

191. ②

(가) 경제 활동 인구

(나) 실업 인구

(다) 비경제 활동 인구

15세 이상 인구 중에서 경제 활동 인구는 일할 의사와 일할 능력을 지닌 사람으로서, 일자리를 가지고 있으면 취업자, 없으면 실업자로 구분된다. 실업률은 실업인구를 경제 활동 인구로 나눈 백분율이다.

① 전업 주부, 학생 등은 비경제 활동 인구에 포함된다.

③ 고도 성장기에는 경제 활동 인구가 증가한다.

④ 여성의 사회 참여가 증가할수록 일할 의사가 없던 여성들이 비경제 활동 인구에서 경제 활동 인구로 분류되므로 경제 활동 인구가 증가하게 된다.

⑤ 실업 인구는 일 하려는 의지와 능력이 있으나 일자리가 없는 실업자가 포함된다.

192 한국의 금리가 연 6%, 미국의 금리가 연 3%이며 미국 통화 1단위에 대한 현재 환율이 980원, 90일부터 선물환은 985원에 거래된다. 이 경우 이자율평가설이 성립하고 다른 거래비용이 전혀 발생하지 않는다면, 90일간 가용 자본의 활용에 대한 설명으로 가장 적절한 것은? (단, 환전비용, 자본이전 및 추가적 금융비용은 전혀 발생하지 않고, 1년은 360일로 가정)

① 어느 국가에 투자하거나 수익 변화가 없다.

② 한국 투자가 미국 투자보다 2.73%추가적 이익

③ 한국 투자가 미국 투자보다 2.73%추가적 손실

④ 한국 투자가 미국 투자보다 0.24%추가적 이익

⑤ 한국 투자가 미국 투자보다 0.24%추가적 손실

193 쌀의 수요함수 Q=1,000−20P, 공급함수 Q=600+20P이다. 만일 정부가 쌀의 최고가격을 15로 정한다면 어떤 변화가 나타날까?

① 초과 수요의 발생 (1,000)

② 초과 공급의 발생 (2,000)

③ 초과 공급의 발생 (200)

④ 초과 수요의 발생 (200)

⑤ 변화가 없다.

194 산업내 무역과 산업간 무역에 대한 설명 중 옳지 않은 것은?

① 산업간 무역은 규모의 경제로 인해 발생하는데 반면, 산업내 무역은 국가간 자원부존도 등의 차이로 발생된다.

② 국가간 생산기술의 차이가 클수록 산업간 무역의 비중이 커지게 된다.

③ 최근 선진국을 중심으로 산업내 무역의 비중이 점차 커지고 있다.

④ 산업내 무역은 전 계층의 소득을 향상시키지만, 산업간 무역은 소득분배에 영향을 미친다.

⑤ 생산기술의 차이가 클수록 산업간 무역이 발생할 가능성이 커진다.

195 GATT와 WTO에 대한 설명으로 옳지 않은 것은?

① GATT는 국제협정의 성격이고 WTO는 국제기구의 성격이다.

② GATT는 주로 관세인하에 주력한 반면 WTO는 일률적인 관세철폐와 비관세장벽 철폐에 주력한다.

③ GATT와 WTO는 분쟁해결기구를 통해 해결방안을 강구한다.

④ GATT는 주로 공산품이 대상이며 서비스나 지적재산권에 대한 규범은 없다.

⑤ WTO는 반덤핑 조치의 발동기준 및 부과절차 명료화를 추진한다.

ANSWER

192. ④

㉠ 한국에 예금할 때의 수익(90일간) : $6\% \times \dfrac{90}{360} = 1.5\%$

㉡ 미국에 예금할 때의 수익(90일간) : 1.26%

• 현물/선물환율 차이에 의한 수익 : $\dfrac{985 - 980}{980} \times 100 = 0.51\%$

• 미국에 예금할 때의 이자수익 : $3\% \times \dfrac{90}{360} = 0.75\%$

따라서 한국에 투자할 때 미국에 투자할 때 보다 0.24%의 추가적인 수익을 얻을 수 있다.

193. ⑤

시장의 균형은 수요와 공급이 일치하는 시점에서 결정된다. 따라서 $1,000 - 20P = 600 + 20P$, $P = 10$이다. 최고가격을 시장의 균형가격보다 높은 수준으로 설정하면 아무런 변화도 나타나지 않는다.

194. ①

산업간 무역은 서로 다른 사업간의 무역을 말하는 것으로 국가간 요소부존도의 차이로 인해 발생하고 산업내 무역은 규모의 경제로 발생한다.

195. ③

WTO는 분쟁해결 기구를 통해 문제를 해결하나 GATT는 무역분쟁이 발생하면 다자간 협상을 통해 문제를 해결한다.

196 실업에 대한 설명으로 옳지 않은 것은?

① 가계와 기업이 합리적인 예상을 한다면 예견된 정부의 금융·재정정책은 실업률에 아무런 영향을 미치지 못한다.
② 실업과 인플레이션의 정의 상관관계를 나타내는 곡선을 필립스곡선이라 한다.
③ 완전고용과 물가안정은 동시에 달성하기 어려운 정책목표이다.
④ 대학생은 실업자에 포함되지 않는다.
⑤ 정부가 실업대책으로 금융·재정정책을 사용한다 해도 일정한 수준의 실업은 존재한다.

197 시장의 실패에 대한 설명으로 적절하지 않은 것은?

① 사교육은 사회적으로 적정한 수준의 교육을 제공하지 못한다.
② 많은 자본설비를 필요로 하는 산업에서는 독과점이 발생한다.
③ 기업은 공해방지시설의 가동에 소요되는 비용을 부담하지 않으려고 폐수를 무단방류한다.
④ 정부조직의 비대화로 인해 불필요한 예산의 낭비가 많다.
⑤ 국방서비스에 대해 소비자가 선호를 표명하지 않는다.

198 다음은 누구에 대한 설명인가?

> 'There's no such thing as a free lunch'란 말로 유명한 그는 1976년 노벨 경제학상을 수상한다. 그는 자유방임주의와 시장경제를 통한 자유로운 경제활동을 주장한 시카고학파 경제학자이다. 1912년에 출생한 그는 2006년에 94세를 일기로 타계했다.

① 존 내쉬(John Forbes Nash)
② 밀턴 프리드먼(Milton Friedman)
③ 로버트 루카스(Robert E. Lucas)
④ 폴 새무엘슨(Paul A. Samuelson)
⑤ 에드먼트 펠프스(Edmund S. Phelps)

199 다음은 누구에 대한 설명인가?

> 　　미국 프린스턴대 교수인 그는 2008년 노벨 경제학상을 수상하였다. 1990년대 중반 아시아 경제성장의 한계와 외환위기를 경고하고 1998년 러시아의 금융위기 가능성을 예견하는 등 세계경제 시스템에 대한 해박한 지식으로 학계뿐 아니라 실물경제 분야에서도 언론으로부터 관심의 대상으로 주목을 받는 경제학자이다.

① 폴 새무엘슨(Paul A. Samuelson)
② 존 내쉬(John Forbes Nash)
③ 그레고리 맨큐(N. Gregory Mankiw)
④ 로버트 핀다이크(Robert Pindyck)
⑤ 폴 크루그먼(Paul Robin Krugman)

ANSWER

196. ②
필립스곡선은 실업과 인플레이션의 역의 상관관계를 나타내는 곡선이다.

197. ④
①②③⑤ 시장실패이다.
④ 정부조직의 비대함에 따른 예산낭비는 시장실패가 아닌 정부실패에 해당한다.

198. ②
밀턴 프리드먼은 자유주의 시장경제 옹호자로 1976년 노벨 경제학상을 수상하였으며, 케인즈가 주장한 정부의 적극적인 개입으로 인한 인플레이션을 통화정책을 통해서 해결하려 하였다.

199. ⑤
폴 크루그먼은 국제무역과 경제지리학을 통합한 업적을 인정받아 2008년 노벨 경제학상을 수상하게 되었다. 그는 경제학자이며 뉴욕타임즈 칼럼니스트로 활동하였다.

200 다음 사례에 대한 설명으로 바르게 짝지어진 것은?

> ⊙ 남아프리카 공화국의 한 골프장에서는 희한한 장면을 종종 목격할 수 있다. 라운딩을 하는 동안 골프장 측은 물값이 좀 더 상승한 이후에 돈을 받으려고 하고 골프장 이용객은 물값을 선불로 내겠다고 주장하기 때문이다. 18홀 라운딩 하는 동안 물값은 무섭게 상승하는 것이다.
> ⓛ 최근까지만 해도 전문 커피숍에서 커피를 마시기 위해 줄을 서는 것을 많이 볼 수 있었지만 요즘은 그렇지 않다. 물가가 무섭게 상승하고 있어 씀씀이를 줄이는 소비자가 증가하고 있는 것이다. 경기가 악화되자 기업은 공장 가동률을 줄이고 인재채용도 줄이고 있다.

	⊙	ⓛ
①	스태그플레이션	인플레이션
②	인플레이션	스태그플레이션
③	인플레이션	디플레이션
④	도덕적 해이	인플레이션
⑤	금리위험	스태그플레이션

201 리카르도의 대등정리가 현실에서 성립한다고 할 경우 국채를 발행할 때 나타나는 현상을 바르게 설명한 것은?

① 국채의 발행은 궁극적으로 미래세대의 부담이 된다.

② 국채의 발행은 궁극적으로 현재세대의 부담이 된다.

③ 국채의 발행으로 인한 부담은 현재세대와 미래세대가 분담하며, 현재세대의 부담이 미래세대보다 커진다.

④ 국채의 발행으로 인한 부담은 현재세대와 미래세대가 분담하며, 미래세대의 부담이 현재세대보다 커진다.

⑤ 국채의 발행으로 인한 부담은 현재세대와 미래세대가 분담하며, 현재세대와 미래세대가 동등하게 분담한다.

202 만약 한국은행이 물가 급등을 우려하여 기준금리를 상승시킬 경우 수입과 원달러 환율에 미칠 영향을 바르게 나타낸 것은?

① 증가-상승
② 감소-상승
③ 증가-하락
④ 감소-하락
⑤ 변화 없음

203 코즈의 정리에 대한 설명으로 옳지 않은 것은?

① 재산권을 명확하게 보장하면 성립된다.
② 현실적으로 공해문제에 대한 협상의 경우 이해당사자를 결정하는 어려움이 있다.
③ 이해당사자들 사이의 거래비용은 매우 작다고 가정한다.
④ 대규모 사회집단에서는 자발적 협상에 의한 해결이 어렵다.
⑤ 코즈정리의 핵심은 재산권이 누구에게 귀속되는가이다.

ANSWER

200. ②
스태그플레이션은 물가는 가파르게 상승하는 반면 경기는 둔화되는 현상을 말하며, 인플레이션은 물가는 빠르게 오르면서 상대적으로 화폐가치가 하락하는 현상을 말한다.

201. ②
리카르도의 등가정리에 따르면 국채발행시 현재세대는 미래에 조세를 부담하는 것을 합리적으로 예측하기 때문에 저축을 늘림으로써 미래의 조세 부담에 대비하고자 하므로 결과적으로 국채발행은 현재세대의 부담이 된다.

202. ③
금리가 상승하게 되면 대체로 해당 국가의 통화가치가 상승하게 되는 즉, 환율이 하락하게 되는 경향이 있다. 또한 국제 시장에서는 높은 금리를 찾아 달러 등의 해외자금이 유입되는 데, 이 때 유입되는 달러가 많아지게 되면 해당 국가의 통화 가치는 상승하게 된다(환율 하락). 그러므로 환율이 하락하게 되면 수출에는 불리하며 수입에는 유리하게 된다.

203. ⑤
코즈정리는 소유권의 설정을 통해 외부성을 해결하고자 하는 것이다. 재산권이 명확하게 설정될 수 있고 거래비용이 거의 없다면 재산권이 누구에게 귀속되는지와 상관없이 효율적인 자원배분이 가능하다고 본다.

A국의 ㈜질로는 소주를 생산하는 기업이다. 소주 한 개의 가격은 100원이고, 소주를 생산하는 데 드는 비용은 생산량에 따라 결정되며 각 생산량에 해당하는 총생산비용은 다음 표와 같다.

생산량	총생산비용
1	55
2	120
3	195
4	280
5	375
6	480
7	595
8	720
9	855
10	1,000

204 ㈜질로의 이윤극대화 생산량은 얼마인가?

① 5   ② 6

③ 7   ④ 8

⑤ 9

205 ㈜질로가 소주 한 개를 생산할 때마다 2리터의 이산화탄소가 발생한다. 이산화탄소는 지구 온난화를 가속시킬 것이며 이것이 배출될 때에 드는 사회적인 비용은 이산화탄소 1리터당 5원이다. 만약 ㈜질로가 사회적인 비용까지 함께 고려하여 가장 효율적으로 소주를 생산한다면 이때 발생되는 이산화탄소의 배출량은 얼마인가?

① 6리터   ② 7리터

③ 8리터   ④ 9리터

⑤ 10리터

206 우리나라는 시중에 유통되는 통화량을 측정하기 위해 다음과 같이 정의되는 M_1, M_2, L_f를 주요 통화지표로 사용하고 있다. 통화지표에 대한 설명 중 가장 적절한 것은?

> - M_1 = 민간보유 현금 + 요구불 예금
> - M_2 = M_1 + 저축성예금 + 거주자 외화예금
> - L_f = M_2 + 예금취급기관의 만기 2년 이상 금융상품

① 금융시장이 발달할수록 L_f가 커진다.
② 포함하는 금융자산의 범위가 가장 넓은 것은 M_1이다.
③ M_1이 커질수록 M_2는 감소한다.
④ 개인이 국내 시중은행에 저축하는 외화가 많아질수록 M_1이 증가한다.
⑤ 지불수단으로 즉시 바뀔 수 있는 유동성이 가장 높은 것은 L_f이다.

ANSWER

204. ①
기업의 이윤극대화는 총수입 극대화, 총비용 극소화를 말한다. 총수입은 매 단위 판매로부터 얻는 수입 즉, 한계수입의 총합이며, 총비용은 매 단위 생산으로 인해 발생하는 한계비용의 합이다. ㈜질로의 경우, 소주 가격이 일정하게 100원이므로 100원이 한계수입이며, 소주생산으로 인한 한계비용은 표에서 주어진 대로 첫 번째 소주 생산의 경우 55원, 두 번째 소주 생산의 경우 65원, 세 번째 소주의 경우 75원이다. 여섯 번째 소주를 생산할 때에 한계수입은 100원, 한계비용은 105원인 반면, 다섯 번째 소주의 경우 한계비용은 95원이므로 ㈜질로는 다섯 개의 소주를 생산하는 것이 이윤극대화 조건에 부합한다.

205. ③
소주 한 개당 사회적 비용이 10원이므로 이를 고려할 때에 소주 생산의 한계비용은 종전의 한계비용에 10원씩 더해진다. 즉, 첫 번째 소주 생산의 경우 한계비용은 65원, 두 번째 소주 생산의 경우 75원, 세 번째 소주의 경우 85원 등이 된다. 새로운 한계비용과 전과 동일한 한계수입을 고려해 사회적으로 효율적인 생산량을 구하면 소주는 네 개가 되며 이산화탄소의 최대 배출량은 8리터가 된다.

206. ①
② 가장 넓은 범위를 가진 것은 L_f이다.
③ M_1이 증가하면 M_2도 증가한다.
④ 개인이 국내 시중은행에 저축하는 외화가 많아질수록 M_2가 증가한다.
⑤ 지불수단으로 즉시 바뀔 수 있는 유동성이 가장 높은 것은 L_f가 아닌 M_1이다.

207 다음 자료를 바탕으로 할 때 이연걸이 북경루에서 계속 일하기 위한 최소한의 연봉은 얼마인가?

중국요리 전문 음식점인 '북경루'에서 일하고 있는 이연걸은 내년도 연봉 수준에 대해 북경루 사장과 협상을 진행 중에 있다. 이연걸은 협상이 결렬될 경우를 대비하여 퓨전 중국 음식점 '짬뽕차이나' 개업을 고려하고 있다. 퓨전 중국음식점을 차릴 것을 대비하여 미리 사전 조사를 해보았다. 자료는 다음과 같다.
- 보증금 2억 원(은행에서 연리 7.5%로 대출 가능)
- 임대료 연 4,000만 원
- 연간 영업비용 : 직원 인건비 6,000만 원, 음식 재료비 8,000만 원, 기타 경비 4,000만 원
- 연간 기대 매출액 : 3억 원

① 4,000만 원
② 4,500만 원
③ 5,000만 원
④ 6,000만 원
⑤ 6,500만 원

208 갑과 을은 청소회사인 ㈜깨끗해에서 일하고 있다. 두 사람의 시간당 작업성과는 다음과 같다. 총생산량을 최대화하기 위한 회사의 전략은?

	총 유리창	사무실
갑	10	2
을	12	3

① 갑은 유리창 청소를 전담하고 을은 사무실 청소를 전담하도록 한다.
② 갑은 유리창 청소와 사무실 청소를 하고 을은 유리창 청소만 하게 한다.
③ 을과 갑이 유리창 청소와 사무실 청소를 반반씩 분담하도록 한다.
④ 을에게 유리창 청소와 사무실 청소를 모두 맡기고, 갑은 해고한다.
⑤ 을은 유리창 청소를 전담하고 갑은 사무실 청소를 전담하도록 한다.

※ 다음 물음에 답하시오. 【209~210】

209 다음에서 ㉠에 들어갈 수 있는 가장 작은 수와 ㉡에 들어갈 수 있는 가장 큰 수의 조합은?

> 고춘자의 생산성은 100이고, 장소팔의 생산성은 그보다 낮은 X이다.
>
> ㈜요리야 식품은 경리 직원의 생산성만큼 연봉을 지급하려고 한다. 그런데 누구의 생산성이 100이고, 누구의 생산성이 X인지는 알지 못한다. 그래서 요리사 자격증을 소지한 사람의 생산성이 100, 그렇지 않은 사람의 생산성은 X라고 간주하여 각각 100과 X의 연봉을 지급한다.
>
> 요리사 자격증을 취득하는 데 고춘자는 40, 장소팔은 70의 비용이 든다. 이때 요리사 자격증을 취득하지 않은 경리 직원의 연봉 X가 ㉠보다 크고 ㉡보다 작을 경우, 고춘자만이 요리사 자격증을 취득할 것이다.

	㉠	㉡			㉠	㉡
①	30,	40		②	30,	50
③	30,	60		④	40,	70
⑤	60,	70				

207. ⑤
이연걸이 북경루에서 계속 일하기 위해서는 최소 새로운 음식점을 개업할 때 얻게 되는 이윤만큼 연봉을 받아야 할 것이다. 새로운 음식점을 개업할 때의 기대이윤은 기대매출액 3억 원 − 연간영업비용(6,000만 원 + 8,000만 원 + 4,000만 원) − 임대료 4,000만 원 − 보증금의 이자부담액(2억 원 × 7.5%) = 6,500만 원이므로 최소한 6,500만 원은 받아야 한다.

208. ①
갑의 입장에서는 유리창 청소가 비교우위가 있으므로 유리창 청소만 하는 것이 좋고 을의 입장에서는 유리창 청소보다 사무실 청소가 비교우위가 있으므로 사무실 청소만 하는 것이 좋다.

209. ③
고춘자가 자격증을 취득할 때의 순수입은 60 =(100 − 40)이고, 그렇지 않을 때는 X이다. 따라서 고춘자가 자격증을 취득할 조건은 X ≤ 60이다. 장소팔이 자격증을 취득할 때의 순수입은 30 =(100 − 70)이고, 그렇지 않을 때는 X이다. 따라서 장소팔이 자격증을 취득하지 않을 조건은 X ≥ 30이다.

210 ㈜요리야 식품은 1년간 임시직 경리직원을 고용하려고 한다. 연봉은 요리사 자격증의 소지 여부에 따라 달라지는데, 자격증 소지자에게는 연봉 100을 지급한다. 자격증이 없는 경우의 연봉이 최대 얼마 이하이면, 자격증 취득 비용이 40인 사람이 자격증을 취득하려 할 것인가?

① 30　　　　　　　　　　　　　② 40

③ 50　　　　　　　　　　　　　④ 60

⑤ 70

211 다음의 사례와 가장 관련 깊은 이론을 고르면?

> 직장인 김미남씨는 최근 연말정산으로 6만 원을 환급받았다. 미남씨는 생각도 못한 공돈이 생겼다는 생각에 그날 당장 평소 사고싶었던 핸드폰을 15만 원 주고 장만하였다. 그런데 며칠 후 잔돈을 바꾸려고 산 복권에 1,000만 원이 당첨되었다. 미남씨는 꿈인지 생시인지 믿기지 않아 몇 번이고 자신의 볼을 꼬집어보았지만 사실이었다. 당첨금을 지급받고 오는 길에 평소 거래하던 은행직원과 상담을 통해 높은 금리를 적용받는 예금상품에 가입하고 당첨금을 모두 저축하였다. 다음날 회사에 출근한 미남씨는 "열심히 살았더니 이런 행운도 있더라구! 앞으로 더욱 열심히 살아야겠어."라고 너스레를 떨었다.

① 마중물 효과　　　　　　　　　② 랜즈버거 효과

③ 공돈 효과　　　　　　　　　　④ 희소성의 효과

⑤ 프로스펙스 이론

212 다음은 우리나라 외환 시장에서 달러에 대한 수요곡선과 공급곡선을 나타낸 그림이다. 균형점이 E에서 A 또는 B로 이동하는 경우 그 사례로 옳지 않은 것은?

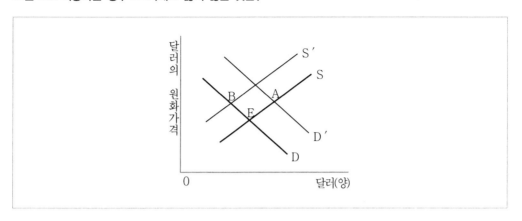

① E→A : 수입원자재 및 원유의 가격 상승
② E→A : 달러가치 상승을 예상한 국내수출기업들의 환전유보
③ E→A : 해외 금융기관들의 우리나라에 대한 투자자금의 회수
④ E→B : 국제금융위기로 인한 우리나라 금융기관들의 해외 차입 감소
⑤ E→B : 우리나라 상품에 대한 선진국의 수요감소

ANSWER

210. ④
요리사 자격증을 취득할 때의 순수입은 연봉 100에서 자격증 취득 비용 40을 제외한 60이다. 따라서 자격증을 취득하지 않을 때의 수입이 60보다 작으면 자격증을 취득할 것이다.

211. ②
랜즈버거 효과…이스라엘의 경제학자 랜즈버거는 이스라엘 사람들이 독일로부터 받은 전쟁배상금의 사용을 조사한 결과 소액 배상금을 받은 사람들은 배상금보다 소비금액이 높은 경향을 보임을 알 수 있었다. 즉, 소액의 추가소득은 오히려 소비를 촉진시키지만 고액의 추가소득은 저축성향을 높인다는 이론을 말한다.

212. ②
외환시장에서 외환의 공급감소를 의미하므로 균형점은 E에서 B로 이동할 것이다.
E점에서 A점으로의 이동은 외환 수요의 증가를 의미한다.

213 다음은 어떤 재화의 가격과 판매 수입을 나타낸 것이다. E에서 A∼D 각 방향으로의 변화와 그에 대한 설명이 옳지 <u>않은</u> 것을 모두 고르면?

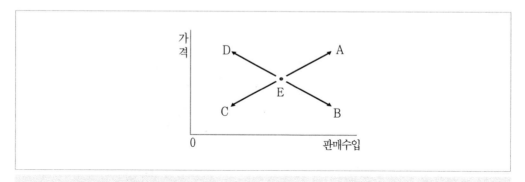

　㉠ A 방향이동 : 보완재의 가격 상승시
　㉡ B 방향이동 : 수요의 가격탄력성이 1보다 크고 생산기술이 진보할 경우
　㉢ C 방향이동 : 대체재의 가격 하락시
　㉣ D 방향이동 : 수요의 가격탄력성이 1보다 작고 원료가격이 상승할 경우

① ㉠㉡　　　　　　　　　　　② ㉠㉢
③ ㉠㉣　　　　　　　　　　　④ ㉡㉣
⑤ ㉢㉣

214 다음 글의 ㉠∼㉣에 대한 설명이 바른 것을 모두 고르면?

　　미국 정부는 ㉠자국에서 나타난 경제적 문제의 해결방안으로 뉴딜정책을 실시하였다. 이를 계기로 ㉡뉴딜정책 이전의 지배적인 경제 철학에서 형성되었던 시장과 정부 간의 관계는 근본적인 변화를 겪게 된다. 즉, 뉴딜은 ㉢대공황의 극복을 경제 정책을 통해 마련함으로써 ㉣정부 개입을 통한 경기조절이라는 새로운 정부의 역할 및 시장과 정부 간의 관계를 재정의하였던 것이다.

　원국 : ㉠은 대량 실업과 인플레이션을 말한다.
　상일 : ㉡에서는 정부 간섭의 최소화를 이상으로 보았다.
　미림 : ㉢의 과정에서 공공사업이 확대되었다.
　수경 : ㉣을 위해 뉴딜 기간 동안 총 공급 확대에 주력하였다.

① 원국, 상일   ② 상일, 미림
③ 미림, 수경   ④ 원국, 상일, 미림
⑤ 상일, 미림, 수경

215 **다음의 사례와 가장 관련 깊은 경제적 개념을 고르면?**

> 지구상에는 수없이 많은 종류의 커피가 존재한다. 그 중 인도네시아에서 생산되는 루왁커피는 다양한 종류의 커피 중 가장 맛이 좋고 향 또한 일반 커피와는 비교할 수 없을 정도로 특이한 최고의 커피라 인정받고 있다. 루왁커피는 특이한 과정을 거쳐 만들어지는데 커피의 익은 열매를 긴 꼬리 사향 고양이가 먹으면 익은 부드러운 커피 열매 껍질은 소화가 되고 나머지 딱딱한 씨 부분, 즉 우리가 커피로 사용하는 씨 부분은 소화되지 않은 커피 알 상태 그대로 유지된 채로 배설된다. 다시 말하면 루왁커피는 긴 꼬리 사향 고양이의 배설물인 것이다. 이런 특이한 발효 과정에서 태어난 커피는 롭스타(Robustar) 혹은 아라비카(Arabica)와 같은 고급 커피와는 비교할 수 없는 가격으로 거래되고 있는데, 보통 1파운드당 미화 $400 ~ $450에 미국이나 일본으로 판매되고 있다.

① 기회비용   ② 희소성의 원칙
③ 비교우위   ④ 효율성의 원칙
⑤ 합리적 선택

213. ③
㉠ 보완재의 가격이 상승한다면 해당 재화의 수요는 감소하게 되므로 이동방향은 D가 된다.
㉡ 생산기술의 진보는 공급의 증가를 수반한다. 따라서 가격은 하락하게 된다. 또한 수요의 가격탄력성이 1보다 큰 경우 가격하락에 따른 수요량 증가가 가격하락보다 크게 나타나므로 이동방향은 B가 된다.
㉢ 대체재의 가격이 하락하는 경우 대체재의 소비가 증가하고 이에 반해 해당 재화의 소비는 감소하게 된다. 따라서 가격이 하락하고 판매 수입도 감소하므로 이동방향은 C가 된다.
㉣ 원료가격이 상승한다면 공급이 감소하므로 가격이 상승하고 수요의 가격탄력성이 1보다 작기 때문에 즉, 수요는 비탄력적이므로 판매수입은 증가한다. 따라서 이동방향은 A가 된다.

214. ②
㉠ 경제 대공황 상황으로 대량 실업 및 물가하락이 그 특징이다.
㉣ 뉴딜정책은 총수요확대정책이다.

215. ②
희소성의 원칙 … 무한한 인간의 욕구에 비해 이를 충족시킬 수 있는 자원은 상대적으로 부족한 현상을 말한다.

216 경기변동의 원인과 이론에 대한 서술이 잘못된 것은?

① 고전파 경제이론가들은 경기변동의 원인으로 민간기업의 장래에 대한 기대의 변화로 투자지출이 변함으로써 경기변동이 촉발된다고 강조한다.

② 프리드만은 경기변동을 촉발시키는 원인으로 통화량의 변화와 같은 화폐적 충격을 강조하였다.

③ 루카스는 불완전한 정보에 근거한 기대를 경기변동의 원인으로 전제하였다.

④ 슘페터는 기술이나 생산성의 변화와 같은 공급 측의 요인을 경기변동의 주원인으로 보고 있다.

⑤ 피구와 케인즈는 경기변동이 사람들의 사회에 대한 비관, 낙관이라는 심리에 기인하는 것으로 본다.

217 다음의 (   ) 안에 들어갈 적합한 단어를 고르면?

> 일정기간 동안 우리나라와 외국 간의 모든 대외거래를 총괄하여 화폐단위로 표시한 것을 (   )라고 하며 대외거래란 외국 간의 상품·용역·자본거래 및 국제간 증여 등을 모두 포괄한다.

① 국제수지   ② 자본수지

③ GDP   ④ CPI

⑤ PPI

218 다음 중 거시경제지표에 대한 설명으로 옳지 않은 것은?

① 우리나라와 외국 간의 모든 대외거래를 총괄하여 나타내는 지표를 국제수지라 한다.

② 국민소득계정은 한국은행이 분기별·연도별로 추계하며 명목가격 및 불변가격 기준으로 나누어 작성한다.

③ 소비자물가지수는 국내시장의 제1차 거래단계에서 기업 간 거래되는 최종재, 원자재, 중간재 등 상품 및 상품성격의 일부 서비스가격을 조사대상으로 한다.

④ 국민경세 전체의 물가압력을 측정하는 지수로 GDP 디플레이터를 사용한다.

⑤ 우리나라의 거시지표에는 소비자 동향지수, 경기종합지수, 제조업경기실사지수 등이 있다.

219 총수요를 증가시키는 요인으로 볼 수 없는 것을 고르면?

① 이웃 국가에서 정부지출을 증대시킨다.

② 환율이 상승(자국의 통화가치가 하락)한다.

③ 정부의 지출이 증가한다.

④ 중앙은행이 기준금리를 인하한다.

⑤ 부동산의 가격이 하락한다.

ANSWER

216. ①
케인즈학파의 이론에 대한 설명이다.

217. ①
② 국제거래에서 자금의 융통 또는 유가증권의 매매 등과 같이 자본거래를 통해 생기는 수지를 말한다.
③ 국민경제에서 일정기간 동안에 생산된 재화와 서비스의 부가가치를 합계한 것을 말한다.
④ 소비자가 일상 소비생활에 사용할 용도로 구입하는 재화의 가격과 서비스 요금의 변동을 조사하는 것으로 가계의 평균 생계비 내지 구매력의 변동을 측정하는 지수를 말한다.
⑤ 국내시장의 1차 거래단계에서 기업 간 거래되는 상품 및 상품 성격의 서비스 가격을 조사하여 전반적인 상품의 수급동향을 반영한 물가지수이다.

218. ③
생산자물가지수에 대한 설명이다.
※ **소비자물가지수** … 소비자가 일상 소비생활에 사용할 용도로 구입하는 재화의 가격과 서비스요금의 변동을 조사하는 것을 말한다.

219. ⑤
총수요는 투자, 소비, 순수출, 정부지출 등으로 구성된다. 하지만 ⑤번의 부동산 가격의 하락은 총수요의 변화와는 연관성이 없다.

220 다음의 표는 외환위기 이전(1991~1997년)과 이후(2001~2006년)의 우리나라 경제성장률과 요인별 성장기여도를 비교한 것이다. 이에 대한 옳은 추론을 모두 고르면?

	외환위기 이전	외환위기 이후
GDP 증가율 (A) = (B) + (C) = (D) + (G)	6.90%	4.50%
1인당 GDP 증가율 (B)	5.90%	4.03%
인구 증가율 (C)	1.00%	0.47%
노동자 1인당 GDP 증가율 (D) = (E) + (F)	4.69%	3.03%
기술 진보율 (E)	1.67%	1.72%
노동자 1인당 자본스톡 증가율 (F)	3.02%	1.31%
노동자 증가율 (G)	2.21%	1.47%

㉠ 외환위기 이후에 인구 대비 노동자 비중은 감소하였다.
㉡ 외환위기 이후 투자율 하락이 성장률 둔화의 주요 원인이었을 것이다.
㉢ 인구 증가율의 둔화로 국내총생산 증가율이 1인당 국내총생산 증가율보다 하락폭이 작았다.
㉣ 국내총생산 증가율 하락에 가장 큰 영향을 미친 것은 노동자 1인당 자본스톡 증가율 하락이다.

① ㉠㉡
② ㉠㉢
③ ㉡㉢
④ ㉡㉣
⑤ ㉢㉣

221 최근 몇 년간 승현이의 월간 사과 수요량과 사과의 개당 가격의 관계를 조사한 수요곡선이다. 다음의 자료에 대한 설명으로 옳은 것은?

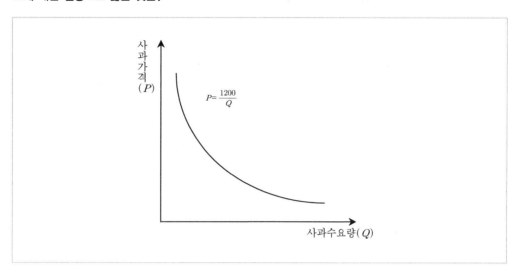

① 승현이의 소득이 증가하면 수요곡선은 왼쪽으로 이동한다.

② 사과 흉작으로 공급이 감소하면 수요곡선은 왼쪽으로 이동한다.

③ 사과의 가격이 하락할수록 사과구입에 드는 지출도 감소한다.

④ 수요량을 2개월 단위로 집계하였다면 수요곡선은 위의 그림보다 더 평평할 것이다.

⑤ 철수가 사과의 대체재로 여기는 바나나의 가격이 하락하면 수요곡선은 오른쪽으로 이동할 것이다.

220. ④

⊙ 외환위기 이후 시기의 인구 증가율 상승폭(0.47% 포인트)은 노동자 증가율 상승폭(1.47% 포인트)보다 낮으므로 인구대비 노동자 비중은 증가하였다고 볼 수 있다.

ⓒ 국내총생산 증가율은 인구 증가율과 1인당 국내총생산 증가율을 더한 것이므로 국내총생산 증가율의 하락폭(2.4% 포인트)은 1인당 국내총생산 증가율 하락폭(1.87% 포인트)보다 크다.

221. ④

월간 단위의 집계가 아닌 2개월 단위의 집계가 이루어지면 같은 가격에서 수요량 또한 2배로 증가하게 되므로 수요곡선은 지금보다 기울기가 완만한 모습을 이루는 즉 더 높은 가격탄력성을 갖는 모양이 된다.

① 소득의 증가는 수요곡선을 오른쪽으로 이동시킨다.

② 공급의 감소는 수요곡선의 이동과 관련이 없다.

③ 승현이는 $P \times Q$의 가격이 1200으로 일정하므로 가격이 하락하더라도 지출액은 변화하지 않는다.

⑤ 대체재의 가격 하락은 수요곡선을 왼쪽으로 이동시킨다.

222 다음은 한 시민이 지역 과일 가게에서는 품질이 좋은 사과를 찾을 수가 없다는 불평에 대해 신문편집자가 답변한 편지의 내용이다. 이에 대한 설명으로 가장 적절한 것은?

> TO. 품질이 좋은 사과들이 동부로 수출된다는 데 불평하시는 분
>
> 좋은 품질의 사과가 수출된다는 사실이 수년간 워싱턴 대학의 경제학과에서 애용되는 시험문제라는 것을 안다면 이에 대해 흥미를 좀 느끼실 것입니다. 그것은 사실이며 다음과 같이 쉽게 설명될 수 있습니다.
>
> 예를 들어 산지에서 좋은 품질의 사과는 10센트, 나쁜 사과는 5센트라고 합시다. 좋은 사과를 두 개 사먹는 것은 나쁜 사과 네 개를 사먹는 것과 값이 같아집니다. 이제 동부로 이송하는 데 각각 5센트의 운송비가 든다고 하면 동부에서 좋은 사과는 15센트, 나쁜 사과는 10센트가 됩니다. 동부에서는 두 개의 좋은 사과를 먹는 데 세 개의 나쁜 사과 값을 지불해야 합니다. 수송비 때문에 두 종류의 사과 값은 같이 올랐지만, 좋은 사과의 값이 상대적으로 내린 것이 되므로, 여기서보다 동부에서 좋은 사과의 소비가 더 많이 이루어집니다. 이것은 누군가의 음모가 아니라 결국 수요의 법칙입니다.

① 지역의 과일 가게에서 좋은 품질의 사과를 찾을 수 없는 것은 한계효용 체감의 법칙이 적용된 사례라고 볼 수 있다.

② 좋은 품질의 사과가 지나치게 낮은 가격에 판매되고 있음에서 발생하는 비효율성으로 이를 시정하기 위해서는 좋은 품질의 사과에 높은 세금을 부과하여 좋은 품질의 사과 가격 자체를 인상시켜야 한다.

③ 사과의 값에 비례하여 운송비가 부과되지만 맛있는 사과의 경우 소비자의 효용이 더 높기 때문에 맛있는 사과의 수요는 계속적으로 높은 것이다.

④ 산지에서 좋은 사과를 한 개 사먹거나 나쁜 사과를 두 개 사먹는 것은 결국 같은 비용을 치러야 하므로 이를 선택하는 것은 기회비용의 문제로 볼 수 있다.

⑤ 모든 사람이 좋은 품질의 사과를 먹을 수 없다는 것은 결국 정부실패의 상황이라 볼 수 있으며 이를 해결하기 위해서는 시장의 자율적인 역할을 보다 강화하는 정책이 필요하다.

223 다음의 자료에 대한 설명이 옳은 것을 모두 고르면?

> A국의 B기업은 2008년에 ⊙100만 원짜리 시계를 1000개 생산하였다. 하지만 경기 침체로 인해 그해 ⓒ600개만 판매되고 ⓒ나머지는 재고로 남았다. B기업은 ㉣나머지 400개를 2009년 말이 되어서야 모두 판매할 수 있었다.

(가) ⊙에 의해 2008년 GDP는 10억 원 증가하였다.
(나) ⓒ에 의해 2008년 소비는 6억 원 증가하였다.
(다) ⓒ에 의해 2008년 GDP가 4억 원 감소하였다.
(라) ㉣에 의해 2009년 GDP가 4억 원 증가하였다.

① (가)(나)
② (가)(다)
③ (다)(라)
④ (가)(나)(라)
⑤ (나)(다)(라)

ANSWER

222. ①
알치안-알렌 정리…두 유사상품의 가격에 동일한 고정비용이 부과되는 경우 상대적으로 고급상품의 소비가 증가하게 되고 따라서 고급품은 지역 밖으로 수출되기가 쉽다는 내용이다. 즉, 우리가 맛있는 사과를 먹기 위해 대구지역을 찾아가지만 실제 맛있는 사과는 이러한 이유로 지역 밖으로 수출되는 경우가 많다는 것이다.

223. ①
GDP는 소비, 투자, 정부지출 및 순수출(=수출−수입)의 합으로 구성되며 재고 증감은 투자에 포함된다.
(가) 2008년 시계의 생산으로 GDP가 10억 원 증가하였으며 이는 소비 6억 원과 투자(재고 증감) 4억 원으로 지출되었다.
(라) 2009년에는 생산의 변화가 없어 GDP는 바뀌지 않는다. 소비가 4억 원 증가한 것은 투자(재고 증감) 4억 원 감소로 상쇄되었다.

224 다음은 2009년 ○○은행의 대차대조표이다. 1년 후(2010년) 경기불황으로 ○○은행이 대출 채권 1억 원을 상환 받지 못하게 되었으며 정부는 은행 경영의 건전성을 높이기 위해 대출 채권의 10%에 해당하는 금액을 자본금으로 반드시 보유하도록 하는 규제를 도입하였다. 이러한 상황에서 ○○은행이 도입된 규제를 준수하기 위해 선택할 수 있는 적절한 방안을 모두 고르면?

(단위 : 10조 원)

자산	부채 및 자본
현금 및 예치금 : 2	(부채) 은행예금 : 16
유가증권 : 3	차입금 : 2
대출채권 : 15	(자본) 자본금 : 2
자산합계 : 20	부채 및 자본 합계 : 20

㉠ 기존의 대출채권을 상환 받는다.
㉡ 주식을 발행하여 자본금을 증가시킨다.
㉢ 보유하고 있는 현금으로 차입금을 상환한다.
㉣ 적극적인 마케팅을 통해 추가예금을 유치한다.

① ㉠㉡
② ㉠㉢
③ ㉡㉢
④ ㉡㉣
⑤ ㉢㉣

225 아래의 내용을 참조하여 공통적으로 추론 가능한 경제현상을 고르면?

> • 실물 자산의 보유자가 금융자산 보유자보다 유리하다.
> • 채권자보다는 채무자가 유리하다.
> • 현재 현금 5만 원은 익월에 받게 될 현금 5만 원보다 훨씬 더 가치가 있다.

① 통화량의 급속한 감소

② 물가의 급속한 상승

③ 높은 실업률

④ 이자율의 급속한 상승

⑤ 환율의 급속한 하락

ANSWER

224. ①
정부의 규제는 (자본금/대출채권) × 100 = 10%에 해당하는 금액을 은행이 보유하도록 하는 것이므로 규제를 충족시키기 위해서는 대출채권을 감소시키거나 자본금을 증가시켜야 한다.

225. ②
물가가 급속하게 상승할 시에 금융 자산의 가치는 급속도로 하락하게 되므로 실물 자산의 보유자가 금융자산의 보유자보다 유리하다. 또한 물가가 급속도로 상승할 시에 현재 가지고 있는 현금 5만 원은 익월에 받게 되는 현금 5만 원보다 구매력이 크다. 그렇기 때문에 현재 가지고 있는 현금 5만 원은 익월에 받게 되는 현금 5만 원보다 훨씬 더 가치가 있다.

시사경제 영역

본 교재에 수록된 기출유형문제는 수험생의 실제문제유형 파악과 실전 적응력을 높이기 위하여 기존 출제된 문제를 재구성한 것입니다.

▶▶ **기출유형문제**

1 다음 중 무역자유화가 가장 어려운 품목은?

① 자동차　　　　　　　　　② 농산품
③ 경공업　　　　　　　　　④ 의약품
⑤ 섬유

2 최근 신용카드와 현금카드의 증가로 인하여 현금을 들고 다니는 사람들이 줄어들고 있다. 이 같은 현상이 계속될 경우 우리나라 경제에 미칠 영향으로 볼 수 없는 것은?

① 물가의 상승　　　　　　　② 통화량의 증가
③ 이자율의 상승　　　　　　④ 투자의 증가
⑤ 총수요의 증가

3 신용등급이 낮은 저소득층들을 대상으로 한 미국의 주택담보대출상품은 무엇인가?

① 클로즈드 모기지　　　　　② 제너럴 모기지
③ 오픈 모기지　　　　　　　④ 서브프라임 모기지
⑤ 프라임 모기지

4 짧은 시간 동안에 시세변동을 이용하여 이익을 실현하고자 하는 초단기 거래자를 지칭하는 용어는?

① 데이트레이더
② 스캘퍼
③ 노이즈트레이더
④ 포지션트레이더
⑤ 스윙트레이더

5 MSCI와 함께 세계 양대 투자지표의 하나로 선진국 지수에 2009년 9월부터 한국증시의 편입이 확정된 것은?

① FQ
② CI
③ FTSE
④ BSI
⑤ ETF

ANSWER

1. ②
일반적으로 농산물의 경우가 공산품의 경우보다 무역자유화가 훨씬 어려운 품목이다.

2. ③
현금통화비율이 낮아지게 되면 통화승수가 커지므로 통화량이 증가하게 되고 이로 인하여 이자율의 하락, 투자의 증가, 총수요의 증가, 물가의 상승 등의 효과를 가져온다.

3. ④
서브프라임 모기지(sub-prime mortgage)는 신용도가 낮은 저소득층을 대상으로 하기 때문에 높은 금리가 적용된다.

4. ②
스캘퍼(scalper)는 초단위로 매매하는 사람들을 일컫는다.

5. ③
FTSE지수(FTSE Index)는 영국 파이낸셜타임스와 런던 증권거래소가 1995년 공동으로 산출한 글로벌 지수로 글로벌 권역을 선진시장과 선진신흥시장, 신흥시장, 프런티어 시장 등 4개로 구분하고 있다.

6 지속가능성장을 할 수 있는 새로운 시장을 창출하는 것을 뜻하는 용어는?

① 레드오션
② 블루오션
③ 그린오션
④ 이노베이션
⑤ 빅데이터

7 공정거래위원회에서 담합행위에 대해 조사에 협조한 업체가 담합혐의를 인정하면 과징금 등 패널티를 감면해 주는 제도를 일컫는 용어는 무엇인가?

① 그린프라이스제도
② 특별사면제도
③ 리니언시제도
④ 간이과세제도
⑤ 감액청구권제도

8 중앙은행의 공개시장조작 정책에 대한 설명으로 틀린 것은?

① 중앙은행이 금융시장에서 국공채를 사들이면 채권매입 대금으로 지급한 돈이 시중에 풀리면서 통화량이 늘어난다.
② 공개시장조작은 운용대상이 되는 국공채 물량이 충분히 존재해야 하고 금융시장이 잘 발달되어 있어야 한다.
③ 공개시장조작은 금융시장을 통해 이뤄지기 때문에 다른 수단에 비해 경제 원리에 부합한다.
④ 공개시장조작의 효과는 시장을 통해 광범위하고 무차별적으로 파급된다.
⑤ 공개시장조작은 실시 시기, 조작 규모와 조건 등을 수시로 조정하기 어렵다.

9 2003년 브릭스(BRICs)란 용어를 처음 사용했던 짐 오닐 골드만삭스 자산운용회장이 향후 경제성장 가능성이 큰 나라로 꼽은 국가들을 바르게 연결한 것은?

① ICK : 인도, 중국, 한국
② BRICs : 브라질, 인도, 인도네시아, 중국
③ MIKT : 멕시코, 인도네시아, 한국, 터키
④ MSCI : 멕시코, 스페인, 중국, 인도네시아
⑤ MAVINS : 멕시코, 호주, 베트남, 인도네시아, 나이지리아, 남아공

10 갑은 A 주식회사의 발행주식 중 51%의 지분을 소유하고 있다. 회사에 대한 지배권을 유지하면서 자본을 증가시키는 방법으로 자금을 조달하려고 할 때, 옳지 않은 것은?

① 무의결주식 발행   ② 우선주식 발행
③ 상환주식 발행   ④ 전환주식 발행
⑤ 전환사채 발행

6. ③
그린오션(Green Ocean)이란 경제, 환경, 사회적으로 지속가능한 발전을 통한 가치 창출은 물론 친환경, 웰빙에 대한 새로운 시장에 대응하기 위한 개념을 말한다.

7. ③
리니언시제도란 공정거래위원회에서 담합행위에 대해 조사에 협조한 업체가 담합혐의를 인정하면 과징금 등 패널티를 감면해 주는 제도를 말한다.

8. ⑤
중앙은행의 통화정책으로 공개시장조작, 재할인율 변경, 지급준비율 조절 등이 있는데, 공개시장조작은 중앙은행이 직접 채권을 매매하는 것이므로 실시 시기, 조작 규모와 조건 등을 수시로 조정할 수 있어 신축적인 정책 운용이 가능하다.

9. ③
① ICK : 인도, 중국, 한국을 통칭하는 말로, 월스트리트 저널 인터넷 판이 2008년 사용하였다.
② BRICs : 브라질, 러시아, 인도, 중국을 통칭하는 말로 골드만삭스가 처음으로 쓰기 시작했다.
④ MSCI : 뉴욕 증권거래소 상장 기업
⑤ MAVINS : 멕시코, 호주, 베트남, 인도네시아, 나이지리아, 남아프리카공화국 등 6개 신흥시장으로 미국 경제매체인 비즈니스 인사이더가 향후 10년간 주목해야 할 시장으로 꼽은 나라들이다.

10. ⑤
⑤ 전환사채는 일정기간 후 주식으로 전환할 수 있는 권리를 부여한 사채로, 만기에 주식으로 전환되는 과정에서 보통주 의결권이 희석되는 효과를 가져와 갑의 회사에 대한 지배력이 줄어들 수 있다.

11 최근 실질 국민총소득(GNI)의 증가율이 실질 국내총생산(GDP) 증가율보다 낮아서 경제성장을 체감하기 어려워지고 있는데, 이 현상의 원인으로 알맞은 것은?

① 한국인들의 해외소득이 증가하였기 때문이다.
② 국제무역이 증가하였기 때문이다.
③ 해외재화의 수입단가가 높아졌기 때문이다.
④ 국내재화의 수출단가가 높아졌기 때문이다.
⑤ 국가 간의 자본투자가 증가하였기 때문이다.

12 다음 중 미국의 상품지수를 나타내는 용어는?

① CRB지수   ② 공포지수
③ 다우존스지수   ④ 나스닥지수
⑤ S&P 500

13 홍콩에서 해외기업이 발생하는 위안화 표시 채권을 부르는 말은?

① 딤섬본드
② 판다본드
③ 드래곤본드
④ 아리랑본드
⑤ 사무라이본드

14 최근 일부 저축은행이 영업정지 조치를 받으면서 예금보험제도가 다시 주목을 받고 있다. 이 제도에 대하여 옳게 설명한 사람을 모두 고르면?

> 가은 : 예금보험제도는 금융기관의 영업정지나 인가취소 등 동일한 종류의 위험을 대비하고 있으니 예금 보험료는 모두 같아야 해.
> 나래 : 예금보험제도는 보험의 원리를 이용하니까 도덕적 해이 문제가 발생할 수 있어.
> 다솜 : 부보금융기관과 예금자의 도덕적 해이를 줄이기 위해서 원리금 전액이 아닌 1인당 최고 5000만 원의 보장 한도를 정한 것이야.
> 라희 : 만약 예금보험제도가 없었다면 은행이 부실하다는 소문만으로도 대규모 예금인출 사태가 벌어질 수 있어.

① 가은, 나래
② 나래, 다솜
③ 다솜, 라희
④ 가은, 나래, 다솜
⑤ 나래, 다솜, 라희

ANSWER

11. ③
실질 GNI는 실질 GDP에 교역조건의 변화에 따른 실질무역손실과 실질국외순수취요소소득을 더한 값으로 정의된다. 원자재 가격 상승 등으로 해외재화의 수입단가가 높아지면 교역조건이 악화되면서 실질 GNI의 증가율이 낮아지게 된다. 이 경우 소득이 감소하는 것과 같은 효과가 발생하여 경제성장과 체감경기 사이의 괴리가 발생한다.

12. ①
CRB지수는 CRB(Comodity Reserch Bearau)사가 곡물, 원유, 귀금속, 각종 원자재 등 21개 상품선물 가격에 동일한 가중치를 적용하여 산출하는 지수이다. 다우존스지수, 나스닥지수, S&P 500은 미국의 대표적인 주가지수이고, 공포지수는 주식 변동성에 대한 시장의 기대를 나타내는 지수이다.

13. ①
글로벌 채권의 경우 발행지역의 특징을 이름으로 만드는 경우가 많다. 딤섬본드(홍콩), 판다본드(중국), 드래곤본드(일본을 제외한 아시아 지역), 아리랑본드(한국), 사무라이본드(일본), 양키본드(미국), 불독본드(영국), 캥거루본드(호주) 등이 있다.

14. ⑤
예금보험제도란 금융기관이 경영부실이나 파산 등으로 예금을 지급할 수 없을 때 예금보험기관이 대신하여 예금을 지급해 주는 제도로, 우리나라에서는 5천만 원 한도 내에서 지급을 보장해주고 있다. 일반적으로 더 큰 위험(risk)을 부담하는 제 2금융권의 예금보험료가 제 1금융권보다 비싸다.

15 미국 연방준비제도이사회(FRB)가 양적완화정책을 시행할 때 나타날 수 있는 효과는?

> (가) 미국 달러화의 가치가 점진적으로 하락한다.
> (나) 한국 원화가치의 상승압력이 나타날 수 있다.
> (다) 단기적으로 국내 금리가 급등할 수 있다.
> (라) 미국의 채권 가격이 하락한다.
> (마) 미국에서 풀린 돈만큼 M_2가 증가한다.

① (가)(나) ② (가)(다)
③ (가)(라) ④ (나)(다)
⑤ (나)(마)

16 '큰 정부와 작은 시장'보다 '작은 정부와 큰 시장'이 더 낫다는 주장의 근거가 되는 것으로 옳지 않은 것은?

① 정부의 생산성이 시장의 생산성보다 낮다.
② 정부가 개입함으로써 문제를 야기하는 경우가 더 많다.
③ 정부는 타율적이나 시장은 자율성을 확대한다.
④ 시장실패보다 정부실패의 파급력이 훨씬 크다.
⑤ 시장정보를 정부가 잘 파악할 수 있으므로 작은 정부로도 충분하다.

17 세계적인 기업으로 눈부신 성공을 거두고 있는 애플, 구글 등은 플랫폼 비즈니스(Platform Business)를 운영하는 것으로 유명하다. 다음 중 플랫폼 비즈니스의 사례에 해당하지 않는 것은?

① 세탁기 ② 게임기
③ 컴퓨터 ④ 휴대폰
⑤ 쇼핑몰

18 **아래의 사건을 잘 설명해주는 경제이론은?**

> 2010년 11월 경북 안동 와룡면 축산농가에서 돼지 구제역이 발생하였다. 한 달 사이에 경기 양주, 강원, 인천 강화 등 4개 시·도로 구제역이 확산되자 방역당국은 가축전염병 위기경보를 '경계'에서 최고단계인 '심각'으로 격상시켰다. 그러나 1월 한 달 사이에 충남, 충북, 대구, 경남까지 8개 시·도에 걸쳐 구제역이 확산되었고 결국 농림축산식품부 장관이 사의를 표명하기에 이르렀다. 최초의 구제역 감염에 대하여 베트남 농장을 방문한 안동의 축산농장주들이 귀국하는 과정에서 검역검사를 제대로 받지 않고 국내 축산농가와 접촉한 것이 원인으로 추정된다. 이에 대하여, 해마다 구제역 사태가 되풀이되는 것은 구제역 피해농가에 대한 정부의 실비보상 원칙 때문이라는 의견이 적지 않다.

① 외부효과   ② 공급독점

③ 도덕적 해이   ④ 경제적 지대

⑤ 역선택

ANSWER

15. ①
양적완화(quantitative easing)정책은 국채를 매입하는 방식으로 통화량을 증가시키는 정책을 말한다. 미국 FRB에서 양적완화정책을 시행하면 통화량 증가로 달러화 가치가 하락하므로 원화는 상대적으로 상승압력을 받는다.

16. ⑤
정부는 시장의 정보를 충분히 알지 못하기 때문에 시장실패를 보완하기 위해 시장에 개입할 때에도 정부실패의 가능성이 상존한다.

17. ①
플랫폼 비즈니스란, IT 기반의 환경을 조성하여 그 안에서 소비자와 생산자가 시·공간을 초월하여 엔터테인먼트를 공유하고 거래할 수 있는 가상의 시장을 제공하는 사업을 말한다. 굳이 세탁기에 플랫폼 비즈니스를 적용할 필요는 없다.

18. ③
정부의 보상 체계가 잘 갖추어졌으므로 농장주들이 예방을 소홀히 하는 현상은 도덕적 해이(moral hazard)로 설명된다.

19 세계적인 경제침체에 대응하여 각국은 정부지출을 증가시키고 있다. 다음 중 정부지출이 총수요에 미치는 효과를 더욱 크게 만들어주는 조건을 모두 고른 것은?

> ㉠ 정부지출이 증가할 때 이자율이 크게 상승하는 경우
> ㉡ 정부지출이 증가할 때 이자율이 크게 반응하지 않는 경우
> ㉢ 소득이 증가할 때 소비가 크게 반응하여 증가하는 경우
> ㉣ 소득이 증가할 때 소비가 크게 반응하지 않는 경우

① ㉠㉡
② ㉠㉢
③ ㉠㉣
④ ㉡㉢
⑤ ㉡㉣

20 국제회계기준(IFRS)이 적용되면 정률법에 의한 감가상각방법을 적용할 여지가 줄어들어 기계 장치에 대한 감가상각방법을 정률법에서 정액법으로 변경하는 기업이 늘어날 것으로 보인다. 감가상각방법을 정률법에서 정액법으로 변경하는 데 따른 영향에 대한 설명으로 틀린 것은?

① 변경 후 부채비율이 감소한다.
② 변경 후 제조 원가가 증가한다.
③ 변경 후 법인세비용이 증가한다.
④ 변경 후 당기순이익이 증가한다.
⑤ 변경 후 감가상각 대상 유형자산의 장부가액이 증가한다.

21 다음의 중국 위안화 절상 문제에 대한 주장 가운데 옳은 것을 모두 고른 것은?

> ⊙ 위안화가 절상되면 중국은 물가상승에 대한 우려가 생길 것이다.
> ⓒ 위안화 절상은 중국과 경쟁하는 우리나라 상품의 대외 가격 경쟁력이 생긴다는 측면에서는 호재이다.
> ⓒ 우리나라의 중국 상품 수입이 큰 폭으로 늘어날 것이기 때문에 대중(對中) 무역적자가 확대될 것이다.
> ② 위안화 절상은 대중(對中) 무역적자로 골치를 앓고 있는 미국의 압력이 상당히 큰 요인으로 작용한 것 같다.

① ⊙ⓒ   ② ⓒⓒ
③ ⓒ②   ④ ⊙ⓒ
⑤ ⓒ②

19. ④
⊙ 구축효과란 정부지출이 증가할 때 이자율이 상승하여 총수요가 감소되는 현상을 말하므로 정부지출 증가에 이자율이 크게 반응하지 않을수록 총수요는 크게 증가한다.
② 승수효과란 일정한 경제순환의 과정에서, 어떤 경제 요인의 변화가 다른 경제 요인의 변화를 유발하여 파급적 효과를 낳고 최종적으로는 처음의 몇 배의 증가 또는 감소로 나타나는 총효과를 말한다. 따라서 지문에서 정부지출이 총수요에 미치는 효과가 더욱 커지기 위해서는 소득 증가에 따라 소비도 크게 증가해야 한다.

20. ②
② 보유초기에 많은 금액을 감가상각하고 시간이 경과할수록 체감하는 감가상각비를 계상하는 정률법에서 매 회계기간마다 동일한 금액만큼 비용에 배분하는 정액법으로 바꾸면 상각액이 줄어 수익성의 개선을 예상할 수 있으므로 변경 후 제조 원가가 감소한다.

21. ⑤
⊙ 위안화 절상은 수입물가 하락을 유도함에 따라 중국내 물가상승압력을 완화하는데 효과가 있다.
ⓒ 위안화 절상은 중국 수출상품 가격 상승의 요인이 되어, 우리나라는 중국 상품의 수입을 감소시킬 것이고 이는 무역적자의 감소를 의미한다.

22 다음은 한국경제신문 2008년 11월 28일자 월드투데이 칼럼 중 일부이다. 밀턴 프리드먼의 항상소득가설에 따른 소비행태로 적절한 것은?

> "미 상무부 경제분석국(BEA)에 따르면 개인의 가처분소득은 세금환급을 받은 5~7월 급격히 늘어난 반면 소비는 세금 환급을 받은 이후 눈에 띌 만한 성장세를 보이지 않았다. 세금 환급과 소비 촉진은 별 연관관계가 없기에 실패한 정책이다. 1차 경기부양책이었던 일시적인 세금 환급은 밀턴 프리드먼의 항상소득이론이나 프란코 모딜리아니의 생애주기이론같이 아주 기본적인 경제이론을 무시한 정책이다."

① 회사에서 성과급으로 500만 원을 받았지만 거의 모든 돈을 소비하지 않고 저축하였다.

② 해외근무시 급여를 많이 받아 소비수준은 높아졌는데 국내에 복귀한 지금도 소비수준이 낮아지지 않는다.

③ 노후를 대비하기 위해 젊었을 때 소비를 줄이고 저축을 더 늘리기로 하였다.

④ 현재소득만 고려해서 소비수준을 결정한다.

⑤ 항상 정해진 양만 소비한다.

23 한국은행은 2010년 12월말 현재 2,916억달러에 육박하는 외환보유액을 갖고 있다. 외환보유액에 대한 다음 설명 중 가장 적절하지 않은 것은?

① 한국은행이 외환시장에서 원화를 외환으로 교환하는 과정을 통해 외환보유액이 증가한다.

② 한국은행이 외환의 보유를 늘리는 과정에서 통화량이 증가한다.

③ 한은이 보유한 외화자산 중 달러표시 자산의 규모가 가장 크다.

④ 금과 특별인출권(SDR)도 외환보유액에 포함된다.

⑤ 국내 이자율이 외국 이자율보다 높은 경우 한국은행은 외환보유액이 많을수록 이득을 얻게 된다.

24 유통업체들이 다음과 같은 가격경쟁을 벌이는 이유에 대한 설명으로 틀린 것은?

> 신세계 이마트의 12개 생필품 가격 인하 선언으로 촉발된 대형마트 업계의 가격인하 전쟁이 불붙고 있다. 롯데마트는 14일 "이마트가 신문에 가격을 내리겠다고 광고한 상품에 대해서는 단돈 10원이라도 더 싸게 판매 하겠다"고 발표했다. 홈플러스도 가격에서 밀리지 않겠다고 밝혔다. 이에 맞서 이마트는 15일 추가 가격인하 품목을 공개하겠다며 재반격에 나섰다. '빅3' 대형마트 간 가격인하 경쟁이 본격화하고 있는 것이다. 지난주 이마트의 가격인하 방침 발표 후 일부 품목의 가격은 일주일 새 40% 넘게 떨어졌다.
>
> — ○○ 신문 2010년 1월 15일자 —

① 대형 유통업체의 가격 경쟁은 상품을 납품하는 중소 공급업체에 피해를 주기도 한다.
② 기업들이 납품가격보다 더 낮게 판매가격을 낮추는 경우는 없다.
③ 대형 유통업체의 가격 경쟁은 소비자들에게 이득이 된다.
④ 대형마트 시장은 과점 상태에 있다.
⑤ 과점기업이라도 공정한 가격 경쟁을 하면 초과이윤이 없는 상태까지 완전경쟁 상태와 유사해진다.

ANSWER

22. ①
항상소득가설… 소비자들은 일시적인 소득보다는 일정한 소득에 따라 소비수준을 결정한다는 것으로, 일시적 소득인 특별 보너스를 소비하지 않고 저축한 것이 이에 해당한다.
② 톱니효과
③ 생애주기가설
④ 케인즈의 소비이론

23. ⑤
외국 이자율이 국내 이자율보다 낮을 경우 한국은행은 보유한 달러 채권 등에서 손실을 본다.

24. ②
우리나라의 대형마트 시장은 소수의 공급자가 유사하거나 동일한 상품을 공급하므로 과점시장이라 할 수 있다. 대형마트들은 소비자들을 유인하기 위해 가끔 납품가격보다 더 낮은 가격에 제품을 판매하기도 한다. 이러한 저가 정책은 중소 공급업체에 피해를 준다.

25 1990년대부터 2000년대 초까지 정보통신 기술의 발달에 따라 등장한 이른바 신경제(혹은 디지털 경제) 하에서 관찰된 경제적 특징과 관계없는 것은?

① 경제의 장기호황   ② 거래비용의 감소

③ 수확체감의 현상   ④ 인플레이션 없는 성장

⑤ 지식집약형 산업의 성장

26 그리스 등 남유럽 국가들은 방만한 재정 운용으로 위기에 빠져 있다. 다음 중 재정위기가 초래할 상황이 아닌 것은?

① 정부는 재정을 긴축할 수 밖에 없고 재량의 범위도 줄어든다.

② 국채 발행이 늘어나면 국채 가격이 높아질 것이다.

③ 중앙은행이 국채 매입에 나서면서 인플레이션이 발생할 것이다.

④ 정부가 적자를 메우기 위해 국채발행을 늘릴 것이다.

⑤ 가계와 기업들은 시중 금리가 높아져 부채 부담이 커질 것이다.

27 영국의 이코노미스트(The Economist)지(誌)가 정기적으로 조사하는 빅맥 지수는 구매력 평가설에 근거를 두고, 일정 시점에서 미국 맥도날드의 햄버거 제품인 빅맥의 각국 가격을 달러로 환산한 후 미국 내 가격과 비교한 지수다. 다음 중 구매력 평가설이 성립하기 위한 조건을 바르게 묶어 놓은 것은?

> ㉠ 국가 간 인건비나 재료비의 차이가 없어야 한다.
> ㉡ 국가 간 자본이동이 자유로워야 한다.
> ㉢ 국가 간 상품 운송비용이 저렴하여야 한다.
> ㉣ 국가 간 무역장벽이 없어야 한다.

① ㉠㉡   ② ㉠㉢

③ ㉠㉣   ④ ㉡㉢

⑤ ㉢㉣

28 다음은 최근 몇몇 유럽 국가와 미국 등이 부족한 세수를 메우기 위해 스텔스(stealth) 세금을 늘리고 있다는 내용의 기사 제목들이다. 스텔스 세금에 대한 아래 설명 중 잘못된 것은?

- 기사제목 1 : 생활주변에 스며드는 스텔스 세금 늘어난다.

  −2010. 3. 19. 한국경제신문−

- 기사제목 2 : 각국 '스텔스 세금' 짜내기 골몰

  −2010. 3. 20. 중앙일보−

- 기사제목 3 : Governments Turn to 'Stealth' Taxes to Fill Gpas

  −2010. 3. 17. 미국 The New York Times−

- 기사제목 4 : Labour forced to drop three stealth tax rises

  −2010. 4. 7. 영국 Telegraph−

---

① 프랑스가 환경개선을 이유로 도입을 추진 중인 탄소세도 스텔스 세금의 일종이다.

② 스텔스 세금이 인상되는 경우 소비자들이 부담해야 하는 부가가치세율은 높아지게 된다.

③ 스텔스 세금은 경기에 덜 민감하고 안정적인 세수를 확보할 수 있기 때문에 선호된다.

④ 징수비용이 저렴하고, 세금을 회피하는 일도 적어 정부의 부담이 적다.

⑤ 다른 경제주체에게 조세전가가 어려운 법인세가 이에 해당된다.

ANSWER

---

25. ③

③ 디지털 시대에는 컴퓨터 등 정보통신분야의 기술혁신을 통해 생산성이 지속적으로 증가하는 수확체증의 현상이 나타난다.

※ 신경제(New Economy) … 정보기술(IT) 혁명과 지식산업이 이끄는 고성장·저물가의 새로운 경제체제를 이르는 것으로, 디지털경제(digital economy) 또는 지식경제(knowledge economy)라고도 한다. 특히 미국이 디지털 기술을 바탕으로 장기호황을 누린 현상을 일컫는데 기존의 경제원리로는 설명할 수 없어 신경제라 명명하였다.

26. ②

② 중앙은행이 국채를 사들이면서 시중에 돈을 풀면 인플레이션을 자극하게 되기 때문에 재정위기로 돈이 부족한 정부는 적자를 감소시키기 위하여 국채를 발행하게 된다. 하지만 재정위기 상황의 국채는 채무불이행의 위험을 안고 있기 때문에 높은 수익률을 요구하게 되고 결국 국채 가격은 낮아진다.

27. ⑤

구매력 평가설(purchasing power parity)은 화폐 단위당 구매력(실질가치)은 어느 나라에서나 동일하고 재화의 거래 비용이 존재하지 않는다고 가정하고 있다.

28. ⑤

스텔스 세금(stealth tax)이란 납세자들이 세금을 내고 있다는 사실을 쉽게 알아차리지 못하도록 만든 세금을 가리키는 말로, 부가가치세·판매세 등 간접세에 부과된다.

29 지난 수년 동안 인수·합병(M&A)을 통해 몸집을 불린 기업들이 금융위기를 맞아 잇달아 경영난에 봉착하면서 일부 기업은 워크아웃 등 기업회생절차에 들어가기도 했다. 이런 상황을 설명하는 용어는 다음 중 무엇인가?

① 신용파산 스왑(CDS)

② 신디케이트

③ 승자의 저주

④ 프리워크아웃

⑤ 법정관리

30 윈도 드레싱(window-dressing settlement)에 대한 설명 중 잘못된 것은?

① 주주나 이해관계자들에게 손해를 끼칠 뿐 아니라 탈세와도 관계되는 행위이다.

② 결산 실적을 조작한다는 뜻에서 분식결산(분식회계)으로도 불린다.

③ 호황기에는 발생하지 않으며 불황기에만 나타나는 현상이다.

④ 펀드 실적을 좋게 보이도록 하기 위해 특정 날짜 주가를 인위적으로 끌어올리는 현상을 지칭하는 용어로도 사용된다.

⑤ 회사의 자산이나 수지 상황을 양호하게 보이기 위해 재무상태표나 포괄손익계산서를 조작하여 결산하여 발표하는 것을 말한다.

31 외국 자본은 여러 가지 형태로 국내에 투자된다. 다음 중 전형적인 외국인 직접투자(FDI)에 해당하는 경우는?

① 외국인이 상장 주식에 투자한다.
② 외국인이 정부 채권을 매입한다.
③ 외국 기업이 국내 기업을 인수한다.
④ 외국 은행이 국내 은행의 채권을 매입한다.
⑤ 외국 은행이 국내 은행에 대출을 제공한다.

ANSWER

29. ③
승자의 저주(The Winner's Curse) … 미국의 행동경제학자 리처드 세일러가 사용하며 널리 쓰인 용어로 과도한 경쟁을 벌인 나머지 경쟁에서는 승리하였지만 결과적으로 더 많은 것을 잃게 되는 현상을 일컫는다. 특히 기업 M&A에서 자주 일어나는데 미국에서는 M&A를 한 기업의 70%가 실패한다는 통계가 있을 정도로 흔하다. 인수할 기업의 가치를 제한적인 정보만으로 판단하는 과정에서 생기는 '비합리성'이 근본적인 원인으로 지적되고 있다.

※ 승자의 저주 사례

회사	피인수 회사	사례
동부	아남반도체	자회사 매각 추진
두산	밥캣	계열사 자산 매각
금호아시아나	대우건설 · 대한통운	• 대우건설 재매각 • 대한통운 매각추진
한화	대우조선해양	인수포기
대한전선	남광토건 · 명지건설	사옥 용지 및 자회사 매각

30. ③
흔히 불황기뿐만 아니라 호황기에도 보통 가격변동준비금, 대손충당금, 연구개발예비금 등을 조정하여 이익을 축소하기도 하는데 이를 역분식결산이라고 한다.

31. ③
①②④⑤ 투자 차익을 목적으로 하여 주식, 채권, 부동산 등을 대상으로 투자하는 포트폴리오 투자에 해당한다.

※ 외국인직접투자(FDI ; Foreign Direct Investment) … 단순히 자산을 국내에서 운용하는 것이 아니라 경영권을 취득하여 직접 회사를 경영하는 것을 목적으로 하며 경영참가와 기술제휴 등 지속적으로 국내기업과 경제관계를 수립한다.

32 다음은 경영권 보호에 대한 상반된 주장이다. 각 주장에 대한 보완 설명으로 옳지 않은 것은?

> 주장 A : 증권시장을 통한 경영감시제도는 대주주의 횡포를 막고 투자자의 이익을 보호함으로써 증권시장을 발전시키고 기업의 적정 주가를 발견해가는 등의 고유의 기능을 지녀 선진화된 경제에서 매우 중요한 역할을 담당하고 있어. 대주주 경영권 보호는 자칫하면 잠자는 게으른 자본을 생성해내고 자본의 생태계에서도 먹이사슬의 균형을 파괴할 위험이 있다고.
>
> 주장 B : 하지만 과도한 주주평등주의는 기업가로부터 기업경영권을 빼앗아 펀드매니저니, 소액주주니 하는 사람들에게 넘겨주는 거라고 봐. 이렇게 되면 결국 기업가들은 지분하락을 초래하는 투자는 회피하고 자사주매입이나 고배당을 하는 등 기업의 투자여력을 낭비하게 되니 차라리 기업가들의 경영권을 보호하여 위험감수라는 본연의 기능을 다할 수 있도록 하는게 낫지.

① 주장 A는 투자자는 기업가와 본질적으로 같지 않다고 판단한다.
② 주장 A는 적대적인 기업 인수합병(M & A)의 활성화에 찬성하는 입장이다.
③ 주장 B는 대주주와 소액주주의 의결권 차등화에 찬성할 것이다.
④ 주장 B는 경영권 방어 수단 포이즌 필의 도입에 긍정적인 입장을 보일 것이다.
⑤ 주장 B는 최근의 투자 부진은 증권제도에도 그 원인이 있다고 판단한다.

33 예전에는 LG텔레콤 · 데이콤 · 파워콤, 삼성SDS · 네트웍스, 한화리조트 · 한화개발 · 한화63시티 등 대기업들이 계열사를 합병하는 사례가 많았다. 다음 중 이러한 사례의 이유로 적절하지 않은 것은?

① 규모의 경제를 통한 경쟁력 강화
② 경쟁을 통한 자원배분의 효율성 제고
③ 수직결합을 통한 독점력 제고
④ 혼합결합을 통한 영향력 확대
⑤ 거래비용의 절감

34 2009년 정부와 한나라당은 사교육의 주범이 외국어고등학교라고 판단하여 이를 자립형사립고나 국제고 등으로 전환하는 방안을 추진하였다. 다음 중 사교육 및 외국어 고교의 문제를 경제적인 시각에서 판단할 때 옳지 않은 것은?

① 정부는 사교육의 열풍 역시 시장실패라는 입장을 갖고 있다.

② 고등교육은 공공재에 해당하므로 정부가 적극 개입하는 것이 옳다.

③ 우리나라는 현재 양질의 교육에 대해 초과수요 상태이다.

④ 외국학교의 분교를 허가하지 않는 것도 일종의 진입장벽이라 할 수 있다.

⑤ 경쟁이 제한적인 공교육은 교육의 질이 떨어질 가능성이 크다.

ANSWER

32. ①
① 주장 A에서는 투자자를 기업가를 견제하는 동등한 위치로 판단하고 있다. 따라서 경영권을 방어하는 수단인 포이즌 필이나 대주주와 소액주주의 의결권을 차등화 하는 등의 의견에는 반대하는 입장을 보일 것이다.

33. ②
② 대기업들은 계열사 합병을 통해 대형화로 독점력이나 영향력을 확보하는 등 경쟁력을 얻게 된다. 따라서 경쟁을 통한 효율적 자원배분은 해당하지 않는다.

34. ②
② 공공재는 비배제성, 비경합성을 그 특징으로 한다. 따라서 교육은 공공재라기보다 더 많이 소비되는 것이 바람직한 가치재에 해당하며 정부는 사교육 열풍 자체를 시장실패로 판단하고 있어 사교육과 외국어 고교의 문제에 적극 개입하고 있다.

35 금융공황이 경제활동의 심각한 수축을 야기할 수 있는 가장 큰 이유는?

① 금융 산업의 일자리 감소 때문에
② 금융기관 주주들이 손해를 보기 때문에
③ 투자에 대한 대출이 줄어들기 때문에
④ 은행 예금자들이 손해를 보기 때문에
⑤ 국제무역이 감소하기 때문에

36 세금 부과시의 경제적 효과에 대한 설명 중 옳지 않은 것은?

① 세금이 부과된 만큼 경제적 순손실(deadweight loss)이 발생한다.
② 수요가 가격에 대해 탄력적이라면 소비자에게 미치는 영향은 미미하다.
③ 세율이 높아질수록 세금 부과에 따른 경제적 순손실도 증가한다.
④ 세율이 일정하다면 수요와 공급이 탄력적일수록 경제적 순손실은 크다.
⑤ 조세수입을 늘리기 위해서는 세율을 인상시켜야 한다.

37 시장경제의 핵심주체인 기업의 본질적인 목표는 다음 중 무엇인가?

① 매출의 극대화　　　　② 소비자 만족 극대화
③ 사회적 기여 극대화　　④ 기업 가치의 극대화
⑤ 일자리 창출 극대화

38 국내 산업의 보호를 위해 정부는 관세를 높이거나 수입쿼터제를 실시하는 정책을 사용하는데 다음 중 이로 인해 나타나는 현상으로 볼 수 없는 것은?

① 수입품 가격이 상승한다.
② 수입품의 국내 소비가 줄어든다.
③ 국산품 가격이 상승한다.
④ 국산품의 생산이 증가한다.
⑤ 국산품의 소비에는 영향이 없다.

39 우리나라는 법인세율을 동결하고 경쟁국인 대만, 싱가포르, 홍콩은 일제히 세율을 인하할 경우 발생할 가능성이 가장 높은 현상은?

① 우리나라의 외국인 직접투자가 증가한다.

② 우리나라 기업의 공장 해외 이전이 줄어든다.

③ 다국적 기업의 국내 자회사가 우리나라에 납부하는 법인세가 증가한다.

④ 우리나라에 판매 자회사를 둔 다국적 기업의 국내 이전가격이 낮아진다.

⑤ 세율을 인하한 경쟁국에 소재하는 다국적 기업 자회사의 순이익이 증가한다.

ANSWER

35. ③
공황의 조짐이 나타나면, 신용은 축소하기 시작하고, 이자율은 급상승하며, 자본가는 앞을 다투어 지불수단인 화폐를 소유하려는 욕구에 휩싸이게 된다. 따라서 금융기관으로부터의 예금인출이 급격히 늘어나게 되는 뱅크런(bank run)이 발생하고 결국 은행은 지불준비금이 부족한 국면에 처하게 된다. 그러다가 끝내는 은행에 대한 환불청구 소동이 벌어지고 도산사태마저 발생하여, 신용거래의 심각한 지불 불능사태의 연쇄 속에서 신용제도 전체가 일대 혼란을 일으키고 금융시장이 급격히 핍박해지는 현상을 금융공황이라 한다.

36. ⑤
수요와 공급이 일치하는 균형 상태에서 소비자와 생산자의 잉여가 극대화되나 세금부과로 소비자가 내야 하는 가격이 상승하고 생산자가 받는 가격이 하락한다면 소비자는 소비량을 줄일 것이고 생산자는 공급량을 줄일 것이다. 결과적으로 세금부과는 경제주체들의 유인 구조를 변화시켜 시장이 자원을 비효율적으로 배분하게 한다.
※ **경제적 순손실** … 세금부과 등과 같은 시장 왜곡현상에 의해 초래되는 총잉여 감소분을 말한다.

37. ④
기업의 목표는 이윤 창출과 그로 인한 기업 가치 극대화를 들 수 있으며 본질적인 목표는 많은 이익을 내어 시장에서 가치 있는 기업으로 인정받는 것이다.

38. ⑤
관세를 높이거나 수입쿼터제를 실시하게 되면 수입품의 가격은 상승하고 수입품의 소비는 줄어들게 된다. 또한 국산품의 가격도 상승하게 되어 국산품의 생산은 늘어나게 된다.

39. ⑤
최근 세계 조세 정책의 한 흐름은 법인세 인하 경쟁이다. 전 세계를 무대로 사업하는 다국적 기업이 보편화하면서 법인세 세원의 국제적 이동이 갈수록 쉬워지고 있다. 높은 세금을 부과하게 되면 기업은 다른 국가로 쉽게 도망가 버린다. 따라서 나라마다 법인세원을 조금이라도 더 확보하기 위한 조세 경쟁이 격화되고 있다.

40 다음 중 상법상 이사회의 권한에 속하지 않는 것은?

① 이사의 직무의 집행 감독 ② 중요한 자산의 처분

③ 대규모 재산의 차입 ④ 주주총회 소집

⑤ 배당 승인

41 다음 중 회계상 거래에 해당하지 않은 것은?

① 5억 원 상당의 비업무용 토지를 매입하다.

② 3천만 원 상당의 기계장치를 기증받다.

③ 100억 원 상당의 매출계약을 체결하다.

④ 1년분 보험료 60만 원을 미리 지급하다.

⑤ 1억 원 상당의 채무를 면제받다.

42 최근 서울 강남 재건축아파트의 집값이 급등하는 등 부동산 시장의 과열조짐이 비치고 있다. 이에 정부는 부동산 시장의 안정화를 위해 각종 규제를 검토할 방침을 시사하였다. 다음 중 이러한 규제의 방향이 다른 하나는?

① 주택담보인정비율 및 총부채상환비율 축소

② 주택투기지역 및 투기과열지구 확대 지정

③ 재건축 조합원 지위에 대한 양도 제한

④ 고가주택의 기준을 기존보다 상향

⑤ 시중 은행의 대출에 대한 엄격한 관리

43 다음은 당기에 배당금의 선언이나 지급이 없었던 주식회사 서원각의 회계 자료이다. 주식회사 서원각의 당기순이익은 얼마인가?

• 기초자산 800원	• 기초자본 500원
• 기중 유상증자 300원	• 기말자산 900원
• 기말자본 800원	

① 0원   ② 100원

③ 200원   ④ 300원

⑤ 500원

44   다음 중 지방세를 부과하는 항목에 해당되지 않는 것은?

① 술   ② 담배

③ 자동차   ④ 주택

⑤ 요트

40. ⑤

배당 승인은 주주총회의 의결 사항에 속한다.

※ 이사회의 권한〈상법 제393조〉

ⓐ 중요한 자산의 처분 및 양도, 대규모 재산의 차입, 지배인의 선임 또는 해임과 지점의 설치·이전 또는 폐지 등 회사의 업무집행은 이사회의 결의로 한다.

ⓑ 이사회는 이사의 직무의 집행을 감독한다.

ⓒ 이사는 대표이사로 하여금 다른 이사 또는 피용자의 업무에 관하여 이사회에 보고할 것을 요구할 수 있다.

ⓓ 이사는 3월에 1회 이상 업무의 집행상황을 이사회에 보고하여야 한다.

41. ③

회계상 거래는 자산·부채·자본 및 수익 비용의 변동을 가져오는 사건을 의의한다. 계약의 체결이나 물품의 주문행위 그 자체는 경제적 거래이기는 하지만 재무상태에 변화를 가져오지 않으므로 회계상 거래에 해당되지는 않는다.

42. ④

고가주택에는 양도소득세가 중과되고 있다. 그런데 정부가 고가주택의 기준을 기존보다 상향시킨다면 고가주택 자체가 줄어들고 이는 양도소득세 중과대상이 줄어드는 것이다. 따라서 규제정책이 아닌 완화정책이 되며 오히려 투기거래를 증가시킬 수 있다.

43. ①

당기순이익 = {기말자본 − (기초자본 + 기중 유상증자)}

= 800원 − (500원 + 300원)

= 0원

44. ①

국세와 지방세

ⓐ 국세 : 소득세, 법인세, 상속세, 증여세, 종합부동산세, 개별소비세, 증권거래세, 인지세, 주세, 부가가치세, 교육세, 농어촌특별세

ⓑ 지방세 : 취득세, 등록면허세, 레저세, 지방교육세, 지역자원시설세, 공동시설세, 주민세, 재산세, 자동차세, 담배소비세, 지방소비세, 지방소득세 등

45 우리나라는 선진국에 비해 경제활동에 대한 정부 규제가 많은 편이다. 다음 중 가장 바람직하지 않은 규제에 해당하는 것은?

① 독과점 규제
② 심야 영업시간 규제
③ 오염물질의 최고 배출 허용량 규제
④ 위생 안전 규제
⑤ 사업자 간 담합 규제

46 다음 중 미국과 영국 등에서 경기부양정책으로 추진하고 있는 양적완화 정책에 대한 설명으로 옳지 않은 것은?

① 미국 연방준비제도이사회(FRB)가 기준금리를 인하한 것이 대표적이다.
② 양적완화 정책이 계속될 경우 통화량 증가에 따른 인플레이션 발생 가능성이 있다.
③ 유럽중앙은행(ECB)은 양적완화 정책의 일환으로 600억유로 규모의 커버드 본드를 사들이기로 했다.
④ 양적완화 정책은 금융부문에 유동성을 직접 공급하는 방식이다.
⑤ 일본은 2001 ~ 2006년까지 5년간 양적완화 정책을 실시했다.

47 금호아시아나그룹이 대우건설을 매각한 이유는 대우건설 인수 시 체결한 옵션 때문이다. 이렇게 기업 M&A 과정에서 옵션에 명시한 상황이 발생했을 때 특정 가격에 주식을 되팔 수 있는 권리를 일컫는 용어는?

① 풋백옵션
② 콜백옵션
③ 콜옵션
④ 스톡옵션
⑤ 주식옵션

48 은행에 담보로 집을 맡기고 매달 일정액을 수취하는 연금 상품을 지칭하는 것으로 적절한 것은?

① 주택연금
② 국민연금
③ 은행연금
④ 노령연금
⑤ 정액연금

49 정부에서 1~2인 가구의 급증을 예상하여 가격이 상대적으로 저렴한 소형주택의 공급을 증가시키기로 하였다. 이와 함께 새로운 주거 유형인 '도시형 생활주택'이란 개념을 내놓았다. 다음 중 이에 대한 설명으로 옳지 않은 것은?

① 도시형 생활주택의 유형에는 3가지가 있으며 기숙사형, 원룸형, 단지형 다세대 주택이 바로 그 종류이다.

② 정부의 방안처럼 도시형 생활주택이 활성화된다면 고시원이나 오피스텔 등의 공급은 감소할 가능성이 높다.

③ 도시형 생활주택은 출퇴근이 편리한 지하철 역세권 등에 입지하여 공급될 것이다.

④ 정부는 도시형 생활주택의 활성화를 위해 되도록 많은 주차장을 확보할 수 있도록 할 방침을 갖고 있다.

⑤ 향후 도시형 생활주택을 지어 임대수익을 창출하는 수익형 부동산시장의 활성화가 이루어질 것이다.

ANSWER

45. ②
자율적인 경제활동을 방해하는 규제에 해당한다.

46. ①
양적완화 정책은 극심한 경기침체 상황에서 금리정책으로 효과를 볼 수 없을 때 사용하는 것이다. 하지만 기준금리를 인하하거나 인상하여 통화량을 조절하는 것은 위기상황이 아닌 정상적 상황에서의 통화량 조절 방안이므로 이것을 양적완화 정책으로 볼 수는 없다.

47. ①
① 주식 등 금융자산을 약정된 기일이나 가격에 팔 수 있는 권리(옵션)를 매각자에게 되팔 수 있는 권리이다.
② 옵션매입자가 옵션의 만기일 또는 그 이전에 기초자산을 약정된 가격에 매입자가 되살 수 있는 권리이다.
③ 옵션거래에서 특정한 기초자산을 만기일이나 만기일 이전에 미리 정한 행사가격으로 살 수 있는 권리이다.
④ 기업이 임직원에게 일정수량의 자기회사의 주식을 일정한 가격으로 매수할 수 있는 권리를 부여하는 제도이다.
⑤ 기초자산이 주식인 옵션으로 개별주식을 대상상품으로 하며 미국, 영국, 캐나다 등 세계 여러 나라에서 거래되고 있으며 미국에서는 CBOE, AMEX, NYSE, PHLX, PSE에서 개별주식옵션이 거래되고 있다.

48. ①
주택연금…장기주택저당대출로서 주택을 담보로 대출계약을 체결하고 이후 일정 금액을 연금의 형태로 수취한다. 즉, 주택은 소유하고 있으나 특별한 소득원이 없는 고령자에게 주택을 담보로 하여 노후 생활의 필요자금을 연금의 형태로 대출해주는 상품으로 부동산을 담보로 장기주택자금을 대출받는 모기지론과는 자금의 흐름방향이 반대이므로 역모기지론이라는 이름이 붙여졌다.

49. ④
주차장을 많이 확보하는 것은 건설비용이 증가하므로 건설주 입장에서는 주택을 새로 짓는 것이 꺼려질 수 있다. 따라서 주차장을 최대한으로 확보하는 정책은 주택 공급을 억제하는 요인이 될 수 있다.

50 2009년 2월부터 자본시장과 금융투자업에 관한 법률이 시행되었다. 이를 놓고 경제금융 동아리 학생들이 다음과 같은 토론을 벌이고 있다. 다음 중 법의 시행에 따른 바람직한 효과와 시행 취지, 목적 등이 부합하는 것은?

> 학생 A : 이 법률은 한마디로 다양한 금융상품의 취득을 위해 금융시장간의 장벽을 허물은 법률이라 할 수 있어.
>
> 학생 B : 리먼 브라더스 파산 및 메릴린치의 좌초 등으로 투자은행(IB)들이 줄줄이 몰락함에 따라 이에 대비해서 우리나라도 투자은행의 성장기반을 일부 제한하고 이를 통해 투자자들을 보호하려는 취지가 강한 법률이라는게 가장 이슈화된 부분이지.
>
> 학생 C : 금융시장의 판도나 흐름은 바뀔 테지만 바뀐 규제방법은 새로운 금융상품이나 서비스가 등장하는 것을 최대한으로 억제하려는 법률이야. 뭐 세계적인 경제위기에 적절한 대응방안이라고 볼 수 있지.
>
> 학생 D : 은행이 독점해온 지급결제 업무가 일부 개방되고 증권회사, 자산운용사, 선물회사 등으로 구분되었던 업무영역도 없어졌다는 것이 가장 큰 특징이 아닐까?

① A, B   ② A, B, C

③ A, D   ④ B, D

⑤ B, C, D

51 우리나라의 경우 미국, 칠레, 싱가포르 등과 자유무역협정(FTA)을 동시다발적으로 체결하려고 노력하고 있다. 다음 중 자유무역협정의 체결 시 나타날 수 있는 현상으로 적절하지 않은 것은?

① 국내외 산업 간 경쟁이 치열해진다.

② 소비자는 다양한 선택의 폭을 갖게 되며 후생도 증대된다.

③ 선진화된 국내 제도를 갖게 되며 투명성도 높아질 수 있다.

④ 국내의 물가 또는 일자리 증감 등에 별다른 영향을 미치지 않는다.

⑤ 관세장벽이 제거되므로 확대된 무역기회와 부의 창출에 기여한다.

52 일부 제과회사에서 사용하는 중국산 첨가제에서 다량의 멜라민이 검출되었다는 내용이 보도되었다. 이와 함께 식품의 안전성에 대해 소비자 공포가 확산되고 있다는 내용도 같이 보도되었을 때 앞으로 시장에서 발생할 수 있는 현상들 중 발생가능성이 가장 낮은 것은?

① 전체적으로 과자의 수요가 감소한다.

② 중국산 첨가제의 수입이 감소한다.

③ 멜라민이 검출되지 않은 파이에 대한 수요는 증가한다.

④ 첨가제 수입선이 중국에서 다른 나라로 변경될 것이다.

⑤ 가격을 낮추면 과자의 수요가 증가한다.

ANSWER

50. ③
투자자 보호를 강화하였으나 초보적 수준에 불과한 우리나라의 투자은행을 제한하는 것이 아니라 적극 육성하기 위한 것이라 할 수 있다. 또한 자본시장법은 포괄주의 규제방식을 택하고 있으며 이는 새로운 금융상품 및 서비스의 출현을 장려하는 방안이다.

51. ④
FTA가 발효되면 수입품의 가격과 물가가 하락하며 교역이 증대되어 생산 및 고용이 증가할 것으로 전망된다. 대외경제정책연구원(KIEP)에 따르면 한-EU FTA의 발효시 국내총생산(GDP)은 15조 7,000억~24조 원이 증가하여 GDP가 약 2~3% 상승하는 효과가 있을 것이라 발표했다.

52. ⑤
일반적인 경우 수요의 감소에는 낮은 가격으로 대응하지만 멜라민 파동의 경우 소비자의 건강에 대한 우려로 인해 과자의 가격을 낮추더라도 수요는 거의 증가하지 않을 것이다.
① 멜라민 파동으로 인해 소비자들의 공포가 확산되고 있으므로 중국산 첨가제를 사용하지 않은 과자 역시 소비자들이 불신을 가져 시장에서 과자의 수요는 감소할 것이다.
②④ 중국산 첨가제에 대한 불신으로 중국에서의 첨가제 수입은 크게 감소할 것이며 이에 따라 다른 나라로 수입선이 변경되거나 국내산 첨가제의 수요가 증가할 수 있다.
③ 과자에 대한 소비자의 불신으로 멜라민이 검출되지 않은 파이에 대한 수요는 증가할 수 있다.

53 버락 오바마 정부의 경기 부양법에는 '바이 아메리칸' 조항이 포함되어 있다. 하지만 이에 대해 다른 국가들은 우려감을 표명하며 비판한 바 있다. 이와 관련한 다음의 내용이 옳지 않은 것을 모두 고르면?

(가) 미국의 '바이 아메리칸' 조항은 경쟁 국가들의 보호무역주의를 자극하므로 세계 경기가 심각한 불황에 빠질 위험도 있다.

(나) 이러한 보호무역의 기류가 국제무역시장에 점차 확산된다면 우리나라는 경상수지 개선 효과를 얻을 수 있다.

(다) '바이 아메리칸' 조항 자체가 미국 산업과 일자리를 보호하자는 취지에서 제기된 것이므로 경제 국수주의로 해석할 수 있다.

(라) '바이 아메리칸과 같은 조항은 자유무역주의에 역행하는 것이므로 무역분쟁의 야기 위험을 안고 있다.

(마) 자국 산업의 보호를 강화하는 이와 같은 정책은 글로벌 경제위기를 해결할 수 있는 대안이 된다.

---

① (가)(라)
② (가)(나)
③ (나)(다)
④ (나)(마)
⑤ (다)(마)

54 최근 세계경제에 '글로벌 불균형(Global Imbalance)' 현상이 나타나고 있으며 이는 아시아 국가들의 동시적인 대미(對美) 수출 및 대미(對美) 금융자산투자의 증가로 더욱 심화되었다. 다음 중 이러한 글로벌 불균형 현상과 가장 거리가 먼 것은?

① 미국의 투자 및 소비 확대
② 아시아 국가의 경상수지 흑자폭 증대
③ 미국의 경상수지 적자폭 악화
④ 아시아 국가의 저축 증가
⑤ 아시아 자금이 몰리면서 미국 국채 이자율 상승

55 용산 철거민 폭력 농성 사건을 계기로 상가 권리금에 대한 논쟁이 뜨거워졌다. 철거되는 점포상인을 옹호하는 입장에서는 권리금에도 개발이익의 일정 부분을 보상하는 것이 옳다고 주장하며 반대하는 입장에서는 상가권리금을 주인이 보장할 수 없다고 주장하고 있다. 다음의 양쪽 주장을 읽고 각 주장들이 근거로 하는 명시적 또는 암묵적 전제들을 추정한 것이 사실과 다른 것은?

> 주장 A : 권리금이란 무엇인가! 이것은 상인이 쌓아올린 가치이다. 상인이 쏟은 열정과 노력의 총화가 바로 권리금이다. 구체적으로 들자면 인테리어 등 시설투자에 대한 비용이나 영업에 대한 노하우, 고객과의 관계 등 이런 유·무형의 가치에 대해 재개발 이익의 일정 부분을 보상하는 것은 당연한 것이다. 하루아침 이러한 가치를 몰수당하는 것은 상인의 존재를 중요시하는 시장경제의 원칙에도 위배되는 것이다. 따라서 당연히 보상받아야만 한다.
>
> 주장 B : 상가 권리금이라는 제도 자체가 우리나라에만 존재하는 것으로 원시적인 제도이다. 이는 상인이 점포를 양도할 때 주인이 아닌 상인들 간에 수수하는 것인데 받지도 않은 권리금을 건물 주인이 보상하라는 것은 소유권의 제한이다. 또한 권리금은 영업이 지속되는 동안만 의미를 지니므로 상인들은 계약기간 내에 회수 가능한 권리금을 감안하여 점포를 경영해야만 한다. 받지도 않은 권리금을 주인이 보상해야 된다면 결과적으로 임대차 계약체계는 붕괴할 것이다.

① 주장 B는 임대료에 대한 평가제도가 낙후된 결과로서 권리금을 평가한다.
② 주장 A는 권리금이 상가 건물에 대한 청구권적 성격을 지닌다고 전제하고 있다.
③ 주장 A는 결국 개발이익에 대한 상인의 법적 지분을 인정해야 하는 것이 옳다는 입장이다.
④ 주장 B는 상인에 대한 보상이 주인의 소유권 자체를 침해하는 것이라고 본다.
⑤ 주장 A에서는 권리금이 상승해야 시장경제 제도도 성숙한다고 본다.

ANSWER

56 조세는 부과 주체가 누구인지에 따라 국세와 지방세로 나뉜다. 국세는 국가가, 지방세는 지방자치단체가 부과하는 조세이다. 다음 중 종류가 다른 조세는?

① 개인사업자 김씨는 많지 않은 금액이지만 주민세를 내고 있다.

② 최씨는 새 아파트를 구입하고 등기를 하며 등록과 취득 명목으로 1,000만 원의 세금을 납부했다.

③ 강씨는 자가용 승용차에 대한 하반기 세금으로 30만 원을 납부했다.

④ 정씨는 CEO 모임에서 당일 식사비용 120만 원과 그 10%인 12만 원의 부가가치세를 결제했다.

⑤ 서울시내에 신축 상업빌딩을 소유하고 있는 박씨는 이 빌딩의 재산세로 6,000만 원을 냈다.

57 기업은 유명 연예인에게 광고모델료를 지불하는 등 거액의 광고료를 지출하고 있다. 기업 광고에 대한 다음의 설명이 옳은 것으로 짝지어진 것은?

> (가) 광고는 판매자의 존재 및 제품의 특징을 알리는데 유용한 하나의 수단이다.
> (나) 기업이 광고료에 많은 비용을 지출함으로써 제품의 가격이 상승하고 이로 인해 소비자는 부당하게 높은 가격을 지불하게 된다.
> (다) 필요하지 않은 물건도 충동구매를 하도록 자극하여 소비자를 허영이나 사치에 빠지게 한다.
> (라) 광고비가 많이 투입된 광고의 경우 일반적으로 품질의 우수성을 알리는 정보를 제공하게 되는데 이는 광고비 자체가 한번 투입되면 회수할 수 없는 매몰비용(sunk cost)이기 때문이다.

① (가)(나) ② (가)(다)
③ (가)(라) ④ (나)(다)
⑤ (나)(라)

58 다음의 재무비율에서 수익성의 지표를 나타내는 것이 아닌 것은?

① 매출액 경상이익률 ② 이자보상비율
③ 금융비용부담률 ④ 매출액 영업이익률
⑤ 고정장기적합률

56. ④

부가가치세는 국세(간접세)에 해당한다.

※ 조세체계

국세	내국세	직접세	법인세, 소득세, 상속세, 증여세, 종합부동산세		
		간접세	부가가치세, 개별소비세, 주세, 인지세, 증권거래세, 교통 · 에너지 · 환경세		
	목적세		교육세, 농어촌특별세		

지방세	구분	도세	시 · 군세	특별시 · 광역시세	자치구세
	보통세	취득세, 등록면허세, 레저세, 지방소비세	주민세, 재산세, 자동차세, 담배소비세, 지방소비세	취득세, 주민세, 자동차세, 레저세, 담배소비세, 지방소비세, 지방소득세	등록면허세, 재산세, 주민세
	목적세	지방교육세, 지역자원시설세		지방교육세, 지역자원시설세	

57. ③

(나) 광고는 판촉활동의 일종으로 주요 활용 매체에는 신문, 잡지, 방송 등이 이용된다. 소비자는 이러한 광고를 통해 여러 제품의 정보를 얻을 수 있으며 이를 비교하며 원하는 제품, 필요한 제품을 선택할 수 있게 된다. 따라서 반드시 광고비로 인해 소비자가 부당하게 높은 가격을 지불한다고 볼 수 없다.

(다) 광고는 소비자의 구매 욕구를 자극하여 구매를 이끌어 내는 역할을 하기도 하지만 광고 자체가 소비자의 충동구매를 이끌고 이로 인해 사치나 허영에 빠지게 된다는 것은 지나친 비약이다.

58. ⑤

고정장기적합률(fixed assets to long-term capital ratio) … 고정자산 대 장기자본비율로서 자금 흐름의 안전성을 위해 자금조달기간과 운용기간을 대응시켜 장기자본배분의 적정성 및 자금의 고정화를 판단하는 지표로 고정자산의 보조지표로 이해할 수 있다. 고정자산은 장기자본으로 조달하는 것이 가장 바람직하며 100% 이하를 표준비율로 본다. 100%를 초과하는 경우 고정자산에 대한 투자가 장기자본 이외에 단기부채에 의해 초과분의 조달이 이루어지고 있음을 나타내므로 운전 자금이 부족한 상황이 초래할 수 있다. 따라서 고정장기적합률은 재무비율에서 수익성 지표가 아닌 성장성 및 활동성 지표로 판단되는 것이다.

① 매출액 경상이익률 $= \dfrac{경상이익}{매출액} \times 100$

② 이자보상비율 $= \dfrac{영업이익}{금융비용} \times 100$

③ 금융비용부담률 $= \dfrac{금융비용}{매출액} \times 100$

④ 매출액 영업이익률 $= \dfrac{영업이익}{매출액} \times 100$

59 공공사업의 타당성을 평가할 때에는 미래에 발생하는 비용 및 편익을 현재가치로 환산하여 비교·평가한다. 이때 적용하는 이자율을 할인율이라고 하는데 이 할인율에 대한 설명이 옳지 않은 것은?

① 미래의 현금흐름(cash flow)을 현재가치로 환산할 때 적용하는 것을 할인율이라 한다.

② 할인율이 10%라면 1년 후의 10,000원은 현재가치로 10,000원/1.1로 계산하여 9090.9원이 된다.

③ 할인율이 높아질수록 총 비용의 현재가치는 낮아진다.

④ 민간사업보다 위험도가 낮은 공공사업의 경우 할인율이 높은 편이다.

⑤ 할인율과 수익률은 동일한 이자율의 개념으로 볼 수 있다.

60 다음은 각 기업의 2009년 손익계산서이다. 기업의 시가총액에 대한 설명이 옳은 것은? (단, 증권시장에서 A기업은 성장성이 높아 PER이 10배 수준에서 거래되며 B기업은 8배, C기업은 6배 수준이다)

	매출	영업이익	계속사업이익	순이익
A기업	300억 원	90억 원	83억 원	125억 원
B기업	600억 원	110억 원	100억 원	140억 원
C기업	1,200억 원	200억 원	220억 원	170억 원

① 시가총액은 A기업, B기업, C기업 순으로 크다.

② 시가총액은 C기업, B기업, A기업 순으로 크다.

③ 시가총액은 B기업, A기업, C기업 순으로 크다.

④ 시가총액은 C기업, A기업, B기업 순으로 크다.

⑤ 주어진 자료로는 시가총액을 알 수 없다.

61 다음은 채권시장에 대한 설명이다. 옳은 것은?

① 같은 채권일 경우 장기채보다 단기채의 금리가 낮다.

② 우리나라의 채권시장에서 가장 큰 비중을 차지하는 것은 회사채이다.

③ 주식과 마찬가지로 채권도 주로 한국거래소에서 거래된다.

④ 대부분의 채권 투자자는 개인이다.

⑤ 채권의 수익률은 채무불이행 위험이 높을수록 내려간다.

62 화력발전 단가와 신재생 에너지 발전 단가가 동일해지는 것을 뜻하는 말은?

① 그리드 패리티   ② 그린 패리티
③ 블루 패리티   ④ 화이트 패리티
⑤ 레드 패리티

59. ④

공공사업은 정부가 주도하므로 민간사업보다 위험도가 낮다. 따라서 할인율도 민간사업보다 낮다.

※ **수익률과 할인율**

ㄱ **수익률** : 현재 금액을 투자하는 경우 미래에 수취할 수 있는 수익을 투자금액에 대한 비율로 환산한 것

ㄴ **할인율** : 미래의 일정금액이 현재가치로는 얼마인지를 계산하기 위한 환산율

60. ①

$$\text{PER} = \frac{\text{주가}}{\text{주당 순이익}\left(=\dfrac{\text{순이익}}{\text{주식 수}}\right)} = \frac{\text{주가} \times \text{주식 수}}{\text{순이익}} = \frac{\text{시가총액}}{\text{순이익}}$$

∴ 시가총액 = PER × 순이익

A 기업 : 10(PER) × 125억 원(순이익) = 1,250억 원

B 기업 : 8(PER) × 140억 원(순이익) = 1,120억 원

C 기업 : 6(PER) × 170억 원(순이익) = 1,020억 원

※ **주가수익비율**(PER ; Price Earning Ratio)

ㄱ 현재의 주가를 1주당 세후 당기순이익(EPS)으로 나눈 것으로 주가가 1주당 세후 순이익의 몇 배인가를 나타낸다.

ㄴ PER이 낮으면 주가가 저평가되어 있어 향후 주가상승의 가능성이 높다고 볼 수 있으며, PER이 높으면 주가가 고평가되어 있어 현재 이익은 많지 않지만 향후 기업의 성장가능성을 높게 판단하고 있다는 것으로 볼 수 있다.

ㄷ 따라서 다른 조건이 같다면 투자자들은 PER이 낮은 기업에 투자를 한다.

61. ①

② 회사채는 상법상의 주식회사가 발행하는 채권으로 각 회사의 신용도에 따라 금리차이가 많이 발생하고 신용도에 따른 차이가 커서 신용도가 낮은 채권은 시장에서 유통이 곤란한 경우도 있다. 최근 유통 및 발행시장의 발전에 따라 우리나라의 채권시장에서 국채의 규모가 급격히 증가하고 있으며 향후에도 채권시장의 구조는 선진국과 같이 국채를 중심으로 발전할 것으로 예상된다.

③④ 채권은 주식과 달리 거래소가 아닌 장외시장에서 기관투자가들끼리 주로 거래되며 일반 투자자들은 금융회사를 통해 매입할 수도 있으며 규모가 작은 채권의 경우 증권사의 홈트레이딩시스템(HTS)을 통한 매매도 가능하다.

⑤ 채무불이행의 위험이 높다는 것은 리스크가 높음을 의미하므로 리스크가 높아질수록 채권의 수익률 또한 높아진다.

62. ①

그리드 패리티 … 태양광으로 전기를 생산하는 단가와 화석연료를 사용하는 기존 화력발전 단가가 동일해지는 균형점을 말한다.

63 기업의 현금흐름표상에서 현금흐름을 증가시킬 수 있는 활동이 아닌 것은?

① 자사주 매입
② 재고 감소
③ 외상매입금 계정 증가
④ 외상매출금 계정 감소
⑤ 단기차입금 계정 증가

64 종합보험에 가입한 운전자가 교통사고로 피해자에게 중상해를 입혔더라도 '중대과실'이 없으면 처벌하지 않는 교통사고처리특례법 면책조항에 대한 위헌(違憲) 결정에 우려를 표명하는 사람들의 주장으로 볼 수 없는 것은?

① 소송 건수가 늘어날 가능성이 많다.
② 교통사고가 줄어들 유인이 약화된다.
③ 보험에 가입하지 않으려는 동기가 강화될 수 있다.
④ 교통사고는 운전자의 행태보다는 도로의 조건 등에 더욱 영향을 받는다.
⑤ 사고 피해자들이 형사처벌을 내세워 거액의 합의금을 요구할 수 있다.

65 CDS(Credit Default Swap)에 관한 설명 중 옳은 것끼리 바르게 짝지어진 것은?

> ㉠ CDS란 금융거래 관계에서 어느 한 쪽의 부도로 인하여 채권이나 대출 원리금을 받지 못할 위험에 대비한 신용파생상품이다.
> ㉡ CDS 약정 시 보장매입자가 신용위험을 이전한 대가로 지급하는 수수료를 CDS 프리미엄이라 한다.
> ㉢ CDS는 보장매입자가 계약을 통해 자산보유에 따르는 위험을 헤지할 수 있다.
> ㉣ CDS 보장매입자는 실제 자산을 소유하지 않고도 자산 보유에 따르는 이익을 누릴 수 있다.

① ㉠㉡   ② ㉠㉢
③ ㉠㉣   ④ ㉡㉣
⑤ ㉢㉣

66 **다음 중 성과급 제도를 도입해야 하는 상황으로 볼 수 없는 것은?**

① 종업원의 위험 기피도가 높을 때

② 적은 비용으로 생산량 측정이 가능할 때

③ 종업원이 인센티브에 민감하게 반응할 때

④ 이익의 급증으로 인하여 세금을 많이 내야 할 때

⑤ 종업원의 노력에 따라 생산량이 크게 변동하는 때

ANSWER

63. ①
자사주 매입은 주식시장에서 자사주를 사들이는 것이므로 현금이 유출되는 것이다.

64. ②
종합보험에 가입한 운전자가 교통사고로 피해자에게 중상해를 입혔더라도 '중대과실이 없으면 처벌하지 않는 교통사고 처리특례법 면책조항에 의하여 도덕적 해이 현상이 일어날 수 있다. 그래서 위헌판결로 인하여 운전자들이 더 조심히 운전을 하게 되면 교통사고가 줄어들 수 있는 유인이 강화될 것이다.

65. ①
ⓒⓐ 총수익스왑에 대한 설명이다.
※ 신용부도스왑(CDS)
　ⓐ 금융거래 관계에서 어느 한 쪽의 부도로 인하여 채권이나 대출 원리금을 받지 못할 위험에 대비한 신용파생상품이다.
　ⓑ CDS 약정시 보장매입자가 신용위험을 이전한 대가로 지급하는 수수료를 CDS 프리미엄이라 한다.
　ⓒ 기초자산의 채무불이행의 가능성이 높아질수록 CDS 프리미엄은 높아지고, CDS 프리미엄은 기초자산의 신용위험이 커질수록 상승한다.
　ⓓ CDS 프리미엄은 기초자산 발행주체의 신용도를 나타내는 지표로 해석될 수 있다.

66. ①
성과급제도는 종업원의 업무성과에 따라 보상하는 제도로 생산성 향상에 도움이 되나 개인의 성과급만을 강조할 경우에는 협력 분위기가 훼손될 수 있는 단점이 있다. 종업원의 위험 기피도가 높을 경우 성과급으로 인한 급여 격차에 대한 반발이 예상되기 때문에 성과급 도입은 어렵다.

67 교육의 경제학적 정의에 대한 설명으로 볼 수 없는 것은?

① 교육은 가치재로 볼 수 있다.

② 의무교육은 사적재의 공적 공급이다.

③ 교육은 양의 외부 효과를 발생시키는 재화이다.

④ 3불(三不) 정책은 기본적으로 시장경제 원리와 부합되지 않는다.

⑤ 목적세로 되어 있는 교육세를 일반세로 환원하면 교육 재정은 줄어든다.

68 자동차·금속·조선과 같이 동일한 산업에 속한 기업 노조들이 뭉쳐 만든 거대 단일노조를 의미하는 것은?

① 산업노조   ② 산별연합

③ 산별연맹   ④ 산별노조

⑤ 민주노조

69 다음 중 관세에 관한 설명으로 옳지 않은 것은?

① 관세율을 높일수록 정부의 관세수입은 증가한다.

② 관세를 부과하게 되면 국내 생산자의 잉여는 증가한다.

③ 관세를 부과하게 되면 부과하는 나라의 교역조건이 개선된다.

④ 수입품에 관세를 부과한 경우 그 수입품의 수입량이 감소하게 된다.

⑤ 관세가 없는 경우에 비해 관세를 부과할 경우 후생은 감소하게 된다.

70 본원통화에 대한 설명 중 옳은 것은?

① 화폐 발행액에 금융기관 시재금을 더한 것이다.

② 통화량에 통화 승수를 곱하면 본원통화가 된다.

③ 민간화폐 보유액에 금융기관 보유예금을 합한 것이다.

④ 민간화폐 보유액에 금융기관 지준예치금을 합한 것이다.

⑤ 한국은행에서 금융기관에 대출하거나 이들로부터 외환을 매입 또는 금융시장에서 국공채를 사들임으로써 공급한 지폐와 주화 총량을 말한다.

71 다음 중 '브레턴우즈 체제'에 대한 설명으로 옳지 않은 것은?

① 국제통화기금의 창설

② 달러화를 기축통화로 하는 금환본위제 채택

③ 환율 변동은 국제수지의 구조적 불균형 상태에서만 허용

④ 고정환율제도를 기반으로 하는 시스템

⑤ 국제 유동성의 충분한 공급과 달러화의 신뢰도 증대가 동시에 높아짐

ANSWER

67. ⑤

목적세로 되어 있는 교육세를 일반세로 환원한다 하더라도 세목만 변경되는 것이므로 재정과는 아무 상관이 없다.

※ 3불 정책…1999년에 도입된 교육정책으로, '기여입학제', '본고사', '고교등급제'의 3가지를 금지하는 것이다.

68. ④

산별노조…산업별 노동조합을 일컫는 말로, 우리나라의 최대 산업노조은 금속노조로 근로조건 개선보다는 정치적 행동에 치중하고 있다.

69. ①

관세는 외국에서 생산되어 국내에서 소비되는 물건에 부과되는 세금을 의미한다. 관세가 부과되면 수입량은 줄고 국내 가격은 무역이 없었던 경우의 가격수준에 가깝게 상승한다. 관세로 인하여 국내가격이 상승하게 되면 국내 생산자들은 이득을 보고, 국내 수요자들은 손실을 보게 된다. 관세율이 높으면 수입량이 감소하여 정부의 관세수입이 증가하지 않을 수도 있다.

70. ⑤

본원통화는 중앙은행이 공급한 통화로서, 통화 공급의 기초가 되는 중앙은행의 통화성부채를 말한다. 본원통화는 화폐발행액과 한은지준예치금의 합계로 구성되는데, 화폐발행액은 화폐민간보유액과 금융기관의 시재금의 합계이며, 금융기관의 시재금과 한은지준예치금의 합계가 금융기관의 지불준비금이므로, 본원통화는 결국 화폐민간보유액(현금통화)과 금융기관의 지불준비금을 합한 것과 같다. 따라서 통화량을 조정하기 위해서는 항상 지불준비금의 크기를 주시해야 한다.

71. ⑤

브레턴우즈 체제…미국 달러를 주거래통화로 삼고 고정환율제를 골격으로 하는 2차 세계대전 이후 국제금융 질서를 말한다. 미국 달러만이 금과 일정한 비율로 바꿀 수 있고, 각국 통화가치는 미국 달러와 비율을 정하는 체제다. 브레턴우즈 체제는 1944년 7월 미국 뉴햄프셔주 브레턴우즈에서 체결된 국제협정을 계기로 형성됐다. 금태환제와 고정환율제를 골격으로 하는데 달러화를 금 1온스당 35달러로 고정시키고, 항시 금과 교환이 가능하도록 했다. 미국 달러화만이 금과 일정 교환비율을 유지한 셈이다. 이 협정에서 국제통화와 금융제도 안정을 위해 국제통화기금(IMF)과 세계은행으로 대표되는 국제기구도 설립됐다. 최근 미국에서 발생한 서브프라임 모기지 사태로 촉발된 금융위기가 전 세계로 확산되자 브레턴우즈 체제를 새롭게 개편할 필요가 있다는 의견이 제기되고 있다.

72 다음 중 다른 산업에 비해 금융 산업에서 정부 규제가 더 필요한 이유로 볼 수 없는 것은?

① 예금보험의 존재로 도덕적 해이가 발생할 수 있기 때문에

② 신뢰와 기대의 변화에 따라 시장이 급속히 경색될 수 있기 때문에

③ 일반적인 상품과 달리 금융 산업의 상품에는 가격이 존재하지 않기 때문에

④ 하나의 은행에 문제가 생겨 부실해지면 다른 은행도 연쇄적으로 부실해질 수 있기 때문에

⑤ 대출받은 사람이 지급 불능으로 도산할 경우 돈을 갚지 않아도 되어 위험한 투자를 할 유인을 가질 수 있기 때문에

73 여러 거시 변수의 측정에 관한 다음 설명 중 가장 옳지 않은 것은?

① 신종 플루의 유행으로 국내에서 백신 생산이 증가하면 GDP가 증가한다.

② 한국의 타이어회사가 중국에서 생산하여 한국으로 수입 판매한 타이어의 가치는 한국의 GDP에 포함된다.

③ 수입 농산물의 가격 상승은 GDP 디플레이터에는 영향을 미치지 않지만 소비자물가지수는 상승시킨다.

④ 파업에 참가하여 생산활동을 하지 않은 근로자도 취업자에 포함된다.

⑤ M_2는 M_1보다 반드시 크다.

74 1980년대 이후 정보화, 세계화 추세가 진전됨에 따라 보다 광범위한 분야에 걸친 무역규범의 확립이 시대적 요구사항이 되었다. 이에 1986년 우루과이에서 새로운 다자간 무역협상이 시작되어 1994년에 타결되었는데 이를 우루과이라운드라고 한다. 이 협상으로 우루과이라운드 협정(UR 협정)이 체결되고, 이를 관할하며 국제무역분쟁을 해결하는 세계무역기구(WTO)가 1995년에 설립되었다. 다음 중 UR 협정의 기본 방향이 아닌 것은?

① 공산품의 관세 인하

② 농산물시장의 개방

③ 서비스시장의 개방

④ 지적재산권의 보호 강화

⑤ 수입쿼터제의 전면 확대

ANSWER

72. ③
금융 산업에서는 예금금리, 대출금리 등의 가격이 존재한다.

73. ②
② 한국국적이지만, 중국 땅에서 생산되었으므로 중국 GDP에 포함되고 한국 GDP에는 포함되지 않는다.

74. ⑤
⑤ 수입쿼터제의 전면 확대는 개방화와 세계화에 배치되는 것이다.

75 다음은 우리나라 무역에 대한 설명이다. 설명이 바른 것을 고르면?

① 우리나라의 무역 규모는 수년째 세계 5위권에 있다.
② 미국은 우리나라의 최대 무역상대국이다.
③ 정부는 2017년 수출 약 3,000억 달러를 기록했다.
④ 우리나라 국내총생산(GDP)에서 무역이 기여하는 비중은 약 60%로 국내소비 기여비중보다 높다.
⑤ 수출과 수입이 감소하는 상황에서 수입보다 수출이 더 크게 감소하고 있다.

76 경기흐름을 판단하는 주요 지표의 하나로 기업경기실사지수라는 것이 있다. 다음의 설명 중 옳지 않은 것은?

① 전체 응답자 중 긍정적 응답 비율에서 부정적 응답 비율을 차감하고 이에 100을 더하여 계산한다.
② 기업경기실사지수는 0에서 200 사이의 값을 가진다.
③ 일반적으로 100 미만은 경기수축국면을 나타내는 것으로 판단할 수 있다.
④ 일반적으로 100 이상은 경기확장국면을 나타내는 것으로 판단할 수 있다.
⑤ 경기의 진단시 주관적 요소보다 객관적 지표를 이용한다.

77 다음 중 기업이 경영전략을 수립할 경우 고려해야 할 요소에 해당하지 않는 것은?

① 외부환경의 분석
② 경쟁업체 전략에 대한 이해
③ 전략의 실행
④ 장기적인 비전의 설정
⑤ 기업의 강점, 약점 및 자원의 분석

78 해외 직접투자에 수반되는 정치적 위험과 국가적 위험에 대한 설명 중 정치적 위험에 해당하지 않는 것은?

① 위험노출기간은 사실상 무기한이다.

② 위험의 유형에는 수용 및 국유화가 포함된다.

③ 위험을 회피하기 위해서는 현지 기업과 합작하거나 제휴를 맺는다.

④ 위험노출자산은 정부 및 민간에 대한 대출자본이다.

⑤ 위험노출대상은 해외에 직접 투자한 현지 법인과 그 자산이다.

ANSWER

75. ④
① 최근 우리나라의 무역 규모는 2017년 6위로 상승했다.
② 2004년 이후 우리나라의 최대 무역상대국은 중국이다.
③ 우리나라 2017년 수출은 전년대비 15.8% 증가한 5,737억 달러를 기록하였다.
⑤ 2017년 우리나라의 상품 수출액은 5,737억 달러로 전년보다 15.8% 증가했고, 수입은 4,784억 달러로 17.8% 증가했다.

76. ⑤
기업경기실사지수는 기업가들의 경기동향 예측 및 판단을 설문조사하고 이를 토대로 작성되기 때문에 경기진단시 주관적인 요소의 개입이 보다 많이 반영된다.

77. ③
전략의 실행은 전략 수립 후 이루어지는 전술의 영역으로 구분된다.
※ 경영전략의 단계
　⊙ 목표의 설정
　ⓛ 환경의 분석 : 외부환경분석, 내부환경분석
　ⓒ 전략의 수립 : 기업전략, 사업부전략, 기능별전략
　② 전략의 실행
　ⓜ 평가

78. ④
해외간접투자에 해당한다.
※ 해외직접투자의 경우 해외에 직접 투자한 현지 법인과 그 자산이 되며, 위험노출기간은 무기한이다. 정치적 위험 및 국가적 위험에는 수용, 국유화, 전쟁 위험, 국지적 소요 등이 포함되며, 이러한 위험을 회피하고 분산하기 위해 현지 기업과 합작하거나 제휴를 맺기도 한다.

79 러시아를 중심으로 석유수출국기구를 본 떠 만든 소위 '가스 OPEC'이 2008년 12월 말 출범하였다. 에너지 문제에 관심이 많은 대학생들이 가스 OPEC 창설과 관련하여 다음과 같은 토론을 벌이고 있다고 할 때 잘못된 진술을 모두 고르면?

㉠ 가스 OPEC이 출범하게 되면 석유 중심의 기존 OPEC과 경쟁체제에 들어갈 것이 예상되고 에너지 소비국들은 좀 더 싸게 가스를 확보할 것이 분명해.

㉡ 유럽, 미국 등 서방국가들은 은근히 환영하더군, 당장 유럽과 러시아 사이에 가스파이프가 건설되지 않겠니.

㉢ 이로써 새로운 국제적 에너지 블록이 하나 형성된 셈인데 장기계약 위주인 석유와는 다르게 가스는 일반적으로 단기매매가 많이 이루어져 정부와 관련 업체가 물량확보에 더욱 신경을 써야 될 거야.

㉣ 가스매장량으로 보면 카타르가 전 세계에서 단연 1위이고, 러시아는 3위인데도 러시아가 주도한 것을 보면 러시아가 카타르에 뭔가 이면의 대가를 약속한 것이 확실해.

㉤ 가스 가격도 문제지만 에너지가 무기화될 가능성이 높아졌어. 러시아의 에너지 패권주의가 강화될 것이 분명해.

---

① ㉠㉡
② ㉡㉢
③ ㉠㉡㉢
④ ㉠㉡㉢㉣
⑤ ㉠㉡㉢㉣㉤

80 다음은 2008년 우리나라의 고용전망에 대한 보고서의 일부이다. 이 보고서에 나타난 고용전망에 근거가 된 경제논리를 가장 바르게 설명한 것은?

　　고용흡수력이 높은 서비스업을 중심으로 고용이 증가하였을 것으로 기대하였으나 내수침체 및 경기불확실성의 증가에 따라 내수 관련 중소기업 및 자영업 부분의 신규 고용창출이 크게 저조한 것으로 나타났다. 이러한 일자리 부진 추세는 하반기에도 계속될 것으로 보인다. 민간소비 설비투자 등 내수부문을 중심으로 경기둔화가 가시화되고 물가 불안이 심화됨에 따라 2008년 하반기에는 취업자 수가 약 22만 1,000명 증가할 것으로 전망하고 있다. 2008년 연간 경제성장률 전망치가 4.7%에서 4.6%로 낮아진다는 전제하에 연간 고용률 59.7%, 경제활동참가율 61.7%, 실업률 3.2% 수준이 될 것이라고 예상되며, 하반기 또한 경제성장률 전망치가 4.4%에서 4.0%로 낮아진다는 전제하에 고용률 60.0%, 경제활동참가율 62.0%, 실업률 3.2% 수준이 될 것으로 전망된다.

－한국노동연구원 「2008년 하반기 고용평가 및 하반기 전망」－

---

① 소비와 투자의 감소는 물가를 하락시킨다.

② 임금이 높아지면 노동수요는 감소한다.

③ 경제성장이 둔화되면 경제활동참가율은 높아진다.

④ 자본의 공급탄력성이 높기 때문에 노동수요가 감소한다.

⑤ 노동에 대한 수요는 파생수요로서 내수 침체에 따라 신규고용이 감소한다.

81 2008년 노벨경제학상을 수상한 경제학자 폴 크루그먼(Paul Krugman)은 아시아의 경제기적을 영감(inspiration)이 아닌 땀(perspiration)에 의한 것이라 논평을 하였는데 이 크루그먼의 주장을 뒷받침하기 위하여 필요한 이론적 도구는 무엇인가?

① 신무역이론

② 내생성장이론

③ 외생성장이론

④ 성장회계분석이론

⑤ 전략적 무역이론

79. ④
㉠ 천연가스의 가격이 상승하게 된다.
㉡ 서방국가들은 파이프라인을 통해 러시아산 천연가스를 사용할 수 밖에 없는 실정이다.
㉢ 석유는 단기매매, 가스는 장기매매를 한다.
㉣ 가스매장량 1위는 러시아이다.

80. ⑤
① 소비와 투자의 감소는 물가를 상승시킨다.
② 임금이 높아지면 노동수요는 증가한다.
③ 경제성장이 둔화되면 경제활동참가율은 낮아진다.
④ 자본의 공급탄력성이 높기 때문에 노동수요는 증가한다.

81. ④
성장회계분석…solow의 성장모형에 근거하여 경제성장률을 생산에 투입된 자본과 노동 등 생산요소와 기술 진보 및 기타 요인들을 반영하는 솔로 잔차(Solow residual)인 총 요소생산성의 기여도로 분석하는 방법을 말한다.

82 다음에서 설명하는 것은 무엇인가?

> 대출금융기관이 채권회수위험을 담보하기 위해 가입하는 보험적 성격을 갖는 신용파생상품으로 채무자가 파산하여 채권을 상환받을 수 없을 경우 돈을 대신 갚아주기로 약정을 표준화한 상품으로 부도위험이 특정 금융회사에 집중되는 것을 막고 다수 투자자에게 분산시켜주는 기능을 한다. 그러나 이 상품의 매매가 이루어지면서 위험회피 본연의 목적을 벗어나 투기의 목적으로 변질되기도 하였으며, 미국의 서브프라임 모기지 사태가 확산되는데 핵심적인 역할을 하는 상품이라는 지적을 받고 있다.

① 선물환
② 모기지
③ 부채담보부증권
④ 기업어음
⑤ 신용디폴트스왑

83 자유무역협정을 옹호하는 논리로 볼 수 없는 것은?

① 무역으로 인하여 시장이 커진다.
② 무역으로 인하여 다양한 상품의 선택이 가능해진다.
③ 무역으로 인하여 특화가 가능해지고 비용이 하락한다.
④ 무역으로 인하여 숙련 노동자의 임금이 더 상승하게 된다.
⑤ 무역이 행하여진다는 것은 교역 쌍방이 모두 이득을 보고 있기 때문이다.

84 다음의 글을 읽고 (   ) 안에 들어갈 가장 알맞은 말은?

> 영양과 의료기술이 향상되면서 평균수명은 증가하였으나 정년은 점점 짧아지고 있다. 일반적으로 직장인들에겐 피할 수 없는 숙명일지도 모른다. 경제위기가 심화되면서 더 앞당겨질 수 있다. 서민과 중산층의 가장 큰 불안거리로 자리매김하고 있다. 사회적으로 (   )와 같은 정책이 다양하게 모색되는 배경으로 개인 입장에서는 직장 대신 확실한 직업을 갖도록 자기연마에 힘을 쓸 수 밖에 없다. 청년 백수들도 '취직=직장구하기'라고만 보지 말고 평생직업을 찾는 데 더 노력해야 할 것이다.

① 고용의 유연성 확대　　　　　　② 임금피크제의 확대

③ 비정규직의 정규직화　　　　　　④ 정규직의 비정규직 전환 유도

⑤ 외국인 산업연수생 도입의 확대

85 **수출제품의 부품을 국산화하는 과제에 대한 다음의 설명 중 가장 적절한 것은?**

① 수출드라이브 정책을 추구하는 데 선행조건이 된다.

② 수출업자들이 환영하기 때문에 국산화를 추진한다.

③ 대부분 개발도상국들이 경제개발 초기 단계에서부터 추진하여 왔다.

④ 결과적으로 중화학공업 육성으로 연결될 가능성이 높다.

⑤ 경제적 종속관계를 청산하기 위해서라도 국가적 과제로 삼아야 한다.

ANSWER

82. ⑤

신용디폴트스왑(CDS) … 금융시장에서 거래되는 일종의 보험상품으로 보험 인수 회사는 채권 등 금융상품이 부도나면 대신 돈을 지급하기로 하고 보험 가입자에게 수수료를 받는데 이를 프리미엄이라 한다. 금융상품의 부도 위험이 클수록 프리미엄은 커지게 된다.

83. ④

자유무역협정(FTA) … 국가간 상품의 자유로운 이동을 위해 모든 무역 장벽을 제거시키는 협정을 말하며, 특정 국가 간의 상호 무역증진을 위해 물자나 서비스 이동을 자유화시키는 협정으로, 나라와 나라 사이의 제반 무역장벽을 완화하거나 철폐하여 무역자유화를 실현하기 위한 양국간 또는 지역 사이에 체결하는 특혜무역협정이다. 그러나 자유무역협정은 그동안 대개 유럽연합(EU)이나 북미자유무역협정(NAFTA) 등과 같이 인접국가나 일정한 지역을 중심으로 이루어졌기 때문에 흔히 지역무역협정(RTA ; regional trade agreement)이라고도 부른다.

84. ②

임금피크제 … 일정 연령이 되면 임금을 삭감하는 대신 정년은 보장하는 제도로 워크 셰어링(work sharing)의 한 형태이다. 미국·유럽·일본 등 일부 국가에서 공무원과 일반 기업체 직원들을 대상으로 선택적으로 적용하고 있으며, 우리나라에서는 2001년부터 금융기관을 중심으로 이와 유사한 제도를 도입해 운용하고 있다. 그러나 공식적으로는 신용보증기금이 2003년 7월 1일 임금피크제를 적용한 것이 처음이다. 노동자들의 임금을 삭감하지 않고 고용도 유지하는 대신 근무시간을 줄여 일자리를 창출하는 제도로 2~3년의 기간을 설정하여 노동자들의 시간당 임금에도 변함이 없으며 고용도 그대로 유지되는 단기형, 기존의 고용환경과 제도를 개선할 목적으로 비교적 장기간에 걸쳐 행해지는 중장기형으로 나뉜다.

85. ④

경제성장 초기에는 부품이나 소재를 수입하여 이를 가공한 다음 수출하는 구조를 가질 수 밖에 없지만 자본과 기술이 어느 정도 축적이 되면 부품 국산화가 이루어지게 된다. 부품산업은 철강, 화학, 기계, 전자 등의 중화학공업을 통해 산출되기 때문에 중화학공업의 육성에 연결될 가능성이 크다.

86 월가에서 신뢰와 명성이 높았던 자산운용가 버나드 메이도프가 총 500억 달러에 달하는 초대형 금융사기를 벌였다는 사실이 2009년 1월 적발되었다. 이 사건은 실질적인 자산의 증식보다 뒷사람의 투자자금을 앞사람의 수익금으로 지불하면서 투자자를 끌어 모으는 오래된 금융사기수법을 활용한 것이다. 이는 다음 중 무엇에 해당하는가?

① 구축효과
② 립스틱수법
③ 역경매판매
④ 폰지사기
⑤ 치킨게임

87 정부는 관세 납세자가 허위 증빙 문서를 작성, 수취하거나 악의적인 방법으로 세액을 과소 신고할 경우 부족 세액의 40%에 해당하는 (   )을/를 부과할 방침이라고 밝혔다. 다음 중 (   ) 안에 들어갈 알맞은 단어는 무엇인가?

① 벌금
② 범칙금
③ 부가세
④ 가산세
⑤ 과징금

88 다음 중 에코 버블(echo bubble)에 대한 설명으로 가장 적합한 것은?

① 환경오염 물질이 적정 수준을 넘어선 현상을 말한다.
② 환경 관련 산업에 대한 투자가 지나치게 많이 이루어지는 현상을 말한다.
③ 부동산이나 주가가 지나치게 올라 경제 전체에 버블이 심한 현상을 말한다.
④ 주가에 소형 거품이 형성되었다가 꺼지는 현상이 반복되는 현상을 말한다.
⑤ 현실 경제에는 별 문제가 없지만 경제학 분석 모델에 의하면 버블이 형성되어 있는 것으로 평가되는 국면을 말한다.

89 다음에서 설명하고 있는 소비행태를 무엇이라 하는가?

대중들이 구매하는 제품은 거부한다. 남들이 구입하는 어려운 값비싼 상품을 보면 오히려 사고 싶어진다. 가격이 오를수록 구매욕구가 높아지며 명품 과시욕 또한 여기에 해당한다.

① 트리클 다운　　　　　② 스필오버 효과

③ 스놉 효과　　　　　　④ 스톡홀름 증후군

⑤ 밴드왜건 효과

90 일본의 저금리를 활용하여 금융기관에서 돈을 차용하여 국제 환투기에 나서는 일본 여성들이 늘고 있다고 한다. 일본 언론이 이런 여성들을 지칭하는 용어로 옳은 것은?

① 엔캐리 부인　　　　　② 마사코 부인

③ 미쓰비시 부인　　　　④ 아키라 부인

⑤ 와타나베 부인

ANSWER

86. ④

폰지사기(Ponzi Scheme) … 허황된 고수익을 제시하며 투자자를 끌어들여 뒤에 들어오는 투자자의 원금으로 앞사람의 이자를 지불하는 사기수법으로 1925년 찰스 폰지가 미국 플로리다에서 90일 후 수익 두 배를 내세우며 벌인 사기극에서 유래되었다. 국제쿠폰과 주택사업 등을 하겠다며 한 해 10억 달러를 모으기도 하였으나 실제로는 아무런 사업도 하지 않았으며, 체포 당시 수중의 돈은 전체 금액의 14% 밖에 되지 않았다. 미국 월가의 헤지펀드가인 버나드 메이도프가 벌인 다단계 금융사기 사건 역시 이 수법을 사용하였다.

87. ④

가산세 … 세법에 규정하는 의무의 성실한 이행을 확보하기 위하여 그 세법에 의하여 산출한 세액에 가산하여 징수하는 금액을 말한다. 가산세는 가산금과 유사하지만, 가산세는 세법상의 성실한 신고·납부의무의 준수에 중점을 두는 데에 비하여 가산금은 납기의 준수에 중점을 두는 것이 다르며, 정부는 세법에 규정하는 의무를 위반한 자에 대하여 세법이 정하는 바에 의하여 가산세를 부과할 수 있으며, 가산세는 당해 세법이 정하는 국세의 세목으로 한다.

88. ④

에코 버블(echo bubble) … 메아리처럼 반복된 거품이라는 의미로, 경기침체와 금융위기가 진행되는 가운데 단기간의 금리 급락과 유동성의 증가로 주식시장이 반등한 후, 다시 증시가 폭락하는 경우를 말한다. 즉, 에코 버블은 유동성의 힘에 의해 주가가 상승하지만 경기지표가 이를 받쳐주지 못하면 전저점을 뚫고 다시 폭락하게 된다.

89. ③

스놉 효과 … 특정 상품에 대한 소비가 증가하면 그에 대한 수요가 줄어드는 소비현상을 말한다. 다수의 소비자가 구매하는 제품을 꺼리는 소비현상을 뜻하는 경제용어로, 남들이 구입하기 어려운 값비싼 상품을 보면 오히려 사고 싶어하는 속물근성에서 유래한다. 소비자가 제품을 구매할 때 자신은 남과 다르다는 생각을 갖는 것이 마치 백로같다고 하여 백로효과(白鷺效果)라고도 하며, 스놉 효과라고도 한다.

90. ⑤

와타나베 부인 … 일본에서의 흔한 성을 딴 국제 금융가의 조어로 월급쟁이 남편의 수입으로 가정의 재정을 담당하는 일본 가정주부를 포괄적으로 의미한다. 이들은 일본의 10년 장기불황과 낮은 은행금리 등을 배경으로 등장하게 되었으며, 와타나베 부인은 저금리의 엔화로 뉴질랜드 등 고금리 국가의 금융상품에 투자하여 고수익의 투자 기회들을 노리는 소액투자자의 특징을 갖는다.

91 다음 중 국세에 해당하는 것은?

① 주민세

② 자동차세

③ 주세

④ 담배소비세

⑤ 재산세

92 다음은 한국은행이 발표한 우리나라 2008년 3분기 국민소득으로 국내총생산과 국민총소득의 전년 동기 대비 성장률 동향을 나타낸 것이다. 이를 통하여 경제현상을 해석할 경우 그에 대한 설명으로 적절하지 못한 것끼리 바르게 짝지어진 것은?

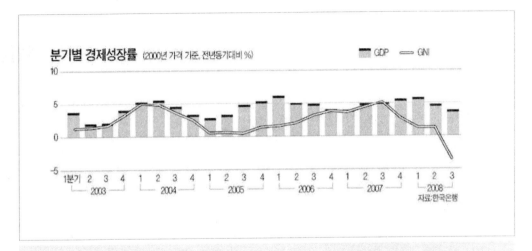

㉠ GDP성장률과 GNI성장률은 명목변수인지 실질변수인지 명확하지 못하다.

㉡ 교역조건이 개선되었다 하더라도 우리나라의 대외지급 요소소득이 대외수취 요소소득에 비하여 작은 경우라면 GNI성장률이 GDP성장률에 비해 낮을 수 있다.

㉢ 2008년의 경우 성장률이 다소 낮아지기는 하였으나 우리나라에서의 경제활동은 여전히 전년 동기 대비 규모가 증가하였다.

㉣ 다른 조건의 변화가 없을 경우 교역조건이 악화되면 GDP성장률에 비하여 GNI성장률이 낮아질 수 있다.

㉤ 2008년 3분기 이후의 소비는 증가할 것으로 예상되어 진다.

① ㉠㉡㉢

② ㉠㉡㉤

③ ㉡㉢㉣

④ ㉢㉣㉤

⑤ ㉠㉡㉣㉤

93 다음은 신문의 국제면 기사이다. (   ) 안에 들어갈 알맞은 말은?

> '돈으로 사랑을 살 수는 없지만 행복은 살 수 있다.'
>
> 미국 펜실베니아대학교 경영대학원 연구진은 '부유한 국가 국민이 가난한 국가 국민보다 더 행복하고, 국가가 부유할수록 국민의 행복도도 높아진다.'는 연구 결과를 발표하여 주목을 받고 있다. 파이낸셜 타임스에 따르면 과거 30년간 통상적인 믿음은 '경제성장과 행복 수준이 꼭 정비례하는 것은 아니다'라는 것이었다. 이는 1974년 동일한 내용의 논문을 발표한 경제학 교수의 이름을 따 '(   )의 역설'이라고도 불린다. 그러나 와튼 스쿨의 베시 스티븐슨과 저스틴 울퍼스 교수는 이 같은 '(   )의 역설'이 사실과 다르다고 주장하였다. 132개국의 과거 50년간 자료를 바탕으로 분석한 결과 국가가 부유할수록 국민 역시 행복해지는 경향을 보였으며, 부유한 국가일수록 의료·교육 등 복지 인프라가 발달하여 국민이 행복감을 느끼는 지수가 높아진다는 것이었다.

① 기펜   ② 레온티에프
③ 파스칼   ④ 매카시
⑤ 이스털린

91. ③
①②④⑤ 지방세 ③ 국세

92. ②
㉠ 2000년 가격기준이라고 명시되어 있으므로 GDP성장률과 GNI성장률은 실질변수이다.
㉡ 교역조건이 개선되었다 하더라도 우리나라의 대외지급 요소소득이 대외수취 요소소득에 비하여 작은 경우라면 GDP성장률이 GNI성장률에 비해 낮을 수 있다.
㉣ 2008년 3분기 이후의 소비는 감소할 것으로 예상할 수 있다.

93. ⑤
이스털린의 역설(Easterlin's Paradox) … 소득이 행복의 절대 기준이 아니며, 화폐의 가치는 상대적임을 보여주는 것으로 1974년 미국의 경제학자 리처드 이스털린 교수가 소득과 행복의 상관관계에 대하여 연구 조사한 결과 소득이 일정 수준에 이르고 기본적인 욕구가 채워지면 더 이상의 수입은 행복에 큰 영향을 끼치지 않는 것으로 나타났다.

94 경기불황이 계속적일 경우 정부가 경기회복을 위하여 여러 가지 시도를 할 수 있다. 다음 중 정부가 시행할 수 있는 수단 중 그 성격이 다른 하나는?

① 운하 건설
② 공무원 채용인원 증가
③ 공무활동을 위해 필요한 사무용품 구매
④ 낡은 하수관 교체
⑤ 국민 1인당 격려금 지급

95 다음과 같은 기사제목으로 미루어 앞으로 일어날 수 있는 경제현상을 추론한 것으로 적절하지 않은 것은?.

> • 원화 환율 급락 달러당 1,100원대 깨져
> • 국제 석유가격 급등 배럴당 120달러 돌파
> • 유로화 달러에 대해 초강세! 1유로당 1.62달러로 올라

① 미국인들이 유럽으로 쇼핑을 떠날 것이다.
② 자녀를 유럽으로 유학 보낸 학부모들의 학비 부담이 커질 것이다.
③ 한국의 수출 경쟁력은 미국보다 유럽에서 상대적으로 강해질 것이다.
④ 한국의 1인당 국민소득(GDP) 3만달러 시대 도래가 앞당겨질 것이다.
⑤ 국내 주유소의 석유 판매 가격이 상승할지 하락할지는 예측하기 어렵다.

96 불과 3년 전만 하더라도 ℓ당 1,200원에 거래되던 가솔린이 지금은 ℓ당 1,900원에 거래되고 있다. 이러한 유류 가격의 급등으로 인하여 국제수지에 심각한 문제가 발생하였다. 경제적 측면에서 유류 소비를 줄이는 가장 효율적인 방안으로 옳은 것은?

① 주 4일 근무제를 도입하여 출퇴근 횟수를 줄인다.
② 항공기의 유류 소모가 가장 크므로 국적기의 운행편수를 10% 감축한다.
③ 매주 특정일을 정하여 자동차 운행을 전면 금지하고, 도보나 자전거 이용을 장려한다.
④ 가격을 올리면 일부 부유층을 제외한 서민들은 유류를 구매하기가 어려워지므로 공평하게 절약에 동참할 수 있도록 차량 홀짝제 운행을 시행해야 한다.
⑤ 가격이 오르면 소비가 줄어들 것이므로 원유 가격이 상승하는 것에 따라 국내 유류 가격도 상승하도록 허용한다.

97 종합부동산세의 존·폐에 관한 상반된 주장을 통해 이들 논리로부터 유추한 내용으로 가장 옳지 못한 것은?

> • 존치론 : 종합부동산세란 소수의 부동산 부자들로부터 걷은 세금으로 지방의 서민들을 지원하는 세금이다. 미국과 같은 선진국들은 우리나라보다 부동산 보유세율이 몇 배나 높다. 따라서 보유세율을 정상화한다는 의미에서도 종부세는 폐지할 수 없다. 부동산 시장을 안정시키고 투기를 잡기 위해서라도 종부세는 필수적이다. 만약 종부세를 폐지한다면 이는 소수의 부자들만을 위함이다.
>
> • 폐지론 : 선진국의 보유세는 일반적으로 종부세와 같은 누진율이 아닌 부동산을 가진 모든 국민이 동일한 세율로 납부하는 정률세로 운영된다. 일부 부자들에게만 지방 재정에 관한 책임을 떠넘긴다는 점에서 종부세는 정의롭지도 못하며, 더구나 고가의 부동산을 보유했다고 해서 진짜 부자인 것도 아니다. 또한 세금이 부동산 가격을 안정시키는 효과 역시 없다.

① 폐지론자는 세금은 고루 부담하는 보편성을 가져야 정의롭다고 믿는다.
② 존치론자의 논리에 따르면 종부세가 아닌 재산세를 올려야 한다.
③ 폐지론자는 보유세를 무겁게 매기는 것에 포괄적으로 반대한다.
④ 존치론자는 세금 인상이 부동산 투기를 억제한다고 믿는다.
⑤ 폐지론자는 순자산에 매기는 부유세에 찬성할 가능성이 높다.

ANSWER

94. ⑤
①②③④ 정부의 재정지출확대 정책 ⑤ 정부의 이전지출

95. ①
기사제목을 통해 달러에 대한 유로화와 우리나라의 원화가 강세를 보이고 있는 상황임을 알 수 있다. 따라서 유로화와 원화의 소지자들의 구매력이 높아져 해외여행 및 유학이 급증하고 수출기업은 경쟁력이 떨어질 것임을 예상할 수 있다.

96. ⑤
자원은 시장에 맡겨둘 때 가장 효율적으로 배분하므로, 해외 유류 가격의 상승에 따라 국내 가격의 상승을 유도하여 소비를 줄이도록 한다.

97. ③
종합부동산세의 폐지론자들은 보유세 자체를 무겁게 매기는 것이 아니라 일부의 부자들에게만 무거운 책임을 떠넘기는 것이 형평성에 어긋남을 주장하고 있다.

98 다음 중 기업 인수·합병(M&A)에 관한 설명으로 옳지 않은 것은?

① 막대한 프리미엄을 치르고 M&A를 하기도 한다.

② 적대적 M&A에서 피인수기업의 주주는 일반적으로 손실을 본다.

③ M&A 실패의 가장 큰 원인의 하나는 인수 후 통합 과정의 문제 때문이다.

④ M&A 시장의 활성화는 주주와 경영자 간 대리인 문제를 완화시키는 역할을 한다.

⑤ 자사주를 매입해 주가를 높게 유지하는 것 또한 경영권 방어를 위한 수단이 될 수 있다.

99 다음 중 증여세를 납부해야 하는 경우로 옳은 것은?

> ㉠ 올해 9살인 신나라양의 부모는 대학 등록금으로 사용하기 위하여 매달 5만 원씩 신나라양의 앞으로 가입한 적립식 펀드에 돈을 불입하기로 했다. 10년 뒤 펀드의 적립원금 합계는 1,200만 원이었다.
>
> ㉡ 최장수씨는 서른 살이 된 아들에게 결혼 자금으로 쓰라며 1억 3,000만 원을 줬다.
>
> ㉢ 우리 민족 고유의 명절인 설날 김철수군이 부모와 친척 어른들에게 받은 세뱃돈은 100만 원이다.
>
> ㉣ 시가 5억 원짜리 아파트를 단독 명의로 보유하고 있는 김태양씨는 결혼 20주년을 맞아 이 아파트를 아내와의 공동명의로 전환하였다.

① ㉠   ② ㉡

③ ㉢   ④ ㉣

⑤ ㉠㉡㉢㉣

100 다음 중 우리나라의 주식시장 매매 제도에 대한 설명으로 옳지 않은 것은?

① 개장시간은 오전 9시이며 폐장시간은 오후 3시 30분이다.

② 코스닥시장의 가격 제한폭은 30%이다.

③ 유가증권시장의 가격 제한폭은 전일 종가 대비 상하 30%이다.

④ 점심시간(12~13시)에는 휴장한다.

⑤ 동시호가는 장 시작과 장 마감에 적용한다.

101 다음 중 투자은행(IB ; Investment Bank)에 해당하는 금융기관은?

① HSBC

② 씨티(Citi) 은행

③ 골드만삭스(Goldman Sachs)

④ 스탠다드차타드(Standard Chartard)

⑤ 뱅크오브아메리카(Bank Of America)

ANSWER

98. ②
일반적으로 적대적 M&A는 공격하는 측과 공격하는 측의 경쟁적인 주식매집으로 인해 주가가 급등한다. 따라서 피인수기업의 주주가 손실을 본다는 것은 적절하지 않다.

99. ②
증여재산 공제〈상속세 및 증여세법 제53조〉 … 거주자가 다음의 어느 하나에 해당하는 사람으로부터 증여를 받은 경우에는 다음의 구분에 따른 금액을 증여세 과세가액에서 공제한다. 이 경우 수증자를 기준으로 그 증여를 받기 전 10년 이내에 공제받은 금액과 해당 증여가액에서 공제받을 금액을 합친 금액이 다음 의 구분에 따른 금액을 초과하는 경우에는 그 초과하는 부분은 공제하지 아니한다.

㉠ 배우자로부터 증여를 받은 경우 : 6억 원
㉡ 직계존속[수증자의 직계존속과 혼인(사실혼 제외) 중인 배우자 포함]으로부터 증여를 받은 경우 : 5천만 원. 다만, 미성년자가 직계존속으로부터 증여를 받은 경우에는 2천만 원
㉢ 직계비속(수증자와 혼인 중인 배우자의 직계비속 포함)으로부터 증여를 받은 경우 : 5천만 원
㉣ 6촌 이내의 혈족, 4촌 이내의 인척으로부터 증여를 받은 경우 : 1천만 원

100. ④
일본이나 홍콩의 경우 점심시간에 휴장하지만 우리나라의 경우 점심시간에 휴장하지 않는다.

101. ③
③ 투자은행(IB ; Investment Bank)
①②④⑤ 상업은행(CB ; Commercial Bank)

102 다음 중 최근의 경제 흐름에 관한 설명으로 옳지 못한 것끼리 묶인 것은?

> ㉠ 최근 원화의 고환율로 인해 수출 산업에 유리한 조건이 형성되고 있다.
> ㉡ 지역 경제통합의 추진과 함께 국가 간 자유무역협정이 동시에 진척되고 있다.
> ㉢ 각국의 중앙은행들은 유동성을 늘리기 위해 통화 긴축 정책을 실시하고 있다.
> ㉣ 최근 수년 동안 국내 제조업의 생산기지가 해외로 이전되고 있으며 이런 현상이 지속될 경우 국내 산업의 공동화가 예상된다.
> ㉤ WTO에서는 농업문제 및 지구온난화 대책에 관한 토론이 활발하게 진행되고 있다.

① ㉠㉢
② ㉠㉤
③ ㉢㉣
④ ㉡㉢
⑤ ㉢㉤

103 중국은 마오쩌둥 통치하에서와는 달리 덩샤오핑이 권력을 잡은 이래 비약적인 경제발전을 거두었으며 머지 않은 장래에는 경제 강국으로 부상할 전망이다. 이처럼 지난 약 25년에 걸쳐 중국이 눈부신 경제발전을 이룩할 수 있었던 원인으로 가장 적절한 것은?

① 마오쩌둥 정부는 서방 선진국에게 외면을 당했으나 덩샤오핑 정부는 서방 선진국들과 동등한 대우를 받기 때문이다.
② 덩샤오핑 통치하의 중국인들이 정신 개조를 통하여 부지런하고 똑똑해진 덕분이다.
③ 마오쩌둥 정부는 사회주의 통제경제 체제를 내세웠으나 덩샤오핑 정부는 개혁과 개방을 바탕으로 한 시장경제 체제를 근간으로 삼았기 때문이다.
④ 대만과 싱가포르 등지에서 초빙한 일류 기업가들이 중국 경제에 새로운 활력을 불어넣었기 때문이다.
⑤ 남한의 비약적인 발전상에 자극 받은 중국인들이 똘똘 뭉쳐 국유기업의 생산성을 높일 수 있었기 때문이다.

104 다음에 해당하는 내용의 원인 중 가장 본질적인 것으로 옳은 것은?

> 시민단체들은 아파트에 관해서는 원가를 공개하라고 요구하면서도 자동차, 휴대전화, LCD TV 등에 관하여서는 그러한 요구를 하지 않는다.

① 자동차나 TV 또는 휴대전화는 수입이 가능하지만 아파트는 수입해 올 수 없기 때문이다.

② 자동차나 TV 또는 휴대전화 등과 달리 아파트는 전체 국민에게 필요한 것이므로 폭리를 막는 것이 중요하기 때문이다.

③ 주거용 토지 공급의 제한으로 인하여 아파트 건설 산업은 독점적 성격을 띠므로 원가 공개와 같은 규제가 요구된다.

④ 일반적으로 아파트 한 채의 가치가 자동차 20대 이상, TV 200대 이상 그리고 휴대전화 2,000대 이상의 가치에 해당하므로 이들과 아파트를 비교 대상으로 삼는 것은 옳지 않다.

⑤ 원가공개를 통하여 건설회사가 가져갈 이윤을 줄이는 데서 얻는 혜택이 그로 인해 공급물량이 줄거나 아파트의 품질이 저하되는 데서 오는 손해보다 크다고 생각하기 때문이다.

ANSWER

102. ⑤
ⓒ 세계 각국의 중앙은행들은 경제 위기를 타파하고 유동성을 늘리기 위하여 금리 인하와 같은 통화 팽창 정책을 실시하고 있다.
ⓜ 지구온난화를 논의하는 국제기구는 UN산하의 IPCC(기후변화에 관한 정부간 협약)이다.

103. ③
경제발전 제일주의에 입각한 덩샤오핑의 개혁·개방정책은 기존의 사회주의 경제체제를 해체시키고 시장경제를 도입하면서 중국사회의 다원화를 촉진하는데 큰 영향을 주었다.

104. ⑤
가장 본질적인 원인은 원가공개로 인한 혜택이 원가공개로 인한 비용보다 큰 것이다.
※ 아파트 분양 원가공개 … 아파트 분양 원가공개란 지나치게 높은 분양가 책정으로 인하여 건설업체들이 폭리를 취하고 무주택 서민들이 피해를 보는 데 대한 대안으로 논의되었다.

105 다음 중 자사주 매입(stock repurchase)에 대한 다음의 설명으로 옳지 않은 것은?

① 자사주 매입 후 사들인 주식은 6개월 이내에 팔 수 없고, 자사주에 대한 주주 권리는 인정되지 않는다.

② 자사주를 매입하면 부채비율이 높아져서 자본구조가 악화된다.

③ 잉여현금흐름이 많은 기업이 주주가치를 높이는 방법 중 하나이다.

④ 순이익이 일시적으로 증가할 경우 자사주를 매입하면 배당 효과를 가져올 수 있다.

⑤ 자사주 매입은 그 기업의 주식이 지나치게 낮게 평가되었을 때 적대적 M & A에 대비하여 경영권을 보호한다.

106 다음 보고서를 읽고, 총요소생산성(Total Factor Productivity)을 높이는 적절한 방안에 해당하지 않는 것은?

> 우리나라의 경우 경제성장에 있어 생산요소별 기여율을 보면 자본스톡, 노동, 총요소생산성의 순으로 기여율이 높은 것을 알 수 있다. 특히 총요소생산성의 기여도 및 기여율은 매우 낮다. 이는 그만큼 우리 경제의 성장이 생산성의 향상에 의해서라기보다는 자본과 노동의 대규모 투입에 의해 이루어져 왔음을 말해주는 것이다.
> 특히 1990년대 들어서 1980년대에 비해 경제성장에 있어 자본의 기여율이 더욱 높아진 가운데 총요소생산성의 기여율은 더욱 낮아졌다. 이는 90년대 들어 연평균 성장률이 크게 둔화됐다는 점을 감안할 때 자본의 생산성 또는 투자의 효율성이 크게 낮아졌다는 것을 뜻한다. 이런 투자 효율성의 저하가 바로 외환위기의 근본적인 원인으로 지적될 수 있을 것이다.

① 규제 혁신
② 법치주의의 확립
③ 연구개발투자 확대
④ 저축 증대를 통한 투자자본 확충
⑤ 교육혁신을 통한 인적자본의 생산성 제고

107 공매도(short selling)란 주식을 빌려 시장에 매각한 다음 주가가 떨어지기를 기다렸다가 시장에서 되사서 갚는 것을 말한다. 다음 중 공매도에 대한 설명으로 옳지 않은 것은?

① 주가 상승을 예상한 투자전략이다.
② 선물을 매입하는 전략과 함께 구사할 수 있다.
③ 주가 하락 효과는 단기간에 나타난다.
④ 결제 불이행이 발생하면 금융시스템 전체를 붕괴시킬 수도 있다.
⑤ 결제 불이행을 막기 위하여 일정한 담보를 제공해야 한다.

108 다음의 상황에서 발생하는 경제적 결과에 대한 설명으로 바른 것은?

> 19C 국제경제는 자본과 노동의 활발한 이동에 의해 크게 발전한 것으로 평가받고 있다. 1821년부터 1915년 사이 영국, 독일, 이탈리아 등 유럽 국가에서 미국, 캐나다, 아르헨티나, 호주 등 신대륙 국가로 많은 사람들이 이주한 것으로 나타나고 있다.

① 노동이 희소한 곳에서 노동이 풍부한 곳으로 이동했다.
② 수송수단의 발달에 따른 노동시장의 통합과정이라고 볼 수 있다.
③ 유럽 국가에서는 노동 생산성이 하락하고 신대륙 국가에서는 노동 생산성이 상승하는 결과를 초래했다.
④ 국제적으로 임금의 격차가 벌어지는 결과를 가져왔다.
⑤ 신대륙은 이민을 장려하는 방향으로 정책 기조를 바꿨다.

ANSWER

105. ②
자사주를 매입하면 자본구조는 악화되는 것이 아니라 개선된다.
※ **자사주매입** … 기업이 자기 자본으로 자신의 회사 주식을 매수하는 것을 말한다.

106. ④
저축 증대를 통한 투자자본의 확충은 자본량의 변동을 의미하므로 총요소생산성과는 거리가 멀다.
※ **총요소생산성**(Total Factor Productivity) … 단일요소가 아닌 생산요소 전체를 기준으로 효율성을 측정하는 개념이다. 단일요소생산성을 측정할 때 포함되지 않는 기술이나 노사관계, 경영체제, 법, 제도 등을 모두 반영하며 특히 기술 혁신은 총요소생산성 증가에 큰 영향을 미친다.

107. ①
공매도란 주식을 보유하고 있지 않은 투자자가 남의 주식을 빌려서 파는 것을 말한다. 공매도 후 주가가 떨어지면 나중에 싼 값에 주식을 되사서 갚는 방식으로 주가 하락을 예상한 투자전략이다.

108. ②
① 노동이 풍부한 곳에서 희소한 곳으로 이동해 갔다.
③ 유럽 국가에서는 노동 생산성이 상승했으며 신대륙 국가에서는 노동 생산성이 하락하는 결과를 낳았다.
④ 국제적으로 노동 생산성의 격차가 줄어들면서 임금 격차도 동시에 줄어들었다.
⑤ 유럽과 신대륙 간의 임금격차가 줄어들자 신대륙은 이민을 제한하는 방향으로 정책 기조를 세웠다.

109 **핵심역량(Core Competence)에 대한 설명으로 옳지 않은 것은?**

① 핵심역량은 쉽게 모방할 수 있다.

② 핵심역량이 모든 기업에 존재하는 것은 아니다.

③ 핵심역량이란 지속적 경쟁우위 창출에 결정적인 역할을 하는 자원 및 역량을 뜻한다.

④ 핵심역량을 성공적으로 축적하기 위해서는 핵심기술의 내부화가 요구되기도 한다.

⑤ 핵심역량은 오랜 기간 동안 꾸준히 조금씩 축적하는 학습과정을 통해 구축된다.

110 **다음 중 국부펀드(sovereign wealth fund)와 해당 국가의 연결이 바르지 않은 것은?**

① 한국투자공사 – 대한민국

② Temasek – 카타르

③ GIC – 싱가포르

④ CIC – 중국

⑤ ADIA – 아랍에미리트

111 **로스쿨 설립과 법률 시장에 관한 다음의 주장들 가운데 시장경제 논리에 입각한 것이라고 보기 어려운 것은?**

① 로스쿨 설립 요건을 엄격히 강화하도록 해야 한다.

② 국민 부담이 늘어나더라도 변호사 수임료의 현실화를 허용해야 한다.

③ 로스쿨의 정원을 줄여 변호사의 수를 제한하면 법률 서비스의 질은 떨어진다.

④ 선진 법률 서비스의 공급을 위해서는 변호사들에게 적절한 물질적 보상을 지급해야 하지만 경쟁의 원칙은 법률 시장에도 적용되어야 한다.

⑤ 양질의 법률 서비스를 제공하는 것이 변호사들의 자기 이익 추구와 합치할 때 국민의 권리가 보장된다.

112 경제생활이 활발해지면 그만큼 자원의 소비량도 늘어나므로 자원 고갈이 촉진될 것으로 예상된다. 시장 경제 체제에서 자원 문제에 대한 설명으로 가장 적절한 것은?

① 시장경제는 자원을 많이 낭비한다.

② 시장경제 체제가 주도하는 경제 성장은 곧 한계에 다다를 것이다.

③ 시장경제는 현재의 자원의존적 경제생활을 점차 자원절약적 경제생활로 개선해 나갈 것이다.

④ 시장경제는 고갈되는 자원의 값을 올려 대체 자원을 개발하도록 하는 등 자원고갈 문제에 대처할 방안을 강화하도록 한다.

⑤ 시장경제의 번영은 후손들이 누려야 할 자원까지 소모시켜 시장경제가 번영할수록 자원의 종말, 인류의 종말 시점은 앞당겨질 것이다.

ANSWER

109. ①

핵심역량… 단순히 그 기업이 잘하는 활동을 의미하는 것이 아니라 다른 경쟁기업에 비해 훨씬 뛰어난 즉, 경쟁우위를 가져다주는 흉내낼 수 없는 역량을 말한다.

110. ②

Temasek은 싱가포르의 국부펀드이며, 카타르의 국부펀드는 QIA이다.

※ 국부펀드… 국부펀드란 일정 수준 이상의 보유 외환을 투자용으로 모아놓은 자금을 말한다. 일반적으로 국가기관이 자금 운용을 담당하며 석유를 수출해 벌어들인 오일달러 또는 무역수지 흑자로 발생한 외환보유액 등이 주요 자금 원이다.

111. ①

설립요건의 강화는 규제를 의미하며, 이는 자유로운 경쟁을 방해하므로 시장경제 논리에 어긋난다.

112. ④

시장경제 원리에 따르면 공급과 수요의 원리는 효율적으로 자원을 배분하며 환경문제와 자원고갈 등에 대해서도 해법을 제시해 준다.

113 M&A 전략을 바탕으로 성장해왔던 많은 기업들이 이제 유동성 보강에 총력을 기울이고 있다. 다음 중 유동성 보강을 위해 기업이 추진할 수 있는 방법으로 옳지 않은 것은?

① 채권을 발행한다.

② 계열사를 매각한다.

③ 주식을 발행한다.

④ 차입매수를 통하여 기업을 인수한다.

⑤ 은행 차입 라인을 증액한다.

114 프로젝트 파이낸스(Project Finance)에 대한 설명으로 옳지 않은 것은?

① 특정 프로젝트만을 위한 별도의 회사를 설립한다.

② 자금조달의 기초를 프로젝트 자체의 수익성에 둔다.

③ 대출 이자는 사업주의 신용도에 따라 결정된다.

④ 고속도로, 공항 건설과 같은 대규모 프로젝트를 수행할 때 자금조달의 유용한 수단이다.

⑤ 대출 금융기관은 사업의 수익성을 알기 위해 미래 현금흐름을 정확히 예측해야 한다.

115 다음 중 공정거래법이나 하도급법 등 공정거래위원회 소관 법률의 위반행위로 옳지 않은 것은?

① 甲건설업체는 내부사정으로 인하여 하도급업체에 하도급 대금을 지급기한보다 2개월 늦게 지급했다.

② 乙백화점은 세일행사의 진행과정에서 입점업체들에게 광고비를 공평하게 나눠 부담토록 했다.

③ 정유협회는 국제원유 가격의 급등에 따라 소속사들에게 공문을 보내어 국제유가 인상분만큼 휘발유 가격을 올리라고 지시했다.

④ 대기업이 정부 조달 입찰에서 저가 응찰을 통해 경쟁하던 다수의 중소기업을 탈락시켰다.

⑤ 丙사는 대리점들이 본사가 책정한 가격보다 낮은 가격에 제품을 판매하고 있는 것을 파악하고, 각 대리점들로 하여금 본사가 지정한 가격을 유지하도록 했다.

116 전 세계 금융시장을 큰 혼란으로 몰아넣은 미국발 서브프라임 위기의 원인 분석과 대책들 중 가장 적절한 것은?

① 금융기관들이 자금을 빌리는 사람들의 신용상태를 엄격하게 평가하지 않은 것이 원인이므로 대출심사를 제대로 한다면 그 발생 빈도를 낮출 수 있다.

② 개인의 사익만을 추구하는 사람들이 금융기관을 운영하기 때문에 위기가 발생한다. 금융계 인사들의 개편이 없다면 위기는 재발할 것이다.

③ 신용이 낮은 사람에게 높은 이율로 돈을 빌려준 것이 원인이므로, 신용이 나쁠수록 낮은 이자를 물렸더라면 어느 정도 방지할 수 있었을 것이다.

④ 금융시장이 발달되고 잘 관리되고 있더라도, 주기적으로 위험은 다가오기 마련이므로 위기를 전제로 경제생활을 영위해야 한다.

⑤ 호황기에는 많은 돈을 빌려주던 은행들이 불경기가 되면서 갑작스레 자금을 압박한 것이 원인이므로 시중에 자금을 푸는 것이 해결책이다.

ANSWER

113. ④
차입매수(LBO ; Leveraged Buy-Out)란 기업을 매수하는 기업(집단)이 인수시 필요한 자금을 인수기업이 모두 조달하는 것이 아니라, 매각되는 기업의 자산을 담보로 인수자금을 충당하는 방식이다. 이는 기업의 유동성을 보강하는 행위라고 볼 수 없다.

114. ③
기존의 대출이 사업주의 신용을 바탕으로 이루어졌다면 프로젝트 파이낸스의 경우 사업 그 자체의 수익성만을 고려한다.
※ **프로젝트 파이낸스**(Project Finance) … 특정한 프로젝트로부터 미래에 발생하는 현금흐름을 담보로 하여 해당 프로젝트를 수행하는 데 필요한 자금을 조달하는 금융기법을 말한다.

115. ④
①② 공정거래법 제3조의2 시장지배적, 지위의 남용금지 위반
③ 공정거래법 제19조 제1항 부당한 공동행위의 금지 위반
⑤ 담합을 유도하는 불공정 거래행위

116. ①
서브프라임 모기지론(Subprime mortgage loan) … 비우량 주택담보대출로 신용등급이 낮은 저소득층을 대상으로 하여 주택자금을 빌려주는 미국의 주택담보대출상품이다. 미국의 주택경기가 호황일 때는 집값의 상승으로 대출을 충분히 상환할 수 있었으나, 주택경기가 몰락하면서 저소득층이 빌린 돈을 갚지 못하자 서브프라임사들이 파산하기 시작한 것이 서브프라임 위기이다.

117 다음 중 미국의 다우존스공업평균지수와 한국의 코스피지수에 대한 설명으로 옳지 않은 것은?

① 코스피지수는 1983년부터 시가총액방식으로 산출되고 있다.
② 다우존스공업평균은 지수산출 대상 종목의 주가를 단순 평균해 산출한다.
③ 코스피지수는 시장 전체의 가치 변화를 정확히 반영한다.
④ 다우존스공업평균은 시장 분위기의 변화를 상대적으로 더 잘 반영한다.
⑤ 코스피지수는 벤처 및 중소기업 주가의 변화를 민감하게 반영한다.

▶▶ **출제예상문제**

118 다음은 주식회사 서원각의 마케팅 전략 계획서의 일부이다. 이에 나타난 마케팅 믹스 전략에 대한 설명으로 적절한 것을 모두 고른 것은?

마케팅 전략 계획서

• 제품 전략
명품을 지향하는 개별 브랜드와 최고 사양의 시스템을 갖춘 고급 대형 승용차
• 목표 시장 선정 및 촉진 전략
40 ~ 50대 전문직 종사자를 목표 고객으로 설정하고 전문직 관련 잡지에 유료로 자동차 브랜드와 제품 소개
• 가격 전략
고객에 대한 고품질의 서비스를 제공하고 제품 단위당 마진율을 높인 고가격 전략 실시
• 유통 전략
자사 제품만을 취급하는 유통망을 통해 제품을 공급하는 전략 실시

㉠ 촉진 전략 유형은 홍보에 해당한다.
㉡ 유통 전략은 전속적 유통 경로 정책이다.
㉢ 제품 전략은 고급 이미지 강화 전략이다.
㉣ 가격 전략은 최소한의 이윤을 추구하는 전략이다.

① ㉠㉡　　　　　　　　　　② ㉠㉢
③ ㉡㉢　　　　　　　　　　④ ㉡㉣
⑤ ㉢㉣

119 다음은 갑동씨가 보험 수혜를 받은 사례이다. (가), (나)에 들어갈 보험에 대한 설명으로 옳은 것은?

> 갑동씨는 다니던 회사의 경영 악화로 실직한 후 ___(가)___ 수혜자로 실업 급여를 받았다. 실업 급여를 받는 동안 일자리를 알아보았지만, 구직이 쉽지 않아서 고향으로 귀농하여 배 농사를 짓게 되었다. 첫 수확이 시작될 즈음에 갑작스러운 우박과 태풍으로 배 작물에 큰 피해를 입었다. 다행히도 정부가 보험료 일부를 지원하는 ___(나)___ 에 가입한 덕분에 자연재해로 인한 농작물의 피해를 보상받을 수 있었다.

① (가)는 임의적으로 가입하는 보험이다.
② (가)는 산업 재해를 보상하는 보험이다.
③ (나)는 정액 보험에 해당한다.
④ (나)는 근로복지공단에서 관리한다.
⑤ (가)와 (나)는 정책 보험에 속한다.

ANSWER

117. ⑤
중소기 및 벤처기업들의 자금조달을 원활히 하기 위하여 설립된 것은 코스닥(korea securities dealers automated quotation)지수이다.

※ 다우존스공업평균지수와 코스피지수

ⓐ 다우존스공업평균지수(dow jones industrial average) : 미국의 다우존스사가 뉴욕증권시장에 상장된 우량기업 주식 30종목을 표본으로 하여 시장가격을 평균하여 산출하는 주가지수이다.

ⓑ 코스피지수(composite stock price index) : 1980년 1월 4일을 기준으로 하여 이날의 종합주가지수를 100으로 정하고, 비교시점과 비교하여 작성한 우리나라의 주가지수이다.

118. ③
제품 전략은 명품 지향 브랜드 및 최고 사양 시스템 적용을 통한 고급 이미지 강화 전략에 해당한다. 그리고 자사 제품만을 취급한다는 내용을 통하여 전속적 유통 경로 정책을 적용함을 알 수 있다.

119. ⑤
(가)는 고용 보험이고, (나)는 농업 재해 보험이며, 두 보험은 정책 보험에 해당한다.

120 다음은 서원유통(주)의 고객 관계 관리에 관한 내용이다. 이를 위한 고객 마케팅 방법으로 적절한 것을 모두 고른 것은?

> 서원유통(주)는 자사의 인터넷 쇼핑몰에 접속하는 고객의 구매 정보, 방문 정보, 개인 정보 등 고객 관련 데이터를 구축하여 마케팅에 활용하고 있다. 고객별로 적합한 쇼핑 정보, 인기 상품, 특가 상품의 정보 등 최적화된 정보를 제공하는 고객 관계 관리를 실시함으로써 매출이 증대되었다.

㉠ 일방향 마케팅(one-way marketing)
㉡ 관계 마케팅(relationship marketing)
㉢ 면대면 마케팅(face-to-face marketing)
㉣ 데이터베이스 마케팅(database marketing)

① ㉠㉡
② ㉠㉢
③ ㉡㉢
④ ㉡㉣
⑤ ㉢㉣

121 다음은 갑~병의 금융 상품별 투자 비중을 나타낸 것이다. 이에 대한 분석으로 옳지 않은 것은?

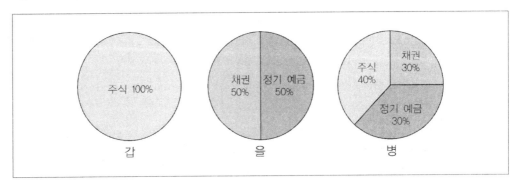

① 갑은 배당금을 받을 수 있는 상품에 투자하였다.
② 을이 투자한 상품은 모두 이자 수입을 기대할 수 있다.
③ 병의 투자 상품에는 시세 차익을 기대할 수 있는 것이 있다.
④ 갑은 을보다 수익성이 높은 상품을 선호한다.
⑤ 병은 을보다 안전성이 높은 상품을 선호한다.

122 다음은 기준금리 변동에 대한 기사의 내용이다. 이 글을 읽고 기준 금리 인하 조치에 따른 예상결과로 ( ) 안에 들어갈 말로 옳은 것은? (단, 기준금리만을 고려한다)

> 금융통화위원회는 기준금리를 3.25%에서 3.0%로 3년 5개월 만에 0.25%포인트 인하한다고 발표하였다. 이번에 기준금리를 인하한 것은 유럽발 재정 위기가 심화되는 가운데 미국와 중국의 경제가 동시에 흔들리고, 내수경기까지 급랭할 조짐이 보이자 이 같은 결정을 내린 것으로 해석된다. 이번 기준금리 인하 조치에 따라 앞으로 ( ).

① 가계 저축은 증가하게 될 것이다.
② 시중 통화량은 감소하게 될 것이다.
③ 대출 이자 부담은 증가하게 될 것이다.
④ 기업의 대출 수요는 증가하게 될 것이다.
⑤ 대출 금리가 증가하게 될 것이다.

ANSWER

120. ④
고객 관계 관리(CRM)는 고객의 데이터베이스를 활용하여 고객과의 관계를 유지하면서 자사의 매출액 증대를 실현하고자 한다.

121. ⑤
① 주식은 배당금을 기대할 수 있는 상품이다.
② 채권과 정기 예금 모두 이자 수익을 기대할 수 있다.
③ 주식과 채권은 시세 차익을 기대할 수 있다.
④, ⑤ 주식은 수익성은 높으나 안전성은 낮은 상품이다.

122. ④
기준금리 인하 조치를 시행할 경우 시중 통화량은 증가, 대출 수요 증가, 대출 이자 지급에 대한 부담 감소, 가계 저축 감소 등의 현상이 나타난다.

123 다음 표는 K씨의 자산 상태를 나타낸 것이다. 2016년과 비교한 2017년의 자산 상태에 대한 분석으로 옳은 것은?

(단위 : 천 원)

구분		2016년	2017년
자산	현금	400	400
	보통 예금	3,000	2,000
	정기 예금	10,000	–
	주식	5,000	30,000
	부동산	200,000	200,000
	자동차	5,000	4,000
	총액	223,400	236,400
부채	은행 대출금	–	10,000
	자동차 할부금 잔액	2,000	1,000
	신용카드 미결제 잔액	500	500
	총액	2,500	11,500

※ 순자산＝자산－부채

① 순자산은 감소하였다.

② 실물 자산은 증가하였다.

③ 금융 자산은 감소하였다.

④ 대출 이자 부담은 감소하였다.

⑤ '고위험 고수익'의 금융 자산이 증가하였다.

124 다음 제시문의 내용에 해당하는 주가지수는 무엇인가?

> 단기 급등에 대한 부담과 별개로 투자자들의 증시 전망에 대한 불안감은 차츰 잦아드는 것으로 나타났다. 13일 한국거래소에 따르면 국내 증시의 변동성 지수는 전날보다 0.55포인트(3.14%) 떨어진 16.95를 기록해 지난 10월 28일 이후 처음으로 17선 밑으로 내려갔다.
>
> 변동성지수는 코스피200 옵션(30일 만기) 가격을 이용해 옵션 투자자들이 예상하는 코스피200 지수의 미래 변동성을 측정한 값이다. '공포지수'라 불리는 미국의 지수와 동일한 메커니즘을 갖고 있다.
>
> <u>이 지수</u>가 높아지면 그만큼 투자자들이 증시 전망에 대해 불안감을 키우고 있다는 뜻이 된다. 10월 초부터 보름가량 16선 부근을 오르내리며 안정적인 흐름을 띠던 변동성지수는 유럽 재정위기가 불거지면서 20선까지 급등했다.

① CDS
② Dow-Jons
③ S&+P
④ VIX
⑤ VDAX

ANSWER

123. ⑤
④ 은행 대출금으로 인해 대출 이자가 발생한다.
⑤ '고위험 고수익' 금융 자산인 주식은 5백만 원에서 3천만 원으로 증가하였다.

124. ④
VIX(Volatility index)는 시카고 선물 옵션 거래소(CBOE)에서 거래되는 S&P 500 주가지수옵션의 내재변동성을 나타내는 것으로 향후 30일간의 변동성에 대한 시장의 예상치를 반영한다. VIX지수가 클수록 시장에 대한 불안감이 크다는 뜻이 된다.

125 국민연금제도의 경제적 효과에 관한 설명으로 옳지 않은 것은?

① 저축의 중요성을 깨닫게 하는 인식효과가 발생한다.

② 연금급여에 대한 기대로 조기에 퇴직하는 경우가 있다.

③ 조기퇴직효과는 저축을 증가시키는 효과가 있다.

④ 자산대체효과로 인하여 자발적 저축이 감소한다.

⑤ 부과방식으로 운용된다면 세대간 부의 이전을 기대할 수 없다.

126 정부에서 '최저 임금제'에 근거하여 내년도에 최저 임금을 인상할 경우에 예상되는 상황으로 가장 거리가 먼 것은?

① 생활보호의 수급자가 줄어든다.

② 실업률이 저하된다.

③ 아르바이트 구인수가 감소한다.

④ 아르바이트 구직활동을 하는 사람이 증가한다.

⑤ 사업자의 인건비가 증가한다.

127 밑줄 친 ㉠~㉤에 대한 설명으로 가장 적절한 것은?

　최근 특정 브랜드의 아웃도어 의류가 ㉠청소년들 사이에서 인기를 끌고 있다. 이에 대해 전문가들은 ㉡동조 의식이 강한 청소년들의 특성으로 인해 다른 의류에 비해 고가임에도 불구하고 이 브랜드의 의류가 불티나게 팔리는 것으로 분석하고 있다. ㉢일부 청소년들은 "많은 청소년들이 입고 있어서 오히려 개성이 없어 보여 안 입는다."고 말하기도 하지만, ㉣고가의 아웃도어 브랜드 유행은 당분간 수그러들 것 같지 않다. 게다가 최근에는 ㉤가격이 비싼 제품을 입은 청소년들을 더 높게 평가하는 현상까지 더해지면서, 이러한 유행은 청소년들 간 위화감 조성과 같은 부작용을 초래하고 있다.

---

① ㉠은 수요 곡선을 좌측으로 이동시킨다.

② ㉡은 모방 소비를 조장한다.

③ ㉢은 광고의 영향을 크게 받는다.

④ ㉣은 사재기가 확산될 때 나타난다.

⑤ ㉤은 충동 소비를 조장한다.

128 최근까지 주요 번화가 일대에 커피전문점이 번성하였다. 등장 초기에는 수익성이 매우 높았으나 최근 들어 그 수익성이 주춤해지고 있다. 중소 커피전문점의 경우에는 폐업을 하는 경우도 속출하고 있다. 커피전문점들의 수익성이 저하되는 가장 기본적인 원인은 무엇인가?

① 임대료 상승 등 비용 증가
② 시민들의 높은 커피가격의 실질적인 인식
③ 진입장벽의 부재
④ 대체재의 등장에 따른 커피수요 감소
⑤ 정부의 커피가격 규제

ANSWER

125. ⑤
⑤ 부과방식으로 운용된다면 세대간 부의 이전을 기대할 수 있고, 적립방식으로 운용된다면 세대간 부의 이전 문제가 나타나지 않는다.

※ 국민연금 재정운용방식 유형
　㉠ **적립방식**: 국민들이 낸 보험료 혹은 사회보장세를 적립해 기금을 만들고 이 기금에서 나오는 수익으로 연금을 지급하는 방식이다.
　㉡ **부과방식**: 현재 일하고 있는 사람들에게서 거둔 돈으로 은퇴한 사람들에게 혜택을 지급하는 방식이다. 수지 차액이 없어서 적립금이 불필요하며, 연도별 수지균형의 원칙에 따르며 일정한 재분배 기능을 가진다.

126. ②
정부에서 소득격차 시정을 위해 최저임금을 인상하게 되면 노동자들에게는 소득이 증가하여 구직활동이 증가할 수 있다. 반면 사용자측에서는 인건비 부담으로 인하여 아르바이트 고용을 늘리려 하지 않기 때문에 구직자는 증가하고 구인자는 감소하므로 실업률은 상승할 수 있다.

127. ②
동조 의식이 강한 경우 같은 집단에 속한 사람들 간에 동일한 소비 행위가 확산될 수 있다. 이러한 소비 유형은 모방소비에 해당한다.

128. ③
커피전문점은 독점적 경쟁산업으로 진입과 퇴거가 자유로워 보통 정상이윤만을 획득하게 된다. 따라서 장기적인 수익성 둔화의 가장 큰 원인은 진입장벽의 부재 때문이라 할 수 있다.

129 밑줄 친 변화와 관련된 경제적 상황으로 옳은 것은?

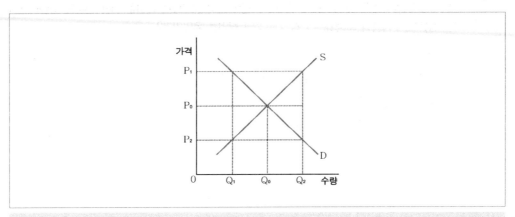

Y재는 우리나라와 미국에서만 생산되는 재화이다. 그림에서 S는 국내산 Y재의 공급을, D는 Y재에 대한 국내 수요를 나타낸다.

한–미 FTA 체결 이전 미국산 Y재는 관세를 포함하여 P_1에서 무한정 공급 가능한 상태였다. FTA의 체결로 미국산 Y재에 대해 P_1P_2만큼 부과 되던 관세가 철폐되었다.

① 관세 철폐 이전 미국산 Y재의 국내 거래량은 Q_1이다.
② 관세 철폐 이후 미국산 Y재의 국내 거래량은 Q_2이다.
③ 관세 철폐 이후 Y재의 국내 거래량은 Q_0Q_2만큼 증가하였다.
④ 관세 철폐로 우리나라 국제 수지는 $P_0 \times Q_1Q_2$만큼 악화되었다.
⑤ 관세 철폐로 우리나라 재정 수입은 $P_1P_2 \times Q_1Q_2$만큼 감소하였다.

130 다음 글을 읽고 갑의 행동에 대한 필자의 생각이 밑줄 친 부분과 같을 때 이와 같이 판단한 근거로 옳은 것은?

> 1천만 원 어치의 주식을 사 놓은 갑은 어느 날부터 갑자기 주식 가격이 떨어지자 가슴을 졸이기 시작하였다. 주식을 산 지 1년이 되어서야 겨우 원래의 가격으로 돌아오자 갑은 재빨리 팔아치웠다. 그는 본전을 건졌다는 생각에 안도의 한숨을 내쉬며, 다시는 주식에 손을 대지 않기로 다짐하였다. <u>그런데 그가 과연 본전을 찾은 것일까? 경제학적 측면에서 봤을 때 전혀 그렇지 않다.</u>

① 주가 변동을 잘못 예측하였기 때문에
② 기회비용을 고려하지 않았기 때문에
③ 주식을 한 시점이 너무 빨랐기 때문에
④ 주식 투자의 위험을 간과하였기 때문에
⑤ 투자한 원금을 회수하지 못했기 때문에

ANSWER

129. ③
관세 철폐 이전 Y재는 국내산 수요 곡선과 공급 곡선이 만나는 점에서 균형을 이룬다.
(균형가격 P_0, 균형 거래량 Q_0) 관세 철폐 이후에는 Y재의 국내 가격이 P_2가 되고 거래량은 Q_2가 된다. 따라서 관세 철폐 이후 Y재의 국내 거래량은 $Q_0 Q_2$만큼 증가한다.
① 관세 철폐 이전 미국산 Y재는 높은 관세로 인해 국내에서는 거래되지 않는다.
② 관세 철폐 이후 미국산 Y재의 국내 거래량은 $Q_1 Q_2$이다.
④ 관세 철폐로 우리나라 국제 수지는 $P_2 \times Q_1 Q_2$만큼 악화되었다.
⑤ 관세 철폐 이전에 미국산 Y재는 국내 시장에서 거래되지 않았기 때문에 관세가 철폐되더라도 정부의 관세 수입은 변동이 없다.

130. ②
갑은 1천만 원을 가지고 은행 예금 등 다른 곳에 투자하였을 때 얻을 수 있는 수익, 즉 기회비용을 고려하지 않고 단순히 투자 원금만을 가지고 본전을 찾았다고 생각한 반면, 필자는 기회비용을 고려할 경우 갑이 기회비용만큼 손해를 보았다고 판단하고 있다.

131 북미자유무역협정(NAFTA)의 체결 이후 미국과 멕시코간의 무역자유화가 크게 확대되었다. 미국은 멕시코보다 자본이 풍부한 반면, 멕시코는 미국보다 노동이 풍부하다고 할 때, 이와 같은 무역의 자유화가 멕시코의 자본가와 노동자간의 소득분배에 어떠한 영향을 미치는가?

① 소득분배에 영향을 주지 않는다.

② 소득의 격차를 확대시킨다.

③ 소득의 격차를 줄인다.

④ 소득분배에 미치는 영향이 불확실하다.

⑤ 초기에는 소득의 격차를 확대시키지만 장기에는 영향을 주지 않는다.

132 다음 신문기사에서 언급되는 MAVINS에 해당하지 않는 국가는?

> '브릭스(BRICs)의 뒤를 이을 마빈스(MAVINS)를 잡아라.'
>
> 한국 경제에서 마빈스 국가들이 차지하는 비중이 해마다 높아지면서 정부가 이들과 경제 협력을 강화할 방침이다. 기획재정부에 따르면 올해 1월부터 지난 10월까지 한국과 마빈스 간 교역액은 전년 동기 대비 41.3% 상승해 같은 기간 전체 교역 증가율 31.4%를 압도했다. 한국이 마빈스에 직접 투자한 규모는 2004년 3억1800만 달러에서 올해 15억4700만 달러로 4.86배나 증가했다. 한국의 교역 규모에서 차지하는 비중도 2004년 6.6%에서 2010년 8.8%로 상승했다. 세계 경제에서 이들이 차지하는 비중도 높다. 지난해 이들 6개국의 총 인구는 6억6000만명(9.7%), 국내총생산(GDP) 합계는 4조3400억 달러(6.3%), 수출은 6800억 달러(5.4%)를 기록했다. 미국 중앙정보국(CIA)은 현재 미국 GDP의 31% 수준에 불과한 마빈스 경제 규모가 2050년 244%로 급증할 것으로 전망한 바 있다.
>
> – ○○신문, 2010년 12월 10일 –

① 멕시코   ② 호주

③ 베트남   ④ 나이지리아

⑤ 인도

133 다음 글은 한 기업가의 연설 내용 중의 일부이다. 이 기업가의 경영 방침에 대한 평가로 가장 적절한 것은?

> 기업은 직원의 생계와 투자자를 보호하기 위해 이익을 내야 합니다. 많은 일자리를 만들기 위해서도 기업은 이익을 내야 합니다. 그리고 그 이익으로 극빈자를 위한 무료 병원, 보육원, 양로원, 고아원 건립에 지원할 수도 있습니다. 또한 기업은 이익을 내는 과정에서 정직해야 합니다. 과정의 정직이란 노력한 대가만을 이익으로 거두며, 떳떳하게 세금을 내는 것을 말합니다.

① 이익 실현의 과정보다 성과를 중시한다.
② 기업 윤리를 중시하는 자세가 부족하다.
③ 대주주(大株主)의 이익을 가장 중시한다.
④ 이윤 창출과 사회적 책임성을 함께 고려한다.
⑤ 회사의 이익과 소비자 이익을 상충 관계로 본다.

ANSWER

131. ③
멕시코의 경우 노동이 풍부하므로 노동의 소득은 증가하고 희소한 자본의 소득은 감소하므로 자본가와 노동자 간의 소득 격차는 줄어드는 반면에, 미국의 경우 자본이 풍부하므로 자본의 소득은 증가하고 희소한 노동의 소득은 감소하므로 자본가와 노동자 간의 소득 격차가 커진다.
※ **자유무역의 효과** … 자유무역을 통해 각국에서 상대적으로 풍부한 요소의 소득은 증가하고 희소한 요소의 소득이 감소하므로 요소 소득 격차가 감소한다.
　㉠ **자본풍부국**: 상대적으로 풍부한 자본의 소득 증가
　㉡ **노동풍부국**: 상대적으로 풍부한 노동의 소득 증가

132. ⑤
마빈스란 멕시코, 호주, 베트남, 인도네시아, 나이지리아, 남아프리카공화국 6개국을 일컫는 신조어로, 넓은 영토에 높은 인구증가율, 풍부한 자원을 무기 삼아 브릭스(브라질, 러시아, 인도, 중국)와 함께 세계 경제 성장을 주도할 국가들로 평가받고 있다.

133. ④
글의 내용을 보면 기업가는 이윤 창출과 사회적 책임을 동시에 강조하고 있다. 특히 이윤을 창출하는 과정에서 정직을 강조하여 성과과 과정을 모두 중시하고 있음을 알 수 있다.

134 다음 신문 기사를 읽고 타당하게 추론한 사람을 다음에서 모두 고른 것은?

> 물가는 지난해 12월 소비자물가가 전년동기대비 3.6%나 올라 3년 2개월 만에 가장 높은 상승률을 기록하는 등 10월 이후 크게 오르고 있고, 새해 들어서도 가파른 상승세를 지속해 서민생활에 주름을 드리우고 있다. 또한 12월 중 곡물 등 원자재 가격의 상승으로 수입물가상승률도 15.6%에 달해 1998년 10월 이후 9년여 만에 최고 수준을 나타냈다.
>
> — ○○일보, 2010년 10월 —

소연 : 수입물가 상승은 경상수지 적자 요인이 되었을 거야.
혜교 : 지난해 초 정기예금을 든 사람들이 유리하게 될거야.
태희 : 부동산을 가지고 있는 사람들이 불리하게 될거야.
지현 : 고정금리보다 변동금리로 대출 받은 사람들이 불리하게 될거야.

① 소연, 혜교　　　　　　　　② 태희, 지현
③ 혜교, 태희　　　　　　　　④ 혜교, 지현
⑤ 소연, 지현

135 주식발행에 있어서 크게 보통주와 우선주로 나눌 수 있다. 우선주에 대한 설명으로 옳은 것은?

① 배당의 형태로 회사 이익에 참여할 수 있는 권리가 부여된 주식이다.
② 주주총회에서 의결권을 행사할 수 있다.
③ 회사를 청산하게 될 경우 잔여재산 분배시 채권자보다 우선주 소유자가 우선권을 가진다.
④ 주주에게 출자에 대한 증거로 발행하여 교부해주는 증권이다.
⑤ 회사 설립시 출자하여 취득할 수 있다.

136 기업의 생산활동에 해당되는 것을 모두 고른 것은?

㉠ 원자재 가공이나 조립	㉡ 자본융통을 위한 금융
㉢ 재화와 서비스의 유통	㉣ 신제품에 대한 광고
㉤ 부가가치의 창출	

① ㉠㉡㉢

② ㉡㉢㉣

③ ㉢㉣㉤

④ ㉠㉡㉢㉣

⑤ ㉠㉡㉢㉣㉤

137 다음 질문에 대한 답변으로 적절하지 못한 것은?

일반적으로 예상된 인플레이션의 경우에는 이에 따른 사회적 비용이 비교적 작다고 알려져 있습니다. 경제 주체들이 앞으로 일어날 인플레이션에 대하여 나름대로 대비를 할 수 있기 때문입니다. 그러나 인플레이션의 강도가 워낙 심할 경우에는 엄청난 사회적 비용이 발생하게 됩니다. 예를 들어 한 해 동안 물가가 1천%나 오를 것이라고 확실하게 예상이 된다고 할 경우 어떤 현상이 일어날 것 같습니까?

① 1인당 실질 국민 소득이 줄어들게 될 것이다.

② 수출 기업의 국제 경쟁력이 약화될 것이다.

③ 현금 보유자들이 부동산을 사려고 할 것이다.

④ 정부가 통화량 증대 조치를 적극 시행할 것이다.

⑤ 채권자들이 채무자에게 빚 상환을 독촉하는 현상이 증가할 것이다.

ANSWER

134. ⑤
수입물가의 상승은 경상수지 적자 요인으로 작용한다. 금융자산보다 실물자산을 보유한 사람이 인플레이션 상황하에서 유리하다. 인플레이션에 따른 시장이자율의 상승은 변동금리 대출이자율에 전가되므로 변동금리로 대출한 사람에게 불리하다.

135. ①
우선주는 주총에서 의결권을 행사할 수 없으나 배당을 받을 수 있는 권리가 있다.

136. ⑤
생산활동에는 제조업, 금융업, 해운업, 창고업, 운수업, 유통업 등이 재화와 서비스의 부가가치를 증대시키는 모든 활동이 포함된다.

137. ④
인플레이션 상황에서 정부의 통화량 증대 정책은 물가를 더욱 상승시킬 것이다.

138 2011년 4월 12일(화요일) 오전 10시 30분에 S중공업의 현재가는 32,000원이다. 주식을 매입하려는 투자자들의 매입주문에 대한 자료를 모은 것이다. 체결 가능성이 가장 큰 것은 무엇인가?

선착순 : 9시 20분에 접수된 30,000원에 100주 매입 주문
긴장해 : 9시 22분에 접수된 29,000원에 50주 매입 주문
식상해 : 9시 22분에 접수된 30,000원에 10주 매입 주문
남몰래 : 10시 15분에 접수된 31,000원에 100주 매입 주문
치사해 : 10시 20분에 접수된 31,000원에 200주 매입 주문

① 선착순   ② 긴장해
③ 식상해   ④ 남몰래
⑤ 치사해

139 경제상황 지표가 다음과 같을 때 투자자는 어떻게 자산을 운용하는 것이 바람직한가?

구분	×1	×2	×3
예금금리	8.0	6.7	3.4
실질금리	7.2	2.6	3.4
물가상승률	0.8	3.5	3.1
경제성장률	3.4	3.6	4.0

① 현금보유   ② 위험대비형 보험가입
③ 정기예금에 예금   ④ 변동금리 채권 매입
⑤ 주식투자

140 투자의 위험관리에 대한 투자격언들로만 구성된 것은?

ⓐ 적을 알고 자신을 알면 백전백승이다. ⓑ 나눠서 사고 나눠서 팔아라.
ⓒ 달걀은 한 바구니에 담지 말라.   ⓓ 수급은 모든 것에 우선한다.
ⓔ 오르고 있을 때만 사라.   ⓕ 여유자금으로 투자하라.
ⓖ 주식을 사기보다는 때를 사라.

① ㉠㉡㉢   ② ㉡㉢㉺

③ ㉢㉣㉫   ④ ㉡㉢㉫

⑤ ㉤㉫㉺

141 다음 대화에 대한 설명으로 옳은 것은?

> 대학생 A군 : 최근에 내가 주목하고 있는 뮤추얼펀드의 지난 주 투자실적이 아주 좋던데.
>
> 대학생 B군 : 너 뮤추얼펀드에 투자하지 않았잖아.
>
> 대학생 A군 : 그렇지, 그냥 그 펀드를 주시하고 있는 거야.

① 통화를 창출하는 특별한 자산 저장방식을 선호한다.

② 비과세 혜택이 있는 펀드에 관심이 많다.

③ 수수료가 없는 상품을 고르는 중이다.

④ 전문가가 운용해주는 간접투자에 관심이 많다.

⑤ 주식에만 투자하는 중개기관을 좋아한다.

ANSWER

138. ④

가장 높은 가격에 해당하는 31,000원 중에서 시간이 가장 빠른 남몰래 주문이 먼저 체결된다.

139. ⑤

경제성장률 상승과 저금리 상태가 지속될 것으로 예상된다면 현금보유나 예금보다는 주식투자가 합리적인 자산운용의 방편이 된다.

140. ④

분산투자는 위험을 줄일 수 있는 방법에 해당한다.

141. ④

뮤추얼펀드는 간접투자 수단이며 주식에만 투자하는 것이 아니라 채권과 기타 상품에도 투자하는 것으로 통화창출 기능은 없다.

142 다음 대화를 통해 알 수 있는 유가증권의 특징으로 볼 수 없는 것은?

> A회사 채권자 : 제가 이 회사에 들어올 때 계약상으로 주당 5,000원으로 계산하여 주식을
> 바꿔주기로 했습니다. 제가 이제 주식으로 바꾸려고 합니다. 참고로 현재
> 주가는 8,000원이네요.
> A회사 재무담당이사 : 예, 그럼 그렇게 하시죠.

① 주식으로 바뀌면서 발행사의 경영권에 영향을 끼칠 수 있다.
② 일반적으로 일반사채보다 낮은 금리로 발행된다.
③ 수익성과 안전성을 동시에 갖는다.
④ 사채와 주식의 중간 형태이다.
⑤ 교환사채에 대한 내용이다.

143 다음 글에 나타난 ㈜선진산업의 시책과 성격이 가장 유사한 것은?

> ㈜선진산업은 직원들이 전염성이 없는 K질병에 대한 예방접종을 받을 때는 예방접종비를 지원해
> 주지 않았으나, 전염성이 있는 T질병에 대한 예방접종을 받을 때는 예방접종비의 일부를 보조해 주
> 었다.

① 정부는 매연을 줄이는 장치를 부착한 차량에 대해 자동차세의 일부를 감면해준다.
② ING보험회사는 매년 보험판매왕에게 특별 보너스를 지급한다.
③ 민간의료보험회사는 보험가입시 신체검사를 의무화한다.
④ 자동차보험회사는 사고시 손실금액의 일부만 보상한다.
⑤ 종합부동산세를 자진 납부하면 세액의 3%를 감면해 준다.

144 다음 표는 갑이 휴대 전화를 구입하기 위하여 작성한 것이다. 경제적 의사 결정과 관련하여 옳은 설명은? (단, 만족도 1단위는 화폐 1만 원의 가치와 같다.)

상품 \ 가격		광고의 호감도 (5)	디자인 (12)	카메라기능 (8)	단말기크기 (9)	A/S (6)	만족도합계 (40)
A	35만원	5	10	6	8	5	34
B	28만원	4	9	6	7	5	31
C	25만원	3	7	5	6	4	25

※ ( ) 안은 만족도의 만점임

① 합리적으로 선택한다면 상품 B를 구입할 것이다.
② 단말기 크기보다 카메라 기능을 더 중시하고 있다.
③ 만족도가 가장 큰 대안을 선택하는 것이 가장 합리적이다.
④ 예산이 25만 원으로 제한되면 휴대 전화 구입을 포기할 것이다.
⑤ 구매 선택의 기준으로 휴대 전화의 성능을 지나치게 중시하고 있다.

ANSWER

145 부동산 투자의 문제점을 보완하기 위해 개발된 REITs(Real Estate Investment Trusts)와 관련된 설명으로 올바른 것은?

> ㉠ 부동산 개발사업 등에 투자하여 수익을 올린다.
> ㉡ 부동산 투자를 전문으로 하는 일종의 뮤추얼 펀드이다.
> ㉢ 직접 투자에 비해 현금화하기가 쉽다.
> ㉣ 설립형태는 신탁형과 회사형이 있다.

① ㉠㉡㉢
② ㉠㉡㉣
③ ㉠㉢㉣
④ ㉡㉢㉣
⑤ ㉠㉡㉢㉣

146 다음은 아파트값 안정 대책에 대한 전문가들의 의견을 표시한 것이다. 잘못 해석한 것을 고르면?

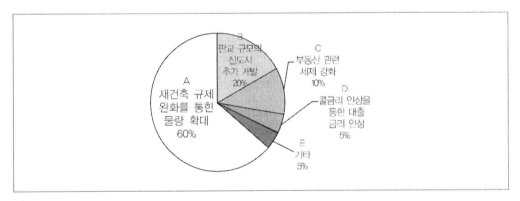

① A의 응답자들은 시장보다 정부를 신뢰하고 있다.
② B의 공급 증대를 통한 가격 안정화 정책이다.
③ C의 수요 축소를 통한 가격 안정화 정책이다.
④ D는 내수를 위축시킬 수도 있다.
⑤ 전문가들은 대체로 공급 측면을 중시하고 있다.

147 다우지수와 코스피지수에 대한 설명 중 옳지 않은 것은?

① 다우지수는 미국 산업 대표종목들의 단순평균으로 산출한 지수이다.

② 코스피지수는 상장된 회사들에 주식에 대한 총합인 시가총액의 기준시점과 비교시점을 비교하여 나타낸다.

③ 다우지수는 상대적으로 시장상태를 잘 반영한다.

④ 코스피지수는 현 시가총액의 가치를 잘 반영한다.

⑤ 코스피지수는 개별종목이나 중소기업의 가치변동을 정확하게 반영할 수 있다.

ANSWER

145. ⑤
REITs는 소액으로도 부동산에 투자할 수 있고 또한 펀드형식이므로 현금화하기가 수월하다.

146. ①
그림에서 A와 B는 공급 증대를 통해, C와 D는 수요 억제를 통한 부동산 가격 안정화 정책이다.
A는 재건축 규제를 완화하는 것이므로 정부보다는 시장 기능을 중시하고 있다.

147. ⑤
중소기업의 가치변동을 정확하게 반영할 수 있는 것은 코스닥에 관한 설명이다.

148 다음 글의 밑줄 친 ㉠~㉤에 대한 설명으로 옳은 것은?

> "㉠집값이 더 오를 것이라고 보고 집을 사겠다는 사람이 줄을 서 있는데 가격이 떨어질 리 있 겠습니까?", "㉡사람들이 집값 상승에 대한 기대로 아예 매물을 거두어들이고 있어서 집값이 더 오를 거 같아요." 정부가 또 다시 부동산 대책을 내놓았지만 가격 급등의 진원지인 강남지역의 반응 은 무덤덤하다. 교육과 주거 여건 또는 투자 가치 면에서 강남지역을 선호하는 사람이 많기 때문이 다. 따라서 강남지역 아파트 가격 급등과 ㉢투기 광풍을 해결하기 위해서는 ㉣단속이나 세금 부 과와 같은 대책보다는 ㉤시장 원리에 충실한 처방이 시급하다는 지적이 힘을 얻고 있다.

① ㉠은 매석(賣惜)에 해당한다.
② ㉡은 공급 법칙의 예외에 해당한다.
③ ㉢은 이자율 하락의 원인이 된다.
④ ㉣정책은 수요 곡선을 우측으로 이동시킨다.
⑤ ㉤은 분양가 상한제와 같은 가격 제한 정책이다.

149 다음이 설명하는 주택담보대출의 명칭은?

> 미국에서 신용등급이 낮은 저소득층을 대상으로 고금리로 주택마련 자금을 빌려주는 주택담보대 출을 일컫는 것으로 최근 대출연체율 상승으로 여기에 투자한 펀드와 투자회사가 큰 손실을 보면서 신용경색을 유발하게 되었다.

① Second Mortgage
② Alternative − A Mortgage
③ Subprime Mortgage
④ Prime Mortgage
⑤ Mortgage Backed Securities

150 우리나라 주식시장의 주요 지수들이 만들어진 역사적 순서를 바르게 나열한 것은?

① KOSPI200 → KOSPI → KOSDAQ지수 → 스타지수 → FREEBOARD Index

② KOSPI200 → KOSPI → KOSDAQ지수 → FREEBOARD Index → 스타지수

③ KOSPI → KOSPI200 → KOSDAQ지수 → FREEBOARD Index → 스타지수

④ KOSPI → KOSPI200 → KOSDAQ지수 → 스타지수 → FREEBOARD Index

⑤ KOSPI → KOSDAQ지수 → KOSPI200 → 스타지수 → FREEBOARD Index

151 KOSPI와 주가지수 산출방식이 다른 지수를 모두 고른 것은?

㉠ Dow 30	㉡ FTSE 100
㉢ KOSPI 100	㉣ Nikkei 225

① ㉠㉡

② ㉠㉢

③ ㉠㉣

④ ㉢㉣

⑤ ㉠㉢㉣

152 시장 선도기업들이 사용하기 적합하지 않은 전략은?

① 틈새시장 집중화전략　　　　② 시장점유율 유지전략

③ 시장점유율 확대전략　　　　④ 시장총수요 확장전략

⑤ 전체시장 도달전략

153 기업은 여러 가지 목적으로 기업집중을 시도한다. 기업이 중소기업을 지배하는 방법으로 자금대여 등을 이용하는 기법은?

① 조인트벤처　　　　　　　　② 콘글로머릿

③ 트러스트　　　　　　　　　④ 콘체른

⑤ 카르텔

154 지주회사로 볼 수 있는 것은?

① 기존에 운영하고 있던 업종 이외의 다른 업종에 진출하여 이를 동시에 운영하는 것이다.

② 타회사를 지배할 목적으로 주식을 매입하여 보유하고 있는 종합금융회사를 말한다.

③ 상호관련이 없는 이종 기업간의 합병에 의해 다각적 경영을 행하는 거대 기업이다.

④ 상호보완적인 역할을 하는 여러 생산부문이 생산 기술적 입장에서 결합하는 것이다.

⑤ 개별기업들이 경제적 · 법률적으로 독립성을 상실하고 하나의 기업이 되는 것이다.

155 다음 중 각 금융상품에 분산투자 함으로써 투자위험을 줄일 수 있는 효과를 나타내는 용어는?

① 헤지 효과　　　　　　　　　② 승수 효과

③ 레버리지 효과　　　　　　　④ 포트폴리오 효과

⑤ Tric

156 팩토링(factoring)금융이란 무엇인가?

① 금융기관이 고객으로부터 돈을 받아 채권에 투자하고 계약기간이 만료되면 이자와 함께 돌려주는 금융상품이다.
② 단기자금조달을 목적으로 도입된 기업어음의 일종이다.
③ 사금융 등 음성적인 금융거래를 막기 위해 도입된 제도이다.
④ 외상매출채권을 매수하는 기업금융의 일종이다.
⑤ 국제팩토링은 전 세계 팩터의 회원망을 통해 수입상의 신용을 바탕으로 이루어지는 무신용 장방식의 새로운 무역거래방법이다.

ANSWER

152. ①
틈새시장 집중화전략은 상대적으로 적은 자원을 가진 중소기업들이 사용하는 전략으로 시장 선도기업이 사용하기에는 적합하지 않은 전략이다.

153. ④
콘체른은 일종의 기업집단으로 산업과 금융의 융합, 주식소유에 의한 지배(지주회사) 또는 융자, 중역파견에 의한 인적 결합 지배로 독립성이 유지되며 산업과 금융의 융합을 말하는 것으로 우리나라의 재벌이 이에 속한다.

154. ②
지주회사(Holding Company)
㉠ 타회사의 주식 보유를 통해 그 회사를 경영상으로 지배하려는 형태를 지주회사라 한다.
㉡ 지주회사는 순수지주회사와 사업지주회사로 나뉜다.

155. ④
포트폴리오 효과는 한 자산의 위험 일부가 다른 자산의 위험에 의해 상쇄되어 위험을 줄이는 효과를 말한다.
※ Trickle-down 효과 … 우리나라 말로는 적하효과 혹은 하방침투효과라고도 불리운다. 물이 넘치면 바닥을 적셔주는 것과 같이 정부가 투자를 대대적으로 늘려 대기업 위주의 정책을 편다면 대기업의 부를 늘려주고 이는 중소기업과 저소득층에게도 혜택이 골고루 돌아간다는 이론이다.

156. ④
팩토링금융 … 기업의 외상매출채권을 사서 자기의 위험부담으로 그 채권의 관리와 대금회수를 집행하는 기업금융의 일종이다.

157 다음 중 주가지수에 관한 설명으로 옳지 않은 것은?

① 일정 시기의 주식가격을 100으로 하여 산출한 지수이다.

② 상장된 모든 종목의 현시가 총액을 기준시점의 총액으로 나누어 100을 곱한 것이다.

③ 증권상황뿐만 아니라 경제상황도 알려준다.

④ 경제의 전망을 예측하는 데 반드시 필요한 지수이다.

⑤ 종합주가지수는 시가총액식 주가지수에 해당한다.

158 다음 설명 중 옳지 않은 것은?

① 벌처펀드(vulture fund) – 부실기업이나 부실채권에 투자하여 수익을 올리는 자금이다.

② 헤지펀드(hedge fund) – 국제증권 및 외환시장에 투자해 단기이익을 올리는 민간투자기금
이다.

③ 인컴펀드 – 만기 1년 미만의 단기자금이 유통되는 머니마켓에 투자하는 사람들을 대상으로
운용되는 펀드이다.

④ 인프라펀드 – 사회간접자본사업에서 민간투자를 위해 설립된 펀드이다.

⑤ 국부펀드 – 정부자산을 운영하며 정부에 의해 직접적으로 소유되는 기관을 말한다.

159 은행과 증권업의 벽이 없는 금융제도로 예금 및 대출업무나 환결제업무 등의 금융업무, 유가증권 매매
등의 증권업무를 겸업하는 방식은?

① 프라이빗 뱅킹   ② 방카슈랑스

③ 유니버셜 뱅킹   ④ 리볼빙서비스

⑤ CMA

160 두 나라 사이의 무역을 상품별, 금액 또는 수량적으로 균형화시킬 수 있는 제도, 즉 자기나라의 수출액
을 한도로 상대국으로부터의 수입을 허가하는 것으로, 최근 남북한 간에도 이루어진 형태는?

① 구상무역제(barter system)   ② 수입허가제

③ 할당제(quota system)   ④ 링크제(link system)

⑤ FTA(Free Trade Agreement)

161 수출국이 공정가격으로 수출을 하더라도 수입국의 산업에 큰 피해를 줄 경우 한시적으로 관세를 부과하여 수입국의 업자를 보호해주는 제도는?

① 반덤핑관세
② 조정관세
③ 상계관세
④ 할당관세
⑤ 세이프가드

ANSWER

157. ②
주가지수는 분자를 주식가액(시가), 분모를 유통주식수로 하여 산정하고, 계산방법에 따라 단순주가지수와 가중주가지수로 나뉜다. 우리나라의 코스피지수는 1980년 1월 4일을 기준시점으로 종합주가지수를 100으로 하고, 개별 종목의 주가에 상장주식수를 가중한 기준시점의 시가 총액과 비교시점의 시가 총액을 대비하여 산출한다.

158. ③
인컴펀드는 투자신탁재산의 운용에 있어서 주식 등의 가격상승에 따른 차익보다는 이자, 배당 등 인컴 게인(income gain)을 목표로 하는 투자신탁이다. 제시된 내용은 머니펀드에 대한 설명이다.

159. ③
① 은행이 거액의 자산가들을 대상으로 예금, 주식, 부동산 등 1대 1로 자산을 관리하면서 투자상담까지 해주는 금융서비스이다.
② 기존의 은행과 보험회사가 서로 연결하여 일반 개인에게 제공하는 금융서비스이다.
④ 카드대금의 일정 비율만 결제하면 연체자로 분류되지 않고 분할해서 납부하면서 계속 카드를 사용할 수 있는 제도이다.
⑤ CMA는 고객이 예치한 자금을 CP나 양도성예금증서(CD) 등의 채권에 투자하여 그 수익을 고객에게 돌려주는 금융상품이다.

160. ①
구상무역제(barter system) … 무역상대국 간에 협정을 맺어 일정 기간 동안 두 나라 간의 수출입액을 완전히 균형시켜 대차차액을 내지 않음으로써 차액결제를 위한 자금을 필요없게 하여 무역의 활성화를 꾀하는 무역방식을 말한다.

161. ②
① 수출국의 기업이 시장점유율 확대를 목적으로 부당하게 낮은 가격으로 수출, 수입국의 산업이 피해를 보았을 때 수입국 정부가 정상가격과 부당염가가격의 차액만큼 관세를 부과하는 것을 말한다.
③ 수출국이 특정 수출산업에 대해 장려금이나 보조금을 지급하여 수출상품의 가격경쟁력을 높일 경우 수입국은 그 수입상품에 대해 보조금액에 해당하는 만큼의 관세를 부과하는 것을 말한다.
④ 물가안정, 물자의 원활한 수급, 산업경쟁력 강화 및 유사물품간 세율불균형 시정 등을 목적으로 40%의 범위에서 기본세율을 가감해 운영하는 탄력관세이다.
⑤ 특정상품의 수입이 급격히 증가하면 자국의 산업을 보호하기 위해 취하는 긴급수입제한 조치를 말한다.

162 5대 그룹의 보험산업 진입이 전면 허용되고 은행업과 보험업의 영역을 허무는 이 제도는 2003년부터 점진적으로 도입되었다. 은행과 보험사가 상호 제휴와 업무협력을 통해 종합금융서비스를 제공하는 이것을 무엇이라고 하는가?

① 랩 어카운트　　　　　　　　② 방카슈랑스
③ 트릴레마　　　　　　　　　　④ 벤더파이낸싱
⑤ 파생상품

163 ISO 9000에 대한 설명으로 옳지 않은 것은?

① 유럽의 품질 및 제조공정에 관한 규정이다.
② 사실상 역외국(域外國)에 대한 비관세 무역장벽이다.
③ GATT체제에 대한 신뢰를 바탕으로 하고 있다.
④ 미국, 일본이 지배하던 세계경제질서의 변동이 예상된다.
⑤ ISO 9000은 품질경영시스템에 대한 것이고, ISO 9001은 조직의 능력을 실증하기 위한 것이다.

164 카메라를 판매하는 N회사의 당기순이익에 영향을 주는 항목을 모두 고른 것은?

> ㉠ 카메라 부품의 가격이 증가하였다.
> ㉡ 신주를 발행하여 자본금을 증가시켰다.
> ㉢ 주주들에게 현금배당을 지급하였다.
> ㉣ 카메라를 판매 후 특정 결함으로 환불해주는 사례가 증가하였다.
> ㉤ 성공여부를 확신할 수 없는 신제품 개발에 투자하였다.

① ㉠㉡㉢　　　　　　　　　　② ㉠㉢㉣
③ ㉠㉣㉤　　　　　　　　　　④ ㉡㉢㉤
⑤ ㉡㉣㉤

165 다음 중 상속세 및 증여세법상 증여세 과세대상으로 볼 수 없는 것은?

① 동일인으로부터 증여를 받은 후 10년 이내에 재차 증여받은 경우

② 협의분할로 인하여 특정상속인이 당초 상속분을 초과하여 취득하는 경우

③ 직계존속이 소유하는 부동산을 무상으로 사용하는 경우

④ 유언에 의하여 재산을 취득하는 경우

⑤ 부담부증여의 채무인수액

ANSWER

162. ②
① 랩 어카운트(자산종합관리계좌) : 'wrap(포장하다)'과 'account(계좌)'의 합성어로 투자자가 증권사에 돈을 맡기고 계약을 맺으면 그에 따라 증권사가 자산을 대신 운용해 주는 계좌를 말한다.
② 방카슈랑스 : 은행과 보험사가 상호 제휴와 업무협력을 통해 종합금융서비스를 제공하는 새로운 금융결합의 형태이다.
③ 트릴레마(trilemma) : 물가안정, 경기부양, 국제수지개선의 3중고를 가리키는 말로 이 3가지는 3마리 토끼에도 비유되는데 물가안정에 치중하면 경기가 침체되기 쉽고, 경기부양에 힘쓰면 인플레이션 유발과 국제수지 악화가 초래될 염려가 있음을 말한다.
④ 벤더파이낸싱(vendor financing) : 하드웨어·장비의 판매업자를 뜻하는 '벤더(vendor)'와 금융을 통한 자금조달을 의미하는 '파이낸싱(financing)'의 합성어이다. 우리말로 풀어보면 '장비공급자에게서 금융지원받기' 정도가 된다.
⑤ 파생상품(derivatives) : 특정상품이나 유가증권 등 실물을 소유하지 않고서도 투자할 수 있게 하는 제도이다. 파생상품은 특정 투자의 위험부담을 줄일 수 있는 보험 역할도 가능하다.

163. ③
ISO 9000시리즈 … 국제표준화기구(ISO)가 1987년에 제정한 유럽의 품질 및 제조공정에 관한 규정으로, 제품 또는 서비스를 공급하는 공급자의 품질시스템을 평가해 품질보증능력과 신뢰성을 인정해 주는 제도이다.

164. ③
당기순이익은 손익계산서에서 결정된다. 배당금의 지급은 당기순이익이 이미 결정된 이후에 결정되는 사항이다. 또한 신주발행을 통한 증자는 자기자본에 영향을 미친다.

165. ④
유언에 의하여 재산을 취득하는 경우에는 상속세가 과세되므로 증여세는 과세되지 아니한다.

166 다음 중 직접세와 간접세에 관한 설명으로 옳지 않은 것은?

① 직접세는 소득의 원천에 기준을 두고, 간접세는 소비에 기준을 둔다.

② 대체로 후진국은 직접세의 비중이 크고, 선진국은 간접세의 비중이 크다.

③ 직접세는 조세의 전가성이 없고, 간접세는 조세의 전가성이 있다.

④ 소득세, 상속세는 직접세이고 주세, 부가가치세는 간접세이다.

⑤ 간접세는 소비를 억제하는 효과가 있다.

167 상속세 및 증여세법상 증여세에 대한 설명이다. 옳지 않은 것은?

① 증여일 현재 아들이 최대주주인 휴업중인 비상장법인에 아버지가 시가보다 현저히 낮은 가액으로 부동산을 양도하는 경우 증여에 해당한다.

② 감자로 인한 이익의 증여규정은 특수관계에 있는 대주주에 한해 적용한다.

③ 특수관계자로부터 전환사채를 시가보다 현저히 낮은 가액으로 취득한 경우에는 그 차액을 취득자의 증여재산가액으로 한다.

④ 할아버지로부터 건물을 시가보다 현저히 낮은 가액으로 구입한 경우 증여에 해당한다.

⑤ 아버지의 토지 위에 아들이 건물을 신축하여 사용하면서 토지의 적정사용료를 지급하는 경우 증여에 해당한다.

168 다음 중 종합부동산세에 대한 설명으로 옳지 않은 것은?

① 부동산의 보유에 대하여 과세하는 국세이다.

② 고액의 부동산 보유자에 대하여 과세하므로 과세형평에 기여하게 된다.

③ 종합부동산세는 부동산가격을 안정시키는 기능을 한다.

④ 종합부동산세는 지방재정의 균형발전과 국민경제를 발전시키는데 도움이 된다.

⑤ 종합부동산세의 과세기준일은 12월 1일이다.

169 다음 중 조세의 특성에 대한 설명으로 옳지 않은 것은?

① 조세는 과세권자와 합의나 계약을 요건으로 하지 않는다.

② 조세는 재정지출에 충당하기 위하여 법률상 규정된 자에게 모두 부과한다.

③ 조세는 금전납부가 원칙이지만 법인세, 상속세 및 증여세의 경우에는 물납규정이 있다.

④ 벌금 또는 과료 등은 재정수입의 목적이 아니므로 조세로 분류할 수 없다.

⑤ 조세는 국가 또는 지방자치단체가 과세한다.

ANSWER

166. ②
직접세와 간접세

구분	직접세	간접세
성격	납세자 = 담세자(전가성이 없음)	납세자 ≠ 담세자(전가성이 있음)
대상	소득에 부과(소득세, 법인세, 상속세)	소비에 부과(주세, 부가세, 특별소비세)
세율	누진세 → 소득 재분배효과	비례세→빈부의 격차 확대
장점	• 누진세에 의한 소득 재분배효과 • 담세능력에 따른 공평과세	• 조세저항이 적고, 징수가 간편 • 소비억제효과
단점	• 저축과 근로의욕 저해 • 조세저항이 크고, 징수가 어려움	• 역진성이 강하여 저소득층 불리 • 물가상승 자극

167. ⑤
대가를 지불하고 토지를 사용하는 경우 증여에 해당하지 않는다.

168. ⑤
종합부동산세의 과세기준일은 지방세법의 재산세 과세기준일(6월 1일)로 한다.

169. ②
조세는 법률상 규정된 자에게 과세요건이 충족되었을 경우에 반대급부 없이 부과하는 경제부담이다.

170 다음 중 조세에 대한 설명으로 옳지 않은 것은?

① 종량세는 과세대상을 화폐를 제외한 수량 등으로 측정한다.

② 종가세는 과세대상을 화폐단위로 측정한다.

③ 독립세는 자기 자신에게만 부과되어지는 조세이다.

④ 부가세는 부가가치세의 축약된 다른 말이다.

⑤ 조세의 부과는 소득재분배, 부동산투기억제 등의 목적도 있다.

171 한국거래소의 증권시장에 대한 설명으로 옳지 않은 것은?

① 정규시장은 오전 9시부터 오후 15시 30분까지이다.

② 공휴일, 근로자의 날, 토요일, 일요일 등은 휴장이다.

③ 증권상품시장은 주식시장과 채권시장만을 말한다.

④ 유가증권시장은 시간외시장이 존재한다.

⑤ 거래소는 시장관리상 필요하다고 인정하는 경우에는 시장의 전부 또는 일부를 정지할 수 있다.

172 다음 중 '사이드 카'에 대한 설명으로 옳지 않은 것은?

① 1일 1회에 한해서만 발동된다.

② 일반매매 전체의 효력이 정지된다.

③ 선물시장 급등락시 취하는 비상조치이다.

④ 선물시장이 급변할 경우 현물시장에 대한 영향을 최소화하기 위해 도입되었다.

⑤ 지수선물가격이 전일 종가 대비 5% 이상 상승 또는 하락한 상태가 1분간 지속될 때 발동된다.

173 다음 중 주식발행과 관련하여 올바른 것을 모두 고른 것은?

> ㉠ 주식의 종류는 보통주와 우선주, 액면주와 무액면주, 유상주와 무상주가 있다. 여기서 보통주와 우선주는 기존의 회사가 신주를 발행하는 경우 주금의 납입이 있느냐 없느냐에 따른 구분이다.
>
> ㉡ 주주평등의 원칙이란 모든 주주가 주식의 수에 따라 평등한 취급을 받아야 한다는 원칙이다. 기본적 원칙이긴 하지만 특별한 경우 주주총회에서 의결권의 2/3 이상의 찬성으로 이 원칙을 다르게 정할 수 있다.
>
> ㉢ 기업공개(IPO)와 상장은 개념이 다르지만 우리나라에서는 오랜기간 동안 같은 의미로 사용되어 왔다. 하지만 1999년 정부가 발행시장제도를 정비하면서 기업공개와 상장이 분리되었다.
>
> ㉣ 증자(增資)는 회사가 자본을 증가시키는 것을 의미한다. 현재 상장법인들은 거의 시가발행에 의한 유상증자를 하고 있는데, 현실적으로도 신주발행 가격은 시가(時價)와 거의 비슷하다.

① ㉠㉡　　　　　　　　　　② ㉠㉣

③ ㉢㉣　　　　　　　　　　④ ㉢

⑤ ㉣

170. ④
부가세는 다른 독립세에 더하여지는 조세를 말하는 것으로 부가가치세와 다르다. 2001년 개정으로 폐지되었으며, 현재는 임시수입부가세법에 임시수입부가세가 규정되어 있으나, 실제 부과되지 않고 있다. 부가세라는 명칭은 현재 사용하지 않고 있다.

171. ③
증권상품시장은 상장지수펀드증권, 상장지수증권, 주식워런트증권을 거래할 수 있는 시장을 말한다.

172. ②
사이드 카는 주가가 급격하게 오르거나 떨어질 때 일시적으로 프로그램 매매를 중단시킴으로써 시장을 진정시키고자 하는 프로그램 매매호가 관리제도이다.

173. ④
㉠ 기존의 회사가 신주를 발행할 때 주금의 납입여부에 따른 구분은 유상주와 무상주의 구분이다.
㉡ 주주평등의 원칙은 강행법적 성격이 있는 기본원칙으로 임의로 바꿀 수 없다.
㉣ 상장법인들이 거의 시가발행에 의한 유상증자를 하고 있는 것은 맞지만 시가발행이라 해도 발행에 따르는 비용을 감안해 일정한 할인율을 적용하여 신주 발행이 이루어지는 경우가 일반적이다.

174 은행을 제외한 기타 여신 전문 금융기관을 제2금융권이라고 한다. 기업이 제2금융권으로부터 단기자금을 조달하는 방법으로 옳지 않은 것은?

① 기업어음
② 무역금융
③ 어음보증
④ 팩토링 대출
⑤ 리스대출

175 다음 (   ) 안에 들어갈 상품에 해당하는 것은?

> 업체가 파산해 채권이나 대출 권리금을 돌려받지 못할 것에 대비해 채무자는 부도위험을 따로 떼어내 팔고, 채권자는 프리미엄을 지급하고 채무불이행 위험을 줄일 수 있다. A기업에 대출해 준 B은행이 A기업 부도 위험에 대비해 C은행과 (   ) 계약을 맺는 식이다. C는 B측에서 보험료 개념의 프리미엄을 받고 A가 부도났을 때 대출금을 B에 대신 지급한다. 하지만 A가 망하면 C는 손실이 불가피하고 B까지도 연쇄적으로 부실해질 수 있다. 올해 초 부도가 난 미국 모노라인 보험사와 구제금융이 투입된 AIG보험사가 B와 같이 다른 금융회사와 (   ) 거래를 많이 한 상태여서 부실위험이 확대된 바 있다.
>
> – 2008년 12월 5일 경제일보 –

① CDO
② CDS
③ MBS
④ CBO
⑤ ABS

176 다음은 주식 및 채권투자를 비교한 자료이다. 가장 옳지 않은 것은?

구분	주식	채권
① 투자자 관점	주주	채권자
② 투자자 권리	의결권, 배당청구권	이자지급 및 원금상환 청구
③ 투자목적	배당과 시세차익	이자수입과 시세차익
④ 중시하는 가치	안정성≥수익성≥성장성	성장성≥수익성≥안정성
⑤ 중시하는 회계자료	손익계산서	대차대조표

177 다음 중 재무 건전성이 가장 취약한 기업은?

구분	영업이익	당기순이익	이자비용
A기업	100	40	50
B기업	200	90	160
C기업	300	120	200
D기업	200	100	75
E기업	100	50	250

① A기업   ② B기업
③ C기업   ④ D기업
⑤ E기업

ANSWER

....

174. ②
무역금융은 외국환은행이 수출품을 매입·제조·가공하는데 소요되는 자금을 수출증대를 목적으로 선적 전에 수출상에게 제공하는 정책금융을 말한다.

175. ②
신용부도스왑(CDS ; Credit Default Swap)에 대한 설명이다. CDS란 금융기관이 대출이나 채권의 형태로 자금을 투자한 기업의 신용위험만을 별도로 분리해 이를 시장에서 사고 파는 최신 금융파생상품으로 부도에 따른 손실위험을 크게 줄여 거래의 안정성을 높여줄 수 있다. CDS거래가 늘어나면 중소기업 대출이나 회사채 발행도 활발해질 수 있다.

176. ④
주식투자자가 중시하는 가치는 성장성≥수익성≥안정성이고, 채권투자가가 중시하는 가치는 안정성≥수익성≥성장성이다.

177. ⑤
기업의 재무 건전성을 알 수 있는 대표적 지표는 이자보상비율로 기업의 지급 불능 상태를 파악하는 가장 중요한 지표이다. 이자보상비율은 영업이익을 이자비용으로 나눈 값으로 보통 2배 이상이면 양호한 것으로, 1배 미만이면 불량한 것으로 판단된다. E기업의 이자보상비율은 100/250 = 0.4배로 영업이익으로 이자비용의 40% 밖에 상환할 수 없는 상황임을 보여준다.

178 다음은 BIS비율에 대한 설명이다. 가장 거리가 먼 것은?

> BIS(Bank for International Settlement)가 정한 은행의 위험자산(부실채권) 대비 자기자본비율로 1988년 7월 각국 은행의 건전성과 안정성 확보를 위해 최소 자기자본비율에 대한 국제적 기준을 마련하였다. 이 기준에 따라 적용대상은행은 위험자산에 대하여 최소 8% 이상의 자기자본을 유지하도록 하였다.

① 바젤Ⅱ협약을 따르게 되면 건전성 규제가 더욱 강화된다.
② 이 기준에 따라 국내은행들은 위험자산 대비 최소 8% 이상의 자기자본을 유지해야 한다.
③ 일종의 자기자본 비율이다.
④ BIS 비율을 높이려고 위험자산을 줄이는 것이 일반적이다.
⑤ 은행의 건전성과 수익성 확보를 위해 도입된 제도이다.

179 다음 글이 공통적으로 설명하고 있는 것은 무엇인가?

> • 위험부담이 커서 융자를 받기 어려운 벤처기업 등 중소기업에 자금을 공급하고 그 성장을 지원하는 기업 또는 투자자 그룹을 일컫는다.
> • 중소기업창업 지원법에 근거해서 담보력이 미약한 벤처기업에 주식인수방식으로 자금을 투자한다.

① 기술평가보증대출기업   ② 벤처투자기업
③ 벤처캐피탈   ④ 리드엔젤
⑤ 서포트엔젤

180 다음 글이 설명하는 투자방식은 무엇인가?

> 투자할 기업을 선정할 때 재무 건전성뿐만 아니라 윤리성, 투명성, 환경친화성 등의 관점에서 기업을 평가해 일정 수준 이상의 기업만을 투자대상으로 삼는 것이다. 이는 안정성과 수익성을 동시에 추구하는 투자방식이며, 기업 경영의 건전성을 제고하는 데 기여할 수 있다.

① 사회적책임투자　　　　　　　② 분산투자
③ 옵션투자　　　　　　　　　　④ 뇌동매매
⑤ 소신투자

ANSWER

178. ④
기존의 바젤협약에 의해 BIS 비율제도가 만들어 졌는데, 금융공학의 발달 및 규제완화 등으로 더욱 강화된 규제를 할 필요성이 생겨 2006년부터 실시된 새 BIS기준으로 신 바젤협약이라고 한다.
BIS 비율을 높이려면 위험자산을 줄이거나 자기자본을 늘려야 하는데 위험자산을 갑자기 줄이는 것은 불가능하므로 자가 자본을 늘려서 BIS 비율을 맞추는 것이 일반적이다.

179. ③
기술평가보증대출기업과 벤처투자기업은 벤처기업의 유형 중 하나이며 리드엔젤과 서포트엔젤은 창업초기 위험이 많은 상황에서도 벤처기업의 기술성, 성장성을 보고 투자해 주는 개인들을 말한다. 리드엔젤은 벤처기업에 대한 자금지원뿐 아니라 비상근 이사로서 경영에도 참가하는 이들을 말하고, 서포트엔젤은 변호사나 회계사 등의 전문직 종사자나 기타 인맥을 활용하여 간접적인 경영지원을 하는 이들을 지칭한다.

180. ①
③ 옵션투자는 주가지수, 유가증권 등을 사전에 정한 가격으로 미래의 일정 시점에 사거나 팔 권리를 현재 시점에서 거래하는 것이다.
④ 뇌동매매는 시장 전체의 인기나 다른 사람들의 움직임에 편승하여 매매하는 행위를 말한다.
⑤ 소신투자는 스스로 투자종목과 매매 시기 등을 결정하는 것이다.

181 다음 사례에 해당되는 기업의 위법행위는 무엇인가?

> ㈜화장해는 무역관리부문에서 정상회계 처리되어 있던 부분에 대해 마이너스 전표를 전산 입력하는 방법으로 매출원가, 외환차손, 지급이자 등 수십 개 계정을 임의적으로 과대 또는 과소 계상하였다. 2010년 한 해 동안 이 방법으로 무려 3조 원을 부풀렸다. 국내건설부문에서는 장기미회수나 거래처 부도 등으로 회수가 불확실한 매출채권을 비용항목인 대손충당금으로 계상하지 않고 회사의 부실 가능성이 적은 것처럼 보이기 위해 고의로 누락시켰다.

① 내부자거래
② 투자유의종목 지정위반
③ 분식회계
④ 미공개 정보이용
⑤ 시세조종

182 다음 글에서 밑줄 친 '혼란'을 방지하기 위한 방안으로 보기 어려운 것은?

> 증권시장은 수많은 소식과 이야기들이 가득한 곳이다. 정보들 중에는 신뢰도를 가늠하기 어려운 것들도 많으며 투자자들이 각각의 진위여부를 제대로 확인할 것을 기대하기는 어렵다. 이런 가운데 아주 짧은 시간 동안에도 주가가 급등·급락하는 일이 수시로 일어난다. 그 결과 시장이 불건전한 투기의 장으로 변해 일대 <u>혼란</u>을 초래할 가능성이 많다.

① 가격제한폭 제도 실시
② 서킷 브레이커 제도 도입
③ 사이드 카 제도 도입
④ 장중 조회 공시제도 실시
⑤ 주식 공매도 규제완화

183 다음에서 설명하고 있는 키코(Knock-In Konck-Out)는 어느 파생상품에 해당하는가?

> 한국은행이 파생상품인 키코(KIKO) 피해기업 등 중소기업 지원에 1조 원을 투입한다. 한국은행은 15일에 지난달 25일에 증액한 총액대출한도 2조 5천억 원 중 특별지원한도로 지정한 1조 원을 금융기관의 중소기업 지원실적에 따라 2회 배정한다고 밝혔다.
>
> — 2010년 12월 11일 ○○일보 —

① 주식옵션　　　　　　　　　② 상품옵션
③ 통화옵션　　　　　　　　　④ 선물옵션
⑤ 금리옵션

184 선물저평가(백워데이션 ; back-wardation)에 대한 설명으로 옳지 않은 것은?

① 선물가격이 현물보다 낮아지는 현상을 말한다.
② 역조시장(逆調市場)이라고도 한다.
③ 일반적으로 선물가격이 현물보다 높은 까닭은 기회비용 때문이다.
④ 반대 현상을 콘탱고(contango)라고 한다.
⑤ 선물저평가 상태의 시장을 비정상시장(Inverted Market)이라 한다.

ANSWER

181. ③
시세조종은 주가를 인위적으로 조작해 부당하게 이익을 얻는 불공정행위를 말하고 미공개 정보이용은 내부자 거래에 해당한다. 투자유의종목 지정은 환급성이 결여되어 있거나 경영부실 등의 사유가 발생할 경우 기업들을 별도로 관리함으로써 투자자의 투자판단에 주의를 환기시키는 제도이다.

182. ⑤
주식 공매도는 주식을 보유하지 않은 투자자가 향후 주가가 하락할 것을 예상하여 증권사를 비롯한 기관으로부터 주식을 빌려 매도하는 것이다. 주가가 하락하면 이익이 크므로 하락시에는 공매도로 인해 하락폭을 더욱 깊게 하여 시장의 안정성을 해치게 된다. 최근 국내 주식시장의 하락에 공매도가 하나의 원인으로 지적되어 금융위원회가 공매도를 일정기간 금지하였다.

183. ③
키코(KIKO)는 환율이 일정범위 안에서 움직일 경우 미리 약정한 환율로 약정금액을 매도할 수 있는 통화옵션 파생상품이다. 키코(KIKO)는 환리스크를 헤징하기 위한 방안으로 사용되지만 환율이 예상과 달리 급등하게 되면 손실을 입게되는 상품이다.

184. ③
일반적으로 선물(先物)가격이 현물(現物)가격보다 높은 이유는 미래 시점에 받을 상품을 사는 것이므로 그에 대한 이자와 창고료, 보험료 같은 보유비용이 다 포함되어 있기 때문이다.

185 다음은 무엇에 대한 설명인가?

> 옵션 트레이딩은 통화옵션 거래의 한 방식으로 환율이 아래 위로 일정한 범위 내에 있을 경우 시장가보다 높은 지정환율(행사가)로 외화를 팔 수 있는 옵션이다. 이 상품은 환율이 지정한 범위 하단을 내려갈 경우에는 계약이 무효(넉아웃 배리어)가 되어 기업은 손실을 입지 않게 된다. 하지만 환율이 급등해 지정환율 상단(넉인 배리어)을 넘어가면 계약금액의 2~3배를 시장가보다 낮은 지정환율로 팔아야 됨에 따라 기업은 엄청난 손실을 입게 된다.

① KIKO
② CMS
③ CMA
④ MTM
⑤ ALM

186 다음 상황에서 적용될 것으로 예상되는 조치는?

> 농협중앙회는 중국으로부터 마늘수입이 증가, 국내 마늘산업에 심각한 피해를 주고 있으므로 동품목을 시장접근물량 이내로 수입물량제한 또는 4년간의 관세인상 요청을 무역위원회에 제출하였다.

① 반덤핑
② 우회수출
③ 세이프가드
④ 카르텔
⑤ 매칭그랜트

187 '기름 한 방울 나지 않는 우리나라의 경우 국제유가의 고공행진은 산업계는 물론 서민경제에 이르기까지 경제 전반에 큰 영향을 미친다'에서 우리나라에 미치게 될 영향으로 볼 수 없는 것은?

① 유류를 원료 및 주된 생산요소로 하고 있는 제품 및 서비스의 가격 상승으로 인한 물가의 상승
② 석유류 제품 및 프라스틱류 제품과 전력, 교통비 등 서비스 가격의 상승으로 인한 서민경제의 압박
③ 공장 가동 등에 소요되는 유가의 상승으로 인한 기업들의 부담 증가
④ 주력 산업 경쟁력의 약화
⑤ 수입차 가격하락 등 대외교역조건의 악화로 무역적자

188 다음 내용을 보고 유추할 수 있는 내용이 아닌 것은?

> 쇠고기→돼지고기, 위스키→소주, 정품→리필과 같은 불황형 알뜰소비가 확산되고 있다. 외식이 줄면서 만두, 라면, 칼국수 등 서민 먹거리 판매가 증가하고 있다.

① 불황이 계속되면 기업의 판매가 감소하고 가계의 소득이 감소하여 부득이하게 지출 또한 감소하게 된다.

② 감소된 소득으로 종전의 생활수준을 유지하기 위해 가계에서는 가격이 저렴한 대체상품들을 구매하게 된다.

③ 소득이 감소하게 되면 개인 시간의 기회비용이 증가하게 된다.

④ 소득이 더욱 더 감소하게 되면 만두를 사는 대신 만두를 만들 수 있는 재료 등을 구매하게 된다.

⑤ 기다려서 물건을 구입하게 되거나 극장표를 사거나 하는 등의 행동은 소득이 감소할 경우 나타난다.

185. ①
KIKO(Knock-in Knock-Out)는 통화옵션 거래의 한 방식으로 환율이 일정금액 아래로 떨어지는 넉아웃(Knock-Out)이 되면 거래가 소멸하지만 환율이 급등해 범위를 넘는 넉인(Knock-in)이 되면 액정금액의 두 배를 계약환율로 팔아야 한다.

186. ③
세이프가드(Safeguard) … 특정상품의 수입급증으로 인한 국내산업의 피해를 막기 위해 해당 품목의 수입을 일시적으로 제한하는 조치이다.

187. ⑤
유가상승이 한국 경제에 미치는 영향
㉠ 유류를 원료 및 주된 생산요소로 하고 있는 제품 및 서비스의 가격 상승 압력에 의해 물가 상승 및 서민생활 악화
㉡ 공장 가동 등에 소요되는 유가의 상승으로 기업 부담 증가 및 채산성 악화 초래
㉢ 물류비 증가 등 원가 상승 가속화
㉣ 자동차, 철강, 조선 등 국내 주력 산업군의 에너지 과다소비 구조로 인한 가격경쟁력 약화
㉤ 수입차 가격상승으로 대외교역조건 악화에 따라 무역 적자 확대
㉥ 유가상승으로 인한 전력요금 상승 등 정부의 고유가 대책 실효성 상실
㉦ 원유 및 천연가스를 중심으로 한 광물에너지의 가격 상승 및 수급불안 등에 따른 새로운 대체 에너지의 개발

188. ③
소득이 많을 경우 개인 시간의 기회비용이 크지만 소득이 감소할 경우에는 개인 시간의 기회비용이 감소하게 된다.

189 프로젝트 파이낸싱(project financing)과 관련된 설명 중 옳지 않은 것은?

① 프로젝트 파이낸싱(project financing)이란 사업을 담보로 자금 조달을 하는 것으로 특정 사업에 대한 미래에 발생할 것으로 예상되는 현금흐름을 담보로 자금을 조달하는 금융기법을 말한다.

② 프로젝트 파이낸싱 역시 일반적인 자금조달방식처럼 사업주의 신용과 밀접한 관련이 있다.

③ 원리금 상환은 해당 사업에서 발생하는 현금 흐름에만 의존한다.

④ 만일 사업이 실패하더라도 사업주에게 손실 보전을 청구할 수 없다.

⑤ 프로젝트 파이낸싱의 가장 큰 문제점은 해당 사업이 당초 예상과 달리 진행에 차질이 생기게 되어 사업성이 나빠지면 금융기관이 자금회수에 큰 어려움을 겪거나 큰 손실을 입을 수 있다는 것이다.

190 재무목표에 따른 자산설계가 잘 이루어진 것을 모두 고르면?

> ㉠ 한달 후 은퇴를 앞 둔 A씨는 부동산의 비중을 대폭 줄이고 현금비중을 늘릴 계획이다.
>
> ㉡ 30대 회사원 B씨는 보험료 납부부담을 줄이기 위해 보장성 보험의 보장기간을 10년이 넘지 않게 하였다.
>
> ㉢ 40대 회사원 C씨는 은퇴 준비를 위해 개인연금의 비중을 늘리기로 하였다.
>
> ㉣ 20대 후반인 사회초년생 D씨는 목돈마련을 위해 적립식 펀드에 가입하기로 하였다.

① ㉠㉡

② ㉡㉢

③ ㉠㉡㉢

④ ㉠㉢㉣

⑤ ㉠㉡㉢㉣

191 다음은 쌀직불금과 관련된 기사이다. 옳지 않은 것은?

> 국세청에 따르면 현행 조세특례제한법과 소득세법은 사업용 농지, 즉 자경 농지를 팔 경우는 일반 양도소득세와 마찬가지로 9 ~ 36%의 4단계 세율을 적용한다.
>
> 여기에 8년 이상 농지를 직접 경작하면서 현지나 인접 지역에 거주하면 해당 농지를 팔더라도 계산된 세액에서 1억 원까지 양도세를 감액해주도록 돼있어 대도시 인접지역을 제외하면 실질적으로 다수의 자경 농민들이 이 규정을 통해 양도세를 물지 않고 있다. 반면 자경을 하지 않는 '비사업용 농지'에 대해서는 기본세율과 달리 60%의 높은 양도소득세율이 적용되고 여기에 양도세의 10%인 소득할 주민세를 더하면 66%의 높은 세율을 적용받아 양도차익의 3분의 2를 세금으로 내야 한다.
>
> 가장 짧은 경우 2년만 위장 전입한 뒤 직불금을 받아 이를, '재촌, 자경'의 근거로 내세워 낮은 양도세율이 적용돼야 한다고 주장할 수 있다는 이야기다.
>
> — 2010년 12월 02일 ○○일보 —

① 쌀직불금 부당수령자 중에 공직자와 전문직 종사자가 많은 것은 그에 대한 정보를 많이 얻을 수 있기 때문이다.

② 쌀직불금 부당수령자 중 일부는 양도소득세를 줄이기 위한 의도였을 것이다.

③ 농지 보유의 시세차익을 노리고 덩달아 쌀직불금도 수령했을 가능성도 있다.

④ 비사업용 농지로 판정되면 66%의 양도 관련 세액 외에 보유시 재산세까지 중과된다. 하지만 토지의 용도변경 등으로 대규모 시세차익이 발생할 것이 확실하므로 농지를 소유했을 것이다.

⑤ 농촌지역 세무서가 관할 구역이 넓은 점을 악용해 이런 식으로 투기꾼들이 세금을 탈루하려다 들통나는 경우가 종종 있다.

ANSWER

189. ②
② 프로젝트 파이낸싱이 일반적인 자금조달방식과 다른 것은 사업주의 신용과는 관계없이 프로젝트 자체의 수익성과 사업성만으로 자금지원이 이루어진다는 것이다.

190. ④
ⓒ 갈수록 평균수명이 길어지고 60세 이후 질병발생 확률이 높기 때문에 건강보험의 보장기간은 길게 책정하는 것이 더 유리하다.

191. ④
비사업용 농지로 판정되면 66%의 양도관련 세액 외에 보유시 재산세까지 중과되기 때문에 토지의 용도변경 등으로 아무리 대규모 시세차익이 발생해도 제대로 세금을 내면 남는게 별로 없다고 봐야 한다.

192 다음은 무엇에 대한 설명인가?

> 작업 과정에 있어서 숙련 노동과 비숙련 노동 간의 양극화를 특징으로 하는 생산방식의 폐해를 시정하기 위해 선진국에서 새롭게 추진하는 생산방식이다.

① 포디즘   ② 네오포디즘

③ 시오니즘   ④ 내부자이론

⑤ 네오뎀

193 다음은 무엇에 대한 설명인가?

> 우리나라가 일본과 미국 등 선진국에는 품질과 기술경쟁에서 밀리고 중국이나 동남아 등 개발 도상국에는 가격경쟁에서 밀리는 현상을 말한다. 이것은 호두를 양쪽으로 눌러 까는 도구를 말하는 용어이다.

① 넛크래커   ② 넉아웃크래커

③ 병목현상   ④ 틈새이론

⑤ 레온티에프의 역설

194 다음은 주요 기업의 4분기 실적 및 추정치를 비교한 것이다. 이와 가장 관계가 깊은 경제용어를 고르면?

기업	증권사 예상평균치	4분기 영업실적권	예상치와 실적비교
국민전자	2조 1,346억 원	2조 524억 원	−3.85%
㈜ 서원각	1조 1774억 원	1조 966억 원	−6.86%
드림텔레콤	6,565억 원	5,389억 원	−17.91%
퀵자동차	3,871억 원	3,067억 원	−20.77%
㈜ 경제나라	3,017억 원	1,812억 원	−39.94%
너 & 나	1,990억 원	1,711억 원	−14.02%

① 버블현상(bubble phenomenon)

② 어닝쇼크(Earning Shock)

③ 어닝 서프라이즈(Earning Surprise)

④ 서머랠리(summer rally)

⑤ 서킷브레이커(Circuit Breaker)

195 **다음 중 퇴직금제도의 성격에 대한 설명이 옳은 것은?**

① 기업측은 생활보장설을 주로 지지하고 있다.

② 임금후불설은 주로 노동조합측이 지지하는 견해라고 할 수 있다.

③ 공로보상설은 재직 중 임금이 근로자의 노동가치보다 적게 지급되었기 때문에 이에 따른 미지급분을 퇴직시 지급한다는 견해이다.

④ 노무관리설은 근속연수 및 공헌도에 따른 은혜적 성격으로서 퇴직금을 지급한다는 견해이다.

⑤ 인간감가상각설은 퇴직금을 근로자의 퇴직 후 일정기간동안 생활의 보장을 위해 지급한다는 견해이다.

ANSWER

192. ②
숙련 노동과 비숙련 노동 간의 양극화를 특징으로 하는 생산방식이 포디즘이고 이를 극복하고자 새롭게 추진하는 생산방식이 네오포디즘이다.

193. ①
넛크래커에 관한 설명으로 외환위기 이후에 우리나라 수출산업이 처한 상황을 설명하는데 주로 사용된 용어이다.

194. ②
어닝쇼크(Earning shock) … 예상 기대치보다 기업실적이 못 미쳤을 때 실적쇼크로 주가가 하락하는 경우를 말한다. 실적은 주가결정의 중요요소이기 때문에 증시에서 집중적으로 기업들의 실적이 발표되는 어닝시즌은 중요한 이벤트 중 하나이다.

195. ②
① 기업측은 공로보상설을 주로 지지한다.
③ 임금후불설에 대한 설명이다.
④ 공로보상설에 대한 설명이다.
⑤ 생활보장설에 대한 설명이다.

196 다음 글을 읽고 이 글에 나타난 문제를 해결하기 위한 정부의 정책으로 적절하지 못한 것은?

> 경제연구원 보고서에 따르면, 하위 20% 소득계층의 교육 투자율(총소비 지출에서 차지하는 교육비의 비율)이 다른 계층의 교육 투자율보다 낮았다. 이에 따라 빈곤층 비율이 증가할수록 교육에 대한 투자가 부진하게 되어 1인당 국민소득이 감소한다고 한다. 연구원측은 우리나라의 경우 "소득 양극화가 원활한 인적 자본 축적을 방해하고 사회·경제적 불안을 일으키기도 한다."라고 주장하였다.

① 실직자에 대한 재취업 교육 지원　　② 빈곤계층에 대한 장학 혜택 확대
③ 저소득층을 위한 무료 과외방 설치　　④ 저소득층 자녀에 대한 교육비 감면
⑤ 총교육비 지출에 대한 세금 공제 확대

197 파생상품시장의 투자 유의사항으로 볼 수 없는 것은?

① 최종거래일에 근접하여 행사될 확률이 낮은 과외가격 옵션(OTM)을 거래하여 미결제약정을 만기까지 보유하는 경우 권리행사(배정)될 비율이 매우 낮다.

② 옵션가격은 시간가치와 행사가치로 구성되며, 최종거래일에 근접할수록 불확실성이 감소함에 따라 시간가치도 감소하게 되므로 옵션가격이 지수 또는 변동성의 움직임과 반대방향으로 움직일 수 있다.

③ 최종거래일 옵션거래 종료(15:20분) 후 10분 동안 최종결제가격이 예상방향과 반대로 움직일 경우 손실을 입을 수 있으며, 매도자의 경우 손실액이 무제한으로 확대될 수 있다.

④ 전문투자자 등으로 시장참여자를 제한하나, 중소기업 투자전문성이 인정되는 벤처캐피탈 및 엔젤투자자의 시장참여를 허용하여 모험자본의 선순환을 지원한다.

⑤ 지수급변 시나 변동성 급등 시 옵션 매도 미결제 보유자의 위탁증거금이 급증하게 되며, 증거금 부족 시 추가증거금 납부(마진콜)가 요구될 수 있다.

198 솔로우(Solow) 성장 모형에서 경제가 균제상태(steady state)에 있었다. 그런데 외국인 노동자의 유입에 대한 규제가 완화되어 인구 증가율이 높아졌다고 하자. 초기 균제상태와 비교할 때 새로운 균제상태에 대한 설명 중 가장 옳지 않은 것은? (단, 기술 변화는 없다고 가정)

① 1인당 소득 증가율의 하락　　② 1인당 소득수준의 하락
③ 총소득 증가율의 상승　　④ 1인당 자본의 감소
⑤ 자본 한계생산성의 증가

199 최근 상위 20%의 자산 소유액은 7억 원을 넘었지만 하위 20%는 57만 원에 불과하여 우리나라 가계의 자산양극화가 소득양극화의 2배에 달한다는 조사가 발표되었다. 다음 중 이러한 조사를 뒷받침 할 수 있는 자료로 적절한 것을 모두 고르면?

> ㉠ 지니계수는 소득은 0.357, 자산은 0.706을 기록하였다.
> ㉡ 10분위 분배율이 0.654를 기록하였다.
> ㉢ 부동산 값의 급격한 상승(단, 국민의 30%는 주택 등 자산이 전혀 없음)
> ㉣ 로렌츠곡선이 X축, Y축에 정비례하며 우상향하는 대각선의 형태를 나타낸다.

① ㉠㉡
② ㉠㉢
③ ㉠㉡㉢
④ ㉡㉢
⑤ ㉡㉢㉣

ANSWER

196. ⑤
⑤ 총교육비 지출에 대한 세금 공제 확대는 오히려 상위계층의 교육비 부담을 감소시키고, 실질 소득을 늘려주는 결과를 가져와 빈곤층에 직접적 혜택을 주지 못한다. 빈곤층의 교육 투자율이 낮아 인적 자본의 축적이 방해되는 문제점을 줄이기 위해서는 두 가지 접근이 가능하다. 하나는 빈곤층의 소득을 늘리는 것이고, 또 하나는 빈곤층의 교육비에 대한 부담을 줄여주는 것이다.
① 빈곤층의 소득을 늘리는 것
③④⑤ 빈곤층의 교육비에 대한 부담을 줄이는 것

197. ④
④ 코넥스시장의 특징에 해당한다.
※ 파생상품시장의 투자 유의사항
　㉠ 낮은 권리행사 비율
　㉡ 시간가치감소
　㉢ 최종결제가격 급변
　㉣ 증거금 변동

198. ①
① 새로운 균제상태에서 살펴보는 것이므로, 1인당 소득이 균제상태에서 일정하게 되므로, 변화율은 0이 된다.

199. ②
㉡ 10분위 분배율은 소득분배의 정도를 판단하는 자료로서 한 나라의 모든 가구를 소득의 크기순으로 배열한 후 이를 10등급으로 분류하고 소득이 낮은 1등급에서 4등급까지의 소득합계를 소득이 가장 높은 9, 10등급의 소득 합계로 나눈 비율이다.
㉣ 로렌츠곡선은 계층별 소득분배를 측정하는 자료로서 사회 인구의 누적점유율과 소득의 누적점유율 사이의 관계를 그래프로 나타낸 것이다.

200 최근 마트에서 보험상품을 판매하는 '마트슈랑스'가 새로운 판매채널로 각광받고 있다. 다음 중 이에 대한 잘못된 진술은?

① 손해보험사에 이어 생명보험사까지 진출하며 새로운 판매채널로 급부상 중이다.

② 마트의 문화센터를 통해 세미나나 영업 전개도 가능하다는 장점으로 마트슈랑스는 높은 실적을 거두고 있어 각 보험사들의 과열경쟁이 우려된다.

③ 우리나라 소비자들의 경우 마트 등의 유통업체를 통한 금융상품의 가입을 생소하게 여기고 있어 이를 극복하는 것이 실적을 올리는데 중요하게 작용할 수 있다.

④ 온라인 포털을 통한 포털슈랑스, 은행창구를 통한 방카슈랑스, 홈쇼핑을 통한 홈슈랑스 등 그동안 시행해온 타 사업과의 제휴를 통한 판매기법의 선례에 따라 채널의 활성화 및 특화를 위한 전용상품을 개발하는 것이 중요하다.

⑤ 마트슈랑스 채널은 일반 대리점과 달리 고객의 방문시간이 길지 않으므로 상담에서 끝나는 경우가 많다. 따라서 상담에서 가입으로 이어지도록 전용상품을 개발하는 것이 시급하다.

201 한국 국적인 민아가 국내 은행에서 대출받은 자금으로 스리랑카에 아이스크림 가게를 연다고 하자. 다음 중 옳은 것은?

① 한국의 해외포트폴리오투자(foreign portfolio investment)가 증가하여 한국의 순자본유출(net capital outflow)이 증가한다.

② 한국의 해외포트폴리오투자가 감소하여 한국의 순자본유출이 감소한다.

③ 한국의 해외직접투자(foreign direct investment)가 증가하여 한국의 순자본유출이 증가한다.

④ 한국의 해외직접투자가 감소하여 한국의 순자본유출이 감소한다.

⑤ 한국의 해외포트폴리오투자와 해외직접투자가 동시에 증가하여 한국의 순자본유출이 증가한다.

202 2009년 11월 20일 일본 정부가 디플레이션을 공식 선언하였다. 다음 중 사실과 부합하는 내용으로 적절하지 않은 것은?

① 경제협력개발기구 역시 회원국 경제전망을 통해 일본 경제를 디플레이션 상태로 규정하였다.

② 2차 세계대전 이후 과거 일본 정부가 디플레이션을 공식 인정한 것은 2001년 3월부터 2006년 6월까지였으므로 일본 경제는 3년 5개월 만에 다시 디플레이션에 빠졌다.

③ 이와는 대조적으로 같은 날 일본은행(BOJ)는 경기진단을 상향하여 물가전망을 판단하는 일본 내부의 시각차를 보여주고 있다.

④ 디플레이션 리스크가 고용시장 상황을 더 악화시키는 등 경제 악영향을 끼칠 수 있으므로 일본 경제에 압력으로 작용하지 않도록 주의해야 한다.

⑤ 소비자물가 상승, 수요와 공급 간의 격차 증대, 실질 성장률을 밑도는 명목성장률 등을 통해 일본 경제가 디플레이션에 진입했음을 알 수 있다.

200. ②
보험사들의 마트슈랑스 진출이 본격화되고 있는 반면 아직까지 실적은 저조한 편이다.

201. ③
해외직접투자(FDI : Foreign Direct Investment)는 외국계 기업이 직접 공장을 지어 소유와 운영까지 맡는 투자방식으로 10% 이상의 지분을 소유한 경우를 말하고, 해외포트폴리오투자(FPI : Foreign Portfolio Investment)는 자본만 투자하고 운영은 내국인에게 맡기는 방식으로 10% 미만의 지분을 소유한 경우를 말한다. 문제에서는 직접 운영까지 할 것으로 보이므로 해외직접투자로 보아야 한다. 해외로 자본이 나갔기 때문에 순자본유출이 된다.

202. ⑤
디플레이션 상황이라는 것은 물가가 상승하는 인플레이션에 반대개념으로 볼 수 있다.
※ 디플레이션(Deflation) … 수요의 부족으로 상품가격이 하락하는 현상을 말하며 디플레이션이 발생하는 경우 물가가 더 하락할 것이라는 기대심리 때문에 소비가 미루어지고 기업도 투자를 꺼리게 된다. 여기서 물가하락이 문제가 되는 이유는 디플레이션 악순환(Deflationary Spiral)이 발생할 가능성 때문이다. 디플레이션 악순환이란 물가가 하락하면 실질금리가 상승해 기업수익이 악화되고, 이에 따라 설비투자와 소비위축으로 경제가 악화되어 물가가 더 떨어지는 현상을 말한다.

203 다음 표는 저소득 근로자에게 정부가 일정 금액의 현금을 보조하는 근로장려세제(EITC)를 도입할 경우의 정부 지급액을 나타낸 것이다. 이 제도에 대한 설명으로 타당하지 못한 것은?

부부 합산 연간 근로 소득	지급액	사례
900만 원 미만	총급여액×185/900	500만 원 근로 소득 → 102만 원 지급
900 ~ 1,200만 원 미만	지급액 상한선(185만 원)	1,000만 원 근로 소득 → 185만 원 지급
1,200 ~ 2,100만 원 미만	185만 원−(총급여액−1,200만 원) ×185/900	1,400만 원 근로 소득 → 144만 원 지급

① 사회 안전망의 사각 지대를 줄여준다.
② 생산적 복지의 이념에 부합하는 제도이다.
③ 사회보험보다는 공공부조에 가까운 정책이다.
④ 십분위 분배율은 낮추고 지니계수는 높인다.
⑤ 근로소득과 지급액이 반비례하는 것은 아니다.

204 다음 내용과 관련된 진술로 타당하지 못한 것은?

> 금돼지! 금송아지란 말은 자주 들어 봤어도 금돼지는 처음이니 다소 어리둥절할 것이다. 세간에서는 돼지고기 삼겹살이 소고기 값을 능가하고, 국내산은 구하기조차 쉽지 않다니 금돼지란 말도 지나친 과장은 아닌 듯싶다. 사육 농가들은 수지맞는 농사를 짓는 셈이지만, 즐거워하기보다는 오히려 걱정을 하고 있으니 어찌된 일인가, 돼지 사육이 늘어나 가격이 폭락했던 과거의 경험을 잊지 못하기 때문일 것이다.

① 최저 가격 결정은 금돼지 현상에 대한 대책이 될 수 있다.
② 돼지고기 값 상승은 소고기 수요의 증가를 초래할 수 있다.
③ 소고기 수입의 확대는 돼지고기 값 안정에 기여할 수 있다.
④ 삼겹살에 대한 선호 증가도 금돼지 현상의 원인이 될 수 있다.
⑤ 농가의 우려는 돼지고기 수요의 가격 탄력성이 비탄력적일 때 현실화 될 수 있다.

205 다음 글의 밑줄 친 롱테일(long tail)의 법칙에 부합하는 사례로 알맞은 것은?

> 돈이 되는 20%의 고객이나 상품만 있으면 80%의 수익이 보장된다는 파레토 법칙이 그간 진리로 여겨졌다. 그런데 최근 <u>롱테일(long tail)</u> 법칙이라는 새로운 개념이 자리를 잡고 있다. 이는 하위 80%가 상위 20%보다 더 많은 수익을 낸다는 법칙이다. 한마디로 '티끌 모아 태산'이 가능하다는 것이다.

① A은행은 VIP전용 창구를 확대하였다.
② B기업은 생산량을 늘려 단위당 생산비를 낮추었다.
③ C인터넷 서점은 극소량만 팔리는 책이라도 진열한다.
④ D극장은 주말 요금을 평일 요금보다 20% 인상하였다.
⑤ E닷컴은 10만 원 이상 구매자에게 배송료를 받지 않는다.

ANSWER

203. ④
근로장려세제는 저소득층에 대한 소득 보전의 효과가 있기 때문에 도입될 경우 십분위 분배율은 높아지고, 지니계수는 낮아지게 된다.
근로장려세제는 일정 수준의 근로 소득을 얻는 가계에 더 많은 지원을 하므로, 근로 의욕을 고취하고 자활 능력 제고를 추구하는 생산적 복지에 부합한다.

204. ①
금돼지 현상을 해결하기 위해서는 최저 가격제가 아닌 최고 가격제를 실시해야 한다.
돼지고기 수요의 가격 탄력성이 비탄력적일 때 돼지고기 공급이 증가하면 가격이 폭락할 가능성이 있다.

205. ③
일 년에 한두 권 밖에 안 팔리는 책일지라도 이러한 책들의 매출이 모이고 모이면 베스트셀러 못지않은 수익을 낼 수 있다.

03 ▶ 응용복합 영역

본 교재에 수록된 기출유형문제는 수험생의 실제문제유형 파악과 실전 적응력을 높이기 위하여
기존 출제된 문제를 재구성한 것입니다.

▶▶ **기출유형문제**

1 다음은 경제 통합 체결 전·후 상황을 나타낸 것이다. A국의 입장에서 [경제 통합 체결 후]에 나타날 수
있는 경제 현상으로 적절한 것을 모두 고른 것은? (단, 제시된 자료 외의 것은 고려하지 않으며, 경제
통합은 체결과 동시에 발효된다.)

[경제 통합 체결 전]

• A국이 B ~ D국으로부터의 고무 원료 수입 단가는 다음과 같으며, 관세율은 수입 단가의
50%임.

구분	B국	C국	D국
고무 원료 수입 단가	US $110	US $100	US $120

※ A국의 고무 원료 수입업자는 경제 통합 체결 전·후 상관없이 단위당 수입 가격(수입
단가+관세)이 가장 저렴한 국가로부터 수입함.

[경제 통합 체결 후]

• C국과 D국은 경제 동맹을 체결함과 동시에 A국과 FTA를 체결함.
• A국은 C국과 D국으로부터 고무 원료 수입 시 적용하는 관세율을 20%로 변경함.
• A국은 B국과 공동 시장을 체결하고 수입 관세를 철폐함.

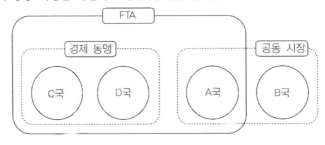

ⓐ 고무 원료 1단위당 US $30의 수입 관세가 줄어들 것이다.
ⓑ B국과 상호 간에 생산 요소의 자유로운 이동이 가능해질 것이다.
ⓒ C국, D국과 함께 공동의 금융 및 재정 정책을 수립하게 될 것이다.
ⓓ 고무 원료 수입업자는 C국보다 B국에서 수입하는 것이 유리할 것이다.

① ⓐⓑ
② ⓐⓒ
③ ⓑⓒ
④ ⓑⓓ
⑤ ⓒⓓ

2 ( ) 안에 들어갈 말로 적당한 것은?

> 환경문제에 대한 세계적인 관심이 증대되고, 소득증가에 따라 고품질 안전농산물의 수요가 증가됨으로써 환경조화적 ( )이 우리나라 농정의 주요과제로 등장하게 되었다.

① 고투입 탄력적
② 고투입 지속적
③ 저투입 탄력적
④ 저투입 지속적
⑤ 고투입 비탄력적

ANSWER

1. ④
A국은 B국과 공동 시장을 체결했기 때문에 상호 간에 생산 요소의 자유로운 이동이 가능하다. 공동 시장 체결 전에는 C국의 수입 가격(100+50)이 가장 저렴하지만, 체결 후에는 B국으로부터의 수입 가격(100)이 가장 저렴하다.

2. ④
환경문제에 대한 세계적인 관심이 증대되고, 소득증가에 따라 고품질 안전농산물의 수요가 증가됨으로써 환경조화적 저투입 지속적 농업(Low Input Sustainable Agriculture)이 우리나라 농정의 주요 과제로 등장하게 되었다.

3 표는 갑국의 국제 수지표이다. 이에 대한 분석으로 옳은 것은? (단, 오차 및 누락은 0이다.)

(단위 : 억 달러)

구분		2015년	2016년	2017년
경상 수지		263	508	822
	상품 수지	311	494	828
	서비스 수지	−112	−52	−65
	본원 소득 수지	75	121	101
	이전 소득 수지	−11	−55	−42
자본 · 금융계정		−263	−508	−822
	자본 수지	2	4	5
	금융 계정	−265	−512	−827
	(준비 자산)	−19	8	−21

① 2015년 이후 상품 수출에 비해 수입이 많았다.

② 2015년 이후 해외 투자 소득이 포함된 항목은 수취한 외화에 비해 지급한 외화가 많았다.

③ 2016년과 2017년의 경상 수지 변화는 국내 통화량을 감소시키는 요인이다.

④ 2017년의 여행 · 운송 등이 포함된 항목은 2016년에 비해 적자액이 감소하였다.

⑤ 2017년과 달리 2016년의 외환 보유액은 감소하였다.

4 다음은 일상생활에서 쉽게 볼 수 있는 경제현상들이다. 공통적인 원인은 무엇인가?

- 입시철마다 대학 주변의 하숙촌은 호황을 누린다.
- 여름철마다 동해안 해수욕장의 민박촌은 호황을 누린다.
- 졸업식 · 입학식 시즌의 장미 가격은 평소보다 비싸다.
- 단기적으로 토지에 조세를 부과하면 조세자본화 현상이 일어난다.

① 담합   ② 규제

③ 수요 초과   ④ 정보 비대칭

⑤ 공급 비탄력성

5 다음의 자료에 대하여 옳게 설명한 사람을 보기에서 모두 고르면?

> [자료 1]
>
>   2010년 12월 한·미 자유무역협정(FTA) 자동차 협상 수정안이 타결됐다. 수정안에 따르면 우리나라의 미국산 수입 승용차와 전기차의 관세율은 현행 8%에서 4%로 즉각 인하되고, 관세는 FTA 발효 후 5년에 걸쳐 완전히 철폐된다.
>
> [자료 2]
>
>   수입 자동차는 가격을 인하하면 판매량이 급증하는 양상을 보이는데, 최근 수입차업체들이 직접 가격을 인하하거나 할부 금리를 낮추고 있고 국산 신차 가격은 고급화 전략의 영향으로 오르고 있어 수입차 판매 대수와 시장점유율이 높아지는 추세이다.

〈보기〉

재한 : 미국산 승용차에 대한 관세가 인하되면 미국산 승용차 국내 매출액이 증가하겠군.

은경 : 그렇지. 관세가 인하된 만큼 미국산 승용차 가격도 4%포인트 하락할 테니까.

민정 : 그나저나 우리 국민들의 소득이나 선호가 특별히 변하지 않는다면 국산차나 미국 이외 나라들의 승용차에 대한 수요는 줄어들겠네.

① 재한, 은경 ② 재한, 민정
③ 은경, 민정 ④ 모두 옳다
⑤ 모두 틀렸다

ANSWER

3. ⑤
① 2015년 이후 상품 수지는 흑자이므로 수출이 수입보다 많았다.
② 해외 투자 소득이 포함된 항목은 본원 소득 수지이며, 매년 흑자이므로 지급한 외화보다 수취한 외화가 더 많다.
③ 2016년과 2017년의 경상 수지 변화는 국내 통화량을 증가시키는 요인이다.
④ 2016년에 비해 2017년은 서비스 수지의 적자액이 증가하였다.

4. ⑤
공급이 비탄력적일 때(공급곡선이 수직에 가까울 때), 시장가격은 수요의 변동에 민감하게 반응한다. 수요초과는 하숙촌이나 민박촌 사례에는 해당되나 나머지 현상을 설명하지는 못한다.

5. ②
자료 2로부터 수입 자동차가 수요의 가격 탄력성이 큰 사치재이며 차들 간 대체재의 관계가 있음을 알 수 있다. 미국산 자동차의 관세가 인하되면 가격이 하락하게 되고, 판매량의 증가 정도는 가격 인하율보다 높게 나타날 것이다. 미국산 자동차 판매가 늘어나면 대체재의 수요는 줄어든다. 관세 인하도와 가격 인하도는 같다는 보장이 없다.

6 다음 표는 한국과 일본의 100대 기업을 상대로 설문조사한 내용을 정리한 것이다. 기업인들이 느끼고 있는 경제 상황을 바르게 파악한 것들로만 바르게 짝지어진 것은?

(단위 : 기업 수)

설문내용	한국	일본
현재의 경제 상황은 어떠한가?		
① 상승 국면이다.	0	8
② 완만하게 회복되고 있다.	8	78
③ 침체 상태이지만 희망이 보인다.	22	14
④ 침체 상태가 이어질 것이다.	52	0
⑤ 완만하게 하강하고 있다.	13	0
⑥ 악화되고 있다.	4	0
지난해 대비, 올해 설비 투자는?		
① 증가할 것이다.	10	91
② 지난해 수준쯤 될 것이다.	63	9
③ 감소할 것이다.	27	0
지금부터 1년 동안 개인 소비는?		
① 확실하게 늘어 경기를 살릴 것이다.	1	1
② 느리게 회복할 것이다.	57	71
③ 조금 늘다가 감소할 것이다.	6	28
④ 감소할 것이다.	36	0

ㄱ 한국 기업인은 경기가 회복되고 있다고 느낀다.
ㄴ 일본 기업인은 경제가 불황에 빠져 있다고 본다.
ㄷ 양국 기업인이 느끼는 자국의 경기 순환 국면이 다르다.
ㄹ 한국 기업인은 정부에 경기 부양책을 요구할 가능성이 크다.

① ㄱㄴ   ② ㄱㄷ
③ ㄴㄷ   ④ ㄴㄹ
⑤ ㄷㄹ

7 한국정부는 소말리아 해적에 피랍된 한국 선원을 구하기 위하여 협상 전략을 주로 구사해왔다. 그러나 최근 군함을 파견하고 인질구출작전을 펴는 등 전략적 변화를 보이고 있는데 이러한 전략 변화를 잘 설명할 수 있는 게임이론의 형태는 무엇인가?

① 사슴사냥게임
② 최후통첩게임
③ 죄수의 딜레마 반복게임
④ 동전 맞추기 게임
⑤ 가위·바위·보 게임

ANSWER

6. ⑤
자국의 경기 순환 국면에 대해 한국 기업인은 경기 침체 국면, 일본 기업인은 경기 확장 국면으로 느끼고 있다. 그러므로 한국 기업인들은 금리 인하 등의 경기 부양책을 요구할 가능성이 크다.

7. ③
일회적인 죄수의 딜레마 게임이라면 협상하는 것이 정부의 우월전략이 될 수 있으나, 지속적으로 반복된다면 어느 순간부터는 군사적으로 대응하는 것이 우월전략이 될 수 있다. 한국 정부의 전략 변화는 이러한 맥락에서 이해할 수 있다.

8 다음의 사례를 보고 갑의 선택과 관련된 설명으로 옳은 것을 모두 고른 것은? (단, 이익과 손실은 모두 금전적인 것이며 기간은 1년으로 제한한다)

> 현재 갑은 을 소유의 아파트에서 1억 원에 전세로 살고 있다. 그런데 어느 날 을이 찾아와 두 가지 새로운 제안을 하였다. 갑이 이 아파트를 구입할 의사가 있으면 2억 원에 팔겠다는 것과 월세를 원하면 보증금 없이 월 50만 원을 받겠다는 것이다. 물론 계속 지금과 같이 전세로 살아도 무방하다고 하였다. 갑이 알아보니 금리는 연 5%이고 집값 상승률이 연 4%가 될 것이라고 한다. 갑은 현재 여유자금이 없어 집을 살 경우 1억 원을 대출받아야 한다.

> ㉠ 월세보다 전세의 기회용이 더 크다.
> ㉡ 집을 살 경우 기회비용이 최소화된다.
> ㉢ 전세로 계속 사는 것이 가장 합리적이다.
> ㉣ 월세로 전환하면 편익보다 비용이 더 크다.

① ㉠㉡　　　　　　　　　　　② ㉠㉢
③ ㉡㉢　　　　　　　　　　　④ ㉡㉣
⑤ ㉢㉣

9 다음 글의 ㈎, ㈏의 내용을 기초로 운영이에게 적용될 세율에 대한 설명으로 옳은 것만을 바르게 고른 것은?

> ㈎ 우리나라는 과세 대상 소득 금액 전체에 하나의 세율을 적용하는 것이 아니라 소득 금액을 나누어 여러 개의 세율을 적용한다. 현행 세율에 따르면 연 소득이 9,000만 원인 경우, 1,200만 원까지는 6%의 세율이, 1,200만 원 초과 4,600만 원 이하는 15%의 세율이, 4,600만 원 초과 8,800만 원 이하는 24%의 세율이, 8,800만 원 초과 9,000만 원까지는 35%의 세율이 적용된다.
>
> ㈏ 경제학자들은 평균 세율과 한계 세율이라는 두 가지 세율 개념을 사용하여 소득세의 소득 재분배 효과를 설명한다. 평균 세율은 세금 총액을 과세 대상 소득 금액으로 나눈 것이고, 한계 세율은 소득 증가액에 대한 세금 증가액의 비율을 말한다. 예를 들어 현재의 소득에서 추가로 얻게 되는 소득액(소득 증가액)이 100만 원이고 이로 인해 추가로 부담하게 되는 소득세액(세금 증가액)이 15만 원인 경우, 한계 세율은 15%가 된다.

> 운영이의 과세 대상 소득 금액은 3,000만 원이다.

⊙ 운영이의 평균 세율은 10.5%일 것이다.
ⓛ 소득이 4,000만 원으로 증가할 경우 운영이의 평균 세율은 감소할 것이다.
ⓒ 현재 소득에서 200만 원의 소득이 증가할 경우 이 소득에 대한 한계 세율은 15%일 것이다.
ⓔ 소득 금액 전체에 하나의 세율을 적용할 경우 운영이의 평균 세율과 한계 세율은 동일할 것이다.

① ㉠ㄴ   ② ㉠ㄷ
③ ㄴㄷ   ④ ㄴㄹ
⑤ ㄷㄹ

8. ④
갑이 집을 구입하는 경우 대출금 1억 원에 대한 이자 500만 원을 부담해야 하지만 집값이 800만 원 상승하여 결국 1년 후 300만 원만큼의 이익을 얻을 수 있다.
갑이 월세를 살 경우 1억 원에 대한 이자 500만 원을 얻을 수 있지만 월세로 연간 총 600만 원을 내게 되어 1년 후 100만 원만큼의 손해가 발생한다.

9. ⑤
운영이의 소득이 200만 원 더 증가할 경우 이 소득에 적용할 세율이 15%이므로, 200만 원에 대한 한계 세율은 그 구간의 누진세율과 동일한 15%이다.
운영이의 과세 대상 소득 금액이 3,000만 원이므로 평균 세율은
$$\frac{1,200만\ 원 \times 0.06 + 1,800만\ 원 \times 0.15}{3,000만\ 원} \times 100 = 11.4\%$$

10 아래의 표는 흥부와 놀부가 단위 시간에 생산할 수 있는 사과와 배추의 양을 나타낸 것이다. 이에 대한 설명 중 옳지 않은 것은?

구분	흥부	놀부
사과(개)	6	2
배추(개)	12	8

① 놀부는 배추 생산에 대하여 비교우위에 있다.

② 흥부는 사과와 배추 모두에서 절대우위에 있다.

③ 흥부가 사과 1개를 생산하는 기회비용은 배추 2개이다.

④ 기회비용을 고려하면 흥부와 놀부는 거래를 하지 않는 것이 낫다.

⑤ 두 사람 모두 이익을 얻으려면 흥부의 사과 1개와 놀부의 배추 3개를 교환하면 된다.

11 다음 글에 관한 아래의 설명 중 성격이 같은 것끼리 묶은 것은?

어느 기업이 신입사원을 고용할 때 신입사원의 임금은 노동의 한계생산가치(value of marginal product of labor)에 의해 결정된다고 가정하자. 그런데 신입사원은 두 유형이 존재한다. H 유형의 신입사원은 높은 업무 능력의 소유자로서 한계생산가치가 월 250만 원인데 이 유형의 신입사원은 약 40%이다. 그리고 L 유형의 신입사원은 낮은 업무 능력의 소유자로서 한계생산가치가 월 200만 원인데 이 유형의 신입사원은 약 60%이다.

(가) 보험 가입자 간의 문제에 있어 보험 가입 후의 보험 가입자의 행동 변화는 위 사례와 유사한 형태이다.

(나) 생명보험 가입 시 보험회사 담당자가 건강검진을 요구하는 것은 위의 경우 지원자를 식별하는 방법과 유사하다.

(다) 기업이 신입사원의 유형을 정확히 파악하고 있다면, 기업 인사 담당자는 H 유형의 신입사원에게 3,000만 원의 연봉을, 그리고 L 유형의 신입사원에게 2,400만 원의 연봉을 책정할 것이다.

(라) 기업 인사 담당자가 신입사원의 유형을 식별하기 어려울 때 신입사원에 대해 월 230만 원의 급여를 책정하면 L 유형의 신입사원만 채용되고 H 유형의 신입사원은 채용되지 못하는 결과가 초래될 수 있다.

① (가)(다)   ② (가)(라)

③ (나)(다)   ④ (가)(나)(라)

⑤ (나)(다)(라)

12 같은 목적지로 이동하는 A, B, C 세 사람이 각각 자가용, 버스, 기차를 선택했다. 각 교통수단의 비용과 소요 시간이 아래와 같다고 할 때 다음 중 적절한 추론은?

사람	교통수단	비용	소요시간
A	승용차	연료비 27,000원, 통행료 3,000원	2시간
B	고속버스	요금 16,000원	4시간
C	KTX	요금 18,000원	3시간

① 연료비가 인상되어도 A의 선택은 변하지 않을 것이다.

② A는 B나 C에 비해서 시간의 기회비용이 작다.

③ 자가용은 가장 비싼 교통수단이다.

④ 고속버스 요금이 6000원 인상되면 B는 고속버스를 선택하지 않는다.

⑤ 시간의 기회비용이 공통적으로 1만 원이라면 기차가 가장 비싸다.

ANSWER

10. ④
비교우위에 따라 생산하여 거래하면 상호 이익을 얻을 수 있다. 이 때 거래조건은 두 사람의 기회비용 사이에서 형성된다.

11. ⑤
제시문의 사례는 정보의 비대칭으로 인한 역선택에 대한 설명으로 (가)에서 보험 가입자의 행동 변화는 도덕적 해이와 관련된 것이다. 정보의 비대칭 상황 하에서 거래대상의 감추어진 특성으로 인해 정보를 갖지 못한 사람이 바람직하지 못한 선택을 하게 될 가능성이 높아지는 현상을 역선택이라고 한다. 중고차 시장, 보험시장, 상품시장 등에서 자주 발생한다.

12. ④
㉠ 승용차 : 30,000원/2시간→15,000원/1시간
㉡ 고속버스 : 16,000원/4시간→4,000원/1시간
㉢ KTX : 18,000원/3시간→6,000원/1시간
시간당 기회비용을 살펴볼 때 고속버스 요금이 6000원 인상되면 고속버스가 기차보다 비싼 교통수단이 되므로 B는 고속버스를 선택하지 않는다.

13 다음 표는 각국의 화폐 가치의 변동을 나타낸 것이다. 이와 같은 추세가 지속될 경우 각국에서 나타날 수 있는 경제 상황을 바르게 설명한 것은?

구분	원화	엔화
미국 달러화 대비 화폐 가치	하락	상승

① 미국으로 수출하는 한국 상품의 달러 표시 가격이 상승할 것이다.

② 일본인의 미국 여행 경비 부담이 증가할 것이다.

③ 일본에서 공부하고 있는 한국인 유학생의 비용 부담이 증가할 것이다.

④ 미국 시장에서 일본 기업과 경쟁하는 한국 기업의 가격 경쟁력이 약화될 것이다.

⑤ 미국으로 수출하는 일본 기업 상품의 달러 표시 가격은 하락할 것이다.

14 수요량의 변화는 수요곡선상의 이동과 수요곡선 자체의 이동에 따른 변화로 구분된다. 다음 중 수요곡선 자체의 이동에 따른 수요량의 변화가 아닌 것은?

① 미니스커트 유행으로 미니스커트에 대한 수요 증가

② 소득수준 증가에 따른 고급 자동차에 대한 수요 증가

③ 조류독감 확산에 따른 닭고기에 대한 수요 감소

④ 지하철 요금 인상에 따른 택시 서비스에 대한 수요 증가

⑤ 채소 가격 상승에 따른 채소에 대한 수요 감소

15 앨런 그리스펀 전 연방준비제도이사회(FRB) 의장은 남성속옷으로 경기를 판단하였다. 남성속옷은 경기를 크게 타지 않는데 이 품목의 판매가 줄어든다면 그만큼 경제침체가 심각함을 의미한다. 다음 중 경기불황의 사례로 짐작할 수 없는 것은?

① 온라인 채팅 사이트 방문자 수가 증가한다.

② 과일이나 야채를 직접 재배하는 도시인이 증가한다.

③ 남성 넥타이의 판매량이 감소한다.

④ DVD 시장이 활성화된다.

⑤ 식당 · 술집 · 상점 등에 예쁜 여성 종업원들을 더 많이 볼 수 있다.

16 다음 글에 대한 설명으로 가장 옳은 것은?

> '데미안 허스트'라는 영국 화가의 「신의 사랑을 위하여」는 역사상 가장 값비싼 재료가 많이 들어간 작품으로 기록됐습니다. 작품 속의 두개골 틀은 백금이고, 표면에는 8,601개의 다이아몬드가 박혀있었습니다. 그런데 과거에도 재료비가 보석만큼 비싼 시절이 있었습니다. 바로 중세와 르네상스 시대 이탈리아에서 제작된 성화입니다. 성모 마리아 옷에 칠한 울트라마린 물감은 황금보다 더 비쌌습니다. 울트라마린은 '바다 저편'을 의미합니다. 하늘처럼 높고 바다처럼 깊은 신비한 아름다움을 지닌 파란 색을 아프가니스탄에서 구해다가 성모 마리아의 겉옷을 칠한 것입니다. 레오나르도 다빈치의 유명한 작품 「암굴의 성모」도 바로 이런 것입니다. 그런데 재료비를 많이 투입한 작품은 당연히 원가가 비싼 만큼 상당히 고가에 팔립니다. 하지만 황금보다 훨씬 더 저렴한 재료를 사용하고서도, 황금보다 비싸게 거래되는 경우도 많이 있습니다. 왜 그렇게 가격이 형성될까요?
>
> – 이명옥, 정갑영 「명화 경제토크」 –

① 가격은 재료의 가치에 따라 결정되지만 시장의 착각으로 거품이 생길 수 있다.
② 가격은 공급의 탄력성에 따라 결정되기 때문이다.
③ 상품의 가치는 생산에 투입된 노동량에 따라 결정되기 때문이다.
④ 교환가치와 사용가치의 차이에서 발생한다.
⑤ 소비자가 지불하려는 가격은 한계효용에 의해 결정되므로 생산비와 무관하게 움직일 수 있다.

ANSWER

13. ③
미국 달러화에 비해 엔화의 가치가 상승하였으므로 일본인의 미국 여행 경비 부담이 감소하게 된다. 미국 달러화 대비 원화 가치의 하락은 미국으로 수출하는 한국 기업 상품의 달러 표시 가격 하락 요인이고, 미국 달러화 대비 엔화 가치 상승은 미국으로 수출하는 일본 기업 상품의 달러 표시 가격 상승 요인이므로, 미국 시장에서 일본 기업과 경쟁하는 한국 기업의 가격 경쟁력이 강화될 것이다.

14. ⑤
① 미니스커트의 유행은 미니스커트에 대한 수요를 증가시키므로 미니스커트 수요곡선이 우측이동한다.
② 소득수준이 증가할 때 고급 자동차 수요가 증가하였으므로 고급자동차는 정상재임을 알 수 있으므로 고급자동차 수요곡선이 우측이동한다.
③ 조류독감 확산에 따른 건강에 대한 우려로 닭고기 수요가 감소하였으므로 닭고기 수요곡선이 좌측이동한다.
④ 지하철 요금 인상은 대체재인 택시서비스 수요를 증가시키기 때문에 택시서비스 수요곡선이 우측이동한다.
⑤ 채소 가격 상승은 채소 수요량을 감소시키기 때문에 채소수요곡선 상에서 좌측이동한다.

15. ③
불황시에는 오히려 남성들이 매력을 높이기 위해 넥타이를 더 많이 산다는 비전통적인 경제지표가 있다.

16. ⑤
소비자가 재화를 소비할 때 거기서 얻어지는 주관적인 욕망충족의 정도를 효용이라 하고, 재화의 소비량을 변화시키고 있을 경우 추가 1단위, 즉 한계단위의 효용을 한계효용이라 한다.
※ 희소성 … 사람들이 가지고 싶은 만큼 다 가질 수 없다는 사실을 말한다.

17 서울특별시가 강남과 강북을 잇는 모노레일 사업을 하기 위해 비용−편익 분석을 한다고 가정할 경우 이 비용−편익 분석에 포함되어야 할 항목이 아닌 것은?

① 통근시간 절감에 따른 편익

② 모노레일 완공 후 유지 비용

③ 모노레일 공사 시 소요되는 노동비용

④ 모노레일 공사 중 고용 창출에 따른 편익

⑤ 교통 혼잡이 줄고 교통사고 사망자 감소에 따른 편익

18 다음은 경기침체를 극복하기 위한 정부정책에 대하여 학생들이 나눈 토론이다. 학생들 가운데 케인지안으로 분류될 수 있는 사람은?

> 윤아 : 소득 · 소비 감소의 악순환이 계속될 경우 소비를 늘릴 수 있도록 정부가 직접 개입하여 정부 지출을 늘려야 한다고 생각해.
>
> 정미 : 경제정책은 여러 부처 간의 협의를 거쳐야 하기 때문에 시간이 많이 소요되므로 적절한 시기를 놓치는 경우가 많은 것 같아.
>
> 철호 : 정부 지출을 늘리게 되면 재정 적자가 발생하고 이 때문에 구축효과가 발생할 가능성이 커지기 때문에 정부에 대한 너무 큰 기대는 걸지 않는 편이 나을 것 같아.
>
> 진희 : 정부정책은 상황에 대한 정부의 재량적 판단보다는 일정한 원칙을 정해 놓고, 이를 준수하는 방향으로 시행되는 것이 옳은 방향이야.
>
> 동수 : 중앙은행이 통화 공급을 과도하게 늘려 거품을 만들어 놓고 이제 와서 금리를 낮추고 돈을 푼다는 것이 과연 옳은 것일까?

① 정미   ② 윤아

③ 철호   ④ 진희

⑤ 동수

19 다음은 한 언론 보도 내용이다. 이 글에서 간과하고 있는 경제개념으로 적당한 것은?

최근 은행들이 경쟁적으로 내놓고 있는 20~33년짜리 장기주택금융상품은 과도한 금융비용 때문에 내 집 마련 수단으로 적합하지 않은 '빛 좋은 개살구'인 것으로 밝혀졌다. (중략) 한 예로 ○○은행이 발매한 중장기주택담보대출의 경우 1억 원을 연리 11% 조건으로 10년 상환조건으로 빌리면 매달 내야 하는 원리금(원리금균등분할방식의 경우)은 137만 7,000원으로 총 1억 6,500만 원을 상환해야 한다. 반면 20년짜리 상품의 경우 매달 103만 2,000원씩 총 2억 4,770만 원, 33년짜리는 매달 94만 5,000원씩 총 3억 7,300만 원을 상환해야 한다. 요컨대 매달 부담해야 하는 원리금의 액수는 10년 상환이나 20~30년짜리 사이에 큰 차이가 없으면서도 총 상환해야 하는 액수 차이는 최고 2억 1,000만 원이나 나는 셈이다.

① 현재 할인가치
② 기회비용
③ 한계생산 체감
④ 한계효용 체감
⑤ 규모의 경제

17. ④
비용-편익분석 … 공공재 공급의 사회적 비용과 편익을 비교하는 연구·분석을 의미한다. 서울특별시가 모노레일 사업을 결정하기 위해서는 완공 이후 이용하는 사람들이 누릴 혜택과 건설·유지비용을 비교하여야 한다.

18. ②
케인지안이란 영국의 경제학자인 존 케인즈(John Keynes)의 이론을 믿고 따르는 사람을 말한다. 케인지안은 정부가 경제성장을 위해 적극적으로 개입하는 것이 좋다고 주장하므로 윤아가 케인지안으로 적당하다.

19. ①
제시문에서는 단순히 10년 후, 20년 후 등으로 화폐의 가치를 비교하고 있지만 화폐의 시간가치로 인해 현재의 100원과 1년 후의 100원의 가치는 서로 다르다. 따라서 미래의 현금흐름은 현재 할인가치를 감안하여 비교하는 것이 적절하다.

20 다음은 최근 금융시장의 '캐리 트레이드'에 대한 기사이다. 이에 대한 설명으로 옳지 않은 것은?

국제금융시장에서의 캐리 트레이드(carry trade)란 통상 저금리 통화(funding currency)를 차입 또는 매도하여 고금리 통화(target currency) 자산에 투자함으로써 수익을 추구하는 거래를 말한다. 유형별로 볼 때 기초자산 캐리 트레이드는 저금리통화를 차입하여 고금리통화 자산에 투자하거나 자국통화를 외화로 교환하여 해외유가증권 등에 투자하는 것을 말하고, 파생 캐리 트레이드는 외환 파생시장에서 저금리통화 매도/고금리통화 매수 포지션을 구축하는 것을 말한다.

최근 들어 유동성과 저금리를 바탕으로 '캐리 트레이드(carry trade)'가 재개되고 있다는 분석이 늘고 있다. 캐리 트레이드는 저금리 통화를 빌려 고금리 통화에 투자해 차익을 남기는 방식이다. 과거에는 일본이 장기 저금리를 고수하면서 '엔 캐리'가 중심이 됐지만 최근에는 주요 국가들이 모두 '제로' 수준 으로 금리를 낮췄기에 글로벌 차원에서 본격화할 것이라는 분석이다.

우리나라는 기준금리가 낮아 매력적인 투자처는 아닐 수 있지만, 캐리 트레이드가 본격화하면 직간 접적인 수혜권에 들 것이라는 기대가 나오고 있다. 14일 국제금융센터에 따르면 영국 투자은행(IB)인 바클레이즈가 개발한 '캐리 트레이드 청산 지수'는 작년 10월 고점을 찍고 꾸준히 하락, 현재는 2007년 7월 수준으로 낮아졌다. 이는 캐리 트레이드의 위험이 줄었다는 의미다. BNP파리바의 'G10 캐리 트레 이드 인디케이터'는 지난 4월 '플러스'로 돌아섰다. 이 지표가 플러스를 기록한 것은 2006년 이후 처음 이다.

① 엔 캐리 트레이드는 금융시장의 유동성과 일본의 장기 저금리를 바탕으로 한다.
② 엔 캐리 트레이드는 금융시장이 불안한 경우 주식시장에 긍정적인 역할을 한다.
③ 시장이 악화될 경우 투자 손실과 대출이자의 이중 부담이 발생한다.
④ 캐리 트레이드에 의해서 금리가 높은 국가들이 그 수혜를 받는다.
⑤ 캐리 트레이드는 안전자산에 대한 선호 현상이 완화될 때 더욱 활발해진다.

21 다음의 경제신문에 보도된 경제정책 관련 기사를 보고 정부가 추구하는 정책 방향을 바르게 짝지은 것은?

> 정부는 연구개발(R&D) 투자액에 대해 최대 35%까지 세액 공제를 해주고 포이즌 필(poison pill) 제도를 도입하기로 했다. 또한 수도권 환경규제 완화 대책으로 상수원 인근 지역 등 수질보전특별대책지역의 첨단업종 공장에 대해 신설과 증설을 허용하기로 했다.

　㉠ 소득 분배의 개선
　㉡ 성장 잠재력의 증대
　㉢ 정부의 재정지출 확대
　㉣ 기업의 적대적 인수합병(M&A) 방어

① ㉠㉡　　　　　　　　　　　　　② ㉠㉢
③ ㉡㉢　　　　　　　　　　　　　④ ㉡㉣
⑤ ㉢㉣

ANSWER

20. ②
금융시장이 불안한 경우에는 달러화 같은 안전자산의 매력이 높아지지만 금융시장이 안정되어 안전자산에 대한 선호현상에 완화되는 경우 캐리 트레이드가 더욱 활발해지는 특징을 지닌다.

21. ④
㉠ 기사의 내용은 모두 기업친화 정책의 대표적인 사례들이다. 이러한 정책은 목표 자체가 기업들의 투자를 창출하는 것이므로 일자리가 증가되는 효과는 발생할 수 있지만 소득분배가 개선되는 효과를 얻을 수는 없다.
㉢ 기업 투자의 촉진을 위한 정책이지만 정부가 직접 프로젝트를 발주하거나 주관하는 것은 아니다. 따라서 재정지출이 확대되거나 위축되지는 않는다.
※ 포이즌 필(Poison Pill) … 독약을 삼킨다는 의미의 적대적 M&A의 방어수단으로 기존의 주주들이 회사로부터 주식을 싸게 살 수 있는 권리를 주거나, 회사에 주식을 비싼 값에 팔 수 있는 권리를 줌으로써, 적대적 M&A에 나선 기업이 부담을 갖게 되어 M&A를 방어할 수 있다. 또한 임금을 대폭 올려 기업비용을 늘리거나 기존 경영진의 신분과 권리 등을 보장해 놓기도 한다. 최근에는 기업이 매수되더라도 기존 경영진의 신분이나 권리 등을 보장할 수 있도록 사전에 필요한 장치를 해놓은 황금낙하산(Golden Parachute)의 의미로 쓰인다. 그러나 이 전략은 기업의 가치를 떨어뜨리는 결과를 가져오기도 하므로 독약이라는 의미도 갖는다.

22 다음의 사례와 같은 물가 폭등 현상은 동일한 원인을 지니며 진행경과도 비슷하게 이루어진다. 다음 중 이에 대한 설명이 옳지 않은 것은?

> 짐바브웨에서는 맥주 한 잔을 마시기 위해 2,000만 짐바브웨 달러 지폐 1,000장을 3묶음이나 내놓아야 하며 계란 3개를 사기 위해서는 1,000억 짐바브웨 달러가 필요하다. 그러니 빵덩어리를 사기 위해서는 아예 부피 큰 돈자루가 필요할 것이다. 이러한 짐바브웨 달러 가격표는 현재 이 시각까지도 계속하여 바뀌고 있을 것이다.
>
> 이러한 현상은 무가베 대통령이 2000년 개혁정책의 일환으로 지배층인 백인들의 농지를 무상으로 취득하여 분배하면서 예견된 결과이기도 하다. 무가베 정권은 백인에게서 농지를 몰수한 다음 외국기업의 보유 주식의 과반수를 반납할 것을 명령하였으며 이를 거부하면 바로 체포하는 방법으로 외국인을 내쫓았다. 이후 국내에 제공되는 물자가 부족해지자 물자를 갖고 있는 국민들에게 물건을 강제로 내놓을 것을 강요하였고 그 결과 물자부족현상은 더욱 심해져서 물건 값이 치솟게 되었다. 그러자 이번에는 물건 값을 일정 가격 이하로만 팔도록 명령하였고 그 결과 기업이 줄지어 도산하여 그나마의 물건도 공급이 되지 않았다. 이후 인플레이션율은 2억% 이상으로 급증하였고 정부나 은행에서는 더이상의 물가 계산도 포기했다. 2006년 이후 두 번의 화폐 개혁을 단행하였으나 모두 실패하였고 화폐가치는 거의 매달 수백분의 1로 떨어지고 있다.

① 상품의 퇴장 현상이 등장하고 경제는 물물교환으로 유지된다.
② 정부가 재정확대정책을 지나치게 장기간 지속하였을 때도 이러한 현상이 나타난다.
③ 이러한 현상은 화폐 액면 단위를 변경시키는 디노미네이션으로 해결할 수 있다.
④ 전쟁, 혁명 등 사회혼란기에 등장한다.
⑤ 대부분의 경우 정부가 대중 인기 영합 정책을 시행하면서 발생한다.

23 2007년 말 국내 ○○기업은 "수입차 시장에 형성된 가격 거품을 뺄 필요가 있다"며 직수입 사업에 진출하였다. 이미 우리나라에 존재하는 공식 판매 법인을 통하지 않고 해외의 개별 딜러를 통해 직접 수입하여 벤츠, 렉서스, BMW 등의 고급차를 저렴하게 공급하겠다는 의도였다. 하지만 2009년 7월 ○○기업은 이 사업을 축소하겠다는 의견을 밝혔다. 다음 중 ○○기업이 사업 축소를 결정한 이유 또는 원인에 대한 설명이 적절한 것끼리 묶인 것은?

> ㈎ 달러 환율의 급상승
> ㈏ 공식 수입업체들의 출혈경쟁 맞대응
> ㈐ 정부의 불공정행위 단속규제
> ㈑ 수입차 가격 하락에 전혀 기여하지 못했다는 소비자의 혹평

① ㈎㈏　　　　　　　　　② ㈎㈐
③ ㈏㈐　　　　　　　　　④ ㈐㈑
⑤ ㈎㈑

ANSWER

22. ③
제시된 짐바브웨의 사례는 하이퍼 인플레이션에 해당한다. 이러한 하이퍼 인플레이션은 경제학적으로 물가상승이 통제를 벗어난 상태이며 따라서 단순히 디노미네이션으로 해결할 수 없는 상황이라 볼 수 있다.
※ 하이퍼 인플레이션(Hyperinflation) … 초(超)인플레이션이라고도 하며 기하급수적인 물가상승으로 수백 퍼센트의 인플레이션율을 기록하는 상황을 말한다. 일반적으로 경제불안, 전쟁, 혁명 등 사회적 혼란기에 재화와 서비스의 희소성이 증가하고 이로 인해 가격이 상승하고 정부가 이를 통제하지 못하고 계속하여 화폐를 발행하는 경우, 재정적자를 메꾸기 위해 정부 또는 중앙은행이 통화량을 과도하게 증가시키는 경우 발생할 수 있다. 하이퍼 인플레이션의 발생은 물가상승으로 인한 거래비용을 급격하게 증가시키므로 실물경제에 타격을 주게 된다.

23. ①
제시된 사례는 SK네트웍스의 병행수입 관련 내용이다. 병행수입이란 국내 독점 판매권을 지닌 공식 수입업체가 아닌 일반 수입업자가 다른 유통경로를 통해 국내로 들여오는 것으로 우리나라는 수입 공산품의 가격인하를 목적으로 1995년부터 일부 예외규정을 두고 병행수입을 인정하였다. 현재 원·달러 환율이 급증한 여파로 국내에서 팔리는 수입차 가격이 해외 현지 판매가격과 비교하면 오히려 더 저렴하게 팔리는 경우가 크게 증가하였다. 또한 공식 대리점이 출혈경쟁으로 대응하는 탓에 채산성이 약화되었고 이에 따라 SK네트웍스는 재고의 소진시까지 사업규모의 대폭 축소를 결정하였다.

24 다음의 제시문에서 투표는 '1원 1표(dollar voting)'의 원칙에 따른 투표를 말한다. 이 원칙에 대한 설명이 가장 바른 것은?

> Financial Times가 사설에서 "정부는 현재 디트로이트의 자동차 산업에서 이탈리아 파르메산 치즈 산업에 이르기까지 모든 부문의 개입을 요구받고 있지만 이들 부문에서 시장의 실패 증거는 아무것도 없기 때문에 개입 요구를 거부해야 한다"고 주장한 것은 매우 적절한 지적이다. 그러나 이 사설은 그 말미에서 "어느 정도의 개입은 불가피하지만 이는 최소화해야 한다"고 후퇴함으로써 실망을 안겨주었다.
>
> Financial Times는 기업 구제금융에 내재하는 비윤리성을 강조함으로써 강력하고 결연하게 자유시장 경제를 보호했어야 한다.
>
> 민주주의적 경제의 소비자들은 시장의 상품을 대상으로 매일의 구매 품목과 수량을 결정함으로써 그 필요성에 대한 '투표'를 한다. 만약 이들이 A 상품을 구매하면서 B, C, D 상품을 구매하지 않았다면 B, C, D는 필요하지 않다고 투표를 한 것이다.
>
> 예를 들면 미국의 소비자들은 GM, Ford, 그리고 Chrysler 등에 대하여는 존재할 필요가 없다고 이미 투표한 것이다. 이러한 상황에서 만약 정부가 소비자들이 투표로서 거부한 자동차 회사에 소비자들이 낸 세금을 통해 구제금융을 제공하는 것은 민주주의적 경제의 기본을 파괴하는 행위로 볼 수 있다.

① '1원 1표 원칙'은 재력이 클수록 영향력이 커지는 원칙이므로 GM, Ford, Chrysler의 비운은 재력이 큰 부자들의 뜻이지 서민들의 뜻이라고 할 수 없다.

② 미국 자동차 3사의 운명에 따라 미국 경제도 영향을 받으므로 '1인 1표 방식'으로 하는 것이 옳다.

③ 일반적으로 소득이 높은 사람이 그렇지 않은 사람보다 분별력이나 학식도 높다. 따라서 경제는 '1원 1표 원칙'을 따르는 것이 옳다.

④ '1원 1표 원칙'은 피해자를 외면하는 냉혹한 법칙으로 파산하는 기업의 근로자를 생각한다면 반드시 구제금융이 시행되어야만 한다.

⑤ 사람이란 자신의 필요에 대해 더 많은 대가를 지불하지만 '1원 1표 방식'이 아닌 '1인 1표 방식'을 선택한다면 타인의 필요를 충족하도록 일하려는 유인은 사라진다.

25 다음의 신문기사를 읽고 재테크 방법에 대한 이야기를 나눌 때 현재의 경제상황을 잘못 이해한 사람은?

> 금융통화위원회가 지난해 10월 연 5.25%였던 기준금리를 2%로 끌어 내리면서 은행권 정기예금 금리는 연 3%대로 하락했다. 3월의 소비자물가 상승률이 3.9%였으므로 이때 돈을 넣어두는 것은 가만히 앉아서 손해를 보는 것이나 마찬가지다.

① 수아 : 세계적으로 금융위기가 발생하며 우리나라 역시 경기침체를 막기 위해 지속적으로 금리를 인하한 거야.

② 서연 : 음, 그렇지만 통화당국의 금리인하 정책으로 은행예금이 줄고 또 이로 인해 예금은행의 신용창출기능도 약해지게 되니까 결국 통화량은 줄어들 것 같은데요?

③ 은영 : 이러나저러나 은행이자율보다 물가상승률이 높다라면 뭐 실질금리는 마이너스 아니겠어요?

④ 윤정 : 하지만 이처럼 금리가 낮아지는 경우 기업들의 투자는 증가하죠, 이것은 곧 경기회복의 출발점이 될 수 있어.

⑤ 미라 : 결국 금리를 인하하는 것은 팽창금융정책으로 볼 수 있구나.

ANSWER

24. ⑤
① '1원 1표 원칙' 즉, 달러 보팅(dollar—voting)의 시장경제는 분명히 부자들이 더 큰 힘을 갖도록 하지만 미국 자동차 3사의 경우 다양한 모델의 자동차를 제공하여 판매하였는데 이를 반드시 부자들만이 투표한 것이라 볼 수 없다.
② 1인 1표의 민주적 원칙을 따른다면 시장경쟁에서 우열이 존재하지 않으므로 근로유인의 소멸한다.
③ 시장경제가 '1원 1표 원칙'을 따르는 것은 소득이 높은 사람이 분별력이나 학식이 높기 때문이 아닌 시장에서 남을 위해 일하는 유인 즉, 근로유인의 소멸을 잃기 때문이다.
④ 자유시장경제의 구제금융을 실시하는 것은 시장경제 원리에 위배되는 것이다.

25. ②
통화당국이 금리인하 정책을 시행하면 은행의 예금금리 뿐만 아니라 대출금리도 낮아진다. 대출금리가 낮아지면 대출을 받아 투자자금으로 이용하거나 주택을 구입하는 경우가 증가하므로 오히려 신용창출 기능이 더 강해진다고 볼 수 있다.

26 다음은 각각의 마트의 매출액을 표현한 것이다. 이를 통해 해당 산업부문의 시장상황을 바르게 설명한 것을 모두 고르면? (단, 단위는 %이다)

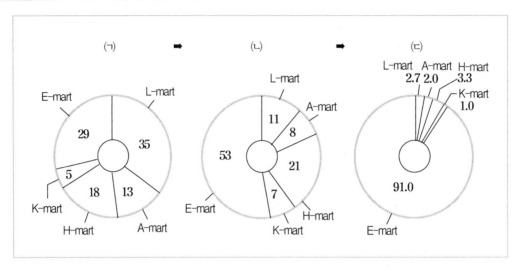

(가) 위의 상황을 통해 해당 산업이 독과점체제임을 알 수 있다.

(나) CR3(상위 3사의 시장점유율의 합계)는 (ㄱ)보다 (ㄴ)에서 더 크다.

(다) (ㄱ)에서 (ㄷ)으로 변해가는 시장구조를 통해 이 산업분야에 독점체제가 구축되어 감을 알수 있다.

(라) 시장구조의 변화로 짐작할 때 생산자잉여는 축소된다.

(마) 이 산업분야에서는 연구개발 투자 또는 신기술 개발 등을 기대할 수 없다.

(바) (ㄱ)과 (ㄴ)에서의 시장지배적 사업자와 (ㄷ)시장구조에서의 시장지배적 사업자는 같다.

① (가)(나)(다)
② (가)(나)(다)(마)(바)
③ (라)(마)
④ (나)(다)
⑤ (라)(마)(바)

27 정부나 중앙은행은 경기의 판단 시 여러 가지 통계지표들을 활용하여 분석한다. 하지만 경제전망은 단순한 계산 작업이 아니라 금리·환율 등을 모두 포함한 전망이 되어야 하므로 정확한 전망을 하기는 쉽지 않다. 이러한 이유로 각국의 연구기관들의 전망이 자주 틀리곤 한다. 때문에 경기의 판단 시 실생활에서의 여러 변화 양상들을 활용하는 경우도 있다. 다음 중 경기 불황으로 판단할 수 있는 사례로 적절한 것을 모두 고르면?

> ㈎ 은행지점장들의 자리 비움 횟수가 잦아진다.
> ㈏ 등산객이 감소한다.
> ㈐ 치과의 환자가 줄어든다.
> ㈑ 쓰레기 분량이 감소한다.
> ㈒ 구리의 시세가 상승한다.

① ㈎
② ㈎㈏
③ ㈎㈏㈐
④ ㈎㈐㈑
⑤ ㈎㈏㈐㈑㈒

ANSWER

26. ①
㈑㈒ 특정 기업의 독점체제가 구축되면 해당 기업이 가격을 마음대로 조정할 수 있기 때문에 그만큼 생산자잉여가 늘어나게 되고, 독점체제를 계속 유지하기 위해 신기술 개발이나 연구개발 투자에 더욱 힘을 쏟기 마련이다.
㈓ ㈀에서의 시장지배적 사업자는 L-마트, E-마트, H-마트이고 ㈐에서는 E-마트로 시장지배적 사업자가 서로 다르다.

27. ④
㈎ 경기불황시 은행지점장들은 연체 위험을 살피기 위해 고객을 더 많이 찾아다녀야 한다. 따라서 '지점장이 자리를 비우는 일이 많아지면 불경기'라는 속설도 있다.
㈏ 경기불황시 실업자가 증가하여 평일이며 휴일이며 등산객이 증가한다.
㈐ 치과치료는 목돈이 드는 경우가 많아 경기불황시에는 치아가 아프더라도 당장은 참는 경우가 많아 치과 환자는 줄어든다.
㈑ 생필품의 소비 역시 감소하고 재활용하는 경우가 증가하여 배출하는 쓰레기의 분량 또한 적어진다.
㈒ 구리는 각종 전자제품에 들어가는 필수 원자재이다. 구리의 가격이 올랐다는 것은 수요가 많아졌다는 것이며 이는 곧 경기회복의 신호로 볼 수 있다.

28

다음의 글을 읽고 면책조항이 교통사고를 증가시키는 원인이라고 설명할 수 있는 개념은 무엇인가?

> 종합보험에 가입한 운전자는 교통사고로 피해자에게 중상해를 입혔더라도 '중대 과실'이 없으면 처벌하지 않는다는 교통사고처리 특례법 면책 조항에 대해 헌법재판소의 위헌 결정이 내려짐에 따라 경찰에 중상해 사고처리 유보 지침이 하달됨으로써 혼란이 빚어지고 있다. 중상해 기준이 명확하지 않은 데다 소급 적용 여부도 정해지지 않은 탓도 있고 이런 결정 취지를 충분히 공감할 수 있다. 사망 사고 등 11가지 중과실이 아니면 가해자를 기소조차 하지 못했고, 큰 사고의 뒤처리를 보험회사에만 맡기는 세태가 보험제도 운영에도 악영향을 끼쳐 온 실정이었으며 사고 운전자에 대한 과잉보호가 안전운전 의무를 소홀히 하게 만든 측면도 없지 않다. 헌재의 위헌 판결은 교통사고를 늘리는 데 일조하고 있다는 점도 감안되고 있다.

① 본인-대리인 문제　　　　　　② 도덕적 해이
③ 정보 비대칭　　　　　　　　 ④ 보험 사기
⑤ 역선택

투자란 자본재 시장에서 새롭게 자본재를 임대해오는 유량(flow)의 개념을 내포한다. 다시 말하면 기업가는 새롭게 자본재를 임대함으로 얻게 되는 이득의 현재가치와 자본재임대비용을 비교하여 투자의사결정을 한다는 것이다. 그렇다면 기업이 다음과 같은 상황일 때 자본재 구입으로 인한 순수익의 현재가치와 투자결정에 대한 판단을 바르게 연결한 것은? (단, 기타 추가비용 및 감가상각비용은 없다고 가정)

> • 자본재 시장의 이자율 : 월 5% 고정
> • 자본재 한 단위당 구입비용 : 100만 원
> • 예상수익 : 자본재 구입 다음 달부터 매달 55,000원

	㉠	㉡
①	0원	투자함
②	10만 원	투자함
③	10만 원	투자하지 않음
④	65만 원	투자함
⑤	-65만 원	투자하지 않음

30 한국증시가 2009년 9월부터 FTSE 선진국 지수에 편입되었다. 다음 중 이에 따른 시장의 기대효과를 추론한 것이 가장 적절하지 않은 것은?

① 증시변동성은 낮아진다.

② 국내로 장기투자성 자금들이 유입될 것이다.

③ 주가수준의 재평가로 주가상승을 기대할 수 있다.

④ 국가경제에 대한 대외신인도 상승도 기대해 볼만하다.

⑤ 대형주보다 오히려 중소형주의 주가상승을 기대할 수 있다.

ANSWER

28. ②
도덕적 해이…대리인이 사용자를 위해 어떤 임무를 수행할 때 발생하는 문제로 사용자가 대리인의 행동을 완벽하게 감시할 수 없을 때 대리인은 사용자가 원하는 수준만큼 열심히 일하지 않는 경향이 발생하게 된다. 도덕적 해이라는 표현은 대리인의 부적절하거나 비도덕적인 행위에 따른 위험을 말한다.

29. ②
투자결정은 비용과 수익을 비교하여 수익이 비용보다 많다면 투자를 결정하고 그렇지 않을 경우 투자를 포기한다. 이렇게 투자를 하기 전에 미리 수익의 예상 및 비용을 산정하는 것을 비용–편익분석이라 한다. 비용–편익분석에서의 미래수익은 이자율을 고려한 현재가치로 환산하여 비용과 편익을 같은 시간으로 비교한다. 제시문에서는 기타 추가비용 및 감가상각비용은 무시한다고 하였으므로 비용–편익분석은 다음과 같다.
㉠ 총비용 : 100만 원
㉡ 미래수익의 현재가치 : $55,000 \div 0.05$(이자율) = 110만 원
㉢ 순수익의 현재가치 : 110만 원 – 100만 원 = 10만 원
∴ 수익 > 비용일 때 투자결정을 한다.

30. ⑤
주로 유럽계 투자자금이 FTSE 선진국 지수를 벤치마크 대상으로 삼고 있는 만큼 보수적이고 안정적인 투자성향으로 중소형주보다 대형주에 투자가능성이 높고 따라서 대형주의 주가상승을 기대할 수 있다.
① 장기투자성 자금의 유입으로 증시변동성이 낮아질 것이라 기대할 수 있다.
② 글로벌 투자자금의 일부를 유치할 수 있으며 또한 FTSE 선진국 지수에 투자하는 자금은 장기투자성 자금이 많기 때문에 이러한 장기 투자성 자금이 유입될 가능성을 높게 보고 있다.
③④ FTSE 선진국 지수는 세계 2대 투자지표로 꼽히고 있다. 따라서 한국증시가 이에 편입될 경우 국가신인도 상승 및 주가 수준에 대한 재평가를 기대할 수 있다.

31 선물(膳物)에 대한 다음의 제시문을 읽고 나눈 대화에서 경제원칙상 적절하지 않은 진술을 고르면?

> 정성이 담긴 선물은 받아서 즐겁고 주는 사람도 마음 뿌듯하다. 그러나 상대의 마음에 딱 들어맞는 선물을 고르기는 쉽지 않다. 함께 사는 아내의 선물도 선택하기 어려운데, 다른 사람의 취향에 맞추기가 어디 쉽겠는가. 한동안 고민 끝에 20만 원짜리 스카프를 연인에게 선물했다고 하자. 그 선물을 받자마자 연인의 입이 딱 벌어진다면 대성공이다. 그러나 만약 스카프를 15만 원짜리로 받아들인다면 이것은 잘못된 선택이다. 선물을 주고받는 사람의 기대가 빗나간 것이다. 실제로 받는 선물에 만족하지 못한 경험은 너무나 많다. 서로가 비대칭적인 기대를 하기 때문이다. 물건의 종류뿐만 아니라 서로 기대하는 가격도 큰 차이가 나는 경우가 많다. 월드포겔 교수의 연구에 따르면 성탄절 선물을 받은 미국인은 보낸 사람이 구매한 가격보다 평균적으로 10%나 낮게 평가한다고 한다. 따라서 선물 구입에 사용된 약 400억 달러 중 40억 달러는 중간에서 사라지는 것이다.
>
> —정갑영 「나무 뒤에 숨은 사람」 —

① 태봉 : 역시 선물을 주고받는 데에도 가치문제가 발생하는구나. 선물에 대해 주는 사람과 받는 사람의 평가가치가 서로 다르기 때문에 여기서 사회적 손실(deadweight loss)이 발생하고 있어.

② 정민 : 선물에 대한 정보를 공유해 이런 사회적 손실을 없앨 수 있어. 즉, 선물의 가격에 대한 정보를 누구나 다 알고 있다면 중간에 사라지는 가치 손실이 없는 거지.

③ 기철 : 역시, 이래서 선물은 현금이 제일이야. 돈은 그 자체로 가치를 저장하고 교환의 매개체가 되고 가치평가의 척도로 활용되니까.

④ 민지 : 그래. 어떻게 보면 물건을 선물하는 것은 받는 사람의 선택가능성을 제약하므로 현금보다 한계효용이 낮게 평가되고 아마 그래서 사람들이 물건보다 현금을 더 좋아하지 않겠니?

⑤ 영택 : 그렇지만 현금으로는 전달할 수 없는 사람의 마음이 있잖아. 내 생각에는 선물을 마음에 드는 것으로 다시 교환이 가능하도록 하면 사회적 손실을 완전히 없앨 수 있을 꺼 같아. 예를 들면 선물을 줄 때 교환이 가능하도록 교환권도 같이 넣어주는 거지.

32 다음의 경제 뉴스를 기초로 경제 상황을 추론한 설명 중 실제상황 또는 경제이론과 가장 거리가 먼 것은?

> 윤증현 기획재정부장관은 재정위 소속의 OOO의원이 "정부가 92조 원의 국채 발행을 시장에서 소화하는 과정에서 부동자금을 흡수해버리는 부작용이 생기는 것 아니냐"고 묻자 시중에 풀려 있는 부동자금 800조 원은 분명 유동성 과잉이라는 견해를 밝혔다. 또한 "800조 원에 달하는 단기자금을 별도로 돌릴 수 있는 방안이 제시되면 모를까 쉽지 않다. 이 많은 유동성 과잉을 국채를 통하여 일부 흡수한 다음 산업 쪽으로 흘러 들어가는 효과를 창출해내는 것이 더 바람직할 것이다."라고 설명을 덧붙였다. "현재 유동성 과잉상태이므로 추경예산편성을 위해 발행하는 국채는 시장에서 소화시킬 것이다."라면서 "한국은행의 인수는 마지막 카드가 되어야 한다."고 강조했다. 이어 윤 장관은 "발행 예정인 92조 원 국채 발행 물량 중 상당수가 차환 발행이므로 실제 추경으로 인한 발행물량은 7조 원 선에 불과하다."고 설명했다.

① 유동성이 풍부한 반면 실물경기는 위축되어 있는 양상이므로 경기부양이 정부의 최대 현안이라 할 수 있다.

② 최근 수 개월간 금융당국은 기준금리를 인하했을 것이다.

③ 정부는 추경예산의 편성을 통해 사회간접시설의 확충 등 정부지출의 증가를 꾀하고 있다.

④ 주식 및 부동산시장은 최근 단기간의 급상승으로 과열 조짐을 보일 가능성이 높다.

⑤ 국채를 시장에 소화시킨다면 이자율이 하락되므로 민간투자의 확충을 통해 산업으로의 자금유입을 기대할 수 있다.

ANSWER

31. ⑤
선물에는 정서적 가치를 함께 고려해야 하므로 최적의 선물전략은 사회적 손실을 최소화하고 정서적 가치를 최대화하는 방법이 된다. 하지만 교환권의 경우 반드시 거래비용이 수반되므로 사회적 손실을 완전히 제거할 수 없다.

32. ⑤
①③ 추경예산의 편성을 통해 실물경기의 침체를 짐작할 수 있으며 반면 현 상황은 유동성 과잉이므로 정부의 경기부양 정책이 필요함을 알 수 있다.

② 제시문을 통해 부동자금이 800조 원이며 유동성 과잉임을 알 수 있다. 따라서 금융당국의 기준금리 인하 등의 정책이 유동성의 과잉 공급을 발생시켰다고 판단할 수 있다.

④ 시중 유동성이 풍부한 상태이고 정부가 국채발행을 통해 유동성 과잉을 흡수한다는 것을 통해 주가 또는 부동산시장이 단기간에 급상승하는 과열조짐을 보일 가능성이 높다는 것을 예측할 수 있다.

⑤ 현 상황에서 국채를 시장에 소화시킬 경우 국채의 공급이 늘고 채권가격은 하락하게 된다. 따라서 채권이자율은 상승하게 된다. 또한 이 같은 경우 국채발행으로 조달한 자금을 정부가 사용하는 것이므로 정부의 지출이 늘어나는 결과를 발생시킨다.

미국의 오바마 차기 정부와 민주당은 2차 경기부양책으로 5,000억 달러 이상의 패키지를 고려하고 있다. 이미 부시 행정부는 1,150억 달러 규모의 1차 경기부양책을 세금 환급 위주로 실시하였으나 대부분 세금 환급은 5～7월 사이에 이루어졌기 때문에 미 상무부 경제분석국에 따르면 개인의 가처분소득은 세금 환급을 받은 5～7월 급격히 늘어난 반면 소비는 세금 환급 이후 눈에 띌 만한 성장세를 보이지 않았다. 세금 환급과 소비촉진은 연관관계가 없기에 실패하였다고 볼 수 있다. 일시적인 세금 환급은 밀턴 프리드먼의 항상소득이론 및 프랑코 모딜리아니의 생애주기이론처럼 아주 기본적인 경제이론을 무시한 정책이라 할 수 있다. 이 이론에 따르면 일시적인 소득증가가 아닌 장기적인 소득증가에서 눈에 띌 만한 소비증가가 이루어진다. 그렇다면 오바마 정부가 취해야 할 2차 경기부양책은 어떠한 것이 되어야 하는가. 우선 현재 세율이 영구적이라는 약속을 하여야 하며, 많은 사람들은 오바마의 공약대로 소규모 사업체와 자본소득·배당소득에 대한 세율이 높아질 것으로 예상하고 있다. 그러므로 현 세율을 유지한다면 효과적인 경기부양책이 될 수 있으며, 공약했던 대로 연소득 8,000달러 이하 저소득층에게 6.2%의 소득공제를 실시해야 한다. 그러나 일회성에 그치는 것이 아닌 영구적으로 실시되어야 한다.

① 저소득층보다는 부유층에 대한 세금 감면이 더욱 효과적일 수 있다.
② 오바마는 자본소득 및 배당소득에 대하여 세율을 높이는 내용의 공약을 제시하였다.
③ 밀턴 프리드먼과 프랭크 모딜리아니는 영구 감세안을 지지할 것이다.
④ 재정지출의 확대보다 영구적인 감세를 통한 경기부양이 더 중요하다.
⑤ 미국은 1차 경기부양책에서 일시적인 세금 환급정책을 사용하였다.

34 카르타고인과 리비아인은 만나면 칼을 빼들고 싸우지만 거래과정에서 리비아인이 상품만 가지고 달아나거나 카르타고인들이 황금만 챙겨서 달아나는 일은 없었다고 한다. 다음 글을 읽고 이러한 거래가 계속 유지될 수 있었던 계기는 다음 중 무엇인가?

> 카르타고인은 적대적인 리비아인과도 교역을 하였는데 그 방식이 매우 특이하였다. 리비아 해안에 도착한 카르타고 선원들은 아무도 없는 해안에 상품을 하역하고 배로 철수한 다음 연기로 신호를 보낸다. 연기신호를 본 리비아인은 해안에 나와 상품을 검사하고 대가로 합당하다고 생각한 양의 황금을 두고 숲속으로 철수한다. 리비아인의 철수를 확인한 카르타고인은 다시 상륙하여 황금을 살펴보고 상품의 대가로 합당하다고 판단하면 황금을 가지고 철수한다. 만약 부족하다고 생각하면 상품과 황금을 그대로 두고 다시 배로 돌아가 기다리면서 무언의 흥정을 계속한다.

① 상대방의 재산을 무력으로 빼앗아 얻는 이익보다 교역의 이익이 더 크기 때문이다.
② 일상적인 거래가 아닌 우연적 상황이었기 때문이다.
③ 고대사회의 때묻지 않은 순수한 인간성이 작동하고 있었기 때문이다.
④ 고대사회의 무언의 약속인 신사협정을 존중하였기 때문이다.
⑤ 적이라도 승부는 정정당당하게 겨룬다는 지중해의 문화가 작용하였기 때문이다.

ANSWER

33. ①
연소득 8,000달러 이하의 저소득층에 대해 소득공제를 실시하여야 한다고 말하고 있으므로 부유층에 대한 세금 감면이 효과적이라는 말은 옳지 않다.

34. ①
두 생산자의 기회비용의 크기를 비교할 경우 비교우위를 사용하는데 이는 두 생산자 중 어느 재화의 생산에 있어 그 재화의 기회비용이 낮은 생산자가 비교우위를 지니고 있다고 볼 수 있다. 국가 간의 교역은 궁극적으로 비교우위에 의해 결정되며, 무역을 통하여 각 나라들은 제일 잘 만들 수 있는 품목을 특화시켜 무역을 통한 이득을 볼 수 있다.

35 서원각은 10억 원의 자금을 투입하여 자동화설비를 구축한 자동차 생산업체이다. 서원각은 정상적인 경영활동에서 10명의 근로자를 고용하고 있다. 서원각의 생산활동과 관련된 내용으로 틀린 것끼리 짝지어진 것은?

ⓐ 자동화설비를 구축하기 위하여 투입된 10억 원이 모두 매몰비용이라면 자동차 1대의 가격이 자동차 생산을 위해 소요되는 평균가변비용보다 크다는 조건이 충족되는 이상 생산을 중단하지 않는 것이 좋다.

ⓑ 서원각이 자동차를 생산하기 위하여 투입한 회계적 비용의 총액이 10억 원의 자동화 설비라인 구축비와 10명의 근로자 임금이라 한다면, 기회비용은 회계적 비용의 총액보다 크다.

ⓒ 경기불황의 여파로 재고가 쌓이자 서원각은 한 달 동안 생산을 중단하기로 하였고 이때 서원각의 고정비용은 자동화설비를 구축하기 위해 소요되는 비용 이외에도 10명의 근로자에게 지급되는 임금 또한 고정비용에 해당된다.

ⓓ 경제적 이윤이 0이 되는 경우 서원각은 경영을 지속할 유인이 없다.

ⓔ 자동차 생산에 소요되는 회계적 비용의 총액을 고려할 때 자동차 생산으로 얻을 수 있는 총매출액이 회계적 비용 총액과 동일하다면 서원각은 양의 회계적 이윤을 벌어들이는 것이다.

---

① ⓐⓑ   ② ⓐⓒ

③ ⓑⓓ   ④ ⓓⓔ

⑤ ⓐⓑⓒ

36 기업이 인건비를 절약하기 위하여 구조조정을 단행할 경우 두 가지 방법을 생각해 볼 수 있다. 전체 인원수를 감축하는 것을 제1전략, 고용은 유지하되 임금을 평균적으로 삭감하는 것을 제2전략이라고 할 때 이들 전략에 대한 다음의 두 주장을 읽고 그 주장 및 전제에 대한 설명이 틀린 것은?

> 제1전략 : 고용을 줄이는 것이 적절하다고 생각한다. 임금을 삭감시킬 경우 생산성이 높은 인재의 유출이 발생할 가능성이 높고 경영위기를 기업의 생산성을 높이는 계기로 삼는다면 반드시 인력조정이 필요하다고 할 것이다. 평균적인 임금을 낮추는 것은 자멸행위로 볼 수 있고 광범위한 생산성 저하를 초래하게 될 것이다.
>
> 제2전략 : 임금을 평균적으로 삭감하는 것이 적합하다고 생각한다. 경영위기일수록 종업원에 대한 배려가 필요하고 이는 회사에 대한 충성도를 높이는 부수적인 효과를 거둘 수도 있기 때문이다. 인원을 삭감하는 것은 단기적으로 비용을 줄일 수는 있으나 장기적으로 볼 때 조직이완현상을 초래할 수 있기 때문이다.

① 제1전략을 주장하는 사람은 일자리 나누기에 포괄적으로 반대하게 된다.

② 제1전략을 주장하는 사람은 임금은 생산성과 일치해야 한다고 생각하는 것이다.

③ 제2전략을 주장하는 사람은 임금이 곧 생활급이어야 한다고 생각하는 것이다.

④ 제2전략을 주장하는 사람은 기업의 책임 중 사회적 배려 또한 중요한 것이라고 생각하는 것이다.

⑤ 제1전략은 전통적인 제조업, 제2전략은 고부가 인적 서비스회사에 적용될 가능성이 높다.

35. ④
ⓔ 경제적 이윤이 0이 되는 경우 서원각은 조업을 계속하여야 한다.
ⓗ 자동차 생산에 소요되는 회계적 비용의 총액을 고려할 때 자동차 생산으로 얻을 수 있는 총매출액이 회계적 비용 총액과 동일하다면 서원각은 음의 회계적 이윤을 얻게 된다.

36. ⑤
제1전략은 고부가 인적 서비스 회사, 제2전략은 전통적인 제조업에 적용될 가능성이 높다. 우리나라에서 실제적으로 찾아보면 제1전략은 컨설팅·법률회사·광고회사 등에 적용되고, 제2전략은 단순 생산직종에서 채택하고 있음을 알 수 있다.

37 다음 조건들을 전제로 한계생산비가 0이라고 가정하면 양장본 한 종류의 책을 만들 때와 비교해 어떤 결과를 기대할 수 있는가?

> ㈎ 어떤 경제학 교과서에 대한 독자층이 두 개의 그룹으로 분류된다.
> - 1만 명에 달하는 경제학 전공자와 수험생은 3만 원의 높은 가격에도 불구하고 고급 양장본을 구입할 용의가 있다.
> - 40만 명의 일반 독자는 책의 장정에 관계 없이 책값이 5,000원이라면 구입할 용의가 있다.
> ㈏ 출판사는 이 두 독자층을 상대로 양장본(hard cover)과 종이책(soft cover)을 만들어 각 3만 원과 5,000원으로 판매하는 차별화 전략을 채택하였다.

① 생산자 잉여와 사회후생이 감소한다.
② 생산자 잉여와 사회후생이 증가한다.
③ 생산자 잉여는 증가하지만 소비자 잉여는 그대로다.
④ 국내 시장에서의 가격 차별은 생산자 잉여에 영향을 주지 않는다.
⑤ 책을 한 권 더 만들 때마다 5,000원의 손해를 본다.

38 정부는 국민들에게 국채를 발행하거나 세금을 더 부과하는 방식으로 재정 확충을 하고 있다. 다음 중 세금을 걷는 방식에 비하여 국채를 발행했을 때 얻을 수 있는 경제적 효과로 옳지 않은 것은?

① 국채는 민간부분의 저항을 덜 유발한다.
② 국채는 유사시 대규모 긴급 자금 동원능력이 크다.
③ 국채는 세금 징수보다 민간소비를 더 많이 위축시킨다.
④ 국채는 원리금 상환의무가 있으므로 재정 부담을 가중시킨다.
⑤ 국채는 재원 조달 부담을 미래세대로 전가시킬 가능성이 있다.

39 다음과 같은 상황에서 당신이 의사결정자라면 어떤 행동을 취해야 할 것인가?

> A제약회사가 신약개발 R&D에 투자하려고 할 때, 담당 임원은 200만 달러를 특정 연구에 투입해야 하는가를 결정해야 한다. 이 연구개발프로젝트 성공 여부는 불확실하며 의사 결정자는 특허를 받는 기회를 70%로 보고 있다. 만약 특허를 받는다면 이 회사는 2,500만 달러의 기술료를 받아 다른 회사에 넘기거나 1,000만 달러를 더 투자해 개발품을 직접 판매할 수 있다. 만일 직접 판매할 경우 수요가 몰릴 확률은 25%, 수요가 중간인 경우는 55%, 수요가 낮을 경우는 20%이다. 수요가 높으면 5,500만 달러를 판매 수입으로 벌 것으로 예상되며, 수요가 중간인 경우는 3,300만 달러, 수요가 없는 경우에도 1,500만 달러를 벌 것으로 예상된다.

① 개발을 중단한다.
② 개발한 후 기술료를 받고 판다.
③ 시장의 변화를 좀 더 살펴본 후 결정한다.
④ 개발이 된다 하더라도 특허를 받지 않는다.
⑤ 수요가 중간이라도 나오면 기술료를 받는 것보다 이익이므로 직접 생산해서 판매한다.

ANSWER

37. ②
한계 생산비가 0이므로 출판사는 책을 한 권 더 만들 때마다 5,000원의 이익을 본다. 따라서 생산자 잉여와 사회후생이 증가한다.

※ 소비자·생산자 잉여 및 사회후생
  ⊙ 소비자 잉여 : 소비자가 상품구입을 위해 지불하는 비용보다 그가 상품을 소비함으로써 얻는 효용이 클 때 그 차이를 말한다.
  ⓛ 생산자 잉여 : 공급을 위해 받지 않으면 안되는 최소한의 수입과 실제로 받게 되는 총수입과의 차액을 말한다.
  ⓒ 사회후생 : 경제활동으로 사회가 얻는 복지의 증진을 나타내는 개념으로 소비자 잉여와 생산자 잉여의 합을 말한다.

38. ③
세금을 징수할 경우 민간소비는 감소하지만 국채 발행의 경우 국채가 자산으로 인식될 수 있으므로 그 만큼 소비가 줄어들지는 않는다.

39. ②
  ⊙ 연구개발 후 예상 기대수익 : 2,500만 달러 × 0.7(특허를 받는 기회) = 1,750만 달러→초기 연구개발비 200만 달러보다 높으므로 투자를 하는 것이 유리하다.
  ⓛ 투자하여 개발품을 직접판매할 경우 기대수익 : {(5,500만 달러 × 0.25) + (3,300만 달러 × 0.55) + (1,500만 달러 × 0.20)} − 1,000만 달러 = 2,490만 달러→기술료를 받고 다른 회사에 판매할 경우의 2,500만 달러 보다 적으므로 외부에 판매하는 것이 유리하다.

40 완벽하게 합리적인 소비자가 휴대전화와 노트북을 구입하려고 할 때, 다음과 같은 상황에서 내릴 결정으로 적절한 것은?

> 집 근처 매장은 휴대전화를 50만 원에 팔고 있다. 그런데 한 친구가 시내 전문매장에 가면 40만 원에 살 수 있다고 알려주었다. 시내 전문매장까지 가려면 30분을 걸어야 한다. 또 집 근처 매장에서 200만 원인 노트북을 시내 전문매장에서는 190만 원에 판다고 한다. 역시 30분을 걸어야 한다 (어떤 경우든지 30분을 걷는 것은 돈이 들지 않는다).

① 결정이 어려우므로 구매를 포기한다.
② 노트북과 휴대전화 모두 시내 매장에서 구매한다.
③ 노트북은 시내에서 구매하고 휴대전화는 집 근처에서 산다.
④ 집 근처 매장의 휴대전화와 노트북의 가격이 내릴 때까지 기다린다.
⑤ 가격차이가 많이 나는 휴대전화는 시내에서 구매하고, 적게 나는 노트북은 집 근처에서 구매한다.

※ 다음 자료를 읽고 물음에 답하시오. 【41~42】

[자료 1]

• 15세 이상 인구의 구성

	A	취업자
B	C	
15세 이상 인구(노동 가능 인구)		

• 고용률 = (취업자/15세 이상 인구)×100

[자료 2]

• 갑은 최근의 불황으로 실직한 후 재취업이 점차 힘들어짐에 따라 두 달 전부터는 아예 일자리를 알아보지 않고 있다.
• 을은 전 직장에서 퇴직한 후 다른 일자리를 찾고 있는 중이며, 일자리를 구할 자신이 있지만 아직 일자리를 얻지는 못한 상태이다.

---

41 자료 1과 관련된 설명으로 옳은 것은? (단, 15세 이상 인구는 일정하다고 가정)

① 경제활동 참가율은 (C/B)×100이다.

② 실업률이 증가하면 취업률도 증가한다.

③ B가 증가하면 경제활동 참가율도 증가한다.

④ 고용률과 실업률이 증가하면, 경제활동 참가율도 증가한다.

⑤ B와 C의 구분 기준은 주당 1시간 이상의 임금 노동 여부이다.

42 자료 2에 대한 분석으로 가장 적절한 것은?

① 갑은 경기 침체로 인한 A에 해당한다.

② 갑의 결정은 경기 침체기에 실업률을 하락시키는 요인이다.

③ 갑의 사례는 취업률이 고용률보다 고용 시장의 실질적인 상황을 더 정확하게 반영함을 보여준다.

④ 을은 취업 정보 부족으로 인한 B에 해당한다.

⑤ 경기 호황기에 을과 같은 경우 외에는 A가 존재하지 않는다.

ANSWER

40. ②

① 구매결정의 회피는 합리적인 소비자의 자세가 아니다.

③⑤ 휴대전화 또는 노트북 어느 한 쪽을 10만 원 저렴하게 구매할 수 있는 기회비용을 포기했으므로 합리적인 결정이라 할 수 없다.

④ 미래에 대한 불확실성을 받아들여야 하므로 합리적인 결정이라 할 수 없다.

41. ④

A는 실업자 수, B는 비경제활동인구, C는 경제활동인구이다.

① 경제활동 참가율은 (경제활동인구/15세 이상 인구)×100이다.

② 실업률과 취업률은 음(−)의 관계이다.

③ 비경제활동인구가 증가하면 경제활동 참가율은 낮아진다.

④ 고용률이 증가하면 취업자가 늘어나는 것이고 취업자가 늘어나는 상황에서 실업률이 증가하면 실업자가 늘어나는 것이므로 경제활동 참가율(경제활동인구/노동가능인구×100)은 증가한다.

⑤ 경제활동인구와 비경제활동인구의 구분은 일할 의사가 있는지의 여부에 따른다.

42. ②

① 갑은 구직을 포기했으므로 비경제활동인구에 해당한다.

② 실업자인 갑이 구직을 포기하면 비경제활동인구에 해당되어 실업률은 낮아진다.

③ 갑이 구직 활동을 포기한 경우 취업률은 높아지고, 고용률은 낮아지므로 고용률이 고용 시장 상황을 더 정확하게 반영한다.

④ 을은 실업자이므로 A에 해당한다.

⑤ 경기 호황기에도 을과 같은 마찰적 실업 외에 구조적 실업, 계절적 실업 등이 발생한다.

43 제시된 글을 읽고 인텔의 기술이 실용화되어 국내의 독점적인 전기 공급업체인 '대한전력'이 전력생산 비용을 크게 낮출 수 있다고 가정할 때, 이로 인해 나타날 결과로 옳은 것끼리 연결된 것은?

인텔은 최근 변압기와 전기 콘센트로부터 자유롭게 함으로써 생활에 혁신적인 변화를 가져올 수 있다는 평가를 받고 있는 무선 전력공급시스템을 선보였다. 저스틴 래트너 인텔 최고기술책임자(CTO)가 샌프란시스코에서 열린 연례 개발자포럼에서 시연한 무선 전기공급시스템은 전선을 연결하지 않은 채 무대 위에 있는 60와트 전구를 밝혔으며 전력공급장치와 전력사용기구 사이에 있는 사람이나 물건에 아무런 영향도 주지 않았다. 와이어리스 에너지 리소넌트 링크로 불리고 있는 인텔의 전기공급장치는 60~90cm 거리에서 최대 60와트의 전력을 무선으로 공급했으며 이 과정에서 발생한 전력손실도 25%에 그쳤다.

스미스는 무선 전기공급시스템이 앞으로 사무실 내에서 전력을 전자기나 컴퓨터에 공급하는 데 사용될 수 있을 것이라고 말했다. 전문가들은 인텔이 선보인 무선 전기공급시스템이 상용화되기까지 많은 시간이 필요하지만 미래 생활을 바꿀 혁신적인 기술로 발전할 것이라고 평가했다. 엔덜리 그룹의 롭 엔덜리는 인텔의 무선 전력공급시스템이 충전기를 불필요하게 만들 것이고 궁극적으로는 전지를 사라지게 할 것이라면서 세계를 바꿀 수 있는 기술이 될 가능성이 있다고 말했다.

ⓐ '대한전력'의 비용이 감소하므로 절대 이윤의 규모는 더욱 커진다.

ⓑ 전력의 소비자 가격은 내려가고, 전력 소비량은 증가한다.

ⓒ 전력이 독점적으로 공급되므로, 가격은 상승하고 소비량은 감소한다.

ⓓ 지금과 동일한 수준의 이윤을 계속 유지한다.

ⓔ 기술 변화는 시장수요에 영향을 미치지 않으므로 이 기술을 채택한 후에도 가격과 공급량에는 변화가 없다.

① ⓐⓑ   ② ⓐⓒ
③ ⓐⓓ   ④ ⓑⓔ
⑤ ⓑⓓ

44 개인 주식투자자 민재가 주변에서 듣고 있는 정보들이다. 민재가 이와 같은 정보를 가지고 주식을 매입한다면 가장 바람직한 종목은 무엇인가?

> ⊙ 친구 아버지 회사는 '잘나가'이다. 친구는 요즘 아버지가 부쩍 회의가 많으시다며 피곤하다고 말씀하시곤 한다고 말했다.
> ⓒ 증권사의 종목 추천란에 최근 '상승세'가 일주일 동안 연속 상한가를 기록 중이라며 더 오를 것이므로 매입하여야 한다고 하였다.
> ⓒ 친구 K가 최근 주식투자로 30% 수익을 냈다며 '매니아'를 매입하라고 권유하였다.
> ② 같은 모임에 나가는 '확실해'에 다니는 친구가 주문폭주로 주말에도 특근을 해야 한다며 한동안 모임에 못나가겠다고 연락이 왔다.
> ⑩ 경기 침체시기의 부동산을 사들인 '노려봐'는 최근 경기회복으로 부동산 시세차익을 얻고 있다는 소문을 들었다.

① 잘나가
② 상승세
③ 매니아
④ 확실해
⑤ 노려봐

ANSWER

43. ①
ⓒ 독점기업 역시 생산원가가 하락할 경우 판매가격을 낮춰야만 총판매량이 늘고, 이에 따라 이윤이 증가할 수 있다.
② 생산단가를 낮추고 판매량을 늘릴 경우 이윤 규모가 커지게 된다.
⑩ 기술 변화가 시장 수요에 아무런 영향을 주지 않는다면 어떤 기업도 기업혁신에 힘쓰지 않을 것이다.

44. ④
바람직한 투자는 분석에 기초한 것이며 주문의 증가로 인한 연장근무로 기업의 앞으로의 수익이 증대될 것으로 기대되므로 '확실해'에 투자하는 것이 바람직하다.

45 다음 글에 나타난 영재의 선택과 가장 유사한 것은?

M본부의 TV 퀴즈 프로에 출연한 영재는 총 10문제 중 9문제를 풀어 한 문제를 남겨둔 상황이다. 마지막 문제를 포기하면 3천만 원을 획득하고 마지막 문제에 도전하여 문제를 맞히게 되면 상금은 9천만 원이 되고 틀리면 0원이 된다. 이러한 상황에서 영재는 마지막 문제에 도전하였다.

① 흥행이 기대되는 영화에 출연하는 국민배우 안모씨가 흥행에 비례한 성과급을 거부하고 1억 원에 출연계약을 했다.

② 벽걸이형 대형 TV를 구매하면서 무상 보증기간을 1년에서 5년으로 늘려주는 프로그램에 20만 원을 주고 가입했다.

③ 남은 수명이 불확실하므로 노후대비자금을 마련하기 위해 로또를 매주 1만 원 어치씩 구입했다.

④ 질병이나 사고가 발행하였을 경우 치료비가 2천만 원까지 보장되는 보험에 가입했다.

⑤ 주식의 수익률이 은행예금 금리보다 높을 것으로 기대되었지만 은행에 저축했다.

※ 다음을 읽고 물음에 답하시오. 【46~47】

U사는 3만 가구가 사는 어느 도시에서 가정용 정수를 독점적으로 판매하는 회사이다. 정수기 원가는 1만 원이며, 한번 설치된 정수기는 재설치가 불가능하다. 이 도시의 가구 중 85%는 고소득 가구로 정수기에 10만 원까지 지불할 용의가 있는 반면, 나머지 15%는 저소득 가구로 정수기에 3만 원까지만 지불할 용의가 있다. 한 가구에서 정수기는 한 대만 필요하다. U사는 이러한 정보를 가지고 있지만 고소득 가구와 저소득 가구를 구별하지 못한다.

46 U사가 이윤극대화를 위해 책정할 정수기 한 대의 판매가격은?

① 1만 원   ② 5만 원
③ 7만 5천원   ④ 8만 원
⑤ 10만 원

47 시 당국이 저소득 가구임을 증명하는 증빙서를 발부하기로 하였다. U사는 이 증빙서를 가져오는 가구에 대하여 정수기를 2만 원에 판매하기로 했다. 증빙서의 거래나 위조가 불가능하다고 할 때, U사의 이러한 방침에 대해 다음에 제시된 의견 중 옳은 것을 모두 고른 것은?

> 미라 : 독점회사가 소비자에 대해서 더 많은 정보를 얻게 되었으니 U사의 이윤이 늘어나겠구나.
> 시라 : 그러면 저소득 가구와 고소득 가구를 모두 포함한 소비자들의 편익은 줄어들겠네.
> 보라 : 사회 전체적인 편익을 생각한다면, U사가 증빙서를 이용한 판매행위를 못하도록 규제해야 돼.
> 세라 : 하지만 정수기를 사용하게 된 저소득 가구의 편익은 증가하잖아.

① 미라, 세라   ② 시라, 보라
③ 시라, 세라   ④ 미라, 보라, 세라
⑤ 미라, 시라, 세라

ANSWER

45. ③
이미 보장된 3천만 원을 모두 잃을 수도 있는 선택을 강행한 영재는 위험을 감수할 수 있는 위험선호자에 해당하며 로또를 구입하는 행위 역시 위험선호자의 행동이라 볼 수 있다.

46. ⑤
가격을 3만 원으로 책정하면 3만 가구 전체가 구입하므로 3만 가구 × (3만 원 − 1만 원) = 6억 원이다.
3만 원 이상으로 가격을 매길 경우 고소득 가구만 구입하게 되므로 수요량이 25,500대이다. 25,500 × (10만 원 − 1만 원) = 2,295,000,000원이 된다. 따라서 10만 원이 이윤 극대화하는 가격이 되며 U사는 10만 원 가격을 책정할 것이다.

47. ①
저소득 가구는 증빙서로 인해 2만 원에 정수기를 구입할 수 있게 되어 기존에 3만 원에 구입할 것을 2만 원에 구입하게 되어 1만 원의 순편익을 누릴 수 있게 된다. U사는 저소득 가구로부터 4,500 × 10,000 = 45,000,000원, 고소득가구로부터 2,295,000,000원 합쳐서 2,340,000,000원의 이윤을 얻는다. 그러므로 U사의 이윤은 증가한다.

48 다음 글에 관한 설명으로 가장 타당한 것은?

> 혁신국에서는 S텔레콤과 L텔레콤의 두 이동통신사가 있다. 혁신국의 이동통신 이용자 중 80%는 S텔레콤에, 나머지 20%는 L텔레콤에 가입해 있다. 이동통신 이용자들은 가입한 통신사에 관계없이 서로 고르게 통화하며, 모든 통화로부터 동일한 편익을 얻는다. 통화료는 전화를 건 사람만이 부담하며 다음 ㉠ 또는 ㉡의 두 가지 통화료 체계가 가능하다.
> ㉠ 가입한 통신사와 상관없이 통화료는 분당 20원
> ㉡ 동일한 통신사 가입자 간 통화료는 분당 20원, 다른 통신사 가입자 간 통화료는 분당 30원
> 가입자는 이동통신사를 자유롭게 변경할 수 있으며, 이에 따른 추가적인 비용은 발생하지 않는다.

① ㉠에서 S텔레콤 가입자의 일부가 L텔레콤으로 옮겨 갈 경우, S텔레콤 이용자의 편익은 감소한다.
② ㉡에서 L텔레콤 가입자의 일부가 S텔레콤으로 옮겨 갈 경우, L텔레콤 이용자의 편익은 증가한다.
③ ㉠에서 L텔레콤 가입자의 일부가 S텔레콤으로 옮겨 갈 경우, L텔레콤 이용자의 편익은 감소한다.
④ ㉡에서는 S텔레콤의 시장점유율이 증가한다.
⑤ ㉠에서는 L텔레콤의 시장점유율이 증가한다.

49 다음 글에서 H모터스의 주장이 옳다면 그 핵심적인 근거로서 가장 적절한 것은?

> 인도의 자동차시장 상황은 다음과 같다.
> - 씨드를 생산하는 K자동차와 아네즈를 생산하는 H자동차 두 회사만이 존재한다.
> - 씨드와 아네즈는 대체성이 매우 높다.
> - 두 자동차의 현재 시장가격은 대당 1,500만 원이며 각각 연간 50만대씩 팔린다.
> - K자동차와 H자동차의 연간 자동차 생산능력은 각각 200만대와 100만대이다.
> - 시장수요는 가격에 대해 매우 비탄력적이다.
>
> 이와 같은 시장 상황에서 K자동차가 씨드 가격을 1,600만 원으로 올리자 H자동차도 아네즈의 가격을 1,600만 원으로 올렸다. 소비자단체가 두 회사를 담합혐의로 고발하자, H자동차는 이윤을 극대화하기 위한 독자적 행동이었다고 주장하였다.

① 가격 인상폭이 30%에 불과하다.
② 두 자동차의 가격이 동시에 인상되지 않았다.
③ 두 자동차의 대체성이 매우 높다.
④ 시장수요가 가격에 대해 비탄력적이다.
⑤ H자동차의 연간 생산능력이 제한되어 있다.

ANSWER

48. ④
이동통신 이용자들이 가입한 통신사와 관계없이 고르게 통화하며, 모든 통화로부터 동일한 편익을 얻으므로, 통화료 부담의 변화만 고려하면 된다. ㉠의 통화료 체계에서는 가입자가 통신사를 변경하여 동일한 통신사 가입자 간 통화와 다른 통신사 가입자 간 통화비율이 바뀐다 하더라도 기존 가입자의 통화료 부담에는 변화가 없다. 또한 통신사를 변경하는 가입자의 통화료 부담에도 변화가 없으므로 특별히 통신사를 변경할 유인이 없다. 반면, ㉡의 통화료 체계에서는 가입자의 일부가 빠져나간 통신사 가입자의 통화료 부담은 늘어나고, 가입자가 늘어난 통신사의 기존 가입자의 통화료 부담은 감소한다. 또한 가입자가 많은 통신사에 가입할 경우 통화료 부담이 줄어들기 때문에, 시장점유율이 높은 S텔레콤으로 가입자가 옮겨갈 유인이 생기고 S텔레콤의 시장점유율은 더욱 증가한다.

49. ⑤
만약 H자동차의 생산능력에 제한이 없다면 K자동차가 씨드의 가격을 1,600만 원으로 올렸을 때, H자동차는 이윤을 극대화하기 위해 1,600만 원 보다 낮은 가격을 책정하여 모든 시장수요를 흡수하였을 것이다.

프로젝트 파이낸싱(Project Financing)은 은행 등 금융기관이 특정사업의 사업성이나 장래를 보고 자금을 지원하는 금융기법이다. 프로젝트 파이낸싱은 일반 대출과 달리 담보로 설정된 토지의 가치보다 사업성에 초점이 맞춰져있어 건설의 경우 분양이 성공하면 금융회사는 높은 수익을 챙길 수 있으므로 일반 시중은행이 거부한 부실사업 대출에 상당수의 저축은행들이 뛰어들었다.

그러나 최근 금융시장 악화, 실물경기 침체 등의 부동산 거품 붕괴 조짐이 보이고 있어 우려의 목소리가 커지고 있다. 지방에는 완공된 아파트가 늘어남에도 불구하고 미분양된 아파트들이 넘쳐나고 있다.

다음 표는 최근 저축은행의 부동산 PF 대출잔액과 연체율이다.

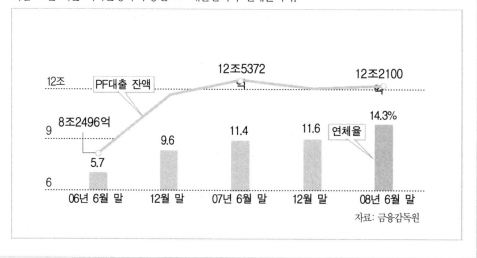

자료: 금융감독원

① 저축은행들의 대출 연체율이 급격히 상승할 것이다.

② 우리나라도 미국의 서브프라임과 같은 사태가 일어날지 모른다는 불안감을 가진 사람들이 늘어나고 있다.

③ 저축은행의 도산은 시중 은행과 같은 큰 파급효과를 가지지 못하므로 크게 우려하지 않아도 될 것이다.

④ 지방 주택의 공급과잉은 이전부터 문제가 되어 왔었다.

⑤ 최근 주택시장의 수요감소는 구제로 인한 것이 아닌 실질 구매력의 감소로 보아야 한다.

51 다음 KIKO에 관한 설명을 읽고 ㈜한국은 시장환율이 1,110원인 상황에서 행사가격이 1,115원이고 상단 배리어가 1,155원, 하단 배리어가 1,070원 계약 금액 100만 달러의 1년 만기 KIKO옵션을 가입했다고 가정한 경우 옳은 것은? (단, 넉인 배리어 넘을 시 2배로 팔아야 함)

> KIKO(Knock-in Knock-Out) 옵션 트레이딩은 통화옵션 거래의 한 방식으로 환율이 아래위로 일정한 범위 내에 있을 경우 시장가보다 높은 지정환율(행사가)로 외화를 팔 수 있는 옵션이다. 이 상품은 환율이 지정한 범위 하단을 내려갈 경우에는 계약이 무효(넉아웃 배리어)가 되어 기업은 손실을 입지 않게 된다. 하지만 환율이 급등해 지정환율 상단(넉인 배리어)을 넘어가면 계약금액의 2 ~3배를 시장가보다 낮은 지정환율로 팔아야 됨에 따라 기업은 엄청난 손실을 입게 되는 것이다.

① 시장환율이 1,060원인 경우 ㈜한국은 엄청난 손실을 본다.

② 시장환율이 1,170원인 경우 계약이 소멸된다.

③ 1,070원과 1,155원 사이를 움직이다가 만기시 행사환율 이하로 끝난 경우 손실이 발생한다.

④ 1,070원과 1,155원 사이를 움직이다가 만기시 행사환율 위에서 끝난 경우 이익이 발생한다.

⑤ 만기 시장환율이 1,070원과 행사가격인 1,115원 사이일 경우에는 계약금액인 100만 달러를 행사가격 1,115원에 팔 수 있다.

50. ③
저축은행의 도산은 시중 은행과도 연결된 것으로 저축은행이 줄줄이 도산될 경우 우리나라의 금융권도 큰 위기를 맞을 것이다.

51. ⑤
① 시장환율이 1,060원인 경우에는 하단 배리어 1,070원 아래로 떨어진 것이므로 계약이 소멸된다.
② 시장환율이 1,170원인 경우 상단 배리어인 1,155원을 넘은 것으로 계약금액의 2배를 행사환율로 매도해야 한다.
③ 1,070원과 1,155원 사이를 움직이다가 만기시 행사환율 이하로 끝난 경우 행사환율과 시장환율 차이만큼 이익이 발생한다.
④ 1,070원과 1,155원 사이를 움직이다가 만기시 행사환율 위에서 끝난 경우 수출대금은 환위험에 노출된다.

52 다음은 어느 기간의 경제성장률과 실업률 변화분을 나타내는 것이며 두 변수 간의 근사적 관계를 보여주고 있다. 이에 대한 설명으로 적절한 것을 모두 고른 것은?

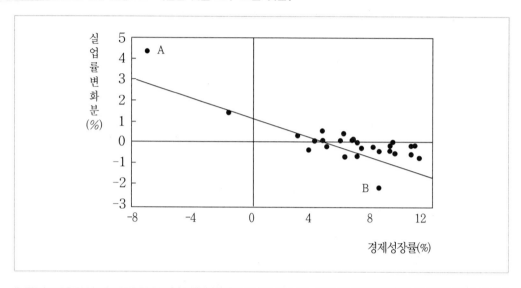

ㄱ A에서는 전년에 비해 실업률이 증가하고 국내총생산 규모는 감소하였다.
ㄴ B에서는 전년에 비해 경제활동인구 가운데 취업자의 비율이 낮아졌다.
ㄷ 올해 실업률이 지난 해와 동일하다면 국내총생산의 규모도 지난 해와 동일할 것이다.
ㄹ 실업률 변화분이 증가할 때 경제성장률은 하락하는 경향이 관찰되었다.

① ㄱㄴ   ② ㄱㄷ
③ ㄱㄹ   ④ ㄴㄷ
⑤ ㄷㄹ

53 다음 글을 읽고 올바르게 추론한 것은?

서비스 경제화란 일반적으로 경제가 발전함에 따라 생산, 고용, 소비 등 경제에서 서비스산업이 차지하는 비중이 증가하는 현상을 가리킨다. 최근 우리나라의 경우 서비스 경제화시대에 빠르게 진입하고 있다.

통계를 보면 지난 5년간의 취업자수를 확인한 결과 제조업 취업자 수는 12만 명 감소한데 비해 서비스업 취업자는 231만 명이나 증가하였다. 서비스업 고용비중도 60%에서 최근 66%까지 상승하였다.

이와 같은 서비스 경제화는 과연 총요소생산성에 얼마나 영향을 줄 것인지에 관해 제조업의 경우 총요소생산성은 연평균 4.5% 증가한데 비해 서비스업의 총요소생산성은 거의 제자리걸음을 하고 있다.

① 서비스 경제화는 총요소생산성에 긍정적인 효과를 나타낸다.

② 우리나라의 경우 아직 제조업의 고용비중이 더 높다.

③ 10년간의 통계를 보면 제조업 분야 총 취업자수가 서비스업 분야 총 취업자수보다 많다.

④ 우리나라는 아직 '서비스 덫'에 빠질 염려를 하지 않아도 된다.

⑤ 서비스 분야에 R&D를 통해 총요소생산성을 증가시키기 위해 노력해야 한다.

54 다음은 국내 대형 조선업체의 연도별 건조 척수를 나타낸 표이다. 표를 통해 유추할 수 없는 것은 무엇인가?

〈 국내 대형 조선업체 연도별 건조 척수 〉

구분	2006년	2007년	2008년	2009년	2010년	2011년(예정)
현대중공업	77	87	89	103	177	132
삼성중공업	39	48	53	60	69	69
대우조선해양	33	40	45	58	77	46(77)
현대미포조선	62	67	66	75	85	95
STX조선	40	50	53	78	79	62(79)
한진중공업	15	16	18	20	18	3(20)

① 현재 업계 선두는 현대중공업이다.

② 현대미포조선은 앞으로 지속적으로 2위를 유지할 것으로 보인다.

③ 삼성중공업은 점진적으로 수주량이 증가하는 추세이다.

④ 2011년에는 현대중공업의 수주량이 최대가 될 것이다.

⑤ 전 세계적으로 한국 조선업계가 수주량은 세계 최대이다.

ANSWER

52. ③
주어진 자료는 실업률과 경제성장률 간의 역의 상관관계를 나타내고 있다. A의 실업률 변화분은 (+)의 값을 가지므로
전년에 비해 증가하였으며 경제성장률은 (−)이므로 국내총생산 규모가 감소하였음을 알 수 있다.

53. ⑤
① 서비스 경제화는 총요소생산성에 긍정적인 효과를 나타내지 못한다.
② 우리나라의 경우 서비스업의 고용비중이 더 높다.
③ 10년간의 통계를 알 수 없으며 제조업 분야 총 취업자수가 더 많다고 단정지을 수 없다.
④ '서비스 덫'에 빠질 수 있으므로 사전에 준비를 해두어야 한다.

54. ⑤
주어진 표는 국내 대형 조선업체 연도별 건조 척수 즉 수주량을 나타낸다. 전 세계적으로 다른 나라 기업들과 구분할
수 있는 데이터가 주어져 있지 않으므로 주어진 데이터만을 가지고 세계 최대라고 단정 지을 수 없다. 하지만 현실에
서는 세계 최대 수주량을 자랑한다.

55 다음은 K국의 실업률 및 물가상승률의 변화를 기간별로 나타낸 것이다. 각 기간별 실업률과 물가상승률의 변화를 설명할 수 있는 요인으로 옳지 않은 것은?

기간(연도)	실업률	물가상승률
1986~1990	5.0 → 3.4	1.3 → 5.5
1991~1995	4.8 → 8.3	6.2 → 9.1
1996~2000	6.0 → 7.0	7.6 → 13.5
2001~2005	5.6 → 4.2	2.8 → 2.2
2006~2010	4.0 → 5.5	3.4 → 2.7

① 1986년에서 1990년 동안 정부 지출 및 통화량이 증가하였다.
② 1991년에서 1995년 동안 유가가 상승하고 농산물 생산이 감소하였다.
③ 1996년에서 2000년 동안 자본시장 개방으로 해외 자본이 대량 유입되었다.
④ 2001년에서 2005년 동안 새로운 기술의 도입으로 생산성이 향상되었다.
⑤ 2006년에서 2010년 동안 금융기관의 부실로 신용경색이 발생하였다.

56 그림과 같이 환율이 변화할 때 나타날 수 있는 반응으로 적절한 것을 모두 고르면?

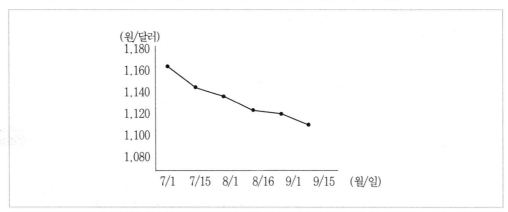

경수 : 우리 국민들의 해외여행이 늘어나고 있을 거야.
성재 : 물가안정에는 도움이 되고 있을 거라고 생각해.
수정 : 아빠 회사의 수출이 잘 안돼서 연말 보너스가 줄 것 같아.
현태 : 우리 국민들이 수입품 소비를 줄이고 있을 거라고 생각해.

① 경수, 성재
② 경수, 수정
③ 경수, 성재, 수정
④ 경수, 성재, 현태
⑤ 경수, 성재, 수정, 현태

57 다음과 같은 문제를 해결하고 시장을 활성화하기 위한 방안으로 옳지 않은 것은?

> • 과일판매상이 과일에 대한 정보를 많이 갖고 있는데 반해 소비자는 필요한 정보가 주어지지 않는 경우, 이러한 정보 불균형이 지속되어 과일시장에서 거래량이 감소하거나 상대적으로 열등한 상품들이 많이 거래되는 결과가 나타난다.
> • 보험 가입자가 자신의 건강에 대해 보험사보다 더 많은 정보를 가지고 있게 되면서, 건강하지 않은 사람이 보험에 가입하려는 확률이 높아지고 보험사는 평균건강치에 의존하여 보험료를 책정할 수밖에 없다. 이 경우 건강하지 않은 사람들이 보다 많이 가입하면 보험사의 부담이 늘어 보험료의 인상이 불가피하게 되고, 더 높은 보험료를 지불하면서도 보험에 가입하는 사람들은 건강이 더 나쁜 사람들이 될 것이다.
> • 중고차 시장에서 판매자와 구매자는 가지고 있는 정보가 서로 다르므로 구매자는 잘못된 선택을 할 가능성이 높다.

① 정부나 공신력 있는 기관이 각종 용역제공자의 용역의 질을 사전에 검증해 소비자로 하여금 용역의 질을 믿고 구매할 수 있도록 한다.
② 보험사가 가입자에 대한 건강관련 정보를 요구하고 객관적으로 검증하는 여러 가지 장치를 강구한다.
③ 중고차 판매회사가 판매 후 일정기간 품질을 보증한다.
④ 과일시장에서도 원산지 표시 범위를 확대하거나 과일에 대한 소독의 종류 및 횟수 등을 표시하게 한다.
⑤ 보험회사는 사고시 보험가입자에게 손실의 일부만을 보상해 주는 공동보험제도를 채택한다.

ANSWER

55. ③
총수요가 감소하면 실업률은 상승하는 반면 물가상승률은 하락하게 된다. 한편 총공급이 감소하면 실업률과 물가상승률이 함께 상승한다. 해외자본유입은 통화량 증가를 초래하여 총수요를 증가시키게 되며 새로운 기술의 도입으로 생산성이 향상되면 총공급이 증가하게 된다. 신용경색이 발생하면 총수요가 감소할 것이다.

56. ③
환율의 하락 시에는 외국 재화의 가격이 낮아지기 때문에 수입품의 소비가 증가한다.

57. ⑤
지문의 경우는 역선택의 문제를 말하고 있으며 이를 해결할 수 있는 방안에 관한 것이다. 보험회사가 가입자에게 공동책임을 묻는 것은 보험가입 이후 위험회피노력을 소홀히 하는 것을 방지하는 것으로 도덕적 해이의 문제를 해결하는 것이다.

58 최근 인천시와 대한항공 사이에 자사의 저가항공사인 진에어의 본사를 서울 등촌동에서 인천시로 이전하고 인천국제공항을 항공교통과 물류의 중심지로 육성하는 항공운송산업 활성화를 위한 업무협약이 체결되었다. 이 협약의 경제적 효과를 추정한 다음의 주장 중 적절하지 않은 것은?

① 항공사의 지역유치로 인해 인천시는 고용창출의 효과를 기대할 수 있다.

② 이는 인천시와 대한항공의 전략적 제휴로 볼 수 있다.

③ 진에어의 본사이전을 통해 법인세 및 보유항공기의 등록세, 재산세 등이 인천시로 이전되어 인천 지자체의 재정수입증대를 가져올 것이다.

④ 이번 협약의 체결로 인해 대한항공의 경우 인천시의 정책적 지원을 통해 지역항공사의 입지를 다질 수 있고 이는 항공사의 경영적인 측면에서도 시너지 효과를 발생시킬 것이다.

⑤ 저가항공사 최초로 지역 기반을 등에 업은 대한항공은 인천시의 정책적 지원을 통해 다른 저가항공사보다 운항의 활성화를 취할 수 있게 되었다.

59 다음은 인기를 끌고 있는 매장 또는 사업에 대한 소개이다. 이러한 사업이 인기를 끄는 이유를 추정한 주장 중 적절하지 않은 것은?

- 일본의 하라주쿠에서 샘플랩(Sample Lab)이 처음 문을 열었을 때 첫날에만 1,500명 이상이 방문하는 인기를 끌었다. 이 매장은 여러 화장품회사의 신제품 샘플을 한데 모아 놓고 방문객에게 이를 무료로 제공한다. 방문객은 미리 인터넷이나 휴대폰을 통해 회원으로 가입해야 하며 매장을 나설 때 설문지를 작성해야 한다.
- 일본게이오대학 앞에 타다카피(Tadacopy)에서는 복사를 무료로 제공한다. 단, 복사용지는 백지가 아닌 뒷면에 광고가 실린 종이를 사용한다.
- 존슨앤존슨(Johnson & Johnson)의 원터치 호라이즌(One Touch Horizon)이라는 혈당계는 기존 혈당계보다 절반이상 저렴한 가격으로 판매한다. 하지만 채혈침과 채혈시험지를 별도로 판매하며 원터치 울트라(One Touch Ultra) 혈당계를 후속품으로 출시하여 해당 분기 영업이익을 30% 가까이 늘렸다.

---

① 존슨앤존슨의 경우 다른 혈당계보다 가격이 절반 이상 저렴하지만 약국 또는 병원과의 협업(collaboration)을 통해 고객의 정보를 발빠르게 입수하고 계속적인 신제품의 출시로 수익을 확장시킨 것이다.

② 타다카피의 경우는 우리나라의 지하철 역 등에서 흔히 접할 수 있는 무가지의 경우와 비슷한 원리가 작용된다고 할 수 있다.

③ 샘플랩은 협력을 통한 사업모델로서 화장품회사로부터 마케팅 수수료를 받고 화장품회사는 샘플랩에서 실시한 설문조사를 토대로 상세한 고객정보를 얻을 수 있다.

④ 위의 사례들은 모두 공짜로 제품과 서비스를 제공하면서도 짭짤한 수익을 올리는 기업들로 크리스 앤더슨이 명명한 '공짜 경제(free economics)'의 사례에 해당한다.

⑤ 고객의 숨은 니즈를 찾아내어 창의적인 발상으로 이를 사업모델로 전환한 사례에 해당하며 기업과 고객 사이에 가격이 존재하지 않지만 기업과 고객은 모두 편익을 누리게 된다.

60 제너럴모터스(GM)가 채권단에 채무조정을 위한 출자전환 관련 수정안을 제안하고 채권단 일부가 이를 수용키로 하였다. 다음 중 이를 통해 경제적 파급효과를 추론한 설명으로 가장 적절하지 않은 것은?

① GM의 파산보호 신청이 임박했음을 알 수 있다.

② GM대우의 경우 수출량이 급감할 것이다.

③ 공장폐쇄, 감원, 딜러망 감축 등 구조조정으로 인해 실직자가 증가하고 부품업체, 협력업체 등이 어려움을 겪을 것이다.

④ GM의 파산임박소식은 자동차업계 모두에 악재로 작용하므로 GM대우 및 경쟁그룹 주가는 동반 약세를 보일 것이다.

⑤ 미국내 최대 자동차업체로 손꼽히는 GM이 파산한다면 자동차 산업 내 연쇄 파산 위험과 실업자 증가에 따른 소비경기 위축이 예상된다.

58. ⑤
진에어는 우리나라의 3대 저가항공사 중 가장 늦게 인천시와 협약을 맺었으며 이로써 에어부산, 제주항공과 본격적인 경쟁에 돌입하였다.

59. ①
다른 브랜드의 혈당계보다 가격은 절반 이상 저렴하지만 보완재, 관련재에 해당하는 채혈침, 채혈시험지를 별도로 구매하도록 함으로써 계속적인 수요를 통해 수익을 확대시킨 경우이다.

60. ④
GM의 파산임박소식은 GM 관련주들에게 악재로 작용하지만 기타 산업내 경쟁업체에게는 오히려 시장점유율을 높일 수 있는 기회요인이 될 수 있어 경쟁업체의 경우 반사이익이 기대되어 주가가 강세를 보일 것이다.

61 다음을 읽고 제시된 사회의 상황을 바르게 추론한 것으로 옳지 않은 것은?

사람들의 키를 각자의 소득에 비례하여 늘이거나 줄여 놓고 이들을 키가 작은 순서대로 행진을 시킨다고 한번 상상해 보기로 합시다. 참고로 행진에 걸리는 총 시간은 60분으로 주어져 있습니다. 자 그럼 맨 처음 등장할 '숏다리'는 어떤 모양을 하고 나타날 지 궁금하지 않습니까? 그런데 이 사람의 모습을 보니 땅속에 머리를 쳐박고 거꾸로 들어오고 있습니다. …… 거꾸로 선 사람들이 잠시 지나가더니 똑바로 선 사람들이 들어오기 시작하는데, 이들은 키가 하도 작아 땅바닥에 달라붙은 것 같이 보입니다. …… 다음에 들어오는 사람들도 역시 키가 몇 십 센티미터밖에 안 되는 난쟁이들입니다. 이런 사람들이 한동안 지나간 뒤에 키가 1미터 정도 되는 사람들이 나오기 시작합니다. 어느 덧 30분이 흘렀습니다. 이제는 평균키를 가진 사람들이 나오려니 했는데 아직도 '숏다리'들만 계속해서 나오고 있습니다. 40분이 다 되었는데도 평균키의 사람들은 보이지 않습니다. 45분이 넘어서야 이제 겨우 제대로 된 사람들이 보이기 시작하는데 평균키를 가진 사람들은 48분경이 되어서야 나타나기 시작합니다. 그런데 평균키의 사람들이 지나가면서부터는 사람들의 신장이 몇 십 센티미터씩 급속도로 커지기 시작합니다. 마지막 6분을 남겨놓고는 키가 5미터나 되는 '롱다리' 변호사, 의사, 그리고 TV에서 많이 보던 스타들도 섞여 나오고 있습니다. 시간이 거의 다 끝나가면서 오늘 행진의 하이라이트가 다가오고 있습니다. 마지막 1분을 남겨 놓고 나오는 사람들은 키가 고층 빌딩 만한 장대들입니다. 머리가 벗겨진 재벌 회장님도 있고 왕년의 정치인도 보입니다. 끝나기 몇 초 전에 등장하는 사람들은 얼굴이 구름에 가려 누가 누구인지 잘 알아볼 수도 없어 여기에 자세히 적지 못합니다.

– Jan Pen 「31가지 테마가 있는 경제 여행」 –

① 이 행렬에서 처음에는 키가 완만하게 커지지만 약 48분이 지난 후의 키는 급속도로 커지는데 이것은 소득이 많은 층으로 갈수록 계층간의 소득격차의 폭이 급격하게 증가한다는 것을 의미한다.

② 평균신장을 지닌 사람이 48분보다 일찍 등장하고 더 오래 행진하는 행렬이 바람직하다고 할 수 있다.

③ 이 행렬에서의 지니계수는 0을 나타낼 것이다.

④ 소득이 평균수준에 미치지 못하는 사람들이 인구의 절반 이상이다.

⑤ 평균키를 가진 사람들은 중산층을 의미한다.

62 자본시장과 금융투자업에 관한 법률에 따라 지급결제업무를 허용 받는 증권사는 카드사와의 제휴를 통하여 종합자산관리계좌(CMA)에서 카드사용대금을 결제할 수 있는 CMA 신용카드를 출시할 수 있게 되었다. 다음 중 CMA 신용카드의 출시에 따라 나타날 현상으로 적절하지 않은 것은?

① CMA 신용카드 상품의 첫 출시에 맞춰 증권사마다 신규 고객을 대상으로 이벤트와 혜택의 과당경쟁이 벌어질 가능성이 있다.

② CMA는 주식거래 또는 펀드 투자 등 교차판매의 발판이 될 수 있기 때문에 증권사에서는 고객을 최대한 확보하려고 할 것이다.

③ CMA 신용카드는 증권사 창구에서 CMA 거래고객을 상대로 판매될 것으로 보인다.

④ 카드영업수익과 수수료 및 부가서비스 이용료를 통한 수익의 극대화를 이룰 수 있어 증권사들은 고객유치경쟁을 벌일 것으로 예상된다.

⑤ 이용자에게는 은행계좌와 달리 하루만 맡겨도 이자가 붙고 더불어 신용카드서비스의 혜택을 누릴 수 있다는 이점이 있다.

61. ③
지니계수는 소득 분배의 불평등도를 나타내기 위해 사용되는 수치를 말한다. 지니계수는 0에서 1 사이의 값을 가지는데 그 값이 1에 가까울수록 불평등도가 높다는 것을 의미하며 일반적으로 0.4를 넘으면 상당히 불평등한 소득분배 상태에 놓여있다고 할 수 있다.

62. ④
증권사에서는 단순히 카드영업수익 및 수수료, 부가서비스 이용료보다 신용카드지급결제 계좌로서 지니는 의미를 보다 높게 평가한다. 즉, 지급결제계좌로 활용될 경우 증권사에서는 고객의 자산이 곧 투자를 이룰 수 있는 기반이 되므로 보다 많은 신규고객을 확보하기 위해 경쟁을 벌이고 있는 것이다.

63 다음은 최근 시행된 '학원 불법 영업 신고 포상금제'에 대한 신문기사의 내용이다. 제도의 시행과 관련한 설명이 옳지 않은 것은?

> 2009년 7월 7일부터 학원의 불법 영업행위를 신고하는 시민에게 포상금을 지급하는 '학원 불법 영업 신고 포상금제'가 시행되었다. 제도가 시행되며 신고포상금을 노리는 '학파라치'가 등장하는 등 폭발적인 관심을 받고 있다.
>
> 현행 시·도 조례에 따르면 고교생의 경우 서울은 오후 10시, 부산은 오후 11시, 나머지 시·도는 밤 12시까지로 학원교습시간이 제한되어 있으며 교육과학기술부는 공정위 등 각 기관에 '학원(비) 부조리 신고센터'를 만들어 교습시간 위반 및 학원비 초과징수, 무등록 학원 영업 등을 신고받기로 하였다. 이에 따라 학원비 초과징수와 교습시간 위반을 신고하면 30만 원, 무등록 학원·교습소를 신고하면 50만 원의 신고포상금이 지급되며, 불법 고액과외 교습소를 신고하는 경우 최고 200만 원 한도 내에서 교습소 월수입의 20%를 받을 수 있게 되었다.
>
> 이번 제도에서 공정위는 인기 강좌 수강 때 비인기 강좌를 의무적으로 듣게 하는 끼워팔기 등 학원의 불공정 거래를, 국세청은 신용카드 결제·현금영수증 발급 거부 등 학원의 탈세 행위의 단속을, 경찰청은 학원 불법운영 등의 첩보 수집과 함께 지구대·파출소 순찰 시 교습시간 위반 학원을 단속하는 등 교육과학기술부·공정거래위원회·국세청·경찰청 4개 기관의 합동으로 시행된다.
>
> — ○○경제 2009년 7월 15일 —

① 이번 제도는 공무원 중심의 감독체제에서 시민 및 학부모들이 참여하는 자율감시체제로 전환한다는데 그 의미가 있다.

② 일각에서는 제도 자체가 헌법상 자유에 침해되는 위헌이라는 지적도 있다.

③ 특히 학원비 초과징수라 하여 학원비를 규제하는 것은 최저가격제를 시행하는 것과 같은 것이므로 교육의 질이나 소비자의 만족 등은 감소하게 될 가능성이 크고 이는 시장경제의 효율성에 악영향을 줄 수 있다.

④ 학원 수강료의 규제는 장기적인 관점에서 볼 때 결국 학원 강사의 월급이 낮아지게 하며 더 나아가 학원 자체를 사라지게 만들 수도 있다.

⑤ 사교육시장은 역시 사적인 교육의 수요와 공급에 의해 발생한 시장이다. 따라서 '학원 불법 영업 신고 포상금제'와 같은 제도는 사교육의 공급을 제한하는 방식으로 수요가 변하지 않는 이상 근본적인 문제가 해결되지 않을 수 있다.

64 다음의 정부 정책과 그 의견을 같이 하는 것을 고르면?

> 정부는 주택공급기반 강화 및 건설경기 보완방안을 발표하였다. 이는 수도권에 지속적인 주택의 공급 및 부동산 거래의 활성화에 초점을 둔 것이며 또한 정부는 경기부양을 위하여 소득세율, 법인 세율, 상속세, 증여세, 양도소득세 등을 낮추기로 하였다.

① 부동산의 투자 증가로 시장 안정성 저하를 기대할 수 있다.

② 주택공급의 확대 및 일자리 창출효과를 기대할 수 있다.

③ 소득의 양극화 현상증가가 심화되며 이로 인한 경제활성화를 기대할 수 있다.

④ 소득세율, 법인세율, 상속세 등의 인하는 규제의 완화조치이므로 저소득층의 저축증가가 예상된다.

⑤ 수도권중심의 부동산활성화 대책이므로 지역내 부동산 경기회복에 걸림돌로 작용할 수 있다.

63. ③
학원비의 초과징수를 막는 것은 균형가격보다 높은 최저가격을 설정하고 그 이하로는 재화를 구입할 수 없는 최저가 격제와는 그 성격이 다르며 오히려 가격의 상한을 설정하고 그 이상으로 가격을 받을 수 없는 최고가격제와 유사하다 고 볼 수 있다.

64. ②
① 각종 규제의 완화로 부동산 투기를 조장할 우려가 있으며 시장의 안정성 저하는 긍정적 효과로 볼 수 없다.
③ 소득의 양극화 현상이 심화되는 것은 부정적 측면에 해당한다.
④ 제시된 규제의 완화와 저소득층의 저축증가의 연관가능성을 찾기 어렵다.
⑤ 정부의 기대와 다른 부정적 측면에 해당한다.

65 다음 중 우리나라에 도입될 '포이즌 필'에 대한 경제학과 학생들의 토론내용이다. 잘못된 진술을 모두 고르면?

> ㉠ 승현 : 난 사실 아직까지도 포이즌 필이 왜 우리나라에 필요한 건지 모르겠어. 우리나라는 주주총회나 이사회에 대한 지배주주의 영향력이 막강한 기업구조의 특징을 갖고 있는데 이러한 제도가 시행되면 결국 지배주주의 이익을 위해 악용될 가능성만 커지는 거 아니겠냐고.
>
> ㉡ 민기 : 우리나라는 공격에 비해 방어 수단의 규제가 엄격해, 적대적 M&A규제에서 불균형이 이루어져있는 실정인데 게다가 순환출자, 자사주 취득 등의 제도는 방어수단으로 사용하기에 부담이 너무 커. 그런데 이번에 도입하는 포이즌 필은 저비용·고효율의 대표적인 제도라고 할 수 있지. 그래서 난 찬성이야.
>
> ㉢ 성욱 : 하지만 재벌 총수나 지배주주의 전횡을 부추길 수 있다는 건 인정해야만 해. 게다가 우리나라에서는 그동안 적대적 M&A에 나선 사례도 거의 없는 편이잖아.
>
> ㉣ 현태 : 그렇지만 아직까지 사례가 없었다고 안일하게 대처할 수는 없다고 봐. 실제로 소버린이나 칼 아이칸과 같은 외국계 투기자본들처럼 시세차익만 챙겨가는 사례가 다시 발생하지 않으리라는 보장도 없잖아. 포이즌 필로 건전한 M&A환경이 조성되고 또 기업들도 불안한 경영권을 보호하는데 쓰던 자금을 투자에 활용하게 되면 일자리 창출에도 도움이 되지 않겠어?
>
> ㉤ 동건 : 난 반대하는 입장이야. 포이즌 필 도입을 통해 경영권이 안정되면 경영실패에 대한 책임을 소홀히 하는 문화가 다시 살아날 수도 있어. 이건 결국 장기적으로 기업의 경쟁력을 떨어뜨려 결과적으로 우리 경제에 득이 아닌 독으로 작용할 수도 있는 위험이 있잖아.

① ㉠㉡
② ㉠㉡㉣㉤
③ ㉡㉢
④ ㉡㉢㉣
⑤ ㉠㉡㉢㉣㉤

66 다음은 화폐의 시간가치를 나타내는 기본 공식이다. 이 공식과 관련된 아래의 설명 중 옳은 것을 모두 고른 것은?

$$FV = PV \times (1+i)^n$$

* FV(Future Value) : 미래가치, PV(Present Value) : 현재가치
* i(interest) : 이자율, n : 기간 또는 복리 횟수

ⓐ 투자기간이 길수록, 복리횟수가 많을수록 동일한 현재가치를 위한 미래가치의 크기가 크다.
ⓑ 연 복리 이자율 6%로 8천9백만 원을 투자하면 2년 후 1억 원이 된다.
ⓒ 위 공식을 활용하면 현재 자신이 가진 돈으로 미래 특정시점에 목표한 금액을 갖기 위해 어느 정도 수익률의 상품에 투자해야 하는 지를 판단할 수 있다.
ⓓ 연 복리 이자율이 5%일 경우, 위 공식에 따르면 지금 현재의 100만 원이 10년 후의 200만 원보다 가치가 높다.
ⓔ 위 ⓐ의 사례에 반기 복리 이자율 3%을 적용하여도 2년 후 동일하게 1억 원을 얻을 수 있다.

① ⓐⓑⓔ ② ⓑⓒⓓ
③ ⓐⓑⓒ ④ ⓒⓓⓔ
⑤ ⓐⓓⓔ

65. ⑤
포이즌 필(Poison pill) ··· 일종의 경영권 방어수단으로 적대적 M&A 공격을 받는 기업이 기존 주주들에게 시가보다 낮은 가격으로 주식을 매입할 권리를 주는 제도이다. 즉, 경영자는 보다 쉽게 지분을 확보할 수 있어 적대적 M&A 공격에서 경영권을 지킬 수 있음을 말한다.

66. ③
ⓑ 이자율 6%, 현재가치 8천9백만 원, 기간 2년이므로 미래가치를 계산하면, 8,900만 원×$(1+0.06)^2$=1억 원이 된다.
ⓓ 이자율 5%, 현재가치 100만 원인 경우, 10년 후의 미래가치는 100만 원×$(1+0.05)^{10}$=약 163만 원이 되므로 현재의 100만 원은 10년 후의 200만 원보다 가치가 적다.
ⓔ 반기 복리 이자율 3%, 현재가치 8,900만 원, 복리횟수가 4가 되므로 미래가치는 8,900만 원×$(1+0.03)^4$=1억17만 원이 된다.
ⓐⓒ은 옳은 이론이다.

공무원시험/자격시험/독학사/검정고시/취업대비 동영상강좌 전문 사이트

공무원	9급 공무원	서울시 기능직 일반직 전환	각 시·도 기능직 일반직 전환	교육청 기능직 일반직 전환
	관리운영직 일반직 전환	사회복지직 공무원	우정사업본부 계리직	서울시 기술계고 경력경쟁
기술직 공무원	물리	화학	생물	
	기술계 고졸자 물리/화학/생물			
경찰·소방공무원	소방특채 생활영어	소방학개론		
군 장교, 부사관	육군부사관	공군부사관	해군부사관	부사관 국사(근현대사)
	공군 학사사관후보생	공군 조종장학생	공군 예비장교후보생	공군 국사 및 핵심가치
NCS, 공기업, 기업체	공기업 NCS	공기업 고졸 NCS	코레일(한국철도공사)	한국수력원자력
	국민건강보험공단	국민연금공단	LH한국토지주택공사	한국전력공사
자격증	임상심리사 2급	건강운동관리사	사회조사분석사	한국사능력검정시험
	국어능력인증시험	청소년상담사 3급	관광통역안내사	국내여행안내사
	텔레마케팅관리사	사회복지사 1급	경비지도사	경호관리사
	신변보호사	전산회계	전산세무	
무료강의	국민건강보험공단	사회조사분석사 기출문제	독학사 1단계	대입수시적성검사
	사회복지직 기출문제	농협 인적성검사	지역농협 6급	기업체 취업 적성검사
	한국사능력검정시험 백발백중 실전 연습문제	한국사능력검정시험 실전 모의고사		

서원각 www.goseowon.co.kr
QR코드를 찍으면 동영상강의 홈페이지로 들어가실 수 있습니다.

서원각

자격시험 대비서

핵심이론 〉	출제예상문제 〉	온라인강의 제공

임상심리사 2급

건강운동관리사

사회조사분석사 종합본

사회조사분석사 기출문제집

교재구입 시 무료동영상강의 제공

국어능력인증시험

청소년상담사 3급

관광통역안내사 종합본
